Römische Geschichte

Herausgegeben vom
Wissenschaftlichen Beirat für Geschichtswissenschaft
beim Ministerium für Hoch- und Fachschulwesen
unter Leitung von
MANFRED KOSSOK

Herausgeberkollegium:
Manfred Kossok (Leiter),
Rolf Badstübner, Manfred Bensing, Botho Brachmann
Heinz Grünert, Rigobert Günther, Joachim Herrmann,
Ernstgert Kalbe, Heinz Kreißig †, Herbert Langer, Werner Loch,
Hans Piazza, Günther Rosenfeld, Gerhard Schilfert,
Hans Wermes, Manfred Weißbecker

Römische Geschichte *bis 476*

HORST DIETER / RIGOBERT GÜNTHER

Mit 113 Abbildungen und 10 Karten

3. Auflage

VEB Deutscher Verlag der Wissenschaften
Berlin 1990

Als Lehrbuch für die Ausbildung an Universitäten und Hochschulen
der DDR anerkannt.
Berlin, Mai 1978
Minister für Hoch- und Fachschulwesen

Schutzumschlag: Togastatue vom Nymphaion in Olympia, 2. Jh. u. Z.

Für die freundliche Unterstützung bei der Beschaffung von Abbildungsvorlagen danken wir
der Deutschen Fotothek Dresden,
den Staatlichen Kunstsammlungen Dresden, Skulpturensammlung,
und
den Staatlichen Museen zu Berlin.

Redaktionsschluß: 31. Mai 1978

ISBN 3-326-00615-2

Verlagslektor: Erika Rosenfeld
Einband und Schutzumschlag: Rudolf Wendt, Wolfgang Schönborn
Typografie: Wolfgang Gebhardt
© 1979 VEB Deutscher Verlag der Wissenschaften, DDR 1080 Berlin, Postfach 1216
Lizenz-Nr.: 206 · 435/33/90
Printed in the German Democratic Republic
Druckerei: INTERDRUCK Graphischer Großbetrieb Leipzig – III/18/97
LSV 0224
Bestellnummer: 571 946 5
02300

1.	Einleitung	7	Inhalts- verzeichnis
2.	Entstehung und Konsolidierung des römischen Staates	19	
2.1.	Altitalien an der Wende vom 2. zum 1. Jt. v. u. Z.	19	
2.2.	Latium und die »sieben Hügel« von der ältesten Besiedlung bis zur Entstehung der Stadt Rom	29	
2.3.	Der älteste römische Staat. Die Kurienordnung	32	
2.4.	Die Sklaverei im ältesten Rom	37	
2.5.	Klassenkampf und Ständekampf. Patriziat und Plebs	40	
2.6.	Die Eroberung Italiens	51	
2.7.	Die wirtschaftlichen Verhältnisse Italiens bis zum Beginn des 3. Jh. v. u. Z.	57	
2.8.	Die frühe römische Kultur	59	
3.	Die Entstehung der römischen Großmacht	67	
3.1.	Die Auseinandersetzungen zwischen Rom und Karthago. Der erste Punische Krieg	67	
3.2.	Roms Innen- und Außenpolitik zwischen dem ersten und zweiten Punischen Krieg	73	
3.3.	Der zweite Punische Krieg	77	
3.4.	Die römische Expansion in das östliche Mittelmeergebiet und der dritte Punische Krieg	84	
3.5.	Der römische Staat um die Mitte des 2. Jh. v. u. Z.	95	
3.6.	Die wirtschaftlichen Verhältnisse Italiens in der Zeit der Punischen Kriege	98	
3.7.	Die römische Kultur im 3. und 2. Jh. v. u. Z.	106	
4.	Die Verschärfung des Klassenkampfes im Imperium Romanum. Der Weg zur Militärdiktatur	115	
4.1.	Der erste sizilische Sklavenaufstand und die Erhebung des Aristonikos. Die Gracchenbewegung	115	
4.2.	Die römische Außenpolitik in den letzten Jahrzehnten des 2. Jh. v. u. Z. Der Jugurthinische Krieg. Einfälle der Kimbern und Teutonen	126	
4.3.	Der zweite sizilische Sklavenaufstand und die Bewegung des Saturninus	131	
4.4.	Der Bundesgenossenkrieg und die Diktatur Sullas	136	
4.5.	Der Spartacusaufstand	149	
4.6.	Die Politik des Pompeius und des Cicero. Die Verschwörung des Catilina	154	
4.7.	Das erste Triumvirat und die Politik Caesars. Die Eroberung Galliens	167	
4.8.	Die Diktatur Caesars. Die Bürgerkriege des zweiten Triumvirats und der Untergang der Republik	186	
4.9.	Die wirtschaftlichen Verhältnisse im letzten Jahrhundert der Republik	198	
4.10.	Die römische Kultur von der Gracchenzeit bis zum Untergang der Republik	205	

5.	Die frühe römische Kaiserzeit. Der Prinzipat	217
5.1.	Die Entstehung des Kaiserreichs und der Klassencharakter des Prinzipats	217
5.2.	Der Prinzipat bis zur Mitte des 1. Jh.	225
5.3.	Der Prinzipat in der zweiten Hälfte des 1. Jh.	238
5.4.	Politische Ideologie und Kultur im Prinzipat bis zum Ende des 1. Jh.	243
5.5.	Die wirtschaftliche Entwicklung im Prinzipat bis zum Ende des 1. Jh.	250
5.6.	Die politische Entwicklung des Prinzipats im 2. Jh.	258
5.7.	Die wirtschaftlichen und sozialen Verhältnisse im 2. Jh.	269
5.8.	Die kulturelle Entwicklung im 2. Jh.	275
5.8.1.	Die Verbreitung orientalischer Kulte und die Entstehung des Christentums	281
5.9.	Die gesellschaftliche Krise im 3. Jh. Der Untergang des Prinzipats	288
5.9.1.	Die politische Entwicklung bis zum Untergang des Prinzipats	294
5.10.	Die kulturelle Entwicklung in der Krise des 3. Jh.	308

6.	Die spätrömische Kaiserzeit. Der Dominat	317
6.1.	Die Grundlagen des Dominats	317
6.2.	Die Zeit Diokletians und Konstantins I.	321
6.3.	Von den Nachfolgern Konstantins I. bis zum Ende des 4. Jh.	338
6.4.	Die kulturelle Entwicklung im Dominat bis zum Ende des 4. Jh.	351
6.5.	Der Untergang des Weströmischen Reiches	358
6.6.	Die germanischen Staatenbildungen auf römischem Boden in der Völkerwanderungszeit	373
6.6.1.	Der Staat der Burgunder	373
6.6.2.	Die Staaten der Westgoten und der Sueben	374
6.6.3.	Der Staat der Vandalen	375
6.6.4.	Der Staat Odoakers und der Ostgoten	376
6.6.5.	Das Frankenreich	377
6.7.	Das Oströmische Reich (Byzanz) bis zur Zeit Justinians	378

7.	Anhang	383
7.1.	Quellen- und Literaturübersicht (empfehlende Bibliographie)	383
7.1.1.	Die wichtigsten literarischen Quellen (Textausgaben und deutsche Übersetzungen)	383
7.2.	Arbeiten der Klassiker des Marxismus-Leninismus	387
7.3.	Nachschlagewerke	388
7.4.	Allgemeine Darstellungen	388
7.5.	Die wichtigsten Periodica der DDR, die althistorische Arbeiten enthalten	389
7.6.	Spezielle Literatur	389
7.7.	Verzeichnis der Tafelabbildungen	391
7.8.	Kartenverzeichnis	393
7.9.	Tabelle der Maße und Münzen	394
7.10.	Zeittafel	394
7.11.	Personen- und Sachregister	408

Einleitung 1

Die Geschichte des römischen Staates ist ein wesentlicher Bestandteil der Geschichte der antiken Sklavereigesellschaft. Rom nutzte die Erfahrungen seiner Vorgänger im Vorderen Orient sowie vor allem der Etrusker, Griechen und Karthager und entwickelte sie weiter; es bildete für Jahrhunderte das Zentrum dieser ökonomischen Gesellschaftsformation. Auf der Grundlage der auf Sklaverei beruhenden Produktionsweise schöpfte Rom alle Möglichkeiten gesellschaftlicher Entwicklung aus; die Geschichte Roms steht für Jahrhunderte synonym für die Geschichte einer ganzen Gesellschaftsordnung. Rom prägte das Antlitz seiner historischen Epoche. In der materiellen wie geistigen Kultur schuf es wie Griechenland und die hellenistische Staatenwelt Werte, die zum kulturellen Erbe gehören und bis in die Gegenwart nachwirken.

Stand am Anfang der antiken Sklavereigesellschaft der Stadtstaat, die griechische Polis, so war im Verlaufe ihrer Entwicklung ein riesiges Weltreich entstanden, das Imperium Romanum, das von der Biskaya bis nach Mesopotamien, von Schottland bis zur Sahara und zum Sudan reichte. Dazwischen lag die Zeit des Hellenismus, in der versucht wurde, den Stadtstaat mit dem große Flächen umspannenden Staat zu verbinden. Da aber in den hellenistischen Reichen das ökonomische und soziale Erbe der altorientalischen Klassengesellschaft auf dem Lande kaum verändert wurde, erwiesen sie sich letztlich als zu instabil und mußten Rom weichen, das die letzte und höchste Entwicklungsstufe der Sklavereigesellschaft darstellte, wo der Sklave Hauptproduzent aller materiellen Güter wurde. Bildete die Arbeit der freien Bauern, Handwerker und Sklaven eine wichtige Voraussetzung für den Aufschwung der antiken Gesellschaft innerhalb der stadtstaatlichen Ordnung, so führten das Anwachsen der Sklaverei, die Entfaltung der Ware-Geld-Beziehungen, die zunehmende Arbeitsteilung, die sich zuspitzenden sozialen Widersprüche und die allmählich einsetzende hemmende Rolle der Produktionsverhältnisse zur Krise und schließlich zur Überwindung des Stadtstaates und des Hellenismus.

Vom Stadtstaat zum Weltreich

Die Geschichte Roms war in hohem Maße eine Geschichte von Klassenkämpfen, von heroischen Aktionen der Volksmassen, die auch am Untergang des römischen Staates maßgeblich beteiligt waren. Sie drängten in der frühen

Klassenkampf

Geschichte dieses Stadtstaates die herrschende Klasse dazu, ihre progressive Rolle wahrzunehmen; sie sind zusammen mit der herrschenden Klasse die Schöpfer dieses Staates. Die Klassen- und Ständekämpfe der frühen Republik trugen zur Ausformung der Spezifik von Ökonomie, Politik und Kultur der römischen Gesellschaft im stadtstaatlichen Rahmen und noch darüber hinaus bei. Die Volksmassen waren es auch, die schließlich diesen Staat entscheidend erschütterten und den Sieg einer höheren Gesellschaftsordnung ermöglichten. Die Kämpfe zwischen Sklaven und Sklavenbesitzern, zwischen freien Kleinproduzenten und Großgrundbesitzern, zwischen Schuldnern und Gläubigern, zwischen römischen Landmagnaten und der ausgebeuteten Bevölkerung in den Provinzen und nicht zuletzt zwischen Römern und Barbaren bildeten die hauptsächlichen Triebkräfte in diesem langwierigen Prozeß. Wenn auch der Spartacusaufstand noch keine revolutionäre Umwälzung einleitete, so erschütterte er doch die bestehende politische Ordnung und trug zusammen mit anderen Kräften zum Untergang der republikanischen Staatsordnung bei. In Rom erreichten die sozialen Widersprüche einen Höhepunkt; die Produktions- und Eigentumsverhältnisse wurden im römischen Imperium vielfältig und weitgehend entwickelt. Im Ergebnis der Klassen- und Ständekämpfe der frühen Republik erhielt eine breite Masse freier Bürger den Zugang zum privaten Eigentum am Boden; sie verhinderten, daß die Patrizier ihren Anspruch, einzige vollberechtigte römische Eigentümer zu sein, aufrechterhalten konnten.

Rom und seine Umwelt

Die frühe römische Geschichte, die Entstehung des römischen Stadtstaates, ist tief eingebettet in die Geschichte Altitaliens. Etrusker, die griechischen Stadtstaaten Süditaliens sowie die umbrisch-sabellischen Stämme standen in Beziehungen zu dem zunächst noch kleinen Gemeinwesen am Unterlauf des Tiber, das im 6. Jh. v. u. Z. unter etruskischer Herrschaft den Namen Roma erhielt. Etruskische wie griechische Städte, in denen sich bereits klassengesellschaftliche Strukturen herausgebildet hatten, übten einen bedeutenden Einfluß auf den entstehenden römischen Stadtstaat aus. Im Gegensatz zu Athen und anderen griechischen Städten können wir in Rom die kontinuierliche, organische Herausbildung der Klassengesellschaft und die Entstehung des Staates aus der sich zersetzenden Urgesellschaft nicht so deutlich fassen. Schon die ältesten Überlieferungen vermitteln kein klares Bild mehr von der römischen Gentilordnung, weil Rom von dem Zeitpunkt an, als es in das Licht der geschichtlichen Überlieferung tritt, sich in den Quellen bereits als etruskische Koloniegründung mit klassengesellschaftlichen Merkmalen darstellt. Nach der Beseitigung der etruskischen Königsherrschaft gegen Ende des 6. Jh. v. u. Z. wurde der latinisch-sabinischen Aristokratie, den Patriziern, in Rom der Weg zur Macht geebnet.

Die republikanische Staatsform entsprach der inneren Kräftekonstellation in Rom und war der adäquate Ausdruck für die ökonomisch und politisch beherrschende Stellung der Aristokratie im Rahmen des Stadtstaates. Diese Staatsform erfüllte die Aufgaben zur Leitung und Kontrolle eines überschaubaren Territoriums mit einer Wirtschaft, die noch auf unentwickelter Sklaverei und auf der Kleinproduktion freier Bauern und Handwerker beruhte. Nach der Vertreibung der Etrusker brauchte Rom rund 100 Jahre, um sich seinen Nachbarn gegenüber zu behaupten. In nicht ganz weiteren

Roms Expansion

1. Einleitung

150 Jahren unterwarf es alle Städte und Stämme Italiens. In dieser Zeit entwickelte und festigte sich die auf Sklaverei beruhende Produktionsweise, bis sie etwa seit dem Beginn des 2. Jh. v. u. Z. das gesamte gesellschaftliche Leben beherrschte. Nach der Eroberung Italiens führte Rom einen mehr als hundertjährigen Kampf gegen seinen bedeutendsten Rivalen im westlichen Mittelmeer, gegen Karthago. In drei Kriegen unterwarf es weite Teile des westlichen Mittelmeerraums, Karthago wurde zerstört; in mehreren Kriegen wurde Rom auch Herr des östlichen Mittelmeeres. Massen von versklavten Kriegsgefangenen, Frauen und Kinder eingeschlossen, dazu viele von Piraten verschleppte und auf Sklavenmärkten verkaufte Menschen förderten zeitweilig die Extensivierung der römischen, auf Sklaverei beruhenden Wirtschaft, die Bildung großer Latifundien, von denen sich die überwiegend mit Sklaven wirtschaftenden Großgrundbesitzer eine Erweiterung ihres Mehrprodukts erhofften. Diese Latifundien jedoch erwiesen sich bald als wenig rentabel, sie waren nur wenig mit dem Markt verbunden und bedeuteten nicht zuletzt durch die Konzentration zahlreicher Sklaven zunehmend eine Gefahr für den Staat. Zukunftsträchtiger erwies sich für die herrschende Klasse der Weg der Intensivierung der landwirtschaftlichen Produktion auf den kleineren und mittelgroßen Villenwirtschaften, die auf städtischem Territorium lagen, enger mit dem Markt verbunden waren und in denen eine kleinere, dafür aber überschaubare und leicht zu kontrollierende Zahl von Sklaven arbeitete, die durch Arbeitsteilung, Qualifizierung, Spezialisierung und kontinuierliche Tätigkeit über das ganze Jahr dem Sklavenbesitzer ein hohes Mehrprodukt zuführten. Dagegen ging die Zahl der freien kleinen Bauernwirtschaften Italiens zurück, ohne jedoch völlig an Bedeutung einzubüßen.

Im Zusammenhang mit den seit der Mitte des 2. Jh. v. u. Z. sich zuspitzenden sozialen Widersprüchen und den sich daraus ergebenden Klassenkämpfen sah sich der römische Staat, der trotz aller territorialen Expansion in seiner politischen Struktur ein Stadtstaat geblieben war, vor komplizierten Situationen. Die herrschende Klasse konnte ihnen nur begegnen, wenn sie sich über die traditionellen Formen bisheriger Machtausübung hinwegsetzte. Diese Formen reichten nicht mehr aus, die Existenz des Staates, der von mächtigen Volksbewegungen erschüttert wurde, im bisherigen Rahmen zu gewährleisten; nur unter Aufbietung aller militärischen Kräfte wurde Rom der Sklavenkriege Herr. Provinzen standen gegen die römische Unterdrückung auf. Mit Terror und in Straßenkämpfen zwang die Senatsaristokratie die Volksbewegung der landlosen und landarmen Bauern und der verarmten städtischen Bürger in Italien nieder. Nur mit Hilfe von Kompromissen und durch raffinierte diplomatische Methoden bezwang die herrschende Klasse die italischen »Bundesgenossen«, die nicht mehr länger als Menschen zweiter Klasse hinter den römischen Bürgern zurückstehen wollten. In römisches Gebiet eingedrungene germanische Stämme konnten erst nach schweren Kämpfen und Niederlagen bezwungen werden.

Volksbewegungen

Die republikanische Ordnung wurde ein Hemmnis für die weitere gesellschaftliche Entwicklung, die zur Errichtung einer antiken Form der Militärdiktatur drängte, wofür die Heeresreform des Marius, die Formen der Alleinherrschaft Sullas, des Pompeius und Caesars und das Triumvirat Octavians, Antonius' und Lepidus' Voraussetzungen schufen. Während der Bürgerkriege Caesars

Entstehung der antiken Militärdiktatur

lag die römische Republik in der Agonie, bis Octavian und Antonius ihr schließlich den Todesstoß versetzten.

Übergang zum Kaiserreich

Mit dem Übergang zum Kaiserreich vollzogen sich notwendige Veränderungen in der politischen Ordnung; es handelte sich aber dabei stets um Veränderungen im Rahmen der gegebenen Gesellschaftsordnung, innerhalb der Sklavereigesellschaft. Sie hatten nicht die Bedeutung einer sozialen und politischen Revolution. Noch war es möglich, mit Veränderungen der Machtstruktur der Krise Herr zu werden. Im 3. Jh. u. Z. war dieser Weg nicht mehr gangbar.

Grundlagen des Prinzipats

Das frühe römische Kaiserreich, der Prinzipat, befriedigte die politischen Bedürfnisse der herrschenden Klasse, die in der Sicherung und dem Ausbau ihrer politischen Macht bestanden, besser als die Republik. Repräsentierte in der Republik allein die Senatsaristokratie die politisch herrschende Klasse, so konnten Augustus und die folgenden Kaiser nicht umhin, alle Kreise der heterogenen Klasse der Sklavenbesitzer an der weiteren Entwicklung des Staates zu interessieren und neue Aktivitäten dafür auszulösen. Sonderrechte von Gruppierungen innerhalb der herrschenden Klasse galt es im Interesse der Klasse als Ganzes zu eliminieren, obgleich dieser Prozeß nur langsam in Gang kam. Der Prinzipat beruhte auf dem politischen Bündnis zwischen kaiserlicher Zentralgewalt, Senatsaristokratie, Ritterschaft und Munizipalaristokratie und auf der Ausbeutung der Sklaven sowie der freien und abhängigen Kleinproduzenten. Er verband sich mit wesentlichen Zügen der antiken Militärdiktatur, und zunehmend bestimmte das Heer, wer Herrscher sein sollte. Die republikanischen Staatsämter wurden zwar beibehalten, verloren aber als Träger politischer Macht ihre Bedeutung und wurden mehr und mehr Ehrenämter. Die Urbanisation der Provinzen förderte maßgeblich die Romanisierung des Reiches und trug entscheidend dazu bei, die auf Sklaverei beruhende Produktionsweise in den neu eroberten Gebieten, besonders in den Westprovinzen, zu verbreiten. Die ersten 200 Jahre des Prinzipats waren eine Zeit der erneuten, relativen Festigung der auf Sklaverei beruhenden Produktionsverhältnisse, die sich in den einzelnen Provinzen unterschiedlich durchsetzten. Die Wirtschaft erlebte einen Aufschwung, der Handel erreichte die entferntesten Provinzen, und römische Waren wurden darüber hinaus weit jenseits der Grenzen des Reiches gehandelt. An die Stelle der unzähligen Sklaven, die auf den Großgütern, den Latifundien, arbeiteten, begannen schon seit dem 2. Jh. v. u. Z. allmählich Pachtbauernwirtschaften zu treten, die von Kolonen bewirtschaftet wurden und in denen sich das System des Großgrundeigentums mit der abhängigen Kleinwirtschaft verband. Gegen Ende des 1. Jh. u. Z. hatte sich der Kolonat in Italien und in einigen Provinzen, vor allem in Nordafrika, durchgesetzt; aber der Kolonat bedeutete ursprünglich noch nicht die Krise der Sklaverei; er entwickelte sich *neben* den Villenwirtschaften und verbreitete sich dort erst in der späten Kaiserzeit. Auch besaßen anfänglich noch viele Kolonen eigene Sklaven. Nur *eine* Form der Sklaverei hatte sich als nicht mehr entwicklungsfähig erwiesen, und an ihre Stelle trat allmählich der Kolonat.

Krise der Sklaverei

Gegen Ende des 2. Jh. u. Z. entwickelte sich die allgemeine Krise der auf Sklaverei beruhenden Gesellschaftsordnung im Römischen Reich. Die Periode progressiver Entwicklung des Kolonats ging zu Ende; die Kolonen verschuldeten und wurden mehr und mehr vom Großgrundbesitzer persönlich abhängig. Gleichzeitig begann ein Prozeß, der zur sozialen Nivellierung aller ausgebeuteten Klassen und schließlich zu ihrer sozialen Assimilation führte, ohne daß damit bestehende rechtliche Unterschiede aufgehoben wurden. Die Städte verarmten und verschuldeten; die Finanzen waren zerrüttet, die militärische Kraft wurde schwächer. Die Sklaverei verlor ihre bis dahin überragende wirtschaftliche und soziale Bedeutung. Allmählich begann sich auch das politische Bündnis zwischen den einzelnen Schichten der herrschenden Klasse aufzulösen: Die Munizipalaristokratie verlor mit dem Niedergang der Stadt und der Sklaverei ihre Bedeutung, und es begannen die für das 3. Jh. typischen Auseinandersetzungen zwischen der Munizipalaristokratie und der Großgrundbesitzeraristokratie, die ihre Güter aus den städtischen Territorien nach dem Vorbild der kaiserlichen Domänen herausgelöst hatte.

In der Krise des 3. Jh. brach die politische Ordnung des Prinzipats zusammen. Die Großgrundbesitzeraristokratie ging aus den Kämpfen als Sieger hervor; sie wurde aber nicht zum Vorkämpfer für neue Eigentumsverhältnisse, sondern suchte unter allen Umständen die Verhältnisse des Kolonats und der Sklaverei zu erhalten. Die Munizipalaristokratie büßte ihre ökonomische und politische Vorrangstellung ein; die Sklavenbesitzer und die Sklaven bildeten nicht mehr die Hauptklassen der Gesellschaft. Wie am Ende der Republik, versuchte die herrschende Klasse durch eine erneute Veränderung der politischen Struktur die Krise zu überwinden. Aber es handelte sich jetzt nicht nur um eine Krise der politischen Ordnung, sondern um eine allgemeine, gesamtgesellschaftliche Krise, die durch bloße Strukturveränderungen der politischen Macht nicht mehr behoben werden konnte.

Kampf zwischen Großgrundbesitzer- und Munizipalaristokratie

Ende des 3. Jh. begann die Periode des späten römischen Kaiserreichs, des Dominats; herrschende Klasse wurde allein die Großgrundbesitzeraristokratie. Die Produktionsweise der Spätantike entsprach der einer untergehenden Sklavereigesellschaft mit Elementen künftiger feudaler Produktionsverhältnisse. Ausgebeutete Klassen waren die eingeschränkt selbständig wirtschaftenden Kolonen und die Sklaven, die sich, betrachten wir ihre Stellung im Produktionsprozeß und ihre soziale Lage, allmählich den Kolonen annäherten; ihr rechtlicher Status blieb unverändert. Der spätantike Kolonat modifizierte zwar die noch bestehenden antiken Eigentumsverhältnisse, veränderte sie aber nicht grundsätzlich, und er blieb daher ein Bestandteil der untergehenden Sklavereigesellschaft. Im 4. und 5. Jh. nahmen die Klassenkämpfe in verschiedenen Provinzen des Ostens wie des Westens den Charakter umfassender Volksbewegungen an. Vereinzelt trat die aufständische bäuerliche Landbevölkerung auch für die Stärkung ihrer bäuerlichen Besitzrechte gegenüber den Großgrundeigentümern auf. Zur Unterdrückung der Klassenkämpfe und zur Abwehr der äußeren Gegner gelangte die antike Form der Militärdiktatur auf die höchste Stufe ihrer Entwicklung. Unterschiedliche Entwicklungen im Osten und im Westen des Imperium Romanum führten im 4. Jh. zur Teilung in ein Oströmisches und ein Weströmisches Reich, wenn auch staatsrechtlich die Fiktion der Reichseinheit beibehalten wurde.

Grundlagen des Dominats

Im 5. Jh. traten germanische und andere Stämme und Stammesverbände an die Stelle der früheren Volksbewegungen. Sie zwangen dem weströmischen Staat für sie vorteilhafte Föderatenverträge ab und erlangten im Verlaufe des

Germanen im Weströmischen Reich

12 1. Einleitung

Untergang Westroms

Jahrhunderts ihre politische Unabhängigkeit. Ein Aufstand der germanischen Söldnertruppen in Italien, die die Aufteilung des Großgrundbesitzes und bäuerliche Besitzrechte am Land für sich forderten, führte im Jahre 476 das Ende des weströmischen Staates herbei. Die Masse der freien germanischen Bauern und Söldner widerstand im 5. Jh. den Versuchen des untergehenden Weströmischen Reiches, sie zu assimilieren und zu romanisieren, um sie in die römische Gesellschaft zu integrieren. Sie übernahmen von der römischen Sklavereigesellschaft gesellschaftliche Strukturelemente, die sie für ihre eigene staatliche und wirtschaftliche Entwicklung nutzen konnten, grenzten sich jedoch von Rom ab, nicht zuletzt durch die Übernahme des Arianismus. Diese werdende Klasse freier Kleinproduzenten veränderte schließlich die Produktions- und Eigentumsverhältnisse so gründlich, daß sie die bedeutendste revolutionäre Kraft wurde, die schließlich dem Neuen zum Durchbruch verhalf. Auch dort, wo sich die Volksbewegungen zur Rechtfertigung ihres Kampfes auf gesellschaftliche Lehren stützten, in denen es um die Wiederherstellung vergangener sozialer Zustände ging, trug dieses Ideengut dennoch fortschrittlichen Charakter, da der Kampf der Volksmassen dem objektiven historischen Prozeß entsprach.

Der Untergang der antiken Sklavereigesellschaft fiel nicht mit dem Sturz des letzten weströmischen Kaisers zusammen. Wohl bedeutete das Jahr 476 eine Zäsur, aber der Untergang der alten Ordnung war damit nicht abgeschlossen, die Übergangsepoche zum Feudalismus hatte erst begonnen. Gegen Ende des 6. Jh. war die alte Gesellschaft endgültig überwunden und der Weg frei für den kraftvoll einsetzenden Feudalisierungsprozeß.

Epoche der sozialen Revolution

In einer sozialen Revolution der freien und abhängigen Kleinproduzenten entstand im Verlaufe von etwa 400 Jahren die Gesellschaftsordnung des Feudalismus. Zur führenden gesellschaftlichen Kraft wurde in dieser Epoche der sozialen Revolution das germanische Königtum und seine Aristokratie; ein Teil der herrschenden Klasse der untergehenden Sklavereigesellschaft paßte sich den sozialen Veränderungen an und wurde ebenfalls Bestandteil der neuen herrschenden Klasse. Im 6./7. Jh. war die Frage: »Wer — Wen?«, die Frage nach der neuen politischen Macht in dieser sozialen Revolution im Interesse der entstehenden Feudalklasse entschieden worden. Zwar gab es auch im Feudalismus — sogar bis in die Neuzeit — Reste von Sklaverei, die aber im gesamtgesellschaftlichen Rahmen bedeutungslos blieben.

Die neue herrschende Klasse formierte sich im Untergangsprozeß zweier Gesellschaftsordnungen, der Sklavereigesellschaft und der Gentilordnung, und entstand selbst erst im Verlaufe des Feudalisierungsprozesses.

Ursachen der Größe Roms

Roms Beitrag zur Weltgeschichte und seine Größe lagen darin, daß sich die herrschende Klasse, gedrängt durch die Aktionen der Volksmassen, über die sozialen Widersprüche kompromißlos hinwegsetzte und die Möglichkeiten der auf Sklaverei beruhenden Gesellschaftsordnung voll ausschöpfte. Rom fand den für eine Sklavereigesellschaft einzig gangbaren Weg, um vom Stadtstaat zu einem hochentwickelten, über ein halbes Jahrtausend stabilen Großreich zu gelangen, das Möglichkeiten für die Entwicklung der Produktivkräfte bot, bis der Charakter der Produktionsverhältnisse die endgültige Schranke darstellte, innerhalb derer es keine Weiterentwicklung mehr gab. Dabei übernahm Rom Erfahrungen der hellenistischen Königreiche, ohne durch die dort weiterbestehenden altorientalischen Produktionsverhältnisse auf dem Lande behindert zu sein. In der Übergangsepoche zum Feudalismus entstanden in Europa Völker und Staaten, die für die Geschichte des Mittelalters und der Neuzeit von wesentlicher Bedeutung sein sollten.

Entstehung neuer Völker und Staaten

Auf den vorangegangenen Seiten wurde *eine* Hauptlinie der marxistischen Interpretation der römischen Geschichte gezeichnet; sie fußt vor allem auf Erfahrungen und Forschungen sowjetischer Historiker. An Arbeiten, z. B. von E. S. Golubcova, S. I. Kovalev, A. R. Korsunskij, V. I. Kuziščin, G. L. Kurbatov, N. A. Maškin, A. V. Mišulin, F. M. Nečaj, A. I. Pavlovskaja, M. E. Sergeenko, E. M. Štaerman, Z. I. Udal'cova und von S. L. Utčenko, orientiert sich die internationale marxistische Erforschung der römischen Geschichte. Hinzu kommen weitere wichtige Anregungen von Gelehrten aus anderen sozialistischen Ländern. Unterschiedliche Auffassungen und einen Meinungsstreit gibt es zu verschiedenen Problemen, etwa über die Bewertung der großen Sklavenaufstände der späten Republik als einer frühen Erscheinungsform der sozialen Revolution (S. L. Utčenko), über die Bedeutung des städtischen und außerstädtischen Grundeigentums für die Krise der antiken Eigentumsverhältnisse (E. M. Štaerman), über das Problem der Revolution in der Spätantike (A. R. Korsunskij), über die Entwicklung der Klassenstruktur im Verlaufe der römischen Geschichte (S. L. Utčenko, E. M. Štaerman), über die wirtschaftliche Entwicklung in der späten Republik und im frühen Kaiserreich (V. I. Kuziščin, M. E. Sergeenko) u. a. Die Verfasser des Lehrbuches haben mit eigenen Forschungsarbeiten, deren Ergebnisse vor allem in die Kapitel über die Geschichte der späten Republik, die Entstehung und Entwicklung des frühen Christentums und die Spätantike Eingang gefunden haben, ihren Beitrag geleistet. Der aktuelle Forschungstrend geht in den marxistischen Publikationen zur römischen Geschichte dahin, neue detaillierte Untersuchungen zu einzelnen Prozessen der römischen Sozial- und Wirtschaftsgeschichte stets im Zusammenhang mit einer Überprüfung des theoretischen und methodologischen Rüstzeugs vorzunehmen, um damit nicht nur schlechthin neue Tatsachen bekanntzumachen, sondern auch das theoretische und methodologische Instrumentarium zu verfeinern und zu erweitern. Systematische Untersuchungen zu längs- oder querschnittartig verfolgten Problemen und Erscheinungen sind zahlreicher als Gesamtdarstellungen. Marxistische Forschungen konzentrieren sich besonders auf soziale Übergangszonen, auf die Brennpunkte der Entstehung der römischen Gesellschaft, auf Probleme, die sich durch das Nebeneinanderbestehen römischer und hellenistischer Verhältnisse in den Ostprovinzen ergaben, sie beschäftigen sich mit der Peripherie des römischen Imperiums im Wechselverhältnis zu den noch in der Gentilordnung lebenden Stämmen, dem Übergang zur feudalen Gesellschaftsordnung und mit der Rolle der Volksmassen in der geschichtlichen Entwicklung.

Marxistische Geschichtsschreibung

Betrachtet man die erschienene Literatur zur römischen Geschichte in der internationalen marxistischen Geschichtswissenschaft insgesamt, so ist in vergangener Zeit eine Reihe von Spezialuntersuchungen erschienen, die besondere Beachtung verdienen. Die Entstehung des römischen Staates und den Kampf zwischen Patriziern und Plebejern stellten in vergangener Zeit vor allem F. M. Nečaj »Obrazovanie rimskogo gosudarstva« (Minsk 1972) und der ungarische Althistoriker E. Ferency »From the Patrician State to the Patricio-Plebeian State« (Amsterdam 1976) dar. Mit dem Thema der großen Sklavenaufstände in der späten Republik beschäftigten sich mehrere grundlegende Aufsätze des ungarischen Althistorikers E. Maróti und des tschechischen Althistorikers P. Oliva. Der französische marxistische Historiker J. P. Brisson veröffentlichte in seinem Buch »Spartacus« (Paris 1959) eine Geschichte der bedeutenden Sklavenerhebungen der späten Republik. E. M. Štaerman publizierte die Ergebnisse ihrer Arbeit in: »Die Blütezeit der Sklavenwirtschaft in der römischen Republik« (in deutscher Übersetzung, Wiesbaden 1969), und zusammen mit M. K. Trofimova setzte sie diese Studien für Italien im frühen Kaiserreich fort: »Rabovladel'českie otnošenija v rannej rimskoj Imperii« (Moskau 1971). Die Geschichte des letzten Jahrhunderts der römischen Republik stand im Mittelpunkt mehrerer Forschungsarbeiten von S. L. Utčenko, darunter »Cicero und seine Zeit« (Berlin 1978), »Julij Cesar« (Moskau 1976) und »Krizis i padenie rimskoj respubliki« (Moskau 1965). Soziale Veränderungen in der frühen Kaiserzeit untersuchte E. M. Štaerman in ihrem Buch »Die Krise der Sklavenhalterordnung im Westen des Römischen Reiches« (Berlin 1964). V. I. Kuziščin gab der wirtschaftsgeschichtlichen Forschung, die sich mit der Entwicklung der städtischen Villenwirtschaften und der Latifundien beschäftigt, in mehreren Aufsätzen und zwei Büchern »Genesis rabovladel'českich latifundij v Italii« (Moskau 1976) und »Rimskoje rabovladel'českoe pomest'e« (Moskau 1973) wesentliche neue Anregungen. In diesem Zusammenhang muß auch der Beitrag von M. E. Sergeenko über die Geschichte des römischen Handwerks »Remeslenniki drevnego Rima« (Leningrad 1968) genannt werden.

Die sozialen Kämpfe des 3. Jh. stehen auch im Mittelpunkt der Darstellung des italienischen Althistorikers M. Mazza »Lotte sociali e restaurazione autoritaria« (Catania 1970). Mehrere namhafte ungarische, rumänische und bulgarische Althistoriker und Archäologen haben die Geschichte ihrer Länder zur Zeit der römischen Herrschaft dargestellt. E. S. Golubcova veröffentlichte nach langjährigen Studien zwei Bücher zur hellenistischen und römischen Entwicklung Kleinasiens bis zum Ende des Prinzipats: »Sel'skaja obščina Maloj Azii (III. v. do n. ė. – III v. n. ė.)« (Moskau 1972) und »Idelogija i kultura sel'skogo naselenija Maloj Azii (I–III vv.)« (Moskau 1977). O. V. Kudrjavcev behandelte die Geschichte der Balkanprovinzen in römischer Zeit in seinem Buch »Ėllinskije provincii balkanskogo poluostrova vo vtorom veke n. ė.« (Moskau 1954). Eine neue zusammenfassende Darstellung der Entstehung des Christentums findet sich in dem Buch von M. M. Kublanov »Vozniknovenie Christianstva« (Moskau 1974).

Da die Geschichte des Oströmischen Reiches gewissermaßen den »Vorspann« zur byzantinischen Geschichte bildet, sei auch auf Arbeiten sowjetischer Byzantinisten, vor allem von A. P. Każdan, G. L. Kurbatov, M. J. Sjuzjumov und Z. I. Udal'cova hingewiesen.

Eine zusammenfassende marxistische Darstellung der Spätantike fehlt noch. Wichtige und orientierende Vorarbeiten dafür wurden jedoch besonders von E. M. Štaerman »Krizis antičnoj kul'tury« (Moskau 1975), I. F. Fichman »Egipet na rubeze dvuch epoch« (Moskau 1965) und »Oksirinch — gorod papirov« (Moskau 1976), N. V. Pigulevskaja »Byzanz auf den Wegen nach

1. Einleitung   15

Indien« (Berlin 1969), G. L. Kurbatov »Rannevizantijskij gorod« (Leningrad 1962), Z. I. Udal'cova »Italija i Vizantija v VI veke« (Moskau 1959), A. R. Korsunskij »Gotskaja Spanija« (Moskau 1969) und von G. G. Diligenskij »Severnaja Afrika v IV–V vekach« (Moskau 1961) geleistet.

Als ein Beitrag von Althistorikern der DDR zur Erforschung der römischen Geschichte muß das Erscheinen von zwei repräsentativen Sammelbänden angesehen werden: »Die Rolle der Volksmassen in der Geschichte der vorkapitalistischen Gesellschaftsformationen«, hg. von J. Herrmann und I. Sellnow (Berlin 1975) und »Beiträge zur Entstehung des Staates«, hg. von J. Herrmann und I. Sellnow (Berlin 1973).

In größeren zusammenhängenden sozial- und kulturgeschichtlichen Abhandlungen, im zweiten Band der »Kulturgeschichte der Antike: Rom«, hg. von R. Müller (Berlin 1978), im Abriß »Weltgeschichte bis zur Herausbildung des Feudalismus«, hg. von I. Sellnow (Berlin 1977), sowie in der Monographie von J. Herrmann »Spuren des Prometheus« (Leipzig–Jena–Berlin 1975) werden grundlegende Prozesse gesellschaftlicher Entwicklung im antiken Rom in marxistischer Sicht dargestellt.

In stärkerem Maße widmeten sich Althistoriker der DDR der Geschichte der römischen Kaiserzeit, der Spätantike und der Geschichte der germanischen Stämme und Stammesverbände. Hier sind vor allem die Forschungen und Publikationen von W. Seyfarth »Römische Geschichte. Kaiserzeit« in zwei Bänden (Berlin 1974) und »Soziale Fragen der spätrömischen Kaiserzeit im Spiegel des Theodosianus« (Berlin 1963), von W. Hartke »Römische Kinderkaiser« (Berlin 1951), von K.-P. Johne »Kaiserbiographie und Senatsaristokratie« (Berlin 1976), von W. Held »Die Vertiefung der allgemeinen Krise im Westen des Römischen Reiches« (Berlin 1974), von R. Günther und H. Köpstein (Herausgeber) »Die Römer an Rhein und Donau« (Berlin 1975) und von H.-J. Diesner »Kirche und Staat im spätrömischen Reich« (Berlin 1963), »Der Untergang der römischen Herrschaft in Nordafrika« (Weimar 1964) und »Die Völkerwanderung« (Leipzig 1976) zu nennen.

Für den Ausgang der römischen Geschichte sind auch byzantinistische und religionsgeschichtliche Arbeiten, vor allem von J. Irmscher, H. Ditten, H. Köpstein, F. Winkelmann, P. Nagel und K. Rudolph, zu beachten.

Eine grundlegende Darstellung der Entwicklung römischer Eigentumsverhältnisse enthält das Buch von E. Ch. Welskopf »Die Produktionsverhältnisse im Alten Orient und in der griechisch-römischen Antike« (Berlin 1957). M. Robbe nahm mit seiner Arbeit »Der Ursprung des Christentums« (Leipzig–Jena–Berlin 1967) eine marxistische Interpretation der Entstehung des Christentums vor. Die stadtrömischen Denkmäler der materiellen Kultur beschrieb E. Paul in seinem Buch »Antikes Rom« (Leipzig 1970); ein »Abriß der griechischen und römischen Kunst« (Leipzig 1970) stammt aus der Feder von G. Zinserling.

Die Geschichte der Germanen stand in den vergangenen Jahren im Mittelpunkt intensiver Forschungen, die sich in zahlreichen Aufsätzen und mehreren großen Publikationen niederschlugen. An dieser Stelle sollen besonders die Werke »Gesellschaft und Kunst der Germanen« von G. Behm-Blanke (Dresden 1973), »Germanen zwischen Thorsberg und Ravenna« von F. Schlette (Leipzig–Jena–Berlin 1974, zweite Auflage), das Handbuch »Die Germanen«,

Band 1, hg. von B. Krüger (Berlin 1976, Band 2 in Vorbereitung) und der Sammelband »Römer und Germanen in Mitteleuropa«, hg. von H. Grünert (Berlin 1976, zweite Auflage) hervorgehoben werden.

In diesen und anderen Arbeiten leisteten DDR-Historiker einen wesentlichen Beitrag zur internationalen Erforschung der Geschichte der römischen Kaiserzeit und der Germanen.

Die bürgerliche Historiographie zur Geschichte des antiken Rom hat in Europa eine Tradition, die bis in die Zeit der Renaissance zurückreicht. Besonders seit dem Beginn des 19. Jh. wuchs das Interesse an der römischen Geschichte. Historiker, Altphilologen und Archäologen bereicherten mit ihren Forschungen das Tatsachenmaterial und vervollkommneten die Forschungsmethoden. Andererseits modernisierten und idealisierten bürgerliche Wissenschaftler die römische Gesellschaft, beschrieben vor allem die politische und Kulturgeschichte, einige standen auch dem überlieferten Quellenmaterial mit übertriebener Skepsis gegenüber. Im einzelnen besitzen die meisten jener Werke zwar einen bedeutenden wissenschaftsgeschichtlichen Wert, sind sie doch oft eine wichtige Quelle für die Geschichte der bürgerlichen politischen Ideologie, in die sie die römische Geschichte einbetteten, doch ist die geschichtliche Darstellung meist veraltet.

In ihrer Gesamtheit ist die Literatur zur römischen Geschichte heute nur noch mit Hilfe moderner Datenverarbeitung überschaubar. In den meisten kapitalistischen Ländern Europas und in den USA erschienen in den vergangenen drei Jahrzehnten zahlreiche Abhandlungen. Über sie informiert K. Christ »Römische Geschichte. Einführung. Quellenkunde. Bibliographie« (Darmstadt 1973), der auszugsweise auch Titel aus sozialistischen Ländern erwähnt.

Bürgerliche Geschichtsauffassungen

Die bürgerlichen Verfasser haben in ihren Arbeiten neues Tatsachenmaterial veröffentlicht und zur weiteren Erforschung der römischen Provinzialgeschichte beigetragen, auch wurden auf dem Gebiet der prosopographischen Forschung ansprechende Leistungen vorgelegt. Mehr Althistoriker als in früheren Jahrzehnten wandten sich sozialgeschichtlichen Fragen zu. Die politisch-ideologische Grundhaltung wurde jedoch bestimmt von Theorien, wie der »Abendland«theorie, der Idealisierung des antiken Individualismus, dem Europazentrismus, Strukturalismus und einer überhöhten Rolle der christlichen Kirche. Immer deutlicher wird ein Trend vor allem in der BRD-Geschichtsschreibung, die Geschichte der unterdrückten Klassen in der antiken Sklavereigesellschaft, namentlich der Sklaven gewissermaßen als »Sozialpartner« in das herrschende Gesellschaftssystem zu integrieren und die antagonistischen Klassengegensätze zu verschleiern. Das Ausbeutungssystem der römischen Gesellschaft wird teilweise idealisiert, man propagiert den römischen Konservatismus und den Persönlichkeitskult. Die imperialistischen· »Entwürfe für Europa« werden als Bewahrung und Fortsetzung des »antiken Erbes« demonstriert.

Wie in der Gegenwart sucht man in der römischen Vergangenheit einen Pluralismus von Kulturen und sozialen Schichten; Klassenkampf und eine gesetzmäßige Entwicklung der Gesellschaft werden strikt geleugnet. Die Sklaverei wird häufig einseitig, lediglich als sozialpsychologisches Problem behandelt.

1. Einleitung

Hauptvertreter dieser Auffassungen sind Joseph Vogt[1], Hermann Bengtson[2], Franz Bömer[3], Siegfried Lauffer[4] und Alfred Heuß[5]. Strukturalistische Theorien wurden in jüngster Zeit vor allem von Géza Alföldy[6] vorgetragen.

Die Geschichtsschreibung der BRD hat kaum neue theoretische Konzeptionen zur römischen Geschichte hervorgebracht. Sie geht auf Anschauungen der bürgerlichen Geschichtsphilosophie der zwanziger Jahre dieses Jahrhunderts (O. Spengler) oder noch früher zurück. Besondere Resonanz finden die Theorien von A. Toynbee. Dabei wird in zahlreichen Darstellungen zur römischen Geschichte ersichtlich, daß nämlich bedeutende Einzelleistungen und wichtige Teilergebnisse, gründliche auf philologischer Kritik beruhende Interpretationen antiker Quellen in ihrer Aussagekraft nicht *die* Bedeutung erlangen, weil sie in das dominierende konservative Geschichtsbild hineingepreßt werden.

Bürgerliche Geschichtsphilosophie

Neben den literarischen Quellen (S. 383) gewinnen in immer größerem Umfang die archäologischen Quellen, Denkmäler der materiellen Kultur, zunehmende Bedeutung. Sie ergänzen, korrigieren und präzisieren die Aussagen der literarischen Quellen und sprechen uns unvermittelter an. Denn bei der kritischen Würdigung der antiken Geschichtsschreibung darf nicht übersehen werden, daß ihre Verfasser den Standpunkt dieser oder jener Richtung der herrschenden Klasse wiedergeben.

Die uns erhaltenen antiken Geschichtsquellen, die in den entsprechenden Kapiteln des Buches ihre Würdigung finden, geben im allgemeinen einen guten Überblick über die römische Geschichte, obwohl manche Zeitabschnitte besser, andere weniger gut überliefert sind. Viele Werke der römischen Geschichtsschreibung sind nur mit dem Titel oder in Bruchstücken erhalten. Es bleibt zu hoffen, daß Ausgrabungen weitere Reste antiken Schrifttums zutage fördern, wie sich dies in den vergangenen Jahrzehnten durch Funde in Höhlen am Nordwestrand des Toten Meeres (Qumran) und im ägyptischen Wüstensand (Nag Hammadi) für die religionsgeschichtliche Forschung ergeben hat. Daher verfolgen die Althistoriker auch mit großem Interesse die alljährlichen Neufunde antiker Inschriften und Schriftrollen (Papyri), die wichtige Geschichtsquellen darstellen und von den Hilfswissenschaften der Epigraphik und der Papyrologie der wissenschaftlichen Arbeit zugänglich gemacht werden. Bedeutsam für die wirtschafts- und kulturgeschichtliche Forschung ist die Numismatik. Die Verbreitung der Münzen, die Entwicklung des Münzgewichts und ihres Feingehalts an Edelmetallen, des Wechselverhältnisses zwischen den Münzmetallen, aber auch die Münzbilder und -aufschriften, bedeuten eine wertvolle Erweiterung des antiken Quellenmaterials.

Geschichtsquellen

Horst Dieter/Rigobert Günther

---

1 Constantin der Große und sein Jahrhundert, 2. Aufl. München 1960, Der Niedergang Roms, Zürich 1965, Sklaverei und Humanität. Studien zur antiken Sklaverei und ihrer Erforschung, 2. Aufl. Wiesbaden 1972.

2 Grundriß der römischen Geschichte mit Quellenkunde. I. Republik und Kaiserzeit bis 284 n. Chr., 2. Aufl. München 1970.

3 Untersuchungen über die Religion der Sklaven in Griechenland und Rom, 4 Bände, Wiesbaden 1958–1964.

4 Die Sklaverei in der griechisch-römischen Welt. XI. Internat. Historikerkongreß, Rapports, Bd. II, Stockholm 1960, S. 71–97.

5 Römische Geschichte, 3. Aufl. Braunschweig 1971.

6 Römische Sozialgeschichte, Wiesbaden 1975.

Entstehung und Konsolidierung des römischen Staates

2

Altitalien an der Wende vom 2. zum 1. Jt. v. u. Z.   2.1.

Italien, die Apenninenhalbinsel, lag im 2. Jt. v. u. Z. am Rande klassengesellschaftlicher Zentren, die teilweise schon zu Beginn des 3. Jt. v. u. Z. im östlichen Mittelmeerraum entstanden waren (z. B. Ägypten). Wie archäologische Funde aus Italien und Sizilien zeigen, bestanden bereits in der Bronzezeit (seit etwa 1700 bis zum Ende des 2. Jt. v. u. Z.) recht enge Verbindungen zum Balkan, zur ägäischen und insbesondere zur mykenischen Welt. Träger dieser Beziehungen waren die höherentwickelten Gesellschaften der genannten Gebiete, da die Bevölkerung der Apenninenhalbinsel auf der Grundlage von Viehzucht und Ackerbau noch in urgesellschaftlichen Verhältnissen lebte und ein spezialisiertes Handwerk sowie der Warenhandel hier vorerst nur sporadisch anzutreffen waren.

Die natürlichen Bedingungen Italiens lenkten seine Bewohner ohnehin stärker Natürliche
auf die landwirtschaftliche Produktion. Charakteristisch ist im allgemeinen Bedingungen
das milde Mittelmeerklima, nur der Norden des Landes hat bisweilen kalte Winter und durchgehend reichliche Niederschläge, in Mittelitalien sind sie auf Frühjahr und Herbst beschränkt. Unteritalien und Sizilien gehören in den Bereich der Subtropen. Der Boden ist in einigen Gebieten sehr fruchtbar, so in Kampanien, Latium und in der Po-Ebene; in anderen Gegenden, besonders in Süditalien, bestanden günstige Voraussetzungen für die Viehzucht. An Bodenschätzen war Italien im Vergleich zu Spanien und dem Balkan bedeutend ärmer. Der Apennin führte keine Erze, lediglich das toskanische Gebirge (der Antiapennin), Bruttium, die Inseln Elba und Sardinien. Die Flüsse hatten für das Wirtschaftsleben nur geringe Bedeutung. Schiffbar waren lediglich Po und Tiber (bis auf die Höhe von Rom). Auf anderen Flüssen transportierte man auf Booten Waren vornehmlich für den inneren Markt. Die Küsten waren nicht so reich gegliedert wie etwa diejenigen Griechenlands. Dadurch erklärt sich der Mangel an natürlichen Häfen; außerdem fehlte es an einer großen Anzahl der Küste vorgelagerter Inseln, was nicht dazu angetan war, die Bewohner frühzeitig auf das Meer zu weisen. Das führte zusammen mit der Fruchtbarkeit des Bodens dazu, daß die Wirtschaft zunächst fast ausschließlich agrarisch orientiert war, was ein relativ langsames gesellschaftliches Entwicklungstempo nach sich zog.

2*

20   2. Entstehung und Konsolidierung des römischen Staates

Da es in Italien keine Flußkulturen wie im Alten Orient gab, waren hier auch keine umfangreichen, d. h. großen Kooperationen, wie z. B. in Mesopotamien und Ägypten, erforderlich, abgesehen von einigen regional bzw. zeitweilig notwendigen Ent- und Bewässerungen (Latium, Etrurien, Po-Ebene). Daher bestand auch nicht das Bedürfnis nach einer starken Zentralgewalt, die als ökonomische Leitungsinstanz umfangreiche Gemeinschaftsarbeiten organisierte. Diese unterschiedlichen Voraussetzungen führten im Gegensatz zum Alten Orient in Italien schließlich zum antiken Entwicklungsweg der Klassengesellschaft.

Von den Völkern, die im 2. Jt. die Apenninenhalbinsel bewohnten, sind lediglich die Ligurer näher bekannt. Sie lebten in weiten Teilen Norditaliens und wurden im 1. Jt. von anderen Völkerschaften in die schwer zugänglichen Gebiete des nordwestlichen Italiens zurückgedrängt. Um 1500 v. u. Z. entstand nördlich des Apennin, vor allem südlich des mittleren und unteren Po,

Terramare-kultur

die Terramarekultur (vom ital. Dialektausdruck *terra marna*, fette Erde). Die mit ihr auftretenden Neuerungen betrafen die Brandbestattung (Pozza-Gräber; von ital. *pozzo*, Brunnen), Pfahlbauten mit Wall und Wassergraben (Palafitte), die Buckelkeramik und das Auftreten des Pferdes. Alle diese Erscheinungen werden mit Einwanderern aus dem Gebiet der mittleren Donau in Verbindung gebracht.

Einwanderung der Italiker und Illyrer

Die ältesten namentlich faßbaren Einwanderer waren die indoeuropäischen Sikuler, die sich an der Südspitze der Halbinsel und im östlichen Sizilien niederließen. Die dort ansässigen Sikaner wurden auf den Westteil der Insel verdrängt, wo außer ihnen noch die Elymer wohnten (um den Berg Eryx). Als erste Italiker erschienen die Latino-Falisker, die auf dem Landwege von Nordosten her kamen (vermutlich im 12./11. Jh). Während die Stämme der Euganeer und Cammuner in Norditalien verblieben, zogen die übrigen weiter und ließen sich in Mittelitalien im Gebiet zwischen dem Unterlauf des Tiber und Circei nieder. Ein kleinerer Teil dieser Gruppe, die Falisker, siedelte sich in der südlichen Toskana an, wo die Stadt Falerii Mittelpunkt ihres Gebietes wurde.

Diesen ersten Italikern folgten etwa 200 Jahre später mit einer zweiten Einwanderungswelle die Osko-Umbrer, auch Umbro-Sabeller genannt, eine aus zahlreichen größeren und kleineren Stämmen bestehende Völkergruppe. Ihr Siedlungsgebiet erstreckte sich von Umbrien in Norditalien bis zum äußersten Süden (Bruttium und Lukanien). Die hier noch ansässigen Sikuler zogen über die Meerenge nach Sizilien. Die bedeutendsten Stämme waren die Umbrer, Sabeller und Osker. Die Umbrer besiedelten die Gebiete östlich des mittleren und oberen Tiber und drängten die Ligurer in das nordwestliche Italien zurück. Die sabellischen Stämme der Sabiner, Marser, Aequer, Herniker, Volsker u. a. ließen sich im mittleren Italien nieder. Die vier erstgenannten gerieten frühzeitig unter den Einfluß der Römer und wurden dadurch weitgehend latinisiert. Die volkreichen Stammesbünde der Samniten, Lukaner und Bruttier als bedeutendste unter den oskischen Stämmen nahmen das südliche Italien in Besitz.

Den beiden Gruppen der Italiker folgten illyrische Stämme, die sich an der italischen Ostküste von Ancona bis Kalabrien festsetzten: Messapier, Japyger, Sallentiner, Peucetier, Poediculer, Daumier, Calabrier, Picenter u. a. Im

2.1. Altitalien an der Wende vom 2. zum 1. Jt. v. u. Z.

Nordosten Italiens erschienen schließlich die Veneter, die nach dem Bericht des Livius (1, 1, 2—3) die Euganeer in das Bergland der Voralpen zurückdrängten. Die eingewanderten Völkerschaften gingen mit der altmediterranen Bevölkerung vielfältige Verbindungen ein, und bis zum 8. Jh. hatten sich die Völkerschaften herausgebildet, die Träger der weiteren historischen Entwicklung waren.

Das Erscheinen fremder Einwanderer auf der Apenninenhalbinsel war ein Teil jener umfassenden Völkerbewegung an der Wende vom 2. zum 1. Jt. (etwa 1200—800), die wahrscheinlich im südlichen Mitteleuropa und im nordwestlichen Balkan ihren Ausgangspunkt hatte und in deren Verlauf u. a. die Dorer nach Südgriechenland, die Phryger nach Kleinasien und die Philister nach Palästina gelangten.

Mit dem Beginn des 1. Jt. traten die Völkerschaften Italiens in die Eisenzeit ein. Die in der frühen Eisenzeit (Ende 10. bis Ende 6. Jh. v. u. Z.) auf der Apenninenhalbinsel am weitesten verbreitete archäologische Kultur war die Villanovakultur. Sie trägt ihren Namen nach dem Hauptfundort, einem Dorf nahe Bologna, und erstreckte sich hauptsächlich über die Toskana, Latium und die heutige Provinz Emilia. Die ethnische Zuordnung ihrer Träger ist noch immer nicht eindeutig, weil sich ihr Verbreitungsgebiet nicht mit dem Siedlungsgebiet eines einzelnen Volkes deckt. Verschiedene alteingesessene und eingewanderte Stämme nahmen die Villanovakultur auf und verbreiteten sie. Im Norden wurden die Veneter Träger der gleichzeitigen Estekultur (Este, I—III), die sich von den Euganeer Bergen bis zum Isonzo erstreckte. Die Veneter brachten das Reiten und den Reiterkrieg nach Italien. Südlich der Linie Rom—Ancona war bis tief in die frühe Eisenzeit hinein die bronzezeitliche Apenninenkultur wirksam.

Villanovakultur

Mit der Villanovakultur traten einige bemerkenswerte Neuerungen auf. Die bereits um die Mitte des 2. Jt. in Norditalien greifbare Brandbestattung breitete sich jetzt über ganz Italien aus. Aschenurnen in Form der doppelkonischen Villanova-Urne und der Hausurne wurden in brunnenartige Vertiefungen gestellt und mit einer Deckplatte abgeschlossen. Daneben war vor allem in den südlichen Teilen der Halbinsel nach wie vor die Erdbestattung gebräuchlich (Fossa-Gräber, auch Langgräber genannt; von ital. *fossa*, Grube).

Im 8. Jh. wurde die Verwendung von Eisen allgemein üblich. Wichtigste Grundlage der Metallproduktion in den Gebieten der Villanovakultur waren die Erzgruben der südlichen Toskana. Antennenschwerter, toreutische Erzeugnisse (breite Gürtelbleche, Situlen, aus Bronzeblech gefertigte Feldflaschen) und der Formenreichtum an Fibeln weisen auf Verbindungen mit Völkerschaften nördlich der Alpen hin. Östliche Einflüsse zeigen sich besonders in den seit dem 9. Jh. auftretenden Mäanderdekorationen. Im folgenden Jahrhundert finden sich in den Gräbern Mittelitaliens schon häufiger Teile von Pferdegeschirren. In der frühen Eisenzeit dehnten sich die Handelsbeziehungen der Bewohner Italiens mit der Hallstattkultur (nach einem Ort in Oberösterreich genannt), mit dem Balkan und mit Nordafrika weiter aus. Von den beachtlichen Ausmaßen des Seehandels zeugen Darstellungen auf einer Stele aus Picenum (6. Jh. v. u. Z.). Sie zeigen einmastige Schiffe mit viereckigem Segel, Ruderer und Schiffe im Kampf. Aufschlußreich ist weiterhin die seit dem 8. Jh. nachweisbare Beigabe von Waffen in Gräbern. Nicht

Verwendung von Eisen

Militärische Demokratie

2. Entstehung und Konsolidierung des römischen Staates

zuletzt macht die Einführung von Reiterkriegern deutlich, daß der Krieg in dieser Zeit zu den »regelmäßigen Funktionen des Volkslebens« gehörte, »stehender Erwerbszweig« wurde.[1] Die sich jetzt häufenden Zerstörungshorizonte in den Siedlungen stützen zusätzlich die Erkenntnis, daß sich die Gentilgesellschaft bei der Mehrzahl der italischen Völkerschaften zur »militärischen Demokratie«[2] hin fortentwickelt hatte. Im Zusammenhang mit dem seit dem 8. Jh. v. u. Z. einsetzenden enormen wirtschaftlichen Aufschwung vollzog sich eine fortschreitende Eigentumsdifferenzierung, die durch die Kriege wesentlich gefördert wurde. Vielfach treffen wir auf Gräber mit einer reicheren Ausstattung als andere, was auf die Herausbildung einer Oberschicht, einer Stammesaristokratie, hinweist. In vielen Teilen Italiens traten Könige auf, eigentlich gewählte Heerführer, die ihre Positionen durch die Anlage stadtähnlicher Siedlungen zu festigen suchten. Es setzte der Prozeß der Auflösung der urgesellschaftlichen Ordnung ein.

Zwei Völker übten in der ersten Hälfte des 1. Jt. einen nachhaltigen Einfluß auf die Entwicklung der italischen Völkerschaften aus: die Etrusker und die Griechen.

Etrusker

Die Herkunft der Etrusker (gr. *Tyrrhenoi*; lat. *Tusci*) ist nach wie vor umstritten. Einige Forscher schließen sich der von Herodot (1, 94) vorgetragenen Auffassung an, nach der die Etrusker aus dem westlichen Kleinasien stammen; andere vertreten die These des Dionysios von Halikarnassos (1, 27 ff.), der annahm, die Etrusker seien überhaupt nicht eingewandert, sondern schon immer in Italien ansässig gewesen. Demgegenüber tritt eine im 19. Jh. (u. a. von Niebuhr) geäußerte Vermutung einer von Norden her erfolgten Einwanderung der Etrusker heute in den Hintergrund. Die Etrusker selbst nannten sich Rasenna und neigten dazu, ihre Herkunft aus Kleinasien herzuleiten. Sprachlich finden sich Beziehungen der Etrusker zu altägäischen und altkleinasiatischen Sprachen; auch die Grabanlagen Etruriens aus dem frühen 1. Jt. weisen auf Kleinasien hin (Kuppelgrab). Die etruskische Sprache, aus Inschriften mit griechischen Buchstaben seit dem 7. Jh. bekannt, ist bis heute noch nicht völlig erschlossen; lediglich einige stereotype Formeln und Begriffe konnten bisher gedeutet werden. Die neuere Forschung (z. B. Altheim) neigt dazu, die Ethnogenese des etruskischen Volkes aus der Verschmelzung von Einwanderern aus dem Osten mit anderen Volkselementen in Italien zu erklären. In den Etruskerorten sind je nach Gebiet ligurische, illyrische, latino-faliskische, griechische und besonders umbrische Bevölkerungsgruppen festzustellen. Die östlichen Einwanderer waren vermutlich der politisch herrschende Stamm oder Stammesverband, der seiner Sprache den anderen Sprachen und Dialekten gegenüber die Vorrangstellung sicherte.

Das Volk der Etrusker wohnte in dem Gebiet zwischen Arno und Tiber. Der Beginn der städtischen Zentren fällt in die Zeit des 9. und 8. Jh. v. u. Z. Sie waren in der Regel im Binnenland an natürlich befestigten Plätzen angelegt, ausgenommen Populonia, die einzige Hafenstadt Etruriens. Die Wirtschaft der Etrusker beruhte auf dem Ackerbau, der in den Ebenen in Verbindung mit umfangreichen Entwässerungsarbeiten betrieben wurde. Hochentwickelt

Wirtschaft

---

1 Fr. Engels, Der Ursprung der Familie, des Privateigentums und des Staats, in: MEW, Bd. 21, Berlin 1962, S. 159 f.

2 Fr. Engels, a. a. O., S. 159.

2.1. Altitalien an der Wende vom 2. zum 1. Jt. v. u. Z.   23

war die Keramikproduktion, die vielfach griechische Vorbilder nachahmte. Etrurien war auf der Apenninenhalbinsel das Zentrum der Metallgewinnung und -verarbeitung. Die Erzgruben der südlichen Toskana und der Insel Elba boten die für diesen Produktionszweig erforderlichen Rohstoffe in Gestalt von Kupfer- und Eisenerzen.

Im 6. Jh. v. u. Z. wuchs merklich die Aktivität der Etrusker zur See. Auf etruskischen Vasen erschienen erstmalig Abbildungen von Kriegsschiffen und Seeschlachten. Die Etrusker begannen jetzt mit den Griechen von Massilia zu konkurrieren, eine von der kleinasiatischen Stadt Phokaia um 600 v. u. Z. gegründete griechische Kolonie. Als um 540 v. u. Z. die Etrusker und die mit ihnen verbündeten Karthager die phokäischen Griechen bei Alalia in einer Seeschlacht besiegten, geriet Korsika unter die Kontrolle der Etrusker.

Die Grabdenkmäler, Hauptquelle unserer Kenntnisse über die Etrusker, bieten seit dem 8. Jh. klare Anhaltspunkte dafür, daß sich die soziale Dif- Gesellschafts-
ferenzierung merklich vertieft hatte. Die Beigaben wurden überaus mannig- struktur
faltig und umfangreich, und im Verlaufe des 7. Jh. nahmen die Gräber von Angehörigen der Stammesaristokratie monumentale Ausmaße an (Kammer- und Kuppelgräber). Die Grabmalereien des 6. und 5. Jh. v. u. Z. haben vor allem athletische Wettkämpfe, üppige Gelage und Tänze zum Inhalt. Das Auftreten des Streitwagens, eines aristokratischen Kampfmittels, zeugt eben- falls von der Existenz einer bevorrechtigten Schicht. Auch im Totenkult gibt es Anzeichen hierfür: Der Tote fuhr, unter einem großen Schirm sitzend oder stehend, auf einem von einem Pferd gezogenen Wagen in die Unterwelt. Dabei wurde der Verstorbene von einem Diener oder einem Unterweltsdämon be- gleitet (»*Charun*«; gr. *Charon*).

Rituelle Sklavenbestattungen in den etruskischen Nekropolen und inschrift- liche Erwähnungen von Freigelassenen (*lautni*) zeugen zwar von der Existenz der Sklaverei, doch war sie im Wirtschaftsleben keineswegs führend. Die antike Überlieferung weist auf eine Vielzahl von Dienern in den Haushalten wohlhabender Etrusker hin. Bei diesen Dienern (etr. *etera*, Diener) dürfte es sich um Sklaven gehandelt haben. Die Hauptproduzenten in der etruskischen Gesellschaft waren freie und abhängige Bauern, die nach Berichten antiker Historiker beim Bau von Entwässerungsanlagen, städtischen und sakralen Einrichtungen Zwangsarbeit zu leisten hatten.

Die etruskische Religion war von Ahnenkult, Dämonen- und Jenseitsglauben Religion
geprägt. Erwähnt wird ein Unterweltsgott Mantus.[3] Hauptgott war offenbar der mehrfach auf Votivtafeln erscheinende Tinia. Dieser stellte mit Uni, der Hauptgöttin Vejis, und der in Südetrurien verehrten Menrva vermutlich das Vorbild für die römische Trias Iupiter, Iuno und Minerva dar. Heilige Bücher, die auf den Weisen Tages zurückgeführt werden, enthalten eine Fülle von religiösen Vorschriften und Riten, die die Beziehungen zwischen Göttern und Menschen regelten. Einen großen Raum nahm die Erforschung des göttlichen Willens ein, was hauptsächlich durch die Opferschau (*haruspicina*) geschah. Die berühmte bronzene »Leber von Piacenza« kann als ein Muster hierfür gelten. Die Einteilung in Felder, die Namen von Gottheiten enthielten, hatte ihre Parallele in Babylonien und bei den Hethitern. Auch im Vogelflug (*augurium*)

---

3 Servius (4. Jh. u. Z.), *ad Aen.*, 10, 198.

glaubten die Etrusker göttliche Vorzeichen zu erkennen. Die Römer hielten die etruskischen Riten *(disciplina etrusca)* für geeignet, den Frieden mit den Göttern *(pax deorum)* zu erhalten, und übernahmen die entsprechenden Deutungsvorschriften. Der weitverbreitete Totenkult zog den Bau von Totenstädten mit Mauern und Straßen und die Anlage monumentaler Gräber für reiche Verstorbene nach sich. Ihnen zu Ehren wurden auch Fechterspiele (Gladiatorenspiele) veranstaltet.

Kunst
Die etruskische Kunst, deren Zeugnisse zum größten Teil verlorengegangen sind, war nicht homogen und wies altmediterrane, altitalische, ägäisch-anatolische, phönikische und ägyptische Elemente auf. Plastik, Malerei und Tempelbau der Etrusker entstanden im 6. Jh. v. u. Z. Die etruskischen Tempel waren überaus reichhaltig mit vollplastischen Figuren versehen, ebenso mit Antefixen in Form weiblicher Köpfe. Trotz des herrschenden Patriarchats nahm die Frau eine geachtete Stellung ein, und in Inschriften wurde neben dem Vater auch der Name der Mutter erwähnt.

Städtebund
Politisch waren die Etrusker in einem losen Bund von 12 Städten *(XII populi Etruriae)* vereint, in denen Heerkönige herrschten *(Lucumonen)*. Als Mitglieder dieses Bundes galten Caere, Veji, Tarquinii, Populonia, Rusellae, Vetulonia, Volaterrae, Cortona, Arretium, Perusia, Clusium und Volsinii. Am zentralen Heiligtum der Etrusker, dem fanum Voltumnae, fanden jeweils im Frühjahr Bundesversammlungen statt, die einen Bundesvorsteher wählten. Mit diesen Versammlungen waren sportliche Wettkämpfe und ein Markt verbunden. In einigen Städten wurde die Monarchie beseitigt und durch aristokratische Regierungsformen ersetzt.

Außenpolitik
Als die Etrusker um 600 v. u. Z. nach Norden bis ins Alpenvorland und nach Süden bis nach Kampanien vorstießen, gründeten sie dort ähnliche Städtebünde. Bedeutende etruskische Städte in der Po-Ebene waren Felsina (Bologna), Modena, Parma, Mantua und die Häfen Adria, Spina und Ravenna. In Kampanien waren Capua und Nola wichtige etruskische Zentren, daneben Acerra, Herculaneum, Pompeji, Nocera und Sorrent. Im Zuge der Südexpansion geriet auch Latium unter die Herrschaft der Etrusker, die hier jedoch eine Minderheit blieben. Es ging ihnen nur darum, die militärischen und Handelsverbindungen mit Kampanien zu sichern. Diese verliefen auf zwei Wegen durch Latium: eine Binnenstraße aus Zentraletrurien über Praeneste nach Capua und Nola und eine Küstenstraße von Vetulonia über Tarquinii und Caere bis zum Golf von Neapel. Der notwendige Schutz dieser Küstenstraße ließ Rom zu einem gewichtigen Faktor werden.

In Kampanien und zur See stießen die Interessen von Etruskern und Griechen aufeinander. Während es den Etruskern im Verein mit den Karthagern zunächst gelang, die Vorherrschaft im Tyrrhenischen Meer zu erringen (Schlacht bei Alalia um 540 v. u. Z.), scheiterten dagegen in Kampanien alle ihre Versuche, sich der griechischen Kolonie Kyme (Cumae) zu bemächtigen. Im 5. Jh. vermochten die Griechenstädte Unteritaliens und Siziliens unter tatkräftigen Tyrannen die etruskische Seeherrschaft stark zu erschüttern. So erfolgte in den Jahren 453/452 v. u. Z. die Einnahme der Insel Elba durch die Syrakusaner, und in den Jahren zwischen 424 und 420 stürzten die Kampaner die Etruskerherrschaft in Capua. Diese schweren Niederlagen schwächten die Macht der Etrusker entscheidend. Als bald nach 400 im Norden die keltische Invasion

2.1. Altitalien an der Wende vom 2. zum 1. Jt. v. u. Z. 25

einsetzte, mußten die Etrusker auf die Gebiete nördlich des Apennin verzichten. Zu diesem Zeitpunkt war der Höhepunkt der etruskischen Machtentfaltung, der vom Ende des 7. bis in die erste Hälfte des 5. Jh. angedauert hatte, überschritten.

Seit der Mitte des 8. Jh. gründeten die Griechen zahlreiche Kolonien in Süditalien, im östlichen Teil Siziliens sowie an der Mittelmeerküste Galliens und Spaniens. Bereits in mykenischer Zeit unterhielten die Griechen Handelsbeziehungen mit Italien. Bevorzugte Anlaufstellen waren der Golf von Manfredonia (Coppa Navigata), der Golf von Tarent (Punta del Tonno) und vermutlich auch die Liparischen Inseln, die als Ausgangsbasis für Fahrten nach dem metallreichen Sardinien, der Insel Elba und der südlichen Toskana dienten. Die als reine Handelsstützpunkte fungierenden Niederlassungen der mykenischen Zeit hatten sich jetzt zu Poleis mit umliegendem Territorium entwickelt. Die älteste und nördlichste Kolonie in Italien war das im Jahre 754 v. u. Z. von den euböischen Chalkidiern gegründete Kyme (Cumae). Etwas früher bestand als Handelsstützpunkt schon Pithekussai auf der Insel Ischia, 14 km von Kyme entfernt. Die Hafenstadt des etruskischen Caere, Pyrgoi, wurde ebenfalls als griechische Handelsfaktorei gegründet. In der zweiten Hälfte des 8. Jh. entstanden in Süditalien Kroton, Sybaris, Metapont und Tarent. Zur Sicherung der Straße von Messina legten die Chalkidier die Kolonien Zankle (das spätere Messana) und Rhegion an. Eine weitere Gründung dieser euböischen Stadt war Naxos am Fuße des Ätna, die älteste Griechenkolonie auf Sizilien. Im Jahre 734 v. u. Z. wurde von Korinthern Syrakus gegründet, dem eine Siedlung auf der vorgelagerten Insel Ortygia vorausgegangen war. Griechische Phokäer schließlich drangen weit nach Norden vor und gründeten um 600 v. u. Z. unweit der Rhônemündung Massilia. Sie gingen bald daran, ihr Einflußgebiet auszudehnen, und legten auf Korsika Alalia, an der spanischen Küste vor allem Emporiai und Rhode an. Hier wurden sie allerdings frühzeitig von den Karthagern vertrieben.

Kolonisation der Griechen

Die griechischen Kolonien der sogenannten *Magna Graecia* okkupierten Teile des angrenzenden fruchtbaren Landes und machten die einheimische Bevölkerung teilweise von sich abhängig. So soll sich nach Strabon[4] Sybaris vier italische Völkerschaften botmäßig gemacht haben. Außer dem Zwischenhandel beschäftigten sich die Griechen intensiv mit Ackerbau (Weizen) und Viehzucht, um das Mutterland mit landwirtschaftlichen Produkten versorgen zu können. Lediglich Kyme und Tarent, vorwiegend Handelsmetropolen, besaßen ein relativ kleines landwirtschaftliches Hinterland. Wein- und Olivenkulturen spielten eine bedeutende Rolle. Durch die Vermittlung der Griechen wurden sie zu wichtigen Wirtschaftszweigen in Italien. Die Viehzucht trat demgegenüber zurück, doch waren in Griechenland Pferde aus Sizilien, Apulien und Sybaris berühmt. Die Meeres- und Flußfischerei hatte in nahezu allen Städten einen festen Platz im Wirtschaftsleben.

Wirtschaft

Ihrer Rolle als Zwischenhändler entsprechend war in den griechischen Kolonien das Handwerk nicht so sehr entwickelt. Hinzu kam der anhaltende Import von Fertigwaren aus dem Mutterland. Der zunehmende Austausch mit den italischen Völkerschaften rief eine verstärkte Nachfrage nach Einfuhrwaren

---

4 Strabon, *Geographica*, 6, 263.

hervor. Griechenstädte wie Korinth und Athen lieferten große Mengen an Keramikwaren, Metallerzeugnissen, Gläsern, Wein und Olivenöl; nach Griechenland wurden hauptsächlich Getreide, Vieh und Sklaven exportiert. Die Geldwirtschaft der Griechen war in der damaligen westlichen Mittelmeerwelt führend, und die Münzprägungen zeichneten sich bereits durch große Perfektion aus.

Im Wirtschaftsleben der Griechenstädte spielte die Sklaverei eine beachtliche Rolle, und die Völker der Apenninenhalbinsel wurden mit dieser Institution bekannt. Außerdem existierte eine starke Klasse von freien, vor allem ländlichen Kleinproduzenten. Die Regierungsformen waren zunächst aristokratisch-oligarchisch, doch zeugt die Errichtung der Tyrannis in einigen Städten während des 6. Jh. von einem Erstarken der demokratischen Kräfte, aber erst im nachfolgenden Jahrhundert erlebte die Tyrannis ihre Blütezeit. Am Ende des 5. Jh. zeichnete sich ein Niedergang der westgriechischen Kolonien ab, bewirkt durch innere soziale Kämpfe, Zwistigkeiten mit den erstarkenden örtlichen Stämmen und durch das Vordringen Karthagos. Nicht zuletzt trugen die ständig untereinander rivalisierenden Griechenstädte selbst dazu bei.

Griechischer Einfluß in Italien

Auf sozialökonomischem und kulturellem Gebiet war der Einfluß der Griechen auf die Völkerschaften der Apenninenhalbinsel recht nachhaltig. Landwirtschaft und handwerkliche Produktion stimulierten den ökonomischen Aufschwung in der frühen Eisenzeit, während der Auflösungsprozeß der urgesellschaftlichen Ordnung, die Entstehung von Privateigentum und Sklavereiverhältnissen beschleunigt wurde. Im nördlichen und mittleren Italien vermittelten die Etrusker griechisches Kulturgut, während die Stämme im südlichen Italien, auf Sizilien und in Südgallien in direktem Kontakt mit den Griechen wesentliche kulturelle Impulse empfingen. Überall in Italien waren religiöse und mythische Vorstellungen (Heroenkulte) der Griechen verbreitet, und die Römer erweiterten ihr Orakelwesen durch die Übernahme der Sibyllinischen Bücher *(libri Sibyllini)*[5] aus Kyme. Auch das Alphabet gelangte von den Griechen über die Etrusker zu ihnen.

Karthager

Um 800 v. u. Z. gründete die phönikische Stadt Tyros an der Nordküste Afrikas die Niederlassung Karthago. Die Karthager, von den Römern *Poeni* (Punier, d. i. Phöniker) genannt, unternahmen ausgedehnte Seefahrten, u. a. entlang der Westküste Afrikas (eventuell bis Kamerun) und nordwärts bis nach Britannien. Die Anlage eines weitverzweigten Netzes von Handelsstützpunkten im westlichen Mittelmeergebiet kennzeichnete die rasch wachsende Bedeutung dieser Stadt als militärische und Handelsmacht. Ihre Niederlassungen finden sich an der Südküste Spaniens, auf den Balearen, auf Sardinien und im westlichen Sizilien, wo Motye, Panormus und Solus die Hauptstützpunkte waren. Entlang der westlichen Küste Nordafrikas wurden weitere Stützpunkte errichtet. Im Verein mit den Etruskern drängten sie im 6. Jh. den griechischen Handel im Westteil des Mittelmeeres zurück.

Wirtschaft

Macht und Reichtum Karthagos beruhten in erster Linie auf dem Zwischenhandel, während sich die Landwirtschaft erst seit dem 5. Jh. stärker zu ent-

---

5 Sammlung von Orakelsprüchen, benannt nach der Seherin Sibylle. Sie ist wahrscheinlich orientalischen Ursprungs, und ihr Name wurde zum Gattungsbegriff für altgriechische Wahrsagerinnen, deren Kult in verschiedenen Städten gepflegt wurde.

wickeln begann. Der Handel brachte die Karthager bereits frühzeitig mit den Römern in Berührung, wovon ein Vertrag aus dem Jahre 508/507 v. u. Z. zeugt. Die staatliche Struktur Karthagos war oligarchisch. Besonders die Landwirtschaft beruhte zu einem großen Teil auf Sklavenarbeit, und Sklaven gehörten auch zu den wichtigsten Handelsgütern. Außer landwirtschaftlichen Kenntnissen haben die Karthager wenig zur kulturellen Entwicklung beigetragen. Ihre historische Wirksamkeit lag vornehmlich darin, daß sie über ihr System von Handelsstützpunkten den Auflösungsprozeß der urgesellschaftlichen Ordnung bei den Völkern des westlichen Mittelmeergebietes beschleunigten.

Die Geschichte Italiens wurde auch von den Kelten (Galliern) beeinflußt. Sie **Kelten** waren die Träger der Hallstattkultur, der ältesten Eisenzeit Westeuropas (900—450 v. u. Z.), und drangen seit dem 8. Jh. nach Spanien vor, was sich an der Urnenfelderbewegung ablesen läßt. Im Nordosten der Pyrenäenhalbinsel trafen sie auf die Iberer, die vermutlich aus Nordafrika eingewandert waren (Iberer von Berber?), die ganze Süd- und Ostküste Spaniens okkupiert hatten und sich nordwärts bis nach Aquitanien und dem südöstlichen Frankreich ausdehnten. Im nordöstlichen Spanien verschmolzen sie mit den eingedrungenen Kelten im Verlaufe des 4. Jh. zu den Keltiberern.

Im Zuge ausgedehnter Wanderungsbewegungen zwischen dem 5. und 3. Jh. erschienen Kelten sogar im Innern Kleinasiens. Von diesen Bewegungen wurde auch die Apenninenhalbinsel berührt. Kurz nach 400 v. u. Z. drangen keltische Völkerschaften bis Kampanien und Apulien vor, und die Stämme der Insubrer, Cenomanen, Boier, Lingonen und Senonen ließen sich schließlich in Norditalien nieder, wo sie die Etrusker bis an die Nordabhänge des Apennin zurückdrängten. Auf ihrem Zug nach Süditalien hatten die Kelten auch den Römern eine empfindliche Niederlage zugefügt (387 v. u. Z.).

Mit dem Aufblühen der La-Tène-Kultur (450 v. u. Z. bis zum Beginn u. Z.), **La-Tène-** so benannt nach einem Fundort in der Schweiz, die im wesentlichen ebenfalls **Kultur** von den Kelten getragen wurde und viele griechische und etruskische Einflüsse aufwies, vertieften sich die bereits in der Hallstattzeit bestehenden kulturellen Beziehungen zwischen Kelten und italischen Völkerschaften. So ist u. a. eine Reihe keltischer Wörter (etwa 200) in die lateinische Sprache eingedrungen, insbesondere auf den Gebieten der Bekleidung, der Bewaffnung und der Transportmittel.

Während der La-Tène-Zeit traten die Kelten in die Phase der militärischen Demokratie ein. Davon zeugen reich ausgestattete Gräber, auf Bergen errichtete stadtähnliche befestigte Burgen (*oppida*), die religiöse und politische Zentren darstellten, und die Existenz der einflußreichen Priesterkaste der *Druiden*, die auch in der Rechtsprechung eine große Autorität genoß. Die Masse der Bevölkerung trieb Ackerbau und lebte in getrennten Höfen und Weilern (*aedificia* und *vici*). Zu einer gesamtstaatlichen Organisation gelangten die Kelten nicht, dieser Prozeß wurde durch die römische Eroberung unterbrochen.

Für die früheste Entwicklung der in die Apenninenhalbinsel eingewanderten **Mediterrane** indoeuropäischen Völker waren jedoch nicht nur die Einflüsse der damals **Einflüsse** fortgeschritteneren Gesellschaften der Etrusker, Griechen und Karthager maßgeblich, vielmehr auch die Errungenschaften der altmediterranen Bevölkerung. Einen Einblick in dieses altmediterrane Substrat gewähren Archäologie und Sprachwissenschaft. Daraus wird deutlich, daß die Einwanderer hauptsächlich landwirtschaftliche Erfahrungen übernahmen. So waren Wein- und Olivenanbau typisch mediterran und den indoeuropäischen Einwanderern unbekannt. Die Wörter für Wein *(vinum)* und Olive *(oleum)* entstammen nicht dem indoeuropäischen Sprachbereich.

Das altmediterrane Rundhaus mit seinen steinernen Unterbauten, das von Kreta über Malta und Sardinien bis zu den Balearen verbreitet war, gab das Vorbild für die Wohn- und Sakralbauten besonders im südlichen Teil der Apenninenhalbinsel, aber auch in Latium. Die römisch-albanischen Hausurnen boten das Bild von runden Hütten aus Holz und Lehm mit einem Steinsockel und einem aufgesetzten Dach. Über dem Eingang waren Vogelprotomenpaare angebracht, ein altmediterranes Motiv, das wohl eine Epiphanie der Gottheit in Vogelgestalt war (bei den Römern galten Vögel als *internuntii Iovis*, als Vermittler Iupiters). Auch der altrömische Vestatempel wies die Form einer Rundhütte auf.

Religiöse Vorstellungen

Das religiöse Denken der Altmediterranen richtete sich vornehmlich auf die Verehrung von chthonischen und vegetativen Kräften, unter denen Erd- und Muttergöttinnen einen hervorragenden Platz einnahmen, wie denn überhaupt die Frau im Kult wie im gesellschaftlichen Leben eine hohe Wertschätzung genoß. Ebenso waren Brunnen- und Quellenkulte, Inkubation und unterirdisches Orakeln verbreitet als auch Höhlenheiligtümer. Die Römer übernahmen viele solcher Vorstellungen, häufig vermittelt durch Etrusker und Griechen, die ebenfalls in starkem Maße altmediterranes Kulturgut aufgenommen hatten. Im ältesten Rom sind z. B. viele Unterweltsgötter *(di inferi)* anzutreffen, unter denen die weiblichen überwiegen.

Insgesamt ist festzustellen, daß es zwischen altmediterraner Bevölkerung und eingewanderten Indoeuropäern keine scharfe Trennungslinie gab, sich die endgültige Formung der historisch faßbaren Völkerschaften vielmehr in einem Prozeß wechselseitiger kultureller Befruchtung vollzog.

Der Name Italien

Auch der Name Italiens *(Italia)* selbst beruht auf altmediterranen Vorstellungen. Er stammt von den Sikulern und bezeichnete ursprünglich nur das kleine Gebiet der Südspitze von Bruttium, etwa die Gegend südlich der Meerbusen von Scylletium (im Ionischen Meer) und von Hippenium (im Tyrrhenischen Meer). Sprachgeschichtlich besteht ein Zusammenhang mit dem lateinischen Wort *vitulus*, das Kalb (osk. *viteliú*). Dieser Name bezeichnete Italia als das Land der Abkömmlinge des Stiergottes, der in der ganzen Mittelmeerwelt von Kleinasien bis Spanien verehrt wurde. Ähnlich nannten sich in Mittel- und Norditalien die Hirpiner »Wölfe« und die Picenter »Spechte«. Der Name Italia umfaßte dann allmählich auch die Gebiete der nördlicher wohnenden Stämme; bis zum 4. Jh. v. u. Z. galt die Gegend bis Tarent als »Italien«, im 3. Jh. gehörte auch Kampanien dazu, und im 1. Jh. v. u. Z. hieß das ganze Land zwischen der Straße von Messina und den Alpen Italia.

2.2. Latium und die »sieben Hügel« von der ältesten Besiedlung bis zur Entstehung der Stadt Rom

Das alte Latium *(Latium vetus)*, ursprünglich auf die latinischen Gemeinden begrenzt, reichte von der Tibermündung bis nach Circei und von der Küste des Tyrrhenischen Meeres bis in die Gegend von Tibur und Praeneste. Die Bewohner des alten Latium galten als *prisci Latini*, als »alte Latiner«. Der Unterlauf des Tiber bildete im allgemeinen die Grenze zwischen Latium und Etrurien; allerdings besaßen die Etrusker in Fidenae in der Nähe von Veji einen Brückenkopf auf dem linken Tiberufer, der nach späterer Überlieferung 435 v. u. Z. von Rom erobert wurde. Andererseits gehörte der bei Rom auf dem rechten Tiberufer gelegene Hügel Ianiculum als vorgeschobener Posten den Latinern. Crustumerium an der *Via Salaria* (Salzstraße) bildete die Grenze zu den Sabinern; südöstlich von Praeneste begann das Gebiet der mit den Latinern verwandten Herniker.

Zwischen dem alten Latium und Kampanien lagen die Siedlungsgebiete der oskischen Volsker und Aurunker. Die nördlichen Nachbarn der Latiner waren neben den Sabinern die kriegerischen Stämme der Aequer und Marser. Nach der Unterwerfung der Volsker und Aurunker wurde Latium bis zur kampanischen Grenze hin erweitert (*Latium adiectum*, das hinzugefügte Latium). Später markierten dort die Stadt Sinuessa und die Massiker Berge die Grenze zu Kampanien. Auch das Land der Herniker im Tal des Trerus und im östlich angrenzenden Bergland fiel an Latium.

Als ältestes politisches und kultisches Zentrum der Latiner gilt die Stadt Alba Longa in den Albaner Bergen am gleichnamigen See. Zu den bedeutenden latinischen Städten zählten neben Rom Praeneste, Tibur, Gabii, Bovillae, Aricia, Tusculum, Lanuvium, Lavinium und Ardes. Es gab verschiedene Heiligtümer als Sammelpunkte und kultische Zentren des latinischen Bundes; ältester und bedeutendster Mittelpunkt war der Tempel des Iupiter Latiaris auf dem Mons Albanus südöstlich von Rom. Gemeinsame latinische Kultstätten waren außerdem der Ferentinische Hain (nach der Quellnymphe Ferentina), der Iunotempel in Lavinium, die Dianaheiligtümer am Nemi-See, in Tusculum, Aricia und später in Rom auf dem Aventin.

Die Bürger jeder Gemeinde bildeten einen *populus*, d. h. die waffenfähige Bürgerschaft der Stadt *(oppidum)*; die Volksversammlung war demzufolge gleichzeitig eine Heeresversammlung. Die latinischen Städte bildeten untereinander einen Bund, der Sage nach zunächst unter der Führung von Alba Longa, das aber schon früh von den Römern zerstört wurde. Die Führung des latinischen Bundes ging damit auf Rom über. Im 5. und 4. Jh. schlossen latinische Städte allerdings auch zeitweilige antirömische Bündnisse (z. B. unter Führung von Tusculum), doch nach dem Latinerkrieg in den Jahren von 340 bis 338 v. u. Z. löste das siegreiche Rom den Bund endgültig auf. Lediglich die kultische Vereinigung blieb weiterhin bestehen.

Die topographische Lage Roms war strategisch und kommerziell sehr günstig. Hier kreuzten sich die sehr alte Salzstraße, die von der Tibermündung in das Sabinerland führte, und die etruskische Küstenstraße nach Kampanien. Von

2. Entstehung und Konsolidierung des römischen Staates

seiner Mündung her boten die Uferregionen des Tiber hier einen festen Boden, und Seeschiffe konnten den Fluß bis auf die Höhe von Rom hinauffahren. Der wirtschaftliche Aufschwung Italiens im 8. Jh. machte sich auch in Latium bemerkbar und ist wohl mit den Auswirkungen der griechischen Kolonisation in Verbindung zu bringen. In Rom gefundene Erzeugnisse griechischer Keramik sowie ihre Nachahmung in weiten Teilen Italiens in dieser Zeit erhärten diese Ansicht. Enge Verbindungen bestanden zwischen Rom und der Etruskerstadt Veji. So standen Erzeugnisse der südetruskisch-faliskischen Werkstätten in Rom an erster Stelle. Die in dieser Zeit auftretende schnell rotierende Töpferscheibe trug wesentlich zur Steigerung der Keramikproduktion bei, die wahrscheinlich schon in Werkstätten mit spezialisierten Handwerkern betrieben wurde. Ein örtliches Metallhandwerk ist für diese Zeit ebenfalls schon vorauszusetzen. Neben der nach wie vor dominierenden Viehzucht trat der Ackerbau jetzt stärker hervor, und das Wachstum der Bevölkerung machte schnelle Fortschritte.

Militärische Demokratie

Gleichartige Metallfunde, wie sie uns in den Gräbern Roms begegnen, konnten auch bei Ausgrabungen in etruskischen und faliskischen Städten geborgen werden. Die materielle Hinterlassenschaft einiger Gräber, wie Bernsteinperlen, Glasperlen, Perlen aus Bergkristall, Knochenanhänger, Elfenbein und Schneckengehäuse, zeugt von einem weitreichenden Fernhandel. Die ältesten römischen Gräber zeigen nicht den Reichtum wie manche Gräber in etruskischen und latinischen Siedlungen gleicher Datierung. Die Ausgrabungen erbrachten nur wenige Gold- und Silberringe und Silberfibeln. Dennoch sind in den Grabausstattungen merkliche Unterschiede zu erkennen. In einigen Gräbern fand man Teile von Wagenrädern, Helme, Schilde, Brustplatten, Pferdegeschirr u. a. Es handelt sich hier offensichtlich um sozial Höherstehende, um Angehörige einer Gentilaristokratie. Auch bei den Römern vollzog sich im 8. und 7. Jh. der Übergang zur Periode der militärischen Demokratie. Das traditionell überlieferte Gründungsdatum der Stadt Rom 753 v. u. Z., errechnet von M. Terentius Varro (116—27 v. u. Z.), scheint nicht zufällig in dieses 8. Jh. verlegt worden zu sein.

Älteste Überlieferung

Die antike Überlieferung über die ältesten Zeiten der römischen Geschichte ist recht unsicher. Die römische Historiographie setzte erst gegen Ende des 3. Jh. v. u. Z. ein, und die Griechen schenkten den Römern erst nach deren Sieg über die Samniten größere Beachtung. Noch Platon[6] äußerte die Befürchtung, daß Sizilien in die Gewalt der Samniten oder der Karthager geraten würde. Die römischen Historiker wandten sich ihrer ältesten Vergangenheit erst zu einem Zeitpunkt zu, als Rom bereits ganz Italien unterworfen hatte und sich anschickte, zur stärksten Macht im Mittelmeergebiet zu werden. Ihre romanozentrische Haltung ließ sie die Rolle Roms in der Frühzeit unzulässig erhöhen und viel Sagen- und Anekdotenhaftes kritiklos übernehmen. So stellen sich der Erhellung der römischen Frühgeschichte große Schwierigkeiten entgegen: Die antiken Quellen erfordern eine sehr sorgfältige Prüfung, und neben sprach- und religionsgeschichtlichen Untersuchungen ist heute das archäologische Material am besten geeignet, der Forschung auf diesem Gebiet voranzuhelfen und zu gesicherten Datierungen zu gelangen.

---

6 Platon, Ep. VIII, 353 e.

2.2. Latium und die »sieben Hügel« von der ältesten Besiedlung bis zur Entstehung Roms

Bereits in der Bronzezeit scheint das Gebiet der späteren Stadt Rom fluktu-
ierend besiedelt gewesen zu sein. Die ersten ständigen Ansiedler erschienen
frühestens im 10. Jh. v. u. Z. – nach einigen Forschern erst im 8. Jh. – in der
Palatin-Velia-Gegend. Hier fand man eine Siedlung mit primitiven Hütten
und Brandbestattungen (Hausurnen). Auch auf dem Caelius legten die Latiner
eine dörfliche Siedlung an. Auf den Hügelkuppen des Esquilin und Quirinal
erschienen wenig später die erdbestattenden Sabiner, die bald auch den Viminal in ihr Gebiet einbezogen. Das anfängliche Fehlen eines gemeinsamen
Begräbnisplatzes deutet darauf hin, daß die einzelnen Hügeldörfer zunächst
noch keine politische Einheit bildeten.

Um 700 v. u. Z. erweiterte sich die Palatinsiedlung zum *Septimontium*[7], das auch
den Esquilin und den Caelius einschloß. Quirinal und Viminal waren noch
nicht in diese Gemeinschaft einbezogen. Welchen Namen diese Siedlung trug,
ist unbekannt, gewiß aber noch nicht den Namen Roma, denn dieser ist
etruskischen Ursprungs. Möglicherweise hat die Sage vom Doppelkönigtum
des Romulus und des sabinischen Königs Titus Tatius im Nebeneinanderbestehen und der Verschmelzung der latinischen und der sabinischen Siedlungen ihren historischen Kern. Dieser ethnische Verschmelzungsprozeß ist
auch sprachgeschichtlich faßbar.

Am Ausgang des 7. Jh. bildete sich die Vierregionenstadt heraus, der jetzt auch
Quirinal und Viminal angehörten (noch nicht Capitol und Aventin). Die vier
Regionen, in die das bewohnte Gebiet eingeteilt wurde, waren: die *Suburana*
(Siedlungen des Caelius), die *Esquilina* (Siedlungen des Esquilin), die *Collina*
(Siedlungen des Viminal und Quirinal) und die *Palatina* (Siedlungen des Pa-
latin). Die Vierregionenstadt kennzeichnet den Abschluß der Stadtwerdung
Roms. Nach Varro[8] wurde Rom nach etruskischem Brauch *(Etrusco ritu)* ge-
gründet und mit einem *pomerium*[9] umgeben. Weitere Anzeichen dafür, daß
Rom sich allmählich zu einer Stadt entwickelte, waren z. T. gepflasterte
Straßen und Plätze, der Kiesbelag des Forum und der Heiligen Straße (Via
Sacra) sowie das Vorkommen von Dachziegeln, die von einem stattlichen
Hausbau zeugen.

Das Sumpfgebiet des Forum wurde durch die Anlage der *Cloaca maxima*
trockengelegt; sie leitete die Abwässer in der Nähe des Forum Boarium in den
Tiber. Ebenso wurde das Forum als Begräbnisstätte endgültig aufgegeben; die
Toten mußten nunmehr außerhalb der Stadtgrenze *(extra pomerium)* begraben
werden. So entstand im frühen 6. Jh. der Versammlungsplatz der Bürger der
Vierregionenstadt, das *Forum Romanum*, ein sakrales und politisches Zentrum.
In das 6. Jh. gehört auch die älteste Bebauung des *comitium* (von com-ire,
zusammenkommen), des nördlichen Teils des Forum, wo sich die Bürger zur
Volksversammlung zusammenfanden. Am Rande des comitium stand die

---

7 *Septimontium*, d. i. das Fest einer »Sieben-Hügel-Gemeinschaft«, das die Römer in späterer
Zeit jährlich am 11. Dezember begingen. Damit waren aber noch nicht die klassischen sieben
Hügel Roms gemeint, sondern die sieben Hügelkuppen des Palatin (Palatual, Germal, Velia),
des Esquilin (Cispius, Oppius, Fugatal) und des Caelius.
8 Varro, *De lingua Latina*, 5, 143.
9 Die Bedeutung des Wortes ist nicht eindeutig erwiesen: Die meisten Forscher nehmen an, das
Wort bedeute einen Raum hinter den Mauern (»Maueranger«), andere suchen für das Wort einen
etruskischen Ursprung.

curia, der älteste Sitz des Senats. Archäologisch nachweisbar ist auch die *regia* an der Via Sacra, der Sitz des Königs *(rex)*, ein Gebäude mit einem typischen Megarongrundriß. Ebenso sind Reste des Vestatempels erhalten. Weitere bemerkenswerte Bauten dieses Jahrhunderts waren der Circus maximus und der Tempel des Iupiter Capitolinus, der am 13. September (röm.) 507 v. u. Z. geweiht wurde. Der befestigte Felsen des Capitol wurde damit kultisches Zentrum.

Die Entstehung der Stadt Rom erweist sich somit als ein längerer Prozeß und läßt sich nicht auf einen einmaligen Gründungsakt reduzieren. So kann als Gründer der Stadt auch nicht der Romulus der Sage gelten, der erst viel später als Eponym der Stadt erfunden wurde.[10] Die mit dem 6. Jh. einsetzende kulturelle Blüte Roms dürfte vielmehr auf die Herrschaft der etruskischen Tarquinierkönige in Rom (nach alten Angaben 616–509) zurückzuführen sein. Unter der Etruskerherrschaft wurde Rom die führende Stadt im Latinerbund. Das Territorium der Stadt umfaßte bereits eine Fläche von 150 km², wenngleich die eigentliche Stadt entschieden kleiner war. Die der Sage nach unter dem König Servius Tullius erbaute »servianische« Mauer gehört allerdings erst in das 4. Jh.; sie ist nach der gallischen Eroberung Roms (387/386 v. u. Z.) in den Jahren seit 378 v. u. Z. errichtet worden.

2.3. *Der älteste römische Staat. Die Kurienordnung*

Gründungssage Roms

Die legendäre Gründung Roms durch Romulus im Jahre 753 v. u. Z. ist eingebettet in anderen griechisch-altitalischen Sagenstoff: In die Sage von der Irrfahrt des Aeneas, der sich aus dem von den Griechen zerstörten heimatlichen Troja retten konnte und — gewissermaßen wie Odysseus im Epos Homers — nach jahrelangem ruhelosem Umherirren endlich in Latium eine neue Heimat fand. Durch Ausgrabungen in Veji kann nachgewiesen werden, daß die Aeneas-Sage im südetruskisch-latinischen Raum spätestens seit dem frühen 5. Jh. v. u. Z. bekannt war: Terrakottafiguren zeigen Aeneas als jungen Helden in Hoplitenrüstung, wie er seinen greisen und hilflosen Vater Anchises auf dem Rücken trägt. Aeneas gilt als der Stammvater der Könige von Alba Longa, dem älteren kultisch-politischen Zentrum Latiums.

Romulus und sein Zwillingsbruder Remus stammen mütterlicherseits von diesen Königen ab, ihr Vater ist der Gott Mars. Romulus gründet die Stadt nach etruskischem Ritus und erschlägt dabei seinen Bruder. Die ersten Bewohner der Romulusstadt waren Landfremde, Flüchtige und Zugewanderte, die bei den auf den benachbarten Hügeln wohnenden Sabinern nicht viel Vertrauen erweckten. Die Römer raubten sich ihre Gattinnen während eines Festes von den Sabinern (Sage vom Raub der Sabinerinnen), später jedoch söhnten sie sich aus und lebten einträchtig in einem Staat zusammen, zunächst unter einem Doppelkönigtum des Romulus und des Sabiners Titus Tatius.

Römische Könige

Der römische Staat mit seinen wichtigsten Einrichtungen Königtum, Senat und Volksversammlung nach Kurien ist lediglich der Sage nach eine Schöpfung des Romulus. Insgesamt kennt die Legende sieben Könige, die in Rom zusammen

---

10 Die älteste wirklich gesicherte Erwähnung eines Romulus als Stadtgründer findet sich erst in der zweiten Hälfte des 3. Jh. v. u. Z. bei dem griechischen Geographen Eratosthenes.

2.3. Der älteste römische Staat. Die Kurienordnung 33

244 Jahre regiert haben sollen. Die Anzahl der »Könige« und die ihnen jeweils zugeordneten Taten sind zweifellos eine spätere Erfindung. Die Staatsentstehung bei den Römern war vielmehr das Ergebnis eines vom 8. bis zum 6. Jh. v. u. Z. währenden Entwicklungsprozesses, in dessen Verlaufe die Gentilordnung zerfiel und auf der Grundlage von Privateigentumsverhältnissen und dadurch fortschreitender sozialer Differenzierung Klassen entstanden. Die Gentilorgane wandelten ihren Charakter und bildeten sich allmählich zu staatlichen Institutionen um. Dieser Vorgang fällt in das 6. Jh. v. u. Z., maßgeblich gefördert durch die etruskische Fremdherrschaft.

Der legendäre Nachfolger des Romulus war Numa Pompilius. Ihm schreibt man die Einführung der wichtigsten Priesterämter zu. Mit Tullius Hostilius läßt die römische Überlieferung die römische Expansion beginnen. Alba Longa wurde angeblich während der Herrschaft dieses Königs zerstört. Ancus Marcius setzte die Eroberungen der Römer fort; bereits er soll in Ostia an der Tibermündung die erste römische Militärkolonie angelegt haben. Die archäologischen Daten dagegen zeigen, daß dieser Ort erst in der zweiten Hälfte des 4. Jh. v. u. Z. angelegt worden ist. Mit Tarquinius Priscus (616—578 v. u. Z.), dem folgenden König, läßt die Tradition die Etruskerherrschaft in Rom einsetzen. In dieser Überlieferung hat sich die historische Realität mit der Legende verwoben. Tarquinius soll als ein Sohn des Demaratos von Korinth aus der etruskischen Stadt Tarquinii nach Rom gekommen sein[11], und dort wurde ihm die Königswürde übertragen. Ihm folgte Servius Tullius (578—534 v. u. Z.), angeblich der Sohn einer Sklavin, auf den Thron. Er soll die Einteilung der römischen Bürgerschaft nach dem Vermögen *(census)* — ähnlich der Reform des Solon 594 v. u. Z. in Athen — vorgenommen, d. h. eine Zenturienordnung eingerichtet, das römische Staatsgebiet in örtliche Bezirke *(tribus)* eingeteilt und Rom mit der ersten Mauer umgeben haben.

Sein Nachfolger wurde als letzter König Tarquinius Superbus, der Sohn des Tarquinius Priscus. Er gilt in der Überlieferung als Tyrann, Unterdrücker und Gewaltherrscher. Als sein Sohn Sextus Tarquinius der angesehenen Römerin Lucretia Gewalt antat und sie darauf den Freitod wählte, nahmen die Römer diese Tat zum Anlaß, das Königsgeschlecht zu verbannen und das Königtum überhaupt abzuschaffen. Die Sage verlegt diese Vertreibung des Königs *(regifugium)* und den Beginn der Republik in die Zeit 508/507 v. u. Z.

Bereits die bürgerliche Geschichtsforschung des 19. Jh. hat die Berichte der antiken Autoren einer kritischen Prüfung unterzogen und ihre Glaubwürdigkeit angezweifelt. Freilich stehen hinter Legenden geschichtliche Ereignisse und Vorgänge, die eine bestimmte *Vorstellung* über die Königszeit hervorbrachten. Sind auch die konkreten Angaben in ihrer zeitlichen und personellen Zuordnung im allgemeinen erfunden, so bleibt doch die Frage offen, warum sie gerade so und nicht anders erfunden worden sind. Der entsprechende historische Hintergrund war das Königtum, die etruskische Fremdherrschaft, Kriege Roms mit latinischen Nachbargemeinden, die Hegemonie des von Etrurien beherrschten Rom in Latium, die Entstehung der ältesten Staatsordnung und die Herauslösung Roms aus dem etruskischen Herrschaftsbereich, um nur die wichtigsten Vorgänge zu verzeichnen.

Kritik der Überlieferung

---

11 Livius, *ab urbe condita* (Seit Gründung der Stadt), 1, 34, 5.

3 Römische Geschichte

Politische Struktur	Trotz der unsicheren Überlieferung lassen sich hinsichtlich der politischen Struktur Roms in der sogenannten Königszeit einigermaßen gesicherte Feststellungen treffen. Die oberste Gewalt lag in den Händen des Königs (rex), der Heerführer, Richter und Priester zugleich war. Er residierte in der Regia. Die äußeren Attribute seiner Würde stammen von den Etruskern.[12] Es handelte sich um die Toga mit dem breiten Purpursaum *(toga praetexta)*, um die goldbestickte Ganzpurpurtoga, die der König beim Triumphzug trug, um den Thronsessel (die *sella curulis*, den »Wagenstuhl«) und um die zwölf Liktoren mit Rutenbündel und eingestecktem Beil *(fasces)*, die ihm vorangingen, auch innerhalb der Stadtgrenze, was von seinen richterlichen Befugnissen zeugte.

Die Befugnisse des Königs waren durch den Adelsrat, den *Senat (senex*, alt), eingeschränkt, der sich im 6. Jh. aus einem Rat der Gentilältesten zu einer 300 Mitglieder umfassenden staatlichen Körperschaft der römischen Aristokratie entwickelte und seinen Sitz in der Kurie (curia) auf dem Forum hatte. Die Senatoren waren die Vertreter der Adelsfamilien und die Angehörigen dieser Klasse die späteren Patrizier (patricii, d. h. die sich von einem göttlichen Stammvater herleiteten). Die Mitgliedschaft im Senat galt auf Lebenszeit wie im Areopag in Athen oder in der Gerusia in Sparta. Es ist ungewiß, wie sich der Senat in der Königszeit ergänzte, ob seine Mitglieder vom König berufen oder ob die Senatoren das Recht der eigenen Kooptation besaßen. Militärisch war der Adel als Reiterei organisiert, die zunächst aus drei, später aus sechs Hundertschaften bestand. Sie bildeten die Leibgarde des Königs und stellten so eine öffentliche Gewalt dar, die sich schon nicht mehr mit der Gesamtheit aller Wehrfähigen deckte. Nach Engels[13] liegt hierin ein Merkmal der staatlichen Ordnung.

Stellung des Königs	Allem Anschein nach war das römische Königtum nicht erblich, sondern ein Wahlkönigtum. Lediglich im Kriege besaß der König unumschränkte Befehlsgewalt. Im übrigen mußte er die Beschlüsse und Empfehlungen des Senats berücksichtigen. Neue Könige wurden in der Regel auf Vorschlag des Senats von einem Zwischenkönig *(interrex)* ernannt. Solche Zwischenkönige wurden aus den Reihen der »Väter« (*patres*, d. h. Senatsmitglieder) gewählt. Sie amtierten jeweils für fünf Tage, bis man sich im Senat über den neu zu wählenden König einig war. Dann gab die Volksversammlung dem neuen König die Akklamation (lex curiata de imperio).
Volksversammlung	Neben Königtum und Senat gab es im römischen Staat anfänglich eine Heeresversammlung aller waffenfähigen freien Bürger privilegierten und minderen Rechts. Sie erscheint zusammen mit der Entstehung des römischetruskischen Stadtstaates zu Beginn des 6. Jh. v. u. Z. Eine gentile Stammesversammlung ist in Rom nicht mehr nachweisbar; sie wird einer älteren Zeit angehört haben. In der Königszeit hatte die Volksversammlung bereits an Bedeutung eingebüßt; sie war keine demokratische Einrichtung wie etwa diejenige im klassischen Athen: Es fehlte ihr das Recht der Initiative und Debatte. Der König oder andere hohe Amtsträger (Magistrate) trugen ihre Entscheidungen vor, und dem Volk verblieb lediglich das Recht der Zu-

---

12 Florus, 1, 4, 5; Plinius, *Naturalis historia* (Naturgeschichte), 9, 136.
13 Fr. Engels, a. a. O., S. 165.

2.3. Der älteste römische Staat. Die Kurienordnung

stimmung oder Ablehnung. Aber der König wie später zunächst auch die republikanischen höheren Magistrate brauchten das Abstimmungsergebnis nicht zu akzeptieren.

Die Volksversammlung gliedert sich in drei »Stämme« *(tribus)* zu je zehn Kurien (*curiae*, vermutlich von co-viria, »Männerverband«), die wiederum in je zehn Dekurien *(decuriae)* eingeteilt waren. Die Abstimmung erfolgte öffentlich nach Kurien, und die Versammlung hieß dementsprechend *comitia curiata* (Kuriatkomitien). Die hierauf beruhende älteste Staatsordnung der Römer war also eine Kurienordnung.

Jeder »Stamm« bildete eine Tausendschaft mit einem Anführer *(tribunus celerum)*, der dem Befehlshaber der Adelsreiterei, dem *magister equitum*, unterstand. Die Fußtruppen wurden von den *tribuni militum* kommandiert, und der Oberbefehl lag hier offenbar beim *magister populi*, dem späteren Diktator. Während der *magister populi* den König im Falle einer Verhinderung im Felde überhaupt vertrat, gab es für die Fußtruppen vermutlich einen besonderen Oberbefehlshaber, den *praetor maximus* (von prae-itor, der »Vorangehende«). Die Abgrenzungen der Kompetenzen sind im einzelnen freilich unklar. Zusammen ergaben die drei »Stämme« eine *legio*, eine »Aushebung« (Legion) mit 3000 Mann Fußvolk und 300 Reitern. Kampfeinheit war die Hundertschaft *(centuria)*.

Organisation des Heeres

Die Kurien und Tribus waren Formen der militärischen Organisation, aber zugleich auch Körperschaften der politischen Willensäußerung des Gemeinwesens. Die frühere Forschung nahm an, daß die 300 Dekurien dieser Heeresversammlung den römischen Geschlechtern *(gentes)* entsprachen, zumal der Senat ebenfalls 300 Mitglieder zählte. Aber eine einzelne *gens* konnte bedeutend mehr Waffenfähige aufstellen als nur zehn Mann. Als z. B. im Jahre 477 v. u. Z. die Gens der Fabier alle Krieger dieses Geschlechts zum Kampf gegen die Etrusker von Veji aufrief, konnte sie 306 Mann aufbieten. Gewiß waren die Fabier damals das mächtigste römische Adelsgeschlecht, aber mehr als zehn Kämpfer brachten in jedem Fall auch die anderen Geschlechter zusammen.

Der Sage nach ist die Kurienordnung eine Schöpfung des Romulus. Nun entstammen zwar die Begriffe *tribus, comitia, curia* und auch *rex* dem Indoeuropäischen und verweisen damit auf die voretruskische Zeit, doch sind die drei Tribusnamen der Ramnes, Tities und Luceres sämtlich etruskischer Herkunft, ebenso wie die meisten Kurienbezeichnungen und der Name der Stadt selbst. Hieraus folgt, daß diese »Stämme« in der uns überkommenen Form keine gentile Organisation mehr darstellten, also keine blutsverwandtschaftlichen Stämme mehr waren wie die attischen und dorischen Phylen. Andererseits handelte es sich bei den Tribus der Kurienordnung auch noch nicht um »Ortsstämme«, wie sie uns etwa in der Verfassung des Kleisthenes (509 v. u. Z.) in Athen begegnen. Solche Tribus als Ortsstämme kennt erst die servianische Zenturienordnung.

Charakter der Kurienordnung

Die Kurienordnung erweist sich so als eine künstliche Einteilung, deren politische Einrichtungen zwar auf die voretruskische Zeit weisen, aber erst unter der Etruskerherrschaft zu staatlichen Institutionen umgebildet wurden. Die herrschende Klasse schuf sich die für sie geeigneten Organisationsformen, den Staat.

2. Entstehung und Konsolidierung des römischen Staates

Zenturienord-
nung
des
Servius Tullius

Der antiken Tradition zufolge soll der König Servius Tullius die nach Vermögensklassen abgestuften Zenturiatkomitien (*comitia centuriata*) geschaffen haben, ebenso örtliche Bezirke (*tribus*) zur Einteilung der Bevölkerung. In der ausgebildeten Form, wie sie uns überliefert ist, können diese Zenturiatkomitien jedoch noch nicht der Königszeit angehört haben, sondern in ihrer vollständigen Ausgestaltung offenbar erst der zweiten Hälfte des 4. Jh. v. u. Z. Diesen Komitien ging ein älterer Zustand voraus, und anfangs dürfte es sich um eine einfache Dreiteilung gehandelt haben, nämlich um die Reiter (*equites*), die *classis* (das Aufgebot) und um die Leute »unterhalb der Klasse« (*infra classem*), Kleinbauern, Handwerker und Gewerbetreibende, die nur als Leichtbewaffnete oder aber gar nicht im Heere dienten. Diese letzte Gruppe wurde in der Folgezeit dann weiter untergliedert, und zwar parallel zur wachsenden Bedeutung der Hoplitentaktik. Eine solche Einteilung nach Reiteradel, wohlhabenden Grundbesitzern und ärmeren bzw. besitzlosen Bürgern findet ihre Entsprechung in den altgriechischen Rittern, Hopliten und Theten.
Die Einrichtung von örtlichen Bezirken dürfte noch in das ausgehende 6. Jh. gehören. Es waren Bezirke zur Erhebung von Naturalsteuern (*tributum*); sie hatten aber auf die Gliederung der Volksversammlung zunächst noch keinen Einfluß. Es wird berichtet, daß es in der Königszeit 20 solcher Tribus gab, vier städtische und 16 ländliche.

Älteste
Klientel

Mit der Entwicklung der Kurienordnung ist die Entstehung des Klientelverhältnisses verbunden. Klient (*cliens*) war derjenige, der sich einem einflußreichen und angesehenen Römer, einem Patron (*patronus*), anschloß und unterordnete. Das Klientelverhältnis brachte im Laufe der Geschichte verschiedene Formen hervor, von denen hier nur die älteste interessieren soll.

Patrizier und
Plebejer

Das Klientelwesen ist eng verknüpft mit der umstrittenen Problematik der Entstehung der Plebs und ihres Verhältnisses zum Patriziat, ihrem sozialen und politischen Widerpart. Zum Patriziat gehörte, wer Mitglied der Gentilaristokratie, d. h. des Geschlechteradels war. Die Blutsverwandschaft entschied über die rechtliche Stellung und den politischen Einfluß im werdenden Staat. Die Patrizier verfügten über den größten Teil des Staatslandes (*ager publicus*), der aus der Gemeindeweide erwachsen war (*ager compascuus*). Diese Ländereien nutzten sie hauptsächlich als Viehweide, und der Herdenbesitz galt denn auch als Gradmesser für den Reichtum. In der Geldbezeichnung *pecunia*, abgeleitet von *pecus*, »Vieh«, ist dies noch deutlich erkennbar. Führten die Patrizier ihre Geschlechter auf einen göttlichen Stammvater zurück, so galten die Plebejer als »Söhne der Erde« (*terrae filii*), d. h. der Erdgottheiten. Der Haupttempel der Plebs auf dem Aventin war dementsprechend auch diesen chthonischen Gottheiten geweiht. Die Herausbildung der Plebs war sicher nicht das Ergebnis einer wirtschaftlichen und sozialen Differenzierung; das war zu Beginn des 6. Jh., als die Klassengesellschaft erst im Entstehen begriffen war, noch zu früh. Vor allem war die Plebs in sozialer Hinsicht nicht einheitlich strukturiert, sondern es gab ärmere und reichere Plebejer. Der Begriff Plebs bezeichnete in dieser Zeit noch nicht die Schicht der freien Armen. Als Plebejer galten alle diejenigen, die auf Grund ihrer Abstammung nicht zur Adelsschicht gehörten. Zahlenmäßig machten sicher Latiner, die aus Nachbargemeinden nach Rom zogen, einen großen Teil der Plebs aus, aber es gab auch Neuankömmlinge, die im Patriziat Aufnahme fanden.

Der Sage nach konnten Fremde in Rom dadurch Bürger werden, daß sie sich einem dem Gott *Lucoris* geweihten Asyl auf dem Capitol anvertrauten. Dieser Bericht kann mit der ältesten Klientel in Verbindung gebracht werden. Das Asylrecht war mit der Auflage verknüpft, daß jeder neue Bürger einem Patron zugewiesen wurde. Die älteste Klientel war demnach eine Zwangsklientel. Die Zuordnung zu einem Patrizier reihte den Fremden in die römische Bürgerschaft *(populus Romanus)* ein. Er wurde als Klient Bürger minderen Rechts, nahm als solcher zwar an der Kurienversammlung teil, hatte jedoch die Pflicht, seinem Patron unbedingte politische Gefolgschaft zu leisten. Dieser gewährte seinem Klienten Schutz in Rechtsfragen.

So bestand der Grundwiderspruch in der Königszeit zwischen dem grundbesitzenden und viehzüchtenden Reiteradel (Patrizier) und der Masse der freien und abhängigen Kleinproduzenten. Die sich formierende herrschende Klasse war bestrebt, ihren Besitz durch Eroberungen und die Okkupation des Gemeindelandes zu erweitern und ihr Eigentum durch die Ausbildung von staatlichen Institutionen zu sichern. Maßgeblichen Anteil an dieser Entwicklung hatte das etruskische Königtum in Rom.

Im Verlaufe des 6. Jh. formten sich Klassengesellschaft und Staat in ihren Grundzügen aus. So gab es in den grundbesitzenden Viehzüchtern eine Klasse von Ausbeutern und in den Klienten, freien Kleinproduzenten und auch Sklaven Ausgebeutete; darüber hinaus gab es eine öffentliche Gewalt (König, Beamte, Priester und sechs Reiterzenturien) und eine territoriale Einteilung der Bevölkerung; schließlich wurde eine Steuer erhoben. Damit waren die wesentlichsten Merkmale des Staates vorhanden.

Das Königtum verlor jedoch bald seine progressive Funktion und wurde in Rom wie auch in Griechenland frühzeitig zu einem Hemmnis für die weitere Ausbildung des antiken Stadtstaates (gr. *polis*; lat. *civitas*). Es gelang dem König nicht, sich den übrigen Adligen gegenüber einen Vorrang zu sichern — reiche Königsgräber sind in Rom unbekannt. Die Hauptursache lag darin, daß es keine wirtschaftliche Notwendigkeit gab, umfangreiche Kooperationen zu organisieren. Hinzu kamen die wachsenden autokratischen Tendenzen der Könige. So fehlen bei Servius Tullius und Tarquinius Superbus, den beiden letzten Königen in Rom, Anzeichen für eine Ernennung durch den Interrex sowie für die Akklamation der Kurien. Diese Sachlage führte schließlich im Jahre 508/507 v. u. Z. zur Beseitigung der Königsherrschaft und zur Übernahme der Macht durch den Adel; es entstand eine aristokratische Republik.

Historischer Platz der Königszeit

Der Zeitpunkt der Begründung der Republik ist in der modernen Forschung umstritten. Viele Historiker vertreten die Ansicht, daß der Beginn der Republik tatsächlich in das letzte Jahrzehnt des 6. Jh. fällt, während andere der Auffassung sind, die römische Republik sei etwa um 472 oder gar noch später, um das Jahr 450 v. u. Z., entstanden.

Entstehung der Republik

Die Sklaverei im ältesten Rom

2.4.

Für die römische Überlieferung der späten Republik galt es als eine Tatsache, daß Sklaverei in Rom von Anfang an vorhanden war, und Geschichtsschreiber und Chronisten fragten nicht, woher sie kam und wie sie entstanden sein

Überlieferung

mochte. Der Sage nach soll sogar der vorletzte römische König, Servius Tullius, Sohn einer Sklavin gewesen sein. Schon Romulus oder Numa sollen alle Tätigkeiten mit Ausnahme des Ackerbaus und des Kriegsdienstes Sklaven und Fremden überlassen haben. Grundbesitz, Vieh und Sklaven werden als schon zu Beginn der römischen Geschichte vorhandene Bestandteile des privaten Eigentums genannt.

Würden wir unsere Kenntnisse über die Sklaverei im ältesten Rom nur aus diesen oder anderen historisch zweifelhaften Quellen schöpfen können, so wären kaum sichere Ergebnisse zu gewinnen. Glücklicherweise liegt jedoch in der ältesten römischen Festordnung, dem Festkalender *(fasti)*, ein Material vor, das bis in das 6. Jh. v. u. Z. zurückreicht. Bei verschiedenen, im ältesten Kalender aufgeführten Festen begegnen Sklaven und Freigelassene. Feierlichkeiten, die den Erdmuttergottheiten, den Fruchtbarkeits- und Totenkulten geweiht waren, standen im Vordergrund.

Römische
Festlichkeiten

Die bedeutendsten Feste, in deren Rahmen von Sklaven berichtet wird, waren die *Saturnalia* am 17. Dezember und die *Compitalia*, die Ende Dezember gefeiert wurden. In beiden Fällen genossen Sklaven für die Dauer des Festes verschiedene Freiheiten.[14] An den Saturnalien nahmen die Sklaven zusammen mit ihren Herren die Mahlzeiten ein, anderen Nachrichten zufolge wurden sie sogar von ihnen bedient. Die Compitalia waren den *Lares compitales*, den Schutzgottheiten der Kreuzwege (lat. *compita*, Kreuzwege), gewidmet, entgegen allen sonstigen Gepflogenheiten verrichteten hier Sklaven den Kultdienst. Das Fest verlief in heiterer und ausgelassener Stimmung.

An den *Larentalia* am 23. Dezember wurde den Seelen verstorbener Sklaven ein Opfer dargebracht.

Auch die *Matronalia* am 1. März – ursprünglich das Neujahrsfest – und die *Nonae Caprotinae* am 7. Juli waren mit Feierlichkeiten verbunden, an denen Sklavinnen und Sklaven teilhatten. An den Matronalien gaben die römischen Hausfrauen ihrem Sklavenpersonal ein Gastmahl; so erscheint dieses Fest gewissermaßen als ein Gegenstück zu den Saturnalien im Dezember.[15] Die Nonae Caprotinae – der Göttin Iuno geweiht – waren ein Fest zu Ehren der Fruchtbarkeit, zugleich trugen sie den Charakter eines Erntefestes. Unter schattenspendenden Bäumen fanden sich Sklavinnen und freie Frauen zu einem gemeinsamen Festmahl zusammen.[16] Ebenso werden in Verbindung mit dem Fest der *Mater Matuta* am 11. Juni Sklavinnen erwähnt.

Damit ist im ältesten römischen Kalender mit seinen kultischen Festen die Sklaverei greifbar, die in ihrer Form an die Sklaverei in den Epen Homers erinnert. Es war noch eine patriarchalische oder Haussklaverei, die im Verlaufe der weiteren Entwicklung mehr und mehr der antiken Form der Sklaverei wich.

---

14 Macrobius, Sat., 1, 7, 26: *Saturnalibus tota servis licentia permittitur* (An den Saturnalien ist den Sklaven jede Freiheit erlaubt).

15 Macrobius, Sat., 1, 12, 7: *Servis cenas adponebant matronae, ut domini Saturnalibus...* (Die Hausfrauen setzen den Sklaven Mahlzeiten vor, wie die Hausherren an den Saturnalien...).

16 Macrobius, Sat., 1, 11, 36 f.: *Iunoni enim Caprotinae die illo liberae pariter ancillaeque sacrificant* (Denn an jenem Tage bringen die freien Frauen ebenso wie die Sklavinnen der Iuno Caprotina ein Opfer dar).

2.4. Die Sklaverei im ältesten Rom

Gegen Ende der Königszeit und zu Beginn der Republik wird der älteste Festkalender ergänzt; in diesem Zusammenhang ist hier besonders das Fest der Diana am 13. August zu erwähnen. In ihrem Kult erschien erstmalig der fremde, flüchtige und gehetzte Sklave, der sich unter den Schutz dieser Göttin stellte, die gleichzeitig Schutzgöttin des Fremden überhaupt war. Vor allem der Kult der Diana von Aricia stand in Beziehung zu entlaufenen Sklaven. Daher wurde ihr Ehrentag von den Sklaven besonders begangen.[17] Der Priester der Göttin, der den Titel eines *rex Nemorensis* führte, war meist ein entlaufener Sklave oder ein Landflüchtiger, in jedem Falle aber ein Fremder. Nur derjenige, der den Priester im Zweikampf erschlug, konnte dessen Nachfolger werden.

Am Festtag der Göttin *Feronia*, den man am 13. November feierte, wurden Sklaven freigelassen.

All diese Tatsachen machen deutlich, daß es bereits in der Frühzeit römischer Geschichte Sklaven gegeben hat, doch sagen diese Quellen nichts Näheres über den Umfang und die wirtschaftliche Bedeutung der Sklaverei in jener Zeit aus. Allem Anschein nach spielte die Sklaverei im Wirtschaftsleben der Römer noch keine dominierende Rolle. Auch Rom trat zunächst als ein Staat altorientalischen Typs in die Geschichte und kann im 6. und 5. Jh. v. u. Z. nur von der tendenziellen Entwicklung her als Sklavenhalterstaat bezeichnet werden. So finden wir in der Zeit der Entstehung und Konsolidierung des römischen Staates folgende Klassen: *erstens* die Klasse der vermögenden Grundbesitzer, der Patrizier, in deren Händen sich das Staatsland *(ager publicus)* konzentrierte. In sozialer Hinsicht sind auch die Wohlhabenden der nichtadligen Familien dieser Klasse zuzuordnen, trotz der Tatsache, daß zunächst die Patrizier allein die politisch herrschende Gruppe darstellten. *Zweitens* die Klasse der freien Kleinproduzenten und Klienten. Es handelte sich um Parzellenbauern und Handwerker, die familienwirtschaftlich und zumeist ohne Sklaven ihre Bodenanteile bearbeiteten oder ihr Handwerk selbständig betrieben. Sie bildeten zahlenmäßig die Mehrheit der Bevölkerung und wurden wirtschaftlich wie politisch von der herrschenden Klasse der Patrizier unterdrückt. An der ökonomischen Ausbeutung waren auch die nichtadligen Wohlhabenden beteiligt. Die Kleinproduzenten produzierten noch überwiegend für den eigenen Bedarf; die Klienten hatten ein Viertel bis ein Drittel der Erträge an den Patron abzuliefern. Die einfache Warenproduktion steckte noch in den Anfängen. *Drittens* die Klasse der Sklaven. Sie ist in jener Zeit noch keine Hauptklasse der Gesellschaft und die Sklavenarbeit war noch nicht Grundlage der Produktion. Zunächst erscheint sie in ihrer patriarchalischen Gestalt und unterscheidet sich wenig von der Sklaverei im homerischen Griechenland und von der Haussklaverei[18] im frühen Alten Orient.

Klassen im ältesten römischen Staat

---

17 Festus, p. 343 ed. M.: *servorum dies festus vulgo existimatur Idus Aug., quod eo die Ser. Tullius, natus servus, aedem Dianae dedicaverit in Aventino, cuius tutelae sint cervi, a quo celeritate fugitivos vocent cervos* (Der 13. August gilt allgemein als Festtag der Sklaven, weil an diesem Tage Servius Tullius, der als Sklave geboren wurde, den Dianatempel auf dem Aventin geweiht hatte. Unter ihrem Schutz stehen die Hirsche, nach deren Schnelligkeit man die flüchtigen Sklaven »Hirsche« nennt).

18 Über die Haussklaverei siehe u. a. Fr. Engels, »Anti-Dühring«, in: MEW, Bd. 20, Berlin 1962, S. 586.

40 2. Entstehung und Konsolidierung des römischen Staates

2.5. *Klassenkampf und Ständekampf. Patriziat und Plebs*

Zurückdrängung der Etrusker

Nach der Beseitigung des Königtums im Jahre 508/507 v. u. Z. unternahmen die Etrusker einen vergeblichen Versuch, ihre verlorenen Positionen in Latium zurückzuerobern, um die unterbrochene Landverbindung nach Kampanien wiederherzustellen. Im Jahre 505 wurde Aruns, der Sohn des Königs Porsenna von Clusium-Chiusi, von Aristodemos, dem Tyrannen von Kyme, bei Aricia mit latinischer Unterstützung entscheidend geschlagen. Ein letzter Versuch der Etrusker, Latium und Kampanien unter Kontrolle zu halten, war ebenso erfolglos. Im Jahre 474 erlitten sie und ihre Verbündeten, die Karthager, in einer Seeschlacht bei Kyme durch Hieron I. von Syrakus eine vernichtende Niederlage.

Machtrückgang Roms

Durch die Zurückdrängung des etruskischen Einflusses geriet die hegemoniale Stellung Roms in Latium zunächst ins Wanken. Eine große Anzahl latinischer Städte erhob sich gegen Rom; führend waren Aricia und Tusculum. Nach Livius (2, 19, 4) stand damals ganz Latium *(omne Latium)* gegen Rom, das seine Kontrahenten kurz nach 500 v. u. Z. am See Regillus besiegt haben soll. Gewiß handelt es sich hier um eine spätere Übertreibung, denn Rom mußte sich im Jahre 493 immerhin bereit erklären, die Gleichstellung der übrigen Latiner vertraglich anzuerkennen *(foedus Cassianum,* nach dem römischen *praetor maximus* Spurius Cassius). Angeblich im Jahre 486 v. u. Z. wurde auf derselben Grundlage ein Bündnis mit den Hernikern geschlossen. In beiden Fällen handelte es sich um einen Zusammenschluß von Gleichberechtigten *(foedus aequum).* Das Zustandekommen dieses Dreibundes wurde dadurch begünstigt, daß sich alle Beteiligten durch das Vordringen der sabellischen Aequer und Volsker bedroht sahen. Den Volskern gelang es sogar, Velitrae und Pometia zu erobern. Diese volskische Expansion bildet den historischen Hintergrund der Coriolan-Sage.

Einsetzende Expansion der Römer

Um die Mitte des 5. Jh. hatte Rom den vorübergehenden Machtrückgang offenbar wieder überwunden, denn zu diesem Zeitpunkt stand das frühjährliche Bundesfest der Latiner *(feriae Latinae)* auf dem Mons Albanus bereits wieder unter seiner Leitung, und die Überlieferung weiß nur noch von *römischen* Oberbefehlshabern bei gemeinsamen militärischen Aktionen zu berichten. Im Jahre 426 v. u. Z. nahmen die Römer den Brückenkopf Vejis auf dem linken Tiberufer, die Stadt Fidenae ein. Zwanzig Jahre später kam es zum entscheidenden Waffengang gegen Veji. Vorher wurde Crustumerium an der Grenze zum Sabinerland erobert und die 21. Tribus der Clustumina eingerichtet. Veji soll nach zehnjähriger Belagerung im Jahre 396 v. u. Z. durch den römischen Diktator Marcus Furius Camillus eingenommen und geplündert worden sein. Über die Hälfte des eroberten Landes (von etwa 75 000 ha) wurde zum römischen Staatsland erklärt und ein großer Teil der Einwohner in die Sklaverei verkauft. Wenige Jahre später, 389 oder 387 v. u. Z., wurden im südlichen Etrurien vier neue Landtribus *(tribus rusticae)* geschaffen: Arnensis, Tromentina, Stellatina, Sabatina.

Nach der Eroberung Vejis war Rom im Bündnis mit den Latinern und Hernikern zu Beginn des 4. Jh. zur stärksten Macht in Mittelitalien aufgestiegen. Diese Machtentfaltung wurde durch den Galliereinfall jäh unterbrochen: Am 18. Juli 387 erlitten die Römer an der Allia eine empfindliche Niederlage;

Jahrzehnte verstrichen, ehe Rom wieder eine regere außenpolitische Aktivität zeigte.

Nach der Vertreibung des letzten Königs Tarquinius Superbus bildeten sich allmählich die staatlichen Institutionen der römischen Republik heraus. Die Königsgewalt wurde nach und nach auf bestimmte Ämter und Gremien verteilt. An die Stelle des Königs trat ein Doppelamt. Beide Beamte waren im Besitz der allgemeinen Befehlsgewalt (imperium), die allerdings durch die Annuität (befristete Amtszeit auf ein Jahr) und die Kollegialität eingeschränkt war, d. h., daß jeweils zwei oder mehrere Amtsträger mit den gleichen Befugnissen (par potestas) ausgestattet waren und so das Recht hatten, Maßnahmen des Amtskollegen durch eine Interzession (ius intercessionis) gegebenenfalls zu unterbinden. Ihre politischen Kompetenzen umfaßten vor allem das Recht, die Volksversammlung einzuberufen (ius agendi cum populo) und den Senat zu versammeln und zu befragen (ius agendi cum senatu). Als Zeichen ihrer höchsten richterlichen Befugnisse (ius vitae necisque) schritten beiden Oberbeamten jeweils zwölf Liktoren mit Rutenbündeln und eingesteckten Beilen voran. Anfänglich führten diese Magistrate den Titel praetor oder iudex (Richter), und erst seit 367 v. u. Z. hießen sie dann Konsuln (consules). In Notzeiten oder aus besonderem Anlaß ernannten die Oberbeamten einen Diktator, dessen älterer Titel magister populi war. Seine Amtszeit war auf maximal sechs Monate begrenzt, er setzte seinerseits einen Reiteroberoberrsten (magister equitum) als Unterbefehlshaber ein. Der Diktator hatte die höchste militärische und zivile Gewalt inne, und während seiner Amtszeit ruhte das Imperium der Oberbeamten. Als Zeichen seiner alleinigen Amtsgewalt begleiteten ihn 24 Liktoren.

Im Jahre 444 v. u. Z. wurden die beiden Oberbeamten durch drei Militärtribunen (tribuni militum) ersetzt. Beim Ausbruch des Krieges gegen Veji wurde die Anzahl dieser Tribunen auf sechs erhöht, was mit der Verdoppelung des Heeres auf die Stärke von 6 000 Mann Fußtruppen zusammenhing. Die Einsetzung von zwei Konsuln im Jahre 367 v. u. Z. war offenbar mit der Schaffung eines aus zwei Legionen bestehenden Heeres verbunden. Seit demselben Jahr amtierte neben den Konsuln ein dritter Imperiumsträger, der jetzt allein die alte Bezeichnung praetor führte. Er war den Konsuln nachgeordnet (minor collega consulum) und für die Rechtsprechung (iurisdictio) in der Stadt zuständig, die damit den Konsuln entzogen wurde. Da er sich nicht länger als zehn Tage aus der Stadt entfernen durfte, hieß er Stadtprätor (praetor urbanus).

Die übrigen Beamten der Republik besaßen kein imperium, sondern nur die Machtbefugnis (potestas), die ihrem spezifischen Amtsbereich entsprach. Zu den ältesten dieser Beamten zählen die zwei Quästoren (urspr. »Frager«, »Forscher«), die die Staatskasse des römischen Volkes (aerarium populi Romani) zu verwalten hatten. Sie wurden anfänglich durch die Oberbeamten ernannt, seit 447 v. u. Z. jedoch in der Volksversammlung gewählt. Im Jahre 421 v. u. Z. traten zwei weitere Quästoren auf, die als Verwalter der Kriegskasse und Gehilfen des Feldherrn fungierten. Die Ädilen (aediles, von aedes, »Haus« oder »Tempel«) waren ursprünglich Verwalter des Sonderheiligtums der Plebejer, des Cerestempels auf dem Aventin. Im Jahre 367 v. u. Z. wurden ihnen zwei weitere beigegeben, mit denen zusammen sie die Aufsicht über Markt und Straßen versahen; die beiden letzteren übten auch die Marktgerichtsbarkeit

42 2. Entstehung und Konsolidierung des römischen Staates

aus und waren für bestimmte kleinere Delikte zuständig. Da sie bei der Ausübung ihres Richteramtes die *sella curulis* benutzten, nannten sie sich *curulische Ädilen.*

Der Überlieferung zufolge wurde im Jahre 443 v. u. Z. das Amt der zwei Zensoren (*censor*, der »Einschätzer«) eingerichtet. Sie wurden nur alle fünf Jahre auf 18 Monate gewählt, hatten die Bürgerliste zu führen und die Vermögenseinschätzung vorzunehmen. Kurz vor dem Jahre 312 übernahmen sie von den Konsuln die Aufgabe der regelmäßigen Ergänzung des Senats (*lectio senatus*). Hieran knüpfte sich allmählich die »Sittenaufsicht« (*cura morum*), die die Bedeutung dieses Amtes beträchtlich erhöhte. Seit dem zweiten Punischen Krieg nahmen sie auch die Steuerverpachtung vor.

Religiöse Institutionen
Außerdem gab es eine Reihe von Priesterämtern und -kollegien. Der »Opferkönig« (*rex sacrorum* oder *sacrificulus*) erinnert an die vormaligen priesterlichen Funktionen des Königs; er bekleidete das Amt auf Lebenszeit, trat in seiner Bedeutung jedoch rasch gegenüber dem Vorsteher des sakralrechtskundigen Pontifikalkollegiums, dem *pontifex maximus*, zurück, der ihn auch auswählte und der Volksversammlung, den Kuriatkomitien, zur Bestätigung vorstellte. Eine große Rolle spielte das *collegium augurum*, das für die Beobachtung und Deutung göttlicher Vorzeichen (*auspicia*) Sorge zu tragen hatte. Dem internationalen Rechtsverkehr widmeten sich die 20 *Fetialen*, und die zwei *viri sacrorum* überwachten die Sibyllinischen Bücher und die griechischen Kulte.

Stellung der Beamten
Die römischen Magistraturen waren durchweg unbesoldet und galten als Ehrenämter (*honores*). So waren sie von vornherein nur Vermögenden vorbehalten. Römische Beamte wurden während ihrer Amtsperiode auch nicht zur Rechenschaft gezogen; es gab hierfür keine besondere Einrichtung. In der Amtszeit konnte allerdings eine Vorladung vor den Prätor erfolgen, doch lediglich bei Unterstellten, nicht aber bei Höhergestellten und Gleichrangigen. Eine Behandlung eingegangener Klagen wurde in der Regel erst nach Ablauf der Amtsfrist eingeleitet. Gegen einen Diktator konnte in keinem Falle vorgegangen werden.

Römischer Senat
Zum entscheidenden Faktor im politischen Leben bildete sich allmählich der Senat aus. Dieser war ursprünglich nur ein beratendes Organ des Imperiumsträgers und gab ihm entsprechende »Ratschläge« (*senatus consulta*), die, von den jeweiligen Magistraten bald nicht mehr übergangen werden konnten. Gegenüber den in der Regel jährlich wechselnden Beamten verkörperte der Senat die politische Kontinuität. Außerdem besaßen die patrizischen Senatoren zunächst das Recht, Abstimmungsergebnisse der Volksversammlung zu bestätigen (*auctoritas patrum*).

Der Senat wurde von den Angehörigen der Patrizierfamilien beherrscht, die wiederum sehr differenziert waren. So gab es unter den Senatoren solche aus älteren Geschlechtern (*patres maiorum gentium*) und solche aus geringeren (*patres minorum gentium*). Dementsprechend war auch die Besetzung des republikanischen Oberamtes durch Vertreter der einzelnen Geschlechter recht unterschiedlich. Von Beginn der Republik bis zum Jahre 367 v. u. Z. erschienen Angehörige von insgesamt 58 Patriziergeschlechtern im höchsten Amt; mehr als 30 davon gelangten nur einmal in dieses Amt, während es ganze sieben Geschlechter 19- bis 34mal bekleideten. Diese führenden sieben Geschlechter

2.5. Klassenkampf und Ständekampf. Patriziat und Plebs

waren damals die Valerier, die Furier, die Cornelier, die Quintier, die Fabier, die Servilier, die Aemilier und die Manilier.[19]

Eine wichtige Neuerung dieser Zeit war die Schaffung der Zenturienordnung (*comitia centuriata*), die in der uns überkommenen Form wohl erst dem ausgehenden 4. Jh. angehört. Die römischen Bürger wurden ihrem Zensus entsprechend verschiedenen »Klassen« zugeordnet — ähnlich wie die athenischen Bürger durch die Reformen Solons —, und diese Zuordnung entschied über die militärischen Verpflichtungen und politischen Rechte bzw. Möglichkeiten. Es handelte sich bei dieser Einteilung um eine Timokratie (»Vermögensherrschaft«), die im einzelnen folgendes Bild bot:

Zenturienordnung

Ritter *(equites)*	Zensus	100 000 Asse[20]	18 Zenturien	zusammen
erste Klasse	Zensus	100 000 Asse	80 Zenturien	98
zweite Klasse	Zensus	75 000 Asse	20 Zenturien	
dritte Klasse	Zensus	50 000 Asse	20 Zenturien	
vierte Klasse	Zensus	25 000 Asse	20 Zenturien	
fünfte Klasse	Zensus	11 000 Asse (oder 12½)	30 Zenturien	zusammen 95
Handwerker *(fabri)*	ohne Zensus		2 Zenturien	
Musiker *(cornicines et tubicines)*	ohne Zensus		2 Zenturien	
Proletarii	ohne Zensus		1 Zenturie	

193 Zenturien

Der Reiteradel stand über den Zensusklassen *(supra classem)* und stellte nunmehr 18 Zenturien. Zu diesen gehörten die älteste adlige Reiterei, der ein Staatspferd zustand, sowie die reichsten nichtadligen Bürger, die ein eigenes Pferd mit Ausrüstung zu stellen vermochten. Sechs der 18 Zenturien waren den Patriziern vorbehalten. Sie setzten sich aus den drei Zenturien der Ramnes, Tities und Luceres *primi* oder *priores* (den »ersten« oder »früheren«) und den drei noch im Rahmen der Kurienordnung gebildeten Zenturien der Ramnes usw. *secundi* oder *posteriores* (den »zweiten« oder »späteren«) zusammen. Sie gaben in der Volksversammlung als erste ihre Stimme ab *(sex suffragia*, die »sechs Vorstimmzenturien«). Ihnen folgten die inzwischen neugeschaffenen zwölf Zenturien reicher Nichtadliger, die *proceres*, die »Vornehmen«, oder *centuriae procerum*.

Während die Angehörigen der ersten Klasse *(prima classis)* das schwerbewaffnete Fußvolk (Hopliten) stellten, versahen diejenigen der zweiten bis fünften Klasse ihren Kriegsdienst im wesentlichen als Leichtbewaffnete. Die restlichen fünf Zenturien dienten nur als Hilfssoldaten oder aber gar nicht im Heere. Die vier Zenturien der Handwerker und Musiker (Horn- und Tuba-

---

19 Die Römer unterschieden zwischen *praenomen*, »Vornamen« (z. B. Gaius), nomen gentile, »Geschlechtsnamen« (z. B. Iulius) und cognomen, »Beinamen« (z. B. Caesar). Das binominale System (praenomen und nomen gentile) geht auf die Etrusker zurück, und erst seit dem 4./3. Jh. v. u. Z. war das System der *tria nomina* (drei Namen) üblich.

20 As: Alte römische Kupfermünze (von *aes*, Kupfer) mit unterschiedlichem Wert.

bläser) wurden bei Abstimmungen oberen Klassen beigegeben, so daß die Ritter und die erste Klasse zusammen mit ihren wenigstens 98 Zenturien[21] gegenüber den übrigen 95 in jedem Falle über die absolute Mehrheit verfügten, denn jede Zenturie besaß nur eine Stimme. Innerhalb einer Zenturie entschied die einfache Mehrheit über Zustimmung oder Ablehnung bzw. über Schuld- oder Freispruch. Innerhalb einer jeden Klasse wurde schließlich noch zwischen *seniores* (47. bis 60. Lebensjahr) und *iuniores* (17. bis 46. Lebensjahr) unterschieden, und zwar so, daß jede dieser beiden Gruppen jeweils über die Hälfte der Zenturien ihrer Klasse verfügte. Da die iuniores zahlenmäßig zweifellos bedeutend stärker waren als die seniores, so hatten die letzteren jenen gegenüber einen Vorteil, zumal sie außerdem in ihrer Klasse das Vorstimmrecht besaßen. Hatten sich die Zenturien der Reiter und derjenigen der ersten Klasse bereits einhellig in einem bestimmten Sinne entschieden, so gelangten die Zenturien der unteren Klassen gar nicht mehr zur Abstimmung, da die Mehrheit schon erreicht war.

Das Fehlen eines direkten individuellen Abstimmungsrechts sowie die Festlegung eines Gruppenwahlrechts sicherte die beherrschende Stellung der Patrizier im Verein mit den wohlhabenden Nichtadligen. Da es zudem keine geheime Abstimmung gab, konnten die Aristokraten zusätzlich über ihre Klienten die Entscheidungen der unteren Klassen beeinflussen.

Die Zenturienordnung war Grundlage einer bestimmten Heeresordnung, aber keineswegs eine Heeresversammlung selbst; sie war eine politische Institution, die in dieser Zeit zur wichtigsten Form der Volksversammlung wurde (*comitiatus maximus* in den Zwölftafelgesetzen von 449 v. u. Z.). Die hauptsächlichsten Kompetenzen der Zenturiatkomitien lagen in der Wahl der höchsten Beamten (Prätor, Konsul, Zensor), in der Verabschiedung von Gesetzen (*leges*), in der Entscheidung über Krieg und Frieden sowie in der Festlegung von Urteilssprüchen. Den Kurien oblag nur noch die Behandlung sakraler und familienrechtlicher Angelegenheiten.

»Zwölftafel-
gesetz«

Eine wichtige Neuerung des 5. Jh. liegt in der Fixierung des geltenden Privat- und Strafrechts im Jahre 449 v. u. Z. vor. Anlaß zu diesem Schritt waren heftige innenpolitische Auseinandersetzungen, heraufbeschworen durch die Willkür in der Rechtsprechung, die allein in den Händen der Patrizier lag. Zur Aufzeichnung der Gesetze wurde schließlich eine Kommission von zehn Männern (*decemviri legibus scribundis*) eingesetzt, die über außerordentliche Vollmachten verfügte. Das Ergebnis ihrer Tätigkeit wurde auf zwölf hölzernen Tafeln festgehalten (»Zwölftafelgesetz«), die wohl ein Opfer der Gallierkatastrophe vom Jahre 387 geworden sind. Die Gesetze sind nur durch Auszüge bekannt und dadurch, daß sich spätere Autoren auf sie beziehen, doch erlaubt das vorliegende Material trotz seiner Lückenhaftigkeit einige interessante Einblicke.

Es handelt sich bei diesen Gesetzen um die älteste uns bekannte römische Rechtsquelle. Der Legende nach soll vor der Abfassung dieser Gesetze eine Abordnung, bestehend aus drei Männern, mit dem Auftrag nach Athen gesandt worden sein, die Solonischen Gesetze abzuschreiben und die Einrichtungen der griechischen Stadtstaaten zu studieren. Die Gesandtschaft nach

---

21 Livius (1, 43, 3) gibt die beiden Handwerkerzenturien der ersten Klasse bei.

2.5. Klassenkampf und Ständekampf. Patriziat und Plebs

Athen ist unglaubwürdig, und vorhandene Ähnlichkeiten mit griechischen Gesetzen dürften wohl eher auf den Einfluß der unteritalischen Griechenkolonien zurückzuführen sein.

Es ist auffällig, daß Verfassungsfragen in den Zwölf Tafeln nirgends behandelt werden. Offenbar ging es lediglich darum, das Privatrecht *(ius civile)* zu umreißen.[22] Insgesamt zielte das Gesetzeswerk auf die *Isonomie*, d. h. auf die formale Gleichstellung aller Bürger vor dem Gesetz. Dieser Tatbestand widerspiegelt auf juristischer Ebene recht klar die Konstituierung des klassischen antiken Stadtstaates als einer Gemeinschaft aller Politen (Bürger). Eine wesentliche Triebkraft für diesen Vorgang lag offenbar in der wachsenden Bedeutung der Hoplitentaktik, die bei den Griechen bereits im 7. Jh. anzutreffen war und im 6. Jh. auch nach Etrurien gelangte. Bei den Römern vollzog sich der Übergang zur Hoplitenphalanx wohl in der ersten Hälfte des 5. Jh. So erschienen in den Zwölf Tafeln *adsidui* (1, 4; »Wohlhabende«, später *locupletes* genannt), die das schwerbewaffnete Fußvolk bildeten und schon auf die *prima classis* der timokratischen Zenturienordnung weisen, die im Gesetzestext als »größte Versammlung« vorkommt (9, 2: *comitiatus maximus*). Außer den *adsidui* werden noch die mittellosen Bürger, die *proletarii* genannt.

Einen staatlichen Strafvollzug gab es wohl nur bei Hochverrat *(perduellio)* und schweren sakralen Delikten. Besondere Einrichtungen zur Verfolgung und Ahndung von Vergehen waren nur die »Mordforscher« *(quaestores parricidii)* und die »Zweimänner für Hochverrat« *(duoviri perduellionis)*. Im übrigen blieb es dem jeweils Geschädigten selbst überlassen, nach erfolgtem Schuldspruch die angemessen erscheinende Strafe zu vollziehen. So war selbst die Verfolgung eines Mörders nach wie vor Angelegenheit der betreffenden Sippe, nur beugte der vorher notwendige staatliche Richterspruch verheerenden Sippenfehden vor.

In der Regel herrschte die Vergeltung mit dem gleichen Übel *(talio)* vor allem bei schweren Körperverletzungen. Bei leichteren Verletzungen schrieb das Gesetz bestimmte Geldbußen vor. So hatte der Täter im Falle eines Knochenbruchs *(os fractum)* 300 Asse zu entrichten, wenn es sich um einen Freien handelte, jedoch nur 150 Asse, wenn es einen Sklaven betraf (8, 3). Außerordentlich streng wurden Eigentumsdelikte geahndet: Einen auf frischer Tat ertappten Dieb *(fur manifestus)* überließen die Magistrate dem Bestohlenen zur Bestrafung, der ihn töten, als Sklaven ins Ausland *(trans Tiberim,* d. h. jenseits des Tiber, wo bereits etruskisches Gebiet begann) verkaufen oder aber ein Lösegeld für ihn entgegennehmen konnte.

Strafbestimmungen

Die Zwölf Tafeln regelten auch die Beziehungen zwischen dem Patronus und seinen Klienten, indem die Mißachtung der »Treue« *(fides)* für beide Seiten unter Strafe gestellt wurde (8, 21). Weiterhin wurde die Gewalt des Familienoberhauptes *(pater familias)* unterstrichen, der die Macht *(patria potestas)* über alle zum Hausverband gehörenden Personen einschließlich der Sklaven und Sachen sowie über den Boden besaß. Er konnte die Kinder und die Ehefrau töten, verstoßen oder verkaufen. Ein Sohn war allerdings nach dreimaligem Verkauf in die Sklaverei der väterlichen Gewalt entzogen.

---

22 Nach Livius (3, 34, 6) stellten die Zwölf Tafeln die »Quelle des gesamten öffentlichen und privaten Rechts« dar *(fons omnis publici privatique iuris)*.

46　　2. Entstehung und Konsolidierung des römischen Staates

Eigentums-
verhältnisse

Im Zwölftafelgesetz traten Privateigentumsverhältnisse deutlich in den Vordergrund, jedoch bestand das vormalige Sippeneigentum in gewissem Umfang weiter. Aufschlußreich für diese Sachlage ist die deutliche Unterscheidung von nächstem väterlichen Verwandten *(proximus adgnatus)* und der Zugehörigkeit zu einem Geschlecht. Der *fundus*, das im Eigentum eines Bürgers befindliche Grundstück, konnte veräußert und im Erbgang auch geteilt werden. Erst in dem Falle, wo ein Erbe oder darüber hinaus ein nächster väterlicher Verwandter fehlten, fiel der Besitz an die Sippenangehörigen insgesamt *(gentiles)*.

Für die Herausbildung der antiken Eigentumsform war ein Umstand besonders gravierend: Die Verfügungsgewalt über den Boden resultierte nicht aus einem individuellen Rechtsanspruch, sondern konnte nur von einer höheren Einheit, dem *populus Romanus*, gewährt werden. Das Eigentumsrecht war so mit der Zugehörigkeit zur römischen Bürgerschaft verknüpft, und ein römischer Bürger besaß Grund und Boden eben nur auf Grund seines Bürgerrechts *(ex iure Quiritium)*.[23]

Schuldrecht

Kennzeichnend für das Gesetzeswerk war das harte Schuldrecht. Mit dem Empfang eines Darlehens, das ihm vor Zeugen ausgehändigt wurde, begab sich der Schuldner völlig in die Hand des Gläubigers. Dieser konnte jenen im Falle einer nicht termingerechten Rückzahlung des Geliehenen ohne Inanspruchnahme eines gerichtlichen Urteils in die Schuldknechtschaft überführen und über sein gesamtes Hab und Gut sowie über seine Kinder verfügen. Die Freiheit konnte der Schuldsklave nur durch die Begleichung seiner Schulden wiedererlangen. Wegen dieser harten Verfahrensweise nannte man die Schuldverschreibung »Fesselung« *(nexum)*; den jährlichen Zinssatz legten die Zwölf Tafeln auf $8^1/_3$ Prozent fest.

Von Handwerkern und Händlern ist in den Gesetzen wenig die Rede; im Vordergrund stehen eindeutig Angelegenheiten, die das bäuerliche Eigentum der römischen Bürger betreffen. Selbst magische Beschwörungen mit der Absicht, den landwirtschaftlichen Ertrag von Nachbarn zu schädigen und persönliche Vorteile zu erlangen, wurden als schwere Vergehen angesehen (8, 8) und anscheinend mit dem Tode bestraft. Insgesamt läßt das Zwölftafelgesetz klar erkennen, daß sich die antike Bürgergemeinde in ihren Grundzügen herausgebildet hatte.

Wirtschaftliche
Verhältnisse
und
soziale
Differenzierung

Die römische Wirtschaft beruhte vorrangig auf Viehzucht und Ackerbau, und bei den nahezu ununterbrochen geführten Raubzügen wurde hauptsächlich Vieh erbeutet, das sich zum größten Teil die Patrizier aneigneten. Die widerrechtliche Aneignung des Gemeindelandes *(ager publicus)* durch die Patrizier und seine Ausdehnung durch Eroberungen bewirkten maßgeblich die bereits in dieser Zeit zu beobachtende Konzentration des Grundbesitzes. So sollen im Jahre 367 v. u. Z. C. Licinius Stolo und L. Sextius Lateranus ein Gesetz eingebracht haben, das den Besitz von mehr als 125 ha[24] Staatsland pro Familie untersagte. Diese Bestimmung hatte auch noch im 2. Jh. v. u. Z. Gültigkeit, doch wurde sie in steigendem Maße mißachtet. Licinius selbst mußte zehn Jahre später mit einer Geldbuße bestraft werden, weil er sein

---

23　*Quiriten*: Sprachlich noch nicht geklärte alte Bezeichnung für römische Bürger.
24　Nach römischem Flächenmaß 500 *iugera*, von *iugerum*, »Joch« (4 iugera = etwa 1 ha).

2.5. Klassenkampf und Ständekampf. Patriziat und Plebs

eigenes Gesetz durchbrochen hatte. Derartige Vergehen wurden auch für die nachfolgenden Jahrzehnte wiederholt erwähnt.[25]

Auf der anderen Seite gerieten viele ländliche Kleinproduzenten in wirtschaftliche Schwierigkeiten. Fortschreitende Teilung der Bodenparzellen im Erbgang und wachsende Personenzahlen verringerten die Existenzmöglichkeiten für diese Familien, denen die Nutzung des Gemeindelandes genommen war. Vielfach finden sich Hinweise auf Hunger in dieser Zeit, was zu der Annahme berechtigt, daß Latium übervölkert war. Mißernten, Viehseuchen und Kriegseinwirkungen konnten die Notlage verschärfen und die Betroffenen zwingen, Naturalanleihen aufzunehmen, eine Hauptquelle der Verschuldung in jener Zeit. Es drohten Schuldsklaverei und das Hinabsinken in die Reihen der *proletarii.* Nach einer Angabe des Dionysios von Halikarnassos[26] betrug der Anteil der Besitzlosen und der ärmeren Schichten an der Bürgerschaft um die Mitte des 5. Jh. v. u. Z. bereits über 50 Prozent. Die soziale Differenzierung hatte also schon einen recht hohen Grad erreicht.

So wurden die inneren Auseinandersetzungen geprägt von den Forderungen der unteren Schichten nach Landzuteilung und Beseitigung der Schuldsklaverei;[27] Ausdruck dessen waren zunächst mehrere Agrargesetze *(leges agrariae).* Im Jahre 486 v. u. Z. soll Spurius Cassius ein Gesetz eingebracht haben *(lex Cassia agraria),* das die Verteilung des eroberten Landes an Besitzlose vorsah. In seinen Details ist dieses Agrargesetz unsicher; der Initiator des Gesetzes wurde unter dem Vorwand hingerichtet, nach der Alleinherrschaft (Tyrannis) gestrebt zu haben. Eine ähnliche Gesetzesvorlage aus dem Jahre 417 v. u. Z. lehnte der Senat ab. Die herrschende Klasse Roms fand schließlich einen Ausweg darin, daß sie im Zuge der Ausdehnung des eigenen Herrschaftsbereichs römische wie auch latinische Bauern auf dem eroberten Territorium in Kolonien ansiedelte, die gleichzeitig militärstrategische Aufgaben zu erfüllen hatten. Auf diese Weise vermochte sie die inneren Spannungen abzubauen und bis zu einem gewissen Grade den Landhunger der bäuerlichen Bevölkerung zu befriedigen.[28]

Die Forderungen nach Schuldentilgung *(tabulae novae,* »neue Tafeln«) wurden ebenfalls sehr nachhaltig gestellt. Im Jahre 367 v. u. Z. legte man fest, daß die für ein Darlehen bereits gezahlten Zinsen von der Schuldsumme abgezogen werden und der verbleibende Rest innerhalb von drei Jahren in drei gleichen Raten zurückzuzahlen ist. Der Galliereinfall hatte die Situation sehr verschärft; Livius berichtet mehrmals von finanziellen Schwierigkeiten und von

Innere Kämpfe

---

25 So z. B. bei Livius, 10, 13, 14 für das Jahr 298, und 10, 47, 4 für das Jahr 293 v. u. Z.

26 Dionysios von Halikarnassos, Römische Archäologie, 4, 18 (Ende des 1. Jh. v. u. Z.).

27 In einem Brief an Fr. Engels vom 8. März 1855 kennzeichnete K. Marx diese Sachlage so: »Die innere Geschichte löst sich plainly (klar) auf in den Kampf des kleineren mit dem großen Grundeigentum, natürlich spezifisch modifiziert durch Sklavereiverhältnisse. Die Schuldverhältnisse, die eine so große Rolle spielen von den origines (Ursprüngen) der römischen Geschichte an, figurieren nur als stammbürtige Konsequenz des kleinen Grundeigentums.« In: MEW, Bd. 28, Berlin 1963, S. 439.

28 K. Marx beleuchtet diesen Vorgang in seinem Artikel »Erzwungene Auswanderung« so: »In den alten Staaten, in Griechenland und Rom, bildete die erzwungene Emigration, die die Form der periodischen Errichtung von Kolonien annahm, ein regelrechtes Glied in der gesellschaftlichen Struktur... Mangel an Produktivkraft machte die Bürgerschaft abhängig von einem gegebenen Zahlenverhältnis, an dem nicht gerührt werden durfte. Das einzige Gegenmittel war daher die zwangsweise Emigration.« In: MEW, Bd. 8, Berlin 1960, S. 543.

Schulden, die der Wiederaufbau verursachte (Buch 6, 11, 32 und 34). Durch Sondersteuern besonders für die Errichtung einer Stadtmauer, der »servianischen«, mit deren Bau 378 v. u. Z. begonnen worden war, gerieten viele kleinere Produzenten in die Schuldsklaverei; mehrfach kam es zu inneren Unruhen. Die ununterbrochenen Kämpfe der unteren Klassen und Schichten führten schließlich zu einem Erfolg: Nach einem Gesetz des Jahres 326 v. u. Z., der *lex Poetelia Papiria de nexis*, haftete der Schuldner dem Gläubiger nur noch mit seinem Besitz, nicht mehr mit seiner Person, d. h., er konnte nicht mehr versklavt werden. Die römische Bürgerschaft sollte damit auch gegenüber der wachsenden Zahl von Sklaven und Unterworfenen in ihrem Bestand gesichert werden.

Wie die historischen Zeugnisse bestätigen, bestand der Hauptwiderspruch in dieser Periode in dem Gegensatz zwischen dem großen und dem kleinen Grundeigentum, und der Klassenkampf zwischen den größeren Grundbesitzern und den vorwiegend ländlichen Kleinproduzenten stellte die wesentliche gesellschaftliche Triebkraft in dieser Zeit dar. Die Sklaverei war noch kein bestimmendes Produktionsverhältnis.

Sozialstruktur der frühen Republik

In der Zeit der frühen Republik trat als herrschende Klasse der patrizische Adel hervor, der als Reiterei die Leibgarde des Königs gebildet hatte. Dieser Reiteradel, bestehend aus grundbesitzenden Viehzüchtern, war maßgeblich an der Beseitigung des Königtums beteiligt. So soll L. Iunius Brutus, dem die Tradition die Vertreibung des letzten Königs zuschreibt, Reiterführer des Tarquinius Superbus gewesen sein. Den Patriziern standen die Plebejer gegenüber, die in sich stark differenziert waren.

Die Hauptmasse der Plebejer bildeten die Bauern, Handwerker und Händler. Die entscheidende soziale Gruppe waren die Bauern, unter denen sich viele Klienten von Patriziern befanden. Die unteren Schichten der Plebejer verlangten Landzuteilungen, lehnten sich gegen die Schuldknechtschaft auf und suchten die patrizische Willkür in der Rechtsprechung einzudämmen. Nicht zuletzt waren sie — wie die Plebejer insgesamt — daran interessiert, eine Form der Volksversammlung zu finden, die ihnen ein durch *fides*-Bindungen und timokratische Abstufungen unbehindertes Stimmrecht (*ius suffragii*) ermöglichte. Da die untersten plebejischen Schichten, die bereits frühzeitig einen großen Prozentsatz ausmachten, nicht kriegsdienstpflichtig waren, besaßen sie somit auch keine militärische Erfahrung und Organisation, ein Umstand, der ihrem Klassenkampf abträglich war.

Zu den Plebejern gehörten auch wohlhabende Bauern und adlige Familien umliegender Städte und Gemeinden, die keine Aufnahme in den Patriziat gefunden hatten; so wurde nach Errichtung der Republik nur noch ein Geschlecht, das der Claudier, in den Patrizierstand erhoben. Diesen oberen Schichten ging es vor allem um das Recht der Eheschließung (*ius connubii*) mit den Patriziern und um den Zugang zu den höheren Magistraturen (*ius honorum*). Die plebejischen Oberschichten waren in sozialer Hinsicht ein Teil der ausbeutenden Klasse, juristisch gesehen ein Stand innerhalb der herrschenden Klasse; ihr Gegensatz zu den politisch führenden Patriziern war nicht-antagonistischer Natur und ihr Bemühen um staatsrechtliche Gleichstellung kein Klassenkampf, sondern ein Ständekampf. Eine Ausdehnung dieses Begriffs auf die Auseinandersetzung zwischen Patriziern und Plebejern über-

2.5. Klassenkampf und Ständekampf. Patriziat und Plebs

haupt, wie sie in der bürgerlichen Geschichtsschreibung üblich ist, entspricht nicht der historischen Realität und verwischt vor allem die Klassengrenzen, die sich auch durch die Plebs hindurchzogen. Den Kern der Auseinandersetzungen zwischen Patriziern und Plebejern stellte der Klassenkampf zwischen großem und kleinem Grundbesitz dar, teilweise überlagert bzw. modifiziert durch die zunächst bestehende unterschiedliche juristische Stellung beider Bevölkerungsgruppen.

Zur Wahrung und Durchsetzung ihrer Interessen schufen sich die Plebejer eine kultische und politische Organisation. Der Überlieferung zufolge errichteten sie sich im Jahre 493 v. u. Z. ein zentrales Heiligtum auf dem Aventin. Hier wurden die aus Kyme direkt übernommenen griechischen Gottheiten Demeter, Dionysos und Kore unter den latinischen Bezeichnungen Ceres, Liber und Libera verehrt. Der Tempel, *aedes Cereris* genannt, war sakraler und politischer Mittelpunkt der Plebs; hier befanden sich die Kasse und das Archiv; zwei Tempelherren *(aediles)* standen dem Heiligtum vor. Die Plebejer, die jetzt unter diesem Namen in die Geschichte traten, bildeten so eine Schwurgemeinschaft *(lex sacrata)*. Bereits im Jahre 495 hatte der griechische Hermes als Gott des Handels und Verkehrs unter dem Namen Mercurius in Rom Eingang gefunden; er wurde zum Schutzgott der römischen Kaufleute mit einem Tempel auf dem Aventin. Vermutlich als Antwort auf diese Formierung einer plebejischen »Opposition« weihten die Patrizier im Jahre 484 die *aedes Castoris ad forum* (Tempel des Castor auf dem Forum). Die Dioskuren (Castor und Pollux) waren die göttlichen Patrone der Reiter. Seit dieser Zeit traten die Patrizier als geschlossener Stand in Erscheinung.

Formierung der Plebs

Ein wichtiges Kampfmittel der Plebs war die *secessio* (»Absonderung«). Den ersten Wehrstreik dieser Art verlegt die Tradition in das Jahr 494 v. u. Z. Die Plebejer weigerten sich, an einem Kriegszug gegen die Aequer teilzunehmen und zogen auf den Heiligen Berg *(secessio plebis in montem sacrum)*. Sie rangen den Patriziern das Zugeständnis ab, zwei Beamte wählen zu dürfen, die ihnen gegen die Willkür der Magistrate Schutz gewähren konnten. Diese Beamte waren die Volkstribunen *(tribuni plebis)*, deren Person für die Dauer ihres Amtes durch einen gemeinsamen Schwur *(coniuratio)* der Plebs die Unverletzlichkeit *(sacrosanctitas)* verliehen wurde. Angeblich wurde die Zahl der Volkstribunen im Jahre 471 v. u. Z. auf vier und im Jahre 449 auf zehn erhöht. Der Volkstribun hatte das Recht, jedem Plebejer »Hilfe zu bringen« *(auxilium ferendi)* und Amtshandlungen der Magistrate durch das Einspruchsrecht *(ius intercedendi)* unwirksam zu machen. Ausgenommen waren Maßnahmen und Entscheidungen der Zensoren und des Diktators. Gegen Ende des 3. Jh. v. u. Z. erhielten sie auch das Recht, an Senatssitzungen teilzunehmen und sie einzuberufen. Ihre Amtsbefugnisse waren auf das Gebiet der Stadt beschränkt.

Beginn des Kampfes der Plebejer. Volkstribunat

Konnten die Plebejer ihre Interessen in den Zenturiatkomitien nur ungenügend durchsetzen, so versammelten sie sich gesondert nach den örtlichen Tribus. Diese Versammlung war das *concilium plebis*, und die Beschlüsse dieser Plebejerversammlung hießen Plebiszite *(plebis scita)*. Sie waren für den gesamten Staat nur dann verbindlich, wenn sie der Senat gebilligt hatte. Unter dem Vorsitz der Volkstribunen wählten die Plebejer die Tribunen und die plebejischen Ädilen. Wie jede Zenturie, so zählte auch jede Tribus nur als eine

4 Römische Geschichte

Stimme. Bis zum Jahre 241 v. u. Z. erhöhte sich die Anzahl der Tribus auf 35, und bei dieser Zahl blieb es fortan.

Zugang zu den Ämtern

Nach und nach errangen die Plebejer weitere Erfolge. Hatte das Zwölftafelgesetz das Eheverbot zwischen Patriziern und Plebejern bekräftigt, so wurde diese Bestimmung bereits im Jahre 445 v. u. Z. aufgehoben *(lex Canuleia)*. Mit der Erhöhung der Quästorenstellen auf vier im Jahre 421 erhielten die Plebejer Zugang zu diesem Amt, und im Jahre 409 erschienen dann erstmals plebejische Quästoren. Die Ädilität war ursprünglich eine plebejische Einrichtung, und als im Jahre 367 v. u. Z. zwei kurulische Ädilen hinzukamen, konnten diese Stellen auch von Plebejern besetzt werden. Im Jahre 400 gibt es die ersten Plebejer unter den Militärtribunen, die in der Zeit von 444 bis 367 v. u. Z. als Oberbeamte fungierten. Über dieses Amt konnten sie auch in den Senat gelangen, nicht jedoch in den Patriziat. Sie hießen dementsprechend auch nicht *patres*, sondern die »Aufgeschriebenen« *(conscripti)*, und nach ihrer Zulassung zum Konsulat (367) lautete die offizielle Anrede des Senats *patres (et) conscripti*. L. Sextius Lateranus war im Jahre 366 v. u. Z. der erste plebejische Konsul.

Im Jahre 351 v. u. Z. bekleidete erstmalig ein Plebejer das Amt des Zensors, und im Jahre 337 das des Prätors. Durch die *lex Ogulnia* aus dem Jahre 300 v. u. Z. wurden die Plebejer zu dem bislang von den Patriziern eifrig gehüteten Kollegium der Pontifices und Auguren zugelassen. Von den neun Pontifices und Auguren sollten von nun an je fünf Plebejer sein. Da alle römischen Magistraturen ehrenamtlich waren, kamen die Errungenschaften nur den wohlhabenden Plebejern zugute.

Zensur des Appius Claudius

Appius Claudius Caecus, Zensor des Jahres 312 v. u. Z., förderte die städtischen Plebejer und Freigelassenen, indem er ihnen die Möglichkeit einräumte, sich auch in die ländlichen Tribus eintragen zu lassen. Diese Maßnahme wurde zwar für die Freigelassenen im Jahre 304 wieder rückgängig gemacht, aber die städtischen Plebejer vermochten nun in den von der Aristokratie beherrschten ländlichen Tribus politisch wirksam zu werden. Schließlich soll er den Söhnen (oder Enkeln?) von Freigelassenen den Zugang zum Senat eröffnet haben. Mit seiner Unterstützung wurde Cn. Flavius, der Sohn eines Freigelassenen, in das Amt eines curulischen Ädilen gewählt. Mit der erstgenannten Verfügung setzte Claudius faktisch den Geldzensus dem Bodenzensus gleich, was im Interesse der Händler und Wucherer lag.

Nachdem die Plebejer im Jahre 326 v. u. Z. die Aufhebung der Schuldsklaverei erzwungen hatten, erzielten sie im Jahre 300 einen weiteren Erfolg: Die *lex Valeria* verbot das Auspeitschen und die Hinrichtung eines römischen Bürgers innerhalb des Stadtgebietes, wenn ihm nicht zuvor gestattet worden war, an die Volksversammlung zu appellieren *(provocatio)*.

Staatsrechtliche Gleichstellung der Plebejer

Nach erneuten Unruhen unter den Plebejern setzte der zum Diktator ernannte Q. Hortensius, ein begüterter und angesehener Plebejer, schließlich im Jahre 287 v. u. Z. ein Gesetz durch, wonach die Plebiszite ohne vorherige Zustimmung seitens des Senats Gesetzeskraft erlangen sollten. Diese *lex Hortensia de plebiscitis* erhob die Tributkomitien *(comitia tributa)* zur bestimmenden Form der römischen Volksversammlung, und seit dieser Zeit bis zur Diktatur Sullas sind keine Gesetze mehr nachweisbar, die in den Zenturiatkomitien verabschiedet worden sind. Gleichzeitig bedeutete dieses Gesetz die vollständige

2.6. Die Eroberung Italiens

staatsrechtliche Gleichstellung der Plebejer; ebenso kennzeichnet es die volle Ausbildung des antiken Stadtstaates in Rom.

Ein wichtiges Ergebnis der Kämpfe zwischen Patriziern und Plebejern war die Herausbildung einer Amtsaristokratie, einer Oberschicht von *nobiles*, von »Edlen«. Diese Nobilität entstand aus der Verschmelzung der wohlhabenden Plebejer mit dem alten Patriziat. Als Grundbesitzeraristokratie stellte sie die ökonomisch und politisch herrschende Klasse in der römischen Gesellschaft dar. Auf der anderen Seite ließ der Klassenkampf der unteren plebejischen Schichten nach: Entscheidende Forderungen waren durchgesetzt und viele landlose und landarme Bürger hatten im Zuge der Eroberung Italiens in den Kolonien Bodenparzellen erhalten. So war die republikanische Ordnung in Rom in der ersten Hälfte des 3. Jh. v. u. Z. relativ gefestigt.

Entstehung der Nobilität

Die Eroberung Italiens

2.6.

In den ersten Jahrzehnten des 4. Jh. v. u. Z. konnte das durch den Tyrannen Dionysios I. von Syrakus (405—367) errichtete Sizilische Reich eine gewisse Hegemonie in Italien behaupten. Dionysios drängte die Karthager in den Nordwestzipfel der Insel zurück (392) und beherrschte so fast ganz Sizilien. Zur Sicherung der Straße von Messina streckte er seine Hand nach Unteritalien aus, wo Rhegion von ihm erobert wurde (387). Die anhaltenden militärischen Verwicklungen der Etrusker mit den Kelten nutzte Dionysios dazu, die Häfen Ancona und Adria sowie andere Stützpunkte am Adriatischen Meer anlegen zu lassen, die Südspitze Korsikas zu okkupieren und Plünderungszüge gegen die Küste Etruriens zu organisieren (Pyrgoi).

Macht der Syrakusaner

Die Römer hatten in dieser Zeit immer wieder Kämpfe mit den Kelten und mit latinischen Städten (Tibur, Praeneste) zu bestehen. Mit dem zweiten römisch-karthagischen Vertrag im Jahre 348 v. u. Z.[29] versicherten sich die Römer der Unterstützung Karthagos bei der Durchsetzung ihres Hegemonieanspruchs in ganz Latium. In dem Abkommen grenzten beide Staaten ihre Einflußsphären voneinander ab. Die Römer mußten sich bereit erklären, nicht über das »Schöne Vorgebirge« (Kap Farina) hinauszusegeln und keinen Handel mit Sardinien zu betreiben. Rom gestand den Karthagern zu, unbotmäßige Latinerstädte zu überfallen und zu plündern. Es war ihnen freigestellt, über alle bewegliche Beute, auch über die Menschen, zu verfügen, doch sollten die Städte selbst anschließend den Römern überlassen werden. Dieser Raubvertrag bildete eine ständige Bedrohung für diejenigen latinischen Städte, die sich dem römischen Herrschaftsanspruch zu widersetzen suchten.

Vertrag mit Karthago

Die zunehmenden Spannungen zwischen Römern und Latinern entluden sich schließlich im Latinerkrieg von 340 bis 338 v. u. Z. Die Latiner sollen angeblich die Forderung erhoben haben, einen Konsul und die Hälfte der Senatoren stellen zu dürfen. Aus diesem Ringen gingen die Römer siegreich hervor; sie lösten zunächst einmal den Latinerbund als politische Vereinigung auf; er hatte hinfort nur noch eine sakrale Funktion. Dann regelte Rom seine Beziehungen zu den Latinerstädten. Ihrem Verhalten in den vorangegangenen

Latinerkrieg

---

29 Polybios, Universalgeschichte, 3, 24, bringt die ausführlichste Überlieferung dieses Vertrages.

4*

2. Entstehung und Konsolidierung des römischen Staates

Auseinandersetzungen entsprechend wurden ihnen abgestufte Rechte zugebilligt.[30] Um sie zu isolieren, wurde ihnen das Recht entzogen, untereinander das *commercium* (Rechtsschutz bei Geschäftsabschlüssen), das *connubium* (Eherecht) und irgendwelche *concilia* (gegenseitige Zusammenkünfte) zu pflegen.

»Bundesgenossen«

Abgesehen von solchen Städten, die das volle römische Bürgerrecht erhielten oder erlangten, wie Aricia, Lanuvium, Tusculum u. a., waren von jetzt an zwei große Gruppen von latinischen Gemeinden zu unterscheiden: *Erstens* die mit Rom verbündeten Städte *(civitates foederatae)*, die in inneren Angelegenheiten autonom waren und keinerlei Anteil am römischen Bürgerrecht hatten, z. B. Tibur, Praeneste, Lavinium, Cora, und *zweitens* die größere Gruppe von Städten, denen das Stimmrecht in der Volksversammlung vorenthalten wurde *(civitates sine suffragio)*. Zu ihnen gehörten Städte wie Fundi und Formiae sowie die kampanischen Gemeinden Capua, Cumae und Suessula. Für diese Gruppe setzte sich bis zum 1. Jh. v. u. Z. allgemein die Bezeichnung Munizipien durch.[31]

Die Bewohner aller Städte ohne römisches Vollbürgerrecht galten als »Bundesgenossen« *(socii)* der Römer, doch hob man die Latiner unter ihnen besonders ab und sprach von »Bundesgenossen und Latinern« *(socii nominisque Latini)*. Den Latinern beließen die Römer das Übersiedelungsrecht *(ius migrationis)*, d. h., diejenigen Latiner, die nach Rom übersiedelten und sich einem Zensus unterzogen, konnten das römische Bürgerrecht erwerben; so wurde das latinische Bürgerrecht eine Vorstufe zum römischen. Die erste Stadt mit einem solch eingeschränkten römischen Bürgerrecht war das etruskische Caere, und nach ihrem Vorbild wurde später die Liste der Bürger ohne Stimmrecht »Liste der Caeriter« *(tabula Caeritum)* genannt.

Die vertraglich fixierten Beziehungen zwischen den Römern und ihren »Bundesgenossen« beruhten keineswegs auf Gleichberechtigung; es handelte sich vielmehr um ein »ungleiches Bündnis« *(foedus iniquum)*, das von seiten der *socii* nicht gekündigt werden konnte. Ihre außenpolitische Selbständigkeit hatten alle gleichermaßen eingebüßt; außerdem waren die »Bundesgenossen« zur Heeresfolge verpflichtet. Die Stärke der Truppenkontingente war in der »Aushebungsliste der Togaträger« *(formula togatorum)* festgehalten, wie alle Italiker nach ihrem typischen Bekleidungsstück, der Toga, genannt wurden.

Rom war im Ergebnis des Latinerkrieges zur stärksten Macht in Italien geworden und beherrschte nunmehr das Gebiet von Falerii im Norden bis Cumae im Süden.

Kämpfe gegen die Samniten

Nach dem Latinerkrieg verschärften sich die Gegensätze zwischen Römern und Samniten. Der erste Samnitenkrieg (343—341) ist historisch umstritten. Der Kampf um die Vorherrschaft in Italien wurde in dem großen zweiten Samnitenkrieg (326—304 v. u. Z.) entschieden. Er soll durch den Abschluß eines gleichberechtigten Bündnisses *(foedus aequum)* zwischen Rom und Neapel ausgelöst worden sein.

---

30 Hier trat deutlich die römische Politik des »Teile und herrsche« *(divide et impera)* zutage, eine Bezeichnung, die allerdings erst aus der Zeit Ludwigs XI. von Frankreich (1461—1483) stammt, aber eben eine Maxime der römischen Politik war.

31 *Municipium*, von *munera capere*, »Übernehmen der Pflichten«, d. h. der des Bürgers ohne die entsprechenden Rechte.

2.6. Die Eroberung Italiens

Die Samniten, deren Kerngebiet sich östlich an Kampanien anschloß, waren ein Stammesverband ohne festen politischen Zusammenschluß. Livius spricht von den »Völkern der Samniten« (*populi Samnitium*, 10, 14). Die Samniten lebten überwiegend in kleineren Gebirgsdörfern und betrieben Landwirtschaft. Die Viehzucht nahm einen wichtigen Platz ein; die Ebenen Apuliens wurden von ihnen als Winterweide genutzt. Die gesellschaftlichen Verhältnisse entsprachen der sich auflösenden Urgesellschaft; Züge der militärischen Demokratie treten deutlich hervor. Ein Zusammenschluß der samnitischen Stämme kam nur in Kriegszeiten zustande; es wurde ein oberster Befehlshaber gewählt. Im Verlaufe des 5. Jh. waren die Samniten auch zur fruchtbaren Westküste Italiens vorgedrungen, hatten das Tyrrhenische Meer erreicht und ihre Macht auf Kampanien ausgedehnt. Hier kam es auch zum Zusammenstoß mit den Römern.

Die Taktik der Römer, in geschlossener Phalanx zu kämpfen, erwies sich in der Berglandschaft des Apennin als nicht geeignet. Ein römisches Heer wurde bei dem Versuch, in Samnium einzudringen, in den Caudinischen Pässen östlich von Capua eingeschlossen und zur Übergabe gezwungen (321). Der siegreiche samnitische Feldherr Gavius Pontius hielt 600 römische Ritter als Geiseln zurück, um die Bestätigung des Kapitulationsvertrages durch den Senat in Rom durchzusetzen. Dieser verwarf jedoch die getroffenen Vereinbarungen und ließ im Jahre 318 die Kriegshandlungen erneut aufnehmen. *Niederlage der Römer*

Die Römer hatten inzwischen die Phalanx aufgelöst und kleinere taktische Einheiten geschaffen, außerdem das Heer von zwei auf vier Legionen verdoppelt. Nicht zuletzt versahen sie ihr Heer mit geeigneteren Waffen, so z. B. mit dem Langschild (*scutum*), den sie von den Samniten übernommen hatten und der an die Stelle des großen Rundschildes (*parma*) getreten war. Bald errangen die Römer die ersten Erfolge, und sie nutzten die gewonnenen Vorteile zu einem gnadenlosen Vernichtungsfeldzug. Die Samniten sahen sich im Jahre 304 v. u. Z. zum Friedensschluß gezwungen. Der samnitische Stammesbund blieb bestehen, doch Kampanien fiel an Rom. Gegen Kriegsende hatten die Römer auch die Herniker und Aequer unterworfen. *Neue Kampfesweise*

Im Jahre 298 v. u. Z. bildete sich eine große antirömische Koalition, der Samniten, Lukaner, Etrusker und Kelten angehörten; auch die Umbrer und Sabiner schlossen sich an. In der Schlacht bei Sentinum in Umbrien im Jahre 295 gewannen die Römer die Oberhand über die Heere der Samniten, Etrusker und Kelten, und im Jahre 290 v. u. Z. wurden die Rom benachbarten Sabiner unterworfen. Die Kriegsereignisse in den Jahren von 298 bis 290 v. u. Z. werden auch als dritter Samnitenkrieg bezeichnet. Im Norden hatten sich die Römer nochmals mit den Kelten auseinanderzusetzen, denen sich wiederum die Etrusker anschlossen. Die Römer besiegten zunächst die keltischen Senonen; die übrigen Verbündeten, die Etrusker und Boier, wurden im Jahre 283 am Vadimonischen See im südlichen Etrurien geschlagen. Die Etrusker hatten ihre Rolle als politische Macht endgültig eingebüßt, die Samniten mußten sich vollständig den Römern fügen. Rom beherrschte jetzt Italien von der Po-Ebene bis zur Nordgrenze Lukaniens. *Ausdehnung des römischen Machtbereiches*

Infolge dieser Eroberungen kamen die Römer in unmittelbare Berührung mit den Griechenstädten Unteritaliens, unter denen Tarent die mächtigste war. Als die Tarentiner im Jahre 282 vier von zehn römischen Schiffen, die den *Konflikte mit den Griechen*

Hafen von Tarent angelaufen hatten, versenkten, eröffneten die Römer die Kampfhandlungen. Die Tarentiner riefen den König von Epirus, Pyrrhos, herbei, der, wie Plutarch (*Pyrrhos*, 14) berichtet, überdies die Absicht hegte, Sizilien, Nordafrika und Karthago zu unterwerfen. Im Jahre 280 landete er mit einem starken Heer und 20 Kriegselefanten in Italien.

Zum ersten Zusammenstoß mit den Römern kam es noch im Jahre 280 bei Herakleia am Siris, wobei sich für Pyrrhos besonders der Umstand günstig auswirkte, daß den Römern bis dahin der Einsatz von Kriegselefanten unbekannt war. Jetzt traten einige Völkerschaften Italiens wie Samniten, Lukaner und Bruttier sowie einige Griechenstädte (z. B. Kroton) auf die Seite des Pyrrhos über. Im Jahre 279 errang Pyrrhos bei Ausculum in Apulien nach zwei Tagen erbitterten Ringens den Sieg. Immerhin waren auch seine Verluste so beträchtlich, daß er den Ausspruch getan haben soll: »Noch ein solcher Sieg, und wir sind verloren!«[32] Von hierher rührt die Bezeichnung »Pyrrhossieg«.

Um diese Zeit wurde erneut ein Vertrag zwischen Römern und Karthagern abgeschlossen. Beide Seiten verpflichteten sich zu gegenseitiger Unterstützung und kamen überein, keinen Sonderfrieden mit Pyrrhos zu schließen. Die Karthager verfolgten dabei das Ziel, Pyrrhos in Italien zu binden und ihn von Sizilien fernzuhalten. Dennoch setzte Pyrrhos nach Sizilien über und gefährdete die karthagischen Besitzungen. Er ließ sich zum König von Sizilien und Epirus (*rex Siciliae sicut Epiri*) ausrufen. Anfangs hatten die Griechenstädte Hoffnungen in ihn gesetzt, bald aber wuchs die Unzufriedenheit mit seiner autokratischen Willkür; zahlreiche Städte gingen auf die Seite der Karthager über. Als auch die Römer ihre Angriffsoperationen in Süditalien verstärkten, sah sich Pyrrhos im Jahre 276 zum Verlassen der Insel gezwungen. Im Jahre 275 war er den Römern in der entscheidenden Schlacht bei Beneventum unterlegen. Er kehrte nach Griechenland zurück, wo er im Jahre 272 im Kampf fiel. Die von Pyrrhos zurückgelassene Garnison übergab im Jahre 272 Tarent

Abschluß der Eroberung Italiens

den Römern, die mit den Lukanern, Bruttiern und Samniten Bündnisse schlossen, ebenso mit den griechischen Städten Elea, Herakleia und Rhegion, die zu »See-Bundesgenossen« (*socii navales*) der Römer wurden. Nach der Unterwerfung der Picenter (268) und der Sallentiner (266) markiert die Eroberung der letzten etruskischen Stadt, Volsinii, den Abschluß der Eroberung Italiens (265). Rom war damit zu einer Großmacht im Mittelmeergebiet geworden.

Heerwesen

Den Aufstieg verdankt Rom nicht zuletzt seinem starken und disziplinierten Heer. Bereits in der Königszeit wurde das ursprünglich nach Stämmen und Geschlechtern gegliederte Aufgebot durch eine Einteilung nach dem Vermögen (Zensusklassen) abgelöst. Kriegsdienstpflichtig waren alle Bürger vom 17. bis zum 60. Lebensjahr, doch wurden die *seniores* (ab 47. Lebensjahr) in der Regel nur zum Schutze der Stadt eingesetzt. Die Pflicht zur Heeresfolge war auf die besitzenden Bürger beschränkt, da die militärische Ausrüstung aus eigenen Mitteln beschafft werden mußte.

Während im ältesten Heer die Reiterei entscheidend war, trat im Verlaufe des 5. Jh. das schwerbewaffnete Fußvolk mehr und mehr in den Vordergrund. Es

---

32 Nach Plutarch (2. Jh. u. Z.), *Pyrrhos*, 21, fiel dieser Ausspruch nach Ausculum, nach anderen bereits nach Herakleia.

gliederte sich in drei Gruppen, und zwar in die Gruppe der *hastati* (»Speerträ-ger«, von *hasta*, Speer), die aus den Jüngeren bestand, in die der *principes* (»Vornehme«, »Hauptkämpfer«), die sich aus den Männern mittleren Alters rekrutierten, und in die der *triarii* (»Drittreiher«, d. h., die das dritte Glied bildenden), die sich aus den älteren und erfahrensten Kriegern zusammen-setzten. Sie griffen kaum in den Kampf ein und dienten hauptsächlich als Reserve. Mußte auf sie zurückgegriffen werden, weil es die Situation erfor-derte, so wurde sprichwörtlich davon gesprochen: »Es ist bis zu den Triariern gekommen.«

Die Verteilung der einzelnen Zensusklassen ist unklar, doch bestand eine Legion, die Hauptkampfeinheit im römischen Heer, nach einem Hinweis des Polybios (6, 21, 9) aus der Mitte des 2. Jh. v. u. Z. aus 3 000 Mann schwer-bewaffneten Fußvolkes, 1 200 Leichtbewaffneten *(velites)* und 300 Reitern. In einer Legion gab es je 1 200 *hastati* und *principes* sowie 600 *triarii*. Die Auf-stellung war im 5. und 4. Jh. linear, gestaffelt in mehrere Glieder. Es handelte sich zunächst also um eine geschlossene Schlachtreihe, um eine *Phalanx*. Die Schwerbewaffneten waren in Hundertschaften *(centuriae)* unterteilt. Weitere Untergliederungen sind aus der Frühzeit nicht bekannt.

Bei Ausbruch des Krieges gegen Veji (406 v. u. Z.) wurde das aus der Königs-zeit stammende Ein-Legionen-Heer auf 6 000 Mann verdoppelt. Es unterteilte sich in sechs Abteilungen, die von je einem Militärtribunen geführt wurden. Die Teilung dieses Heeres in zwei Legionen erfolgte wohl im Jahre 367 v. u. Z. zusammen mit der Einführung der beiden Konsuln. Der erste sichere Hinweis auf das klassische Vier-Legionen-Heer — eine erneute Verdoppelung — fällt in das Jahr 311 v. u. Z., als 16 Militärtribunen gewählt wurden; wahrscheinlich gab es diese vier Legionen bereits im Jahre 321.

Gegen Ende des 4. Jh., wahrscheinlich seit der Zeit der Samnitenkriege, wurden beweglichere taktische Grundeinheiten in Gestalt der Manipeln ge-schaffen (*manipulus*, »Schar«, »Bündel«). Eine Legion umfaßte jetzt 30 Manipel, und jeder Manipel bestand aus jeweils zwei Zenturien. Die Manipel waren zum Gefecht schachbrettförmig aufgestellt. Der Befehlshaber eines Manipel war der *centurio* (»Hundertschaftsführer«) der jeweiligen ersten Zenturie. Die der Legion zugeordneten Reiter bildeten zehn *turmae* (»Haufen«, »Schwarm«) zu je 30 Mann.

Manipular-taktik

Mit dem Übergang zum Manipularheer waren auch Verbesserungen in der Bewaffnung verbunden. Von den Samniten übernahmen die Römer den Langschild *(scutum)*. Ein Wurfspeer *(pilum)* diente jetzt als wirkungsvolle Fernwaffe. Nach Polybios (6, 23) trug jeder Legionär zwei dieser Speere; die schwere Stoßlanze *(hasta)* behielten nur die Triarier. Ein für den Einzelkampf geeignetes Schwert *(gladius)* lernten die Römer von den Kelten kennen, ebenso wie den Namen. Bei den vielseitig ausgebildeten Legionären trat der Ein-zelkampf allmählich in den Vordergrund.

Vor allem durch die taktische Beweglichkeit ihrer Truppenkörper sowie durch die Kombination von Fern- und Nahkampfwaffen errangen die Römer eine militärische Überlegenheit gegenüber ihren Gegnern. Ein wesentliches Ele-ment der römischen Militärtaktik war der befestigte Lagerbau, der Über-raschungsangriffe des Gegners ausschloß und die Römer in die Lage versetzte, gegebenenfalls auch Defensivoperationen erfolgreich auszuführen. Nicht

2. Entstehung und Konsolidierung des römischen Staates

zuletzt herrschte im römischen Heer eine strenge Disziplin; auf Befehlsverweigerung stand die Todesstrafe, die der Feldherr vollstrecken konnte.

Mit dem Krieg gegen Pyrrhos war der Übergang zur Manipularlegion abgeschlossen.

Die über Monate sich hinziehenden Kriegshandlungen machten die Zahlung eines Soldes *(stipendium)* erforderlich; dieser wurde den Reitern und Fußtruppen erstmalig im Kriege gegen Veji gewährt.

Verpflichtungen der römischen Bundesgenossen

Auch die römischen »Bundesgenossen« waren zur Heeresfolge verpflichtet. Sie bildeten eigene Truppenkörper, die sich in Kohorten *(cohortes,* »Haufen«*)* unterteilten; diese wurden von Präfekten *(praefecti sociorum)* befehligt. Zu den vier Legionen kamen gewöhnlich 20000 Fußsoldaten, während die Reiterei dreimal stärker als die der Bürger war. Aus den geeignetsten Kriegern der *socii* wurde ein Elitekorps *(extraordinarii)* gebildet (nach Polybios, 6, 26), das sich aus einem Drittel der Reiterei und einem Fünftel des Fußvolkes zusammensetzte. Diese Elitetruppe umfaßte vier Kohorten zu je 750 Mann; ihre Befehlshaber waren ebenfalls Präfekten. Die Anzahl der Reiter in diesem Korps betrug 600 Mann, die zehn Turmen zu je 30 Mann bildeten. Seit dem Kriege gegen Pyrrhos bestand ein konsularisches Heer (zwei Legionen) mit den Verbänden der *socii* aus 18000 Mann Fußtruppen und 2400 Mann Kavallerie.

Römische Flotte

Die Entwicklung der römischen Flotte blieb weit hinter der des Heerwesens zurück. Die ständigen Kriege, die geführt wurden, um Italien zu unterwerfen, drängten Rom auf den Weg einer Landmacht. Die Anlage eines Kastells in Ostia an der Tibermündung am Ende des 5. Jh. war nicht mit dem Bau von Hafenanlagen verbunden, sondern diente lediglich als Küstenschutz. Immerhin nahm am Ende des 4. Jh. das Interesse der Römer an einer Flotte zu, besonders anläßlich der Kämpfe gegen die Handelsstädte Unteritaliens. Die Überlieferung berichtet von römischen Flottenexpeditionen nach Kampanien (310) und Korsika (307), die offenbar nicht sehr erfolgreich waren. Bereits nach der Einnahme von Antium (338) schmückten die Römer ihre Rednerbühne auf dem Forum mit den erbeuteten Schiffsschnäbeln *(rostra)* und gaben ihr auch diesen Namen.

Im Jahre 311 v. u. Z. richteten die Römer eine Flottenbehörde ein, die »Zweimänner für den Schiffbau« *(duoviri navales classis ornandae reficiandaeque causa),* doch stützten sie sich bis zu den Auseinandersetzungen mit Karthago im wesentlichen auf die Flottenkontingente ihrer »See-Bundesgenossen«.

Kolonisation Italiens

Die Eroberung Italiens war von der römischen Kolonisation begleitet, in deren Verlaufe sich der antike Stadtstaat über ganz Italien ausdehnte. Unter den Kolonien sind zwei große Gruppen zu unterscheiden: *erstens* latinische Kolonien *(coloniae Latinae),* die im Binnenland angelegt wurden und zwei- bis fünftausend Siedler aufnahmen; diese setzten sich aus Römern, Latinern und »Bundesgenossen« zusammen. Die römischen Siedler verloren in einem solchen Falle ihr Bürgerrecht. *Zweitens* handelte es sich um römische Bürgerkolonien *(coloniae civium Romanorum),* vorrangig an der Küste, deren Siedlerzahl in der Regel bei 300 lag. Alle diese Kolonien, mit deren Gründung den Landforderungen der Bauern Rechnung getragen wurde, erfüllten gleichzeitig militärische Schutzfunktionen. Über Italien spannte sich schließlich ein dichtes Netz latinischer und römischer Kolonien. In der Mehrzahl wurden latinische Kolonien gegründet, wie z. B. Signia (495), Norba (492), Ardea (442), Circei (393), Cales (334), Fregellae (328), Luceria (314), Interamna am Liris (312), Alba Fucentia (303), Narnia (299), Carsioli (298), Venusia (291) und Hadria in Picenum (289). Allein Venusia soll 20 000 Siedler aufgenommen haben, Luceria 2 300, Interamna 4 000, ebensoviele Carsioli und Alba Fucentia 6 000. Mit der Gründung von Hadria wurde erstmalig im Osten das Meer erreicht. Weitere Kolonien errichteten die Römer in Antium (338), Tarracina (329), Minturnae (296), Sinuessa (296), Sena Gallica (283), Beneventum (268), Ariminum (268), Firmum Picenum (264) und Aesernia (263). Zum Schutze der latinischen Küste wurde auf der Insel Pontia im Jahre 313 eine Kolonie römischer Bürger angelegt. An der Kolonisation waren in dieser Zeit schätzungsweise 50 000 Menschen beteiligt. Die Gesamtbevölkerung Italiens betrug um das Jahr 275 v. u. Z. etwa vier Millionen Menschen; davon waren etwa eine Million römische Bürger.

Die wirtschaftlichen Verhältnisse Italiens bis zum Beginn des 3. Jh. v. u. Z.

2.7.

In der frührömischen Wirtschaft dominierte nicht der Ackerbau, sondern die Viehzucht. Nach Varro (ling. lat., 5, 95) sollen die Römer früher Hirten gewesen sein und ihr Vermögen hauptsächlich in Vieh bestanden haben. Als Anhänger des Romulus werden in erster Linie Hirten genannt, dazu noch »zusammengelaufenes Volk«[33]. Von der vorrangigen Bedeutung der Viehzucht gegenüber dem Ackerbau zeugen die Namen mancher Geschlechter (z. B. Porcii, von *porcus*, Schwein; Ovinii, von *ovis*, Schaf) und einiger Gottheiten: *Pales*, eine Göttin (oder ein Gott) der Hirten und Viehzüchter; *Bubona*, die Göttin der Rinder; *Rumina*, die Göttin des Säugens der Kinder sowie auch der Herden; *Epona*, eine vermutlich keltische Göttin der Pferde, Esel und Maultiere. Gehalten wurden vornehmlich das Schwein, das Schaf und das Rind, aber auch die Ziege; das Pferd fand nur im Kriegswesen Verwendung. Bei den nahezu ununterbrochen geführten kleineren Raubzügen im 5. und 4. Jh. wurde noch vorrangig Vieh erbeutet. Die Vorrangstellung der Viehwirtschaft offenbarte sich nicht zuletzt darin, daß in der Frühzeit *pecunia* die Bezeichnung für Eigentum, Vermögen war.

Viehzucht

Die Verwendung von Eisen in der Werkzeugherstellung bewirkte maßgeblich den ökonomischen Aufschwung im 8. Jh. v. u. Z. Da Latium selbst sehr metallarm war, mußten Eisen und Kupfer bzw. Fertigwaren eingeführt werden; häufig wurden sie auf Kriegszügen erbeutet. Die Einführung eines Pfluges mit eiserner Schar in der römischen Etruskerzeit erweiterte die landwirtschaftliche Nutzfläche. Angebaut wurden ein- und zweizeiliger Weizen, Gerste, Hafer, Bohnen und Erbsen. Während der Feigenanbau aus sehr alter Zeit stammte, soll der Olivenanbau unter Tarquinius Priscus nach Rom gelangt sein. Der Beginn von Weinanbau und Weinbereitung in Italien ist noch

Eisenverarbeitung

33 Livius, 5, 53, 9: *maiores nostri, convenae pastoresque...* (Unsere Vorfahren, zusammengelaufenes Volk und Hirten...). Ähnlich bei Ovid, Fast., 2, 365, und Cicero, de div., 1, 105; de orat., 1, 37.

	58 2. Entstehung und Konsolidierung des römischen Staates

immer unklar, doch gewann er hier unter dem Einfluß der Griechen an Bedeutung.

Handwerk
Die neue Eisentechnik stimulierte auch die handwerkliche Produktion. Die Bronze fand mehr und mehr für die Herstellung von Geschirr Verwendung, ein Anhaltspunkt dafür, daß sie allmählich aus der Produktion von Arbeitsgeräten verdrängt wurde. Die seit dem 8. Jh. in Rom nachweisbare mehr oder minder schnell rotierende Töpferscheibe förderte die Keramikproduktion. Die Vielfalt und Kompliziertheit der Werkzeuge und die Mannigfaltigkeit der Keramikerzeugnisse zeugen davon, daß sich eine Gruppe von Menschen hauptsächlich oder aber ausschließlich mit dem Handwerk befaßte. Metallurgie und Keramik erforderten bereits spezielle Kenntnisse und Erfahrungen, und für diese Produktionszweige sind größere Werkstätten mit qualifizierten Handwerkern anzunehmen. Bei Plutarch (*Numa*, 17) und Florus (1, 6, 3) gibt es eine Liste von acht Handwerkerkollegien, die schon in der Königszeit bestanden haben sollen. Die Weberei hatte in dieser Zeit noch den Charakter eines häuslichen Handwerks. Im Verlaufe des 8. und 7. Jh. vollzog sich in ihren Grundzügen die Trennung des Handwerks von der Landwirtschaft.

Austausch
Mit der Entstehung handwerklicher Zentren in einigen Gebieten Italiens setzte auch der Produktenaustausch ein. Als allgemeines Äquivalent diente zunächst das Vieh. Die Produktion der größeren Werkstätten war zunehmend auf die Herstellung von Tauschwerten gerichtet, d. h., in diese Zeit fallen die Anfänge der Warenproduktion. Die Verbindung zwischen den einzelnen italischen Völkerschaften wurde enger. Die Bernsteinverarbeitung weist auf weitreichende Kontakte hin, doch lassen die archäologischen Funde den Fernhandel insgesamt als unbedeutend erscheinen.

Über die wirtschaftlichen Verhältnisse in der Zeit der frühen Republik sind wir recht spärlich unterrichtet, und es gibt nur wenige Anhaltspunkte, vor allem was die Technik betrifft. Im Zuge der römischen Kolonisation breitete sich der Ackerbau weiter aus. Parallel zur Okkupation des *ager publicus* durch die Patrizier verlief die Stärkung des kleinen Grundbesitzes. Römische Bürger wurden auf Landparzellen von drei bis sieben *iugera* Größe angesiedelt, und durch die Einrichtung von sechs neuen Tribus bis zum Jahre 358 v. u. Z. hatten etwa 20 000 arme römische Bürger Land erhalten.

Wachsen des Grundbesitzes
Nach dem Latinerkrieg okkupierten die Römer etwa ein Zehntel von ganz Latium, und allein der *ager Falernus*, eine berühmte Weingegend, bot ca. 25 000 Plebejern Land. Diese erhielten Parzellen zu je drei *iugera* und nahmen eine Fläche von etwa 200 km^2 in Besitz. Rom besaß nach der Niederwerfung der Latiner viermal soviel bebaubares Land wie vordem, und bis zum Jahre 299 v. u. Z. erhöhte sich die Anzahl der Tribus auf 33. Um das Jahr 275 v. u. Z. besaß die etwa eine Million zählende römische Bürgerschaft ca. ein Siebentel des Landes südlich des Rubico, und es handelte sich hier um die besten Böden.

Produktionszentren
Die handwerkliche und kommerzielle Entwicklung dagegen hielt mit der Landwirtschaft nicht Schritt. Die ständigen Kriege regten die Produktion von Waffen, Rüstungen, Fahrzeugen, Kleidung u. a. m. an. Daneben spielten Erzeugnisse für den landwirtschaftlichen Bedarf eine bedeutende Rolle. Rom profitierte in dieser Zeit noch sehr von solch höherentwickelten Gebieten wie Etrurien und Kampanien. In Etrurien und Umbrien blühte die Bronze-

industrie, ebenso in Praeneste, wo auf Spiegeln und Gefäßen aus Bronze Szenen aus der griechischen Mythologie dargestellt waren. Eines der schönsten Gefäße trägt die Inschrift eines römischen Handwerkers: *Novios Plautios med Romai fecid* (Novios Plautios hat mich in Rom gefertigt; CIL XIV, 4 112). Von der Existenz einer relativ starken Handwerkerschicht zeugt auch die Zensur des Appius Claudius von 312 v. u. Z.

Handel und Geldwirtschaft waren in dieser Periode nur schwach entwickelt. Bis zum Jahre 282 v. u. Z. waren noch keine römischen Kaufleute in süditalischen Häfen erschienen, und bis zum Ausbruch des ersten Punischen Krieges (264 v. u. Z.) mangelte es den Römern an maritimen Erfahrungen. Auch die Kastellanlage an der Tibermündung weist weder Docks noch Lagerhallen auf, und bis in die zweite Hälfte des 2. Jh. v. u. Z. ist kein Wachstum in dieser Richtung erkennbar.

Die Zwölf Tafeln weisen auf erste Spuren einer Rohkupferprägung hin. Es handelte sich hier um Rohkupfer nach Gewicht *(aes rude)*, das bis zum Jahre 269 v. u. Z. (Münzprägung) allgemeiner Wertmesser blieb. Der Zinssatz wurde im Jahre 357 in Erneuerung des Zwölftafelgesetzes auf ein Zwölftel ($= 8^1/_3$ Prozent) festgelegt, im Jahre 347 jedoch infolge der heftigen inneren Kämpfe um Schuldentilgungen auf $4^1/_6$ Prozent herabgesetzt.

Zwar gewann die Sklaverei in dieser Zeit an Bedeutung, aber auch jetzt stellten die Sklaven noch nicht eine Hauptklasse der Gesellschaft dar. Sie werden in den Zwölf Tafeln in Verbindung mit Strafmaßen erwähnt, und für das Jahr 357 v. u. Z. bezeugt Livius (7, 16, 7) eine Freilassungssteuer für Sklaven in Höhe von 5 Prozent. Ökonomisch führend waren noch immer die Klienten, die von Patriziern oder wohlhabenden Plebejern ein Stück Land gegen eine Naturalrente als »Leihgabe« *(precarium)* erhalten hatten, und die freien Kleinproduzenten. Das Vorhandensein dieser starken Klasse von ländlichen Kleinproduzenten und die nur wenig entwickelte Warenproduktion standen einer umfangreichen Versklavung Fremder entgegen. Außerdem konnten noch bis zum Jahre 326 v. u. Z. eigene Bürger wegen Schulden versklavt werden.

Sklaverei und Klientel

Die frühe römische Kultur

2.8.

Der geringe Grad an Produktivität und gesellschaftlicher Arbeitsteilung erlaubte nicht eine intensive Beschäftigung mit Angelegenheiten außerhalb von Produktion und staatlichem Leben. Hinzu kam eine gewisse kulturelle Isolierung, in die Rom nach dem Ende der Königsherrschaft vorübergehend geraten war. Die herrschende Grundbesitzeraristokratie zeigte sich zudem fremdem Kulturgut gegenüber recht mißtrauisch, so daß die kulturelle Entwicklung im frühen Rom sehr langsam und in aristokratisch-konservativen Bahnen verlief. Die Kultur dieser Zeit war außerordentlich einfach und entsprach dem stark überwiegenden landwirtschaftlichen Charakter der römischen Wirtschaft.

Eine große Rolle spielte im privaten und öffentlichen Leben der Römer die Religion, die polytheistisch war, doch gab es unter den Göttern eine gewisse Rangordnung (Henotheismus). Im römischen Kult wurde zwischen »einheimischen Göttern« *(di indigetes)* und »neuen Göttern« *(di novensides,* später

Religion

novensiles) unterschieden. Letztere wurden nach den Tarquinierkönigen dem bestehenden Götterkreis zugeordnet. Italische Gottheiten fanden in der Regel im Zuge der römischen Expansion Eingang in Rom. Das geschah durch ein »Herausrufen« (evocatio), indem die Römer vor der Eroberung einer Stadt deren Schutzgottheiten einen Kult in Rom versprachen. Auf diese Weise suchten sie die Gunst der feindlichen Götter zu gewinnen.

Griechische Gottheiten

Frühzeitig gelangten auch griechische Götter nach Rom: *Hermes* als *Mercurius*, der Gott der Kaufleute, dem im Jahre 495 v. u. Z. ein Tempel in der Nähe des Circus maximus geweiht wurde; *Apollo*, der als Heilgott (*Apollo medicus*) verehrt und wohl zusammen mit den Sibyllinischen Büchern aus Kyme (Cumae) nach Rom gekommen war; *Herakles* als *Hercules*, der durch Appius Claudius im Jahre 312 Aufnahme in den Staatskult fand; *Asklepios* als *Aesculap*, dem im Jahre 291 v. u. Z. anläßlich einer Pest ein Tempel auf der Tiberinsel errichtet wurde; *Demeter* als *Ceres*, die Göttin des Getreideanbaus und der Getreideversorgung, deren Tempel auf dem Aventin im Jahre 493 geweiht wurde; *Dionysos* als Gott des Weinanbaus wurde mit *Liber* identifiziert, *Kore* als Göttin des pflanzlichen Wachstums mit *Libera*. Beide waren mit Ceres in einer Trias vereint, und der Cerestempel auf dem Aventin hieß *aedes Cereris Liberi Liberaeque*.

Ianus

Einer der ältesten römischen Götter war *Ianus*, der göttliche Hüter von Türen und Toren mit dem Beinamen *Clusius*, der »Schließer«. Er wurde doppelgesichtig dargestellt und galt als Gott allen Anfangs sowie des beginnenden Lebens, später als Gott des Jahres und des Zeitenwechsels. Die Anrufung der Götter begann stets mit ihm, und sein Priester war der König selbst, später der *rex sacrorum*.

Iupiterkult

Die sehr alte Göttertrias *Iupiter, Mars* und *Quirinus* trat sehr früh in Erscheinung. Der Kult des Iupiter, bei vielen italischen Völkerschaften als Himmelsgott verehrt, reicht in frühe Zeiten zurück. Der bedeutendste unter diesen Kulten war der des *Iupiter Latiaris* auf dem Mons Albanus. Dieser Iupiter war der göttliche Schirmherr des unter der Führung von Alba Longa stehenden Latinerbundes. Seine Erhebung zur obersten Gottheit der Römer war eindeutig von politischen Erwägungen diktiert: Die Römer dokumentierten damit ihren Anspruch auf die Vorrangstellung im latinischen Städtebund. Iupiter wurden die Epitheta »der Beste« (*Optimus*) und »der Größte« (*Maximus*) beigegeben. Am 13. September (röm.) des Jahres 507 errichteten ihm die Römer einen Tempel auf dem Capitol (*aedes Iovis Optimi Maximi*), der nach etruskischem Brauch dreizellig angelegt war. Der Priester des Iupiter war der *Flamen Dialis*.

Mars

Mars war der römische Kriegsgott, und in enger Verbindung mit ihm stand *Quirinus*. Während Mars als Schutzgott für den Krieg selbst zuständig war, fungierte Quirinus als Gott der bewaffneten Bürgerwehr in Friedenszeiten. Er trat in dieser Eigenschaft jedoch allmählich in den Hintergrund und galt im 1. Jh. v. u. Z. als der zum Gott erhobene Stadtgründer Romulus.

Zusammen mit Iupiter bildeten die Göttinnen *Iuno* (Beschützerin der Frauen) und *Minerva* (Schutzgöttin des Gewerbes) die kapitolinische Trias. Diese Dreiheit entsprach der griechischen Göttertrias *Zeus, Hera* und *Athene*. Die Götter der kapitolinischen Trias sowie *Ianus* und *Vesta* stellten eine heilige Einheit dar. Vesta galt als die göttliche Verkörperung des Herdfeuers. Sie

2.8. Die frühe römische Kultur 61

wurde als sehr alte Göttin angesehen[34] und dürfte ursprünglich mit dem Totenkult verbunden gewesen sein. Die seit dem 8. Jh. vorherrschende Erdbestattung ließ offenbar die Beziehung zwischen Scheiterhaufen und Vesta-Feuer in Vergessenheit geraten. Vesta wurde schließlich zur Hüterin des Staatsherdes, in welchem stets ein Feuer unterhalten werden mußte, was den Vestalinnen *(virgines Vestales)* oblag, den Priesterinnen der Vesta. Sie verblieben 30 Jahre in diesem Amt und hatten für diese Zeit ihre Keuschheit zu wahren. Außerdem bereiteten sie die Speisen bei Staatsopfern. Sie unterstanden dem Pontifex maximus, der vereinzelt geradezu als »Priester der Vesta« *(sacerdos Vestae)* bezeichnet wurde. Die Zahl der Vestalinnen betrug anfangs vier, später sechs.

Außer der erwähnten heiligen Einheit gehörten zu den »höheren Göttern« *Ceres, Liber, Libera, Mars, Mercur, Venus* (Beschützerin der Gärten und des Gedeihens überhaupt), *Neptunus* (er sollte große Trockenheit abwehren und das Versiegen von Wasserläufen und Quellen verhindern) und *Vulcanus* (Beschützer vor Brandgefahr, Gott des Feuers und des Schmiedehandwerks).

Jede Gottheit hatte ihren besonderen Priester, einen Flamen *(flamen,* vermutlich »Opfervollzieher«); man unterschied die drei »großen Flamen« *(flamines maiores)* und die zwölf »kleinen Flamen« *(flamines minores).* Zu den ersteren gehörten der *Flamen Dialis* (Iupiterpriester), der *Flamen Martialis* (Marspriester) und der *Flamen Quirinalis* (Quirinuspriester); die übrigen Gottheiten besaßen nur kleine Flaminen, jedoch sind bis heute nur zehn von ihnen bestimmten Gottheiten zuzuordnen.

Priester

Auch die römische Familie war stark von religiösen Anschauungen durchdrungen, die hier unverkennbar animistisch waren, d. h., es wurden mystische Kräfte *(numina),* die Naturerscheinungen innewohnen sollten, als göttlich verehrt. Der häusliche Herd war gleichzeitig religiöse Verehrungsstätte, und hier wurden nicht nur die kultischen Zeremonien für die Herdgottheit Vesta, sondern auch für alle anderen Haus- und Familiengötter vollzogen. Der Vesta am nächsten standen die *Penaten (di penates,* von *penus,* Vorratskammer), die speziell im Vorratsraum waltenden Götter. Insofern waren die Penaten die eigentlichen Schutzgötter der Hauswirtschaft, Familiengötter *(di familiares),* deren Zusammensetzung in jedem Hause verschieden sein konnte. Außerhalb des Hauses wachten die *Laren* über das Wohlergehen der Familie. Sie wurden an den Grenzen der Besitzungen verehrt, vor allem an Kreuzwegen *(lares compitales,* von *compita,* Kreuzwege), wo mehrere Grundstücke zusammenstießen. Hier stand die Larenkapelle *(compitum),* bei der sich jährlich einmal die angrenzenden Familien zu einem Volksfest *(Compitalia)* zusammenfanden. Die Laren galten als Beschützer der Felder *(agri custodes,* »Feldwächter«), aber auch des Hauses, an dessen Herd sich ein häuslicher Larenkult entwickelte *(lar familiaris).* Dieser Lar war der Schirmherr der ganzen *familia* einschließlich der Sklaven.

Häusliche Kulte

Eine zentrale Stellung nahm der Ahnenkult ein. Die Römer hatten keine ausgeprägten Jenseitsvorstellungen, doch glaubten sie, daß die Geister der Verstorbenen in den Gräbern weiterlebten. Mit Opfergaben versuchte man, diese Geister günstig zu stimmen, und rechnete sie in diesem Falle zu den guten

Ahnenverehrung

---

34 Servius, ad Aen., 9, 257: *antiquissima dea.*

göttlichen Kräften *(di manes)* der Unterwelt. Böse und quälende Geister waren die *Lemuren* (*lemures*, auch *larvae*), die nächtlich umherschweiften und die der Hausherr gegebenenfalls durch das Opfern von schwarzen Bohnen um Mitternacht vom Hause fernzuhalten suchte.

Jedes männliche Mitglied einer Familie hatte seinen *genius*, der als Verkörperung seiner gesamten Lebenskraft galt. Als göttliches *numen* erschien der *genius* gleichzeitig als Beschützer des einzelnen Mannes. Der Genius des Familienvaters galt zugleich als *genius domus* oder *genius familiae* (Haus-Genius oder Familien-Genius). Die Frau hatte ihren Genius in Gestalt der Iuno.

Priester-kollegien

Jeder Römer war den Gottheiten, die für die gesamte Gemeinde zuständig waren, verpflichtet, doch konnte er jederzeit direkt an sie herantreten, ohne die Vermittlung einer Priesterkaste. Immerhin gewannen einige Priesterkollegien mit der sich ausbildenden Staatlichkeit zunehmend an Einfluß. Ihre Einrichtung bedeutete einen Bruch mit gentilizischen Bindungen und den Übergang zu einer staatlichen Priesterschaft. Die Ordnung des ältesten Sakralwesens der Römer schreibt die Tradition dem König Numa Pompilius zu, doch fällt die Ausbildung der staatlichen religiösen Institutionen erst in die Zeit der Tarquinierkönige und des Beginns der Republik. Die mit der Überwachung und Ausübung eines Kultes Beauftragten wurden zu Staatspriestern *(sacerdotes publici)*.

Die bedeutendsten Priesterorganisationen waren das Pontifikalkollegium und das Kollegium der Auguren (*collegium pontificum* und *collegium augurum*). Dem Pontifikalkollegium gehörten ursprünglich drei, seit 300 v. u. Z. neun, seit Sulla 15 und seit Caesar 16 Mitglieder an. Hinzu kamen der *rex sacrorum*, der *Pontifex maximus* als männlicher Vertreter der Vestalinnen und die 15 Flamines. Das

Religiöse Satzungen

Kollegium der Pontifices verwaltete die Kultsatzungen *(leges regiae)*, die die Überlieferung den einzelnen Königen zuschrieb; sie wurden später zum Teil im Gesetzeswerk des Papirius *(ius Papirianum)* veröffentlicht. Weiterhin legten die Pontifices fest, an welchen Tagen des Jahres man allerlei Geschäften nachgehen und Gericht abhalten durfte (*dies fasti*, von *fas*: göttliches Recht) und an welchen all dies untersagt war (*dies nefasti*). Außerdem bestimmten sie die jährlichen Feiertage und zeichneten alle bedeutenden Ereignisse des öffentlichen Lebens auf, wie Tempelweihen, Feste, Gelübde und Opfer, bemerkenswerte Naturereignisse, Teuerungen, Seuchen, Kriege u. a. m.

Dieser altrömische Festkalender *(fasti)* enthält die ältesten historischen Aufzeichnungen, darunter auch eine Konsulliste *(fasti consulares)* und eine Triumphliste *(fasti triumphales)*. Die Fasti stellen neben den Zwölf Tafeln die wichtigste Quelle für die Geschichte des 5. Jh. dar, doch enthalten sie vor allem infolge von Interpolationen viele Ungenauigkeiten.

Religion, Staat und Recht

Die Tätigkeit des Pontifikalkollegiums ist vornehmlich dadurch charakterisiert, daß religiöses und staatliches Leben eng miteinander verflochten waren: Jede staatliche Handlung bedurfte der Beachtung göttlicher Vorschriften. So holten die Magistrate oder der Senat von den Pontifices Gutachten (*decreta, responsa*) ein, die keineswegs negiert werden konnten, da die überlieferten Kultsatzungen den Pontifices allein bekannt waren. Da weiterhin durch die feststehenden Satzungen des Sakralrechts *(ius sacrum)* auf neu auftretende Fragen keine Antwort gegeben werden konnte, hatten die Pontifices die Möglichkeit der Interpretation des *ius sacrum*. In diesem Sinne schufen sie auch neues Recht. Da schließlich das private und öffentliche Leben außerordentlich stark von religiösen Ideen durchdrungen waren, beherrschten die Pontifices gleichzeitig das gesamte Rechtswesen, und das Zivilrecht *(ius civile)* konnte sich nur allmählich davon lösen.

Auf Numa wird auch die Einrichtung des Augurenkollegiums *(collegium augurum)* zurückgeführt, dessen zahlenmäßige Zusammensetzung sowie allmähliche Erweiterung der des Pontifikalkollegiums entsprachen. Die Auguren vollzogen keine Opferhandlungen, sondern holten auf dem Wege einer genau vorgeschriebenen Befragung die Zustimmung der Götter für bestimmte Angelegenheiten ein, die das ganze Staatswesen betrafen. Zu diesem Zweck deuteten die Auguren Himmelszeichen, vor allem den Vogelflug *(auspicium)*. Ihre Gutachten, die der Senat einholen konnte, führten in dem Falle, wo dem die Auspizien vollziehenden Magistrat Fehler nachgewiesen wurden, zur Annullierung der betreffenden Staatshandlung. *[Zukunftsdeutung]*

Eine andere Form der Deutung göttlicher Vorzeichen war die Opferschau *(haruspicina)*. Die Haruspices waren Vertreter der *disciplina Etrusca* und wurden vom Senat zu Rate gezogen, wenn in schwierigen Fällen die eigenen religiösen Mittel versagten. Im 1. Jh. v. u. Z. hatten sie die Auguren aus dem Bereich der göttlichen Zeichendeutung verdrängt. Der Erkundung des göttlichen Willens dienten auch die Sibyllinischen Bücher, die der Obhut von zwei Priestern *(duoviri sacris faciundis)* anvertraut waren. Seit dem Jahre 367 v. u. Z. betrug ihre Zahl zehn *(decemviri)*.[35] Die Orakelsprüche wurden im capitolinischen Tempel aufbewahrt und durften nur auf Beschluß des Senats befragt werden. Damit wurde unerwünschten Prophezeiungen vorgebeugt und die staatliche Kontrolle gesichert. Außerdem war diesen Priestern das griechische Religionsgut *(Graecus ritus)* unterstellt.

Außer diesen Priesterkollegien gab es eine Reihe von religiösen Bruderschaften. Eine der ältesten waren die 24 Salier, die sich dem Kult des Mars widmeten. Ihm zu Ehren veranstalteten sie jährlich im März und im Oktober einen Umzug und führten dabei seine heiligen Lanzen *(hastae Martis)* und Schilde *(ancilia Martis)* mit sich. März und Oktober waren die Monate des Beginns und des Abschlusses von Feldzügen. Die bei diesem Umzug aufgeführten Waffentänze wurden von Liedern begleitet, von denen eines erhalten ist, das »Lied der Salier« *(carmen Saliare)*. Sein Text war den Römern bereits sehr frühzeitig nicht mehr verständlich. Eine sehr alte Korporation stellten die *Luperci* (»Wolfspriester«) dar, die den Kult des Gottes *Faunus* pflegten, des Gottes der animalischen Befruchtung und der Viehzucht. Jährlich am 15. Februar wurde ihm zu Ehren das Fest der *Lupercalia* begangen, an welchem die Luperci nackt bis auf ein um die Hüften gelegtes Ziegenfell um den ältesten Teil der Stadt Rom, den palatinischen Hügel, zogen, an dessen Nordwestabhang die Wolfsgrotte *(Lupercal)* lag. Aus dem Fell eines geopferten Ziegenbocks schnitten sie Riemen und schlugen damit Frauen, denen sie begegneten, um ihnen dadurch Fruchtbarkeit zu verleihen. Offensichtlich handelte es sich hier um ein Hirtenfest. *[Religiöse Bruderschaften]*

Ein weiteres Kollegium bildeten die zwölf »Flurbrüder« *(fratres arvales)*, die jährlich im Mai die Flurgöttin *Dea Dia* um Flursegen und Fruchtbarkeit für

---

35 Die Zweimänner bzw. Zehnmänner für die Besorgung der heiligen Handlungen.

das Gemeinwesen baten. Eines ihrer Lieder beim rituellen Flurumgang ist erhalten, das *carmen arvale*, dessen Sinn den Römern schon 200 Jahre später unverständlich war. Dasselbe läßt sich über die Forumsinschrift vom *Lapis Niger* (»schwarzer Stein«) sagen, die aus den ersten Jahren der Republik stammt und vermutlich sakrale Vorschriften für den *rex sacrorum* enthält.

Die 20 *Fetialen* sorgten für den Schutz und die Ausübung des Fetialrechts (*ius fetiale*); darunter verstand man die Gesamtheit der sich auf die völkerrechtlichen Beziehungen erstreckenden Zeremonien und Gebräuche. Im Auftrage des Gemeinwesens war der Fetiale »öffentlicher Gesandter des römischen Volkes« (*publicus nuntius populi Romani*). Ein mit anderen Völkern abgeschlossenes Bündnis (*foedus*) wurde von den anwesenden Fetialen unterzeichnet, und im Falle einer Kriegserklärung begab sich ein Fetiale an die Grenze zum feindlichen Gebiet, warf eine in Blut getauchte Lanze hinüber und sprach die Formel, in welcher der Krieg erklärt wurde (Text bei Livius, 1, 32, 13).

Die priesterlichen Funktionen waren zunächst ausschließlich den Patriziern vorbehalten, ausgenommen die Priesterstellen für die griechischen Kulte. Bis zum Jahre 300 v. u. Z. hatten sich die Plebejer den Zugang zu allen Priesterämtern erkämpft; nur die Ämter des rex sacrorum, der drei großen Flamines und der Salier blieben ihnen verschlossen. Die übrigen den Plebejern offenstehenden Priesterämter hatten jedoch noch bis zum Ende der Republik im wesentlichen die Patrizier inne.

Entwicklung des Rechts

Ausgangspunkt für die Entwicklung des römischen Rechts war das Gewohnheitsrecht, das schon in der Königszeit durch den König als obersten Richter vereinheitlicht wurde. Die Zwölf Tafeln bieten dann den ersten sicheren Anhaltspunkt für die frührömischen Rechtsvorstellungen, die zwar noch deutliche Züge des Gewohnheitsrechts tragen, aber auch schon die neuen Eigentumsverhältnisse berücksichtigen. Die weitere Rechtsentwicklung lag bis zum Beginn des 3. Jh. in den Händen der Pontifices, die ihre alleinige Kenntnis der Prozeßformeln, Geschäftsformulare und Gerichtstage eifrig behüteten. Ihre Auslegungen der Gesetze stellen den Beginn der römischen Rechtswissenschaft dar. Für die fortlaufende Ausformung des römischen Rechts waren die in den Volksversammlungen beschlossenen Gesetze (*leges*) wichtig, ebenso seit 367 v. u. Z. die Edikte des Stadtprätors. Erst als im Jahre 304 v. u. Z. der Ädil Cn. Flavius die Gerichts- bzw. Klageformeln sowie ein Verzeichnis der *dies fasti* veröffentlichte und die Plebejer durch die *lex Ogulnia* (300 v. u. Z.) Zugang auch zu den Kollegien der Pontifices und Auguren erhielten, war das Rechtsmonopol des Pontifikalkollegiums gebrochen.

Jeder Bürger hatte das Recht, vor dem zuständigen Magistrat (Konsul, seit 367 v. u. Z. Prätor) Klage zu erheben. Das Anhören der Zeugen und der Urteilsspruch erfolgten durch ein Gremium, dessen Mitglieder vom Magistrat für diesen einen Prozeß eingesetzt wurden. Die Klagen mußten in fest umrissenen Formeln vorgetragen werden, die die Pontifices verfaßt hatten.

Eigentums-rechte

Die Eigentumsrechte waren an das römische Bürgerrecht gebunden, wie die Formulierung »*meum esse ex iure Quiritium*« (es gehört mir nach quiritischem Recht) zeigt. Mit dieser Wendung erschöpfte sich auch der Begriff des Eigentums im frührömischen Recht, und erst im 1. Jh. v. u. Z. erschienen dafür die Bezeichnungen *dominium* und *proprietas*. Eine der Hauptformen des Eigentumserwerbs war die *mancipatio* (von *manu capere*, mit der Hand ergreifen).

Der Veräußernde und der Erwerbende fanden sich unter Zeugen zusammen, und die Übereignung erfolgte in einer besonderen Zeremonie. Dabei berührte der Käufer das zu erwerbende Objekt mit der Hand und schlug gleichzeitig mit einem Kupferstück an eine Waage, um so symbolisch die Bezahlung auszudrücken.

Die auf diese Weise zu verändernden Objekte waren die *res mancipi*; alle anderen hießen *res nec mancipi*. Zur ersten Gruppe gehörten — wie das aus den Erläuterungen späterer Juristen hervorgeht — der immobile Besitz innerhalb Italiens, Menschen (Sklaven), Pferde, Maultiere, Esel, also Tiere, die für militärische oder Transportzwecke benötigt wurden, und ländliche Servituten, d. h. Rechte wie der Durchgang durch fremde Grundstücke, Viehtrieb durch andere Besitztümer u. a. m. In der Frühzeit gehörte der Bodenbesitz freilich noch nicht zu den *res mancipi*. Die laut Überlieferung durch Romulus jedem Bürger zugeteilten *bina iugera* (einhalb ha) umfaßten wohl Hof und Gartenland und galten als »Erbgut« *(heredium)*. Hier handelte es sich um Privateigentum. Nach Plinius d. Ä. (1. Jh. u. Z.) ließ der Verlust von Hof und Gartenland den Bürger in die Reihen der proletarii hinabsinken.[36] Die Verfügung über weiteres Land war ursprünglich nur Besitz *(possessio)*, wie später auch der Besitz an *ager publicus*; allerdings lag eine tatsächliche Verfügungsgewalt vor. Ein Überblick über die *res mancipi* zeigt, daß sich das entstandene Privateigentum hauptsächlich auf Gegenstände des bäuerlichen Bedarfs erstreckte.

Besitzrechte konnten auch dadurch erworben werden, daß jemand eine Sache über einen längeren Zeitraum hinweg besessen hatte. Bei Grundstücken betrug diese Frist zwei Jahre, bei den übrigen Dingen ein Jahr.[37] Nach Ablauf dieser Frist erlosch die Notwendigkeit eines Erwerbsnachweises. Für Nichtbürger galt diese Verfügung nicht. Durch diese *usus-auctoritas*-Regel konnte ein römischer Bürger zum rechtmäßigen Privateigentümer werden.

Im Zuge der Eroberung Süditaliens kamen die Römer in direkten Kontakt mit den Griechen. Fernerhin wurden Beziehungen zur Handelsrepublik Rhodos (Vertrag von 306 v. u. Z.) und zu Ägypten (Freundschaftsvertrag mit Ptolemaios II. im Jahre 273 v. u. Z.) unterhalten. Die neuen Verbindungen verstärkten den Einfluß der griechischen Kultur und regten die Römer zu intensiverer kultureller Betätigung an.

In zunehmendem Maße wurden mit großem Aufwand bronzene Reiterstatuen für siegreiche Feldherren errichtet; Festtage und Spiele wurden bereichert, so z. B. die im Circus maximus seit dem Jahre 366 ständig gefeierten *Ludi Romani* (»Römische Spiele«) durch Bühnenspiele *(ludi scaenici)*. Am Ende des 4. Jh. gelangte ein derb-komisches Spiel nach Rom, die *Fabula Atellana* (nach der oskischen Stadt Atella in Kampanien), die sich hier bald großer Beliebtheit erfreute. Ebenso hielt die aus Etrurien stammende Pantomime Einzug. Weit verbreitet waren Spottverse *(versus Fescennini*, nach der etruskischen Stadt Fescennium), die bei verschiedenen Anlässen vorgetragen wurden.

Festliche
Spiele

---

36 Plinius, Nat. hist., 19, 4, 51.
37 Zwölf Tafeln, 3, 7: *Usus auctoritas fundi biennium, ceterarum rerum annus esto* (Der Gewährschaftsschutz zugunsten des Besitzers dauert bei Grundstücken zwei Jahre, bei anderen Gegenständen ein Jahr).

5 Römische Geschichte

Eine große Rolle im Privatleben der Römer spielten inschriftlich festgehaltene Reden zu Ehren Verstorbener *(elogia)* und Grabreden *(laudationes funebres).* Bestattungsfeierlichkeiten angesehener Persönlichkeiten waren von besonderen Festspielen *(ludi funebres)* begleitet. So gab es anläßlich von Erntefesten mancherlei Gesänge von ausgelassener Fröhlichkeit und mit vielen satirischen Anspielungen. Zu ihnen gehörten auch die erwähnten Fescenninen. Die Römer sahen sich veranlaßt, den Verfassern solch »schlechter Lieder« *(mala carmina)* in den Zwölf Tafeln mit der Prügelstrafe zu drohen. Griechische Einflüsse waren überall spürbar, und griechischen Ursprungs war auch der älteste Vers der Römer, der Saturnier. Das in diesem Vers abgefaßte *carmen arvale* galt geradezu als *carmen Graecanum*, als griechisches Lied.

Rhetorik

In kultureller Hinsicht bedeutsam war das Wirken des Appius Claudius Caecus. Im Jahre 279 hielt er als blinder Greis im Senat eine Rede, die gegen das Friedensangebot des Pyrrhos gerichtet war und in der er erstmalig den römischen Anspruch auf ganz Italien feierlich verkündete. Diese Rede markiert den ersten Höhepunkt in der Entwicklung der römischen Rhetorik. Appius Claudius war es auch, der das lateinische Alphabet vervollkommnete und in Anlehnung an griechische Vorbilder eine Spruchsammlung *(sententiae)* im Versmaß des Saturniers verfaßte.

Ingenieur-technik

Trotz des im allgemeinen niedrigen Standes der Produktivkräfte erreichten Ingenieurbauten bereits eine beachtliche Höhe. Auf Initiative des Claudius wurde die nach ihm benannte *Via Appia* angelegt, eine befestigte Straße, die Rom mit Capua verband und im Jahre 267 v. u. Z. über Tarent bis zum Hafen Brundisium verlängert wurde. Die Via Appia galt den Römern als die »Königin der Straßen« *(regina viarum)*. Derselbe Claudius veranlaßte auch den Bau der ersten großen Wasserleitung, der *Aqua Appia*. Im Jahre 272 wurde eine zweite Wasserleitung *(Anio vetus)* gebaut, die 60 km lang war. Bei diesen altrömischen Wasserleitungen handelte es sich um sogenannte Gefälleleitungen, d. h., das Wasser durchfloß sie ohne künstliche Druckerzeugung. Die notwendigen Vermessungs- und Gewölbetechniken beruhten auf Erfahrungen und Kenntnissen der Etrusker.

Fabius Pictor

In der Malerei ist ein gewisser Fabius zu nennen, der für den der Göttin *Salus* (Heil, Wohlfahrt) geweihten Tempel (302 v. u. Z.) Wandgemälde anfertigte und dafür den Beinamen *Pictor*, »Maler«, erhielt.

Die Entstehung der römischen Großmacht

3

Die Auseinandersetzungen zwischen Rom und Karthago. 3.1.
Der erste Punische Krieg

Die Ausdehnung des römischen Herrschaftsbereichs über ganz Italien führte   Karthago
zum Zusammenstoß mit der damals stärksten Macht des westlichen Mittelmeergebietes, mit Karthago. Beide Seiten waren bestrebt, ihre Herrschafts-
und Einflußgebiete zu erweitern; Lenin bezeichnete diese Haltung der Römer
und Karthager als »imperialistisch«.[1]
Die ökonomische Basis Karthagos bestand vor allem im Zwischenhandel, der
riesige Gewinne abwarf, da er den Austausch zwischen Ländern von unterschiedlichem sozialökonomischen Entwicklungsniveau vermittelte. Seit dem
Ende des 5. Jh. war die Handels- und Geldaristokratie in Karthago die bestimmende Kraft in der Außenpolitik, was sich hauptsächlich in dem damals
einsetzenden aggressiven Vorgehen der Karthager in Sizilien zeigte. Sie erweiterten ihre Stützpunkte auf Sizilien im Jahre 409 v. u. Z. zu einem regel-
rechten Herrschaftsgebiet (ἐπικράτεια) und vermochten dieses in der Folgezeit gegen alle Angriffe der Griechen zu behaupten.
Die umwohnenden libyschen Stämme, denen die Karthager zunächst Tribute
zahlen mußten, wurden im Verlaufe des 5. Jh. unterworfen: Sie hatten den
vierten Teil ihrer Ernte abzuliefern und ein regelmäßiges Rekrutierungssystem
auf sich zu nehmen. Seit dieser Zeit entwickelte sich sehr schnell der Großgrundbesitz, der in der sehr reichen Getreidelandschaft Nordafrikas lag. Die
karthagische Grundbesitzeraristokratie griff in großem Umfang auf die Arbeit
von Sklaven zurück, die zu den wichtigsten Handelsgütern gehörten. Die
handwerkliche Produktion war schwach entwickelt und deckte im wesentlichen nur den Bedarf des inneren Marktes. Eine Münzprägung ist seit dem
Ende des 5. Jh. nachweisbar.
Die herrschende Klasse Karthagos bestand also aus zwei Schichten, der
Handels- und der Grundbesitzeraristokratie; eine Mittelstellung nahmen die
freien Armen ein, die nicht sehr große Anzahl von kleinen Handwerkern, die

---

1 W. I. Lenin, Zur Revision des Parteiprogramms, in: Werke, Bd. 26, Berlin 1961, S. 148: »Impe-
rialistische Kriege hat es ebenso auf dem Boden der Sklaverei gegeben (der Krieg zwischen Rom
und Karthago war auf beiden Seiten ein imperialistischer Krieg)...«. Ähnlich über Rom in seinem
Werk »Der Imperialismus als höchstes Stadium des Kapitalismus«, in: Werke, Bd. 22, Berlin 1960,
S. 264.

5*

im Hafen Beschäftigten, das Flottenpersonal und die Beamten in den abhängigen Städten. Zu den ausgebeuteten Klassen und Schichten gehörten die Produzenten, zwischen denen die Karthager den Austausch vermittelten, die vorwiegend in der Landwirtschaft tätigen Sklaven, die unterworfenen Libyer und die Bevölkerung der anderen phönikischen Niederlassungen in Afrika, die gezwungen wurde, außer Utica ihre Mauern niederzureißen, Steuern zu entrichten und Heeresfolge zu leisten.

Staatliche Struktur

Die politische Ordnung Karthagos war oligarchisch. Die Exekutive lag in den Händen von zwei *Suffeten*, »Richtern«, die jährlich von der Volksversammlung gewählt wurden. Der Ältestenrat, bestehend aus 300 Mitgliedern, übte die Legislative aus, wobei die laufenden Geschäfte von dem Rat der »Dreißig« wahrgenommen wurden. In der Mitte des 5. Jh. entstand die Körperschaft der »Hundertvier«, ein Richterkollegium, das bald zum Hauptbollwerk der Aristokratie wurde und alle Mitglieder der Regierung nach ihrer Amtsniederlegung zur Rechenschaft ziehen konnte. Die Mitglieder dieses Kollegiums blieben vermutlich auf Lebenszeit in diesem Amt. Die Volksversammlung war politisch völlig bedeutungslos und wurde nach Gutdünken einberufen; Volksgerichte waren unbekannt.

Der Feldherr besaß im Felde unumschränkte Gewalt; seine Amtszeit war nicht begrenzt. Die Mitglieder des Rates der »Dreißig« schränkten allerdings seine Machtstellung ein; er war ihnen nach Beendigung seiner Amtsperiode zur Rechenschaft verpflichtet. Im 4. Jh. befanden sich nur noch 2 500 Karthager als Leibgarde des Feldherrn im Heere, und im folgenden Jahrhundert, also zur Zeit der Kriege gegen Rom, bekleideten die Karthager nur noch die Offiziersstellen. Den Kern des Heeres bildeten die libyschen Krieger und Söldner (Kelten, Iberer, Ligurer, Griechen und Italiker). Die Ruderer der mächtigen Kriegsflotte waren sämtlich Staatssklaven. Die Kampfkraft der Feldarmee war durch die Kriegselefanten und Belagerungsmaschinen besonders groß. Eine starke Waffe stellte auch die aus afrikanischen Stämmen gebildete Reiterei dar.

Religion

Die Religion der Karthager wurzelte in phönikischen Vorstellungen. Die Hauptgottheit war *Baal* (»Herr«), der Gott des Himmels. Seine Gemahlin war *Astarte*, Göttin der Lebenskräfte und der Liebe. Den Gang des Mondes und der Sterne regelte die Göttin *Tanit*, von der man sich vormals auch den Regen erflehte. Als Symbol der Astarte und der Tanit galt die Taube; Tanit war auch häufig als Symbol der Fruchtbarkeit ein Granatapfel beigegeben. *Melech* (»König«, »Gewalt«; in der Septuaginta mit »Moloch« wiedergegeben), als düstere, alles verschlingende Gottheit gedeutet, wurde als Kriegsgott verehrt, dem auch Menschenopfer dargebracht wurden.

Anlaß zum Krieg

Den ersten Punischen Krieg, der von 264—241 v. u. Z. geführt worden ist, löste der Streit um die Stadt Messana aus. Ehemalige kampanische Söldner des Agathokles von Syrakus (gest. 289), die sogenannten *Mamertiner* (»Marssöhne«), hatten die Stadt besetzt und die wohlhabenden Bürger der Stadt niedergemacht und eine Republik errichtet. Als Hieron II. von Syrakus (268—216) gegen sie vorging, wandten sie sich um Hilfe an Karthago. Die Karthager nutzten die Gelegenheit und legten eine Besatzung in die Stadt. Nun standen Römer und Karthager, nur durch eine Meerenge getrennt, einander gegenüber.

3.1. Die Auseinandersetzungen zwischen Rom und Karthago. Der erste Punische Krieg

Ein anderer Teil der Mamertiner suchte um Hilfe bei den Römern nach. Der Senat nahm eine schwankende Haltung ein, und die Konsuln legten die Entscheidung über Krieg oder Frieden der Volksversammlung (comitia centuriata) vor; sie beschloß den Krieg. Die Römer setzten nach Sizilien über und vertrieben die karthagische Besatzung aus Messana. Als sich Hieron II. mit den Karthagern verbündete, zwangen ihn die Römer im Jahre 263 zum Frieden. Hieron mußte sich verpflichten, die Gefangenen auszuliefern und 100 Talente Silber zu zahlen. Dem römischen Konsul Valerius wurde ein Triumphzug über die Punier und Hieron zugesprochen; er erhielt den Beinamen Messalla.

Im Jahre 262 eroberten die Römer nach sechsmonatiger Belagerung die von den Karthagern zur Festung ausgebaute wichtige Stadt Agrigent. Der Fall dieser Stadt brachte »viele Sklaven und große Beute jeglicher Art«.[2] Die Operationen der Römer wurden jedoch stark dadurch beeinträchtigt, daß die Karthager mit ihrer Flotte das Meer beherrschten. So entschlossen sie sich noch in demselben Jahr zum Bau einer Kriegsflotte, die im Jahre 260 in See stach. Nach einem anfänglichen Mißerfolg bei den Liparischen Inseln nördlich von Sizilien konnte der Konsul C. Duilius bald darauf vor Mylae westlich von Messana einen Sieg über die karthagische Flotte erringen. Es war der erste Seesieg in der Geschichte der Römer, die aus diesem Anlaß auf dem Forum eine mit den Schnäbeln der erbeuteten Schiffe geschmückte Säule errichten ließen (columna rostrata).

Der römische Seesieg wurde durch die Einführung einer neuen Technik entscheidend begünstigt: Die Kriegsschiffe versah man mit Enterbrücken (corvi), die man auf das gegnerische Schiff herabfallen ließ. Sie hakten sich dort fest und ermöglichten den mitgeführten Legionären den Übergang. Auf diese Weise nutzten die Römer die Technik des Landkampfes für den Seekrieg und erlangten damit deutliche Erfolge. Die Erfolge zur See veranlaßten die Römer, Korsika durch den Konsul L. Cornelius Scipio angreifen zu lassen. Die Insel geriet in römische Hand, während Sardinien von den Karthagern behauptet werden konnte. Im Verlaufe der Kriegshandlungen auf Sizilien gelang den Römern kein entscheidender Erfolg. Daher entschlossen sie sich im Jahre 256, die Karthager in ihrem eigenen Land zu stellen. Bei dem Vorgebirge Eknomos an der Südküste Siziliens kam es zu einer der größten Seeschlachten der Antike, die mit der Niederlage der karthagischen Flotte endete. Die Römer erzwangen damit den Übergang nach Afrika und landeten in Aspis-Clupea unter den beiden Konsuln M. Atilius Regulus und L. Manlius Vulso. Tausende von Menschen gerieten in Gefangenschaft und wurden als Sklaven nach Rom verkauft. Die Römer zeigten sich jedoch unentschlossen in ihrem weiteren Vorgehen und beorderten einen großen Teil ihrer Streitmacht wieder nach Sizilien zurück. Regulus nahm mit 15 000 Fußsoldaten, 500 Reitern und 40 Schiffen die Kampfhandlungen auf. Als Libyer und Numider in wachsendem Maße von Karthago abfielen, begann die Stadt Friedensverhandlungen mit den Römern einzuleiten. Die außerordentlich harten Forderungen des Regulus trieben jedoch die Karthager wieder in den Kampf. Im Jahre 255 gelang es dem in karthagischen Diensten stehenden spartanischen Söldnerführer Xanthippos, die Römer bei Tunes vernichtend zu schlagen; nur 2 000

Enterbrücken

Eknomos

---

2 Polybios, 1, 19, 15.

70 3. Die Entstehung der römischen Großmacht

von ihnen konnten nach Clupea entkommen. Regulus selbst geriet in Gefangenschaft; das afrikanische Unternehmen der Römer war damit gescheitert.

Kampf um Sizilien

In den folgenden Jahren rückte wiederum Sizilien in den Brennpunkt des Geschehens. Die Römer erstürmten die Plätze der Karthager an der Nordküste, u. a. Panormus, besetzten Lipara und verstärkten so die Sicherheit der italischen Küsten, die häufig von den Karthagern heimgesucht wurden. Im Jahre 251 ging die römische Flotte vor der Küste Lukaniens unter.

Zu Lande fügte der Konsul L. Caecilius Metellus dem Karthager Hasdrubal bei *Panormus* eine empfindliche Niederlage zu (250). Die Karthager verschanzten sich jetzt in den beiden Städten Lilybäum und Drepanum an der Westspitze Siziliens. Die Römer begannen nun mit dem Bau einer neuen Kriegsflotte und gingen gegen Lilybäum vor. Die Kämpfe zogen sich hin, und als im Jahre 249 der Konsul P. Clodius die karthagische Flotte unter Adherbal vor *Drepanum* angriff, erlitt er eine vernichtende Niederlage. Darüber hinaus verloren die Römer noch in demselben Jahr bei Phintias an der Südküste Siziliens teils durch Feindeinwirkung, teils durch Sturm eine große Expedition, die zur Unterstützung der Belagerer nach Lilybäum unterwegs war.

Weitere Rückschläge erlitten die Römer, als Hamilkar Barkas (der »Blitz«) den Oberbefehl über die karthagischen Landstreitkräfte in Sizilien übernahm. Er reorganisierte das Heer und besetzte einen strategisch wichtigen Punkt nahe Panormus, den Berg Heirkte (Monte Castellaccio), von dem aus er die Römer ständig beunruhigte. Karthagische Schiffe brandschatzten italische Küstenstriche bis hinauf nach Kampanien. Im Jahre 244 nahm er den Berg Eryx östlich von Drepanum ein, ausgenommen den Tempel der Venus Erycina, der von keltischen Söldnern in römischen Diensten gehalten wurde.

Entscheidung und Friedensdiktat

Um dem erschöpfenden Kleinkrieg ein Ende zu bereiten, rüsteten die Römer aus Mitteln von Privatleuten eine Flotte von 200 *Penteren* (»Fünfruderern«) aus. Nach Kriegsende sollten die Gelder zurückerstattet werden. Der Konsul C. Lutatius Catulus blockierte mit dieser Flotte die Städte Lilybäum und Drepanum (242), und als die Karthager eine Flotte zum Entsatz des eingeschlossenen Hamilkar Barkas entsandten, wurde sie auf der Fahrt von den Aegatischen Inseln nach Drepanum von den Römern angegriffen und vernichtet (Frühjahr 241). Daraufhin erhielt Hamilkar die Vollmacht, mit Lutatius über Friedensbedingungen zu verhandeln.

Hamilkar und Lutatius kamen überein, dem römischen Volk folgende Friedensbedingungen zu unterbreiten: Karthago sollte Sizilien räumen, die Kriegsgefangenen entschädigungslos ausliefern, in 20 Jahresraten 2 200 Talente als Kriegskontribution zahlen und auf Söldnerwerbungen in Italien verzichten. Die römische Volksversammlung schickte eine Kommission von zehn Männern nach Sizilien, um noch folgende Forderungen durchzusetzen: Karthago sollte 3 200 Talente zahlen, und zwar innerhalb von zehn Jahren, und alle zwischen Sizilien und Italien gelegenen Inseln an Rom abtreten. Mit der Annahme auch dieser Bedingungen durch die Karthager fand der Krieg sein Ende.

Sizilien fiel an Rom mit Ausnahme des Königreiches Hierons II. im südöstlichen Teil der Insel. Die Römer verfügten damit über ein Gebiet, das damals außerordentlich fruchtbar war. Sie profitierten vom einträglichen Handel der Griechenstädte und waren in der Lage, den gesamten Handel zwischen dem östlichen und westlichen Mittelmeerbecken zu kontrollieren. Syrakus und

3.1. Die Auseinandersetzungen zwischen Rom und Karthago. Der erste Punische Krieg

Karthago hatten von der Bevölkerung Siziliens den Zehnten vom bebauten Land und Viehsteuern vom Weideland eingetrieben. Die Römer behielten diese Praxis bei, ebenso die Hafensteuer (Ein- und Ausfuhrzoll) in Höhe von 5 Prozent des Wertes der Waren. Mit der Einziehung der Steuern und Zölle war zunächst ein Quästor beauftragt, doch im Jahre 227 v. u. Z. wurde dann ein Prätor als Statthalter eingesetzt. Für die überseeischen Besitzungen der Römer bürgerte sich die Bezeichnung »Provinzen« *(provinciae)* ein, ein Begriff, der den Kompetenzbereich eines römischen Magistrats charakterisierte. Das Jahr 227 markiert den Beginn der römischen Provinzialverwaltung.

Kriegsschäden Die Einbußen an Menschen und Material waren auf beiden kriegführenden Seiten sehr hoch. Wies der Zensus des Jahres 264 noch 292 234 römische Bürger aus, so sank diese Zahl bis zum Jahre 246 auf 241 212 herab, doch bis zum Jahre 240 war sie bereits wieder bis auf 260 000 gestiegen. Die Verluste der »Bundesgenossen« dürften höher zu veranschlagen sein als diejenigen der Römer. Mehrmals hatten die Römer ihre Flotte verloren; Polybios (1, 63, 6) stellt fest, daß Rom während des Krieges etwa 700 Penteren eingebüßt hat. Diese Zahl ist zweifellos übertrieben, doch wird man durchaus mit 500 rechnen können.

Söldneraufstand Die lange Dauer des Krieges und der dadurch bedingte Rückgang des Handels hatten die Karthager gezwungen, von den Libyern und den übrigen punischen Städten erhöhte Abgaben zu fordern. Dennoch war Karthago bei Kriegsende seinen Söldnern gegenüber zahlungsunfähig; es kam zum offenen Aufstand. Unter den meuternden Söldnern traten ein gewisser *Spendios* — als Sklave aus Kampanien zu den Karthagern geflohen — und der Libyer *Mathos* führend hervor; den Aufständischen schlossen sich Sklaven und vor allem die von den Karthagern unterdrückten Libyer an. Außerdem wurden sie von den freien numidischen Stämmen und sogar von einigen punischen Städten unterstützt. Der Söldneraufstand nahm den Charakter einer sozialen und Befreiungsbewegung an.

Nachdem sie Hanno eine Niederlage beigebracht hatten, gelang es schließlich Hamilkar Barkas, den Aufstand niederzuwerfen, der drei Jahre und vier Monate lang (241—238) die Existenz Karthagos bedroht hatte.

Die Römer verhielten sich in dieser Situation zunächst zurückhaltend. Als sie die Freilassung von 500 italischen Kaufleuten forderten, die von den Karthagern wegen Lieferungen an die Aufständischen gefangengesetzt worden waren, und ihrem Verlangen umgehend entsprochen wurde, da gaben sie die Kriegsgefangenen unentgeltlich zurück, gestatteten den Karthagern die Einfuhr italischen Getreides sowie erneut das Anwerben von Söldnern in Italien. Als sich jedoch andererseits die Karthager anschickten, auch in Sardinien gegen meuternde Söldner vorzugehen, da schritten die Römer ein: Sie griffen ein wiederholtes Hilfegesuch der Söldner auf und okkupierten die Insel. Obendrein erklärten sie den Karthagern wiederum den Krieg, und diese vermochten den Frieden nur dadurch zu erhalten, daß sie sich bereit erklärten, auf Sardinien zu verzichten und zusätzlich 1 200 Talente zu zahlen. Auch Korsika geriet endgültig unter römische Oberhoheit. Beide Inseln wurden zur zweiten römischen Provinz zusammengeschlossen, die wie Sizilien seit dem Jahre 227 v. u. Z. von einem Prätor verwaltet wurde.

Karthager in Spanien Unmittelbar nach der Niederwerfung des Söldneraufstandes und dem Verlust

3. Die Entstehung der römischen Großmacht

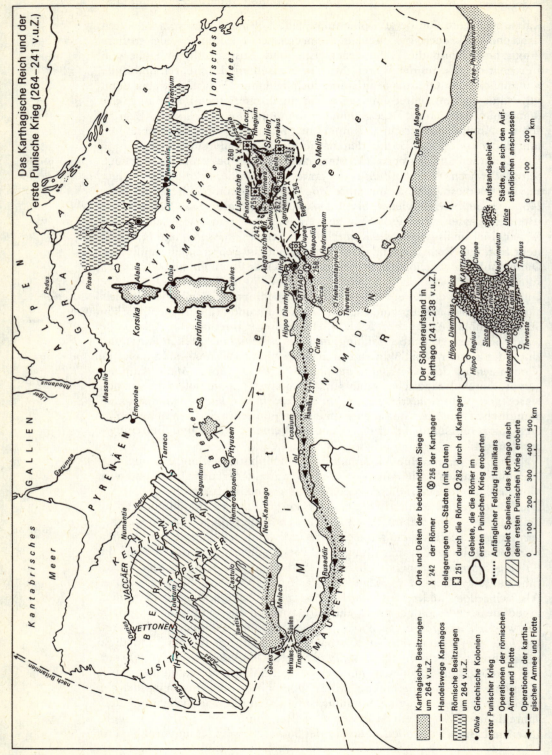

Sardiniens setzten die Karthager unter Hamilkar Barkas nach Spanien über und nahmen die an der Südküste gelegenen karthagischen Stützpunkte zur Ausgangsbasis für weitere Eroberungen. In seiner Begleitung befanden sich sein Schwiegersohn Hasdrubal und sein Sohn Hannibal. Spanien war landwirtschaftlich sehr ergiebig und reich an Bodenschätzen, vor allem an Silbererzen. Die Ausbeutung der Silbervorkommen ermöglichte es den Karthagern, bereits im Jahre 231 die letzte Rate der Kriegskontribution an Rom zu entrichten. Nicht zuletzt war Spanien vorzüglich geeignet, als Zwischenstation im Handel mit Gallien und Britannien zu dienen.

Im Verlaufe der Kämpfe zur Unterwerfung des Südens der Pyrenäenhalbinsel fand Hamilkar Barkas im Gebiet der Oretaner den Tod (229).

Hasdrubal, sein Nachfolger, setzte die Eroberung fort und legte an der Westküste den großen Handels- und Waffenplatz *Carthago Nova* (Cartagena) an; die Stadt wurde zum Zentrum des neu eroberten Gebietes. Die Römer verfolgten das Vorgehen der Karthager in Spanien mit Argwohn. Da jedoch erneut kriegerische Auseinandersetzungen mit den norditalischen Kelten drohten, begnügten sie sich vorerst mit der Zusicherung Hasdrubals, den Ebro in feindlicher Absicht nicht zu überschreiten (sogenannter *Ebrovertrag* vom Ebrovertrag Jahre 226). Damit erkannten die Römer das Gebiet südlich des Ebro als karthagisches Einflußgebiet an, doch strebte die nachfolgende Entwicklung einem weiteren Konflikt entgegen.

Roms Innen- und Außenpolitik 3.2. *zwischen dem ersten und zweiten Punischen Krieg*

Im Jahre 241 richteten die Römer die 34. und 35. Bürgertribus ein, die Velina und die Quirina, in Picenum und im Sabinerland gelegen. Damit war die äußere Gestalt der Tribusordnung vollendet, und die Römer sind über die Zahl 35 nicht hinausgegangen. Der Abschluß der Tribusordnung war mit einer Reform der Komitien verbunden: Jede der 35 bestehenden Tribus mußte aus Komitien- jeder der »servianischen« Vermögensklassen zwei Zenturien bilden, so daß jede reform Tribus auf der Grundlage der fünf Klassen zehn Zenturien stellte. Andererseits stellte jetzt jede Klasse 70 Zenturien (zweimal 35). Eine Gegenüberstellung der »servianischen« und der reformierten Zenturiatkomitien ergibt folgendes Bild:

	»servianische«	reformierte
erste Klasse	= 80 Zenturien	70 Zenturien
zweite Klasse	= 20 Zenturien	70 Zenturien
dritte Klasse	= 20 Zenturien	70 Zenturien
vierte Klasse	= 20 Zenturien	70 Zenturien
fünfte Klasse	= 30 Zenturien	70 Zenturien
Unverändert:	18 Zenturien Ritter	18 Zenturien
	1 Zenturie proletarii	1 Zenturie
	4 Zenturien Handwerker	4 Zenturien
	und Musiker	(jetzt gesondert)
Insgesamt:	193 Zenturien	373 Zenturien

Vorher besaßen die erste Klasse und die Ritter zusammen 98 Zenturien (= Stimmen) gegenüber 95 der anderen, jetzt lautete das Verhältnis 88 : 285. Die Mehrheit konnte so erst bei 187 Zenturien erreicht werden. Insofern bedeutete diese Reform eine gewisse Demokratisierung, doch profitierten davon lediglich die Bürger der zweiten und dritten Klasse, während die minderbemittelten Bürger weiterhin ohne nennenswerten politischen Einfluß blieben.

Nach der neuen Ordnung stimmten nicht mehr die Ritter zuerst, sondern die erste Klasse zusammen mit den zwölf Ritterzenturien der »Vornehmen« (*centuriae procerum*); dann erst folgten die *sex suffragia* der »servianischen« Ordnung. Danach gaben die nachfolgenden Klassen ihre Stimme ab. Einer durch das Los ermittelten Zenturie der ersten Klasse fiel von jetzt an das Recht zu, als »Vorstimm-Zenturie« (*centuria praerogativa*) zu fungieren. Ziel der Reform war die Durchsetzung der Tribusordnung. Die Nobilität hoffte damit einen verstärkten Einfluß auf ihre Klienten ausüben zu können, die in den räumlich abgegrenzten Tribus besser als in den vormaligen Zenturien zu überwachen waren, in denen Angehörige aus den verschiedenen Tribus zusammenkamen. Die Reform, die bis zum Jahre 83/82 weiterbestand, zeugt weiterhin davon, daß der Vorrang der bäuerlichen Bevölkerung nach wie vor erhalten blieb; die stadtrömische Bevölkerung spielte noch nicht wie späterhin die entscheidende Rolle.

Agrargesetz des Flaminius

Zur Wahrung der Interessen der bäuerlichen Bevölkerung in den Komitien brachte der Volkstribun C. Flaminius im Jahre 232 v. u. Z. einen Gesetzesentwurf ein, der die Verteilung des im Jahre 285 eroberten Gebietes der Kelten (*ager Gallicus*) an Kolonisten vorsah. Flaminius setzte seinen Vorschlag gegen den Willen des Senats in der Volksversammlung durch. Unter seiner Leitung begab sich eine aus drei Mitgliedern bestehende Agrarkommission zum ager Gallicus und begann mit der Einrichtung von Kolonien. Hieran entzündeten sich erneute Kämpfe mit den Galliern.

Geld- und Handelsaristokratie

Neben den in den 18 Ritterzenturien Eingetragenen, denen der Staat die Mittel für den Ankauf und den Unterhalt (Futter) zweier Pferde gewährte (*equites equo publico*, »Ritter mit Staatspferd«), wurden bereits im Verlaufe des 3. Jh. diejenigen reicheren Bürger in den Zensuslisten gesondert erfaßt, die in der Lage waren, sich die Pferde aus eigenen Mitteln zu beschaffen (*equites equo privato*, »Ritter mit Privatpferd«).

Sie wurden den anderen Rittern militärisch gleichgestellt. So erweiterte sich allmählich der ursprünglich rein militärisch verstandene Begriff »Ritter« dahingehend, daß mit ihm alle diejenigen erfaßt wurden, die gegebenenfalls in der Lage waren, sich Pferde und Ausrüstung selbst zu beschaffen. Es handelte sich bei ihnen vornehmlich um wohlhabende Plebejer, die keine höheren Magistraturen bekleidet hatten und nicht in der Senatorenliste verzeichnet waren. In diesen Kreisen konzentrierten sich zunehmend die Geld- und Handelsgeschäfte.

Diese Entwicklung wurde maßgeblich durch ein Gesetz des Volkstribunen Q. Claudius (*lex Claudia*)[3] gefördert, das offenbar unter der Zensur des

---

3 Die in der römischen Volksversammlung beschlossenen Gesetze erhielten den Namen des Antragstellers beigefügt. Ein Doppelname (z. B. *lex Poetelia Papiria*) weist gewöhnlich auf ein von

3.2. Roms Innen- und Außenpolitik zwischen dem ersten und zweiten Punischen Krieg

C. Flaminius im Jahre 220 angenommen wurde. Nach diesem Gesetz war es den Senatoren und ihren Söhnen untersagt, Schiffe mit einem Fassungsvermögen von mehr als 300 Amphoren (80 hl) zu besitzen und sich an umfangreicheren Handelsgeschäften zu beteiligen. Diese Bestimmungen zielten darauf, die Nobilität weiterhin in der Landwirtschaft zu verankern und die Herausbildung einer Standesethik anzuregen. So entstand allmählich eine ökonomisch mächtige Schicht der Handels- und Geldaristokratie innerhalb der Ritterschaft, *außerhalb* der Nobilität.

Die keltischen Stämme der Bojer und Insubrer schlossen sich gegen die einsetzende römische Kolonisation zusammen. Es gelang ihnen, die Gäsaten (»Speermänner«) aus dem Rhônegebiet unter den beiden Königen Aneroëstos und Konkolitanos zu verpflichten, zu denen außerdem starke Scharen der Taurisker und Lingonen stießen.

Kriege gegen die Kelten

Die Römer erkannten die große Gefahr und ließen erstmalig in ganz Italien einen Zensus abhalten, dessen Ergebnis bei Polybios (2, 24) überliefert ist. Danach betrug die Gesamtzahl aller Wehrfähigen 700 000 Mann Fußsoldaten und 70 000 Reiter, wobei die *socii navales* in dieser Aufstellung fehlen. Die auf der Grundlage dieses Zensus aus dem Jahre 225 vorgenommenen Schätzungen ergeben eine Bevölkerungszahl des römischen Italien von zweieinhalb Millionen Menschen.

Die Kelten drangen im Jahre 225 in Etrurien ein und schlugen ein römisches Heer. Der eilends aus Sardinien herbeigerufene Konsul C. Atilius Regulus verlegte den Kelten den Rückweg nach Norden, während von Süden L. Aemilius Papus, der andere Konsul, heranrückte. In dieser Situation mußten die Kelten eine vernichtende Niederlage hinnehmen, nur der Reiterei gelang die Flucht; 40 000 Kelten sollen auf dem Schlachtfeld geblieben, weitere 10 000 gefangengenommen worden sein, unter ihnen auch der Gäsatenkönig Konkolitanos. Aneroëstos, der andere König, endete mit seinem Gefolge durch Selbstmord. Aber auch der römische Konsul C. Atilius Regulus war gefallen.

Im Jahre 224 gingen die Römer zur Offensive über und unterwarfen zunächst die Bojer. Im darauffolgenden Jahr richtete sich der Angriff gegen die Insubrer. Die römischen Truppen unterstanden dem Befehl des Konsuls C. Flaminius. Die Operationen zogen sich hin, und erst im Jahre 222 gelang ein voller Erfolg. Obwohl die Insubrer durch Gäsaten (angeblich 30 000 Mann) erneut verstärkt worden waren, erlagen sie den römischen Heeren unter den Konsuln M. Claudius Marcellus und Cn. Cornelius Scipio bei Acerrae und Clastidium, wobei Claudius Marcellus in den Kämpfen um Clastidium den keltischen Feldherrn Virdumarus im Zweikampf tötete und die *spolia opima* gewann (»reiche Beute«, d. i. die Rüstung eines mit eigener Hand erschlagenen feindlichen Anführers).

In demselben Jahr nahmen die Römer Mediolanum (Mailand), den befestigten Hauptort der Insubrer, die ebenso wie die Bojer Geiseln stellen und Tribut zahlen mußten. Zur Sicherung des eroberten Gebietes zwischen Apennin und Po gründeten die Römer die latinischen Kolonien Mutina, Placentia und Cremona (218 v. u. Z.). C. Flaminius ließ als Zensor die nach ihm benannte

---

beiden Konsuln eingebrachtes Gesetz, während ein Einzelname (z. B. *lex Claudia*) auf ein von einem Volkstribun oder aber von einem Diktator (z. B. *lex Hortensia*) beantragtes Gesetz deutet.

76   3. Die Entstehung der römischen Großmacht

Via Flaminia anlegen. Diese Straße führte von Rom über den Apennin bis nach
Ariminum.
Der Keltenkrieg (225—222) hatte die Gefahr, die vom Norden drohte, vorerst
abgewendet, doch zeigte es sich bald, daß der römische Erfolg nicht von langer
Dauer war.

Kämpfe gegen die Illyrer

Im ersten Illyrischen Krieg (229—228 v. u. Z.) mischten sich die Römer erstmalig in östliche Angelegenheiten ein. An der Italien gegenüberliegenden
Küste der Adria hatte sich bald nach der Mitte des 3. Jh. ein größeres illyrisches
Reich unter dem König Agron gebildet. Teuta (seit 230), seine Witwe und
Nachfolgerin, setzte die expansive Politik fort. Die Illyrer eroberten die epi-
rotische Stadt Phoinike, die Insel Korkyra, bedrängten Epidamnos und
zwangen die Atintanen unter ihre Botmäßigkeit. Sie kontrollierten schließlich
den Küstenstreifen vom heutigen Split im Norden bis etwa Phoinike im Süden;
Zentren ihres Reiches waren Scodra (Skutari) und Rhizon (Cattaro). Mit ihren
kleinen schnellen Schiffen, den Lemboi, betrieben die Illyrer eine ausgedehnte
Seeräuberei. Im Jahre 230 sahen sich die Römer, um die Interessen der italischen
Kaufleute zu schützen, genötigt, der illyrischen Piraterie Einhalt zu gebieten.
Unter C. und L. Coruncanius begab sich eine römische Gesandtschaft zur
Königin Teuta, die sich allerdings bindender Versprechungen enthielt. Als die
Gesandten auf ihrer Rückreise überfallen wurden und einer von ihnen gar sein
Leben einbüßte, erklärte Rom den Illyrern den Krieg.
Die beiden Konsuln Cn. Fulvius Centumalus und A. Postumius Albinus
setzten mit einer Flotte von 200 Schiffen über die Adria. Der im Namen der
Königin Teuta auf Korkyra residierende griechische Dynast Demetrios von
Pharos übergab die Insel kampflos an die Römer. Die Illyrer wichen jeder
entscheidenden Begegnung aus, und Teuta zog sich nach Cattaro zurück. Als
sich Apollonia und die an der Grenze zu Epirus lebenden Stämme der Atintanen und Parthiner den Römern anschlossen, erklärte sich Teuta zum Friedensschluß bereit. Sie mußte auf bedeutende Gebietsanteile verzichten, die
zum großen Teil Demetrios von Pharos zufielen, eine Kriegsentschädigung
zahlen und sich verpflichten, nicht mit mehr als zwei unbewaffneten Schiffen
südlich von Lissos zu fahren. Korkyra, das korinthische Epidamnos und die
Stämme der Atintanen und Parthiner wurden unter römische »Schutzherr-
schaft« gezwungen, ebenso Demetrios von Pharos, der damit zum römischen
Klientelfürsten wurde.
Im Jahre 219 kam es zum zweiten Illyrischen Krieg. Der ehemalige Verbündete
Roms, Demetrios, hatte sich den Makedonen angeschlossen, die unter ihrem
König Antigonos Doson (229—222/221) erstarkt waren und ihre Herrschaft
über Griechenland gefestigt hatten, besonders mit dem Sieg bei Sellasia über
den Spartanerkönig Kleomenes im Jahre 222. Demetrios überfiel illyrische
Küstenstädte und plünderte italische Handelsschiffe. Obgleich ein erneuter
Waffengang mit Karthago unmittelbar bevorstand, entschlossen sich die
Römer zum Eingreifen. Die Konsuln L. Aemilius Paullus und M. Livius
Salinator erschienen mit einem Heer von etwa 20 000 Mann in Illyrien, nahmen
die beiden wichtigsten Festen des Demetrios, Dimale auf dem Festland und
die Insel Pharos, und unterstrichen so nachdrücklich ihren Hegemonian-
spruch in diesem Gebiet. Demetrios floh zu Philipp V. von Makedonien
(221—179).

Makedonien hatte sich als stärkste Macht auf der Balkanhalbinsel dem Vorgehen der Römer gegenüber untätig verhalten. Während Antigonos Doson in der Zeit des ersten Illyrischen Krieges in Kämpfe mit nördlich angrenzenden Stämmen (Dardaner) verwickelt war, waren Philipp V. in der Zeit des zweiten Illyrischen Krieges durch die Auseinandersetzungen mit dem Ätolischen Bund die Hände gebunden (sogenannter Bundesgenossenkrieg 220–217). All das hatte das Vordringen der Römer auf der Balkanhalbinsel sehr begünstigt, doch stand die entscheidende Auseinandersetzung noch bevor.

Der zweite Punische Krieg 3.3.

Nach achtjährigem Kommando in Spanien wurde Hasdrubal, Schwiegersohn und Nachfolger des Hamilkar Barkas, im Jahre 221 ermordet, und zwar von einem keltischen Sklaven, dessen Herrn er zuvor hatte töten lassen. Sein Nachfolger im Amt wurde der vom Heere gewählte 25jährige Sohn des Hamilkar, Hannibal (»Gnade Baals«). Noch in demselben Jahr unterwarf dieser die iberischen Olkaden, im folgenden Jahr die Vaccäer. Im Jahre 220 errang er einen bedeutenden Sieg über die Karpetaner, so daß südlich des Ebro zunächst jeder Widerstand gebrochen war. Im Einverständnis mit den herrschenden Kreisen in Karthago ging Hannibal im Jahre 219 daran, die südlich des Ebro gelegene iberische Stadt *Sagunt* anzugreifen. Mit Sagunt hatten die Römer — vermutlich kurz nach dem Ebrovertrag vom Jahre 226 — einen Freundschaftsvertrag abgeschlossen. Der Konflikt um diese Stadt gab den Anlaß zum zweiten Punischen Krieg.

Streit um Sagunt

Nach einer Belagerung von acht Monaten nahm Hannibal die Stadt im Sturm und ließ sie völlig zerstören. Daraufhin forderten die Römer in Karthago die Auslieferung Hannibals und seiner karthagischen Berater. Hannibal war inzwischen mit einem Heer von 90 000 Fußsoldaten und 12 000 Reitern von Carthago Nova aufgebrochen, um die Gebiete nördlich des Ebro unter karthagische Botmäßigkeit zu zwingen. Als die Karthager das Ansinnen der Römer zurückwiesen, erklärten ihnen diese den Krieg.

Die Römer beabsichtigten, den Krieg im Lande des Gegners zu führen und in Spanien und Afrika zu landen. Der Konsul P. Cornelius Scipio wurde für den Feldzug nach Spanien bestimmt, der Konsul Ti. Sempronius Longus für die Expedition nach Afrika. Diese strategischen Pläne der Römer wurden jedoch durch Hannibal zunichte gemacht, der die Pyrenäen überschritt, durch Südgallien zog, die Rhône überquerte, diesen Fluß aufwärts durch das Gebiet der Allobroger marschierte und dem der schwierige Übergang über die Alpen gelang (wahrscheinlich die Isère und den Arc aufwärts über den Col du Clapier). Fünf Monate nach seinem Aufbruch in Carthago Nova erschien Hannibal zur Überraschung der Römer im Herbst des Jahres 218 in Norditalien, im Gebiet der Tauriner. Durch die Anstrengungen dieses langen und schwierigen Marsches, den Widerstand einiger keltischer Völkerschaften und besonders den Alpenübergang waren freilich die Reihen seines Heeres stark zusammengeschmolzen. Er verfügte noch über 26 000 Fußsoldaten und 6 000 Reiter; etwa 20 000 Mann und den gesamten Troß hatte er verloren. Hannibal hatte jedoch durch ausgesandte Kundschafter bei den erst kürzlich von den Römern unter-

Hannibals Alpenübergang

worfenen Keltenstämmen Norditaliens um Unterstützung nachgesucht und diesbezügliche Zusicherungen erhalten. So konnte er sein Heer ohne große Mühe wieder auffüllen.

Die Römer sahen sich gezwungen, von ihrem ursprünglichen Kriegsplan abzulassen. P. Cornelius Scipio, der auf dem Weg nach Spanien bereits bis nach Massilia gelangt war, schickte seinen Bruder Gnaeus nach Spanien und kehrte selbst nach Italien zurück. Sempronius Longus, der sich in Lilybäum zur Überfahrt nach Afrika rüstete, mußte ebenfalls sein Vorhaben aufgeben; er führte seine Legionen in einem Marsch von 40 Tagen nach Ariminum. Nach einem verlorenen Reitertreffen am *Ticinus* (218) zogen sich die Römer auf das befestigte Placentia zurück und gaben das Gebiet jenseits des Po auf. In einem weiteren Treffen an der *Trebia* im Dezember des Jahres 218 mußten die Römer eine verlustreiche Niederlage hinnehmen; den Ausschlag gab ein Flankenangriff der punischen Reiterei unter Mago. Das gesamte gallische Oberitalien fiel jetzt Hannibal zu, dessen Angriff auf Mittelitalien nun unmittelbar bevorstand.

Im Frühjahr 217 standen elf römische Legionen unter Waffen und verteilten sich wie folgt: vier in Oberitalien, zwei in Spanien, zwei in Sizilien, eine auf Sardinien und weitere zwei als Reserve in der Nähe von Rom. Insgesamt wurden so etwa 100 000 Mann aufgeboten.

Hannibals Zug durch Italien

Im Frühjahr 217 überschritt Hannibal den Apennin und drang nach Etrurien vor. Das römische Heer war mit je zwei Legionen in Ariminum und Arretium stationiert, und zwar in der Absicht, Hannibal — wie einstmals die Kelten — in die Zange zu nehmen. Hannibal jedoch vereitelte dieses Vorhaben, indem er die befestigten Stellungen des Konsuls C. Flaminius bei Arretium umging. Dazu ließ er sein Heer vier Tage und drei Nächte durch die überfluteten Niederungen des Arno waten, die zu dieser Zeit als unpassierbar galten. Dieser Umgehungsmarsch kostete Hannibal eine große Anzahl von Menschen und Pferden; von den ehemals 37 Elefanten blieb ihm nur noch einer; er selbst büßte durch Entzündung ein Auge ein.

Hannibal zog weiter südwärts und legte dem ihn verfolgenden Flaminius am *Trasimenischen See* im mittleren Eturien einen Hinterhalt. Das auf der Uferstraße heranziehende römische Heer wurde von Hannibal, der seine Truppen hinter den die Niederung säumenden Hügeln aufgestellt hatte, überraschend angegriffen. Die Römer wurden vernichtend geschlagen (217); die Verluste beliefen sich auf 15 000 Gefallene, ebensoviele gerieten in Gefangenschaft. Der Konsul Flaminius selbst fiel ebenfalls im Kampf. Wenige Tage danach wurde die gesamte Reiterei des zweiten Nordheeres, 4 000 Mann, in der Nähe von Assisium von der punischen Reiterei unter Maharbal zur Übergabe gezwungen.

Hannibal behielt nur die Römer in Gefangenschaft, während er die Italiker ohne Lösegeld in ihre Heimat entließ. Er erklärte, er wolle nur gegen die Römer Krieg führen, die Italiker hingegen von der römischen Oberherrschaft befreien. Obwohl er diese Praxis schon in Oberitalien geübt hatte, war bis zur Schlacht am Trasimenischen See noch keine einzige italische Stadt von Rom abgefallen.

Hannibal marschierte nach seinem großen Sieg nicht auf Rom, sondern begab sich mit seinem Heer nach Picenum, zur adriatischen Küste, um die unterbrochene Verbindung mit Karthago sicherzustellen. Die Landstriche, die er durchzog, wurden verwüstet. In Apulien gönnte er seinem Heer eine längere Ruhepause.

In Rom hatte die Nachricht von der Niederlage am Trasimenischen See großen Schrecken ausgelöst; man erwartete Hannibal vor den Toren der Stadt, in der alle Vorbereitungen für die Verteidigung getroffen wurden; auch die Brücken über den Tiber wurden abgerissen. Die Volksversammlung wählte Quintus Fabius Maximus zum Diktator und M. Minucius Rufus zum *Magister equitum*.

Taktik der Römer

Fabius wich jedem entscheidenden Treffen aus und suchte den Gegner zu zermürben, indem er ihn ständig beunruhigte, einzelne Abteilungen angriff, vor allem Versorgungstrupps, und die Lebensmittelvorräte in der Umgebung der Karthager vernichtete. Wegen dieser Taktik erhielt er den Beinamen *Cunctator* (»Zauderer«). Nach den Worten des Polybios ging Fabius davon aus, daß die Karthager »alles hinter sich gelassen und keine andere Hoffnung des Heils hatten, als die ihnen der Sieg bot ... Die Vorteile der Römer aber waren unerschöpfliche Vorräte und Menge an Menschen«.[4] Fabius fand jedoch mit dieser Art des Vorgehens bei der Masse der Bevölkerung wenig Verständnis. Vor allem die Bauern hatten unter der langen Anwesenheit des Feindes im Lande und den vielen Verwüstungen zu leiden; sie drängten auf eine schnelle Beendigung des Krieges. Die Amtszeit des Fabius wurde nicht verlängert, und für das Jahr 216 wurden L. Aemilius Paullus und C. Terentius Varro zu Konsuln gewählt. Besonders der von demokratischen Kreisen unterstützte Varro trat für entscheidende militärische Aktionen ein. So kam es am 2. August 216 bei *Cannae* in Apulien zu einer der größten Schlachten der Antike. Das römische Heer war dem karthagischen zahlenmäßig überlegen. Die Römer boten acht Legionen auf; zusammen mit den Bundesgenossen ergab sich eine Streitmacht von 80 000 Fußsoldaten und 6 000 Reitern. Auf der anderen Seite standen etwa 40 000 Fußsoldaten, dafür aber 10 000 Reiter. Am Aufidus formierten sich die gegnerischen Schlachtreihen. Das römische Fußvolk, 70 Glieder tief gestaffelt, war an beiden Seiten von Reitern flankiert. Hannibal rückte die Gallier und Iberer, etwa 20 000 Mann stark, in das Zentrum, während er seine besten Truppen, die Libyer, etwas zurückgezogen an den Flügeln postierte. So ergab sich eine von den Römern her gesehen konvexe Schlachtlinie, deren beide Enden von den Reitereinheiten gebildet wurden.

Cannae

Die überlegenen römischen Fußtruppen drangen in das Zentrum der gegnerischen Front vor und durchbrachen sie. Daraufhin ließ Hannibal seine libyschen Eliteeinheiten gegen die Flanken der Römer vorgehen. Zusätzlich erschien die punische Reiterei, nachdem sie Reiterregimenter der Römer überrannt und in die Flucht geschlagen hatte, wieder auf dem Kampfplatz und fiel dem römischen Fußvolk in den Rücken. Auch eine kreisförmige Aufstellung nutzte den Römern nichts mehr, sie wurden regelrecht niedergemetzelt; nur 14 500 Mann vermochten sich zu retten. Es war die schwerste Niederlage, die die Römer im Verlaufe ihrer Geschichte hinnehmen mußten.

---

4 Polybios, 3, 89, 6–9.

Der Sieg Hannibals bei Cannae hatte schwerwiegende Folgen. Eine Reihe von Städten und Völkerschaften Italiens trat jetzt auf die Seite der Karthager über (eine Übersicht bietet Livius, 22, 61, 11). Als Hannibal mit einem Teil seines Heeres in Kampanien einrückte — den anderen Teil unter Mago entsandte er nach Bruttium —, da schlossen sich ihm Capua und einige Nachbarstädte an, während die Griechenstädte Cumae und Neapolis Rom die Treue hielten. Überhaupt verhielten sich die Griechenstädte den Karthagern gegenüber zumeist ablehnend.

Nahezu alle Stämme Süditaliens traten auf die Seite der Karthager über, vor allem die Samniten, die Lukaner, die Hirpiner und die Bruttier. Während Locri, Kroton und Petelia von den Karthagern erobert werden konnten (215), verblieben Rhegion und Tarent in römischer Hand, dazu Metapont, Herakleia und Thurioi.

Konflikt mit Makedonien

Im Jahre 215 nahm Hannibal Verbindung mit Philipp V. von Makedonien auf; es wurde eine Vereinbarung getroffen, wonach die Makedonen die römischen Stützpunkte in Illyrien und die Insel Korkyra erhielten; dafür verpflichtete sich Philipp, Hannibal in Italien zu unterstützen (Polybios, 7, 9).

Philipp begann in Illyrien den Krieg, und die Römer entsandten zum Schutze ihrer Besitzungen eine Flotte über die Adria. Es gelang ihnen, in Griechenland eine antimakedonische Koalition zustande zu bringen, an der sich vorrangig der Ätolische Bund beteiligte (212). Auch Attalos I. von Pergamon schloß sich diesem Bund an. Trotz einiger Erfolge der römischen Kriegsflotte — so wurden mit Hilfe des Attalos Ägina und das euböische Oreos eingenommen — neigte sich der Erfolg mehr und mehr Philipp zu. Nachdem die Ätoler im Jahre 206 einen Sonderfrieden mit Philipp geschlossen hatten, erklärten sich die Römer im darauffolgenden Jahr ebenfalls zu einem Friedensschluß bereit (Frieden von Phoinike). Zwar konnten die Römer ihre Stützpunkte an der illyrischen Küste behaupten, aber das ganze Hinterland fiel an Makedonien. Der erste Makedonische Krieg (215—205) endete mit einem Kompromiß; immerhin hatte Rom Philipp die Möglichkeit genommen, Hannibal in Italien wirksam zu unterstützen.

»Hannibal ante portas«

Die Römer beschränkten sich nach der Niederlage bei Cannae darauf, ihre Bundesgenossen zu unterstützen, Hannibal an einer ausreichenden Verproviantierung zu hindern und karthagische Verstärkungen von Italien fernzuhalten. Sie verfolgten im wesentlichen die vormalige Taktik des Fabius Maximus, konnten freilich nicht verhindern, daß Hannibal Tarent in Besitz nahm (Winter 213/212) sowie Metapont, Herakleia und Thurioi zur Übergabe zwang.

Die Erfolge Hannibals waren jedoch nicht von langer Dauer. Bereits im Jahre 214 konnten die Römer Casilinum zurückgewinnen, 213 Arpi in Apulien; Capua wurde im Jahre 212 eingeschlossen und belagert. Als Hannibal im Frühjahr 211 zum Entsatz heranrückte, vermochte er den Belagerungsring nicht zu sprengen. Ein Zug auf Rom, der die Römer zwingen sollte, ihre Truppen von Capua abzuziehen, rief zwar tiefe Besorgnis hervor — bekannt ist der Schreckensruf »Hannibal ante portas«, Hannibal vor den Toren —, brachte aber nicht das erhoffte Resultat, und Hannibal verzichtete auf den Angriff auf die gut zur Verteidigung gerüstete Stadt. Er kehrte nach Süditalien zurück.

Capua mußte noch im Jahre 211 kapitulieren und sich einem grausamen Strafgericht unterwerfen. Ein Teil der führenden Persönlichkeiten wurde hingerichtet, andere mußten in die Verbannung gehen. Die Masse der freien Capuaner wurde in die Sklaverei verkauft oder aus der Stadt gewiesen. Hier blieben in der Hauptsache Nichtbürger zurück, Freigelassene, Handwerker und Händler. Capua verlor seine Existenz als selbständige Gemeinde, büßte seine ganzen Gebiete ein und mußte sich der Gerichtsbarkeit eines römischen Präfekten unterwerfen. Auch die übrigen Städte Kampaniens gerieten wieder unter die Botmäßigkeit der Römer. Der Fall Capuas untergrub die Autorität Hannibals und verbreitete bei den römischen Bundesgenossen, die sich Hannibal angeschlossen hatten, große Unsicherheit.

Im Jahre 209 v. u. Z. ging der 80jährige Q. Fabius Maximus gegen Tarent vor, das durch Verrat in seine Hand fiel. Obgleich die Lage Hannibals sehr schwierig geworden war, erwies er sich in offener Feldschlacht immer noch überlegen. So schlug er im Jahre 210 Cn. Fulvius Centumalus bei Herdonia in Apulien, im Jahre 208 M. Claudius Marcellus in Lukanien. Die entscheidende Wende im Krieg bahnte sich jedoch auf den Schauplätzen außerhalb Italiens an.

Nach dem Tode Hierons II. löste sein Enkel und Nachfolger Hieronymos das Bündnis mit Rom und schloß sich den Karthagern an (215). Nach seinem frühzeitigen Tod (214) wurde die Königsherrschaft in Syrakus abgeschafft und durch eine Oligarchie ersetzt. M. Claudius Marcellus, dem der Oberbefehl in Sizilien übertragen worden war, begann im Jahre 213 die Belagerung der Stadt, mußte jedoch nach acht Monaten zunächst davon ablassen und sich karthagischer Hilfskontingente erwehren. Erst im Jahre 212 gelang ihm die Einnahme der Stadt, die er der Plünderung preisgab. Der große Mathematiker Archimedes, der an der Verteidigung seiner Heimatstadt tätigen Anteil nahm, fand dabei den Tod. Der Nachfolger des Marcellus, M. Valerius Laevinus, brachte schließlich im Jahre 210 den Hauptstützpunkt der Karthager in Sizilien, Agrigent, mit Hilfe eines karthagischen Offiziers, Myttones, in seine Hand. Sizilien ging damit vollständig in römischen Besitz über.

Im Jahre 210 veranlaßte eine Hungersnot in Italien die Römer, eine Gesandtschaft nach Ägypten zu schicken und bei Ptolemaios IV. um Getreide nachzusuchen. Ptolemaios entsprach dieser Bitte, und die Flotte mit dem Getreide gelangte unbehelligt nach Italien, ein Anzeichen dafür, daß die Römer das Meer kontrollierten.

In Spanien hatten sich die Römer unter Cn. Scipio bereits im Jahre 218 festgesetzt und Tarraco zu ihrer Operationsbasis gemacht. Unter Beteiligung der Massalioten konnten sie an der Mündung des Ebro einen Seesieg über die Karthager erringen (217). Als der Befehlshaber der Karthager in Spanien, Hasdrubal, der Bruder Hannibals, im Jahre 215 nach Afrika zurückkehren und einen Aufstand des Numiderkönigs Syphax niederwerfen mußte, stellten sich größere Erfolge bei den Römern ein. Publius und Gnaeus Scipio drangen weiter nach Süden vor und eroberten Sagunt. Als Hasdrubal nach Spanien zurückkam, schlug er die voneinander getrennten Heere der Scipionen, zuerst dasjenige des Publius (211); beide Scipionen fielen im Kampf. Die okkupierten Gebiete südlich des Ebro gingen den Römern wieder verloren.

Die Römer konnten jedoch auf Spanien als materielle Hilfsquelle (Silber und

3. Die Entstehung der römischen Großmacht

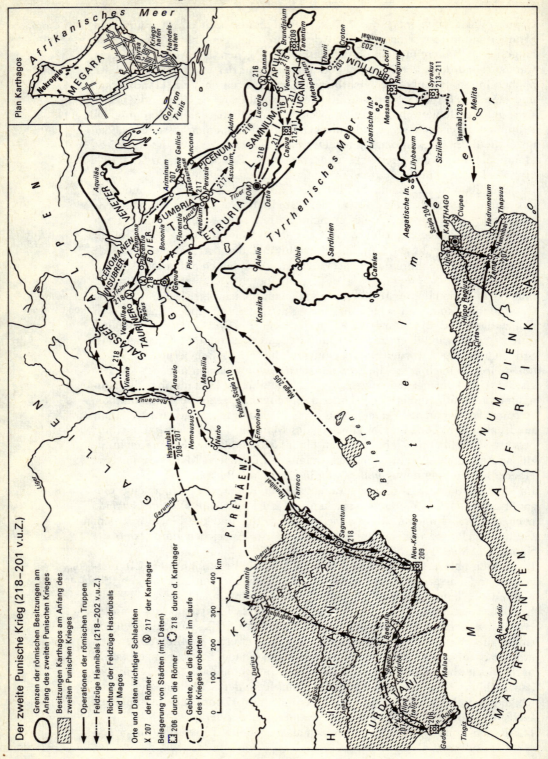

3.3. Der zweite Punische Krieg

Söldner) nicht verzichten, und sie wußten um die Bedeutung Spaniens als Aufmarschgebiet für die Karthager. Sie setzten daher alles daran, dieses Land den Karthagern zu entreißen. So führte der 26jährige gleichnamige Sohn des 211 gefallenen P. Cornelius Scipio eine neue Expedition nach Spanien (210). Bereits im Jahre 209 glückte ihm die Einnahme von Carthago Nova, dem Hauptwaffenplatz der Karthager in Spanien. Dabei gerieten auch alle spanischen Geiseln in seine Hand, und sein großzügiges Verhalten den Spaniern gegenüber hatte schließlich auch zur Folge, daß eine nicht unerhebliche Anzahl von iberischen und keltischen Stämmen auf die Seite der Römer übertrat.

Hannibal wartete vergeblich auf entscheidende Verstärkungen aus Karthago, und so entschloß sich Hasdrubal, seinem Bruder zu Hilfe zu eilen. Scipio suchte ihm den Weg zu verlegen, erkämpfte auch im Jahre 208 bei *Baecula* einen Sieg, konnte jedoch nicht verhindern, daß Hasdrubal mit dem Kern seines Heeres entwich, wiederum die Alpen überschritt und im Jahre 207 in Oberitalien erschien, wo er erneut Zulauf von den keltischen Stämmen erhielt. Ohne Rücksicht auf Hannibal marschierten die beiden Konsuln dieses Jahres, M. Livius Salinator und C. Claudius Nero, gemeinsam gegen ihn. Die Schlacht am *Metaurus* bei Sena Gallica entschied den Kampf um Italien: Hasdrubal verlor Schlacht und Leben. Hannibal, ohne sichere Kunde von diesen Ereignissen, beschränkte sich auf die Behauptung Bruttiums.

Scipio setzte seinen Vormarsch in Spanien mit neuen Verstärkungen fort, schlug die Karthager im Jahre 206 bei Ilipa und zwang den Feldherrn Mago, den zweiten Bruder Hannibals, auch Gades zu räumen. Damit hatten die Karthager Spanien vollständig verloren, ebenso ihre wichtigste materielle Hilfsquelle. Scipio begab sich noch in demselbem Jahr von Tarraco nach Italien. Mit der Eroberung Spaniens hatten die Römer einen Teil ihres ursprünglichen strategischen Planes verwirklicht.

Mago segelte mit einer Flotte zunächst nach den Balearen und landete in Ligurien. Von hier aus begann er, unterstützt durch keltische Völkerschaften, einen Kleinkrieg gegen die Römer. Diese gingen nach längeren Auseinandersetzungen im Senat dazu über, den zweiten Teil ihres ursprünglichen Plans, nämlich die Karthager in Afrika selbst anzugreifen, zu realisieren. Nachdem Scipio im Jahre 205 zum Konsul gewählt und ihm Sizilien übertragen worden war, setzte er im folgenden Jahr von Lilybäum aus nach Afrika über. Außerordentlich wichtig war der Umstand, daß Masinissa, ein Rivale des Syphax, auf die Seite der Römer übertrat. Scipio konnte die Karthager auf den Großen Feldern (μεγάλα πεδία) besiegen; er gewährte ihnen, als sie um Frieden baten, einen Waffenstillstand (203). Die Karthager sollten Hannibal und Mago aus Italien abberufen und auf Spanien verzichten.

Hannibal, der vor seiner Abfahrt alle diejenigen Italiker in seinem Heere niedermetzeln ließ, die nicht mit ihm ziehen wollten, begab sich von Kroton nach Leptis an der Kleinen Syrte. In diesem Augenblick brachen die Karthager den Waffenstillstand im Vertrauen auf die Kriegskunst Hannibals, der ja ungeschlagen aus Italien zurückgekehrt war. So kam es schließlich bei *Zama Regia* im Jahre 202 zum Aufeinandertreffen der beiden erfolgreichsten Feldherren dieses Krieges, des Scipio und Hannibal. Ein Gespräch der beiden vor Beginn der Kampfhandlungen verlief ergebnislos. Masinissa, der kurz zuvor

Entscheidung in Afrika

84   3. Die Entstehung der römischen Großmacht

Syphax vom Thron verdrängt und sich der Hauptstadt Cirta bemächtigt hatte, verstärkte mit seiner ausgezeichneten Reiterei das römische Heer, das diesmal die karthagische Reiterei um das Dreifache übertraf. Hannibal erlitt die einzige Niederlage in seiner Feldherrnlaufbahn und riet selbst nachdrücklich zum Frieden, den die Römer Karthago jetzt unter weitaus ungünstigeren Bedingungen gewährten.

Friedensdiktat   Das Friedensdiktat von 201 beschränkte Karthago auf Afrika und beraubte es aller überseeischen Besitzungen. Die Karthager mußten innerhalb von 50 Jahren eine Kriegsentschädigung von 10 000 Talenten zahlen, alle Kampfelefanten und die gesamte Flotte bis auf zehn Wachtschiffe ausliefern. Kriege durfte Karthago außerhalb Afrikas überhaupt nicht, in Afrika nur mit Zustimmung Roms führen. Der größte Teil Numidiens wurde unter dem römerfreundlichen Masinissa vereinigt, der fortan die Rolle eines Wächters in Afrika übernahm und dafür von den Römern vielfältige Vergünstigungen erhielt. Als Garantie für die Einhaltung der übernommenen Verpflichtungen mußte Karthago Geiseln stellen.

Im Ergebnis des zweiten Punischen Krieges hatte Karthago seine Rolle als politische Großmacht eingebüßt, Rom hingegen wurde jetzt der unbestrittene Herrscher im westlichen Mittelmeerraum und der mächtigste Staat im Mittelmeergebiet überhaupt.

Ursachen des Sieges der Römer   Mehrere Ursachen bewirkten den für Rom letztlich siegreichen Ausgang des Krieges: *erstens* bestand das römische Heer aus Bauernkriegern, deren Kampfmoral und -disziplin höher war als diejenige der bunt zusammengewürfelten karthagischen Söldner; *zweitens* verfügten die Römer über größere Reserven an Menschen und Material, während sich andererseits die Uneinigkeit der Grundbesitzer- und der Handelsaristokratie in Karthago zusätzlich negativ bemerkbar machte; *drittens* bewährte sich das besonders während des ersten Punischen Krieges von den Römern angelegte Netz von Militärkolonien in Italien, und *viertens* trat der von Hannibal erhoffte allgemeine Abfall der römischen Bundesgenossen in Italien nicht ein.

Maßgeblich hierfür waren die untereinander abgestuften Rechte der einzelnen Bundesgenossen sowie die überwiegend romfreundliche Haltung der Oberschichten.

3.4.   *Die römische Expansion in das östliche Mittelmeergebiet und der dritte Punische Krieg*

Hellenistische Staatenwelt   Nach dem Tode Alexanders des Großen löste sich sein Reich in mehrere Staaten auf, die von seinen ehemaligen Heerführern regiert wurden; es waren die sogenannten *Diadochenreiche* (Diadochen, »Nachfolger«), mit deren Entstehung die Periode des *Hellenismus* in der griechischen und vorderorientalischen Geschichte beginnt.

Die bedeutendsten hellenistischen Staaten im 3. Jh. v. u. Z. waren das Reich der *Seleukiden*, das Syrien, einen Teil Kleinasiens und Mesopotamien umfaßte, das Reich der *Ptolemäer*, das aus Ägypten und einigen kleineren Besitzungen in Kleinasien und in der Ägäis bestand, und das Reich der *Antigoniden*, zu dem Makedonien gehörte. Daneben konnten einige kleinere Staatengebilde ihre

Selbständigkeit behaupten: in Kleinasien Pergamon, Pontos und Bithynien, im nördlichen Schwarzmeergebiet das Bosporanische Reich und in der Ägäis die Handelsrepublik Rhodos. In Griechenland gab es neben Makedonien zwei größere Bünde, den Achäischen und den Ätolischen, die unter Ausnutzung der politischen Zersplitterung und Rivalitäten in der östlichen Welt bemüht waren, ihre Selbständigkeit zu wahren, vor allem gegenüber Makedonien.

Im Zuge der makedonisch-griechischen Eroberung hatte sich die griechische Polis im Orient verbreitet, in den einzelnen Gebieten allerdings in unterschiedlichem Maße. Dadurch gelangten Elemente der antiken Produktionsweise, das Politeneigentum und die Sklaverei als Produktionsverhältnis in den Orient, vor allem jedoch in die Städte. Es kam hier aber nicht zur Ausbildung der Sklavereiordnung als Ganzes. Orientalisches und Griechisches befruchtete sich gegenseitig und förderte die Entwicklung der Technik. Die Städte waren Träger und Zentren der hellenistischen Kultur.

In den orientalischen hellenistischen Gebieten waren drei Formen des Grundeigentums bestimmend, das *Königsland*, das *Tempelland* und — damals neu hervortretend — das *Stadtland*. Die Hauptproduzenten auf diesen Ländereien waren in Dörfern lebende abhängige und bodengebundene Bauern. Parallel zur Ausbreitung der Städte verlief die Ausdehnung der Sklaverei. In einer ähnlichen Lage wie die Bauern befanden sich die in königlichen und tempeleigenen Ergasterien beschäftigten Handwerker. In den städtischen Großwerkstätten waren zahlreiche Lohnarbeiter tätig. Der in sozialer Hinsicht sehr heterogen zusammengesetzten Masse der unmittelbaren Produzenten stand die herrschende Klasse, bestehend aus Makedonen, Griechen und hellenisiertem einheimischen Adel, in einem scharfen sozialen Gegensatz gegenüber. Typische Staatsform war die Monarchie orientalischen Gepräges. Sozialstruktur

In vielen Teilen Griechenlands und der Ägäis dauerte die seit dem Beginn des 4. Jh. v. u. Z. akute Krise des Polissystems an und vertiefte fortschreitend die sozialen Widersprüche. Die hellenistischen Staaten befanden sich untereinander bei häufig wechselnden Bündnissen in einem nahezu permanenten Kriegszustand, was die soziale Unterdrückung und Unsicherheit beträchtlich verstärkte.

In den hochentwickelten hellenistischen Städten, in denen Orientalisches und Griechisches zu mannigfaltigen Synthesen führte, prägten sich zunehmend Geisteshaltungen aus, wie sie sich bereits in der Zeit der Krise der klassischen griechischen Polis gezeigt hatten: Skeptizismus, Individualismus, Kosmopolitismus, Tychekult und orientalische Erlösermysterien erfaßten mehr und mehr die hellenistische Welt und ließen lokale Eigentümlichkeiten allmählich verblassen. Unüberbrückbare soziale Gegensätze im Innern und ständige kriegerische Kollisionen zerrütteten die hellenistische Staatenwelt. So ist es zu erklären, daß der im Jahre 200 v. u. Z. einsetzenden römischen Aggression nicht umfassend und erfolgreich begegnet werden konnte. Die Römer waren zunächst bestrebt, in der östlichen Staatenwelt ein gewisses Gleichgewicht der Kräfte zu erhalten. Dieser Zustand drohte sich jedoch gegen Ende des 3. Jh. zu ändern. Als nach dem Tode des Ptolemaios IV. Philopator (204) sein erst vierjähriger Sohn, Ptolemaios V. Epiphanes, ihm in der Regierung folgte, geriet die Herrschaft in die Hände ehrgeiziger Höflinge, die den inneren und äußeren Schwierigkeiten nicht zu begegnen vermochten. Diesen Umstand Innere
Gegensätze

3. Die Entstehung der römischen Großmacht

nutzten Philipp V. von Makedonien und Antiochos III. (223—187) aus und schlossen einen Vertrag über die Aufteilung der außerhalb Ägyptens gelegenen Besitzungen dieses Staates (etwa 203 v. u. Z.). Der Vertrag bedrohte auch die weitere Existenz der kleineren hellenistischen Staaten.

Philipp richtete seine Angriffsoperationen zunächst gegen die Städte am Hellespont, wo er Lysimacheia, Perinth, Kalchedon und Chios eroberte, wenig später die Insel Thasos. Im folgenden Jahr (201) entriß er den Ptolemaiern die Insel Samos. Antiochos bemächtigte sich zu dieser Zeit (201—198) des südlichen Syriens (Koilesyrien). Ägypten mußte alle diese Verluste ohne die Möglichkeit einer wirksamen Gegenwehr hinnehmen.

Gesandtschaft der Rhodier

Die Rhodier, die ihre Handelsinteressen durch Philipp beeinträchtigt sahen, verbündeten sich mit dem König Attalos I. von Pergamon (241—197) und erklärten Makedonien den Krieg. Im Jahre 201 erschien eine rhodisch-pergamenische Gesandtschaft in Rom und bat um militärische Hilfe. Die Römer zögerten nicht lange, kamen dem Ersuchen der Gesandten nach und schickten im Jahre 200 eine Abordnung zu Philipp mit der Aufforderung, die Hellenen (vor allem Athen) nicht zu bekämpfen, die kleinasiatischen Eroberungen zurückzugeben und die Zwistigkeiten mit Attalos I. und Rhodos einem Schiedsgericht zu unterbreiten. Als Philipp dieses Ansinnen zurückwies, erklärten ihm die Gesandten den Krieg.

Aggression der Römer

Außer Rhodos und Pergamon gewann auch Rom auf der Balkanhalbinsel zahlreiche Verbündete. Als sie im September des Jahres 200 mit zwei Legionen unter P. Sulpicius Galba in Apollonia in Illyrien landeten und die Kampfhandlungen mit der Zerstörung der makedonischen Stadt Antipatreia eröffneten, schlossen sich ihnen die Illyrer, Dardaner und Athamanen an. Sulpicius stieß im Jahre 199 in das obere Makedonien vor, doch ließ es Philipp nicht zu einer entscheidenden Begegnung kommen. Gleichzeitig operierte die mit den Kontingenten des Attalos vereinte römische Flotte in der Ägäis und eroberte Euböa, ausgenommen Chalkis. Angesichts dieser Erfolge traten der Ätolische (199) und der Achäische Bund (198) auf die Seite der Römer über.

Niederlage Makedoniens

Eine Wende im Krieg trat ein, als T. Quinctius Flamininus den Oberbefehl in Griechenland übernahm. Nach ergebnislos verlaufenen Friedensverhandlungen — die Römer hatten die Übergabe der drei großen Festungen Korinth, Chalkis und Demetrias gefordert — drängte Flamininus das makedonische Heer nach Thessalien zurück, wo er im Jahre 197 bei *Kynoskephalai* einen entscheidenden Sieg über Philipp errang. Dieser mußte auf alle eroberten Gebiete und Plätze in Kleinasien und Europa verzichten und sich mit Makedonien begnügen. Weiterhin hatte er eine Kriegsentschädigung von 1 000 Talenten zu zahlen, seine gesamte Flotte bis auf sechs Schiffe auszuliefern und das Landheer auf 5 000 Mann zu reduzieren; seinen jüngsten Sohn forderten die Römer als Geisel. Die Machtstellung der Makedonen war damit erheblich untergraben, aber noch nicht vollständig gebrochen. Der zweite Makedonische Krieg (200—197) hatte zu großen Verwüstungen griechischer Siedlungen geführt und das ökonomisch ohnehin nicht mehr starke Griechenland weiter geschwächt.

»Freiheitserklärung«

In das Jahr 196 fällt ein bemerkenswerter Propagandaakt der Römer: Auf den Isthmischen Spielen verkündete T. Quinctius Flamininus allen bisher von den Makedonen abhängigen Griechen die Freiheit. Die Römer verzichteten also

3.4. Die römische Expansion in das östliche Mittelmeergebiet. Der dritte Punische Krieg

vorerst auf Gebietserwerbungen und benutzten ihren eigenen Freiheitsbegriff, dessen Hauptinhalt im Freisein von Königs- und Fremdherrschaft bestand und somit gleichzeitig dem Inhalt der griechischen Polisfreiheit entsprach, dazu, als Philhellenen aufzutreten. Andererseits zeigte sich in diesem Vorgehen die Uneinigkeit innerhalb der römischen Nobilität in der Frage weiterer Annexionen. Es setzte sich diejenige Gruppe durch, die eine Sicherung des römischen Einflusses auf der Balkanhalbinsel für ausreichend hielt.

Vor ihrem Abzug aus Griechenland hatten sich die Römer mit dem Tyrannen Nabis von Sparta auseinanderzusetzen, der sich weigerte, Argos zu räumen. An dem Feldzug gegen ihn beteiligten sich alle Griechen mit Ausnahme der Ätoler. Besonders den aristokratischen Kreisen in den Griechenstädten war Nabis ein Dorn im Auge, denn nach den Worten des Polybios (16, 13, 1—2) »vertrieb Nabis die Bürger, ließ die Sklaven frei«. Im Jahre 195 erlag Nabis der gegen ihn anrückenden Übermacht und mußte sich dem Diktat des Flamininus beugen. Seine Macht wurde auf Sparta beschränkt, das die meisten der am Meere gelegenen Periökenstädte abtreten mußte, die sich nun dem Achäischen Bund anschlossen.

Unruhen in Sparta

Nachdem er die griechischen Verhältnisse nach römischem Ermessen geordnet hatte, verließ Flamininus im Frühjahr des Jahres 194 mit allen römischen Truppen Griechenland. Rom verließ sich auf die griechischen Aristokraten, »denen es vorteilhaft erschien, wenn alles still und ruhig bliebe«.[5] Die Freiheitserklärung des Flamininus erwies sich in der Folgezeit als Fiktion.

Nach seiner Rückkehr feierte Flamininus in Rom einen glänzenden Triumph, der drei Tage andauerte. Das im Triumphzug mitgeführte Beutegut umfaßte 18 270 Pfund Silber und 3 714 Pfund Gold in Barren, 84 000 silberne Tetradrachmen, 14 514 Goldmünzen, sogenannte »Philippiken«, 114 von griechischen Städten gestiftete goldene Kränze sowie eine große Anzahl von Kunstgegenständen (Livius, 34, 52, 4—11). Die Plünderungen des römischen Heeres haben diese gewaltige Beute an Wert sicherlich noch übertroffen.

Antiochos nutzte die Gunst der Stunde und eroberte im Jahre 197 die ptolemaiischen Küstenstädte in Kilikien, Lykien und Karien. Im folgenden Jahr bemächtigte er sich weiterer Teile der kleinasiatischen Küste, überschritt den Hellespont und nahm die ehemals ägyptischen, zuletzt von Philipp eroberten thrakischen Küstenstädte in Besitz. Als er sich anschickte, die Griechenstädte am Pontos zu unterwerfen, gaben die Römer dem Drängen ihrer griechischen und kleinasiatischen Verbündeten nach und intervenierten. Eine Abordnung der Römer unter L. Cornelius Scipio, dem Bruder des mit dem Beinamen »*Africanus*« geehrten Siegers von Zama, verhandelte mit Antiochos, allerdings ergebnislos (195).

Auseinandersetzung mit Antiochos

Beide Seiten waren nach Kräften bemüht, sich die Unterstützung der Griechen zu sichern. Über die innere Situation der Griechenstädte schreibt Livius, »daß in den Staaten die Vornehmen und alle ordentlichen Leute für das römische Bündnis waren und mit dem gegenwärtigen Zustand zufrieden, die große Masse und die, deren Verhältnisse nicht nach Wunsch waren, eine allgemeine Umwälzung wollten« (35, 34, 3). Da in den meisten Staaten romfreundliche aristokratische Gruppen politisch bestimmend waren, gingen im Jahre 192, als

---

5 Livius, 34, 51.

88   3. Die Entstehung der römischen Großmacht

Antiochos in Griechenland erschien, außer den Ätolern, die bereits seit 193 mit ihm in Verbindung standen, nur noch die Euböer, Böoter und Eleer zu ihm über. Die Römer hingegen zogen sogar Philipp auf ihre Seite, indem sie ihm den Rest der Kriegsentschädigung erließen, die Geiseln zurückgaben und ihm Gebietsgewinne in Aussicht stellten.

Niederlagen des Antiochos

An den *Thermopylen* traf ein konsularisches Heer der Römer auf Antiochos, der vollständig geschlagen wurde (191). In dieser Schlacht hatte sich als Kriegstribun M. Porcius Cato ausgezeichnet. Antiochos, der Griechenland damit verloren hatte, begab sich nach Ephesos. Nachdem der römische Oberbefehlshaber M. Acilius Glabrio auch den Widerstand der Ätoler gebrochen hatte, trugen die Römer den Krieg nach Kleinasien hinüber. Mit einem Heer von 30 000 Mann zog der Konsul L. Cornelius Scipio zum Hellespont. In seiner Begleitung befand sich ohne ein Kommando sein Bruder Scipio Africanus. Zusammen mit den Kontingenten des pergamenischen Königs Eumenes II. (197—158) und denen der Rhodier erfochten die Römer mehrere Siege zur See und errangen die absolute Vorherrschaft in der Ägäis. Zu den Geschlagenen gehörte auch eine Flottenabteilung unter Hannibal, der sich seit dem Jahre 195 bei Antiochos aufhielt, nachdem er Karthago hatte verlassen müssen. Den Römern kam vor allem die Seetüchtigkeit der Rhodier zugute, die unter Eudamidas auch den maßgeblichen Anteil am Sieg in der Entscheidungsschlacht bei *Myonnesos* (zwischen Ephesos und Kolophon gelegen) hatten, zu der es im September 190 v. u. Z. gekommen war.

Antiochos zog sich vor den heranrückenden Römern in das Innere Kleinasiens zurück und war bereit, seine europäischen Besitzungen aufzugeben sowie einige kleinasiatische Städte abzutreten. Als die Römer jedoch von ihm die Räumung Kleinasiens bis zum Taurus verlangten, entschloß er sich zum Kampf. Westlich von Sardes, bei *Magnesia* am Sipylos, kam es 189 zur Entscheidungsschlacht. Antiochos trat den Römern mit einem Heer von etwa 70 000 Mann entgegen, mehr als das Doppelte der römischen Streitmacht, doch waren seine Krieger, aus allen Teilen seines riesigen Reiches kommend, in Bewaffnung und Kampfesweise recht unterschiedlich. Antiochos erlitt eine vernichtende Niederlage, wobei die Reiterei unter Eumenes II. den Ausschlag gab. Antiochos zog sich nach Apameia in Phrygien zurück und ersuchte die Römer um Frieden.

Nachdem die Römer die Galater niedergeworfen hatten (189), entsandten sie eine Kommission nach *Apameia* (188), um den Friedensvertrag abzuschließen. Antiochos mußte Kleinasien nördlich des Taurus räumen, innerhalb von zwölf Jahren eine Kriegsentschädigung von 15 000 Talenten an Rom zahlen, seine Flotte bis auf zehn Schiffe ausliefern, 20 Geiseln stellen, darunter seinen jüngsten Sohn Antiochos, und sich verpflichten, keine Kampfelefanten mehr zu halten. An Eumenes hatte er zusätzlich 400 Talente zu entrichten.

Hannibals Ende

Schließlich sollte er die Feinde Roms, die bei ihm Zuflucht gesucht hatten, übergeben, darunter auch Hannibal. Dieser fand nach Jahren des Umherirrens Unterschlupf bei Prusias I. von Bithynien. Als die Römer auch hier auf seine Auslieferung drängten, beging Hannibal Selbstmord (183). Damit fand einer der größten Feldherrn des Altertums und einer der gefährlichsten Gegner der Römer sein Ende, der konsequent dem Schwur gefolgt war, den ihn sein Vater schon in frühester Jugend hatte ablegen lassen, nämlich »niemals mehr den

3.4. Die römische Expansion in das östliche Mittelmeergebiet. Der dritte Punische Krieg

Römern wohlgesinnt zu sein«.[6] Ebenfalls im Jahre 183 starb der große Kontrahent Hannibals, P. Cornelius Scipio Africanus.

Pergamon und Rhodos wurden für ihre Bündnistreue reichlich belohnt. Der größte Teil des von Antiochos abgetretenen Landes fiel Eumenes II. zu, besonders Lydien, Phrygien und Karien, teilweise auch Pamphylien, dazu die thrakische Chersonesos und der Hafen Telmessos in Lykien. Karien südwärts des Maiandros und Lykien erhielten die Rhodier. Einige Griechenstädte in Kleinasien wurden für frei erklärt.

Nach dem verlorenen Krieg gegen die Römer (192—188) wandte sich Antiochos den östlichen Teilen seines Reiches zu. Er konnte es nicht verhindern, daß Großarmenien und Sophene ihre Unabhängigkeit erklärten und seine Strategen Artaxias und Zariadres den Königstitel annahmen; die Gebiete jenseits des Tigris gingen ihm damit verloren. Als er einen Feldzug in den Iran unternahm, vor allem deshalb, um sich die erforderlichen Mittel für die Tributzahlungen an die Römer zu verschaffen, wurde er bei dem Versuch, den Baaltempel in der Elymais zu plündern, erschlagen (187).

Tod des Antiochos

In Griechenland verschärften sich in der Zwischenzeit erneut die alten Gegensätze zwischen den Ätolern und Philipp V. Außerdem forderten die Ätoler von den Römern günstigere Bedingungen. Der Konsul M. Fulvius Nobilior ging mit Heer und Flotte gegen die Ätoler vor und zwang sie zu einem *foedus iniquum*, das sie zur Waffenhilfe verpflichtete. Ebenso büßten sie einen großen Teil ihres Gebietes ein. Mit der Inbesitznahme der Insel Kephallenia durch Fulvius Nobilior im Jahre 188 beendeten die Römer den griechischen Feldzug.

Im Ergebnis der siegreichen Kriege gegen Philipp und Antiochos waren die größeren hellenistischen Staaten entscheidend geschwächt und die kleineren teilweise gestärkt worden, so daß die Römer zunächst keinen mächtigen Gegner mehr in diesem Teil des Mittelmeergebietes zu fürchten brauchten. Rom verzichtete auch diesmal auf Landerwerb, doch überwachte es auf diplomatischem Wege aufmerksam alle Vorgänge im östlichen Einflußbereich.

Nach den schweren Verlusten, die Philipp im zweiten Makedonischen Krieg hatte hinnehmen müssen, war er in seinen letzten Regierungsjahren bestrebt, sein Reich neuerlich zu festigen. Als er im Jahre 179 starb, hinterließ er seinem ältesten Sohn *Perseus* ein relativ gesichertes Erbe, das zu weiteren Taten verlockte. Dieser dehnte seinen Einfluß in Griechenland systematisch aus und betrieb intensiv eine Politik verwandtschaftlicher Verbindungen. So wurde seine Schwester die Gattin des Königs Prusias II. von Bithynien, während er selbst sich mit Laodike, einer Tochter Seleukos IV. Philopator (187—175), vermählte. Auch mit Rhodos kam es zu einer gewissen Annäherung.

Wiedererstarken Makedoniens

Eumenes II. hielt diese Entwicklung für so bedrohlich, daß er sich im Jahre 172 nach Rom begab und im Senat vorstellig wurde. Die Römer suchten inzwischen in Griechenland die Stimmung gegen Perseus zu schüren, um ihn politisch zu isolieren, was ihnen mit Hilfe von Versprechungen und Drohungen auch weitestgehend gelang. Auch die anderen hellenistischen Staaten wagten es nicht, Perseus irgendwelche Unterstützung zu gewähren.

---

6 Polybios, 3, 11, 7: οὐδέποτε εὐνοήσαι ῥωμαίοις.

90 3. Die Entstehung der römischen Großmacht

Schlacht bei Pydna

Im Jahre 171 eröffneten die Römer die Feindseligkeiten; damit begann der dritte Makedonische Krieg (171—168), der endgültig das Schicksal des Reiches der Antigoniden entschied. Lange Zeit vermochten die Römer keine wesentlichen Vorteile zu erringen, zumal die epirotischen Molosser und der Illyrerfürst Genthios auf die Seite des Perseus übergingen. Erst als L. Aemilius Paullus, der Sohn des bei Cannae gefallenen Konsuls, den Oberbefehl übernahm, kam es zu einer raschen Entscheidung. Am 21. Juni 168 wurde Perseus bei *Pydna* vernichtend geschlagen; er mußte sich den Römern ergeben. Nachdem er hinter dem Triumphwagen des Aemilius Paullus hatte einherschreiten müssen, wurde er in den Kerker geworfen und hier zu Tode gequält (etwa 165 v. u. Z.).

Maßnahmen der Römer

In Makedonien wurde das Königtum abgeschafft und das Land in vier Bezirke aufgeteilt, deren Zentren Amphipolis, Thessalonike, Pella und Pelagonia waren. Den einzelnen Bezirken war die Verbindung untereinander dadurch untersagt, daß weder das Eherecht *(ius connubii)* noch das Recht des Eigentumserwerbs *(ius commercii)* untereinander gestattet war. Weiterhin mußten die Goldminen stillgelegt werden, nur Eisen und Kupfer durften noch gewonnen werden. Schließlich wurde den Makedonen verboten, Salz einzuführen sowie zum Schiffbau erforderliches Holz zu fällen und auszuführen. In ähnlicher Weise verfuhren die Römer mit Illyrien. Über die Epiroten wurde ein hartes Strafgericht verhängt: Danach sollen 70 Ortschaften zerstört und 150 000 Menschen versklavt worden sein.

Im übrigen behandelten die Römer die Griechen je nach ihrer Haltung im letzten Krieg. Mehr als 1 000 Achäer lebten hinfort als Geiseln in Rom oder Italien, unter ihnen der Historiker Polybios. Erst im Jahre 151 wurde den etwa 300 Überlebenden die Rückkehr erlaubt. Die Rhodier liefen sogar Gefahr, von Rom mit Krieg überzogen zu werden, weil sie sich dem Perseus genähert hatten. M. Porcius Cato verwendete sich in einer Rede für sie, konnte allerdings nicht verhindern, daß Rom Lykien und Karien für frei erklärte und Rhodos damit den größten Teil seiner festländischen Besitzungen verlor. Die Einrichtung des Freihafens auf der Insel Delos, die zusammen mit Lemnos den Athenern übereignet wurde, wirkte sich ungünstig auf den rhodischen Handel aus. Auch Eumenes II. fiel wegen seiner Sonderverhandlungen mit Perseus in Ungnade. Als er im Jahre 167 in Brundisium eintraf, ließ ihn der Senat unverrichteterdinge wieder umkehren.

Wachsender römischer Einfluß im Osten

Nach dem Sieg von Pydna nahm die Bevormundung und Brüskierung der Fürsten und Könige an der Peripherie des römischen Herrschaftsgebietes durch die Römer bemerkenswerte Ausmaße an. Ein beredtes Zeugnis hierfür bietet das Vorgehen einer römischen Gesandtschaft im Jahre 168 in Ägypten. Der Seleukide Antiochos IV. Epiphanes (175—163) hatte den Vertrag von Apameia gebrochen, eine Flotte ausgerüstet, Kriegselefanten angeschafft und einen Feldzug gegen Ägypten unternommen. Nach der Eroberung von Memphis hatte er sich dort die Krone Ägyptens aufs Haupt gesetzt.

Die römische Gesandtschaft unter C. Popillius Laenas traf Antiochos in Eleusis vor Alexandreia und forderte ihn auf, sich unverzüglich aus Ägypten zurückzuziehen. Als Antiochos mit der Antwort zögerte und sich eine Bedenkzeit ausbat, zog Laenas einen Kreis um ihn und mahnte ihn eindringlich, sich zu entscheiden, bevor er den Kreis verlasse. Antiochos zog es daraufhin

3.4. Die römische Expansion in das östliche Mittelmeergebiet. Der dritte Punische Krieg

vor, sich dem römischen Ultimatum zu fügen. So unterbanden die Römer jeden ihnen unliebsamen Machtzuwachs in der hellenistischen Welt.

In Griechenland wuchs die Unzufriedenheit mit der Willkür vor allem der romfreundlichen Aristokratie. Als in Makedonien ein gewisser Andriskos auftrat, sich für den Sohn des Perseus ausgab und den Namen Philipp annahm, erhielt er großen Zulauf; auch bei thrakischen Fürsten fand er Gehör. Es gelang ihm, ein makedonisches Aufgebot wie auch die Truppen des römischen Prätors Iuventius zu schlagen und einen großen Teil des Landes in Besitz zu nehmen. Der römische Feldherr Q. Caecilius Metellus besiegte Andriskos und nahm ihn gefangen. *Makedonien römische Provinz*

Nach dem Triumph des Metellus in Rom wurde er hingerichtet (147). Der Aufstandsversuch veranlaßte die Römer, jetzt zu direkten Annexionen überzugehen. Mit der Niederwerfung des Andriskos im Jahre 148 v. u. Z. verlor Makedonien seine Autonomie und wurde zur römischen Provinz erklärt. Dem Statthalter der neuen Provinz unterstanden gleichzeitig Illyrien und Epeiros.

Der Achäische Bund, der über die ganze Peloponnes gebot, aber in ständigem Streit mit Messenien und Sparta lag, suchte sich von der römischen Vormundschaft zu befreien und nahm eine zunehmend romfeindliche Haltung ein. Ohne die Römer vorher zu konsultieren, griffen die Achäer im Jahre 148 Sparta an. Der römische Senat beschloß daraufhin, vor allem Sparta, Korinth und Argos aus dem Gebiet des Bundes herauszulösen. *Widerstand der Griechen*

Die führenden Politiker des Bundes, Kritolaos und Diaios, drängten nun zum Krieg. Sie fanden dabei großen Anklang bei den unteren Bevölkerungsschichten. Als römische Gesandte in einer Versammlung des Bundes erschienen, weigerten sich die Anwesenden, sie anzuhören. Polybios berichtet darüber: »Die Sache ist die, daß sich niemals in einer Volksversammlung in so großer Anzahl Handwerker und einfache Leute eingefunden haben« (38, 10, 6). Die Achäer, die zum Zwecke der Stärkung ihres militärischen Potentials 12 000 Sklaven freigelassen haben sollen, begannen im Jahre 146 den Krieg gegen die Römer; diese schlugen die Achäer zunächst bei Skarpheia; Kritolaos fand auf der Flucht den Tod. Ein Friedensangebot des Q. Caecilius Metellus kam nicht zustande, und die Römer übertrugen jetzt dem Konsul Lucius Mummius den Oberbefehl, der die Achäer bei Leukopetra am Isthmos besiegte.

Der Stratege Diaios verübte Selbstmord. Kurz darauf nahm Mummius das nicht verteidigte Korinth ein. Er ließ die Stadt plündern, die Einwohner in die Sklaverei verkaufen und eine riesige Menge von Kunstschätzen fortschleppen. Nach Polybios warfen die römischen Soldaten wertvolle Gemälde bedeutender Künstler achtlos auf die Straße, um darauf Würfel zu spielen (39, 13). Die Stadt wurde nahezu vollständig zerstört. In diesem barbarischen Akt verbanden sich die Handelsinteressen italischer Kaufleute mit der Absicht, ein abschreckendes Exempel zu statuieren.

Die Römer lösten alle griechischen Bünde auf und beseitigten die demokratischen Verfassungen. Mit Ausnahme von Athen, Sparta und Delphi, die den Status von Freistädten *(civitates liberae)* erhielten, wurde ganz Griechenland dem Statthalter von Makedonien unterstellt. Es war damit zu völliger politischer Bedeutungslosigkeit herabgesunken.

Im Westteil ihres Reiches, in Spanien, hatten die Römer schwere Kämpfe zu *Erhebungen in Spanien*

92   3. Die Entstehung der römischen Großmacht

bestehen. Hier wurden im Jahre 197 zwei neue Provinzen eingerichtet, *Hispania Citerior* und *Ulterior*, deren Bewohner den Römern gegenüber abgabepflichtig waren. Die spanischen Völkerschaften setzten sich gegen die Römer zur Wehr und erhoben sich mehrfach, so noch im Jahre 197 die Turdetaner, im Jahre 181 die Lusoner, Beller und Tittier. Seit dem Jahre 179 v. u. Z. herrschte in Spanien dann Ruhe, wesentlich begünstigt durch das geschickte und behutsame Vorgehen des Ti. Sempronius Gracchus, des Vaters der beiden späteren Reformer, der Gracchen.

Im Jahre 154 kam es erneut zu kriegerischen Auseinandersetzungen, die bis zum Jahre 133 v. u. Z. andauerten. Zunächst erhoben sich die Lusitaner und die keltiberischen Stämme der Beller und Arevaker. Die Lusitaner unter ihrem Anführer *Punicus* (!) fügten den Römern schwere Verluste zu. Der nach Spanien entsandte Konsul Q. Fulvius Nobilior büßte bei Numantia sogar eine ganze Legion ein (153). Die Römer führten den Krieg mit außerordentlicher Grausamkeit; so ließ der Prätor Ser. Sulpicius Galba im Jahre 150 eine große Anzahl von Lusitanern, die sich ergeben hatten, entgegen seinen Zusicherungen einfach niedermetzeln oder als Sklaven verkaufen. Cato kam mit einer gegen ihn erhobenen Anklage nicht durch.

Viriathus

Seit dem Jahre 147 besaßen die Lusitaner in dem ehemaligen Hirten *Viriathus* einen hervorragenden Anführer. Er erwies sich als ein talentierter Heerführer und glänzender Organisator. Acht Jahre lang behauptete er sich gegen die Römer, denen er mehrere Niederlagen beibrachte. Der von Viriathus hart bedrängte Prokonsul Q. Fabius Maximus Servilianus sah sich im Jahre 141 sogar genötigt, ihn als König anzuerkennen. Der Bruder und Nachfolger des Servilianus, Q. Servilius Caepio, setzte sich über den abgeschlossenen Vertrag hinweg und ging wiederum gegen Viriathus vor. Ein Erfolg gelang ihm allerdings erst, als er einige Lusitaner in der Umgebung des Viriathus bestechen konnte, die diesen nachts in seinem Feldherrnzelt im Schlaf ermordeten (139).

Die Unterwerfung der Lusitaner vollendete der Konsul D. Iunius Brutus, indem er mit Hilfe einer Flotte von der Küste her in das Land einfiel. Er drang bis Olysipo (Lissabon) an der Mündung des Tagus (Tejo) vor und ließ sie befestigen. Im Jahre 136 war der Widerstand der Lusitaner gebrochen.

Im Jahre 143 flammten im nördlichen Spanien erneut Aufstände auf; das Zentrum war Numantia. Bei einem Angriff auf die Stadt wurde der Konsul C. Hostilius Mancinus zurückgeschlagen und anschließend mit seinem Heer umzingelt. Durch den Abschluß eines Bündnisses sicherte er seinem Heer, darunter 20 000 römischen Bürgern, freien Abzug. In Rom wurde dieses Abkommen jedoch nicht anerkannt; Senat und Volksversammlung beschlossen sogar, Mancinus an die Numantiner auszuliefern. Mit gefesselten Händen stand er einen ganzen Tag lang vor den Mauern der Stadt, doch die Numantiner nahmen ihn nicht an, um die Römer weiter an den Vertrag zu binden.

Spanien unterworfen

Nach weiteren Niederlagen beauftragten die Römer P. Cornelius Scipio Aemilianus mit der Kriegführung in Spanien (134). Er ging sofort zielstrebig an die Belagerung Numantias, das er durch einen 9 km langen Wallring völlig einschließen ließ. Graben, Türme und Kastelle vervollständigten die Anlage. Scipio verfügte über eine Armee von 60 000 Mann, denen innerhalb der Stadtmauern 4 000 Verteidiger gegenüberstanden, die unter großen Entbehrungen

3.4. Die römische Expansion in das östliche Mittelmeergebiet. Der dritte Punische Krieg

Widerstand leisteten. Jeder Versuch, den Numantinern Hilfe zu leisten, wurde grausam bestraft. So ließ Scipio 400 Männern der Stadt Lutia die Hände abschlagen, weil sie sich einem Ausfalltrupp der Numantiner angeschlossen hatten. Nach einer Belagerung von insgesamt 15 Monaten mußte Numantia kapitulieren (133). Für längere Zeit zog nun in Spanien Ruhe ein.

Auch in anderen Teilen des westlichen Mittelmeergebietes wurde nach dem zweiten Punischen Krieg die römische Herrschaft weiter ausgedehnt und gefestigt. In Oberitalien *(Gallia Cisalpina)* gingen die Römer gegen die Kelten vor, die sich Hannibal angeschlossen hatten. Im Jahre 196 wurden die Insubrer unterworfen, 192 die Bojer. Letztere wurden zum großen Teil ausgerottet oder vertrieben. Zur Sicherung ihrer Macht legten die Römer hier die Kolonien Bononia (189), Parma und Mutina (183) an. Im Jahre 181 wurde als nordöstlichster Stützpunkt die Kolonie Aquileia gegründet. Von hier aus führten die Römer Krieg gegen die benachbarten illyrischen Stämme der Istrier (178–177); auch die Dalmater wurden unterworfen (156–155). Durch mehrere Feldzüge kam die ligurische Küste fest in römische Hand. Im Jahre 180 wurde der kleine Bergstamm der Apuaner an der Nordgrenze Etruriens besiegt und nach Samnium umgesiedelt. Weitere Feldzüge richteten sich gegen die westlicheren Ligurer, die Ingauner, Statellaten u. a. Mit der Gründung der Kolonien Luca (180) und Luna (177) wurden die Operationen in Oberitalien abgeschlossen.

Sicherung der Nordgrenze Italiens

Auf Sardinien und Korsika hatten sich die Römer ständig der Angriffe der Völkerschaften aus dem Innern zu erwehren. Einen größeren Feldzug nach Korsika unternahm Ti. Sempronius Gracchus (177–176). Er rühmte sich, daß die Zahl der erschlagenen und gefangenen Sarden etwa 80 000 betragen habe. Bei der Versteigerung der Gefangenen lief in Rom das Wort um: »Sarden zu verkaufen, einer billiger als der andere.«[7] Im Jahre 173 kämpften die Römer gegen die Korsen.

Karthago hatte sich nach der Niederlage von 201 wirtschaftlich rasch wieder erholt. Zwar wirkte sich der Verlust der überseeischen Besitzungen nachteilig auf den Außenhandel aus, aber die Karthager suchten diesen Mangel durch einen verstärkten Handel mit dem östlichen Mittelmeergebiet zu kompensieren. Dementsprechend machte auch die handwerkliche Produktion sichtbare Fortschritte, wie auch der Handel mit den afrikanischen Stämmen. Die Landwirtschaft gewann jetzt an Bedeutung; die Karthager betrieben einen intensiven Handel mit Wein und Oliven. Schon im Jahre 191 waren sie in der Lage, Rom die Zahlung aller Kriegsschulden anzubieten.

Wirtschaftlicher Aufschwung Karthagos

Der Entwicklung Karthagos diente die Wahl Hannibals zum Suffeten im Jahre 196. Er richtete eine strenge Kontrolle über die Finanzen ein und nahm eine Reihe demokratischer Reformen in Angriff; sie betrafen vor allem den Rat der 104, dessen Mitglieder nunmehr alljährlich gewählt werden mußten. Auf Druck der Römer wurde Hannibal im folgenden Jahr aus Karthago ausgewiesen.

Die Römer, die die karthagischen Verhältnisse ständig überwachten, betrachteten den wirtschaftlichen Aufschwung der Stadt mit wachsendem Unbehagen. Cato, selbst Grundbesitzer, weilte im Jahre 153 in Karthago und

---

7 Festus, 428 L: *Sardi venales, alius alio nequior.*

	3. Die Entstehung der römischen Großmacht

propagierte nach seiner Rückkehr eifrig die Ansicht, daß Karthago im Interesse der Römer vernichtet werden müßte. Mit dieser Äußerung schloß er jede Rede, unabhängig vom Inhalt der vorangegangenen Ausführungen.[8] Entscheidender Beweggrund war die Furcht der Römer vor einem neuerlichen politischen und militärischen Erstarken Karthagos, doch zeichneten sich auch **Vernichtungs-** schon Interessen der römischen Handelskreise ab. Der Günstling der Römer **feldzug gegen** in Afrika, Masinissa, unter dessen Herrschaft Numidien einen bemerkens- **Karthago** werten wirtschaftlichen Aufschwung genommen hatte, suchte sein Reich auf Kosten der Karthager nach Osten hin zu erweitern. Als die Karthager sich endlich zur Wehr setzten und sich mit ihm in einen Krieg einließen, erlitten sie eine Niederlage (150). Nach dem Friedensdiktat von 201 war es den Karthagern aber untersagt, ohne Erlaubnis der Römer Krieg zu führen, die nun diese Gelegenheit nutzten, Karthago den Krieg zu erklären (149). Die Karthager waren zu weitestgehenden Zugeständnissen bereit und kamen auch der römischen Forderung nach, die Stadt den Römern zu übergeben und 300 Geiseln zu stellen. Als ein römisches Heer in Utica landete, das von Karthago abgefallen war, und die Geiseln übergeben waren, da entsprachen die Karthager auch einer weiteren Forderung der Römer, alle Waffen und Kriegsgeräte auszuliefern; dabei sollen angeblich 200 000 Rüstungen und 2 000 Katapulte übergeben worden sein. Daraufhin verlangten die Römer, die Stadt zu räumen und die Einwohner 15 km vom Meer entfernt an einem anderen Platz anzusiedeln; Karthago selbst sollte zerstört werden.

Dieses Ansinnen trieb die Karthager zu einem verzweifelten Widerstand; sie taten alles, um ihre Heimatstadt zu verteidigen. Karthago war vom Lande her schwer zugänglich, die Häfen waren gut gesichert, so daß den Römern vorerst nennenswerte Erfolge versagt blieben.

Im Winter 149/148 starb Masinissa, 90jährig, und seinem Willen entsprechend wurde Numidien unter seine drei Söhne Micipsa, Gulussa und Mastanabal aufgeteilt. Von Gulussa erhielten die Römer militärische Hilfe, ebenso von Himilco Phameas, dem Befehlshaber der libyschen Reiterei des karthagischen Feldherrn Hasdrubal; er trat auf die Seite der Römer über.

Eine Wende bahnte sich freilich erst an, als P. Cornelius Scipio Aemilianus, Sohn des Aemilius Paullus und späterer Sieger von Numantia, das Kommando in Afrika übernahm (147). Er sperrte die Landenge durch starke Befestigungsanlagen und ließ quer zur Hafeneinfahrt eine Mole errichten. Karthago war damit von der Außenwelt abgeschnitten. Da sich auch die libyschen Stämme den Römern unterwarfen, ging der Stadt das gesamte Hinterland verloren. Im Jahre 146 stürmten die Römer die Stadt, deren letzte Feste, die Burg Byrsa, sich erst am siebenten Tage ergab. Die Einwohner, angeblich 50 000, wurden in die Sklaverei verkauft. Scipio ließ die Stadt zerstören und über ihr Gebiet einen Fluch aussprechen: es sollte hinfort nicht mehr besiedelt werden. Auf Senatsbeschluß wurde der größte Teil des ehemaligen karthagischen Gebietes in die Provinz *Africa* umgewandelt und von einem Prätor verwaltet (146).

Damit war der Untergang Karthagos besiegelt. Friedrich Engels cha-

---

8   Die bekannte Redewendung Catos, »*ceterum censeo Carthaginem esse delendam*« (Im übrigen meine ich, daß Karthago zerstört werden muß) findet sich in antiken Quellen nicht, dagegen verschiedene andere Versionen.

rakterisierte den dritten Punischen Krieg (149–146) als einen reinen Vernichtungskrieg.[9]
Im Ergebnis der Eroberungskriege im Osten und Westen war Rom endgültig die alleinige Großmacht im gesamten Mittelmeergebiet geworden.

Der römische Staat um die Mitte des 2. Jh. v. u. Z. 3.5.

Die Plebejer verloren bald ihren Einfluß, den sie in den Jahren nach dem ersten Punischen Krieg gewonnen hatten. Während des zweiten Punischen Krieges und der folgenden Jahrzehnte festigte sich wieder die beherrschende Stellung der Nobilität. Eine maßgebliche Ursache hierfür lag im Krieg selbst: Einzelne Angehörige der Nobilität verblieben bis weit über die Jahresfrist hinaus im Oberkommando. So bekleidete M. Claudius Marcellus im Jahre 216 die Prätur, in den Jahren 215, 214, 210 und 208 das Konsulat. In den Zwischenzeiten führte er das Kommando durch die Prorogation, d. h. durch die Verlängerung der einjährigen Amtszeit. Damit hatte er neun Jahre hindurch, Scipio Africanus auf diese Weise sogar 11 Jahre lang (von 211 bis 201), das Oberkommando inne. {.margin-note} Machtzuwachs der Nobilität

Während so einerseits der Krieg die Stellung der Nobilität insgesamt festigte, hatte er andererseits eine Differenzierung innerhalb der Nobilitätsfamilien zur Folge, d. h., es stärkte sich die Position einzelner Geschlechter aus den Kreisen der Nobilität. Mit Hilfe einer weitverzweigten Klientelschaft bildeten solche Familien politische Interessengemeinschaften *(factiones)*, deren Konstellationen, je nach dem angestrebten Ziel, sich auch rasch verändern konnten. Die Häupter der bedeutenden Nobilitätsfamilien galten als die »Ersten des Staates« *(principes civitatis)*. Führende Familien dieser Zeit waren die Cornelier, die Claudier, die Valerier, die Servilier, die Aemilier, die Fabier, die Fulvier und die Postumier.

Für die Angehörigen anderer Familien war es außerordentlich schwierig, ihre Interessen diesen herrschenden Geschlechtern gegenüber durchzusetzen und die höchsten Ämter zu bekleiden. Gelang ihnen das, so wurden sie *homines novi*, »neue Männer«, wie z. B. Flaminius und Cato.

In den ersten Jahrzehnten des 2. Jh. sonderte sich die Nobilität weiter von der übrigen Bevölkerung ab. So beanspruchten die Senatoren seit 194 v. u. Z. in Zirkus und Theater vom Volke getrennte Ehrenplätze. Einige wichtige Bestimmungen betrafen das Ämterwesen. Seit dem Jahre 197 galt die Bekleidung der Prätur als Vorbedingung für die Bewerbung um das Konsulat; zwischen den einzelnen Ämtern mußte ein amtsfreies Intervall von zwei Jahren liegen. Das »Jahresgesetz des Villius« *(lex Villia annalis)* aus dem Jahre 180 legte ein Mindestalter für die Bekleidung der höheren Ämter fest, und zwar für die Prätur 40 und für das Konsulat 43 Jahre. Gleichzeitig wurde verfügt, daß der Bewerber um eine Quästur zuvor zehn Jahre Kriegsdienst geleistet oder aber sich zehn Jahre lang zur Aushebung gestellt haben mußte. Mindestalter und {.margin-note} Neuerungen im Ämterwesen

9 Fr. Engels, England, in: MEW, Bd. 8, Berlin 1960, S. 211: »... der dritte Punische Krieg war kaum ein Krieg, er war eine pure Unterdrückung des Schwächeren durch den zehnmal Stärkeren; er war ungefähr wie Napoleons Konfiskation der Republik Venedig.«

Stufenfolge im Ämterwesen bildeten so den Kern des Gesetzes des Volkstribunen Villius.

Das Gesetz des Villius richtete sich offensichtlich gegen die führenden Nobilitätsfamilien und sollte verhindern, daß ihre Vertreter allzu frühzeitig und allzu häufig die höchsten Ämter einnahmen, doch brachte es keineswegs den erhofften Erfolg, denn gleichzeitig wurde der Aufstieg von Männern, die den führenden Familien nicht angehörten, weiter kompliziert und erschwert.

Weitere Neuerungen betrafen die Magistraturen. Am Ende des zweiten Punischen Krieges wurde die Diktatur abgeschafft; im Jahre 202 amtierte der vorerst letzte Diktator. Die politisch herrschenden Nobilitätsfamilien wünschten offenbar jeglicher möglichen Bevormundung auszuweichen. Seit dem Jahre 243 wurde ein zweiter Prätor gewählt, der für die Rechtsprechung zwischen Römern und Fremden bzw. zwischen Fremden untereinander zuständig war (praetor peregrinus); er trat neben den praetor urbanus. Diese Maßnahme zeugt davon, daß die Römer nicht umhin konnten, im Zuge der schnellen Ausdehnung ihres Reiches auch die Nichtrömer in gewissem Umfange als juristische Personen anzuerkennen. An diesen Vorgang knüpfte sich in der Folgezeit die Ausbildung des Völkerrechts (ius gentium).

In den Jahren 227 und 197 wurden je zwei Provinzialprätoren eingesetzt, in den Jahren 148 und 146 je einer. Die Anzahl der Ämter wurde nicht größer, obgleich die Ausdehnung des Reiches einen entschiedeneren Ausbau des Staatsapparates durchaus gerechtfertigt hätte; die Nobilität war — entgegen den realen Erfordernissen — gegen eine solche Entwicklung. Hierin trat der Gegensatz zwischen der stadtstaatlichen Organisation und dem entstandenen Imperium erneut deutlich zutage.

Lage der
Bundesgenossen

Die zunehmende Bedeutung der Nobilität und des Senats, ihres Machtorgans, widerspiegelte sich auch in der Bevormundung der römischen Bundesgenossen. Diese hatten in den zahlreichen Kriegen große Opfer für die Römer bringen müssen, doch verbesserte sich ihre Lage keineswegs, im Gegenteil. Bisher war es z. B. den Latinern, die in ihrer Heimatgemeinde höhere Ämter bekleidet hatten, gestattet, nach Rom überzusiedeln und das römische Bürgerrecht zu erwerben. Ein Volksbeschluß (kurz vor 177) nahm ihnen jedoch das Recht, sich in Rom niederzulassen, wenn sie nicht einen Sohn als Bürger in ihrem Heimatort zurückließen. In den Jahren 187 und 177 wurden Tausende von Latinern aus Rom ausgewiesen. Den Bundesgenossen wurde außerdem das Recht eigener Silberprägung genommen; es durften nur noch unbedeutende Kupfermünzen geprägt werden. Die Vorrangstellung des populus Romanus gegenüber seinen Bundesgenossen wurde durch diese Maßnahmen nachdrücklich betont.

Provinzial-
verwaltung

In einer ähnlich rechtlosen Lage befanden sich die Provinzialen. Die Provinzen wurden als Beutegut des römischen Volkes (praedia populi Romani) betrachtet, und ein Provinzialstatut (lex provinciae), das von dem betreffenden Feldherrn oder dem ernannten Statthalter festgelegt wurde, bestimmte die Normen der Verwaltung. Der Statthalter herrschte in seiner Provinz unumschränkt und hatte de facto die Stellung eines Monarchen inne. Er konnte nach Belieben in die provinziale Rechtsprechung eingreifen und nach eigenem Ermessen Requisitionen vornehmen.

Da die römischen Statthalter gewöhnlich nur für ein Jahr ihr Amt ausübten, so nutzten sie die ihnen verbleibende Zeit in der Regel recht intensiv zur persönlichen Bereicherung. Sie beteiligten sich auch — zumeist über Mittelspersonen — an einträglichen Wuchergeschäften. Durch die *lex Calpurnia* wurden zwar im Jahre 149 ständige Gerichte für die Prüfung von Erpressungen in den Provinzen eingerichtet, aber sie blieb praktisch bedeutungslos, da die Nobilität, die bis zu den Reformen der Gracchen die Gerichte allein beherrschte, selten einmal gegen einen Angehörigen ihres Standes vorging.

Außer den Requisitionen, die ganz dem Statthalter anheimgestellt waren, hatten die Provinzen feste Abgaben zu entrichten (*stipendium* oder *tributum*), die entweder in Form einer Geldsumme oder in Form von Naturalien (*vectigalia*) in die römische Staatskasse (*aerarium*) flossen; ebenso gingen alle indirekten Abgaben (Zölle) an Rom. Die wichtigste Einnahmequelle war die Ertragssteuer vom Land, gewöhnlich in Gestalt des Zehnten. Diese Praxis übten die Römer zuerst auf Sizilien, indem sie die Verfahrensweise von Syrakus (*Lex Hieronica*) und der Karthager fortsetzten, nämlich als Abgabe den Zehnten vom bebauten Land und Viehsteuern vom Weideland zu erheben. Die Abgaben der Provinzen stellten neben der Kriegsbeute die Haupteinnahmequelle des römischen Staates dar.

Die Städte in den Provinzen befanden sich nicht alle in demselben Abhängigkeitsverhältnis von Rom, denn auch hier legten die Römer, wie vormals in Italien, unterschiedliche Rechte fest. Am zahlreichsten waren die »Untertanenstädte«, die *civitates vectigales* oder *stipendiariae*, denen eine kleine Gruppe privilegierter Städte gegenüberstand, die sogenannten »freien Städte« (*civitates liberae*), die in sich wiederum mancherlei Unterschiede aufwiesen. Sie unterstanden jedoch im Gegensatz zu den civitates vectigales nicht dem Statthalter, sondern direkt dem Senat in Rom. Allen Städten war freilich gemeinsam, daß sie ihre außenpolitische Selbständigkeit eingebüßt hatten.

Abhängigkeitsgrade

Eine große Rolle im staatlichen Leben der Römer spielte der Triumph, der einem siegreichen Feldherrn gewährt werden konnte. Die Entscheidung darüber fällte der Senat, der außerhalb der Stadtmauern den Bericht des Feldherrn entgegennahm. Der Triumph wurde ihm nur dann zugestanden, wenn im Verlaufe einer Schlacht mindestens 5 000 Feinde gefallen waren. Nach dem Bericht des Feldherrn formierte sich der Festzug, der sich in die Stadt begab.

Triumphzüge

An der Spitze schritten die Beamten des Jahres und die Senatoren. Dann wurden die Beutestücke und Darstellungen des unterworfenen bzw. besiegten Landes, Modelle der eroberten Festungen und der erbeuteten Schiffe gezeigt. Danach führte man weiße Stiere vorbei, die Iupiter geopfert wurden; es folgte eine repräsentative Auswahl der Gefangenen.

Darauf folgten die Liktoren mit Lorbeerzweigen in den Rutenbündeln. Hinter den Liktoren fuhr der Feldherr auf einem von vier Schimmeln gezogenen goldenen Wagen; er trug eine purpurfarbene Toga. In seiner Rechten hielt er einen Lorbeerzweig, in der Linken einen Elfenbeinstab, dessen Spitze zu einem Adler geformt war. Ein hinter ihm stehender Sklave hielt einen goldenen Kranz über das von einem grünen Lorbeerkranz geschmückte Haupt des Triumphators. Den Schluß des Zuges bildete das Heer. Auch die Soldaten trugen Kränze aus Lorbeerzweigen auf dem Haupt.

Der Festzug führte zum Tempel des Iupiter auf dem Kapitol, wo ein großes Festmahl die Feierlichkeiten beendete.

7 Römische Geschichte

3.6. Die wirtschaftlichen Verhältnisse Italiens in der Zeit der Punischen Kriege

Die von den Römern in nahezu ununterbrochener Folge — weit über die Grenzen Italiens hinaus — geführten Eroberungskriege zogen bedeutende Veränderungen in der ökonomischen und sozialen Struktur der römischen Gesellschaft nach sich, die besonders im Verlaufe des 2. Jh. hervortraten.

Kolonisationstätigkeit

Zunächst hielt die römische Kolonisationstätigkeit unvermindert an. Das Netz römischer — zumeist maritimer — und latinischer Kolonien in Italien wurde dichter; allein die beiden latinischen Kolonien Cremona und Placentia nahmen etwa 12 000 Siedler auf. Für die ersten drei Jahrzehnte des 2. Jh. kann mit einiger Sicherheit gesagt werden, daß durch die Kolonisation 40 000 bis 50 000 Menschen Land erhielten und eine Fläche von etwa einer Million iugera besiedelten. Der Anteil des *ager Romanus* an italischem Land stieg so von einem Siebentel um 275 v. u. Z. über ein Fünftel um 220 auf rund ein Viertel um die Mitte des 2. Jh. Diese Entwicklung führte vorübergehend zu einer Stärkung des bäuerlichen Kleineigentums, was sich u. a. an den bis zum Jahre 164 ansteigenden Zensuszahlen ablesen läßt. Trotz aller eingetretenen Rückläufigkeit durch Kriegsverluste stieg die Zensuszahl von 292 234 im Jahre 264 v. u. Z. auf 337 452 waffenfähige Bürger im Jahre 164. Schon bald deutete sich aber ein Rückgang an, und der Zensus des Jahres 147 wies nur noch 322 000 waffenfähige Bürger aus.

Rückgang des bäuerlichen Kleineigentums

Der in der Mitte des 2. Jh. einsetzende Rückgang der bäuerlichen Parzellen war eine Folge der überaus zahlreichen Kriege sowie des Vordringens des mittleren und großen Grundbesitzes. Besonders die spanischen Feldzüge der Römer lichteten die Reihen der Bauernschaft, die die Grundlage des römischen Heeres bildete. Nicht minder ungünstig wirkte sich das jahrelange Fernbleiben der männlichen Arbeitskräfte von ihren auf Familienbasis betriebenen Wirtschaften aus. Außerdem konnten Mißernten, Viehseuchen und andere Unglücksfälle die Besitzer solcher Kleinwirtschaften zwingen, Anleihen bei größeren Eigentümern aufzunehmen, was die Gefahr einer raschen und tiefen Verschuldung heraufbeschwor. In der Regel handelte es sich hier um Naturalverschuldungen, die häufig zum Verlust der Landparzelle führten.[10]

Die auf diese Weise landlos gewordenen Bauern, die nach dem Gesetz des Poetelius (326) nicht mehr versklavt werden konnten, verblieben zu einem Teil auf dem Lande und verdienten sich ihren Unterhalt als Handwerker, Hilfs- oder Saisonarbeiter sowie als Aufsichtspersonen. Ein großer Teil wanderte jedoch in die Stadt, vor allem nach Rom. Soweit jemand noch etwas von seinem kleinen Vermögen hatte retten können, betrieb er ein Handwerk oder Gewerbe; viele dieser landlos gewordenen Bauern jedoch waren völlig mittellos und fristeten ihr Leben durch Gelegenheitsarbeiten. Andere wiederum schlossen sich vermögenden und einflußreichen Vertretern der Nobilität an, denen sie gegen bestimmte Zuwendungen ihre Stimme bei Wahlen und anderen

---

10 Diese Situation hat Marx im Auge, wenn er schreibt: »Der Klassenkampf der antiken Welt z. B. bewegt sich hauptsächlich in der Form eines Kampfes zwischen Gläubiger und Schuldner, und endet in Rom mit dem Untergang des plebejischen Schuldners, der durch den Sklaven ersetzt wird.« In: K. Marx, Das Kapital, Bd. 1, in: MEW, Bd. 23, Berlin 1962, S. 149 f.

3.6. Die wirtschaftlichen Verhältnisse Italiens in der Zeit der Punischen Kriege

Anlässen gaben. Der betreffende Adlige war ihr Schutzherr *(patronus)*, sie selbst waren seine Klienten *(clientes)*.

Solche Klienten unterschieden sich gänzlich von denen der römischen Frühzeit: Sie waren nicht im Besitz von Produktionsmitteln, nicht produktiv tätig, sondern stellten im wesentlichen eine parasitäre Schicht innerhalb der römischen Gesellschaft dar; es entstand das antike Lumpenproletariat.[11]

Rasches Anwachsen des Großgrundbesitzes — In der ersten Hälfte des 2. Jh. machte die Konzentration des Grundbesitzes bemerkenswerte Fortschritte. Begünstigt wurde diese Entwicklung durch den Hannibalkrieg, der sich vor allem auf dem Boden Italiens abgespielt hatte, und durch den Erwerb von Provinzen. Die Römer konfiszierten große Teile des verwüsteten Landes und erklärten es zum *ager publicus*. Der Süden Italiens war vom Kriege besonders schwer betroffen. Nach einer Angabe des griechischen Historikers Appian (2. Jh. u. Z.) wurden in dem Gebiet zwischen Capua und Tarent etwa 400 Dörfer zerstört.[12]

Der römische Staat verpachtete erhebliche Teile des *ager publicus* an reiche Römer und Italiker, und in der Folgezeit dehnten sich riesige Weideländereien über Lukanien und Apulien aus; andere Zentren des Großgrundbesitzes waren Sizilien und Nordafrika. Zwar wurde von diesem Staatsland eine Steuer *(vectigalia)* in Naturalien erhoben, die ein Zehntel des Getreides, ein Fünftel der Früchte und Vieh umfaßte, doch wurde sie von den viehzüchtenden Großeigentümern nicht regelmäßig eingezogen noch von diesen dann auch immer gezahlt. Bei Livius (33, 42, 10 und 35, 10, 12) deuten Anzeichen darauf hin, daß diese Viehzüchter ihre Herden zudem auf Staatsland treiben ließen, das gar nicht von ihnen gepachtet war. Gelegentliches Eingreifen des Staates blieb beinahe wirkungslos, und durch Verkauf, Vererbung und Weiterverpachtung ergab sich bald eine unübersichtliche Lage, so daß der ursprüngliche *ager publicus* schließlich kaum mehr exakt zu ermitteln war.

Aufschwung der Landwirtschaft — In den Jahren nach dem zweiten Punischen Krieg nahm die römische Landwirtschaft einen spürbaren Aufschwung. Dieser war in erster Linie an Güter mittlerer Größenordnung *(villae)* gebunden, die den Beginn der intensiven und spezialisierten Landwirtschaft in Italien markieren. Einen guten Einblick in die innere Struktur eines solchen mittelgroßen Gutes gewährt M. Porcius Cato Maior (234—149) in seinem Werk »Über die Landwirtschaft« *(De agri cultura)*. Cato gibt in diesem Werk mannigfaltige Ratschläge zur Bearbeitung des Bodens und praktische Hinweise für den Anbau von Produkten, er äußert sich über den Zeitpunkt, wann bestimmte Arbeiten auszuführen sind (Arbeitskalender), über Anzahl und Behandlung der benötigten Arbeitskräfte, über die Verwaltung des Gutes und über die Marktbeziehungen.

Catos Gutsbetrieb — Wie sehr sich Cato die Pflege des Bodens angelegen sein ließ, zeigt folgender Ausspruch: »Was heißt, ein Feld gut bearbeiten? — Gut pflügen. — Und zweitens? — Pflügen. — Und drittens? — Düngen« (agr., 61, 1). Da Cato für

---

11 K. Marx/Fr. Engels, Die Deutsche Ideologie, in: MEW, Bd. 3, Berlin 1958, S. 23: »Die Plebejer, zwischen Freien und Sklaven stehend, brachten es nie über ein Lumpenproletariat hinaus.« An anderer Stelle verweist Marx auf diesen Ausspruch Sismondis: »Das römische Proletariat lebte auf Kosten der Gesellschaft, während die moderne Gesellschaft auf Kosten des Proletariats lebt.« In: K. Marx, Der achtzehnte Brumaire des Louis Bonaparte, in: MEW, Bd. 8, Berlin 1960, S. 560.

12 Appian, *Punica*, 134.

7*

eine intensive Bewirtschaftung eintrat, erfuhren die einzelnen landwirtschaftlichen Kulturen bei ihm eine unterschiedliche Wertung. Er staffelte sie nach ihrer Rentabilität und kam zu folgender Reihenfolge: 1. Weinanbau *(vinea)*; 2. Gartenbau *(hortus)*; 3. Weidenpflanzungen *(salictum)*; 4. Olivenanbau *(olivetum)*; 5. Wiesenland *(pratum)*; 6. Getreideanbau *(campus frumentarius)*. Schließlich empfiehlt er noch die Nutzung von Wald, Buschland und Eichenwäldern (agr., 1, 7). Der Getreideanbau war nur für den eigenen Bedarf bestimmt und nahm daher keinen bedeutenden Platz ein. Die Ursache hierfür lag zweifellos in der Einfuhr billigen überseeischen, vor allem sizilischen Getreides. Andererseits war das Aufblühen der Wein- und Olivenkulturen in Mittelitalien hauptsächlich auf die Vernichtung der südlichen Pflanzungen während des Krieges zurückzuführen.

Cato bestimmte die optimale Größe eines Weingutes mit 100 iugera (etwa 25 ha) und hielt hierfür 16 Sklaven als ständige Arbeitskräfte für ausreichend. Für eine Olivenplantage mit 240 iugera (etwa 60 ha) setzte er 13 Sklaven an. Freilich konnte die Ernte und das Auspressen der Früchte von diesen wenigen Sklaven nicht bewältigt werden, und so weist Cato wiederholt darauf hin, daß es außerordentlich wichtig sei, in der näheren Umgebung genügend freie Arbeitskräfte *(operarii, mercennarii)* für saisonbedingte Arbeiten zur Verfügung zu haben.

Verpachtungen   Andere Formen, um dieser Situation zu begegnen, waren Verpachtungen und der Verkauf der hängenden Früchte an einen Geschäftsmann. Das Verpachten spielte in der Zeit Catos noch keine große Rolle, doch liegen deutliche Anzeichen dafür vor, daß benachbarte Kleinbauern ein Stück Land in Pacht nahmen und auch ganze Weingüter verpachtet wurden. Solche Pächter *(partiarii)* zahlten eine bestimmte Fruchtquote; bei dieser Erscheinung handelte es sich um die Anfänge des Kolonats; es waren Klein- und Großpächter.

Weiter verbreitet hingegen war der Verkauf der hängenden Früchte an einen Geschäftsmann *(redemptor)*. Dieser übernahm die Ernte, das Pressen der Früchte und den Verkauf. Gewöhnlich erhielt er dafür einen Anteil der Ernte bis zu 50 Prozent. Schließlich erwähnt Cato Anteil-Pächter *(politores)*, denen nur das Ernten übertragen wurde, und zwar gegen ein Sechstel des geernteten oder ein Fünftel des gedroschenen Getreides.

Markt-   Die Spezialisierung der *villae* vornehmlich auf Wein, Olivenöl, Gemüse und
beziehungen   Geflügel verlangte eine Verbindung zum Markt, und so betont Cato denn auch, bei der Auswahl eines Landgutes darauf zu sehen, daß »in der Nähe eine größere Stadt, ein Meer, ein schiffbarer Fluß oder eine gute, belebte Straße ist« (agr., 1, 3). Die Geschäftstüchtigkeit Catos zeigt sich u. a. in der Empfehlung, große Lagerräume zu errichten, um gegebenenfalls auf günstige Preise warten zu können (agr., 3, 2). Auf dem städtischen Markt wurden Werkzeuge, Kleidung und sonstige Dinge für Wirtschaft und Haushalt gekauft. Auf diese Weise stimulierten gerade die mittelgroßen Güter die Entwicklung der Warenproduktion. Dennoch gab Cato den Rat, nichts zu kaufen, was man selbst herstellen kann.

Arbeitskräfte   Hauptarbeitskräfte auf den *villae* waren Sklaven. Cato kam es darauf an, aus billigen Arbeitskräften in kurzer Zeit ein Maximum an Leistung herauszupressen. So gibt er detaillierte Anweisungen, welche Arbeiten den Sklaven an

3.6. Die wirtschaftlichen Verhältnisse Italiens in der Zeit der Punischen Kriege

Regentagen oder an ländlichen Feiertagen, an denen die Feldarbeit untersagt war, zu übertragen sind, damit sie nicht etwa untätig herumlungerten. Die Unterhaltskosten für die Sklaven sollten sich auf ein Minimum beschränken. Hauptnahrung war Brot; dazu gab es sauren Wein, einige Oliven, etwas Salz, Gemüse, einige Feigen u. ä.; Fleischrationen fehlen völlig. Pro Jahr erhielten die Sklaven eine Tunika und einen Mantel. Die Lage der Sklaven war dementsprechend hart; bei Cato treten auch bereits gefesselte Sklaven (*servi conpediti*) auf, die nachts in ein besonders für sie vorgesehenes Gebäude (*ergastulum*) gesperrt wurden. Alte oder kranke Sklaven sollten wie ein unbrauchbares Werkzeug verkauft werden. Um eventuellem Widerstand der Sklaven zu begegnen, »sorgte Cato immer dafür, daß unter den Sklaven Streit und Uneinigkeit herrschte; es war ihm verdächtig und unangenehm, wenn sie einträchtig waren«.[13]

Da der Besitzer nicht immer selbst auf seinem Gut anwesend sein konnte, sei es durch das Vorhandensein mehrerer Besitzungen, sei es durch den Aufenthalt in der Stadt, übertrug er die laufenden Geschäfte und Arbeiten gewöhnlich einem Verwalter (*vilicus*), den er aus den Reihen seiner Sklaven nahm. Dem Verwalter zur Seite stand dessen Frau, die *vilica*, der die engere Hauswirtschaft und das Kochen oblag.

Die Hauptarbeitskräfte auch auf den großen Weidegütern waren Sklaven (Hirtensklaven); so verlief parallel zur Ausdehnung des großen und mittleren Grundbesitzes die Ausbreitung der Sklaverei. Da freie Arbeiter nicht in ausreichendem Maße zur Verfügung standen, nahm demzufolge die Versklavung besiegter Gegner rasch zu. Während des ersten Punischen Krieges wurden 75 000 oder mehr zu Gefangenen gemacht; die Zahl stieg im zweiten Punischen Krieg und danach gewaltig an. Die Gesamtzahl der Gefangenen im Zeitraum von 200 bis 150 v. u. Z. wird auf etwa 250 000 geschätzt.

Ausbreitung der Sklaverei

Im Jahre 176 wurden, vermutlich in Rom, aufständische Sarden versteigert, deren Anzahl die 40 000 überstiegen haben dürfte, und im Jahre 167 wurden auf Anordnung des Senats 150 000 Epiroten versklavt. Zu erwähnen ist noch der Verkauf der Einwohner von Korinth und Karthago in die Sklaverei (146). Dabei ist zu berücksichtigen, daß in dieser Zeit bereits viele Sklaven in Griechenland und Asien gekauft wurden.

Da in Rom der vorherrschende Produktionszweig die Landwirtschaft war, machen diese Vorgänge deutlich, daß sich im 2. Jh. die Sklaverei als dominierendes Produktionsverhältnis durchgesetzt hatte. Die auf Sklaverei beruhende Produktionsweise bestimmte von jetzt an das Bild der antiken römischen Gesellschaft. Auf diese Sachlage Bezug nehmend, schrieb K. Marx:

»Sobald der Wucher der römischen Patrizier die römischen Plebejer, die Kleinbauern, völlig ruiniert hatte, hatte diese Form der Ausbeutung ein Ende, und trat die reine Sklavenwirtschaft an die Stelle der kleinbäuerlichen.«[14]

Freilich blieb das kleinbäuerliche Eigentum trotz aller rückläufigen Entwicklung und der ökonomischen Prävalenz des mit Sklaven wirtschaftenden Großeigentums in vielen Teilen Italiens stets ein nicht geringfügiger Faktor

---

13 Plutarch, *Cato Maior*, 21, 4.
14 K. Marx, Das Kapital, Bd. 3, in: MEW, Bd. 25, Berlin 1964, S. 609.

102   3. Die Entstehung der römischen Großmacht

im Wirtschaftsleben. Hier geht es darum, daß der Sklave zum Hauptproduzenten in der römischen Wirtschaft, speziell auf den mittleren und Großgütern wurde.

Rechtlose Stellung der Sklaven

So wurden die Sklaven im 2. Jh. zu einer Hauptklasse in der römischen Gesellschaft. Ihre Stellung war völlig rechtlos. Die Sklaven unterstanden der Gewalt des Familienoberhauptes *(pater familias)*, sie konnten verkauft, vererbt oder verschenkt werden. Gegen Bestrafungen durch den Besitzer waren sie in keiner Weise geschützt: Der römische Staat überließ gänzlich dem Herrn die Entscheidungsbefugnis über den Einsatz und das Schicksal seiner Sklaven *(ius vitae ac necis)*. Eine rechtmäßige Ehe war ihnen untersagt, lediglich eine Quasi-Ehe *(contubernium)* war ihnen möglich. Nachkommen von Sklaven waren Eigentum desjenigen Herrn, in dessen Besitz sich die jeweilige Mutter befand.

Verwendung von Sklavenarbeit

Die Sklaven fanden hauptsächlich in folgenden Bereichen Verwendung: in der Landwirtschaft, als Dienstleute in der Stadt und als Arbeiter in Bergwerken und Steinbrüchen. Je nach ihrem Einsatz unterschied man zwischen den Landsklaven *(familia rustica)* und den Stadtsklaven *(familia urbana)*. Letztere waren im städtischen Wohnsitz des Herrn tätig; zu ihnen gehörten Pädagogen, Ärzte, Wissenschaftler und Künstler. Zwar waren solche Sklaven materiell wesentlich bessergestellt, doch war ihre Lage nicht weniger menschenunwürdig.

Eine weitere Gruppe bildeten die Staatssklaven, die als Schreiber, Archivare u. a. m. eingesetzt wurden. Diese Sklaven sowie diejenigen, die Verwaltungs- oder Aufsichtsdienst auf dem Gut oder im städtischen Haushalt verrichteten, und andere für das Ansehen und das Wohlergehen des Herrn unentbehrlich gewordene Sklaven, wie Wissenschaftler, Ärzte, Dichter usw., stellten eine Art Sklavenaristokratie dar. Sie machte zwar einen relativ kleinen Teil der Gesamtmasse der Sklaven aus, doch zeigt sich gerade hier die Differenziertheit und Uneinheitlichkeit auch der Klasse der Sklaven.

All das wurde noch dadurch gefördert, daß die Sklaven aus verschiedenen Ländern stammten und dementsprechend weder eine gemeinsame Sprache noch eine gemeinsame historische Tradition besaßen. Auch war ihr Bildungsniveau außerordentlich unterschiedlich. All diese Faktoren erschwerten die Herausbildung eines auch nur annähernd einheitlichen Klassenbewußtseins. So reichte die Skala des Bewußtseinsstandes von der offenen Auflehnung über Passivität und Resignation bis hin zu dem Bestreben, in die Reihen der herrschenden Klasse aufzusteigen.

Erste Erhebungen

Trotz dieser Faktoren, die die Ausbildung eines einheitlichen Programms dieser Klasse stets verhindert haben, machte sich der Hauptwiderspruch dieser Zeit, nämlich der zwischen Sklaven und Freien, schon recht frühzeitig bemerkbar. So kam es im Jahre 198 v. u. Z. zu Sklavenunruhen in Latium (Setia, Norba und Praeneste), an denen vorwiegend punische Sklaven beteiligt waren (Livius, 32, 26), im Jahre 196 in Etrurien (Livius, 33, 36), im Jahre 185 in Apulien (Livius, 39, 29). Hier zeigte sich schon sehr früh die Problematik der Entwicklung der Sklaverei zur Massensklaverei.

Handwerk

Die handwerkliche Produktion wurde vorrangig durch den militärischen und landwirtschaftlichen Bedarf bestimmt. Die Herstellung von Waffen, Rüstungen, Kleidung und Ausrüstungsgegenständen vielfältiger Art für das Heer nahm einen großen Raum ein. Ebenso erforderte der Schiffbau einen enormen handwerklichen Aufwand; ein Heer von acht Legionen benötigte immerhin etwa 1 600 erfahrene Zimmerleute und Schmiede *(fabri)*. Zentren der Waffenproduktion waren Rom und die Munizipien zwischen Rom und Capua.

In Etrurien und Kampanien wies die Metallverarbeitung einen hohen Stand auf. Eisenerze von Elba wurden in Populonia ausgeschmolzen, doch scheint das eigentliche Verarbeitungszentrum Arretium gewesen zu sein. Nach Livius (28, 45) soll sich Arretium mit 3 000 Schilden, 3 000 Helmen, 50 000 gallischen Spießen, weiterhin mit Äxten, Hacken und Eimern an einer Hilfssendung für Scipio in Spanien im Jahre 205 beteiligt haben. Demnach war auch die etruskische Bronzeindustrie noch intakt; sie beruhte durch die Kupferminen zwischen Populonia und Volaterrae auf eigener Rohstoffbasis; ebenso wurden hier Zinn, Blei und Zink gewonnen. Mit der zunehmenden Erschließung der spanischen Gruben ist jedoch ein Rückgang des etruskischen Bergbaus und der Metallverarbeitung zu verzeichnen. Die Städte Kampaniens und der umliegenden Gebiete waren für ihre guten Metallwaren bekannt. Cato berichtet, daß sich viele Städte auf die Herstellung bestimmter Waren spezialisiert hatten. So kaufte man nach seiner Ansicht in Capua und Nola die besten Bronzegegenstände wie Krüge, Ölgefäße, Wassereimer, Weinfässer u. a. m., in Nola und Pompeji die besten Fruchtpressen, in Cales und Minturnae die besten Eisengeräte wie Sicheln, Spaten, Hacken, Äxte, Schlüssel, kleine Ketten, ebenso Möbel und Hüte, in Suessa die besten Wagen und Dreschflegel, in Venafrum die besten Spaten und Ziegel. Rom selbst wurde als Einkaufsstätte für Tuniken, Mäntel, Togen, Holzschuhe, Krüge, Schalen, Schlösser, Schlüssel und Pflüge empfohlen. Aus Kampanien sind aus dieser Zeit bereits Wandteppiche und Salben bekannt, die in späterer Zeit Berühmtheit erlangten.

Die Keramik stand ebenfalls in hoher Blüte. Kennzeichnend war ein Metallgefäße imitierender glänzender schwarzer Ton mit Reliefverzierung *(Terra Sigillata)*. Überhaupt setzte der ständige Bedarf an Geräten, Werkzeugen und Gefäßen für landwirtschaftliche Zwecke bzw. für Bauausführungen eine mannigfaltige und intensive handwerkliche Produktion voraus. Die Städte im Süden Italiens, die von den Kriegseinwirkungen am schwersten betroffen waren, erholten sich allerdings nur langsam, und Tarent konnte seine vormalige Stellung als bedeutendes handwerkliches und Handelszentrum niemals wiedererlangen.

Die fortschreitende Arbeitsteilung führte zu einer zunehmenden beruflichen Spezialisierung. Um 200 v. u. Z. ist die erste Vereinigung von Handwerkern nachweisbar, und zwar ein Kollegium von Köchen in Falerii. Seit dem Jahre 168 traten berufsmäßige Bäcker auf, weiterhin Barbiere, Weber, Färber, Schneider, Gastwirte, Lehrer, Ärzte usw. Die Tätigkeit von Bauhandwerkern, Innenausstattern, Silberschmieden u. a. zeugt vom wachsenden Luxusbedürfnis der römischen und italischen Oberschichten. Die römische Komödie gibt ein anschauliches Bild von dieser Entwicklung.

Die handwerkliche Produktion lag in dieser Zeit noch vorrangig in den Händen von armen Freien, Freigelassenen und Fremden. Das soziale Ansehen dieser Schicht war entsprechend gering, und Cato zählte das Handwerk nicht zu den ehrenwerten Beschäftigungen.

Handel und Gewerbe	Der italische Binnenhandel war relativ schwach entwickelt. Der Handel über Land erfolgte mit Hilfe von Maultieren und Ochsengespannen und war dementsprechend langsam und teuer. Ein Ochsengespann legte am Tag kaum mehr als 18 km zurück. Obwohl hier die vor allem für militärische Belange gebauten Straßen sich vorteilhaft auswirkten, wurden doch die Wasserwege bevorzugt. Cato wies auf die Bedeutung eines schiffbaren Flusses in der Nähe hin. Gewöhnlich herrschte das kleine Ladensystem vor, d. h., der Inhaber stellte seine Waren in demselben Raum her, in welchem er sie auch verkaufte. Örtliche Händler nutzten die Markttage *(nundinae)*, die jeden achten Tag stattfanden. Benachbarte Städte stimmten ihre Markttage aufeinander ab, um Überschneidungen zu vermeiden. Auf dem Forum einer jeden Stadt konnten sich Händler und Käufer über die Markttage der umliegenden Städte informieren. In Rom gab es einen Viehmarkt *(Forum Boarium)*, einen Gemüsemarkt *(Forum Holitorium)*, einen Fleischmarkt *(Macellum)* und einen Fischmarkt *(Forum Piscarium)*, der im Jahre 179 v. u. Z. dem Macellum angegliedert wurde. Der allgemeine Markt für die übrigen Waren war das Forum Romanum.
Fernhandel	Der Fernhandel (Überseehandel) lag in dieser Zeit vorwiegend in den Händen von Italikern. Sie waren es auch, die von dem Handel mit dem Osten, der nach den römischen Eroberungen schnell intensiviert wurde, am meisten profitierten. Im Jahre 187 erklärten die Römer Ambrakia an der Westküste Griechenlands zum Freihafen, ebenso nach 167 Delos, d. h., römische und italische Kaufleute brauchten hier keine Hafenzölle zu entrichten. Die Handelsrepublik Rhodos erlitt dadurch erhebliche Einbußen. Im Jahre 146 wurden dann schließlich die beiden großen Handelsstädte Korinth und Karthago zerstört.

Eine bedeutende Rolle spielte bald der im Jahre 199 zwischen Cumae und Neapolis gegründete Hafen Puteoli, der zum Zentrum des Osthandels wurde. Hier war nur die römische Hafensteuer von zweieinhalb Prozent zu entrichten, während im benachbarten Neapolis der römische *und* der städtische Zoll gezahlt werden mußten. Der römische Satiriker Lucilius nannte Puteoli in der Gracchenzeit ein kleines Delos (3, 123).

Für die Römer hatte in dieser Periode der Großhandel zwar noch nicht die Bedeutung, aber sie begannen mit einigen Maßnahmen zur Erweiterung und Verbesserung ihrer Hafenanlagen am Tiber. So wurden in den ersten Jahrzehnten des 2. Jh. ein Emporium am Tiber errichtet, Häfen für Getreide- und Holzhändler, auch verschiedene Häfen für andere Händler angelegt und ein Dock am Tiber gebaut. Ostia wuchs zur gleichen Zeit nur unwesentlich.

Aus dem östlichen Mittelmeergebiet kamen neben Getreide und Sklaven zunehmend auch Luxusgüter nach Rom, so vor allem feine Stoffe und Kleidung, Honig, Gewürze, Marmor, kunstvolle Möbel, Glas, Papyrus und Rohrfedern als Schreibmaterial. Der römische Export trat demgegenüber zurück und beschränkte sich in der Hauptsache auf Wein, Öl, Metallwaren und Geschirr. Auf diese Weise gestaltete sich die römische Handelsbilanz passiv, doch konnte das Defizit durch die Gewinne, die Rom aus Kriegen und Provinzen zog, mehr als reichlich ausgeglichen werden; Polybios konnte sagen, die Einnahmen des römischen Staates seien hoch gewesen (1, 58, 9). Etwa 75 Prozent der Gesamteinnahmen entfielen auf militärische Zwecke.

3.6. Die wirtschaftlichen Verhältnisse Italiens in der Zeit der Punischen Kriege

Die militärische Expansion und der Handel waren von einer Ausdehnung des Geldverkehrs begleitet. Beutegut und Kriegskontributionen erbrachten riesige Mengen an Edelmetallen. Die größte Beute aus einem Feldzug führten die Römer nach ihrem Erfolg im dritten Makedonischen Krieg heim (167). Der Triumphzug des siegreichen Feldherrn Aemilius Paullus währte drei Tage lang. Am zweiten Tag wurden von 3 000 Menschen 750 mit Silbermünzen angefüllte Gefäße vorübergetragen und am dritten Tag 77 Gefäße mit geprägtem Gold (Livius, 45, 39—40). Seit dem Jahre 167 konnten die Römer von der direkten Steuer *(tributum)*, einer Art Kriegssteuer, befreit werden. In den Jahren zwischen 200 und 150 v. u. Z. gelangten so mehr als eintausend Tonnen Silber nach Rom.

Hinzu kamen die Einnahmen aus den ergiebigen spanischen Silbergruben. Die in den Gruben bei Neukarthago arbeitenden 40 000 Sklaven brachten dem römischen Staat um das Jahr 140 nach einer Angabe des Polybios (34, 9) einen Gewinn von jährlich neun Millionen Denaren. Zur Stabilisierung des zerrütteten Währungssystems wurde um das Jahr 213 die römische Standardsilbermünze, der Denar *(denarius)*, eingeführt. Der Denar wurde im Verlaufe des 2. Jh. zur führenden Münze in der Mittelmeerwelt. Der römische Kupferas wurde zur Kleinmünze und sein Gewicht auf eine Unze (27,3 g) festgelegt. Der Denar wog 4,55 g, und in seinem Wert entsprachen ihm 16 Asse. Goldprägungen während des zweiten Punischen Krieges blieben Ausnahmen; eine größere Dichte trat hier erst mit Sulla und Caesar ein.

Durch die Entwicklung des Geldverkehrs entstand auch das Wucherkapital, das in den Händen von Fremden, vor allem von Griechen, und wohlhabenden Plebejern lag. Die Praxis, staatliche Einnahmen (Steuern, Zölle) und Aufträge (Lieferungen oder Transport von Lebensmitteln oder Waffen für das Heer, Bauten) an private Geschäftsleute oder Gesellschaften zu verpachten, führte mit dem wachsenden Umfang solcher Geschäfte zum Erstarken der Schicht der Großhändler und Bankiers, die sich in der Zeit der Gracchen als neuer Ritterstand *(ordo equester)* konstituierten.

Im ausgehenden 3. Jh. war die Bedeutung der Ritter noch gering. Livius (23, 48 und 49) berichtet, daß im Jahre 215 Privatpersonen Getreide und Kleidung den beiden älteren Scipionen nach Spanien lieferten. Der Staat garantierte ihnen die Rückerstattung der Auslagen. Es handelte sich hier um drei Gesellschaften, die aus insgesamt 19 Personen bestanden. Drei Jahre später wurden bei zwei von ihnen Betrügereien aufgedeckt. Im Jahre 214 erhielten Ritter staatliche Aufträge, um zerstörte Heiligtümer wiederherzustellen.

Im 2. Jh. nahm die Aktivität solcher Pachtgesellschaften *(societates publicanorum)* zu, wie das u. a. Polybios für die Mitte dieses Jahrhunderts bezeugt (6, 17, 2—4). Auch Bergwerke wurden von ihnen in Pacht genommen. Der Wucher der Ritter traf besonders hart die Provinzialen, die keinen nennenswerten rechtlichen Schutz genossen und zu außerordentlich hohen Zinssätzen (bis zu 48 Prozent!) verpflichtet wurden. Geldwechsler und -verleiher *(argentarii)* gehörten ebenfalls zu den Wucherern. Für ihre geschäftlichen Manipulationen nutzten sie die in den Jahrzehnten nach dem zweiten Punischen Krieg um das Forum gebauten Basiliken, die auch als Gerichtsstätten dienten.

Die entstandene Geld- und Handelsaristokratie trat in relativ kurzer Zeit als eine ökonomisch mächtige und bald auch politisch einflußreiche neue Schicht innerhalb der herrschenden Klasse hervor und geriet mehr und mehr in einen Gegensatz zu der politisch führenden Schicht der Nobilität.

3.7. Die römische Kultur im 3. und 2. Jh. v. u. Z.

Aneignungs-prozeß fremden Kulturgutes

Der mit der militärischen Expansion verbundene wirtschaftliche Aufschwung und die sozialen Strukturwandlungen wirkten sich nachhaltig auf die Entwicklung der römischen Kultur aus. In diesem Prozeß spielte die enge Berührung mit der hellenistischen Staatenwelt eine große Rolle, und die Rezeption griechischen Kulturgutes sowie seine schöpferische Verarbeitung durch die Römer bestimmten in hohem Maße Inhalt und Form der kulturellen Entwicklung dieser Zeit. Die Römer vermochten sich den jetzt verstärkt eindringenden fremden Einflüssen nicht länger zu verschließen. Andererseits entsprach die ländlich-konservative Ideologie der Vorfahren, der *mos maiorum* (»Sitte der Vorfahren«), nicht mehr den Bedingungen eines Weltreiches. Das besonders nach dem zweiten Punischen Krieg bereits recht weit gediehene Selbst- und Sendungsbewußtsein vornehmlich der römischen Oberschichten weckte zudem das Bedürfnis, der eigenen beherrschenden Stellung den ihr gebührenden kulturellen Rahmen zu verleihen.

Allerdings verlief der Prozeß der Aneignung speziell griechischen Kulturgutes nicht widerspruchsfrei. Der stark politisch-praktisch und militärisch ausgerichtete Sinn der Römer ließ sie manchen fremden Gedanken und Bräuchen recht argwöhnisch begegnen, vor allem solchen, die spontan und unkontrolliert Eingang in unteren Volksschichten fanden. Die herrschende Klasse selbst trat nicht einheitlich auf; eine konservative Gruppe, repräsentiert durch Cato Maior, war bemüht, griechisch-hellenistische Einflüsse einzudämmen und die altrömische Sittenstrenge zu wahren und zu stärken, während eine andere Richtung, hauptsächlich vertreten durch die Scipionen, dazu neigte, sich fremdem Kulturgut gegenüber zu öffnen, es den römischen Verhältnissen anzupassen und für die eigene Ideologie nutzbar zu machen. So zeigte sich auch in dieser Zeit, daß kulturelle Erscheinungen von Klasseninteressen bestimmt wurden, wenngleich es sich bei den Differenzen *innerhalb* der römischen Oberschichten letztlich nur um die geeignetsten *Methoden* zur ideologischen Sicherung der Herrschaft handelte.

Lebensweise

Im 3. und vor allem seit dem Beginn des 2. Jh. kam es durch den nach Rom strömenden Reichtum zu erheblichen Veränderungen in der Lebensweise der Römer; die öffentliche und private Bautätigkeit nahm einen gewaltigen Aufschwung. Rom verlor den Charakter einer Landstadt und verwandelte sich in eine Metropole.

Das alte Atriumhaus wurde verändert und erweitert. Das Atrium, ein großer Raum, in welchem sich vordem die Familienheiligtümer und der Herd befanden, wurde zu einer säulengeschmückten Empfangshalle umgestaltet. An den ausgebauten Seitenflügeln richtete man Gästezimmer, Schlafraum, Speiseraum, Badezimmer und die jetzt gesonderte Küche ein. Gärten und von Säulen umstandene Höfe *(Peristyle)* vervollständigten den Wohnsitz; auch die Innenausstattung wurde luxuriöser.

3.7. Die römische Kultur im 3. und 2. Jh. v. u. Z.

Neben den prunkvollen Wohnbauten wohlhabender Bürger gab es mehrstöckige Mietshäuser *(insulae)* und Bretterbaracken als Massenquartiere. Hier wohnten die unteren Schichten der Stadtbevölkerung.

Wiederholt versuchten konservative Kreise, dem um sich greifenden Luxus durch die sogenannten »Luxusgesetze« zu begegnen; diese richteten sich vornehmlich gegen die wachsende Üppigkeit bei der Tafel. So brachte der Konsul C. Fannius Strabo im Jahre 161 ein Gesetz ein, wonach die wohlhabenden Bürger nicht mehr als 120 Asse zusätzlich zu Gemüse, Brot und Wein bei einer Mahlzeit verbrauchen sollten. Außerdem wurden sie angehalten, einheimische Weine zu trinken und bei Tisch nicht mehr als 100 Pfund (röm.) an Silbergegenständen zu benutzen.[15] Die Zensoren des Jahres 189 verboten den Kauf von importierten Parfümerien, und im Jahre 184 setzten die Zensoren Cato und Valerius hohe Steuern für Luxusgegenstände fest.

Luxus und Repräsentation

Die stärkere soziale Differenzierung zeigte sich auch in der Art der Bestattung. Während einerseits ärmere Bürger an Massenurnenstätten *(Columbarien)* beigesetzt wurden, nahmen anderseits die Reicheren jetzt immer häufiger von der Brandbestattung Abstand und ließen sich in Sarkophagen aufbahren, deren Inschriften Taten und Ansehen des Verstorbenen rühmten. Bei feierlichen Leichenprozessionen machte der Adel von dem Recht der Ahnenbilder *(ius imaginum)* Gebrauch und ließ Wachsmasken-Porträts der Toten mitführen. Die Bestattungsfeierlichkeiten wurden schließlich durch Gladiatorenspiele ergänzt. Im Jahre 254 wurden die ersten Kämpfe dieser Art veranstaltet, und im Jahre 174 ließ T. Flamininus zu Ehren seines verstorbenen Vaters 74 Gladiatorenpaare drei Tage lang gegeneinander kämpfen.

Das gewachsene Repräsentations- und Luxusbedürfnis der Oberschichten zeigte sich auch darin, daß die Hauptstadt bald mit Statuen geradezu überschwemmt war; im Jahre 158 mußten alle nicht auf einen Volks- oder Senatsbeschluß hin aufgestellten Statuen entfernt werden.

Triumphzüge und Festspiele wurden zahlreicher. Im Jahre 149 fanden während der *Ludi Tarentini* erstmalig Säkularspiele mit einem eigens dafür verfaßten Chorlied statt, und im Jahre 240 wurde während der *Ludi Romani* zum ersten Mal ein Drama nach griechischem Vorbild aufgeführt. Diese Entwicklung war wesentlich durch das Bestreben der Oberschichten bestimmt, die Volksmenge in der Stadt zu unterhalten und ideologisch zu beeinflussen. So wurde im Jahre 221 der Circus Flaminius eingeweiht und im 2. Jh. der Circus maximus erweitert.

Zunächst in enger Anlehnung an das Griechische nahm die römische Literatur einen großen Aufschwung, besonders auf den Gebieten des Dramas, der Satire und der Historiographie. Einen großen Anteil daran hatten Vertreter der italischen Munizipien.

Literatur

Am Anfang dieser Entwicklung stand bezeichnenderweise ein Grieche, L. Livius Andronicus aus Tarent, der im Jahre 272 als Gefangener nach Rom kam. Er übersetzte die »Odyssee« ins Lateinische, und zwar im Versmaß des Saturniers; es war das erste dichterische Werk in lateinischer Sprache und wurde lange Zeit hindurch als Schultext benutzt. Mit dem Namen des Andronicus ist auch die erste Aufführung eines Dramas in Rom verbunden (240).

---

15 Gellius, *Noctes Atticae* (Attische Nächte), 2, 24, 2–3.

3. Die Entstehung der römischen Großmacht

Außerdem übersetzte und bearbeitete er griechische Tragödien und Komödien und verfaßte im Jahre 207 im Auftrage des Senats ein Danklied.

Naevius Ein Zeitgenosse des Andronicus war Cn. Naevius aus Kampanien (etwa 274—204). Er schrieb ein Epos über den ersten Punischen Krieg und verfaßte mehrere Tragödien (*fabulae praetextae*, »Tragödien im Römergewand«) und Komödien, wo er sich ironisch-kritisch über Angehörige der Nobilität äußerte und deshalb aus Rom verbannt wurde; er starb in Utica.

Ennius Ein anderer bedeutender Dichter war Quintus Ennius aus Messapien (239—169). Auf Sardinien traf er mit Cato zusammen (204), der ihn mit nach Rom nahm, wo er das römische Bürgerrecht erlangte. Ennius wandte sich besonders der Tragödie zu sowie dem trojanischen Sagenkreis. Dabei lehnte er sich vornehmlich an Euripides an und verkündete wie dieser Ideale der griechischen Aufklärung und Humanität. Der Komödie widmete er sich kaum, vielmehr dagegen dem heroischen Epos, für das er das epische Versmaß der Griechen, den Hexameter, übernahm und diesen damit in die römische Literatur einführte.

Sein Hauptwerk waren die *Annales*, eine Geschichte der Römer von den Anfängen bis zum dritten Makedonischen Krieg in 18 Büchern. Für seine Darstellung benutzte er den von ihm hochgeschätzten Homer. Die Vielseitigkeit des Ennius offenbarte sich darin, daß er außerdem philosophische Lehrgedichte, Epigramme und Satiren verfaßte. Das Lustspiel (*Palliata*, »Lustspiel im Griechenkostüm«) war ein Genre, das sich besonders in Rom und dort in vollendeter Form ausbilden konnte. Es knüpfte an die alten Traditionen ausgelassener und derb-bäuerlicher Volksfeste an und war der Volksmenge am ehesten verständlich.

Plautus Einer der hervorragendsten Vertreter dieser Richtung war T. Maccius Plautus aus Umbrien (etwa 254—184). Er verlegte in seinen Komödien die Zielscheibe seines Spottes nach Griechenland und Kleinasien. Plautus, der sich sein Brot mit allerlei Gelegenheitsarbeiten verdienen mußte, kam mit Angehörigen unterer Volksschichten in Berührung und schrieb dementsprechend in einer recht volkstümlichen Sprache, die späteren Komödiendichtern als vorbildlich galt.

Seine bekanntesten Stücke sind der »Amphitryon«, die »Topfkomödie« (»Aulularia«), die Molière für sein Lustspiel »l'Avare« (»Der Geizhals«) als Vorlage gedient hat, die »Captivi« (»Die Kriegsgefangenen«), über die sich Lessing lobend geäußert hat, der »Miles gloriosus« (»Der prahlerische Soldat«), der in Shakespeares Falstaff seine Nachfolge gefunden hat, und die »Mostellaria« (»Gespensterkomödie«). In den Komödien des Plautus geht es in der Regel um Charakterzeichnung, Situationskomik, Wiedererkennungsmotive und Liebesintrigen. Dabei spielen der geldgierige und hartherzige Parasit, der gerissene Kuppler und auch der pfiffige Sklave eine große Rolle. Der liebende Jüngling und das nicht minder verliebte Mädchen finden sich am Ende stets zusammen. Die Handlung wurde durch Sing- und Tanzspiele aufgelockert.

Trotz des griechischen Milieus waren doch Anspielungen auf römische Verhältnisse nicht zu übersehen. Plautus trug dazu bei, das Selbstbewußtsein der Römer und ihr Gefühl der Überlegenheit zu stärken.

Terentius Ein anderer bedeutender Komödiendichter war P. Terentius Afer aus Karthago (etwa 190—159), der als Sklave nach Rom gekommen und hier freigelassen worden war. Er lehnte sich eng an Menander an, den Hauptvertreter der neuen attischen Komödie; in seinen Werken findet man viele belehrende Sentenzen moralphilosophischer Art.

Mit Titinius (2. Jh. v. u. Z.) vollzog sich die endgültige Herausbildung des eigentlich römischen Lustspiels, der *fabula togata* (»Lustspiel im Römergewand«). Die Auswahl griechischen Stoffes hatte sich allmählich erschöpft und war um die Mitte des 2. Jh. auch nicht mehr attraktiv. So wählte Titinius Stoffe aus dem römischen Milieu und verlegte die Schauplätze seiner Handlungen in italische Kleinstädte. Es ist recht bezeichnend, daß es die Togatendichter vermieden, Sklaven auftreten zu lassen, die klüger als ihre Herren waren.

Neben Ennius war der eigentliche Begründer der römischen Satire als neuer literarischer Kunstform C. Lucilius aus Kampanien (180–102). Lucilius wählte für seine Schriften wie auch Ennius für dasselbe literarische Genre das Wort *satura*, das in alter Zeit eine mit vielerlei Früchten angefüllte Opferschüssel bezeichnete, die den Göttern dargebracht wurde. Jetzt wurde damit eine gemischte literarische Form gekennzeichnet, deren Inhalt darauf gerichtet war, Mißstände in der Gesellschaft anzuprangern und die Sitten bessern zu helfen. **Satire**

Lucilius schrieb 30 Bücher Satiren und griff darin die vielfältigsten Themen auf. Seine Teilnahme am spanischen Krieg sowie seine enge Verbindung mit dem jüngeren Scipio Africanus ermöglichten ihm tiefe Einblicke in Unzulänglichkeiten und Mißstände des öffentlichen und privaten Lebens der Römer. Obwohl er in den vornehmsten Kreisen Roms verkehrte, verschonte er diese nicht mit seiner Kritik. Horaz sagte über ihn »und gleichwohl griff er ohne Scheu und Ausnahm Patrizier und Bürger zunftweis an« (sat., 2, 1, 69).

Relativ spät entstand bei den Römern die Geschichtsschreibung. Cn. Naevius trat mit dem ersten historischen Epos hervor, Q. Ennius folgte ihm mit seinen Annalen. Die ersten Geschichtswerke entstanden in griechischer Sprache, so die Römische Geschichte des Quintus Fabius Pictor (geb. um 254), die er bald nach 200 verfaßte, und auch das Werk des L. Cincius Alimentus, der im Jahre 210 Prätor war. **Geschichtsschreibung**

Der eigentliche Beginn der römischen Geschichtsschreibung fällt in die Mitte des 2. Jh. Den Durchbruch erzielte Cato mit seinem in lateinischer Sprache geschriebenen Geschichtswerk »Origines«, eine Geschichte der Römer in sieben Büchern von den Anfängen bis zum Todesjahr Catos (149). Das Ziel der ursprünglich 40 Bücher umfassenden »Universalgeschichte« des Griechen Polybios, der von 167 bis 150 in Rom als Geisel lebte, ist die Darstellung des Aufstiegs Roms zur Weltmacht. Das Römerreich sah er als den Höhepunkt aller bisherigen Entwicklung an.

Charakteristisch für die römische Historiographie des 2. Jh. war ihre ausgeprägte romanozentrische Tendenz; sie widerspiegelte das vor allem nach dem zweiten Punischen Krieg enorm gestiegene Selbst- und Sendungsbewußtsein der Römer. Wie das Beispiel des Polybios zeigt, begannen sich auch Griechen auf die neue Weltmacht zu orientieren.

Der literarische Aufschwung in dieser Periode führte dazu, daß sich griechisches Gedankengut besonders unter Vertretern der Oberschichten verbreitete. Das Ideal der geistigen Bildung drängte die bisher übliche väterliche Unterweisung mehr und mehr zurück. Griechische Lehrer, oft Sklaven, wurden im 2. Jh. eine normale Erscheinung. Daneben eröffneten seit den sechziger Jahren dieses Jahrhunderts Griechen regelrechte Schulen in Rom, in denen sie ihre Hörer mit griechischen Dichtern, mit der Rhetorik und den verschiedenen philosophischen Lehren bekannt machten. Auch Römisches wurde zunehmend in die Ausbildung einbezogen.

Die Rhetorik war es in erster Linie, die das Bildungsprogramm der herrschenden Klasse verkündete. Sie war untrennbar mit dem politischen Leben verbunden, und Cicero sagte später darüber: »Zwei Künste gibt es, welche die Menschen auf die höchste Stufe des Ansehens erheben können: die eine ist die des Feldherrn, die andere die des guten Redners« (*Pro Murena*, 14, 30).

Philosophie

Im 2. Jh. fand die griechische Philosophie Eingang in Rom. Der römische Staat wachte streng darüber, welche Lehren den römischen Interessen abträglich bzw. dienlich waren. So wurden im Jahre 173 zwei epikureische Philosophen und im Jahre 161 durch einen Senatsbeschluß alle griechischen Philosophen und Rhetoren aus Rom ausgewiesen. Im Jahre 155 erschien eine Philosophengesandtschaft aus Griechenland in Rom. Ihr gehörten der Neuakademiker Karneades, der Peripatetiker Kritolaos und der Stoiker Diogenes an. Als der greise Cato den Karneades reden hörte, der die Bedeutung der philosophischen Wahrscheinlichkeitslehre für das praktische Leben aufzeigte, hielt er das für so gefährlich, daß er die sofortige Abreise der Gesandten durchsetzte.

Panaitios

Immerhin wurde das Interesse an philosophischen Fragen erneut geweckt, und so konnte der Stoiker Panaitios von Rhodos (etwa 180—100) im Kreise des jüngeren Scipio Africanus wirksam werden. Einige Römer erkannten, daß die stoische Philosophie geeignet war, die altrömischen Sitten *(mores maiorum)* zu festigen und den neuen Bedingungen anzupassen.

In der stoischen Lehre sind pantheistische Anschauungen (später *deus sive natura*, »Gott oder Natur«) mit naturrechtlichen Vorstellungen verknüpft. Danach war die in der Natur waltende göttliche Vernunft *(divina mens)* oberstes Gesetz. Die Vernunft ist es auch, die die Menschen mit den Göttern verbindet. Den Römern stellte sich demzufolge die Sachlage so dar: Die mit großer Weisheit ausgestatteten Vorfahren waren in der Lage, die menschliche Vernunft mit der göttlichen in Einklang zu bringen und dementsprechend auch Institutionen und Normen zu schaffen, die gleichzeitig göttlichem Gesetz *(lex divina)* entsprachen.

Einrichtungen und Bräuche der Vorfahren besaßen also göttliche Weihe, und damit waren die geltenden Gesetze und Normen nicht in erster Linie eine Schöpfung des Menschen, sondern vielmehr eine Art Emanation des Göttlichen. Da schließlich die Natur als unwandelbar galt, vermochten die Menschen die Übereinstimmung mit dem göttlichen Willen nur dann zu wahren, wenn sie unbeirrbar an dem Bestehenden festhielten. So bot die römische Ordnung für die Menschen nicht nur schlechthin das Gerechteste, sondern gleichzeitig einen auf Ewigkeit abzielenden Rahmen.

Hier wurde also ein riesiger metaphysischer Apparat aufgeboten, um den politischen und sozialen Status quo zu rechtfertigen und zu sichern.

Panaitios propagierte weiterhin das Ideal der stoischen Weisen mit seinen

Tugenden und trug damit zur weiteren Ausbildung des Standesideals der römischen Aristokratie bei. Es entwickelte sich das Idealbild eines »guten Bürgers« *(vir bonus)*, der mit der erforderlichen Tugend *(virtus)* versehen war. Panaitios begründete hiermit eine Elitetheorie, die den Neigungen der römischen Aristokratie entgegenkam.

Nach Panaitios beruhte die Herrschaft der Römer über andere Völker nicht etwa auf Gewalt, sondern auf der sittlichen Überlegenheit der Römer allen anderen gegenüber. Polybios, der wie auch Panaitios dem Scipionenkreis angehörte, sah in der römischen Verfassung ein Ideal, weil sie aus Königtum, Aristokratie und Demokratie harmonisch zusammengesetzt sei. Das war die Theorie von der »gemischten Verfassung« *(constitutio permixta)*, die das staatstheoretische Denken der römischen Aristokratie in der Folgezeit beherrschte.

Mit diesen Gedanken rechtfertigten Panaitios und Polybios den römischen Expansionismus und nicht zuletzt die Herrschaft der Aristokratie. Anderseits verschaffte Panaitios auch völkerrechtlichen Vorstellungen *(ius gentium)* und dem Humanitätsbegriff *(humanitas)* Eingang in Rom, jedoch hatten diese Gedanken kaum sozialpolitische Auswirkungen.

Für die Entwicklung der römischen Religion war der zweite Punische Krieg von besonderer Bedeutung. Die anfänglichen Niederlagen führten konservative Kreise der Römer auf die Vernachlässigung der alten Götterkulte und auf unbesonnenes Verhalten führender Personen zurück. So gingen sie daran, die Pflege der Kulte zu beleben und neue Kultelemente einzuführen. **Religion**

Bereits im Jahre 259 v. u. Z. weihten die Römer einen Tempel für die *Tempestates* (»Stürme«). Nach der vernichtenden Niederlage am Trasimenischen See (217) erinnerten sie sich eines alten, schon fast in Vergessenheit geratenen Brauchs, des Gelübdes des Heiligen Frühlings *(ver sacrum)*. Sie gelobten, die Früchte eines Frühjahrs sowie das in dieser Zeit geborene Vieh den Göttern zu weihen, wenn der Staat für die nächsten fünf Jahre erhalten bliebe (Livius, 22, 10). Im Jahre 194 wurde dieses Gelöbnis erfüllt.

Ebenfalls im Jahre 217 gelobten die Römer, sowohl der Venus Erycina als auch der *Mens* (»Vernunft«, standhafte Sinnesart) einen Tempel zu errichten; der Tempel der Venus Erycina wurde im Jahre 215 geweiht. Im Jahre 216 errichteten sie einen Tempel für die *Concordia*, um damit die Eintracht zwischen Römern und ihren Bundesgenossen zu betonen. Während des zweiten Punischen Krieges erkannten die Römer auch die zwölf olympischen Götter offiziell an und setzten sie mit entsprechenden römischen Gottheiten gleich, ausgenommen Apollo, der unter demselben Namen verehrt wurde.[16]

Als einen besonderen Kultakt vollzogen die Römer für diese zwölf Götter das griechische Zeremoniell der »Götterbewirtung« *(lectisternium)*; den auf einem Polsterlager *(pulvinar)* ruhenden Götterstatuen wurden wie menschlichen Gästen Mahlzeiten bereitet und vorgesetzt. Diese Art der Verehrung dehnte sich auf nichtgriechische Götter aus und verdrängte den altrömischen Brauch, dem unpersönlich gedachten Gott Speisen hinzustellen. **»Götterbewirtung«**

---

16 Zu den zwölf olympischen Göttern gehörten: Zeus (Iupiter), Hera (Iuno), Poseidon (Neptunus), Athene (Minerva), Ares (Mars), Aphrodite (Venus), Artemis (Diana), Hephaistos (Vulcanus), Hestia (Vesta), Hermes (Mercurius), Demeter (Ceres), Apollo (Apollo).

112 3. Die Entstehung der römischen Großmacht

In besonderen Notlagen schreckten die Römer, nach Befragung der Sibyllinischen Bücher, auch vor Menschenopfern nicht zurück, und zwar in der zweiten Hälfte des 3. Jh. Einmal wurden 27 Griechen im Tiber ertränkt, und im Jahre 216 je ein Paar Gallier und Griechen geopfert, indem diese auf dem Forum Boarium lebendig begraben wurden.

Eindringen fremder Kulte
Die Gefahren des Krieges und die damit verbundenen Notsituationen ließen die Neigung der Römer für fremde Kulte wachsen. So gelangte im Jahre 204 die phrygische Muttergottheit, die »Große Mutter« (*Magna Mater*) aus Kleinasien — hier unter dem Namen *Kybele* verehrt — nach Rom. Der heilige Meteorstein der Göttin wurde zu diesem Zweck aus Pessinus nach Rom transportiert und im Tempel der Victoria auf dem Palatin aufbewahrt. Dieser Umstand unterstreicht die Erwartungen, die die Römer an die Göttin knüpften.

Östliche Kulte verbreiteten sich in Rom vor allem durch Sklaven, die an den Religionen ihrer Heimat festhielten. Viele dieser Kulte, die oft mit orgiastischen Feiern verbunden waren, fanden ihre Anhänger unter den ärmeren Schichten, unter Frauen und Sklaven. Sie riefen bei den herrschenden Kreisen Mißtrauen hervor, und im Jahre 186 wurde der Geheimkult des Bacchus/Dionysos, der von Süditalien und Etrurien Eingang in Rom gefunden hatte, durch einen Senatsbeschluß (*senatus consultum de Bacchanalibus*) verboten. Die Anhänger dieses Kultes wurden grausam verfolgt.

Im Gefolge der östlichen Kulte gewannen Aberglauben und Orakelwesen immer mehr an Einfluß. Der römische Staat sah in diesen unkontrollierten Orakeln eine Gefahr und wies im Jahre 139 alle orientalischen Astrologen (*Chaldaei*) aus Rom und Italien aus. Auf der anderen Seite verbreitete sich innerhalb der gebildeten Kreise der römischen Oberschichten in religiösen Fragen allmählich ein stärkerer Rationalismus, der im 2. Jh. durch die griechische Philosophie weiter gefördert wurde. Bereits im Jahre 249 ließ der Feldherr P. Claudius Pulcher die heiligen Hühner ertränken, weil sie nicht fressen wollten (fleißiges Fressen galt als ein gutes Omen). Polybios hielt die Ansichten über Götter und Unterwelt sogar für eine Erfindung der Vorfahren, die allerdings für die Beherrschung der Menge sehr nützlich sei (6, 56).

So zeichneten sich in der traditionellen römischen Religion Krisenerscheinungen ab, die sich hauptsächlich in dem Vordringen von Geheimkulten und Prophezeiungen sowie im wachsenden Skeptizismus offenbarten.

Wissenschaften
Den praktischen Wissenschaften gegenüber zeigten sich die Römer sehr aufgeschlossen. So wurden auf Anordnung des Senats kurz nach 146 die 28 Bücher des Puniers Mago über die Landwirtschaft ins Lateinische übersetzt. Schon im Jahre 263 stellten die Römer eine in Sizilien erbeutete Sonnenuhr auf dem Forum auf, doch können ihre astronomischen Kenntnisse nur gering gewesen sein, denn im Jahre 168 war der römische Kalender dem richtigen Datum immerhin um 73 Tage voraus, und bisweilen gab es Abweichungen bis zu vier Monaten.

In der Medizin blieben die Römer konservativ. Als im Jahre 219 der erste griechische Arzt Archagathos nach Rom kam, nannten sie ihn bald *carnifex*, den »Henker«.

Entwicklung des Rechts
Bemerkenswerte Fortschritte sind auf dem Gebiet des Rechtswesens und der Rechtsanschauungen festzustellen. Mit der Einführung der Fremdenprätur

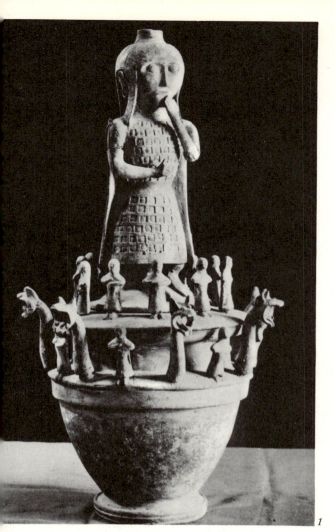

1 Etruskische Aschenurne
2 Graburne in Form eines Gefäßes, Italien, Villanova-Kultur
3 Etruskisches Wandgemälde in Corneto-Tarquinia, Gelageszene

4 Lapis niger mit archaischer Inschrift (Forum Romanum)
5 Pyrrhus, König von Epirus
6 Aschenurne in römischer Hausform

7 Samnitischer Krieger, Bronzefigur

8 Kolossalstatue des Mars

9 Pflüger, etruskische Statuette

) Vestalin
1 Römische Wölfin
2 Auspizien aus den Eingeweiden eines Stieres

13 Ehrensäule des C. Duilius auf dem Forum Romanum
14 Priesterin der karthagischen Göttin Tanit
15 Sogenannter Hannibal

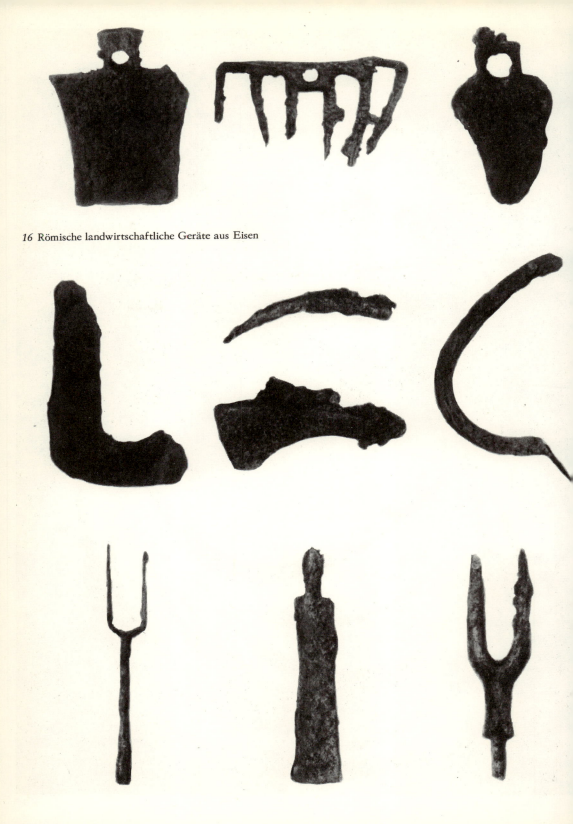

16 Römische landwirtschaftliche Geräte aus Eisen

3.7. Die römische Kultur im 3. und 2. Jh. v. u. Z.   113

(242) verband sich die Ausbildung international gültiger Normen, beeinflußt von der stoischen Philosophie. Dem herkömmlichen Zivilrecht wurden die prätorischen Edikte beigefügt, die neue Konfliktsituationen regelten. So entstand das Prätorische Recht. Desweiteren wurden in der Mitte des 2. Jh. die Gerichtsverfahren vereinfacht. Der zuständige Beamte fertigte für den jeweiligen Klagefall eine Urkunde *(formula)* aus, in der er vorgab, welche Entscheidung in dem betreffenden Fall nach Ermittlung der Schuldfrage zu fällen war. Durch diesen Formularprozeß konnten Sachlagen erfaßt werden, für die es im bestehenden Recht keine bindenden Hinweise gab.

Über diese Ergänzungen und Präzisierungen hinaus wurde versucht, die komplizierter werdenden Rechtsverhältnisse zu systematisieren und ihnen auch eine theoretische Grundlage zu geben. Zu Beginn des 2. Jh. verfaßte Sextus Aelius Catus ein Sammelwerk, das die gültigen Gesetze, Rechtsverfahren und die möglichen Rechtsauslegungen enthielt *(Ius Aelianum)*. In die Zeit des 3. und 2. Jh. fallen auch die Anfänge der Nutzarchitektur, des historischen Reliefs und des realistischen Porträts, derjenigen Kunstgattungen, die als typisch römische anzusehen sind.

Im Mittelpunkt der Nutzarchitektur standen der Straßen-, Brücken- und **Ingenieurbau-** Wasserleitungsbau. So wurde im Jahre 187 Bononia durch eine über den **ten** Apennin führende Straße mit Arretium verbunden. Die *Via Aemilia* verlief von Ariminum über Bononia nach Placentia, und um 175 wurde eine Straße fertiggestellt, die über Padua und Hostilia bis Aquileia führte.

Der Tiber erhielt die erste Steinbrücke *(Pons Aemilius)*. Zahlreiche Aquädukte gewährleisteten die Versorgung Roms mit Frischwasser. Bei Kult- und Privatbauten fand Marmor als Baumaterial zunehmend Verwendung.

Architektonische Neuerungen waren seit dem 2. Jh. Bogen- und Gewölbekonstruktionen, durch die der Bau von Brücken und Aquädukten vervollkommnet werden konnte. Eine weitere Neuerung war das Gußmauerwerk; hierbei wurde ein betonähnlicher hydraulischer Mörtel aus Kalk und vulkanischer Asche (Puzzolanerde) verwandt. Die rege Bautätigkeit war nur möglich durch die intensive Nutzung von Steinbrüchen.

Aus den bei Triumphzügen mitgeführten Historienbildern mit Darstellungen **Relief und** des unterworfenen bzw. besiegten Landes entwickelte sich im 2. Jh. das hi- **Porträt** storische Relief, das eine fortlaufende Erzählung festhielt.

Das historische Relief bzw. die Historienmalerei verherrlichte die Taten großer Männer der Vergangenheit und sollte zum Ruhm vor allem der lebenden Nachfahren dienen. Insofern erfüllte es die Aufgaben einer politischen Propaganda, der auch die Porträtkunst diente; sie wurzelte in der Tradition der wächsernen Totenmasken, dem Ahnenkult. Dieser Tatbestand verlieh den römischen Porträts von vornherein einen starken realistischen und individuellen Zug, der bei den Griechen nicht ausgeprägt war. Die griechischen Statuen stellen idealisierte Typen dar, sie widerspiegeln das Allgemeine. Der Hauptgrund dafür liegt in der — freilich historisch geformten — andersartigen Gefühls- und Geisteshaltung der Römer, deren Sinn stärker auf das Praktisch-Politische gerichtet war. So treten in den römischen Porträts vor allem solche Eigenschaften wie überlegene Ruhe und Würde, Standhaftigkeit und Willenskraft hervor.

Die Porträtkunst war ebenso wie das historische Relief ein Mittel der poli-

8 Römische Geschichte

tischen Propaganda. Beide Kunstgattungen dienten dem Ziel, Leitbilder zu propagieren, wie das die Geschichtsschreibung mit ausgewählten Beispielen *(exempla)* tat.

Schließlich kreierten die Römer eine neue Art der figürlichen Darstellung, die bekleidete Statue. In dieser Kunstgattung verkörperte sich das Bewußtsein der Römer von ihrer materiellen und — wie sie selbst glaubten — auch moralischen Überlegenheit.

Insgesamt reflektiert der besonders seit dem 2. Jh. einsetzende kulturelle Aufschwung den Aufstieg Roms zu einer Weltmacht und den Übergang zu der auf Sklaverei beruhenden Produktionsweise, die die Trennung zwischen körperlicher und geistiger Arbeit wesentlich förderte.

Die Verschärfung des Klassenkampfes im Imperium Romanum. Der Weg zur Militärdiktatur

4

Der erste sizilische Sklavenaufstand und die Erhebung des Aristonikos. Die Gracchenbewegung

4.1.

Die Durchsetzung der auf Sklaverei beruhenden Produktionsweise in Rom führte zu größeren Auseinandersetzungen zwischen den Hauptklassen, den Freien und den Sklaven. Zu Unruhen und Erhebungen kam es seit dem Bestehen der Sklaverei, doch nahmen sie mit Beginn des 2. Jh. immer größere Ausmaße an und machten teilweise ein militärisches Einschreiten der Römer erforderlich.

Zum ersten großen Sklavenaufstand kam es in Sizilien (136–132 v. u. Z.). Sizilien war eine der Kornkammern Roms, wo auch die Weidewirtschaft einen bedeutenden Platz hatte. Das Los der Sklaven auf solchen riesigen Besitzungen, auf denen sie in erster Linie zum Einsatz kamen, war besonders hart. Um Verpflegung und Kleidung sorgten sich die Herren kaum. Über den Großgrundbesitzer Damophilos, von dessen Gütern der Aufstand seinen Ausgang nahm, berichtet der griechische Historiker Diodoros aus Agyrion in Sizilien (etwa 80 bis etwa 29 v. u. Z.) in seiner »Historischen Bibliothek«:

Ursachen des Aufstandes

»Er kaufte eine Menge Sklaven und behandelte sie gewalttätig; die Leiber von Leuten, die in ihrer Heimat Freie gewesen waren, die aber das Pech gehabt hatten, in Gefangenschaft und Sklaverei zu geraten, ließ er mit Brandeisen kennzeichnen. Die einen von ihnen fesselte er mit Fußeisen und warf sie in seine Sklavenarbeitshäuser, die anderen machte er zu Hirten, gab ihnen aber weder die erforderlichen Kleider noch die notwendigen Lebensmittel.«[1]
Gleichzeitig wird hier eine weitere Ursache für die großen Sklavenaufstände dieser Zeit ersichtlich, nämlich die brutale Behandlung. Da der Sklave in der Regel nicht sonderlich an der Arbeit interessiert war, fehlte es bei ihm auch an Arbeitswilligkeit, und er konnte daher nur mit den grausamsten Mitteln zur Tätigkeit gezwungen werden. Diese Sachlage kennzeichnete Karl Marx mit dem Begriff »Oberaufsicht«, die allen Produktionsweisen eigen ist, die auf dem Gegensatz zwischen dem Arbeiter als dem unmittelbaren Produzenten und dem Eigentümer der Produktionsmittel beruhen. Weiter führt er aus: »Je größer dieser Gegensatz, desto größer die Rolle, die diese Arbeit der Oberaufsicht spielt. Sie erreicht daher ihr Maximum im Sklavensystem.«[2]

---

1 Diodor, *Bibliotheca historica*, XXXV, 1.
2 K. Marx, Das Kapital, Bd. 3, in: MEW, Bd. 25, Berlin 1964, S. 397.

4. Die Verschärfung des Klassenkampfes. Der Weg zur Militärdiktatur

Außer dem natürlichen Bestreben der neu Versklavten, ihre Freiheit wiederzuerlangen, spielte bei den großen Erhebungen schließlich auch die zunehmende Geldwirtschaft eine entscheidende Rolle. Eine treffende Einschätzung dieses Vorganges gibt wiederum Marx: »Soweit Sklaverei herrscht, oder soweit das Mehrprodukt vom Feudalherrn und seiner Gefolgschaft aufgegessen wird, und Sklavenbesitzer oder Feudalherr dem Wucher verfällt, bleibt die Produktionsweise auch dieselbe; nur wird sie härter für die Arbeiter. Der verschuldete Sklavenhalter oder Feudalherr saugt mehr aus, weil er selbst mehr ausgesaugt wird. Oder schließlich macht er dem Wucherer Platz, der selbst Grundeigentümer oder Sklavenbesitzer wird, wie die Ritter im alten Rom.«[3] Selbstverständlich verschärfte sich bereits durch die bloße Einbeziehung der mittleren und großen Grundeigentümer in den Handel die Ausbeutung. Das wachsende Angebot vor allem von auswärtigen Luxusartikeln auf dem Markt veranlaßte sie, nach einem größeren Mehrprodukt zu streben, um die erforderlichen Mittel für den Kauf in die Hand zu bekommen. Diese Entwicklung bahnte sich im Verlaufe des 2. Jh. bereits deutlich an und erreichte, verbunden mit tiefen Verschuldungen, im nachfolgenden Jahrhundert ihren Höhepunkt.

Eunus – Antiochos

Die Aufstandsbewegung ging von Sklaven des erwähnten Damophilos aus. Es gelang ihnen in kürzester Zeit, 400 Sklaven zur Teilnahme am Aufstand zu bewegen und unter der Führung des als Wahrsager und Zauberer geltenden syrischen Sklaven Eunus aus Henna sich dieser Stadt zu bemächtigen. Sklavenbesitzer, die ihre Arbeitskräfte grausam behandelt hatten, wurden getötet, unter ihnen auch Damophilos und dessen Frau Megallis; die Tochter hingegen, die sich den Sklaven gegenüber menschlich gezeigt hatte, blieb verschont. Die Aktionen der Sklaven richteten sich nur gegen die wohlhabenden Sklavenbesitzer und deren Güter, nicht gegen die kleinen Bauern und deren Wirtschaften.

Der Anführer der Aufständischen, Eunus, ließ sich in Henna zum König ausrufen. Er nahm den Namen Antiochos an und proklamierte ein »Neusyrisches Reich«; damit wählte er die Monarchie der Seleukiden zum Vorbild. Seine Untertanen bezeichnete er als Syrer, aus denen auch die Mehrzahl der sizilischen Sklaven bestand.

Eunus-Antiochos trat ein Rat zur Seite, in den geistig führende Männer gewählt wurden. Ein Grieche namens Achaios übernahm die Leitung der militärischen Operationen. Freie Waffenhandwerker, die sämtlich geschont wurden, mußten für den Bedarf des Sklavenheeres arbeiten.

Kleon

Inzwischen hatte sich im Südwesten der Insel ein zweiter Aufstandsherd gebildet. Mittelpunkt war die Stadt Agrigentum. Der Kilikier Kleon brachte ein starkes Heer von 5000 Sklaven zusammen. Als sich die Hoffnungen der Römer, daß es zu Zwistigkeiten unter den Führern des Aufstandes kommen würde, zerschlugen und Kleon sich sogar Eunus unterstellte, da sahen sie sich zum militärischen Vorgehen genötigt, denn die Sklaven gingen nun zielstrebig daran, ganz Sizilien zu besetzen. Hauptstützpunkt war Tauromenion, das in eine Festung verwandelt wurde. Bedeutende Städte wie Messana und Catana fielen in die Hände der Sklaven.

3 K. Marx, a. a. O., S. 610.

4.1. Der erste sizilische Sklavenaufstand. Die Erhebung des Aristonikos. Die Gracchen

Das Heer der Sklaven, das zahlenmäßig außerordentlich angewachsen war — die Angaben schwanken zwischen 70 000 und 200 000 —, konnte die Römer schließlich besiegen. So erlitt der Prätor Lucius Hypsaeus mit 8 000 Soldaten eine Niederlage von dem 20 000 Sklaven umfassenden Heer. Weitere Strafexpeditionen der Römer blieben erfolglos, bis schließlich der Konsul Publius Rupilius mit einem Heer in Sizilien erschien (132). Nach längerer Belagerung fiel die Stadt Tauromenion durch Verrat des syrischen Sklaven Serapion in seine Hand. Rupilius hielt ein grausames Strafgericht, indem er die ergriffenen Sklaven foltern und dann einen Abhang hinunterstürzen ließ.

Danach begab er sich nach Henna, der Hauptstadt des Sklavenstaates, die von Kleon verteidigt wurde. Dieser fand bei einem Ausfall »nach heldenmütigem Kampf, von Wunden bedeckt« (Diodor, XXXV, 2), den Tod. Eunus-Antiochos geriet in Gefangenschaft und starb im Gefängnis.

Der Aufstand der sizilischen Sklaven hatte auch außerhalb der Insel starken Widerhall gefunden. In Rom empörten sich 150 Sklaven, und zu weiteren Erhebungen kam es in Sinuessa und Minturnae. Hier sollen 450 Sklaven gekreuzigt worden sein. In Attika, hauptsächlich in den Bergwerken von Laurion, rebellierten über 1 000 Sklaven, und die Unruhen griffen auf die Inseln Delos und Chios über. Makedonien wurde ebenfalls von Sklavenunruhen erfaßt. Die örtlichen Behörden vermochten all dieser Erhebungen jedoch schnell Herr zu werden.

Im Jahre 133 erhoben sich im westlichen Kleinasien freie Arme und Sklaven unter der Führung des Aristonikos.[4] Als Attalos III. von Pergamon (138—133) sein Reich den Römern testamentarisch übereignete, trat sein Halbbruder Aristonikos, der sich auf den Münzen Eumenes nannte, als Thronprätendent auf und rief die unteren Bevölkerungsschichten zum Kampf gegen Rom auf; die Sklaven erklärte er für frei. Seine Bewegung war von hellenistischen sozialen Utopien beeinflußt, vermutlich auch von dem utopischen Roman des Iambulos, der von Menschen berichtete, die auf den »Sonneninseln« ein glückliches Leben in Freiheit und Gleichheit führten. Im Gegensatz zu Platon, der das Bild eines idealen Sklavenbesitzerstaates zeichnete, proklamierte Iambulos einen Gesellschaftszustand ohne Sklaverei. Ein solches Ideal schwebte dem Aristonikos vor, und er nannte seine Anhänger dementsprechend *Heliopoliten*, »Bürger des Sonnenstaates«.

Aristonikos

Obwohl Aristonikos anfangs in einer Seeschlacht bei Kyme gegen die Ephesier eine Niederlage hinnehmen mußte, gewann er allmählich die Oberhand und konnte einen großen Teil des Pergamenischen Reiches unter seine Kontrolle bringen. Die Römer sahen sich zum militärischen Einschreiten genötigt und veranlaßten die Herrscher von Bithynien, Kappadokien, Paphlagonien und Pontos zur Mithilfe. Diese kamen der römischen Aufforderung um so eher nach, als sie ein Übergreifen des Aufstandes auf ihre eigenen Gebiete fürchteten.

Immerhin vermochte Aristonikos den Römern noch im Jahre 130 eine Niederlage beizubringen. Als der Konsul P. Licinius Crassus Mucianus die erfolglose Belagerung der befestigten Stadt Leukai aufhob, wurde er beim Abzug überraschend angegriffen und besiegt. Er selbst büßte in diesem Treffen sein Leben

---

4 Strabon, *Geographica*, 14, 1, 38: πλῆθος ἀπόρων τε ἀνθρώπων καὶ δούλων.

| | 4. Die Verschärfung des Klassenkampfes. Der Weg zur Militärdiktatur |

ein. Seinem Nachfolger M. Paperna blieb es vorbehalten, Aristonikos zu schlagen und ihn bei der Einnahme von Stratonikeia in Karien gefangenzunehmen. Aristonikos wurde nach Rom geschafft, im Kerker grausam gefoltert und dann erdrosselt (129). In demselben Jahr beendete der Konsul M.'Aquillius den Krieg in Kleinasien und richtete die neue Provinz ein, die den Namen *Asia* erhielt. Die Römer erwarben mit der Angliederung Pergamons erstmals kleinasiatisches Gebiet und beherrschten so beide Küsten der Ägäis.

Demokratische Aktionen

In der 2. Hälfte des 2. Jh. setzten in Rom verstärkt demokratische Bestrebungen ein. Die Ursachen hierfür lagen einmal in der zunehmenden Ausbreitung des mittleren und großen Grundbesitzes, ein Vorgang, der mit dem massenhaften Einsatz von Sklaven als Arbeitskräfte verbunden war und — wie der erste sizilische Sklavenaufstand zeigte — ernste Gefahren heraufbeschworen hatte. Zum anderen verschlechterte sich parallel zur Konzentration des Grundbesitzes zusehends die Lage der bäuerlichen Kleinproduzenten. Verschuldungen und Kriegsverluste ließen die Anzahl der Bauernparzellen ständig schrumpfen.

Allein die bei Appian[5] ausgewiesenen Verluste der Römer in den spanischen Kriegen ergeben die stattliche Zahl von 46100 Mann, wobei die tatsächlichen Verluste noch höher gelegen haben dürften. Freilich ist zu beachten, daß ein erheblicher Anteil auf die Bundesgenossen entfiel. Bereits in den Jahren nach 154 (bis 151) verloren die Römer in Spanien nahezu vier Legionen, und Polybios (6, 19) berichtet, daß der Zensus für die Kriegsdienstpflichtigen von 11000 auf 4000 Asse herabgesetzt werden mußte.

Wies der Zensus des Jahres 164 noch 337452 waffenfähige Bürger aus, so sank er über 322000 im Jahre 147 bis auf 317000 im Jahre 136 v. u. Z. Die Rekrutierungsschwierigkeiten wuchsen, und die Kampfmoral der römischen Bauernsoldaten ließ spürbar nach. Auf der anderen Seite sahen die der Nobilität angehörenden Befehlshaber in dem Krieg eine willkommene Gelegenheit, ihre Vermögensverhältnisse aufzubessern. So sagt Appian (Iber. 51) von L. Licinius Lucullus, dem Konsul des Jahres 151, daß dieser in Spanien einfach deshalb einen Krieg vom Zaune gebrochen habe, weil er verarmt war und Geld brauchte. Solche ganz unverhohlen betriebenen Plünderungen sind auch von Ser. Sulpicius Galba (Prätor 149) und M. Aemilius Lepidus (Konsul 137) bekannt. Letzterer setzte sich sogar über Warnungen hinweg, die ihm zugegangen waren.

So wuchs bei den unteren Bevölkerungsschichten die Unzufriedenheit über die Herrschaft der Nobilität; auch die Ritterschaft wurde davon erfaßt. Die oppositionellen Kräfte konnten in den dreißiger Jahren einige Erfolge erringen. Sie setzten eine Reihe von »Tafelgesetzen« (*leges tabellariae*) durch, die in den Komitien die geheime Abstimmung einführten, die *lex Gabinia* von 139 in den Wahlkomitien, die *lex Cassia* von 137 in den Gerichtskomitien, und die *lex Papiria* von 131 schließlich in den gesetzgebenden Komitien.

Den Angehörigen der Nobilität war damit die Kontrolle über die Art der Abstimmung auch ihrer Klienten entzogen. Ein späteres Zeugnis reflektiert die Haltung der Nobilität. So meinte Cicero, selbst ein eifriger Verfechter der Senatsherrschaft, daß nichts besser sei als die mündliche Stimmabgabe, we-

5 Appian, *Iberica*, 78 ff.

nigstens aber sollte das Volk seine Tafel jedem ehrwürdigen Bürger (sprich: Adligen) freiwillig zeigen.[6]

Einer dringenden Lösung harrte die Agrarfrage. Bereits C. Laelius, Konsul des Jahres 140 v. u. Z. und Freund des jüngeren Scipio Africanus, hatte diesbezügliche Reformen ins Auge gefaßt, jedoch aus Furcht vor Unruhen und auf eindringliches Anraten von Großgrundbesitzern hin davon Abstand genommen. Die Forderungen nach Landzuteilung kamen allerdings nicht mehr zum Verstummen und wurden stets nachdrücklicher erhoben.

Am 10. Dezember 134 wurde Ti. Sempronius Gracchus (162–132), Sohn des gleichnamigen Konsulars und der Cornelia, Tochter des älteren Scipio Africanus, zum Volkstribun gewählt. Auf einer Reise durch Etrurien (137) sollen ihn die Sklavenmassen auf den großen Besitzungen bedenklich gestimmt haben. Sein Reiseziel war Spanien, wo er als Quästor Einblick in den besorgniserregenden Zustand des Heeres gewinnen konnte. Diese Erfahrungen vor allem bewogen ihn, im Jahre 133 mit einem Agrarprogramm hervorzutreten. Dabei spielte gewiß auch soziales und politisches Ideengut der hellenistischen Welt eine Rolle, denn zu seinen Lehrern zählten der aus Mytilene verbannte Rhetor Diophanes und der stoische Philosoph C. Blossius aus Cumae, der mit Tiberius eng befreundet war.

Agrargesetz des Tiberius Gracchus

Zunächst erneuerte Tiberius die licinisch-sextische Verordnung, daß niemand mehr als 500 iugera (125 ha) vom *ager publicus* besitzen solle. Er milderte diese Bestimmung durch den Zusatz, daß für erwachsene Söhne weitere 250 *iugera* erlaubt seien, jede Familie aber nicht mehr als 1 000 iugera besitzen solle. Diese Tatsache wirft ein Licht auf den Umfang des inzwischen von einzelnen einflußreichen Familien okkupierten Staatslandes.

Für die bisherigen Besitzer war eine besondere Entschädigung vorgesehen. Das auf diese Weise gewonnene Land sollte in Parzellen zu je 30 *iugera* aufgeteilt und gegen eine jährliche geringe Abgabe an landlose Bürger vergeben werden. Die Parzellen selbst wurden zu erblicher Nutzung verteilt, d. h., sie sollten unveräußerlich sein. Einer jährlich zu wählenden Kommission, bestehend aus drei Leuten *(tresviri agris dandis adsignandis iudicandis)*, wurden Aufgabe und Vollmacht übertragen, den Bestand an *ager publicus* zu ermitteln und seine Aufteilung in Parzellen vorzunehmen. Spätere Zeugnisse schreiben die Formulierung des Gesetzes dem damals bekannten Juristen P. Mucius Scaevola und dessen Bruder Licinius Mucianus zu.

Trotz ihres gemäßigten Charakters stieß die Gesetzesvorlage auf den heftigsten Widerstand der großen Grundbesitzer, die nicht gewillt waren, auch nur die geringsten Vermögensverluste hinzunehmen. Außerdem fürchteten sie um ihr politisches Prestige. Andererseits strömte die bäuerliche Bevölkerung in Scharen hoffnungsvoll nach Rom. Hier soll Tiberius folgende Worte an das versammelte Volk gerichtet haben: »Die wilden Tiere, die Italien bevölkern, haben ihre Höhlen und kennen ihre Lagerstätte, ihren Schlupfwinkel. Die Männer aber, die für Italien kämpfen und sterben, haben nichts als Luft und Licht; unstet, ohne Haus und Heim, ziehen sie mit Weib und Kind im Lande umher. Die Feldherrn lügen, wenn sie in der Schlacht ihre Soldaten aufrufen, Gräber und Heiligtümer gegen die Feinde zu verteidigen. Denn keiner von

Rede an das Volk

6 Cicero, *de legibus* (Über die Gesetze), 3, 33 und 39.

diesen armen Römern hat einen Altar von seinen Vätern, kein Grabmal seiner Ahnen geerbt. Für Wohlleben und Reichtum anderer setzen sie im Krieg ihr Leben ein. Herren der Welt werden sie genannt: in Wirklichkeit gehört kein Krümchen Erde ihnen zu eigen.«[7]

Ziele der Reform

Über die Absichten des Tiberius äußert sich Appian in seinen »Bürgerkriegen«: Tiberius habe seinen Unwillen über die große Zahl der Sklaven zum Ausdruck gebracht, die gefährlich sei. Die Sklaven seien untauglich zum Kriegsdienst und ihren Herren nicht treu. Sein Ziel sei nicht die Bereicherung der Armen, sondern vielmehr die Erhöhung der Anzahl der streitbaren Männer gewesen.[8]

Hieraus ergibt sich gleichzeitig der Charakter der geplanten Reformen. Es ging um die Eindämmung der Sklavengefahr sowie um die Wiederherstellung der militärischen Kampfkraft des römischen Heeres. Dazu bedurfte es der Stärkung der Bauernschaft, die das Rekrutierungsreservoir der römischen Legionen darstellte.

Insofern handelte es sich um einen Versuch, die bestehende sozialökonomische Ordnung zu stabilisieren, d. h., die antike Bürgergemeinde in ihrer stadtstaatlichen Existenzform auch unter den Bedingungen eines Großreiches zu erhalten.

Um den Gesetzesantrag des Tiberius Gracchus zu Fall zu bringen, veranlaßten die Gegner der Reform den Volkstribunen M. Octavius — nach Plutarch (Ti. Gracchus, 10) ebenfalls im Besitz von Staatsländereien —, sein Veto gegen die Vorlage einzulegen. Als alle Bemühungen des Tiberius, Octavius von seinem Vorhaben abzubringen, fehlschlugen, griff er zu einem bis dahin ungebräuchlichen Mittel: Er ließ Octavius durch eine Abstimmung in der Volksversammlung einfach absetzen und an seiner Stelle einen neuen Volkstribunen wählen. Es handelte sich hier um den ersten Fall einer Amtsenthebung *(abrogatio)* in der römischen Geschichte. Das Agrargesetz wurde angenommen, und die gleichzeitig damit bestätigte Kommission konnte ihre Arbeit aufnehmen. Außer Tiberius selbst gehörten ihr sein Bruder Gaius und sein Schwiegervater Appius Claudius an. Die Schwierigkeiten waren nahezu unüberwindlich, denn die bisherigen Besitzer *(possessores)* waren mit dem okkupierten Staatsland wie mit ihrem Privateigentum verfahren: Sie hatten es vererbt, verkauft, verpachtet u. a. m., so daß sich die Lage völlig unübersichtlich gestaltet hatte. Es erwies sich vielfach als unmöglich, die tatsächlichen Grenzen des *ager publicus* exakt zu ermitteln, und die Arbeit der Kommission ging nur schleppend voran.

Ein weiterer Antrag des Tiberius erregte den Unwillen seiner Gegner. Über den an Rom gefallenen Staatsschatz des pergamenischen Königs Attalos III. sollte nicht der Senat, sondern die Volksversammlung verfügen. Die Mittel sollten dazu dienen, die neuen Siedler in die Lage zu versetzen, sich das notwendige Inventar für ihre Parzellen zu beschaffen. Diese Maßnahme entzog dem Senat das alleinige Verfügungsrecht über die Finanzen.

Diese Maßnahme sowie die vorangegangene Absetzung des Octavius lassen erkennen, daß Tiberius die Souveränität der Volksversammlung anstrebte.

---

7 Plutarch, *Ti. Gracchus*, 9.
8 Appian, *bellum civile* (Bürgerkrieg), 1, 9 und 11.

4.1. Der erste sizilische Sklavenaufstand. Die Erhebung des Aristonikos. Die Gracchen

Hierin zeigen sich zweifellos Einflüsse griechischen staatstheoretischen Denkens.

Als sich Tiberius bereits während seiner Amtszeit erneut um das Volkstribunat bewarb, was der herkömmlichen römischen Verfassung widersprach, erreichten die Spannungen ihren Höhepunkt. Seine Gegner setzten über ihn das Gerücht in Umlauf, er strebe nach der Königswürde, eine Verleumdung, die ihre Wirkung nicht verfehlte, da das Königtum in Rom seit dem Regifugium unpopulär war.

Tiberius war bemüht, seine Stellung zu festigen, und antike Zeugnisse bekunden seine Absicht, zu diesem Zweck weitere Gesetze durchzubringen. So soll er eine Erweiterung des Provokationsrechtes, die Herabsetzung der Militärdienstzeit, eine Beteiligung der Ritter an den Gerichten angestrebt und den Italikern sogar das römische Bürgerrecht versprochen haben.

Auf einer Volksversammlung brachen die Gegensätze offen hervor. Die Mehrzahl der Anhänger des Tiberius war inzwischen aufs Land zurückgekehrt, und die Senatspartei nutzte die Gunst der Stunde: Unter der Führung des einflußreichen Senators P. Cornelius Scipio Nasica gingen die Vertreter und die Mitläufer der reichen Grundbesitzerklasse gewaltsam gegen Tiberius vor, der mit Hunderten seiner Anhänger erschlagen wurde. Die Leichen der Ermordeten wurden in den Tiber geworfen. Die am Leben gebliebenen Anhänger des Tiberius waren Verfolgungen und harten Bestrafungen ausgesetzt. Unter den Hingerichteten befand sich auch der Rhetor Diophanes, während sich der Philosoph Blossius den Nachstellungen entziehen und nach Kleinasien fliehen konnte, wo er sich dem Aufstand des Aristonikos anschloß; nach der Niederlage des Aufstandes beging er Selbstmord. *Ende des Tiberius*

Tiberius war am Widerstand der Nobilität und des grundbesitzenden Teils der Ritterschaft gescheitert, ein Tatbestand, auf den der römische Historiker T. Livius richtig hinweist.[9] Der Versuch, die ökonomisch starke Ritterschaft durch eine Gerichtsreform zu gewinnen, kam zu spät. Das Agrargesetz konnte allerdings auch nach seinem Tode nicht außer Kraft gesetzt werden, und die Landverteilung wurde fortgesetzt. Die Lage spitzte sich erneut zu, als die Dreimännerkommission im Jahre 131 v. u. Z. das von den Bundesgenossen okkupierte Staatsland in die Verteilung einbeziehen wollte. Scipio Africanus, der im Jahre 132 aus Spanien zurückgekehrt war und kein Hehl daraus machte, daß er die Ermordung des Tiberius billige, nahm sich der Bundesgenossen an, von denen viele in seinem Heere gedient hatten, und erwirkte schließlich im Jahre 129 in der Volksversammlung einen Beschluß, demzufolge der Agrarkommission die richterlichen Befugnisse über das strittige Land entzogen und den Konsuln übertragen wurden.

Damit waren der Kommission die Hände gebunden, und bei der Plebs verbreitete sich Unwille gegenüber Scipio. Als dieser eines Morgens desselben Jahres in seinem Hause tot aufgefunden wurde, richtete sich der Verdacht auf die Gracchenfreunde; auch Gaius Gracchus und seine Mutter Cornelia blieben nicht verschont, doch weist nichts in der Gedenkrede seines vertrauten Freundes C. Laelius auf einen gewaltsamen Tod hin.

---

9 Livius, Epit., 58: *adversus voluntatem senatus et equestris ordinis* (gegen den Willen des Senats und des Ritterstandes).

4. Die Verschärfung des Klassenkampfes. Der Weg zur Militärdiktatur

Bundesgenos-
senfrage

Der Konsul des Jahres 125, M. Fulvius Flaccus, ein Anhänger der Gracchen, plante eine Gesetzesvorlage, die den Bundesgenossen, insbesondere den Latinern, das römische Bürgerrecht verleihen sollte. Der Senat hinderte ihn aber daran, indem er ihn mit einem militärischen Auftrag gegen die Ligurer nach Norditalien schickte. Die offenkundig ablehnende Haltung des Senats löste unter den Italikern Empörung aus. Asculum in Picenum und Fregellae am Liris, eine der größten Latinerstädte, erhoben sich gegen Rom. Fregellae mußte vom Prätor L. Opimius mit Waffengewalt niedergezwungen werden. Die Stadt wurde zerstört und ihr Gebiet zu einem Teil an benachbarte Gemeinden vergeben, den übrigen Teil nutzten die Römer zur Anlage der Kolonie Fabrateria Nova.

Reformen des
Gaius
Gracchus

Im Jahre 124 wurde der jüngere Bruder des Tiberius, Gaius Gracchus (154–121), zum Volkstribun gewählt. Nach den antiken Quellen soll er seinen Bruder an Entschlußkraft, administrativem Talent und Beredsamkeit übertroffen haben. Er ließ es sich angelegen sein, das Werk des Tiberius weiterzuführen, wobei das Bestreben, seinen Bruder zu rächen, ein wesentliches Motiv darstellte.

So brachte er zuerst (123) ein Gesetz durch, wonach das Vorgehen derjenigen, die römische Bürger ohne ein ordentliches Gerichtsverfahren verurteilt hatten, für ungesetzlich erklärt wurde. Dieser Antrag richtete sich vor allem gegen den Konsul des Jahres 132, P. Popillius Laenas, der gegen Anhänger des Tiberius eigenmächtig Todesstrafen verhängt hatte. P. Popillius verließ daraufhin Italien.

Dann ging er zielstrebig daran, die Opposition gegen den Senatorenstand für sich zu gewinnen; zu diesem Zweck brachte er eine Reihe von Gesetzesvorlagen ein. Im Interesse der ländlichen Plebs wurde das Agrargesetz des Tiberius in vollem Umfang wieder in Kraft gesetzt. An hellenistische Prak-

Getreidegesetz

tiken lehnte sich ein Getreidegesetz *(lex frumentaria)* an, das jedem erwachsenen Mann den Kauf von einem Modius ($8^3/_4$ l) Getreide zu dem verbilligten Preis von $6^1/_3$ As zugestand. Im Jahr konnten insgesamt 60 Modii mit dieser Vergünstigung gekauft werden. Nutznießer dieser Verfügung war hauptsächlich die städtische Plebs.

Militärgesetz

Erleichterungen für die ärmeren Schichten brachte auch das Militärgesetz *(lex militaris)*, das Aushebungen vor dem 17. Lebensjahr untersagte und den Staat verpflichtete, die Kosten für die Ausrüstung zu übernehmen, d. h., sie durften nicht mehr vom Sold *(stipendium)* abgezogen werden. Die bislang absolute Strafgewalt der Heerführer wurde eingeschränkt, indem das alte Recht der Appellation an die Volksversammlung jetzt auch im militärischen Bereich anwendbar war. Ein Gesetz über den Ausbau der Verkehrswege *(lex de viis muniendis)* gab denen, die kein Vermögen besaßen, neue Verdienstmöglichkeiten, brachte den Rittern weitere Aufträge und begünstigte das italische Wirtschaftsleben. Um sich die Unterstützung der ökonomisch bereits mächtigen Ritterschaft zu sichern, ließ ihr Gaius die Steuerpacht der 129 v. u. Z. eingerichteten Provinz Asia übertragen *(lex Sempronia de provincia Asia)*, eine Maßnahme, die die Einnahmen ritterlicher Pachtgesellschaften *(societates publicanorum)* wesentlich erhöhte, das Vordringen römisch-italischen Handels- und Wucherkapitals förderte und für die Bevölkerung dieser Provinz zu einer Quelle unablässiger, harter Bedrückung wurde.

4.1. Der erste sizilische Sklavenaufstand. Die Erhebung des Aristonikos. Die Gracchen

Gegen Unlauterkeiten bzw. Begünstigungen wandte er sich mit dem Gesetz über die Konsularprovinzen *(lex de provinciis consularibus)*. Fortan hatte der Senat bereits vor den Konsulwahlen die künftigen Statthalterschaften für die entsprechenden Provinzen festzulegen. Die Ritterschaft profitierte außerordentlich vom Gerichtsgesetz *(lex iudiciaria)* des Gaius, das ihr den Zugang zu den Geschworenengerichten verschaffte, die bisher ausschließlich in der Hand des Senatorenstandes lagen. Die Ritter hatten jetzt die Möglichkeit, gerichtlich gegen Angehörige der Nobilität vorzugehen sowie andererseits z. B. ihre Erpressungen in den Provinzen zu decken. Besonders durch dieses Gesetz konstituierte sich die Ritterschaft neben der Nobilität zu einem gesonderten Stand *(ordo equester)* innerhalb der herrschenden Klasse. **Gesetz über die Gerichte**

Gaius bekleidete auch im Jahre 122 das Amt eines Volkstribunen, eine Praxis, die inzwischen durch ein Gesetz legalisiert war. In diesem Jahr widmete er sich vor allem der Schaffung neuer Kolonien und brachte zu diesem Zweck ein Gesetz ein *(lex de coloniis deducendis)*, das die Gründung von Kolonien zunächst in Capua und Tarent vorsah; letztere wurde auch realisiert und erhielt den Namen Neptunia. **Koloniegründungen**

Ein Amtskollege des Gaius, Rubrius, beantragte, Kolonisten nach Übersee zu entsenden. Gaius, den das Los mit der Ausführung bestimmte, wählte die Stätte Karthagos für die Gründung der Kolonie, die den Namen *Iunonia* tragen sollte. Die Zuweisung von je 200 iugera an 6000 Kolonisten läßt darauf schließen, daß beabsichtigt wurde, den mittleren Grundbesitz zu stärken, der auf Grund seiner intensiven und spezialisierten Wirtschaftsweise recht exportfähig war. Ebenso hätten sich hieran Handwerk und Handel lukrativ beteiligen können.

Während seines 70 Tage währenden Aufenthalts in Afrika — der herkömmlichen Verfassung nach durfte Gaius als Volkstribun Rom eigentlich nicht verlassen — erhob sich gegen ihn die Opposition, die sich verschiedener Mittel bediente, um seinen Einfluß zu untergraben und sein Werk zunichte zu machen. Mit Billigung des Senats unterbreitete der Volkstribun M. Livius Drusus d. Ä. den Komitien Gesetzesvorlagen, denen zufolge innerhalb Italiens zwölf neue Kolonien mit je 3000 Parzellen gegründet werden sollten. In den neuen Kolonien sollten die ärmeren Bürger angesiedelt werden, die dafür keinerlei Zahlungen zu leisten hätten. Dieser Antrag übertraf das Agrargesetz des Gaius, doch trug er offensichtlich einen demagogischen Charakter. Während die Vorlage des L. Drusus angenommen wurde, verfiel eine Gesetzesvorlage des Gaius der Ablehnung. Dieser hatte vor seiner Reise nach Afrika den Antrag des Fulvius Flaccus aufgegriffen, wonach den Italikern und insbesondere den Latinern das römische Bürgerrecht zugesprochen werden sollte. Dieses Vorhaben stieß nicht nur auf den Widerstand der Nobilität; auch die Ritterschaft und die Plebs stellten sich hier Gaius entgegen. Die römische Bürgerschaft war nicht gewillt, auf ihre Vorrangstellung zu verzichten. Eine andere Maßnahme, die hauptsächlich auf die Beseitigung der Vorrechte der ersten Stimmklasse in der Volksversammlung zielte, konnte ebenfalls nicht realisiert werden. Die Position des C. Gracchus war erschüttert, und als L. Opimius, ein heftiger Gegner der Reformen, für das Jahr 121 zum Konsul gewählt wurde, Gaius hingegen mit einer erneuten Kandidatur keinen Erfolg hatte, ging die Opposition zum offenen Angriff über.

Tod des Caius Gracchus

Der Volkstribun Minucius beantragte, die Kolonie Iunonia aufzugeben; auf ihrem Gebiet lag seit dem Jahre 146 ohnehin ein religiöser Bannfluch, und es gab Gerüchte über angeblich ungünstige Vorzeichen; so sollen Wölfe die Grenzsteine umgeworfen haben. Hinter diesem Antrag verbarg sich die Absicht, C. Gracchus die magistratischen Rechte zu entziehen, über die er als Mitglied der Agrarkommission noch verfügte. Als der Konsul L. Opimius in dieser gespannten Situation die Volksversammlung zur Abstimmung einberief und die üblichen Zeremonien vollzog, ereignete sich ein folgenschwerer Zwischenfall. Einer der Liktoren des Opimius, Q. Atilius, beleidigte die Anhänger der Gracchen und wurde von ihnen auf der Stelle erstochen. Die Versammlung wurde daraufhin aufgelöst, der Senat erklärte den Staat für in Gefahr und stattete L. Opimius durch ein *senatus consultum ultimum* (»äußerster Senatsbeschluß«) mit außerordentlichen Vollmachten aus. Die Formel hierfür lautete: »Die Konsuln sollen dafür Sorge tragen, daß der Staat keinen Schaden erleidet« *(videant consules ne quid detrimenti res publica capiat)*.

Auf Befehl des Opimius erschienen die Senatoren und ein großer Teil der Ritterschaft bewaffnet und gingen nun gewaltsam gegen die Anhänger des C. Gracchus und des Fulvius Flaccus vor, die sich ebenfalls bewaffnet zur Wehr setzten. Hauptstützpunkt der Gracchaner war der Aventin, den der Konsul mit Hilfe kretischer Bogenschützen stürmen ließ. C. Gracchus, dem es zunächst gelang, das andere Tiberufer zu erreichen, ließ sich schließlich im Hain der Göttin Furina von einem Sklaven töten, um Mißhandlungen zu entgehen (Sommer 121).

Die Senatoren rechneten grausam mit den Anhängern der Reformen ab und ließen etwa 3 000 von ihnen hinrichten. Ihr Vermögen wurde konfisziert, den Frauen untersagt, Trauerkleider anzulegen. Der Konsul Opimius errichtete der Göttin Concordia einen Tempel, um die angeblich wiederhergestellte Eintracht der römischen Bürgerschaft zu preisen. Eine Inschrift, die nachts am Tempel angebracht wurde, bringt die Meinung der unteren Bevölkerungsschichten über diese Eintracht zum Ausdruck:

»Die frechste Zwietracht weiht der Eintracht einen Tempel.«

Antike Zeugnisse lassen deutlich erkennen, daß die Gracchen auch nach ihrem Tod bei den unteren Volksschichten große Sympathien genossen.

»Die Menge ... zeigte aber bald darauf, mit welcher Liebe und Sehnsucht sie der Gracchen gedachte. Man ließ Statuen von ihnen anfertigen und an öffentlichen Plätzen aufstellen, und die Stätte ihres Todes sprach man heilig. Man brachte ihnen die Erstlinge aller Jahresfrüchte, viele opferten ihnen auch täglich und erwiesen ihnen kniefällig göttliche Ehren. Wie zu Göttertempeln wallfahrte man zu ihnen.«[10]

Die Senatstradition reihte die Gracchen freilich in die Reihe der »aufrührerischen Tribunen« *(seditiosi tribuni)* ein.

Die Gesetze der Gracchen blieben in Kraft, doch wurden sie nach und nach Veränderungen unterworfen. Immerhin setzte die Agrarkommission ihre Tätigkeit noch bis zum Jahre 119 fort, und aus den Zensuszahlen dieser Jahre ist zu schließen, daß bis dahin etwa 50 000—75 000 ärmere Bürger Landparzellen erhalten hatten. So konnte der kleine Grundbesitz vorübergehend ge-

---

10 Plutarch, *C. Gracchus*, 18.

4.1. Der erste sizilische Sklavenaufstand. Die Erhebung des Aristonikos. Die Gracchen

stärkt werden, doch gelang es nicht, die Bauernschaft als Rekrutierungsbasis für das römische Heer dauerhaft zu sichern.

Drei spätere Agrargesetze machten das, was die Reformen der Gracchen eingeführt hatten, wieder rückgängig. Zuerst wurde das Verbot der Veräußerung aller neuangewiesenen Parzellen aufgehoben. Ein zweites Gesetz aus dem Jahre 119, vermutlich die *lex Thoria* (Gesetz des Volkstribunen Spurius Thorius), verfügte die Einstellung der Landzuweisungen und damit die Auflösung der Agrarkommission. Ein drittes Gesetz aus dem Jahre 111 erklärte schließlich das okkupierte und das assignierte Gemeindeland zum Privateigentum, zum *ager privatus*. Das Schicksal derjenigen Siedler, die durch die Landzuweisungen Parzellen erhalten hatten, ist im einzelnen nicht bekannt, doch wirkte sich diese Entscheidung nachhaltig auf die weitere Konzentration des Grundbesitzes in Italien und in den Provinzen aus.

Die Kolonie Iunonia wurde bald aufgehoben, aber kurz darauf (118 oder 117 v. u. Z.) die erste außeritalische Kolonie begründet, und zwar Narbo Martius (Narbonne) in Südgallien. Der Senat konnte sich den berechtigten Forderungen ärmerer Bürger nicht verschließen. Die Anträge des Livius Drusus hingegen kamen nicht zur Ausführung.

So hatten die Gracchen mit ihren Reformen nur Teilerfolge erzielen können. Den größten Vorteil brachten die Reformen der Ritterschaft, die ökonomisch und politisch gestärkt aus der demokratischen Bewegung hervorging. Der Versuch, die Bauernschaft in ihrer vormaligen Stärke wiederherzustellen, erwies sich unter den Bedingungen der auf Sklaverei beruhenden Produktionsweise, die sich noch in einer aufsteigenden Entwicklungsphase befand, als undurchführbar. Den Gracchen gelang es fernerhin nicht, die dem Senatorenstand oppositionell gegenüberstehenden Klassen und Schichten zu einem festen Bündnis zusammenzuschließen, sie boten ein zu unterschiedliches ökonomisches und soziales Bild. Die Ursache hierfür ist vornehmlich darin zu suchen, daß der besonders im 2. Jh. im Gefolge der Eroberungen einsetzende Aufschwung von Handel und Wucher im Gegensatz zu den griechischen Stadtstaaten des 6. und 5. Jh. nicht von einem adäquaten Aufschwung der handwerklichen Produktion begleitet war. Infolgedessen kam es in Rom nicht in dem Maße wie in Griechenland zur Ausbildung stärkerer Mittelschichten, die hier zu den wichtigsten Stützen der Demokratie gehörten. Ritterschaft und Plebs waren ökonomisch und politisch zu weit voneinander entfernt, als daß sie sich als verläßliche Bündnispartner im Kampf gegen die Nobilität hätten betrachten können. Forderungen der Plebs nach Landaufteilung und nach Schuldentilgung mußten ebenso den Interessen der Ritter zuwiderlaufen.

Die soziale Heterogenität der Opposition in Rom war die Hauptursache dafür, daß die demokratische Bewegung hier nie zum Erfolg führte. Dennoch konnten die inneren Auseinandersetzungen nicht mehr beigelegt werden, und noch am Ausgang des 2. Jh. verschärften sie sich erneut. Bürgerliche Althistoriker wie J. Vogt, A. Heuss und H. Bengtson sehen in den Gracchen »Revolutionäre« und begründen das einhellig damit, daß die Gracchen gegen die althergebrachte römische Verfassung verstoßen haben. Hierin zeigt sich einer der Grundzüge der bürgerlichen Historiographie heute, nämlich der Konservatismus, der mit der Entstellung und Diskreditierung des marxistisch-leninistischen Revolutionsbegriffes einhergeht.

126   4. Die Verschärfung des Klassenkampfes. Der Weg zur Militärdiktatur

4.2. Die römische Außenpolitik in den letzten Jahrzehnten des 2. Jh. v. u. Z. Der Jugurthinische Krieg. Einfälle der Kimbern und Teutonen

Kriege zur Sicherung der Nordgrenze

Die außenpolitischen Bestrebungen der Römer richteten sich in dieser Periode darauf, die Grenzen zu sichern, vor allem den Norden Italiens, und einen Landweg nach Spanien zu bahnen. Größere Sorgen bereiteten den Römern der Krieg in Afrika gegen den numidischen Usurpator Jugurtha und die Einfälle der germanischen Völkerschaften der Kimbern und Teutonen.

Im Norden kam es zu kriegerischen Verwicklungen mit Alpenvölkern. In den Jahren 125 und 124 war hier M. Fulvius Flaccus Oberbefehlshaber gegen die Salluvier und Vokontier, C. Sextius Calvinus in den Jahren bis 122. Im Ergebnis dieser Feldzüge wurden diese Völker den Römern botmäßig. Auf dem Gebiet der Salluvier errichteten die Römer im Jahre 122 ein Kastell, Aquae Sextiae (Aix-en-Provence), während sie einen anderen Teil des eroberten Gebietes der Stadt Massilia übergaben. Kriegerische Verwicklungen gab es auch mit keltischen Völkerschaften in den Ostalpen, zu Zusammenstößen kam es im nördlichen Illyrien, und zwar 129 mit den Istrern und Japuden, 119 bis 117 mit Japuden und Dalmatern. Makedonien mußte ständig gegen einfallende keltische und thrakische Stammesgruppen verteidigt werden. Die Kämpfe verliefen wechselhaft. So mußte im Jahre 114 C. Porcius Cato eine Niederlage im Lande der keltischen Skordisker hinnehmen, und erst im Jahre 112 konnte sie M. Livius Drusus zum Frieden zwingen. Erfolgreich verliefen die Operationen des C. Caecilius Metellus in Thrakien (113) und des M. Minucius Rufus gegen Thraker und Skordisker (110–109).

Kämpfe in Gallien

Die Kriegshandlungen gegen die Ligurer zogen ernsthafte Konflikte mit größeren Keltenstämmen in Gallien nach sich. Bereits im Jahre 154 v. u. Z. hatten die Römer auf Ersuchen der mit ihnen verbündeten Massilioten Feldzüge gegen die ligurischen Stämme der Dekieten und Oxybier unternommen. Nach den Siegen über die Salluvier und Vokontier fand der König der ersteren Zuflucht und Unterstützung bei den keltischen Allobrogern, die sich mit dem mächtigsten Stammesverband Galliens, den Arvernern, den Römern feindlich entgegenstellten. Die Arverner beherrschten zu diesem Zeitpunkt das mittlere und südliche Gallien von den Pyrenäen bis zum Rhein. Die Häduer, die sich den Zentralisierungsabsichten der Arverner widersetzten, verbanden sich mit den Römern.

Cn. Domitius Ahenobarbus schlug die vereinigten Allobroger und Arverner bei Vindabium an der unteren Rhône (121). In demselben Jahr unterlag ein zweites Heer der vereinigten Stammesverbände den Römern an der Mündung der Isère in die Rhône. Die Allobroger mußten sich den Römern unterwerfen, die Arverner Frieden schließen. Cn. Domitius ließ den Arvernerkönig Bituitus und dessen Sohn als Gefangene nach Rom überführen und bildete aus dem Gebiet der Allobroger und dem der benachbarten Völker eine neue Provinz, *Gallia Ulterior*, mit Tolosa (Toulouse) als Mittelpunkt. Gleichzeitig schuf er eine Landverbindung nach Spanien, die *Via Domitia*, die von der unteren Rhône bis zu den Pyrenäen führte. In der Folgezeit ließen sich in der neuen

4.2. Die römische Außenpolitik in den letzten Jahrzehnten des 2. Jh. v. u. Z. 127

Provinz viele italische Handwerker, Händler, Bauern und Viehzüchter nieder, und die Romanisierung machte hier schnelle Fortschritte.

In den Jahren 123 und 122 gliederte Q. Caecilius Metellus die Balearen, die bis dahin Seeräubern als Stützpunkte gedient hatten, in den römischen Herrschaftsbereich ein. Auf der größten Insel, Mallorka, wurden mit Italikern aus Spanien die Kolonien Palma und Pollentia angelegt, die Inseln insgesamt verwaltungsmäßig Hispania Citerior (Diesseitiges Spanien) zugeordnet.

Auf Sardinien hatten sich die Römer nahezu unaufhörlich der Angriffe von Völkerschaften aus dem Innern des Landes zu erwehren. So sahen sich die Römer gezwungen, von 126 bis 123 und von 115 bis 112 Kriege gegen sie zu führen. Nur die Küstenregionen befanden sich fest in römischem Besitz.

In einen größeren militärischen Konflikt, den Jugurthinischen Krieg (111–105), wurden die Römer in Afrika verwickelt, im Ergebnis dessen sich wiederum die inneren Auseinandersetzungen verschärften. Das Königreich Numidien, in der Küstenlandschaft Nordafrikas gelegen, erstreckte sich in dieser Zeit von der Grenze zur Kyrenaika im Osten bis zum Fluß Mulucha im Westen, ausgenommen freilich die römische Provinz Africa. Micipsa setzte die Praxis seines Vaters Massinissa fort, Griechen und Italiker ins Land zu ziehen; er selbst verfügte über eine hohe Bildung. Nach seinem Tode im Jahre 118 fiel sein Reich gleichermaßen an seine beiden Söhne Adherbal und Hiempsal sowie an seinen Neffen Jugurtha. Dieser war ein überaus ehrgeiziger Mann und trachtete nach der Alleinherrschaft über Numidien. Er hatte vor Numantia unter dem Kommando des Scipio Africanus gekämpft und unterhielt Beziehungen zu Angehörigen der Nobilität. Er baute darauf, daß ihm diese Kontakte zum Vorteil gereichen würden.

Jugurthinischer Krieg

Zunächst beseitigte er Hiempsal, woraufhin sich Adherbal hilfesuchend an die Römer wandte. Eine Zehnmännerkommission des Senats vollzog die Teilung des Reiches (117 oder 116). Durch Bestechungen und durch seine Beziehungen zu L. Opimius, dem Leiter der Kommission, gelang es Jugurtha, den westlichen fruchtbaren Teil Numidiens zu erhalten. Adherbal hingegen mußte sich mit dem östlichen und unfruchtbaren Gebiet begnügen, wobei die Hauptstadt Cirta nur eine geringe Entschädigung war.

Jugurtha ließ es jedoch dabei nicht bewenden und ging bald mit militärischer Gewalt gegen seinen Konkurrenten vor.

Nach längerer Belagerung Cirtas mußte sich Adherbal Jugurtha ergeben und wurde von diesem getötet (112). Unter den Männern der Stadt, die Jugurtha allesamt erschlagen ließ, befanden sich auch italische Kaufleute. Dieser Vorfall löste in Rom Empörung aus, und trotz des Widerstandes einiger Senatoren wurde Jugurtha besonders auf Veranlassung des Volkstribunen C. Memmius hin der Krieg erklärt (111). Die Kampfhandlungen verliefen allerdings recht schleppend; der Konsul L. Calpurnius Bestia und sein Legat M. Aemilius Scaurus, die sich von Jugurtha bestechen ließen, schlossen bald einen Vertrag mit ihm, der ihn im Besitz Numidiens beließ. In Rom wurde das Abkommen nicht anerkannt und Jugurtha zum Erscheinen vor der Volksversammlung aufgefordert. Als C. Memmius Fragen an ihn zu richten begann, legte ein anderer Volkstribun, der von Jugurtha bestochen war, sein Veto ein und untersagte ihm, sie zu beantworten. Jugurtha nutzte sogar dreist die Gelegenheit, einen in Rom weilenden Enkel des Massinissa, Massiva, ermorden

Korruptheit der Nobilität

128   4. Die Verschärfung des Klassenkampfes. Der Weg zur Militärdiktatur

zu lassen (110). Der Senat konnte nicht mehr umhin, den Vertrag zu annullieren und Jugurtha aus Rom auszuweisen. Beim Verlassen der Stadt soll er ausgerufen haben:
»O der feilen Stadt, die bald zugrunde gehen wird, wenn sich einmal ein Käufer für sie findet!«[11]
Der Konsul Sp. Postumius Albinus und sein Bruder und Stellvertreter Aulus setzten den Krieg fort, erlitten jedoch eine Niederlage (109). Auch hier hatte es wieder nicht an Bestechung gefehlt. In Rom wuchs die Unzufriedenheit mit der Politik der Nobilität, aus deren Reihen die bestechlichen Heerführer kamen. Besonders auf Betreiben der Ritter, die in Afrika einen günstigen Boden für Investitionen und den Handel sahen, wurde eine Reihe von Prozessen gegen angesehene Senatoren angestrengt, in deren Ergebnis einige von ihnen aus Rom verbannt wurden, unter ihnen auch L. Opimius, der Initiator der Ermordung des C. Gracchus.
Mit dem Konsul des Jahres 109, Q. Caecilius Metellus, begann eine straffere Kriegführung. Metellus war ein unbeugsamer Aristokrat, aber zugleich ein befähigter Feldherr und ein unbestechlicher Mann. Nach einem Sieg über Jugurtha am Fluß Muthul (107) wich letzterer von nun an entscheidenden Treffen aus und beschränkte sich auf einen Guerillakrieg. Trotz energischen und brutalen Vorgehens vermochten es die Römer auch in den nächsten zwei Jahren nicht, die Entscheidung zu erzwingen.
Unter den Afrikanern wuchs die Abneigung gegen die mit grausamer Härte vorgehenden Römer, und Jugurtha konnte im Stammesverband der Gätuler und in seinem Schwiegervater, dem König Bocchus von Mauretanien, neue Bundesgenossen gewinnen. Auf römischer Seite gab es Unstimmigkeiten

Marius   zwischen Metellus und seinem Legaten C. Marius, der sich offen mißfällig über die Kampfesführung äußerte. Marius, Angehöriger der Ritterschaft, bewarb sich für das Jahr 107 um das Konsulat; Metellus suchte diese Absicht zu hintertreiben und gewährte ihm erst in letzter Minute den erforderlichen Urlaub. Die Wahl verlief für Marius erfolgreich, und die Komitien übertrugen ihm den Oberbefehl in Afrika.
Marius entstammte einer Ritterfamilie aus Arpinum, wo er wahrscheinlich im Jahre 157 v. u. Z. geboren wurde. Sein Vermögen brachte er hauptsächlich als Steuerpächter zusammen. Im Jahre 119 war er Volkstribun, 115 Prätor; anschließend wurde ihm die Verwaltung der Provinz Hispania Ulterior (Jenseitiges Spanien) übertragen. Marius besaß keine nennenswerte Bildung, und seine Verdienste hatte er sich auf militärischem Gebiet erworben.
So zeichnete er sich bereits in jungen Jahren unter Scipio Africanus vor Numantia aus. Er fand die Unterstützung der Ritter, vor allem der *publicani*, und der Plebs, die ihm als *homo novus* große Sympathien entgegenbrachte. Durch die Vermählung mit Julia, der Schwester von Caesars Vater, war er auch in engere Beziehungen zu dem altadligen Geschlecht der Julier getreten.
Marius, der bei den Soldaten in hohem Ansehen stand, schritt zunächst zu weiteren Aushebungen und griff dabei auch auf Freiwillige aus den Reihen der mittellosen Bürger zurück, d. h. auf diejenigen, die über keinen Zensus

---

11   Sallust, *Bellum Iugurthinum*, 35, 10: *o urbem venalem et mature perituram, si emptorem invenerit.*

17 Gallischer Eisenhelm

18 Bacchische Szene
19 Relief auf Sarkophag des Annius Octavius Valerianus
20 Tullius Cicero, M., Marmorbüste
21 Mithradates VI. Eupator, Marmor
22 Pompeius, Cn., Marmorbüste
23 Marius, C., Marmorbüste

21

22

23

24

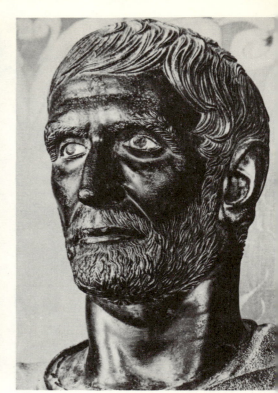
25

26

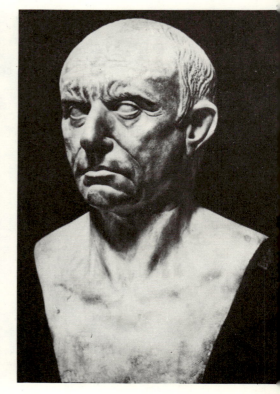

Kämpfender Gladiator,
armor

Iunius Brutus, M.

Relief mit Darstellung eines Messerladens

Porcius Cato der Jüngere, M.,
armorbüste

Pompeianische Wandmalerei

Grabrelief mit Darstellung eines Tuchladens

30 Sallustius Crispus, C.
31 Aemilius Lepidus, M.
32 Antonius, M.

33

34

35/36

41

37/38

33 Sogenanntes Aes signatum, Kupfer

34 As, Kupfer

35/36 Denar, 75–74 v. u. Z.
Vs.: Kopf des Mars;
Rs.: Wolf

37/38 Denar, 44 v. u. Z.
Vs.: Kopf Caesars;
Rs.: Venus Victrix

39/40 Sesterz, ca. 45 v. u. Z.
Vs.: Cupidus;
Rs.: Doppelfüllhorn auf Globus

41 Oskische Münze

39/40

42/43

44/45

42/43 Denar, Aurelius Rufus, ca. 137–134 v. u. Z.

44/45 Denar, Q. Pompeius Rufus, ca. 59 v. u. Z.

46/47 Aureus, Vs.: Brutuskopf mit Lorbeerkranz; Rs.: Tropaion

48/49 Silbermünze Philipps V. von Makedonien, 2. Jh. v. u. Z.

50 Gallische Münze mit der Darstellung des Vercingetorix

46/47

48/49

4.2. Die römische Außenpolitik in den letzten Jahrzehnten des 2. Jh. v. u. Z.

verfügten *(capite censi)*. Das war eine Neuerung, die eine allmähliche Struktur-
wandlung des römischen Heeres einleitete.

In Utica übernahm Marius im Sommer 107 v. u. Z. das Heer des Metellus. Er *Ende Jugurthas*
eroberte die Stadt Capsa, deren waffenfähige Bürger er allesamt niedermetzeln
ließ, und brachte Jugurtha sowie dem mit ihm verbündeten Bocchus mehrere
Niederlagen bei. Im weiteren Verlaufe der Kampfhandlungen gelang es
Marius, den Gegner nahezu völlig aus Numidien zu verdrängen; er stieß bis
zur Westgrenze vor (106). Im Winter 106/105 nahm Marius über seinen Beauftragten, den Quästor L. Cornelius Sulla, Unterhandlungen mit Bocchus
auf, die günstig verliefen. Bocchus erklärte sich bereit, Jugurtha an die Römer
auszuliefern. Eine Heeresabteilung unter Sulla nahm den in einen Hinterhalt
gelockten Jugurtha im Frühjahr 105 gefangen. Bocchus erhielt zum Lohn die
westlichen Teile Numidiens, das übrige Gebiet fiel an einen Enkel des Massinissa, an Gauda; ausgenommen davon war Tripolitania, das Bestandteil der
Provinz Africa wurde. Am 1. Januar 104 trat Marius in Rom sein zweites
Konsulat an und feierte am gleichen Tage auch den Triumph. Vor dem
Triumphwagen schritt Jugurtha mit seinen beiden Söhnen gefesselt und in
königlichem Gewand einher; bald nach diesem Triumph wurde Jugurtha im
Tullianum, dem römischen Staatsgefängnis, erdrosselt.

Der Jugurthinische Krieg tat dem römischen Ansehen in der damaligen Welt
großen Abbruch; die Ursachen dafür waren vielfältiger Art: Sie sind in der
Bestechlichkeit großer Teile der Nobilität, der Unfähigkeit mancher Heerführer, dem überlebten römischen Aushebungssystem, der gesunkenen Kampfmoral der Bauernkrieger und der brutalen Kriegführung zu suchen.

Eine bedrohliche Situation war für die Römer im Norden entstanden. Hier *Bedrohung aus*
beschworen die germanischen Völkerschaften der Kimbern und Teutonen *dem Norden*
ernste Gefahren für Italien herauf. Die Kimbern hatten ihre Heimat Jütland
verlassen — dem griechischen Gelehrten Poseidonios zufolge wegen heftiger
Sturmfluten — und waren nach Süden vorgedrungen. Mit ihnen zogen die
Teutonen, die Ambronen und die Haruden. Sie zogen durch das Land der Bojer
(Böhmen) an die Donau, wo sie von den Skordiskern zurückgewiesen wurden;
anschließend zogen sie zu den Tauriskern nach Noricum. Der Konsul Cn. Papirius Carbo erlitt bei Noreja eine empfindliche Niederlage (113). Die Kimbern
fielen nicht in Italien ein, sondern nahmen ihren Weg nach Gallien (110). Zwei
Gaue der Helvetier, die das Main-Rhein-Eck bewohnten, die Tougener und
die Tiguriner, schlossen sich ihnen hier an. An die Römer erging das Ersuchen,
ihnen in Südgallien Land zur Ansiedlung freizugeben. Der Senat lehnte dieses
Ansinnen kategorisch ab und verstärkte die Rüstungen.

Als der Konsul M. Iunius Silanus die germanischen und keltischen Scharen *Schwere*
angriff, wurde er vollständig geschlagen (109). In den folgenden Jahren kam *Nieder-*
es ebenfalls zu keinem römischen Sieg. Die Tiguriner schlugen den ihnen *lagen der*
nachziehenden Konsul L. Cassius an der Garonne; der Konsul selbst büßte *Römer*
dabei sein Leben ein, und das Heer mußte sich ergeben (107). Die schwerste
Niederlage erlitten die Römer am 6. Oktober 105 bei Arausio (Orange) am
Unterlauf der Rhône; etwa 60 000 Mann sollen auf römischer Seite gefallen
sein. Die Rivalitäten der beiden kommandierenden römischen Feldherren,
Q. Servilius Caepio und Cn. Mallius Maximus, trugen nicht unwesentlich zu
dieser Katastrophe bei.

9 Römische Geschichte

Die Kimbern verfuhren mit den Römern schonungslos, hängten Tausende von Gefangenen auf, ertränkten die erbeuteten Pferde und vernichteten alle sonstige Beute. Die Kimbern sahen wiederum davon ab, sich Italiens zu bemächtigen, und zogen nach Spanien. Die Teutonen hingegen wandten sich nach Norden, wo sich einer ihrer Stämme, die Atuatuker, in dem Gebiet der Belger niederließ.

In Italien und Rom löste die vernichtende Niederlage Schrecken aus. Die ganze Hoffnung richtete sich jetzt auf Marius, dem nun im Jahre 104 der Oberbefehl im Krieg gegen die Kimbern übertragen wurde. Er nutzte die den Römern sich unverhofft bietende Pause, um eine schlagkräftige Armee zu formieren, indem er ein strenges Exerzierreglement einführte, die Bewaffnung verbesserte und Unterweisungen in der Taktik vornahm.

Operationen des Marius

Marius, der entgegen allem Brauch auch für die nächsten Jahre zum Konsul gewählt wurde, ging zunächst daran, seine Operationsbasis zu festigen. Zur Sicherung des Nachschubs ließ er unter Umgehung der Sandbänke im Delta der Rhône einen neuen Mündungskanal anlegen (*fossa Mariana*). Außerdem war er mit der Rückeroberung verlorengegangener gallischer Gebiete beschäftigt.

Nachdem sie den Widerstand der Keltiberer in Spanien nicht hatten brechen können, kehrten die germanischen Völkerschaften mit ihren keltischen Begleitern um und wählten nun doch Italien zu ihrem Ziel. Die Kimbern setzten im Frühjahr 102 zusammen mit den Tigurinern über den Rhein in der Absicht, von Norden her über die Ostalpen nach Italien vorzudringen. Die Teutonen und Ambronen wollten Italien auf dem Wege durch Südgallien über die Westalpen erreichen. Ihnen eilte Marius entgegen, während sein Amtskollege C. Lutatius Catulus die Verteidigung Norditaliens übernahm.

Marius hielt einem sechs Tage währenden Ansturm der Germanen stand. Als diese dann in Richtung Italien abzogen, setzte Marius ihnen nach. In der Nähe von Aquae Sextiae schlug er im Verlauf von drei oder vier Tagen zuerst die Ambronen, dann die Teutonen (102). Unter den Gefangenen befand sich auch der König der Teutonen, Teutobod. Die etwa 300 in Gefangenschaft geratenen germanischen Frauen gaben sich selbst den Tod. Noch auf dem Schlachtfeld soll Marius die Nachricht von seiner Wahl für die bereits fünfte Konsulatsperiode erreicht haben.

Während die Tiguriner sich wieder dem Stammesverband der Helvetier anschlossen, überschritten die Kimbern die Alpen und erzwangen den Übergang über die Etsch. Catulus mußte Norditalien bis zum Po räumen. Marius kam seinem Kollegen zu Hilfe, und nach Absprache mit dem König Boiorix wurde der 30. Juli 101 v. u. Z. für die Schlacht festgesetzt. Auf den *Campi Raudii* bei Vercellae wurden die Kimbern vernichtend geschlagen. Auch hier zogen es die germanischen Frauen größtenteils vor, den Freitod zu sterben.

Durch die Siege bei Aquae Sextiae und Vercellae sollen von den Römern 150 000 Germanen in die Sklaverei geführt worden sein. Marius feierte mit Catulus in Rom einen glänzenden Triumph und stand auf der Höhe seines Ansehens.

Heeresreform

Die militärischen Erfolge des Marius sind vor allem auf die durch ihn vorgenommenen Veränderungen im Heerwesen zurückzuführen. Bereits Scipio Africanus hatte sich während des zweiten Punischen Krieges veranlaßt gesehen, die bisherige Manipulartaktik zu lockern und zu variablerer Verwendungsweise der Hastaten-, Principes- und Triariermanipel überzugehen. Drei Manipel wurden seitdem häufiger zu einer Kohorte zusammengefaßt. Diese Kohorte machte offenbar Marius zur feststehenden taktischen Grundeinheit.

Die Legion, deren Sollstärke jetzt 6000 Mann betrug, zerfiel von nun an in zehn Kohorten mit je 600 Soldaten. Die drei Manipel einer jeden Kohorte bestanden ihrerseits aus je zwei Zenturien. Der Oberbefehl in der Kohorte wurde dem jeweils rangältesten Zenturio übertragen. Die Einführung eines silbernen Legionsadlers *(aquila)* förderte die Herausbildung eines Corpsgeistes. Die waffentechnische Ausbildung der Soldaten wurde vervollkommnet. Sie mußten sich im Gladiatorenfechten sowie im Umgang mit Pfeil- und Wurfgeschützen üben. Ein straffes Exerzierreglement trug wesentlich zur Erhöhung der Disziplin bei. Die von Marius vorgenommene Normierung des Marschgepäcks veranlaßte Zeitgenossen dazu, spöttisch von den »marianischen Mauleseln« *(muli Mariani)* zu sprechen.

Nach dem mißlungenen Versuch der Gracchen, die Bauernschaft als Soldatenreservoir in ausreichender Stärke zu erhalten, ging Marius den einzig möglichen Weg, indem er auch Besitzlose in das Heer aufnahm. Er legte eine für alle verbindliche und zusammenhängend zu leistende Dienstzeit von 16 Jahren fest, die gegebenenfalls auf 20 Jahre ausgedehnt werden konnte. Nach Ablauf ihrer Dienstzeit erhielten die Soldaten gewöhnlich eine Versorgung in Form einer Landparzelle. So gingen die Landverteilungen allmählich in eine Veteranenversorgung über.

Die bisher übliche Aushebung blieb neben der Anwerbung von Freiwilligen nach wie vor in Kraft, doch vollzog sich allmählich eine Wandlung im Charakter des Heeres. Aus dem Bauernheer wurde mehr und mehr eine Armee von Berufssoldaten, die ihre Gunst in erster Linie dem erfolgreichen und freigebigen Feldherrn schenkten und sich so von ihrer sozialen Basis lösten. Das eröffnete die Möglichkeit, diese Soldaten auch bei sozialen und politischen Auseinandersetzungen im Innern einzusetzen.

Der zweite sizilische Sklavenaufstand und die Bewegung des Saturninus

4.3.

Die angespannte Lage, in der sich die Römer im letzten Jahrzehnt des 2. Jh. befanden, wurde durch Sklavenerhebungen noch verschärft. Der griechische Historiker Diodor berichtet über einige der kleineren Unruhen, die dem zweiten großen Aufstand auf Sizilien vorangingen. So scharte in Nuceria und Capua der verschuldete Ritter T. Vettius mehrere hundert Sklaven um sich, um die Güter seiner Gläubiger zu zerstören. Die Schar seiner Anhänger umfaßte bald 3000 Mann. Der mit einem Heer von 4500 Soldaten gegen ihn ausgesandte Prätor L. Lucullus konnte des Aufstandes schnell Herr werden.

Weitaus gefährlicher für die Römer war die Erhebung auf Sizilien im Jahre 104. Anlaß hierzu war das Recht, das der Senat wegen der Kimberngefahr Marius einräumte, der sich an die verbündeten Herrscher um militärische Hilfe wenden konnte. Als daraufhin der König Nikomedes von Bithynien er-

Anlaß des Aufstandes

klärte, die meisten seiner wehrfähigen Untertanen seien von den römischen Steuerpächtern und Wucherern gewaltsam verschleppt worden und schmachteten nun als Sklaven in den verschiedensten Gebieten des Reiches, da sah sich der Senat genötigt, alle diejenigen Sklaven freizulassen, die vormals freie Bürger eines verbündeten Staates waren. Der Statthalter Siziliens, der Prätor P. Licinius Nerva, ging an die Ausführung des Beschlusses und ließ innerhalb kurzer Zeit 800 Sklaven frei. Die sizilischen Sklavenbesitzer waren mit diesen Maßnahmen äußerst unzufrieden; sie brachten Nerva durch Bestechungen und Drohungen dahin, daß er von weiteren Freilassungen abließ. Daraufhin kam es auf der Insel zu Aufständen.

Eine Erhebung in der Nähe von Syrakus konnte der Prätor gerade noch unterdrücken. Hier hatten 30 Sklaven ihre Herren getötet, weitere 200 zur Beteiligung am Aufstand bewogen und sich auf einer Anhöhe festgesetzt. Durch Verrat wurde der Prätor noch rechtzeitig davon unterrichtet. Ein zweiter Aufstandsherd bildete sich in der Nähe der Stadt Herakleia im westlichen Teil der Insel. Etwa 80 Sklaven hatten hier den römischen Ritter P. Clonius getötet und fanden nun starken Zulauf. Nach einem Sieg über M. Titinius, einen Unterführer des Nerva, breitete sich der Aufstand schnell aus. Die Sklaven wählten den Syrer Salvius zu ihrem König und gaben ihm einen Rat zur Seite. Salvius nahm den Namen Tryphon an, vermutlich in Anlehnung an einen gleichnamigen syrischen Usurpator aus dem Jahre 142/141 v. u. Z., der von Geburt Sklave war. Er trug die Kleidung eines römischen Triumphators, vor ihm schritten Liktoren einher; er trug ein Diadem. So wiesen die äußeren Symbole seiner Herrschaft hellenistische und römische Züge auf.

*Salvius –
Tryphon*

Zu seiner Residenz wählte er die Stadt Triokala, die er stark befestigen ließ. Nach einem vergeblichen Versuch, die Stadt Morgantina zu erobern, kehrte er nach Triokala zurück.

Zur gleichen Zeit operierte im Westen Siziliens ein Sklavenheer unter dem Kilikier Athenion, einem militärisch befähigten und energischen Mann. Als die beabsichtigte Einnahme der Stadt Lilybaeum nicht gelang, vereinigte er sich in Triokala mit Tryphon, dem er sich unterstellte. Der von den Römern erhoffte Konkurrenzkampf zwischen den beiden Sklavenführern blieb aus. Damit hatte der Aufstand seinen Höhepunkt erreicht, und viele Angehörige ärmerer Bevölkerungsschichten (οἱ ἄποροι) nutzten die Gelegenheit, im Schutze des Sklavenheeres gegen wohlhabende Grundbesitzer vorzugehen.

Athenion

Zur Niederschlagung des Aufstandes entsandten die Römer den Prätor L. Lucullus mit einem Heer von 17 000 Mann nach Sizilien. Nach schweren Verlusten mußte er eine Belagerung Triokalas abbrechen; er wurde nach Rom zurückberufen. Auch sein Nachfolger, der Prätor C. Servilius, hatte keinen Erfolg und mußte sich wie Lucullus in Rom verantworten. Eine Änderung trat erst ein, als der Konsul des Jahres 101 und Amtskollege des Marius, Manlius Aquillius, das Oberkommando übernahm.

Inzwischen war Tryphon gestorben und Athenion an seine Stelle getreten (102). Dieser forcierte die militärischen Operationen und ging daran, die Stadt Messana im Nordosten der Insel einzunehmen. Dort traf er auf M.' Aquillius, der ihn im Zweikampf tötete. Das Sklavenheer wurde besiegt, und versprengte Abteilungen zogen sich in befestigte Plätze zurück, die jedoch von Aquillius nach und nach erobert wurden.

*Niederwerfung
des Aufstandes*

4.3. Der zweite sizilische Sklavenaufstand und die Bewegung des Saturninus

Einigen Aufständischen unter der Führung des Satyrus versprach Aquillius im Falle einer freiwilligen Übergabe Freiheit und Straflosigkeit. Als die Sklaven darauf eingingen, ließ er sie alle fesseln und als Gladiatoren nach Rom bringen. Hier sollen sie der Überlieferung zufolge aus Erbitterung über die Hinterhältigkeit des Aquillius sich gegenseitig umgebracht haben, als letzter Satyrus.

Auch dieser zweite sizilische Aufstand war von Unruhen in anderen Teilen des Reiches begleitet, so auf Delos und in den Bergwerken von Laurion. Hier erhoben sich die Sklaven, töteten ihre Aufseher und verwüsteten eine Zeitlang Attika. Aber auch ihnen war letztlich kein Erfolg beschieden.

Nach den inneren Kämpfen um die Reformen der Gracchen hatten sich in Rom diejenigen politischen Strömungen herausgebildet, die für die Spätzeit der Republik charakteristisch und mit den Namen der Optimaten (*optimus*: der Beste) und der Popularen (*popularis*: volkstümlich, dem Volke zugetan) verknüpft waren. Die Optimaten waren die Vertreter der Senatsaristokratie und Optimaten setzten sich in erster Linie aus den Angehörigen der Nobilität zusammen. In politischer Hinsicht traten sie für die Erhaltung der Vormachtstellung des Senats *(senatus auctoritas)* und der Gewalt der Magistrate ein. Der römische Historiker Sallust (86—35 v. u. Z.), ein Gegner der Nobilität, verweist darauf, daß sich die Optimaten die höchsten Ämter vorbehielten (Bell. Iug., 63). Ebenso waren sie daran interessiert, die Gerichte zu beherrschen. Sie strebten danach, ihre politischen Privilegien — die alleinige Verfügung über den *ager publicus* und die Ausbeutung der Provinzen — im Rahmen der aristokratischen Republik zu erhalten und die Abgeschlossenheit ihres Standes zu wahren. Mit Hilfe eines weitverzweigten Klientelsystems, unter Ausnutzung ihrer *amicitia-*(»Freundschafts«-)Beziehungen und durch die Handhabung der Auspizien suchte die Nobilität ihren bestimmenden Einfluß in den Komitien zu erhalten. Ihre wirtschaftliche Macht beruhte auf dem vorrangig extensiv betriebenen Großgrundbesitz. Die Optimaten stellten eine konservativ-reaktionäre Gruppe innerhalb der herrschenden Klasse und der freien Bevölkerung überhaupt dar.

Der Begriff *Popularen* bezeichnete Politiker der herrschenden Klasse, die nicht Popularen wie die meisten Aristokraten eine unnachgiebige Haltung annahmen, sondern einsichtig genug waren, um zu erkennen, daß ein Festhalten an dem Alleinherrschaftsanspruch der Nobilität unter den Bedingungen des entstandenen Großreiches sowie die vorbehaltlose Ablehnung von Reformen die weitere Existenz der römischen Gesellschaft insgesamt gefährden konnten. Solche Politiker stützten sich auf die Ritterschaft, auf die ländliche Plebs *(plebs rustica)*, d. h. auf Kleinbauern, Kleinpächter, Saisonarbeiter, dörfliche Handwerker, und auf die städtische Plebs *(plebs urbana)*, d. h. auf Handwerker, örtliche Händler, freie Lohnarbeiter und die Masse des antiken Lumpenproletariats.

Die Popularen repräsentierten also sozial sehr heterogene Schichten der freien Bevölkerung, und hierin lag gleichzeitig ihre Schwäche; sie gelangten nur dann zeitweilig zu relativ geschlossenem Auftreten, wenn es darum ging, den Optimaten auf politischer Ebene Einhalt zu gebieten. Im übrigen brachen die unterschiedlichen ökonomischen und sonstigen Lebensinteressen recht schnell hervor.

134   4. Die Verschärfung des Klassenkampfes. Der Weg zur Militärdiktatur

Ritterschaft

So gab es bei den Popularen auch keine festumrissenen politischen Zielstellungen oder gar ein einheitliches Programm. Besonders die Ritterschaft verfolgte in der Regel nur ihre Interessen, die sie oft in Gegensatz zur Plebs geraten ließen. Ihr gehörten Steuerpächter, Großhändler, Wucherer und mittlere Grundeigentümer an, und alle diese Schichten waren bestrebt, sich der oft lästigen Bevormundung seitens der Optimaten zu entledigen, vor allem deshalb, um sich ungehindert und, ohne eine eventuelle Verurteilung befürchten zu müssen, geschäftlich betätigen zu können. Die Staatsform selbst war für die Mehrzahl der Ritter nur insofern von Interesse, als sie ihnen Besitz und Einkünfte garantieren sollte. Daher war ein großer Teil der Ritterschaft politisch recht passiv, vor allem die große Gruppe der mittleren Grundeigentümer, von denen Cicero im Jahre 49 in einem Brief an seinen Bankier Atticus sagte, daß sie sich um nichts anderes sorgten als um ihre Felder, ihre Landgütchen und Goldstückchen (ad Att., 8, 13, 2). Es sei ihnen nichts erwünschter als eine sorgenfreie Ruhe (ebenda, 7, 7, 5).

Epikureismus

Diesen Kreisen, deren mittlerer und spezialisierter Grundbesitz eine progressive Wirtschaftsform darstellte, konnte die Lehre Epikurs, der u. a. eine Zurückgezogenheit von den öffentlichen Geschäften propagierte und erbauliche Gespräche mit Freunden über Fragen des Lebens pries, wohl als Ideologie geeignet erscheinen, zumal dann, wenn sie die Zurückgezogenheit im Gegensatz zu Epikur materiell interpretierten. So war in diesem Sinne wiederum nach einem Zeugnis Ciceros die Lehre Epikurs sehr populär und hatte sich ganz Italiens bemächtigt.[12] Das heftige Polemisieren des Optimaten Cicero gegen den Epikureismus, vor allem von der Warte der stoischen Philosophie, war somit eine ideologische Reflexion der Auseinandersetzungen zwischen den Optimaten und diesen Teilen der Ritterschaft.

Stadtrömische Ritterschaft

Dagegen war die stadtrömische Ritterschaft, bestehend aus den Steuerpächtern (*publicani*), den Wucherern (*feneratores*) und Händlern (*negotiatores*) politisch aktiv. Diese Gruppen waren darauf bedacht, die Gerichtsbarkeit in die Hände zu bekommen und in die höchsten Ämter aufzusteigen. Die anderen Klassen und Schichten der Popularen richteten ihr Augenmerk auf Landverteilungen, Schuldentilgung und verbilligte bzw. kostenlose Getreidezuwendungen sowie auf eine größere Autorität der Volksversammlung. Ihre ökonomischen Forderungen widersprachen allerdings auch den Interessen der Ritterschaft, wie das schon bei den Gracchen offenbar geworden war.

Bei derartigen Forderungen der Plebs näherte sich die Ritterschaft sofort wieder den Optimaten, mit denen sie sozial gesehen ja zu ein und derselben Klasse gehörte.

Die Plebs wurde zudem dadurch geschwächt, daß die Stadtarmut auf die Zuerkennung von Landparzellen mit den damit verbundenen Unsicherheiten und Mühsalen zu verzichten geneigt war und sich darauf konzentrierte, verbilligtes Getreide zu erhalten oder zusätzlich in ein einträgliches Klientelverhältnis zu gelangen.

Diese unterschiedlichen Interessen der Popularen bestimmten weitestgehend den inneren Mechanismus der Bürgerkriege, die Rom im letzten Jahrhundert der Republik erschütterten.

12 Cicero, *Tusculanae disputationes* (Tuskulanische Gespräche), 4, 3; *de officiis* (Über die Pflichten), 3, 116.

4.3. Der zweite sizilische Sklavenaufstand und die Bewegung des Saturninus

In den letzten Jahren des 2. Jh. verstärkte sich der Einfluß der Popularen, verursacht durch das erschütterte Ansehen der Nobilität und die großen Verdienste des Marius, der aus ihren Reihen kam. Zwei Prozesse gegen Angehörige der Nobilität widerspiegeln diesen Sachverhalt. So wurde im Jahre 103 der Konsular Q. Servilius Caepio, einer der Unterlegenen in der Schlacht von Arausio, vor Gericht gestellt. Er hatte im Jahr 106 als Konsul das abtrünnige Tolosa wieder in die Gewalt der Römer gebracht und sich dabei des unermeßlichen Schatzes des tolosanischen Heiligtums, des *aurum Tolosanum*, angeblich im Werte von 150 000 Talenten, bemächtigt. Auf dem Transport nach Massilia verschwand dieser Schatz spurlos. Er mußte sich nun dafür verantworten, wurde verbannt und ging auch seines Vermögens verlustig. Dasselbe Schicksal erfuhr der andere bei Arausio kommandierende Konsul Cn. Mallius Maximus.

Die bedeutendsten Führer der Popularen waren in dieser Zeit L. Appuleius Saturninus und C. Servilius Glaucia, die Volkstribunen des Jahres 103. Ersterer entstammte selbst der Nobilität, deren Bestechlichkeit er jedoch öffentlich anprangerte. Ein neues Getreidegesetz, das die Abgabe von einem Modius Korn zu dem außerordentlich niedrigen Preis von $^5/_6$ As vorsah, konnte er allerdings nicht durchbringen, da der eifrige Optimat und Quästor Servilius Caepio die Abstimmung verhinderte. Ein Agrargesetz legte fest, daß jeder Soldat nach seinem Abschied eine Landparzelle von 100 iugera erhalten sollte. Diese Verfügung betraf vor allem die Veteranen des Marius, die in der Poebene, auf Korsika und in Nordafrika angesiedelt wurden *(coloniae Marianae)*.

Einen neuerlichen Höhepunkt erreichte die Bewegung der Popularen im Jahre 100 v. u. Z. In diesem Jahr war Saturninus das zweite Mal Volkstribun, Glaucia bekleidete die Prätur und Marius befand sich in seinem nunmehr sechsten Konsulatsjahr. Für die Veteranen des Marius wurde die Einrichtung von Kolonien in verschiedenen Provinzen geplant, in Gallien, Sizilien, Achaia und Makedonien. Marius erhielt überdies die Vollmacht, für jede dieser Kolonien eine Anzahl von römischen Bürgern zu bestimmen. Den Senatoren wurde ein Eid abverlangt, der sie verpflichtete, die Verwirklichung dieses Gesetzes nicht zu hintertreiben. Zum erstenmal in der Geschichte Roms mußte der Senat einen Eid auf einen Beschluß der Komitien leisten. Im Falle der Eidesverweigerung wurde mit Verbannung und Verlust des Vermögens gedroht. Trotz des heftigen Widerstandes der Optimaten konnte das Gesetz unter Beteiligung der Soldaten des Marius in der Volksversammlung angenommen werden. Als einziger widersetzte sich der Konsul des Jahres 109, Q. Caecilius Metellus mit dem Beinamen Numidicus; er mußte Italien verlassen.

Bei den Magistratswahlen für das folgende Jahr kam es zu ernsteren Unruhen. Saturninus gelang es, seine Wiederwahl zum Volkstribunen durchzusetzen, sein Verbündeter Glaucia hingegen, der sich entgegen allem Herkommen für das Konsulat bewarb, ließ seinen Mitkandidaten C. Memmius, der inzwischen auf die Seite der Optimaten übergegangen war, im Zuge der Wahlkampagne mit Knüppeln erschlagen und gab damit dem Senat die Gelegenheit, den Notstand auszurufen. Mit der Ausführung des Senatsbeschlusses wurde Marius bauftragt. Dieser ging nach anfänglichem Zögern mit Waffengewalt

136　　4. Die Verschärfung des Klassenkampfes. Der Weg zur Militärdiktatur

gegen seine ehemaligen Verbündeten vor und nahm sie gefangen. Von Anhängern der Optimaten wurden Saturninus und Glaucia in voller Amtstracht gesteinigt. Die Gesetze des Saturninus wurden abgeschafft, und Marius, der bei seinen Anhängern arg kompromittiert war, unternahm im Jahre 99 eine Reise in die Provinz Asia. Metellus Numidicus dagegen kehrte mit hohen Ehren nach Rom zurück.

Die Unruhen des Jahres 100 hatten deutlich die sehr unterschiedlichen Interessen der ländlichen und der städtischen Plebs gezeigt. Bei der Abstimmung über das Agrargesetz des Saturninus standen sich beide Gruppen feindselig gegenüber. Anderseits offenbarte sich in dem Vorgehen des Marius die Haltung der Ritterschaft, die sich, um ihren Besitz und ihre Einkünfte nicht zu verlieren, auf die Seite der Optimaten stellte. Die nachfolgenden Jahrzehnte waren gekennzeichnet von diesem Zersetzungsprozeß, der sich innerhalb der Bewegung der Popularen und auch der Optimaten vollzog. Ehrgeizige Politiker und Heerführer sowie die Armee der Berufssoldaten erlangten in der Folgezeit eine stets wachsende Bedeutung.

4.4.　　*Der Bundesgenossenkrieg und die Diktatur Sullas*

Kampf um
die Gerichte

Das Einvernehmen zwischen Optimaten und Rittern war nicht von Bestand. Besonders die stadtrömische Ritterschaft, die die Gerichte beherrschte, nutzte diesen Vorteil, um alle Angriffe auf ihre räuberischen Praktiken in den Provinzen abzuwenden. Als P. Rutilius Rufus, Legat des Statthalters Q. Mucius Scaevola, in der Provinz Asia gegen diese Mißstände vorzugehen versuchte, wurde er im Jahre 92 auf Betreiben der Steuerpächter in einen Prozeß verwickelt und verurteilt. Rufus begab sich in die Verbannung und lebte bis zu seinem Tode in derselben Provinz, wo er unter der Bevölkerung großes Ansehen genoß. All das zeigt, wie mächtig die Ritter bereits geworden waren.

Die Reaktion auf diesen Umstand konnte nicht ausbleiben. Bereits im Jahre 91 trat M. Livius Drusus, Neffe des Rutilius Rufus und Sohn des gleichnamigen Gegners des C. Gracchus, mit einem Antrag hervor, demzufolge Senatoren die Gerichte wieder allein beherrschen sollten. Dafür war vorgesehen, den Senat durch 300 ausgewählte Ritter zu ergänzen und seine Mitgliederzahl somit auf 600 zu erhöhen. Aber dieser Vorschlag stieß sogar bei den Rittern selbst auf Widerstand, die sich uneins darüber waren, wer denn dann in den Senat aufrücken sollte. Um sich die Plebs geneigt zu machen, brachte Drusus zusätzlich ein Agrar- und ein Getreidegesetz sowie ein Gesetz über die Anlage neuer Kolonien ein.

Bundes-
genossenfrage

Ein Gesetz sollte vor allem die Interessen der römischen Bundesgenossen wahrnehmen. Schon seit langem war das eines der brennendsten innenpolitischen Probleme. Nach wie vor dienten sie in der Armee, wobei ihr Anteil im römischen Heer ständig wuchs, sie waren jedoch den römischen Bürgern gegenüber nicht gleichberechtigt. So besaßen sie nicht das Provokationsrecht, wurden bei den Landverteilungen zurückgesetzt und waren der Willkür der römischen Magistrate unterworfen.

In sozialer Hinsicht waren die Bundesgenossen in sich nicht einheitlich; die oberen Schichten (Munizipalaristokratie oder -ritter) strebten nach dem rö-

4.4. Der Bundesgenossenkrieg und die Diktatur Sullas

mischen Bürgerrecht, um wie ihre römischen Standesgenossen in größerem
Maße Grundbesitz erwerben und gleichberechtigt an der Ausplünderung der
Provinzen sich beteiligen zu können. Sie suchten Unterstützung bei führenden
Persönlichkeiten in Rom, mit deren Familien sie durch mancherlei wirtschaft-
liche, Klientel- und amicitia-Beziehungen verbunden waren.

Seit dem Auftakt des Konsuls M. Fulvius Flaccus im Jahre 125 wurden die
Forderungen nach dem römischen Bürgerrecht immer eindringlicher, doch die
römische Bürgerschaft und speziell der Senat zeigten sich unnachgiebig. Im
Jahre 95 erließen die Konsuln L. Licinius Crassus und Q. Mucius Scaevola
sogar ein Gesetz *(lex Licinia Mucia de civibus regundis),* das den Bundesgenossen
den Zugang zum römischen Bürgerrecht noch erschwerte und eine Reihe von
gerichtlichen Verfahren nach sich zog. Drusus schenkte ihrem berechtigten
Anliegen Gehör und traf mit ihnen eine geheime Übereinkunft *(coniuratio),* in
der sie sich gegenseitig Unterstützung zusicherten.

In der Volksversammlung, die über die Anträge des Drusus — ausgenommen
den über die Bundesgenossen — zu befinden hatte, erhob sich heftiger Widerstand von seiten der Optimaten, deren Wortführer der Konsul L. Marcius
Philippus war; ihn ließ Drusus sogar verhaften und ins Gefängnis werfen.
Daraufhin gingen die Gesetzesanträge durch, und auch der Senat mußte sie
zunächst bestätigen. Als jedoch die geheimen Verbindungen des Drusus zu den
Bundesgenossen bekannt wurden, nutzten Marcius Philippus und der Senat
die Gelegenheit, um all seine Gesetze für ungültig erklären zu lassen. Drusus
selbst traf wenig später das Messer eines Meuchelmörders. Als obendrein auf
einen Antrag des Volkstribunen Q. Varius hin die Bundesgenossen in Rom und
deren Freunde mit Untersuchungen und Strafen heimgesucht wurden, kam
es zum Ausbruch des sogenannten Bundesgenossenkrieges (91—88), der in den
Quellen als *bellum Marsicum, bellum Italicum* oder *bellum sociale* bezeichnet
wird.

Tod des Livius Drusus

Der Krieg begann damit, daß alle in Asculum (Picenum) lebenden Römer, allen
voran ein hier eingesetzter Untersuchungsbeamter, erschlagen wurden. Eine
Reihe von italischen Völkerschaften erhob sich gegen Rom, und zwar die
Marser, Samniten, Pikenter, Päligner, Vestiner, Marruciner, Frentaner und
Hirpiner. Das Zentrum dieser Erhebung lag im mittleren Italien, bei den
Marsern und den Samniten. Die betreffenden Völker schlossen sich zusammen
und bildeten eine Konföderation mit dem Zentrum *Corfinium* im Lande der
Päligner; die Stadt erhielt den Namen »Italia«.

*Bundesgenos-
senkrieg*

Etrurien und Umbrien, deren reiche Großgrundbesitzer die Römer für sich
gewinnen konnten, der größte Teil der Latiner, Norditalien (Gallia Cisalpina), die Griechenstädte und die kampanischen Städte Nola und Nuceria
hielten zu den Römern. Nicht zuletzt boten den Römern die im Zuge der
Unterwerfung Italiens gegründeten zahlreichen Kolonien einen militärischen
Rückhalt.

Als die Römer alle Verhandlungsangebote der aufständischen Italiker brüsk
ablehnten, begannen die offenen Kriegshandlungen. In Corfinium hatte sich,
bestehend aus Angehörigen der beteiligten Völker und Städte, ein Senat von
500 Mitgliedern konstituiert, dem zwei Konsuln und zwölf Prätoren beigegeben waren, die jährlich gewählt werden sollten. Die Italiker schlugen
außerdem Münzen, auf denen symbolisch die römische Wölfin vom italischen

4. Die Verschärfung des Klassenkampfes. Der Weg zur Militärdiktatur

Stier niedergetreten wird. Die Münzlegenden waren in latinischer oder in oskischer Sprache abgefaßt. Die Aufständischen organisierten ihre Streitkräfte, indem sie den Marser Q. Pompaedius Silo und den Samniten C. Papius Mutilus zu ihren Oberbefehlshabern über etwa 100 000 Krieger ernannten. Sie gingen erfolgreich daran, romfreundliche Gebiete und Städte zu erobern.

Die Römer gerieten in eine bedrohliche Lage. Die Gerichte stellten ihre Tätigkeit vorübergehend ein, und die Getreideverteilungen mußten reduziert werden. Für den Heeresdienst wurden erstmalig auch Freigelassene herangezogen und im übrigen zahlreiche auswärtige Truppenkontingente angefordert, so aus Gallien, Spanien und Numidien.

Die Italiker operierten an zwei Fronten, und die Römer waren gezwungen, ihnen hierin zu folgen, also ihr Heer ebenfalls zu teilen. Die Konsuln des Jahres 90, P. Rutilius Lupus und L. Iulius Caesar, übernahmen den Oberbefehl, wobei Rutilius Lupus im Norden gegen Pompaedius Silo und Iulius Caesar weiter südlich gegen Papius Mutilus kämpfte. Im Heer der Römer dienten als Legaten auch Marius und L. Cornelius Sulla.

Das Jahr 90 v. u. Z. verlief für die Römer wenig erfolgreich. Als der Konsul Caesar nach Apulien vorzudringen versuchte, wurde er zurückgeschlagen, und die Italiker unter Mutilius konnten einen Teil Kampaniens und sogar die Stadt Nola besetzen, die sie zu ihrem Stützpunkt machten. Der Konsul Rutilius mußte sogar eine schwere Niederlage am Liris (oder Tolenus) hinnehmen und fiel selbst (11. Juni 90). Einige Erfolge vermochten Marius und Sulla gegen die Marser zu erzielen, die sie mehrfach besiegten, und Cn. Pompeius Strabo, der Vater des Pompeius Magnus, schloß die Stadt Asculum in Picenum ein.

Zugeständnisse der Römer
Als auch die Etrusker und die Umbrer sich dem Aufstand anzuschließen geneigt waren, sahen sich die Römer zum Nachgeben gezwungen. Ende des Jahres 90 brachte der Konsul Iulius Caesar ein Gesetz durch (*lex Iulia de civitate*), wonach allen Latinern und bis dahin Rom treugebliebenen Bundesgenossen das römische Bürgerrecht gewährt wurde. Im Jahre 89 folgte das Gesetz der Volkstribunen M. Plautius Silvanus und C. Papirius Carbo (*lex Plautia Papiria*), das dieses Zugeständnis auf alle Bundesgenossen südlich des Po ausdehnte, allerdings mit der Maßgabe, sich innerhalb von 60 Tagen in Rom zu melden, was selbstverständlich das Niederlegen der Waffen einschloß. Als Ergänzung dazu ist das Gesetz des Konsuls Cn. Pompeius Strabo aus dem Jahre 89 anzusehen, das den Bewohnern nördlich des Po, den Transpadanern, das latinische Recht zuerkannte. Damit war auch den oberen Schichten dieser Städte der Zugang zum römischen Bürgerrecht ermöglicht.

Den Neubürgern war es allerdings nicht gestattet, sich in die bestehenden 35 Tribus eintragen zu lassen, vielmehr wurden acht oder zehn neue eingerichtet — im einzelnen bestehen darüber noch Unklarheiten —, was ihre politische Wirksamkeit einschränkte, da jede Tribus ja unabhängig von der Zahl der in ihr erfaßten Bürger nur eine Stimme hatte. Immerhin konnten die Etrusker und Umbrer durch diese Maßnahmen besänftigt werden, und unter den übrigen Bundesgenossen kam es sofort zu Unstimmigkeiten, wenn auch die Kämpfe zunächst weitergingen. Der Konsul L. Porcius Cato fiel in einer Schlacht gegen die Marser, doch die Römer gewannen allmählich die Oberhand. Asculum wurde nach längerem Widerstand von Cn. Pompeius erobert, und Sulla entriß den Aufständischen in Kampanien alle eroberten Ländereien

4.4. Der Bundesgenossenkrieg und die Diktatur Sullas

bis auf die Stadt Nola. Er unterwarf noch in demselben Jahr die Hirpiner, und auch in Samnium und Apulien machten die Römer große Fortschritte, so daß Ende des Jahres 89 der Aufstand in Mittelitalien nahezu gänzlich erloschen war.

Die in die Enge getriebenen Aufständischen verlegten ihren Hauptsitz von Corfinium (Italia) nach Aesernia (Anfang 88) und nahmen Verbindung zu dem pontischen König Mithradates auf, der sich anschickte, den Römern ihre östlichen Besitzungen zu entreißen; doch die Unterstützung blieb aus. Dagegen unterwarf Cn. Pompeius die Marser, und bei den Kämpfen in Samnium kam der hervorragende Führer der Aufständischen, Pompaedius Silo, ums Leben. An allen Fronten waren die Römer im Vormarsch, und der letzte Widerstand einiger Gruppen der Bundesgenossen in den folgenden Jahren mündete in die zu Beginn der achtziger Jahre erneut aufflackernden Kämpfe zwischen den Optimaten und den Popularen ein.

Ende des Krieges

Im Ergebnis der Bundesgenossenkriege hatte nahezu die gesamte freie Bevölkerung Italiens das römische Bürgerrecht erworben, doch darf diese Tatsache nicht überschätzt werden, denn die politische Mitwirkung eines jeden Bürgers war bei Stimmabgaben von seiner Anwesenheit in Rom selbst abhängig, und die Masse der Kleinproduzenten in den verschiedenen Teilen Italiens hatte kaum Gelegenheit, die so gewonnene Gleichberechtigung auch tatsächlich zu nutzen. Davon profitierten in erster Linie die städtischen italischen Oberschichten, die allmählich ihren Einfluß auf das politische Geschehen in Rom verstärken konnten. Doch ging auch dieser Prozeß nur langsam voran, denn die stadtrömische Bürgerschaft, vor allem die Optimaten und Ritter, vermochte es noch recht lange, die Neubürger in ihrer Wirksamkeit einzuschränken. Selbst M. Tullius Cicero (106—43 v. u. Z.), ein eingefleischter Optimat, wie Marius in Arpinum geboren, hatte sich stets über die hochmütige Haltung der alten Nobilitätsgeschlechter zu beklagen.

Bedeutung der Verleihung des Bürgerrechts

Immerhin war die Verleihung des Bürgerrechts an die Italiker insofern von Bedeutung, als hier der klassische stadtstaatliche Rahmen erstmalig gesprengt wurde und sich der Reichsgedanke abzeichnete. Die Stellung der nach wie vor auf Alleinherrschaft beharrenden Optimaten wurde in den folgenden Jahrzehnten immer unhaltbarer. Die demokratische Bewegung erfuhr dadurch allerdings keine wesentlichen Impulse, denn die ganze Entwicklung lief darauf hinaus, innerhalb der sozialökonomisch herrschenden Klassen der großen und mittleren Grundbesitzer sowie der Großhändler und Wucherer eine gleichberechtigte Position im römischen Imperium herbeizuführen. So beginnt nach dem Bundesgenossenkrieg ein Aufblühen vieler italischer Städte, und das Zentrum des Befreiungskampfes gegen Rom verlagerte sich mehr und mehr von Italien in die Provinzen.

Bereits während des Bundesgenossenkrieges geriet Rom in eine schwere innenpolitische Krise, die durch die Mithradatischen Kriege im Osten noch verschärft wurde. Der Streit zwischen Optimaten und Rittern um die Gerichte entzündete sich erneut, als der Volkstribun M. Plautius Silvanus im Jahre 89 ein Gesetz einbrachte, wonach je 15 Richter aus jeder Tribus vom Volke gewählt werden sollten. In demselben Jahr entbrannten heftige Auseinandersetzungen zwischen Schuldnern und Gläubigern, in deren Verlauf der Prätor A. Sempronius Asellio von Angehörigen der Ritterschaft umgebracht

Innere Kämpfe

wurde. Er hatte versucht, für die Grundbesitzer, deren Güter durch den Bundesgenossenkrieg bedroht waren, einen Zahlungsaufschub zu erwirken.

Im Jahre 88 entfaltete der Volkstribun P. Sulpicius Rufus zusammen mit Marius eine rege Tätigkeit. Zunächst beantragte er, allen denjenigen die Rückkehr nach Rom zu gestatten, die im Zusammenhang mit den Vorgängen des Jahres 100 in die Verbannung hatten gehen müssen. Ein weiteres gegen die Optimaten gerichtetes Gesetz besagte, daß kein Senator mehr als 2 000 Denare Schulden haben dürfe; Angehörige des Senatorenstandes waren bereits erheblich verschuldet. Außerdem wurde gesetzlich verankert, daß sich die Neubürger in alle 35 Tribus eintragen lassen könnten. Ein drastisches Schuldengesetz fiel in das Jahr 86. Der Konsul L. Valerius Flaccus ließ drei Viertel aller Schulden streichen *(lex Valeria)*.

Mithradates

Ein schwieriges Problem stellte allerdings die Frage des Oberkommandos im ersten Mithradatischen Krieg (89—85) dar, den die Römer zur Sicherung ihrer östlichen Besitzungen führen mußten. Der pontische König Mithradates VI. Eupator (121—63), aus einem iranischen Fürstengeschlecht stammend, nutzte seine Regierungszeit, um sein Reich schrittweise über Kleinasien und die Balkanhalbinsel auszudehnen. Das größte Hindernis war für ihn die römische Provinz Asia, während er die angrenzenden kleineren Königtümer, wie Kappadokien, Galatien, Paphlagonien und Bithynien, nicht als ernst zu nehmendes Hemmnis ansah. Sein Vorbild war Alexander der Große, und Münzbildnisse zeigen ihn mit Diadem und wehendem Haar. Auch war er der griechischen Kultur sehr aufgeschlossen, die neben der iranischen in seinem Reich eine große Rolle spielte.

In den ersten Jahren seiner Regierung (etwa seit 115 ohne Vormundschaft seiner Mutter, die er gefangensetzen ließ) festigte er seinen Einfluß an der nördlichen Schwarzmeerküste, indem er den Griechenstädten Olbia und Chersonesos gegen Sarmaten und Skythen zu Hilfe eilte. Dabei bemächtigte er sich schließlich auch des Bosporanischen Reiches an der Straße von Pantikapaion (Kertsch). Hier hatte er einen Sklavenaufstand unter der Führung des Saumakos niederzuwerfen. Mit mehreren Völkerschaften schloß er Bündnisse, so mit den Skythen und Sarmaten selbst, mit Bastarnern und Thrakern. Diese Stammesverbände waren verpflichtet, Krieger zu stellen und Tribute zu liefern. Die materiellen Vorteile, die Mithradates der Besitz der nördlichen Schwarzmeerküste einbrachte, waren bedeutend: Die Griechenstädte sandten Geld, und allein das Bosporanische Reich lieferte ihm jährlich 7 500 t Getreide.

Nach Osten hin erweiterte er sein Reich durch die Angliederung Kleinarmeniens und der Kolchis. Die Städte an der Westküste des Schwarzen Meeres gerieten ebenfalls zum größten Teil unter seine Botmäßigkeit. So hatte er im letzten Jahrzehnt des 2. Jh. fast die gesamte Küste des Schwarzen Meeres in seine Hand gebracht.

Nunmehr richtete er sein Augenmerk auf Kleinasien. Er schloß hier zunächst mit Nikomedes III. Euergetes, dem König des wirtschaftlich ergiebigen und politisch aufstrebenden Bithynien, ein Bündnis (106). Beide setzten sich in den Besitz Paphlagoniens und Galatiens und teilten diese Gebiete unter sich auf. Besonders intensiv bemühte sich Mithradates um die Inbesitznahme Kappadokiens. Er ließ den König Ariarathes VII. beseitigen und das Königreich von seinem kappadokischen Vertrauten Gordios verwalten; offiziell hatte er aber einen seiner Söhne als König eingesetzt, der hier im Jahre 100 die Regierung antrat (bis 95 oder 94). Damals unternahm Marius seine Reise nach Asia.

Nikomedes, der sich übervorteilt sah, wurde bei den Römern vorstellig. Nachdem die Kimberngefahr gebannt war, konnten die Römer dem unaufhörlichen Machtzuwachs des Mithradates nicht mehr tatenlos zusehen. Vom Senat erging an beide Könige die nachdrückliche Forderung, die eroberten kleinasiatischen Gebiete unverzüglich zu räumen. Als König von Kappadokien wurde ein Günstling der Römer, Ariobarzanes, eingesetzt. Mithradates mußte sich zu diesem Zeitpunkt ebenso wie Nikomedes fügen, denn die Römer verfügten über reale Möglichkeiten, ihre Forderung durchzusetzen.

Intervention der Römer

Seine Ziele gab Mithradates jedoch nicht auf, und er versicherte sich der Unterstützung des Königs von Armenien, seines Schwiegersohnes Tigranes, der zudem enge Beziehungen zum Partherreich unterhielt. Ihn veranlaßte Mithradates, in Kappadokien einzufallen und Ariobarzanes zu vertreiben. Auf Drängen des Ariobarzanes, der mit viel Geld versehen in Rom erschienen war, beauftragten die Römer jetzt den Proprätor von Kilikien, L. Cornelius Sulla, den alten Zustand wiederherzustellen. Die Armenier und Kappadokier drängte Sulla bis an den Euphrat zurück. Hier trat ihm ein Gesandter der Parther, Orobazos, entgegen, der den Euphrat als Westgrenze seines Reiches anerkannte. Sulla konnte so seinen Auftrag vollständig erfüllen (92).

Ausbruch des Krieges

Bald nach Sullas Abreise jedoch vertrieb Mithradates die Könige von Kappadokien und Bithynien. Die Römer entsandten M.' Aquillius, um Ariobarzanes und Nikomedes IV. — Nikomedes III. war inzwischen verstorben — zu ihrem Recht zu verhelfen, was ihm auch gelang (90—89). Als die Römer von beiden Königen eine hohe Entschädigung verlangten und diese von ihnen nicht aufgebracht werden konnte, legten ihnen die Römer nahe, das fehlende Geld bei Mithradates einzutreiben. Nikomedes IV. fiel daraufhin tatsächlich in das pontische Reich ein, doch ließ ihn Mithradates noch gewähren, wandte sich aber an M.' Aquillius um Genugtuung. Als ihm diese verweigert wurde, entschloß sich Mithradates zum Krieg.

Er nahm Kappadokien ein und besetzte, nachdem er Nikomedes und die Aufgebote der Römer geschlagen hatte, auch Bithynien. In kürzester Zeit überrannte er das ganze westliche Kleinasien, wo ihm lediglich einige Griechenstädte und Lykien widerstanden, dazu die Insel Rhodos. Die Bevölkerung der römischen Provinz, die unter dem Treiben der Steuerpächter besonders zu leiden hatte, empfing Mithradates als Befreier vom römischen Joch. Mithradates konnte so seine Position auch moralisch aufwerten, was aus einem Brief an den Partherkönig Arsakes hervorgeht:

»Die Römer kennen von alters her nur einen einzigen Grund, um auf der ganzen Welt mit Stämmen, Völkern und Königen Krieg zu führen: die tiefe Gier nach Herrschaft und Reichtum ... Von Anfang ist alles, was sie besitzen, durch Raub zusammengebracht. Zusammengelaufenes Volk waren sie einst, ohne Vaterland ... zum Fluch für die ganze Welt bestimmt. Sie richten ihre Waffen gegen jeden, am heftigsten aber gegen die, deren Überwindung ihnen die größte Beute verschafft.«[13]

---

13 Sallust, hist., 4, fr. 69.

4. Die Verschärfung des Klassenkampfes. Der Weg zur Militärdiktatur

Um die Bevölkerung der von ihm besetzten Gebiete stärker zusammen-zuschließen und ihm ergebener zu stimmen, schürte er die antirömische Stimmung und erließ schließlich im Jahre 88 von Ephesos aus den Befehl, an einem bestimmten Tag alle in Asia befindlichen Römer und Italiker umzubringen, auch Frauen und Kinder, ja sogar Sklaven, die italischer Herkunft waren. Es ist bezeichnend, daß die von den Römern bisher unterdrückten Einwohner diesen Befehl zu einem großen Teil selbst ausführten. So sollen an einem einzigen Tag 80 000 Römer und Italiker ihr Leben verloren haben. Unter den Opfern befand sich auch M.' Aquillius.

Mithradates in Europa

Noch in demselben Jahr setzte Mithradates nach Europa über und zog durch Thrakien nach Makedonien. Sein Feldherr Archelaos segelte mit einer Flotte über die Ägäis und nahm u. a. die Insel Delos ein. Die hier wohnenden Römer und Italiker wurden ebenfalls getötet. In Athen hatten die Römer kurz zuvor die Demokratie abgeschafft. Mit Unterstützung des Mithradates errichtete hier der epikureische Philosoph Aristion, gestützt auf die unteren Schichten, die Tyrannis. Die Mehrheit der Besitzenden mußte die Stadt verlassen.

Der Prätor von Makedonien, C. Sentius Saturninus, und Bruttius Sura, sein Legat, konnten den gegnerischen Vormarsch trotz allen Bemühens nicht aufhalten, zumal in dieser Zeit auch Kelten und Thraker nach Griechenland vordrangen und sogar das Heiligtum in Delphi plünderten. So gingen den Römern auch auf der Balkanhalbinsel alle Erwerbungen bis auf Thessalien und Ätolien verloren. An der Frage des Oberbefehls gegen Mithradates erhitzten sich die Gemüter in Rom.

Kampf um den Oberbefehl

Der Senat übertrug den Oberbefehl im Jahre 88 dem Optimaten und Konsul L. Cornelius Sulla, der sich daraufhin zu seinem Heer nach Nola begab und sich anschickte, nach Griechenland überzusetzen. Die Ritterschaft war jedoch nicht daran interessiert, daß sich im östlichen Teil des Imperiums der Einfluß der Optimaten festigte, und so richteten sie ihre Hoffnungen auf Marius, der sich der Unterstützung des damaligen Führers der Popularen versicherte, nämlich des obenerwähnten Volkstribunen P. Sulpicius Rufus. Dieser setzte einen Beschluß in der Volksversammlung durch, demzufolge Marius mit der Kriegführung im Osten betraut wurde.

Die beiden nach Nola entsandten Militärtribunen, die Sulla den Beschluß der Komitien übermitteln und das Heer übernehmen sollten, stießen auf völlige Ablehnung. Sulla verwarf den Beschluß, seine Soldaten erschlugen die zwei Tribunen, weil sie bei einem Wechsel im Oberkommando die Anwerbung neuer Soldaten befürchten mußten und ihnen so die Teilnahme an dem beuteversprechenden Feldzug nicht möglich gewesen wäre. Daher unterstützten sie ihren Feldherrn, der auf Rom marschierte, das er mit Waffengewalt einnahm. Ein Senatsbeschluß erklärte Sulpicius, Marius mit seinem Sohn und weitere Gegner Sullas zu *hostes publici*, zu Staatsfeinden. Während Sulpicius auf der Flucht getötet wurde, gelang es Marius, mit seinem Sohn und einer Anzahl von Freunden nach Afrika zu entkommen, wo er Rückhalt bei seinen dort angesiedelten Veteranen erhielt.

Sulla ging in aller Eile daran, die Position der Optimaten durch eine Reihe von Gesetzen zu festigen. Zunächst hob er die Gesetze des Sulpicius auf und schränkte dann die Befugnisse des wichtigsten plebejischen Amtes, das des Volkstribunen, ein: Die Volkstribunen hatten ihre Anträge jetzt vorher dem

4.4. Der Bundesgenossenkrieg und die Diktatur Sullas

Senat vorzulegen. Die Beschlüsse der Komitien bedurften der Bestätigung seitens des Senats *(patrum auctoritas)*, dessen Mitgliederzahl auf 600 erhöht werden sollte. Ein weiterer Beschluß sah die Zuweisung neuer Kolonien an Veteranen vor.

Diese Verfügungen Sullas waren jedoch nicht von Bestand. Nachdem er sich Anfang 87 v. u. Z. zur Aufnahme des Kampfes gegen Mithradates nach Griechenland begeben hatte, erhob die Opposition wieder ihr Haupt. Die beiden Konsuln des Jahres 87, denen Sulla vor seiner Abreise noch einen Treueid auf die von ihm erlassenen Gesetze abverlangt hatte, waren Cn. Octavius und L. Cornelius Cinna. Letzterer war ein Anhänger des Marius, der bald nach Sullas Weggang eine Erneuerung der Gesetze des P. Sulpicius Rufus anstrebte. Bei den daraufhin in Rom einsetzenden Kämpfen gelang es den Optimaten unter der Führung des Konsuls Cn. Octavius noch einmal, die Oberhand zu behalten. Cinna mußte Rom verlassen und wurde für abgesetzt erklärt. Als Nachfolger in seinem Amt wurde L. Cornelius Merula gewählt. Cinna begab sich nach Kampanien, wo die dort stationierten Truppen zu ihm übergingen. Außerdem rief er Marius aus Afrika herbei, der in Etrurien an Land ging und ein Heer aufstellte. Marius und Cinna konnten weiterhin die noch immer aufständischen Samniten als Verbündete gewinnen und zogen gegen Rom.

Herrschaft der Marianer in Rom

Hier standen die Optimaten nach dem Tode des Cn. Pompeius Strabo führerlos da, und der Senat sah sich schließlich gezwungen, die Stadt zu übergeben, Cinna als Konsul anzuerkennen und Marius die Rückkehr zu gestatten. Sullas Gesetze wurden aufgehoben, die des Sulpicius wieder in Kraft gesetzt.

Die Marianer, allen voran Marius selbst, rechneten grausam mit ihren politischen Gegnern ab. Unter den Opfern befanden sich die beiden Konsuln des Jahres 87, Cn. Octavius und L. Cornelius Merula, der Bezwinger der Kimbern und vormalige Amtskollege des Marius, C. Lutatius Catulus, und der hervorragende Rhetor und Jurist M. Antonius. Das Vermögen Sullas wurde eingezogen und sein Haus zerstört. Eine bedrohliche Situation für die römischen Oberschichten entstand aus dem Vorgehen der Sklaven, die sich auf Grund von Freilassungsversprechen zahlreich den Marianern angeschlossen hatten. Jetzt brachen sie in die Häuser ihrer früheren Herren ein und rächten sich an ihnen. Cinna und Q. Sertorius, einer der führenden Marianer, gingen schließlich gegen die Sklaven vor. Sertorius ließ sie zusammenrufen, von seinen Soldaten umstellen und nahezu allesamt niedermetzeln.

Marius trat am 1. Januar 86 sein siebentes Konsulat an, starb jedoch bereits am 13. Januar desselben Jahres. Sein Nachfolger im Amt wurde L. Valerius Flaccus, dem der Oberbefehl im Krieg gegen Mithradates zufiel. Valerius Flaccus setzte nach Illyrien über, um seinen Auftrag auszuführen. Als er nach erfolgreichen Kampfhandlungen in Nikomedia ermordet wurde, wollte Cinna nun den Oberbefehl selbst übernehmen. Bei dem Versuch, nach Griechenland überzusetzen, wurde er im Jahre 84 v. u. Z. in Ancona von meuternden Truppen erschlagen. Sein Amtskollege Cn. Papirius Carbo verhinderte die Wahl eines Nachfolgers für Cinna und führte das Konsulat allein.

Die Herrschaft der Popularen in Rom, in Italien und den westlichen Provinzen ging zu Ende. Im Jahre 83 gelang es Sulla, der den Krieg gegen Mithradates trotz Aberkennung des Oberkommandos weitergeführt hatte, den Optimaten

Römische Erfolge gegen Mithradates

144   4. Die Verschärfung des Klassenkampfes. Der Weg zur Militärdiktatur

in Rom wieder zu ihrer Vormachtstellung zu verhelfen. Der Kampf gegen Mithradates verlief für die Römer erfolgreich. Sulla wählte Epirus als Ausgangspunkt für seine Operationen. Von hier aus zog er in Eilmärschen nach Böotien, wo er Archelaos eine Niederlage beibrachte, die diesen zwang, sich auf Athen und den Piräus zu beschränken. Sulla schritt zur Belagerung Athens, das von Aristion verteidigt wurde. Die Belagerung dauerte den ganzen Winter 87/86 über an, und erst am 1. März 86 konnten die Römer die Stadt einnehmen. Anschließend wurde auch der Piräus erobert. Aristion wurde getötet, Archelaos mußte den Piräus räumen und zog sich nach Chalkis zurück.

Sulla überließ Athen den Soldaten zur Plünderung. Die Verwüstungen hatten erschreckende Ausmaße angenommen. Damals wurde vieles aus der Blütezeit der Stadt zerstört; besonders schwer betroffen war die athenische Akropolis; die Langen Mauern wurden niedergerissen und auf Befehl Sullas die alten Hafenanlagen im Piräus vernichtet.

Inzwischen drang ein weiteres pontisches Heer von Makedonien aus über die Thermopylen nach Süden vor und nahm die Reste der Truppen des Archelaos auf. Sulla erwartete den Gegner an der Grenze zwischen Böotien und Phokis, bei Chaironeia, wo er im Jahre 86 einen entscheidenden Sieg erfocht. Noch in demselben Jahr erschien ein neues pontisches Heer unter Dorylaos in Griechenland. Bei Orchomenos in Böotien konnte Sulla auch diese Streitmacht von immerhin 80 000 Mann vernichten.

Opposition der Griechen

Die Lage für Mithradates wurde immer schwieriger. Überall regten sich romfreundliche Kräfte, zu denen vor allem die einheimischen Aristokraten und Geschäftsleute gehörten. Die Bevölkerung, die noch kurz zuvor Mithradates als Befreier begrüßt hatte, war enttäuscht. Die ständigen Rekrutierungen und Sonderauflagen besserten ihre Lage nicht. So fielen schon nach der Schlacht bei Chaironeia Ephesos und andere Städte Kleinasiens von ihm ab, ebenso die Galater. Mithradates sah sich zu harten Gegenmaßnahmen veranlaßt, und die Unzufriedenheit mit seiner Herrschaft nahm zu. Er konnte schließlich nicht umhin, weitgehende Zugeständnisse zu machen. Er verkündete die Freiheit der Griechenstädte und den Abzug der pontischen Truppen, proklamierte einen Schuldenerlaß und die Aufteilung von Ländereien, erteilte den Metöken das Bürgerrecht und gab vielen Sklaven die Freiheit.

Mit Hilfe demokratischer Forderungen wollte er seine Herrschaft wieder stabilisieren, doch trugen diese sozialen Maßnahmen lediglich dazu bei, die Abneigung der wohlhabenden Oberschichten zu vergrößern.

Auch auf militärischem Gebiet erlitt Mithradates weitere Rückschläge. Valerius Flaccus, der inzwischen auf griechischem Boden erschienen war, verzichtete, nachdem ein Teil seiner Vorhut zu Sulla übergelaufen war, darauf, seinen Anspruch auf das Oberkommando durchzusetzen, und wandte sich nach Makedonien, das er für die Römer wiedergewinnen konnte. Er zog weiter durch Thrakien an den Bosporus, wo er die Städte Byzanz und Kalchedon eroberte. In Byzanz kam es zu Streitigkeiten zwischen Flaccus und seinem Legaten C. Flavius Fimbria, den Flaccus kurzerhand absetzte. Daraufhin empörten sich seine überaus undisziplinierten Truppen, und Flaccus wurde auf der Flucht in Nikomedia von ihnen umgebracht.

Fimbria führte den Krieg allerdings energisch weiter. Er schlug die pontischen

4.4. Der Bundesgenossenkrieg und die Diktatur Sullas

Truppen bei Miletopolis und zwang Mithradates, Pergamon zu räumen. Die Lage für Mithradates wurde nahezu hoffnungslos, als es dem Quästor Sullas, L. Licinius Lucullus, gelang, aus Kontingenten der östlichen Seestaaten eine ansehnliche Flotte zusammenzubringen, die in kurzer Zeit die Inseln der Ägäis von pontischen Besatzungen säuberte.

So war es verständlich, daß Mithradates nach der Schlacht bei Orchomenos durch seinen Feldherrn Archelaos Verhandlungen mit Sulla aufnahm, die in einem persönlichen Treffen beider in Dardanos mit dem Frieden endeten (85); auch Sulla war geneigt, wegen der Vorgänge in Italien den Krieg möglichst rasch zu beenden. Mithradates mußte auf alle seit Kriegsbeginn eroberten Gebiete in Kleinasien verzichten, d. h. auf Kappadokien, Paphlagonien, Galatien, Bithynien und die Provinz Asia. Nikomedes und Ariobarzanes wurden von römischen Truppen in ihre Königreiche zurückgeleitet. Außerdem wurde Mithradates eine Kriegskontribution von 2 000 oder 3 000 Talenten (in den Quellen unterschiedlich) sowie die Verpflichtung auferlegt, den Römern Schiffe für den Rücktransport ihrer Truppen zur Verfügung zu stellen. Sulla gab seinerseits die Zusicherung, allen Städten, die sich Mithradates angeschlossen hatten, Amnestie zu gewähren. Dem König selbst verlieh Sulla den Titel »Freund und Bundesgenosse der Römer«. *(Frieden von Dardanos)*

Nach Abschluß dieses Vertrages wandte sich Sulla gegen Fimbria, dessen Soldaten bei Thyatia zu ihm überliefen. Fimbria gab sich im Heiligtum des Asklepios in Pergamon selbst den Tod. *(Maßnahmen Sullas in Kleinasien)*

Sulla blieb 85/84 in Kleinasien und ging entgegen seinem Versprechen hart gegen die Anhänger des Mithradates vor. Die Provinz Asia hatte die ungeheure Summe von 20 000 Talenten als Strafe für ihren Abfall zu zahlen, dazu die auferlegte Steuer für fünf Jahre. Sulla verschonte auch die Heiligtümer nicht und ließ sie plündern. Seinen Soldaten gewährte er große Freiheiten beim Plündern und Morden.

Der Wohlstand der Provinz Asia wurde durch die hohen Kontributionen, Plünderungen und Einquartierungen von Truppen sehr untergraben; diese hoffnungslose Situation bringt eine Weissagung in den Sibyllinischen Orakeln zum Ausdruck:

»Das Geld, das Rom vom tributzahlenden Asien empfangen hat, wird in dreifacher Höhe Asien wieder aus Rom empfangen, und es wird den verderblichen Hochmut an ihm rächen. So viele aus Asien das Haus der Italer bedienten, zwanzigmal so viele Italer werden in Asien Knechtsdienste leisten in Armut, und Zehntausendfältiges werden sie jeder zu büßen haben.«[14]

Selbst Griechenland hatte sehr unter dem Kriege gelitten. Es mußte zum größten Teil für die Kosten der auf seinem Boden geführten Kriege aufkommen, mußte den Raub der Tempelschätze von Delphi, Olympia und Epidauros durch Sulla hinnehmen und hatte umfangreiche Verwüstungen in Böotien und in Attika zu beklagen.

Im Jahre 84 führte Sulla sein Heer nach Griechenland, wo er sich für seine Rückkehr nach Italien rüstete. Im Frühjahr des Jahres 83 landete er dann mit 1 600 Schiffen und 40 000 Mann kampferprobter und ihm ergebener Soldaten bei Brundisium. Die Auseinandersetzung mit den Marianern stand bevor. *(Sullas Rückkehr)*

---

14 Orac. Sibyll., 3, 350–355.

10 Römische Geschichte

Sulla fand großen Zulauf, denn nach dem Tode des Cinna regten sich überall die Anhänger der Optimaten. Q. Caecilius Metellus der Jüngere und vor allem Cn. Pompeius (106—48), der Sohn des Cn. Pompeius Strabo, schlossen sich ihm an. Letzterer, der über große Güter in Picenum verfügte, hatte aus eigenen Mitteln ein Heer von zwei Legionen ausgerüstet, das er für die Interessen der Optimaten einsetzte. Er entstammte einem plebejischen Geschlecht der Nobilität, und die Patriziergeschlechter sahen in ihm einen Emporkömmling.

Die Italiker besänftigte Sulla zum größten Teil dadurch, daß er ihre Einschreibung in alle 35 Tribus bestätigte.

Die Führer der Marianer waren die beiden Konsuln des Jahres 83, L. Cornelius Scipio Asiaticus und C. Norbanus, sowie der Sohn des Marius. Sie konnten sich auf die noch immer unnachgiebigen Samniten stützen und hatten auch in Etrurien eine Basis. Allerdings fehlte es an einer klaren militärischen Konzeption, und so verzettelten die Marianer ihre Kräfte.

Kampf gegen die Marianer

An drei Fronten fiel die Entscheidung. Sulla selbst drang nach Kampanien vor und besiegte den Konsul C. Norbanus am Berge Tifata. Der Konsul L. Cornelius Scipio versuchte zu verhandeln, und sein Heer lief zu Sulla über. Auch in Latium konnte Sulla Erfolge erzielen. Er schlug den jüngeren Marius in einer großen Schlacht bei Sacriportus unweit von Signia; Marius zog sich nach Praeneste zurück und wurde dort eingeschlossen. Erst im Frühjahr konnte Sulla Rom einnehmen, wo vorher noch einige der führenden Optimaten von den Marianern umgebracht wurden, unter ihnen Q. Mucius Scaevola, ein bedeutender Jurist jener Zeit. Im nördlichen Italien stand der Konsul Cn. Papirius Carbo mit seinen Truppen; nach einer Reihe von Niederlagen zog sich Carbo, nachdem ihn viele seiner Anhänger verlassen hatten, mit der Flotte nach Sizilien zurück.

Zusammen mit Samniten unter C. Pontius Telesinus und M. Lamponius unternahmen die Marianer den Versuch, Praeneste zu entsetzen und Rom wieder in ihre Hände zu bekommen. Aber auch dieses Vorhaben scheiterte, und im Jahre 82 erlitten die Verbündeten an der *porta Collina* vor Rom eine vernichtende Niederlage. Praeneste mußte kapitulieren, und Marius' Sohn gab sich selbst den Tod. Italien befand sich damit in der Hand Sullas, wenn sich auch einige Stützpunkte der Marianer wie Nola und Volaterrae noch bis 80 bzw. 79 behaupten konnten. Sulla ließ seine Gegner hart strafen. Auf dem Marsfeld wurden mehrere tausend gefangene Samniten umgebracht, Etrurien und Samnium von Strafexpeditionen heimgesucht.

Auch die westlichen Provinzen gingen den Marianern verloren. Sardinien wurde noch im Jahre 82 von den Sullanern besetzt, und Cn. Pompeius vertrieb die Marianer von Sizilien. Der geflohene Carbo geriet in Gefangenschaft und wurde in Lilybäum hingerichtet. In Afrika hatte sich der Marianer Cn. Domitius Ahenobarbus mit dem Numiderfürsten Hiarbas verbündet, doch der nach Afrika übergesetzte Cn. Pompeius blieb auch hier siegreich, gab dem vertriebenen Hiempsal sein Königreich Numidien zurück und hatte so Afrika in nur 40 Tagen für die Sullaner gewonnen. Schließlich mußten die Marianer auch Spanien aufgeben. Der seit dem Jahre 83 hier als Statthalter fungierende Q. Sertorius zog sich nach Afrika zurück. Sulla feierte am 24. Januar 81 einen glänzenden Triumph.

4.4. Der Bundesgenossenkrieg und die Diktatur Sullas

Nach der Einnahme Roms im Frühjahr 82 ging Sulla sofort daran, sich seiner politischen Gegner zu entledigen. Zu diesem Zweck ließ er Listen *(Proskriptionen)* zusammenstellen und öffentlich bekanntmachen, in denen die Namen derjenigen erfaßt waren, die Sulla politisch gefährlich erschienen. Auch die Namen von solchen Personen, deren großes Vermögen von Anhängern Sullas begehrt wurde, gerieten auf die Liste. Der, dessen Name auf der Liste stand, galt als geächtet, wurde für außerhalb der Gesetze stehend erklärt; sein Vermögen wurde konfisziert, und seine Sklaven erhielten die Freiheit. Die Proskribierten konnten von jedermann gegen eine Belohnung getötet oder ausgeliefert werden. Selbst die Söhne und Enkel der Betroffenen blieben nicht verschont; es wurde ihnen untersagt, sich zukünftig um Ämter zu bewerben.

Sullanische Gesetzgebung

Die Proskriptionen forderten zahlreiche Opfer. Etwa 40 Senatoren und 1 600 Ritter fanden den Tod, die Zahl der Proskribierten belief sich auf mehrere tausend; viele aus der Umgebung Sullas verschafften sich riesige Vermögen. Seine militärische Position festigte Sulla durch die Ansiedlung von rund 120 000 Veteranen in Italien, vor allem in Samnium, Kampanien und Etrurien, doch war die damit verbundene Stärkung des kleinen und mittleren Grundbesitzes nicht von langer Dauer, denn die Soldaten zeigten in der Mehrheit wenig Neigung zur Landwirtschaft. In Rom schuf sich Sulla eine ihm ergebene Leibgarde, die 10 000 *»Cornelier«.* Sie rekrutierten sich aus den ehemaligen Sklaven der Proskribierten und hatten das römische Bürgerrecht erhalten.

Am Ende des Jahres 82 beherrschte Sulla die politische Szenerie völlig, und er sorgte nun für eine staatsrechtliche Fundierung seiner Machtstellung. Da die beiden Konsuln dieses Jahres, Carbo und Marius der Jüngere, tot waren, übte in Rom ein *interrex*, L. Valerius Flaccus, die oberste Amtsgewalt aus. Er ließ zunächst alle bisherigen Verfügungen Sullas von den Komitien für rechtsgültig erklären und erwirkte dann einen Beschluß der Volksversammlung *(lex Valeria)*, der Sulla auf unbestimmte Zeit unbegrenzte Vollmachten übertrug. Er wurde zum »Diktator für die Gesetzgebung und zur Neuordnung des Staates« ernannt *(dictator legibus scribundis et rei publicae constituendae)*.

Die Diktatur Sullas unterschied sich wesentlich von allen bisherigen. Das Neue lag in ihrer kompetenz- und zeitmäßigen Unbegrenztheit. Hierin offenbarte sich ein weiteres Symptom für die Krise, in die die aristokratische Republik mit ihrer stadtstaatlichen Organisationsform zunehmend geriet.

Nun schritt Sulla, ausgestattet mit einer Machtfülle, wie sie vor ihm noch nie ein Römer besessen hatte, zu Maßnahmen, die die Interessen einer extremen Gruppe der Optimaten widerspiegelten. Mehrere Gesetze *(leges Corneliae)*, vornehmlich aus dem Jahr 81, sollten dem politischen Führungsanspruch der Nobilität wieder Realität und Dauer verleihen.

In Verschärfung seiner Festlegungen aus dem Jahre 88 schränkte Sulla die Amtsbefugnisse der Volkstribunen weiter ein, vor allem das Interzessionsrecht. Außerdem wurde gewesenen Volkstribunen der weitere Aufstieg in der Ämterlaufbahn versperrt. Die Bevormundung der Volksversammlung nahm zu, und ein Priestergesetz *(lex de sacerdotiis)* entzog ihr das im Jahre 103 durch die *lex Domitia* erworbene Recht, die Mitglieder der Priesterkollegien zu wählen; sie wurden wie vormals kooptiert, und das Kollegium der Pontifices ernannte den Pontifex maximus. Die staatlich finanzierten verbilligten Getreidezuwendungen an die Plebs wurden eingestellt.

10*

Die Zahl der Senatoren wurde durch die Aufnahme von 300 neuen Mitgliedern erhöht, die aus den vornehmsten Kreisen der Ritterschaft ausgewählt und von den Komitien bestätigt wurden, der Versuch einer gewissen Annäherung von Nobilität und Ritterstand. Dem Zensor wurde das Recht genommen, die Senatsliste aufzustellen und zu überprüfen. Einschneidende Veränderungen gab es im Gerichtswesen. Der Einfluß der Komitien auf die Rechtsprechung wurde faktisch dadurch ausgeschaltet, daß jetzt ständige Gerichtshöfe (*quaestiones perpetuae*) für bestimmte Vergehen wie Amtsmißbrauch, Majestätsbeleidigung (des römischen Volkes), Testamentsfälschung, Mord, Giftmischerei u. a. eingerichtet wurden. Die Einrichtung der ständigen Gerichtskommissionen zog die Erhöhung der Anzahl der Prätorenstellen von sechs auf acht nach sich. Außer dem praetor urbanus und dem praetor peregrinus standen die übrigen Prätoren den *quaestiones perpetuae* vor. Die Zahl der Quästoren setzte Sulla von zehn auf 20 herauf.

Für die Staatsverwaltung bedeutsam waren Sullas generelle Anordnungen über das Ämterwesen und über die Provinzialverwaltung. Von jetzt an war es die Regel, daß die Beamten, die Konsuln und Prätoren, während ihrer Amtszeit in Rom blieben und erst danach mit der Statthalterschaft einer Provinz betraut wurden. Damit vollzog Sulla eine klare Trennung zwischen Magistraten und Promagistraten. Die Gewalt der Konsuln beschränkte sich auf Rom und Italien, da die Statthalter in ihren Provinzen nach wie vor die absolute Herrschaft ausübten. Da sich die Zahl der römischen Provinzen seit der Einrichtung von Gallia Cisalpina als Provinz am Ende der achtziger Jahre auf zehn erhöht hatte, konnten jetzt jeweils zwei Prokonsuln und acht Proprätoren als Statthalter eingesetzt werden. Den Rittern wurde schließlich die einträgliche Steuerpacht der Provinz Asia entzogen.

Bezugnehmend auf die *lex Villia annalis* aus dem Jahre 180 (die Einzelheiten sind unklar) regelte Sulla Stufenfolge, Mindestalter und Intervallierung in der Ämterlaufbahn: Für die Quästur galt das 30., für die Prätur das 40. und für das Konsulat das 43. Lebensjahr. Zwischen den Ämtern mußte ein Intervall von mindestens zwei Jahren liegen, und eine Wiederwahl zum Konsulat konnte erst nach zehn Jahren erfolgen.

Im Jahre 79 v. u. Z. legte Sulla seine außerordentlichen Vollmachten freiwillig nieder. Über die Gründe für diesen Schritt waren sich bereits die Zeitgenossen im unklaren, und auch die heutige Forschung vermochte die Ursachen noch nicht zu erhellen. Im Jahre 78 v. u. Z. starb Sulla; sein Leichnam wurde verbrannt und unter großen Feierlichkeiten auf dem Marsfeld beigesetzt.

Charakter der Diktatur Sullas

Sulla hatte durch sein Wirken die Vorrangstellung der Nobilität gefestigt und den Senat wieder zur entscheidenden Institution im Staate werden lassen. Dementsprechend waren seine Maßnahmen antidemokratisch; sie zielten auf die Ausschaltung des politischen Einflusses der unteren Volksschichten, wenngleich er die Zuerkennung des römischen Bürgerrechts an die Italiker akzeptieren und die Ausplünderung der Provinzen einschränken mußte. Er erwies sich ganz als ein Repräsentant der unnachgiebigen römischen Hocharistokratie, als ein Restaurationspolitiker, der in der Wahl seiner Mittel skrupellos war.

Darüber hinaus kennzeichneten Raffgier und Verschwendungssucht, Ironie und Aberglauben seine Persönlichkeit. Obwohl er bedenkenlos griechische

Tempel hatte plündern lassen, legte er sich nach dem Tode Marius' des Jüngeren den Beinamen *Felix*, der Glückliche, zu und nahm für sich in Anspruch, ein Schützling der Göttin Fortuna-Aphrodite zu sein. Er war ein gebildeter Mann, der sich auch in der griechischen Literatur und Philosophie wohl auskannte.

In den letzten Lebensjahren arbeitete er an seinen Memoiren (*res gestae*, »Tatenbericht«), die in lateinischer Sprache geschrieben waren und 22 Bücher umfaßten; einiges davon ist in den Biographien Plutarchs enthalten.

Nach seinem Tode regte sich sofort wieder die Opposition, und in den siebziger Jahren brachen die Gegensätze offen hervor. Die sogenannte sullanische Verfassung erwies sich rasch als historisch überlebt und unhaltbar.

Der Spartacusaufstand   4.5.

Am Ausgang der siebziger Jahre wurde Rom vom gefährlichsten Sklavenaufstand seiner Geschichte erschüttert. Die Erhebung fiel in eine Zeit, in der die Römer in schwere Kämpfe außerhalb Italiens verwickelt waren. In Spanien bereitete ihnen der Marianer Q. Sertorius erhebliche Schwierigkeiten, im Osten kam es erneut zu kriegerischen Verwicklungen zwischen den Römern und Mithradates; zur See hatten sich die Römer mit den Piraten auseinanderzusetzen, die sich seit dem Niedergang von Rhodos inzwischen zu einer ernst zu nehmenden Gefahr entwickelt hatten.

Diese Lage begünstigte das Vorhaben einiger Sklaven aus der Gladiatorenschule des Lentulus Batiatus in Capua. Mehr als 70 Gladiatoren brachen im Jahre 73 v. u. Z. aus dieser Schule aus.

Gladiatorenschule in Capua

Die Gladiatoren rekrutierten sich hauptsächlich aus den Reihen der Sklaven, wobei man die kräftigsten und gewandtesten aussuchte. Sie wurden in Schulen, die sich in Privatbesitz befanden, in verschiedenen Waffengattungen und Kampfesweisen ausgebildet. Die Gladiatoren wurden sehr gut verpflegt (vornehmlich mit Gerste; daher abträglich oft »Gerstenfresser«, lat. *hordearii*, genannt), im übrigen aber unter strenger Zucht ausgebildet und beaufsichtigt.

In der Arena fochten die Gladiatoren nicht nur Mann gegen Mann, sondern es wurden auch Massenkämpfe veranstaltet. Furchtsame oder gar Widerspenstige trieben die Römer mit Peitschen und glühenden Eisen in den Kampf. Blieb der Unterlegene am Leben, so entschied der Veranstalter über dessen Schicksal. Am Ende der republikanischen Periode überließ man diese Entscheidung mehr und mehr den Zuschauern.

Das den Gladiatoren zugedachte Los, sich zur Belustigung der römischen Bevölkerung in der Arena gegenseitig umzubringen, machte die Lage dieser Gruppe von Sklaven besonders menschenunwürdig und gefahrvoll. So war es nicht verwunderlich, daß die Gladiatoren ihr Schicksal nicht widerspruchslos hinnahmen.

Anführer der Aufständischen war der thrakische Sklave Spartacus, weitere Führer waren Krixos und Oinomaos. Spartacus setzte sich mit seinen Anhängern zunächst auf dem Bergmassiv des Vesuv fest, wo ihm ständig Sklaven der umliegenden Güter zuliefen. Die Römer, deren Truppen an auswärtigen

4. Die Verschärfung des Klassenkampfes. Der Weg zur Militärdiktatur

Fronten gebunden waren, schenkten dem Aufstand anfangs nicht die nötige Aufmerksamkeit. Gegen ihn entsandte örtliche Abteilungen vermochte Spartacus relativ leicht zu schlagen. Auf diese Weise konnte er die Bewaffnung seiner Mitsklaven verbessern.

Als der Prätor C. Clodius Pulcher mit einem Heer von 3000 Mann gegen ihn vorrückte und die Aufständischen auf dem Vesuv einschloß, griff Spartacus zu einer List. Er ließ aus wilden Weinreben Leitern flechten, wagte einen gefahrvollen Abstieg, bei dem nur ein einziger Sklave ums Leben kam, und gelangte so in den Rücken des völlig überraschten Gegners. Clodius erlitt eine Niederlage, später auch der Prätor P. Varinius. Nach diesen Siegen bemächtigte sich Spartacus mit etwa 7000 Sklaven der Städte Nola, Nuceria, Thurioi und Metapont.

Nach Plutarch war Spartacus jetzt »eine große und Schrecken erregende Macht« (*Crassus*, 9). Immer mehr Sklaven stießen zu ihm, selbst »Freie von den Feldern«, wie Appian berichtet (bell. civ., 1, 116). Hier handelte es sich vermutlich um verarmte Bauern und Saisonarbeiter, die in Kampanien und Lukanien recht zahlreich waren. Das Heer des Spartacus wuchs rasch an, und antiken Quellen zufolge umfaßte es bald 60000 (Eutrop, 6, 7, 2) oder gar 120000 Streiter (Appian, bell. civ., 1, 117).

Der Aufstand hatte ganz Süditalien erfaßt und wurde für die Römer zu einer ernsten Gefahr. Plutarch schreibt darüber folgendes:

»Jetzt war es nicht eher nur das Unwürdige und Schimpfliche, was den Senat an dem Aufruhr beunruhigte, sondern die Furcht vor einer wirklichen Gefahr veranlaßte ihn, wie zu einem der größten und schwierigsten Kriege beide Konsuln zugleich auszusenden.«[15]

Unstimmigkeiten im Sklavenheer

Die Konsuln des Jahres 72, L. Gellius Poplicola und Cn. Cornelius Lentulus, verfügten über mindestens vier Legionen, doch konnte sich Spartacus auch ihnen gegenüber behaupten. Unter den Führern des Aufstandes herrschte keine Einmütigkeit über das weitere Vorgehen. Während Spartacus die Sklaven über die Alpen in ihre Heimat zurückzuführen gedachte, wollte eine andere Gruppe unter Krixos in Italien bleiben und den Kampf gegen Rom aufnehmen. Die Ursachen für diese Meinungsverschiedenheiten sind nicht genau zu ermitteln. Die Gruppe unter Krixos bestand wahrscheinlich aus Galliern und Germanen sowie einer Anzahl verarmter freier Bauern. Die Schar des Spartacus setzte sich vermutlich aus Thrakern, Griechen und anderen östlichen Sklaven zusammen, deren Ziel es war, der Sklaverei zu entrinnen und in ihre alte Heimat zurückzukehren.

Im Ergebnis dieser Meinungsverschiedenheiten trennte sich Krixos mit etwa 10000 Mann von Spartacus und wurde in Apulien am Mons Garganus von L. Gellius geschlagen; Krixos selbst fiel. Auch Oinomaos hat wohl unter ähnlichen Umständen den Tod gefunden.

Züge des Spartacus

Spartacus hingegen setzte seinen Marsch nach Norden fort und erfocht mehrere Siege über die beiden Konsuln. Er drang bis Gallia Cisalpina vor und traf hier bei Mutina auf den Statthalter dieser Provinz, den Prokonsul C. Cassius Longinus, den er besiegen konnte (72). Aus ungeklärten Gründen wandte sich Spartacus dann wieder nach Süden. Möglicherweise fürchtete er den

---

15 Plutarch, *Crassus*, 9.

4.5. Der Spartacusaufstand

schwierigen Übergang über die Alpen und die kriegerischen Gebirgsvölker, oder er war sich über die Unterstützung der einheimischen Bevölkerung der Poebene mit überwiegend mittlerem und kleinerem Grundeigentum im unklaren. Die Sklaverei war hier noch nicht sehr verbreitet.

So zog er nach Süditalien. Die Römer fürchteten einen Angriff auf die Hauptstadt, und der Senat stattete den Prätor M. Licinius Crassus mit besonderen Vollmachten aus. Der römische Historiker Orosius (5. Jh. u. Z.) schreibt dazu folgendes:

»Da der Staat nicht weniger Angst hatte, als stünde Hannibal vor den Toren Roms, entsandte der Senat Crassus mit den Konsulslegionen und neuen Soldatenkontingenten.«[16]

Zunächst festigte Crassus die Disziplin im Heer; er ließ eine ganze Kohorte dezimieren, eine Strafe, die als abschreckendes Beispiel dienen sollte. Seine Operationen gegen Spartacus verliefen allerdings vorerst erfolglos, ja er geriet sogar in derartige Schwierigkeiten, daß er die Bitte an den Senat richtete, dieser möge doch M. Licinius Lucullus aus Thrakien und Cn. Pompeius aus Spanien zurückberufen.

Spartacus hatte sich inzwischen nach Süditalien begeben und Verbindung mit kilikischen Piraten aufgenommen, die ihn mit seinem Heer nach Sizilien übersetzen sollten, wo er sich von den dortigen Sklaven entscheidende Verstärkungen erhoffte. Als ihn die Seeräuber im Stich ließen, suchte Spartacus seine Absicht mit Hilfe von Flößen zu verwirklichen, aber auch dieses Vorhaben mißlang.

Crassus, der das Sklavenheer verfolgte, hatte in Bruttium von einer Küste zur anderen Wall und Graben in einer Länge von 55 km anlegen lassen, so daß Spartacus vom übrigen Italien abgeschnitten war. Die gegenüberliegende Küste Siziliens hatte inzwischen ebenfalls eine Befestigung erhalten. Anzeichen von Sklavenunruhen auf der Insel und die Nähe des Spartacus hatten den Statthalter, den Proprätor C. Verres, zu diesen Sicherungsmaßnahmen bewogen.

Spartacus erkannte die bedrohliche Lage und entschloß sich zu einem Überraschungsangriff auf die Befestigungslinie des Crassus. Der Durchbruch gelang, und Spartacus suchte mit seinem Heer den Hafen Brundisium zu erreichen, um nach Illyrien überzusetzen. Zwei Unterführer des Spartacus, Gannicus und Castus, kündigten ihm daraufhin den Gehorsam und trennten sich von ihm. Sie wurden in Lukanien von Crassus angegriffen und vernichtet, mehr als 12 000 Sklaven blieben auf dem Schlachtfeld. Spartacus erreichte Apulien.

Untergang des Sklavenheeres

Inzwischen war Lucullus in Brundisium eingetroffen, und von Norden her zog Pompeius heran. Crassus, der den Ruhm, die Sklaven besiegt zu haben, mit niemandem teilen wollte, beeilte sich, das geschwächte Heer des Spartacus zur Schlacht zu stellen. Im Jahre 71 wurden die Anhänger des Spartacus in Apulien trotz heldenhaften Kampfes geschlagen. Er selbst hatte versucht, bis zu Crassus vorzudringen. Nachdem er viele Gegner, darunter zwei Zenturionen, getötet hatte, fiel er nach tapferem Kampf, nach dem übereinstimmenden Urteil antiker Historiker so, wie es einem Feldherrn geziemt.

---

16 Orosius, *Historia adversus paganos* (Geschichte gegen die Heiden), 5, 24, 5.

Einer Abteilung von 5000 Sklaven gelang es, sich nach Norditalien durchzukämpfen. Hier fielen sie dem heranziehenden Pompeius in die Hände und wurden völlig aufgerieben. Einzelne Abteilungen Aufständischer beunruhigten die Römer noch viele Jahre lang. Über die Sklaven wurde ein blutiges Strafgericht verhängt; entlang der Via Appia, der Verbindungsstraße zwischen Rom und Capua, sollen 6000 Sklaven gekreuzigt worden sein.

Die Erinnerung an die Gefahren des Spartacusaufstandes war noch lange bei den Römern lebendig. Noch weit über hundert Jahre später, als es im Jahre 64 u. Z. in Praeneste zu Unruhen unter den Gladiatoren kam, ging sofort das Gerücht von einem neuen Spartacus um. Die antiken Schriftsteller, durchaus keine Freunde der Sklaven, konnten ihm die Anerkennung nicht versagen. So meint Plutarch, er habe »mehr einem gebildeten Hellenen als einem Barbaren geglichen« (*Crassus*, 8). Der römische Historiker Sallust bemerkt: »Er war groß in gleicher Weise durch die Kraft seines Körpers wie die seines Geistes.« (hist., 3, fr. 91).

Urteile über Spartacus

»Spartacus erscheint als der famoseste Kerl, den die ganze antike Geschichte aufzuweisen hat. Großer General ..., nobler Charakter, real representative des antiken Proletariats«[17], schrieb Karl Marx in einem Brief an Friedrich Engels. Nach W. I. Lenin war »Spartacus einer der hervorragendsten Helden eines der größten Sklavenaufstände«[18].

Besonderheiten des Aufstandes

Der Spartacusaufstand weist gegenüber den vorangegangenen Sklavenerhebungen einige Besonderheiten auf, so *erstens* in der Organisation und Führung des Aufstandes. Spartacus bildete alle Sklaven, die sich ihm anschlossen, militärisch aus und unterwies sie in der Kriegskunst. Er kannte den Wert eines straff organisierten und disziplinierten Heeres im Kampf um die Befreiung vom Sklavenjoch. Er untersagte den Besitz von Gold und Silber im Heer und ließ nur Kupfer und Eisen für die Waffenherstellung ankaufen. Alle Beute wurde gleichmäßig verteilt, wobei er darauf achtete, daß bei den unumgänglichen Requirierungen eine Bezahlung erfolgte. Er suchte möglichst alles zu vermeiden, was bei der Masse der Bevölkerung Unwillen oder gar Feindschaft hätte hervorrufen können. Seine militärische Führung zeugt von großem Geschick, was seine Erfolge beweisen.

Zweitens sind das Ausmaß und die soziale Zusammensetzung des Aufstandes zu nennen. Die Erhebung erfaßte alle Gebiete Süditaliens und einige Teile Mittelitaliens. Außerdem schloß sich eine Anzahl von verarmten Freien den Aufständischen an. Der Aufstand unterschied sich in Ausmaß, Ausdehnung und in der sozialen Zusammensetzung von den großen sizilischen Erhebungen.

Drittens schließlich unterscheidet sich der Spartacusaufstand von allen vorangegangenen Erhebungen durch seine Zielstellung, durch sein Programm. Spartacus hatte offensichtlich nicht die Absicht, die bestehenden Herrschafts- und Knechtschaftsverhältnisse zu verändern und auf dem Boden des Imperiums zu bleiben. Seine drei Feldzüge lassen vielmehr darauf schließen, daß er gewillt war, möglichst viele Sklaven zu befreien und in die Heimat zu führen. Die Wahl dieses Weges war sicher von der Einsicht diktiert, daß unter den

17 K. Marx an Fr. Engels am 27. Februar 1861, in: MEW, Bd. 30, Berlin 1964, S. 160.
18 W. I. Lenin, Über den Staat, in: Werke, Bd. 29, Berlin 1961, S. 472.

4.5. Der Spartacusaufstand 153

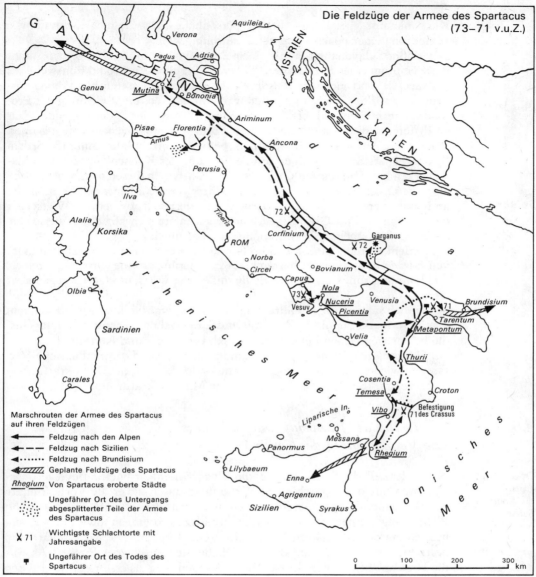

Die Feldzüge der Armee des Spartacus (73–71 v.u.Z.)

Bedingungen einer noch mächtigen, auf Sklaverei beruhenden Gesellschaftsordnung die Erringung der persönlichen Freiheit gegen den Willen der Herren allein durch die Flucht erfolgen konnte. Spartacus wählte also den zu jener Zeit einzig gangbaren Weg.

Die Sklavenaufstände in der Spätzeit der Republik zeigen, daß sie — wie in Sizilien — entweder in Altes bzw. Bestehendes einmündeten oder aber die Rückführung der Sklaven in ihre Heimat zum Ziele hatten. Beide Wege konnten nicht zur Überwindung der auf Sklaverei beruhenden Produktionsweise führen. Diese Sachlage verdeutlicht, daß die Sklaven keine Klasse waren, die Träger einer progressiveren Produktionsweise hätte sein können. In ihrem

Wirkungen der großen Aufstände

Klassenkampf ging es nur um die persönliche Freiheit, nicht aber um die Errichtung einer neuen Gesellschaftsordnung.

Die großen Sklavenaufstände in einem Zeitraum von rund 70 Jahren sind nicht das Symptom einer Krise der auf Sklaverei beruhenden Produktionsweise als Ganzes, sie sind vielmehr Ausdruck dessen, daß die extensive Sklavenausbeutung an ihre Grenzen gestoßen war. Mit der Weiterentwicklung der Produktionstechniken und -erfahrungen gingen die Römer in der folgenden Zeit zu differenzierteren und intensiveren Formen der Sklavenausbeutung über. Die weitere Ausbreitung des Kolonats, besonders in den Jahrzehnten nach dem Spartacusaufstand, läßt überdies die Wirkung des Klassenkampfes der Sklaven erkennen: Die reichen Grundbesitzer sahen es in diesen unruhigen Zeiten als sicherer und rentabler an, einen Teil ihrer verstreut liegenden Besitzungen an Kolonen zu verpachten, die daran interessiert sein mußten, die Wirtschaft güt zu führen. Der Grundeigentümer verschaffte sich auf diese Weise eine einigermaßen regelmäßig fließende Einnahmequelle.

Außerdem wurden zunehmend im Hause geborene und aufgewachsene Sklaven *(vernae)* bevorzugt; sie hatten keine Erinnerung an eine vormalige Freiheit und konnten frühzeitig mit den Bedürfnissen der Wirtschaft vertraut gemacht werden.

Schließlich sah sich die Nobilität angesichts der gefahrvollen Lage gezwungen, den Rittern und Popularen Zugeständnisse zu machen. Crassus und Pompeius, die beiden siegreichen Feldherren des Sklavenkrieges und Konsuln des Jahres 70, führten eine Reihe von Maßnahmen durch, die die vorsullanische Verfassung wiederherstellten, doch gewann dadurch nicht die Demokratie, vielmehr verstärkten sich die Tendenzen zur Militärdiktatur hin.

4.6. *Die Politik des Pompeius und des Cicero.*
Die Verschwörung des Catilina

Opposition gegen die Anordnungen Sullas

Nach dem Tode Sullas wuchs die Unzufriedenheit vieler Bevölkerungsschichten mit der oligarchischen Verfassung, durch die er die Vorherrschaft einer extremen Gruppe der Optimaten zu sichern beabsichtigte. Die städtische Plebs drängte erneut auf verbilligte Getreidezuwendungen sowie auf Wiederherstellung der vormaligen Rechte der Volkstribunen. Die Ritterschaft war bestrebt, die Gerichte und die einträgliche Steuerpacht der Provinz Asia in die Hand zu bekommen. Diesen Bestrebungen trug als erster ein Konsul des Jahres 78 Rechnung, M. Aemilius Lepidus, der zuvor selbst ein Anhänger Sullas war und sich im Zusammenhang mit den Proskriptionen ein großes Vermögen erworben hatte. Zu den Anhängern des Lepidus zählten vor allem die städtische Plebs, die Söhne der von Sulla proskribierten Marianer und die durch sullanische Veteranenansiedlungen geschädigten Italiker. Lepidus trat mit einem neuen Getreidegesetz hervor und versuchte ferner, den Volkstribunen die volle Amtsgewalt zurückzugeben, die Verbannten zurückzurufen und den geschädigten Italikern zu helfen.

Der Senat erklärte ihn daraufhin zum Staatsfeind *(hostis publicus)* und beauftragte Q. Lutatius Catulus und Cn. Pompeius mit der Kriegführung gegen ihn. Lepidus hatte inzwischen ein Heer aufgestellt und war vor die Hauptstadt

4.6. Die Politik des Pompeius und des Cicero. Die Verschwörung des Catilina

gezogen. Er erlitt eine Niederlage und floh nach Sardinien, wo er bald darauf starb. Die Reste seines Heeres führte M. Perperna, ein angesehener Marianer, Q. Sertorius in Spanien zu.

Q. Sertorius war der bedeutendste Führer der Marianer. Im Jahre 83 wurde er als Prätor mit der Verwaltung der Provinz Hispania Citerior betraut. Zwei Jahre später zwangen ihn die sullanischen Statthalter zum Verlassen Spaniens; er suchte Zuflucht in Mauretanien. Erst als ihn die aufständischen Lusitaner zu Hilfe riefen, konnte er nach Spanien zurückkehren (80). Er schlug die Statthalter beider spanischer Provinzen sowie den herbeieilenden Prätor der Provinz Gallia Narbonensis und brachte den größten Teil Spaniens in seine Gewalt. Der im Jahre 79 gegen ihn entsandte Statthalter von Hispania Ulterior, der Prokonsul Q. Caecilius Metellus Pius, vermochte ebenfalls keine militärische Entscheidung zu erzwingen. *(Sertorius in Spanien)*

Die Maßnahmen des Sertorius zielten darauf, seine Position zu sichern und den römischen Einfluß in Spanien zu festigen. Die Verwaltung gestaltete er nach römischem Muster. Aus römischen Emigranten bildete er einen Senat von 300 Mitgliedern, der erste Versuch der Bildung einer Gegenregierung in der römischen Geschichte. In Osca (heute Huesca) gründete er eine Schule, in der Kinder von einheimischen Adligen unterrichtet wurden und die lateinische und griechische Sprache lernten. Die Kinder dienten ihm gleichzeitig als Geiseln. Im übrigen brachte seine Herrschaft den Iberern und Keltiberern Erleichterungen, indem er sie von drückenden Steuern und Einquartierungen befreite.

Der sullanische Senat in Rom verfolgte mit großer Besorgnis die Entwicklung in Spanien und entschloß sich zu weiterem militärischem Vorgehen. Entgegen allen bisherigen Traditionen übertrug er Cn. Pompeius ohne Bestätigung durch die Volksversammlung die prokonsularische Gewalt und den Oberbefehl im Krieg gegen Sertorius. Pompeius hatte bisher noch keine Magistratur bekleidet und war nicht einmal 30 Jahre alt. *(Pompeius)*

Nach einem Marsch über die Alpen, durch Südgallien und über die Pyrenäen traf Pompeius Ende des Jahres 77 oder Anfang 76 mit einem Heer von etwa 40 000 Mann in Spanien ein. Erfolge stellten sich zunächst nicht ein, vielmehr mußte Pompeius bei Lauro südlich der Stadt Sagunt eine Niederlage hinnehmen. Im Jahre 75 kam es ebenfalls bei Sagunt erneut zu einer Schlacht, die unentschieden ausging: Während Metellus Perperna besiegen konnte, unterlag Pompeius dem Sertorius abermals. Pompeius sah sich angesichts der schwierigen Lage genötigt, vom Senat in Rom Verstärkung zu erbitten.

Sertorius sicherte sich die Unterstützung der Piraten und nahm sogar Verhandlungen mit Mithradates auf, die zu einem vertraglichen Übereinkommen führten. Während sich Mithradates verpflichtete, 40 Schiffe zu entsenden und 3 000 Talente zu zahlen, erklärte sich Sertorius seinerseits bereit, Mithradates die kleinasiatischen Gebiete Bithynien, Kappadokien, Paphlagonien und Galatien zu überlassen, Gebiete, die sich noch nicht unter der unmittelbaren Herrschaft der Römer befanden. Ob Sertorius auch die Provinz Asia abgetreten hat, wie Appian (*Mithr.*, 68) behauptet, ist ungewiß.

Mit Hilfe der eingetroffenen Verstärkungen setzten Pompeius und Metellus ihre Bemühungen fort, und seit dem Jahre 74 begann die Lage des Sertorius immer mühevoller zu werden. Er verlor Gebiet um Gebiet, unter seinen *(Niederlage der Marianer in Spanien)*

Anhängern wuchs die Opposition, deren Initiator M. Perperna war. Dem Kreis um Perperna mißfiel die milde Behandlung, die Sertorius den Einheimischen zuteil werden ließ. Doch auch unter diesen wuchs die Unzufriedenheit, da Sertorius ihnen immer größere Opfer abverlangen mußte. So wurde Sertorius schließlich im Jahre 72 bei einem Gastmahl ermordet. Perperna, der Sertorius die Vorrangstellung geneidet hatte und nun den Oberbefehl übernahm, wurde vernichtend geschlagen, gefangengenommen und getötet.

Die Popularen hatten so ihre letzte Bastion eingebüßt. Die Kämpfe in Spanien ließen offenbar werden, daß sich die Provinzialbevölkerung mit der römischen Fremdherrschaft längst nicht abgefunden hatte. Es kann als ein Verdienst des Sertorius angesehen werden, daß er den Versuch unternahm, anstelle der bloßen Gewaltanwendung die Position der Römer auf dem Wege der Romanisierung des Provinzialadels zu festigen.

Im Frühjahr 71 kehrte Pompeius mit seinem Heer nach Italien zurück, wo er im Norden eine Abteilung von 5000 Sklaven vernichtete, die Crassus entkommen waren.

Der Widerstand gegen die von Sulla eingerichtete oligarchische Verfassung war in den siebziger Jahren auch nach der Niederwerfung der Bewegung des Lepidus nicht erloschen. Am aktivsten zeigten sich die städtisch-plebejischen Massen, doch durchgreifende Änderungen traten zunächst nicht ein.

Pompeius und Crassus Konsuln

Ein Umschwung vollzog sich, als Pompeius und Crassus mit ihren Heeren vor Rom standen. Die herrschende Senatsoligarchie war jedoch nicht geneigt, einzelne Personen aus ihren Reihen emporsteigen zu lassen und verhielt sich den beiden siegreichen Feldherren gegenüber reserviert. Diese waren ihrerseits darauf bedacht, angesichts der wachsenden Opposition ihr Ansehen bei den antisenatorischen Kräften zu erhalten, und so kam es zu einer Annäherung zwischen ihnen und den Popularen. Pompeius und Crassus entließen ihre Soldaten vorerst nicht und setzten — unterstützt durch die Popularen — für das Jahr 70 ihre Wahl zu Konsuln durch.

M. Licinius Crassus hatte sich durch die sullanischen Proskriptionen ein riesiges Vermögen verschafft; er besaß zahlreiche Landgüter und selbst Silberbergwerke. Er soll nur diejenigen für vermögend gehalten haben, die in der Lage waren, aus eigenen Mitteln ein Heer aufzustellen und zu unterhalten. Auch Pompeius verfügte über große Reichtümer, vor allem über Ländereien in Italien (Picenum) und Spanien. Seine Wahl verstieß gegen die sullanische Ämterordnung; er war erst 35 Jahre alt. Ungeachtet ihrer gegenseitigen Rivalitäten nahmen Crassus und Pompeius eine Reihe wichtiger Reformen in Angriff. Die Kompetenzen der Volkstribunen wurden in ihrem vormaligen Umfang wiederhergestellt. So erhielten sie auch wieder das Recht der Initiative zu Gesetzesanträgen. Durch die *lex Aurelia* wurde die Besetzung der Gerichte neu geordnet. Jetzt waren in den Gerichten Senatoren, Ritter und Ärartribunen *(tribuni aerarii)* zu gleichen Teilen vertreten. Bei den Ärartribunen handelte es sich offenbar um Angehörige der auf die Ritterschaft folgenden Zensusklasse. Die Wiedereinführung des Zensorenamtes verband sich mit einer *lectio senatus*, in deren Ergebnis 64 Senatoren, zumeist Anhänger Sullas, aus dem Senat entfernt wurden. Den Rittern wurde wieder die Steuerpacht der Provinz Asia übertragen.

Durch diese Maßnahmen war die Stellung der Optimaten erschüttert,

4.6. Die Politik des Pompeius und des Cicero. Die Verschwörung des Catilina

während sich auf der anderen Seite die Position der Popularen stabilisiert hatte.

Mit dem Machtrückgang der hellenistischen Staaten, insbesondere dem von Rhodos, hatte die Piraterie im Mittelmeer erheblich zugenommen. Bereits am Ende des 2. Jh. sahen sich die Römer zum Einschreiten genötigt. So wurde im Jahre 102 der bekannte Redner M. Antonius gegen die kilikischen Piraten entsandt, und im Jahre 101 erging nach Anhören einer Delegation aus Rhodos ein Aufruf des Senats an alle verbündeten Städte und Völker, gegen die Seeräuber vorzugehen, um römischen Bürgern und Italikern die Sicherheit des Seehandels zu garantieren. Allen diesen Maßnahmen war jedoch kein nachhaltiger Erfolg beschieden, und so griff das Unwesen der Piraterie weiter um sich, vor allem während des Krieges gegen Mithradates, der die Seeräuber im Kampf gegen Rom ermunterte und unterstützte. Von den Küsten Kilikiens und von Kreta aus dehnten sie ihre Operationen bis in das westliche Mittelmeer aus. Auch die Küsten Siziliens und Italiens wurden von ihnen heimgesucht. Sie landeten sogar in Kampanien, überfielen Ostia und blockierten dadurch die Getreideversorgung der Hauptstadt.

Piraterie im Mittelmeer

Eine Abhilfe war dringend notwendig, und so übertrug der Senat im Jahre 74 M. Antonius, dem Sohn des älteren M. Antonius und Vater des späteren Triumvirn, das Kommando gegen die Seeräuber. Nach Operationen im westlichen Mittelmeer wandte er sich gegen Kreta, erlitt hier aber eine Niederlage und mußte einen ungünstigen Frieden schließen, der allerdings in Rom verworfen wurde. M. Antonius starb während des Krieges auf Kreta.

Seinem Nachfolger Q. Caecilius Metellus gelang es in den Jahren 68 und 67, einen Sieg über die Piraten zu erringen und einige kretische Küstenstädte einzunehmen, doch wurden die Seeräuber auch damit nicht entscheidend geschlagen.

Zu Beginn des Jahres 67 stellte daher der Volkstribun A. Gabinius den Antrag, das Kommando im Seeräuberkrieg einem einzelnen auf die Dauer von drei Jahren zu übertragen und ihm die uneingeschränkte Gewalt über das gesamte Mittelmeer bis zu 50 römischen Meilen (75 km) landeinwärts einzuräumen *(lex Gabinia)*. Der Antrag ging gegen den Widerstand des Senats durch, und mit dem Oberbefehl wurde Pompeius betraut. Dazu wurde ihm eine gewaltige Streitmacht zur Verfügung gestellt, und zwar 20 Legionen und 500 Schiffe. Er teilte das Mittelmeer in 13 Bezirke ein und unterstellte jeden einem Legaten. In 40 Tagen hatte er das westliche Mittelmeer von Piraten gesäubert. Danach wandte er sich dem Osten zu, wo er die Seeräuber in der Seeschlacht bei Korakesion an der kleinasiatischen Küste besiegte. Er ließ den Unterlegenen Leben und Freiheit und siedelte sie im kilikischen Soloi (Pompeiopolis), in Dyme in Achaia und in einigen anderen Städten neu an. Innerhalb von drei Monaten hatte Pompeius die Piratengefahr gebannt; die wiederhergestellte Sicherheit der Schiffahrt wirkte sich günstig auf die Belebung des Handels aus. Nicht zuletzt diente diese Aktion der Eroberung bzw. Sicherung des Ostens.

Gesetz des Gabinius

In die sechziger Jahre fällt auch die endgültige Niederwerfung des Mithradates, dessen Macht durch die Niederlage gegen Sulla keineswegs gebrochen war. Zu erneuten Verwicklungen kam es bereits in den Jahren 83 bis 81 (zweiter Mithradatischer Krieg). Der Statthalter von Asia, L. Licinius Murena, nahm Gebietsstreitigkeiten zum Anlaß für einen Raubzug in das Pontische Reich.

Letzter Kampf gegen Mithradates

4. Die Verschärfung des Klassenkampfes. Der Weg zur Militärdiktatur

Mithradates beschränkte sich auf die notwendigsten Verteidigungsmaßnahmen und wandte sich an Sulla, auf dessen Eingreifen hin Murena den Krieg einstellen mußte.

Die Feindseligkeiten brachen wieder aus, als König Nikomedes IV. Philopator von Bithynien im Jahre 75 starb und sein Reich den Römern vererbte. Mithradates war nicht gewillt, auf dieses Gebiet zu verzichten, zumal er durch die Vereinbarung mit Sertorius eine rechtliche Grundlage zu besitzen glaubte. Die Römer entschieden sich für Krieg und setzten die beiden Konsuln des Jahres 74, L. Licinius Lucullus und M. Aurelius Cotta, als Befehlshaber ein. Lucullus erhielt die Provinzen Kilikien und Asien sowie den Oberbefehl im Kriege gegen Mithradates, Cotta dagegen Bithynien und den Oberbefehl über die Flotte.

Mithradates konnte zunächst Erfolge erringen. Er rückte in Bithynien ein, gewann Herakleia als Bündnispartner und erfocht bei Kalchedon zu Lande und zu Wasser einen Sieg über Cotta. Ein anderes pontisches Heer besetzte Galatien und das angrenzende Phrygien. Als Mithradates die Stadt Kyzikos belagerte (Winter 74/73), zwang ihn Lucullus zum Abzug; dieser brachte eine Flotte zusammen und schlug die pontische Flotte in zwei Treffen vor der Troas und bei Lemnos (73). Bei Kabeira am Lykos büßte Mithradates seine starke Reiterei ein. Die energisch nachsetzenden Römer zwangen ihn, in Armenien bei seinem Schwiegersohn Tigranes I. Zuflucht zu suchen (72).

Lucullus unterwarf jetzt das Land und ging gegen die stark befestigten Städte an der Küste vor. Nach längeren Belagerungen fielen Amisos, Herakleia, Amastris und Tios in die Hände der Römer. Die Städte wurden zügellos geplündert. Erst im Jahre 70 ergab sich die königliche Residenz Sinope. Der Sohn des Mithradates, Machares, der den bosporanischen Staat verwaltete, ging auf die Seite der Römer über.

Tigranes von Armenien hatte in den achtziger Jahren seine Herrschaft im Lande gefestigt und die Grenzen seines Reiches ausgedehnt. Er besetzte Kappadokien und Kilikien sowie einen großen Teil Syriens (83). Im Norden Mesopotamiens gründete er die neue Hauptstadt Tigranokerta. Das Ansinnen des Lucullus, Mithradates den Römern auszuliefern, wies er zurück. Daraufhin begann Lucullus im Frühjahr 69 einen Feldzug gegen Armenien.

Er setzte mit einem Heer von etwa 20 000 Mann bei Melitene über den Euphrat und zog in Richtung auf Tigranokerta. Der zum Entsatz seiner Hauptstadt herbeieilende Tigranes wurde von der zahlenmäßig weit geringeren Macht des Lucullus völlig geschlagen; er mußte kapitulieren. Den Römern fiel ein gewaltiges Beutegut in die Hände. Syrien wurde von der armenischen Herrschaft befreit, und die Römer ließen hier den Seleukiden Antiochos XIII. Asiaticus den Thron einnehmen (69).

Intrigen gegen Lucullus

Weitere Erfolge blieben Lucullus versagt. In seinem Heere wuchs die Opposition, besonders unter den ehemaligen Soldaten des Fimbria. Sie forderten die Entlassung, da viele von ihnen bereits an die 20 Jahre Kriegsdienste leisteten. Zugleich waren in Rom seine Gegner, Ritter und Popularen, mit Erfolg bemüht, ihm die Unterstützung zu verweigern und den Oberbefehl abzuerkennen. Er hatte sich besonders in den Kreisen der Ritterschaft viele Feinde geschaffen, indem er im Jahre 71 den Zinsfuß in Asien auf $12^{1}/_{2}$ Prozent herabsetzte und verfügte, den Schuldnern nicht mehr als ein Viertel ihres

4.6. Die Politik des Pompeius und des Cicero. Die Verschwörung des Catilina

Besitzes wegzunehmen. Die Bevölkerung hatte ohnehin noch unter der Schuldenlast des ersten Mithradatischen Krieges zu leiden.

Mithradates nutzte die schwierige Lage des Lucullus und marschierte von Armenien aus mit einer Streitmacht von 8000 Mann in das Pontische Reich ein (68). Bevor Lucullus mit seinen Truppen aus Mesopotamien eintraf, mußte sein Legat C. Triarius bei Zela eine schwere Niederlage (67) hinnehmen. Tigranes fiel plündernd in das benachbarte Kappadokien ein. Lucullus konnte keine wirksamen Gegenmaßnahmen ergreifen, da ihm die Soldaten den Gehorsam verweigerten.

In Rom setzten sich nun die Gegner des Lucullus durch. Zu Beginn des Jahres 66 v. u. Z. brachte der Volkstribun C. Manilius ein Gesetz ein (*lex Manilia*), wonach die Provinzen Bithynien und Kilikien dem Pompeius übertragen werden sollten. Ebenso war für ihn der Oberbefehl im Kriege gegen Mithradates und Tigranes vorgesehen. Alle 35 Tribus stimmten dem Gesetz zu, das auch der damalige Prätor M. Tullius Cicero in seiner Rede »*De imperio Cn. Pompei*« unterstützte.

Pompeius vereinte jetzt eine riesige Macht in seiner Hand, denn auch die ihm durch die *lex Gabinia* übertragenen Befugnisse waren noch in Kraft. In Galatien traf er mit Lucullus zusammen, von dem er den größten Teil des Heeres übernahm. Mit 60000 Soldaten drang er in das Pontische Reich ein, wo ihm Mithradates nur 33000 Krieger entgegenstellen konnte. Durch Verhandlungen mit dem Partherkönig Phraates hatte Pompeius erreicht, daß die Kräfte des Tigranes in Armenien gebunden waren.

Machtfülle des Pompeius

Mithradates wich einem entscheidenden Treffen aus, wurde aber schließlich von Pompeius in der Nähe des Euphrat gestellt und geschlagen. Tigranes, in Zwistigkeiten mit seinem gleichnamigen Sohn verstrickt und von den Parthern bedrängt, wies Mithradates ab und ergab sich Pompeius, der ihm das Königtum beließ, allerdings mit der Einschränkung, dem jüngeren Tigranes in Gestalt der Landschaften Sophene und Gordyene südlich des Van-Sees ein Sonderkönigtum einzurichten. Außerdem mußte er alle westlichen Gebiete, vor allem Syrien, Kappadokien und Galatien, offiziell den Römern überlassen. Mithradates überwinterte in Kolchis und ging im Jahre 65 von Dioskurias an den kimmerischen Bosporus. Der verräterische Machares wurde getötet.

Bei seinen intensiven Vorbereitungen zum Angriff auf die Römer, die er in Italien anzugreifen beabsichtigte, stieß Mithradates auf allgemeine Ablehnung. Besonders den Griechenstädten war an einem raschen Friedensschluß mit den Römern gelegen, da deren Kriegsflotte das Schwarze Meer kontrollierte und ihren Handel unterband. So kam es in Phanagoreia zur offenen Rebellion, der sich Chersonesos, Theodosia, Nymphaion und schließlich auch Pantikapeion anschlossen. Hier konspirierte Mithradates' Sohn Pharnakes gegen seinen Vater. Mithradates mußte sich auf der Akropolis von Pantikapeion, dem heutigen Mithradates-Berg in Kertsch, verschanzen und tatenlos zusehen, wie sein Sohn die Königswürde übernahm. Verzweifelt und von allen verlassen befahl er einem seiner keltischen Söldner, ihn zu töten (63).

Ende des Mithradates

Pompeius hatte im Jahre 65 einen Zug nach Transkaukasien unternommen, mußte jedoch seinen Plan, entlang der kaukasischen Küste zum Bosporanischen Reich vorzudringen, aufgeben. Er stieß bis in die Gegend des Kaspischen Meeres vor und zwang eine Reihe von Völkerschaften, darunter die

4. Die Verschärfung des Klassenkampfes. Der Weg zur Militärdiktatur

Iberer und Albaner, die römische Oberhoheit anzuerkennen. Ein drohender Zusammenstoß mit den Parthern konnte vermieden werden.

Pompeius zog über Armenien nach Pontus zurück und vollendete die Unterwerfung dieses Landes, dessen größten Teil er mit Bithynien zu einer Doppelprovinz *(Bithynia et Pontus)* verband (64). Noch in demselben Jahr wandte er sich nach Syrien, wo eine verworrene innenpolitische Situation herrschte. Er überging kurzerhand die Ansprüche der Erben des Antiochos Asiatikus, der sich im Lande nicht hatte durchsetzen können, und erklärte Syrien zur römischen Provinz.

In Judäa machten sich die beiden Söhne des Alexander Jannaios (103–76), Aristobul und Hyrkanos, seit dem Tode ihrer Mutter Salme (67) den Thron streitig. Aristobul zeigte sich den Römern nicht geneigt, und so entschloß sich Pompeius für Hyrkanos. Als sich Aristobul dem Schiedsspruch nicht fügte, zog Pompeius gegen Jerusalem. Die Stadt ergab sich, aber Aristobul verteidigte sich im stark befestigten Jahvetempel noch drei Monate lang. Im Herbst 63 wurde der Tempelberg unter Ausnutzung der Sabbatruhe erstürmt. Als erster drang Faustus Sulla, der Sohn des Diktators, in den Tempel ein, auch Pompeius hat ihn betreten, sehr zum Verdruß der glaubenstreuen Judäer. Judäa ging aller seiner Eroberungen verlustig, ebenso der Herrschaft über zehn griechische Städte mit ihrem Landgebiet. Hyrkanos wurde als Hohepriester, nicht aber als König anerkannt. Aristobul geriet mit seinen Kindern in römische Gefangenschaft. Judäa wurde dem Statthalter von Syrien unterstellt. Während der Belagerung von Jerusalem hatte Pompeius die Nachricht vom Tode des Mithradates erhalten, dessen Sohn Pharnakes sich den Römern bedingungslos ergab. Die Römer bestätigten seine Herrschaft und erkannten ihn als »Freund und Bundesgenossen des römischen Volkes« an. Der Stadt Phanagoreia verlieh Pompeius die Autonomie.

Ordnung Kleinasiens durch Pompeius

Den Winter des Jahres 63/62 nutzte Pompeius zur Neuordnung Kleinasiens. Er entschied nach eigenem Ermessen, ohne Zustimmung des Senats. Die Urbanisierung des Landes förderte er dadurch, daß er die Doppelprovinz Bithynien und Pontus in elf städtische Gebiete einteilte, denen alles übrige Land verwaltungsmäßig zugeordnet wurde. Insgesamt soll Pompeius in den östlichen Provinzen rund 40 Städte gegründet haben. Teils handelte es sich um Neugründungen, teils um wieder aufgebaute Städte. Den städtischen Magistraten übertrug er die Steuererhebung für ihr Gebiet und eröffnete ihnen so Gewinnmöglichkeiten durch Verpachtungen. Die Ritter begünstigte er durch die Beseitigung der ihnen auferlegten Beschränkungen bei der Steuerpacht. In dieser Zeit nahm das Wucherkapital einen beachtlichen Aufschwung.

Pompeius verfügte über gewaltige Mittel. Er konnte seine Soldaten und Offiziere reichlich entlohnen und eine bedeutende Summe an den Staatsschatz abführen. Der Reichtum der asiatischen Provinzen ließ die jährlichen Eingänge an Tributen um fast 70 Prozent ansteigen.

Machtzuwachs der Römer

Die Feldzüge des Pompeius im Osten hatten dem römischen Staat einen ansehnlichen Machtzuwachs gebracht. Die hellenistische Staatenwelt war endgültig zerschlagen, neue Provinzen waren eingerichtet und zahlreiche Klientelstaaten geschaffen worden. Rom grenzte jetzt an das Reich der Parther, die sich Mesopotamiens bemächtigt hatten. Hier zogen ernste Gefahren für die Römerherrschaft im Osten herauf.

4.6. Die Politik des Pompeius und des Cicero. Die Verschwörung des Catilina

Auch in Afrika hatten die Römer ihre Position festigen können. Im Jahre 96 hinterließ Ptolemaios Apion sein Königreich Kyrene den Römern, die dieses Gebiet aber erst 74 in eine Provinz umwandelten. Kyrene wurde später zusammen mit Kreta verwaltet (Provinz seit 66). Die endgültige Einrichtung der Provinz erfolgte erst 27 v. u. Z. *(Creta et Cyrenae).*

Pompeius selbst hatte große Reichtümer erworben, nicht minder großen militärischen Ruhm, und konnte auf viele einflußreiche Gefolgsmänner von Spanien bis Armenien blicken. Im Jahre 62 trat er die Rückreise nach Italien an, die ihn über Rhodos führte, wo er dem stoischen Philosophen Panaitios einen Besuch abstattete. Ende des Jahres 62 landete er in Brundisium, wo er sein Heer entließ. Er erhoffte vom Senat die Bestätigung seiner Anordnungen im Osten, die Versorgung seiner Veteranen sowie die Gewährung eines Triumphes, den er im September 61 feiern konnte; die beiden anderen Fragen blieben zunächst offen.

Der Senat wurde in dieser Zeit von Optimaten beherrscht. Sie fürchteten die **Situation** von Pompeius eingegangenen Verbindungen mit den Rittern und damit um **im Senat** ihre dominierende Stellung. Die Ritter wiederum argwöhnten eine erneute Annäherung des Pompeius an den Senat. Pompeius stieß somit in politisch widerstrebende Richtungen, ohne selbst eine klare Haltung bezogen zu haben. Die innenpolitischen Unsicherheiten nahmen zu.

Im Senat waren führende Persönlichkeiten der Optimaten, darunter Lucullus und M. Porcius Cato (der Jüngere), bestrebt, Pompeius die völlige Anerkennung zu versagen. Sie waren es dann auch in erster Linie, die das Agrargesetz des Volkstribunen L. Flavius, das die Veteranen des Pompeius mit Land ausstatten sollte, zum Scheitern brachten (60). Pompeius zog sich enttäuscht vom Senat zurück.

Die sechziger Jahre waren in Rom eine Zeit starker innenpolitischer Unruhen. **Aktivitäten der** Kennzeichnend war die politische Aktivität der städtisch-plebejischen Massen **stadtrömischen** *(plebs urbana)*; eine wesentliche Ursache dafür lag im Rückgang der städtischen **Plebs** Klientelverhältnisse seit dem Ausgang des 2. Jh. v. u. Z. Durch die Einführung von verbilligten Getreidezuwendungen sank die vormalige Bedeutung von *largitiones* (»Geschenke«, »Spenden«) einzelner Personen; demgegenüber traten auswärtige Klientelschaften in den Vordergrund. Weiterhin trug die Entwicklung des stadtrömischen Handwerks und Gewerbes dazu bei, daß sich ein nicht unbedeutender Teil der Plebs ökonomisch zu stärken vermochte. Auch das Anwachsen der städtischen Bevölkerung und die Anwesenheit einer großen Anzahl von Veteranen und beurlaubten Soldaten spielte eine Rolle. Nicht zuletzt hatten die Ereignisse um Marius und Sulla sowie der Abbau der sullanischen Verfassung die traditionelle Achtung vor dem Senatorenstand untergraben.

Auf ökonomischem Gebiet trat die stadtrömische Plebs für die Sicherung der Lebensmittelverteilungen sowie für die Aufrechterhaltung der verbilligten Kornabgabe ein. Fragen der Schuldentilgung und der hohen Wohnungsmieten standen ebenfalls auf diesem Programm. Das politische Interesse der Plebs richtete sich darauf, die Machtstellung der senatorischen Aristokratie und ihres staatlichen Instruments, des Senats, einzuschränken und andererseits Komitien und Volkstribunat zu einem größeren Einfluß auf die Lenkung der Staatsangelegenheiten zu verhelfen.

11 Römische Geschichte

Zur Durchsetzung ihrer Interessen entwickelte die Plebs neue Organisations- und Kampfformen. Stark in den Vordergrund rückten die *contiones* (»Zusammenkünfte«), formlose Versammlungen neben den legalen Komitien; hier nahmen Bürger und Nichtbürger, Freigelassene und selbst Sklaven teil. Im Gegensatz zu den Komitien hörten die Anwesenden hier einem Politiker nicht stillschweigend zu, sondern taten in vielfältiger Weise ihre Ansicht oder ihren Willen kund. Die *contiones* verliefen dementsprechend lebhaft und stürmisch. Vertreter aller politischen Richtungen, auch Optimaten, traten hier auf, um die Stimmung der städtischen Massen zu erkunden bzw. zu beeinflussen. Da die städtische Plebs in allen Tribus vertreten war, konnte sie auch bei einigermaßen geschlossenem Auftreten in den Komitien Entscheidungen gegen den Willen der Senatsaristokratie herbeiführen. Wie sehr führende Politiker gezwungen waren, der »Volksgunst« Rechnung zu tragen, zeigt Cicero, der selbst zehn Reden vor solchen Versammlungen gehalten hat, um die Menge für seine Ansichten zu gewinnen, dann aber in einem Brief seine Zuhörer als »elendes und hungriges Pöbelvolk« abtut.[19]

Andere Organisationsformen waren die *collegia* und die *sodalitates* (»Verbrüderungen«, »Vereinigungen«). Die Kollegien waren ursprünglich Handwerkervereine *(collegia opificum)* mit beruflichen und kultischen Funktionen und trugen gleichzeitig auch einen territorialen Charakter, während es sich bei den *sodalitates* um freundschaftliche Vereinigungen zu privaten Zwecken handelte.

Seit Beginn der sechziger Jahre übten diese Vereinigungen auch politische Funktionen aus; sie traten vor allem als Wahl- und Abstimmungsorganisationen hervor. Die Leiter solcher Kollegien, die *magistri*, konnten die Stimmen der Mitglieder einem bestimmten Politiker versprechen. Die politische Bedeutung dieser Organisationen führte damals zur Entstehung einer großen Anzahl von neuen Kollegien.[20] Bemerkenswert ist es, daß in den Kollegien auch Sklaven zu finden waren, und zwar solche, die relativ selbständig wirtschafteten oder eine gehobene Position innehatten.

Alle diese politischen Organisationsformen versetzten die stadtrömische Plebs in die Lage, eine gewichtige Rolle auf der politischen Bühne in Rom zu spielen. Davon zeugen Abstimmungsergebnisse, die der Senatsaristokratie zuwiderliefen, sowie die Erweiterung der Kompetenzen der Volksversammlung. So erhielten die Komitien durch die *lex Papia* (Datum unsicher) und die *lex Atia* (63) das ihnen von Sulla genommene Recht zurück, die Wahl der Vestalinnen und der *pontifices* vorzunehmen. Sie wurden in einer besonderen Versammlung von nur 17 Tribus gewählt, die das Los ermittelte.

Ideologie der Plebs

Die Ideologie der städtischen Plebs richtete sich vorrangig auf zwei Begriffe, die auch dem politischen Vokabular der Aristokratie eigen waren: *libertas* (»Freiheit«) und *mos maiorum* (»Brauch der Vorfahren«). Aristokratie wie Plebs verstanden unter *libertas* das Freisein von Fremd- und Königsherrschaft, doch die Vorstellungen der Plebejer schlossen außerdem den Gegensatz zur Senatsherrschaft ein. Eines der zentralen politischen Ziele der Plebejer bestand demzufolge auch darin, sich von der lästigen Bevormundung seitens der Nobili-

19 Cicero, ad Att., 1, 16, 11: *misera ac ieiuna plebecula.*
20 Cicero, *Sestiana*, 55: *innumerabilia alia collegia.*

4.6. Die Politik des Pompeius und des Cicero. Die Verschwörung des Catilina

tät zu befreien, für »eine vom Geheiß der Patrizier freie Stimmabgabe« einzutreten.[21] Im Begriff des *mos maiorum* stießen ebenfalls die divergierenden Auffassungen der Nobilität und Plebs aufeinander. Während die Nobilität darunter vornehmlich die unangefochtene Stellung des Senats im Staate verstand, verknüpfte die Plebs damit die Vorstellung von der Prävalenz der Volksversammlung.

Die herrschenden Schichten Roms, Nobilität wie auch Ritterschaft, gerieten infolge der eigenständigen politischen Aktivität der stadtrömischen Plebs in ernste Besorgnis. Vor allem erschienen ihnen die sich ihrer Kontrolle entziehenden Kollegien gefährlich. So nimmt es denn nicht wunder, daß die Kollegien im Jahre 64 durch ein *senatus consultum* (SC) verboten wurden. Der Volkstribun P. Clodius begründete sie zwar im Jahre 58 neu, doch wurden in der Folgezeit alle politisch verdächtigen Kollegien durch Caesar und vor allem durch Augustus aufgelöst. Ein Senatsbeschluß aus dem Jahre 56 verbot auch die *sodalitates*.

Durch den Kampf der stadtrömischen Plebs wurde die Position der Senatsaristokratie geschwächt. Damit bereitete sie objektiv den Boden für den Aufstieg ehrgeiziger Politiker, für den Übergang zu militärdiktatorischen Herrschaftsformen.

Zu den wichtigen innenpolitischen Ereignissen der sechziger Jahre zählt die Verschwörung des Catilina *(Catilinae coniuratio)*. L. Sergius Catilina (108—62) gehörte zu den Anhängern Sullas, hatte sich aktiv an den Proskriptionen beteiligt und bekleidete im Jahre 68 die Prätur. Anschließend verwaltete er die Provinz Afrika. Als er im Jahre 66 nach Rom zurückkehrte, bewarb er sich um das Konsulat. Er hatte jedoch keinen Erfolg, und zu Konsuln für das Jahr 65 wurden P. Autronius Paetus und P. Cornelius Sulla gewählt. Vor Antritt des Konsulats wurden sie allerdings des Wahlbetruges überführt und mußten auf ihr Amt verzichten; an ihre Stelle traten L. Manlius Torquatus und L. Aurelius Cotta.

(Randnotiz: Verschwörung des Catilina)

Die beiden Verurteilten verbanden sich mit Cn. Calpurnius Piso und Catilina mit dem Ziel, die nachgewählten Konsuln zu töten, um gewaltsam in die höchsten Ämter zu gelangen. Crassus und Caesar sollen dieses Vorhaben insgeheim unterstützt haben, um ein Gegengewicht gegen Pompeius zu schaffen, mit dem Crassus um den größten Einfluß im Staate rivalisierte. Der Plan kam jedoch nicht zur Ausführung, auch wurden keine Untersuchungen angestrengt. Piso wurde als Quästor nach Spanien geschickt, hier aber bald darauf erschlagen, eventuell auf Veranlassung des Pompeius, der sich über die Vorgänge in Rom regelmäßig berichten ließ. Die Ereignisse der Jahre 66/65 werden als die erste Catilinarische Verschwörung bezeichnet.

Im folgenden Jahr klagte eine afrikanische Gesandtschaft Catilina wegen Erpressung an. Der Prozeß zog sich in die Länge, doch ging Catilina schließlich straffrei aus und bewarb sich für das Jahr 63 wiederum um das Konsulat; sein Mitbewerber war C. Antonius; ein dritter Kandidat war Cicero, den außer Rittern und Popularen auch einige Senatoren unterstützten, die im Falle einer Wahl Catilinas innere Unruhen befürchteten. Diese Konstellation führte dazu, daß sich Catilina und vier weitere Bewerber nicht durchsetzen konnten;

---

21 Sallust, hist., fr. 2, 98, 15: *libera ab auctoribus patriciis suffragia*.

gewählt wurden C. Antonius und Cicero, der sich mit seinem stark verschuldeten Kollegen arrangierte, indem er ihm die Provinz Makedonien nach Ablauf der Amtszeit zusicherte. Cicero bestand allerdings darauf, einen Anteil an dem materiellen Gewinn zu erhalten.

Cicero

M. Tullius Cicero (106—43) entstammte einer Ritterfamilie aus Arpinum, also dem italischen Munizipaladel. Sein Vater ließ ihm in Rom eine umfassende Bildung angedeihen, vor allem in Rhetorik. Von 79 bis 77 unternahm er eine Studienreise nach Griechenland, Kleinasien und Rhodos. Nach Rom zurückgekehrt, bewarb er sich um die Quästur, die er im Jahre 75 bekleidete und die ihn nach Sizilien führte. Im Jahre 69 war er kurulischer Ädil, 66 dann Prätor.

Cicero war seit Beginn seiner öffentlichen Laufbahn bestrebt, Ansehen bei der Nobilität zu gewinnen. Schon im Jahre 70, als er die Anklage gegen den erpresserischen Proprätor von Sizilien, C. Verres, vertrat, enthielt er sich jeglichen Lobes für wirkliche Popularpolitiker. Auch bewarb er sich im Jahre 69 nicht um das Volkstribunat, obwohl nach Ausübung dieses Amtes der Weg zu den höheren Ämtern geebnet war. Dennoch lehnte er sich zunächst an die Popularen an, weil sie in den sechziger Jahren großen Einfluß besaßen und Cicero sich andererseits einer wirkungsvollen Unterstützung durch die Senatsaristokratie nicht sicher sein konnte. Seine politische Haltung war bestimmt von dem Bestreben, im Interesse der Erhaltung der Republik und der Sicherheit des Besitzes ein Zusammenwirken von Nobilität und Ritterschaft herbeizuführen. Diese Absicht fand ihren Ausdruck in der von ihm propagierten Losung »Eintracht der Stände« *(concordia ordinum)*, die er erstmalig im Jahre 66 in seiner Rede für A. Cluentius Habitus verkündete (*Pro Cluentio*, 152). Für einen Anhänger der aristokratischen Republik aus den beiden Schichten der herrschenden Klasse prägte er den Begriff *»vir bonus«* (»Gutgesinnter«), ein aristokratisches Bürgerideal.

Agrargesetz des Rullus

Ciceros Konsulatsjahr war sehr ereignisreich. Zu Beginn des Jahres brachte der Volkstribun P. Servilius Rullus die *lex agraria* ein, welche vorsah, das gesamte Staatsland *(ager publicus)* in den Provinzen zu verkaufen und mit dem Erlös italischen Grund und Boden zu erwerben, um hier minderbemittelte römische Bürger anzusiedeln. Auch die Kriegsbeute des Pompeius sollte weitgehend für einen solchen Aufkauf genutzt werden. Die noch nicht vergebenen Teile des kampanischen Staatslandes sollten ebenfalls verteilt werden. Alle Ländereien, die seit Sulla — auf welche Weise auch immer — in jemandes Besitz gelangt waren, sollten Privateigentum sein.

Zur Durchführung dieser umfangreichen Vorhaben war die Einsetzung einer Kommission von zehn Männern vorgesehen, deren weitgehende Vollmachten für die Dauer von fünf Jahren gelten sollten. Nur gegenwärtig in Rom anwesende Personen durften sich der Wahl in diese Kommission stellen. Pompeius, der noch im Osten weilte, kam also nicht in Frage. Vermutlich standen Crassus und Caesar hinter Rullus.

Nutznießer des Gesetzes waren die ländliche Plebs, die sullanischen Veteranen sowie Grundbesitzer, die sich besonders im Zuge der Proskriptionen bereichert hatten. Die städtischen Plebejer und die Pachtgesellschaften waren nicht daran interessiert, denn ihnen kamen die Einkünfte aus den verpachteten Staatsländereien zugute, und den Rittern wurden Pachtmöglichkeiten genommen.

Cicero wandte sich in mehreren Reden gegen den Gesetzesentwurf. Rullus beging eine Unvorsichtigkeit, als er im Senat in Erwiderung der Ausführungen Ciceros über seine Ziele sagte, »die städtische Plebs könne im Staate zuviel ausrichten; man müsse sie ausschöpfen« *(exhauriendam esse)*. Diese Worte griff Cicero (De lege agraria, 2, 26, 70) in einer nachfolgenden Rede vor dem Volk auf. Rullus, der offenbar nicht mit einem Erfolg seines Antrags rechnete, zog den Antrag zurück.

In einer anderen Angelegenheit hingegen siegten die Popularen. Die Stelle des verstorbenen Pontifex maximus war neu zu besetzen, und die Komitien wählten Caesar, während die zwei Kandidaten der Nobilität durchfielen.

Catilina hatte sich im Jahre 63 erneut zur Konsulwahl gestellt und wiederum keinen Erfolg gehabt. Er versuchte nun, seine Ziele gewaltsam zu erreichen. Mit seiner antisenatorischen Haltung und der Propagierung eines Schuldenerlasses (*tabulae novae*; »neue Tafeln«) gewann er eine Massenbasis, »weil in allen Ländern die Verschuldung ungeheuer groß war«.[22]

Anhängerschar Catilinas

Die städtische Plebs begünstigte das Vorhaben Catilinas sehr, und Versuche des Senats, die Verschwörer zu spalten bzw. zu isolieren, blieben erfolglos, »denn kein Mensch aus der gewaltigen Masse hatte sich durch die zwei Senatsbeschlüsse und durch die darin verheißene Belohnung dazu bringen lassen, die Verschwörung zu entdecken, keiner dazu, das Lager Catilinas zu verlassen« (ebenda, 36).

Die Anhängerschar Catilinas war bunt zusammengewürfelt, denn die Verschuldung betraf Angehörige aller Klassen und Schichten. »Außerordentlich groß ... ist die Verschuldung bei den angesehensten Männern«, schrieb Cicero in einem Brief aus dem Jahre 46.[23] Die Quellen heben unter den Teilnehmern an der Verschwörung einhellig Verschuldete hervor, daneben Jugendliche. Auch verarmte sullanische Veteranen schlossen sich der Bewegung an. Weitere Anhänger fand Catilina in Etrurien, das Sulla verwüstet hatte, und in Süditalien, das nach dem Aufstand des Spartacus noch nicht zur Ruhe gekommen war. Unterstützung fand er auch in dem gallischen Stamm der Allobroger, deren Gesandte gerade in Rom weilten, um den Erlaß von Zahlungsrückständen zu erwirken. Die Bewegung Catilinas hatte so zwar eine Massenbasis, aber keine feste soziale Grundlage. Er und die Männer seiner engeren Umgebung verfolgten lediglich das Ziel, mit gewaltsamen Mitteln an die Macht zu kommen.

Zu den Mitverschworenen Catilinas gehörten P. Cornelius Lentulus Sura, C. Cornelius Cethegus und C. Manlius, der in Faesulae in Etrurien Truppen zusammenzog. Als in Rom bekannt wurde, daß sich in verschiedenen Gegenden Italiens die unruhigen Elemente formierten, stattete der Senat die Konsuln Ende Oktober 63 mit außerordentlichen Vollmachten zur Wiederherstellung der inneren Ordnung aus (*senatus consultum ultimum*, »äußerster Senatsbeschluß«). Die Formel lautete — wie im Jahre 121 bei der Niederschlagung der Gracchenbewegung —: *Videant consules ne quid detrimenti res publica capiat* (»Die Konsuln sollen dafür Sorge tragen, daß der Staat keinen Schaden erleidet«).

---

22 Sallust, *Catilina*, 16: *quod aes alienum per omnis terras ingens erat.*
23 Cicero, *ad familiares*, 7, 3, 2: *maximum ... aes alienum amplissimorum virorum.*

Anfang November hielt Cicero im Senat seine erste Rede gegen Catilina, der daraufhin die Stadt verließ und sich zu C. Manlius nach Etrurien begab. Mit dem Krieg gegen die Catilinarier wurde C. Antonius beauftragt. Als Cicero einen Brief des Lentulus an die Allobroger mit dem Aufruf zum Aufstand in die Hand bekam, ließ er die in Rom verbliebenen aristokratischen Anhänger Catilinas verhaften. Er nutzte seine Reden an das Volk, um die Stimmung gegen die Anhänger Catilinas zu schüren, indem er ihnen vorwarf, sie hätten geplant, in Italien einen Sklavenaufstand zu entfesseln, die Hauptstadt in Brand zu setzen und einen großen Teil der Bürger umzubringen. Die wohlhabenden Schichten der Plebs, unter ihnen Geschäftsleute, selbständige Kleinproduzenten, Kleinhändler, Gaststuben- und Hausbesitzer, wurden auf diese Weise in Furcht versetzt und bangten um ihren Besitz.

Hinrichtung führender Catilinarier

Als am 5. Dezember 63 der Senat über das Schicksal der verhafteten Catilinarier beriet, kam es zu heftigen Auseinandersetzungen. Caesar trat insofern für sie ein, als er die Todesstrafe ablehnte und den Vorschlag unterbreitete, die Verhafteten in die Munizipien zu verbannen. Cicero hingegen plädierte für strengste Bestrafung, und er wurde hierin von M. Porcius Cato (95—46) unterstützt, der ein konsequenter Republikaner war und in dieser Zeit eine politische Rolle in den Reihen der Optimaten zu spielen begann. Der Senat entschied sich für die Todesstrafe, die umgehend vollstreckt wurde: Die fünf Verurteilten wurden im Gefängnis erdrosselt.

Der Senat hatte damit das geltende Provokationsrecht mißachtet und eine ungesetzliche Handlung vorgenommen. Cicero, der nun offen auf die Seite der Optimaten übergetreten war, hatte sich die Mißgunst der Popularen zugezogen und bekam das bereits am 10. Dezember 63 zu spüren. Der Volkstribun Q. Metellus Nepos warf Cicero vor, er habe römische Bürger ohne ein ordentliches Gerichtsverfahren hinrichten lassen. Als Cicero an diesem letzten Tag seines Konsulats eine Abschlußrede halten wollte, legte Metellus sein Veto ein und entzog ihm unter dem Beifall der Anwesenden das Wort.

Zu Beginn des Jahres 62 unterlag Catilina einem konsularischen Heer bei Pistoria in Nordetrurien. Über sein Ende berichtet Sallust: »Als Catilina seine Truppen geschlagen und sich mit nur wenigen noch übrig sah, stürzte er sich, seines Geschlechtes und seiner eigenen früheren Würde eingedenk, in die dichtesten Haufen der Feinde und wurde hier kämpfend niedergestoßen« (*Cat.*, 60).

Stärkung der Position des Senats

Die Ereignisse um Catilina hatten zur Folge, daß vorübergehend die Position des Senats gestärkt wurde; Optimaten und Ritter hatten sich einander angenähert. Die städtische Plebs stellte infolge ihrer inneren Differenziertheit kein entscheidendes politisches Gegengewicht gegenüber diesem Ständeblock dar. Crassus hielt sich nach der Niederlage Catilinas zurück, während Caesar, im Jahre 62 Prätor, sich für Pompeius verwendete, dessen Ankunft bevorstand. Neue Konstellationen und Orientierungen bahnten sich an.

Das erste Triumvirat und die Politik Caesars. 4.7.
Die Eroberung Galliens

Die Rückkehr Caesars aus Spanien im Juli 60 leitete eine neue Etappe in der Entwicklung der römischen Republik ein.

C. Iulius Caesar (100–44) entstammte einem alten Patriziergeschlecht, das *Caesar* nicht sehr wohlhabend war und auch im politischen Leben keine nennenswerte Rolle gespielt hat. Caesars Vater bekleidete zwar die Prätur, gelangte jedoch nicht zum Konsulat. Die Familie führte ihren Ursprung auf den mythischen Ahnherrn Iulus zurück, Sohn des Aeneas und Enkel der Venus. Caesars Mutter, Aurelia, gehörte dem angesehenen plebejischen Geschlecht der Aurelier an.

C. Marius, dessen Frau eine Tante Caesars war, führte ihn in das öffentliche Leben ein. Bereits als Dreizehnjähriger wurde er zum Priester des Iupiter *(flamen Dialis)* gewählt (87). Im Jahre 83 heiratete er Cornelia, die Tochter des L. Cornelius Cinna, des bekannten Popularen. Als Neffe des Marius geriet Caesar unter die Proskribierten, wurde aber begnadigt. Bis zum Tode Sullas hielt er sich im Osten auf.

Nach Rom zurückgekehrt, trat er mit Anklagen gegen die Sullaner hervor, die der Erpressung bezichtigt wurden. Er näherte sich Pompeius, und nach dem Tode von Cornelia, seiner ersten Frau, heiratete er 67 Pompeia, eine Enkelin des Sulla und Verwandte des Pompeius.

Im Jahre 69 war er Quästor im Jenseitigen Spanien, 65 kurulischer Ädil. In diesem Amt veranstaltete er glänzende Spiele und Feste (u. a. traten 320 Gladiatorenpaare auf), ließ öffentliche Gebäude und Plätze aus eigenen Mitteln ausschmücken und verteilte reichliche Geldspenden an die städtische Bevölkerung. Auf dem Kapitol ließ er die auf Befehl Sullas entfernten Statuen und Siegeszeichen des Marius wiedererrichten. So nutzte er seine verwandtschaftlichen Beziehungen zu bedeutenden Popularen zur Erhöhung seines politischen Einflusses.

Mit seiner Beliebtheit bei Popularen und Plebejern wuchsen auch seine Schulden. Als er im Jahre 62 Prätor war und im nächsten Jahr als Proprätor nach Spanien gehen sollte, wollten ihn seine Gläubiger daran hindern. Erst als Crassus für ihn Bürgschaft leistete, stimmten sie seinem Weggang zu. Caesar hatte sich in der Zeit, als Pompeius im Osten weilte, aus finanziellen Gründen dem reichen Crassus angeschlossen, der seinerseits hoffte, mit Hilfe Caesars ein Gegengewicht gegen Pompeius zu schaffen.

Caesar hatte als Proprätor von Hispania Ulterior militärische Erfolge gegen die Lusitaner errungen und dadurch seine finanzielle Lage dermaßen aufbessern können, daß er als ein vermögender Mann nach Rom zurückkehrte. Vor der Hauptstadt erwartete er vom Senat die Zuerkennung eines Triumphes, gleichzeitig war er daran interessiert, sich für das Jahr 59 um das Konsulat zu bewerben. Da ihm der Senat keinen Aufschub für die gesetzlich verordnete Meldefrist gewährte, verzichtete er auf den Triumph und stellte sich zur Wahl.

Um den Erfolg zu garantieren, erneuerte er seine vormaligen Beziehungen zu *Erstes* Pompeius. Da auch Crassus beim Senat nicht den erhofften Anklang gefunden *Triumvirat* hatte, gelang es Caesar, Pompeius und Crassus, die sich einander bekämpften, zu einem koordinierten Vorgehen zu veranlassen. Zur Durchsetzung ihrer Interessen schlossen diese drei Männer Mitte des Jahres 60 eine Übereinkunft, die keinen staatsrechtlichen Charakter trug und als erstes *Triumvirat* bezeichnet wird. Verwandtschaftliche Bindungen sollten dieses Bündnis zusätzlich festigen. So heiratete Pompeius die einzige Tochter Caesars, Iulia, Caesar selbst Calpurnia, die Tochter eines Anhängers der Triumvirn, L. Calpurnius Pisos, dem für 58 das Konsulat in Aussicht gestellt wurde.

Die Triumvirn verfügten über eine riesige Anhängerschar in allen Teilen des Reiches sowie über gewaltige finanzielle Mittel. Der mächtigste und einflußreichste unter ihnen war zunächst Pompeius, der den Ehrennamen *Magnus*, »der Große«, trug. Crassus hatte enge Beziehungen zu Steuerpächtern und Wucherern, während Caesar großes Ansehen bei der städtischen Plebs genoß. Der Senat vermochte sich dieser Machtkonzentration gegenüber nicht zu behaupten und begegnete daher den Triumvirn mit Abneigung und Feindseligkeit. Ein Anhänger der Senatsaristokratie, M. Terentius Varro (116—27), verfaßte eine Satire auf die Triumvirn und gab ihr den Titel Τρικάρανος (»Das dreiköpfige Ungeheuer«). M. Porcius Cato, Optimat und heftiger Gegner des Triumvirats, bezeichnete das Bündnis als das Ende der *res publica libera*, des »freien Gemeinwesens«.

Konsulat
Caesars

Caesar wurde im Jahre 59 zum Konsul gewählt. Zwar war es den Optimaten gelungen, einen Kandidaten auch aus ihren Reihen durchzubringen, M. Calpurnius Bibulus, aber er vermochte gegen Caesar nichts auszurichten und brachte den größten Teil seiner Amtszeit zu Hause zu. Caesar setzte sich über den Senat und interzedierende Volkstribunen hinweg und brachte in den Komitien eine Reihe von Gesetzen durch, die auch den Interessen des Pompeius und Crassus entsprachen. Zwei Agrargesetze dienten der Versorgung der Veteranen des Pompeius und minderbemittelter Bürger mit mindestens drei Kindern. Zu diesem Zweck wurde das gesamte Staatsland in Italien aufgeteilt, durch das zweite Gesetz auch die kampanischen Ländereien einbezogen. Die zugeteilten Parzellen sollten für 20 Jahre unveräußerlich sein. Einer Kommission von 20 Männern wurde die Ausführung übertragen; auch Cicero gehörte ihr an. So erhielten 20 000 Bürger Parzellen zu je 10 *iugera*. Der Senat wurde gezwungen, alle Anordnungen des Pompeius im Osten zu bestätigen. Im Interesse der Publicani wurde die Steuerpachtsumme um ein Drittel gesenkt. Ein weiteres Gesetz war die *lex Iulia de repetundis* (»Gesetz des Iulius über Erpressungen«). Es sah verschärfte Strafen für Erpressungen in den Provinzen vor und präzisierte die Kompetenzen der Statthalter. Ferner veranlaßte Caesar die Veröffentlichung der Protokolle von Tagungen des Senats und der Komitien (*acta senatus et populi Romani*).

Caesar
Statthalter

Ein folgenreiches Gesetz beantragte der Volkstribun P. Vatinius (*lex Vatinia*); demzufolge wurden Caesar nach Beendigung seiner Amtszeit die Provinzen *Gallia Cisalpina* und *Illyricum* als Prokonsul für fünf Jahre zur Verwaltung übertragen; er sollte über drei Legionen verfügen. Auf Betreiben des Pompeius fügte der Senat noch das Jenseitige Gallien (*Gallia Ulterior*) mit noch einer Legion hinzu. Zeitdauer und territorialer Geltungsbereich der Vollmachten waren ungewöhnlich, und nur die vormaligen Kompetenzen des Pompeius im Seeräuberkrieg waren damit vergleichbar.

Im Jahre 58 bekleideten zwei Anhänger der Triumvirn das Konsulat. A. Gabinius, ein Günstling des Pompeius, und L. Calpurnius Piso, der Schwiegervater Caesars. Letzterer blieb zu Anfang des Jahres 58 noch eine Zeitlang mit einem Heer in der Nähe Roms, um die gefährlichsten Gegner unschädlich zu machen, vor allem Cicero und Cato.

Cicero hatte sich zwar im Jahre 61 dem Pompeius genähert, um ihn auf die Seite der Optimaten zu ziehen, sich aber nach der Bildung des Triumvirats wieder von ihm entfernt. Nach der Vermählung des Pompeius mit Caesars Tochter Iulia fürchtete Cicero, Pompeius strebe nach der Alleinherrschaft.[24] Glaube und Zweifel an der Freundschaft des Pompeius wechselten in diesem Jahr bei Cicero häufiger.

Im Jahre 58 entfaltete der Volkstribun P. Clodius Pulcher eine rege Tätigkeit, wobei er sich auf die städtische Plebs stützte. Da Patriziern das Amt des Volkstribunen nicht zugänglich war, hatte Clodius sein Patriziat aufgegeben, seinen Namen Claudius in Clodius geändert und sich den Plebejern angeschlossen. Im Jahre 62 hatte er sich am Tage des Festes zu Ehren der Göttin Bona Dea, an dem nur Frauen teilnehmen durften, heimlich in Frauenkleidern in das Haus des Pontifex maximus, den Ort der Feierlichkeiten, eingeschlichen, also in das Haus Caesars, der damals in Spanien weilte. Clodius beabsichtigte, sich mit der Frau Caesars, Pompeia, zu treffen, wurde aber entdeckt und auf Veranlassung der konservativen Kräfte im Senat wegen Religionsfrevels vor Gericht gestellt. Die Anklage vertrat Cicero, der ein schlechtes Charakterbild von Clodius zeichnete. Clodius wurde jedoch von bestochenen Richtern freigesprochen, war aber seitdem ein erbitterter Feind Ciceros. Caesar hatte sich damit begnügt, seiner Frau einen Scheidungsbrief zu schicken.

Volkstribunat des Clodius

Clodius handelte im Sinne Caesars, als er den Antrag stellte, diejenigen zu ächten, die römische Bürger ohne ein ordentliches Gerichtsverfahren hatten hinrichten lassen. Das bezog sich auf die Catilinarier und traf selbstverständlich Cicero. Dieser hoffte auf die Unterstützung von seiten des Pompeius, der sich allerdings nicht dazu entschließen konnte, gegen Clodius und Caesar vorzugehen, eine Haltung, die Cicero als Verrat an ihm wertete.[25] Cicero begab sich daher freiwillig in die Verbannung, und zwar nach Thessalonike in Makedonien. Sein Vermögen wurde konfisziert, sein Haus auf dem Palatin abgerissen. Clodius weihte an dieser Stelle der Göttin Libertas einen Tempel.

Verbannung Ciceros

Cato erhielt den Auftrag, das Königreich Cypern zur römischen Provinz zu machen. Der hier herrschende König Ptolemaios gab sich selbst den Tod (58). Cypern wurde mit Kilikien zu einer Provinz vereint. Im Jahre 56 v. u. Z. kehrte Cato nach Rom zurück.

Die Komitien billigten Anfang des Jahres 58 vier Gesetzesvorlagen des Clodius. Das erste Gesetz schaffte jegliche Bezahlung für die monatlichen Getreidezuwendungen an römische Bürger ab. Diese kostenlose Kornverteilung verschlang nach den Worten Ciceros 20 Prozent der Staatseinnahmen (*Sestiana*, 25). Ein zweites Gesetz verbot den obersten Magistraten, an den Komitialtagen Himmelszeichen zu beobachten. Diese Maßnahme richtete sich gegen die Optimaten, die daran gehindert werden sollten, Volksversamm-

Gesetze des Clodius

---

24 Cicero, ad Att., 2, 17, 1; 59 v. u. Z.
25 Cicero, ad Att., 3, 9, 2; 3, 13, 2; 3, 15, 7.

lungen aufzulösen, um ihnen unliebsame Beschlüsse zu verhindern. Ein drittes Gesetz ließ die im Jahre 64 verbotenen Kollegien wieder zu. Nach dem vierten Gesetz schließlich durften die Zensoren nur dann jemanden von der Senatsliste streichen, wenn eine öffentliche und von beiden Konsuln gebilligte Klage vorlag.

Diese Maßnahmen sowie die Unterstützung von seiten der städtischen Plebs lassen erkennen, daß Clodius weit mehr als ein bloßes Werkzeug Caesars oder gar ein politischer Hasardeur war, wie viele bürgerliche Historiker ihn darstellen. Sein Wirken zeugt vielmehr davon, daß er als Führer und Organisator der städtischen Plebejer zu werten ist, deren wirtschaftliche, soziale und politische Ziele er konsequent verfolgte. In seiner ausgeprägten antisenatorischen Haltung konnte er freilich auch für Caesar von Nutzen sein. Clodius erhielt seinen Einfluß auch nach Ablauf seines Tribunats aufrecht. Er sammelte bewaffnete Gefolgsleute um sich, die hauptsächlich aus den Reihen der Kollegien kamen, unter ihnen Freigelassene und Sklaven.

Die Optimaten bedienten sich derselben Methoden und stellten ebenfalls bewaffnete Abteilungen auf, denen viele Gladiatoren angehörten. Besonders tat sich T. Annius Milo hervor, ein Anhänger der Senatsoligarchie. Zwischen den bewaffneten Gefolgschaften des Clodius und des Milo fanden regelrechte Straßenschlachten statt.

Ciceros Rückkehr

Als Volkstribun des Jahres 57 betrieb Milo mit Billigung des Pompeius die Rückkehr Ciceros, der am 4. September 57 unter großer Anteilnahme des italischen Munizipaladels und der stadtrömischen Bevölkerung zurückkehrte. Die Rückkehr Ciceros bedeutete eine weitere Stärkung der Position der Optimaten, sie war Ausdruck wachsender Unzufriedenheit mit den Triumvirn und der verworrenen Situation in der Hauptstadt. Der mit Crassus nach wie vor verfeindete Pompeius näherte sich wieder dem Senat.

Sondervollmachten für Pompeius

Im Jahre 57 kam es in Rom zu erheblichen Preissteigerungen für Lebensmittel, die durch die inneren Wirren und das Piratenunwesen hervorgerufen wurden. Auf Initiative Ciceros brachte der Volkstribun C. Messius ein Gesetz in den Komitien durch, das Pompeius mit außerordentlichen Vollmachten zur Behebung der Versorgungsschwierigkeiten ausstattete. Er erhielt das *imperium maius*, die »höchste Befehlsgewalt«, für fünf Jahre, konnte über den Staatsschatz frei verfügen, und in seinen Händen lag die Verwaltung aller Angelegenheiten, die die Versorgung der Hauptstadt betrafen. Außerdem wurden ihm ein Heer und eine Flotte zur Verfügung gestellt.

Bald danach ordnete der Senat zu Ehren der inzwischen durch Caesar erfochtenen Siege in Gallien ein fünfzehntägiges Gebetsfest an. Im Jahre 56 war Clodius Ädil und versuchte, Milo wegen seiner Gewalttaten vor Gericht zur Verantwortung zu ziehen; neue Kämpfe waren die Folge.

Abkommen von Luca

Vor allem war Caesar, der seit dem Jahre 58 in Gallien weilte, über den wachsenden Einfluß des Senats besorgt. Es lag ihm sehr daran, zur Sicherung seiner Position die Unstimmigkeiten der Triumvirn beizulegen. Als sich Caesar im Frühjahr 56 in Oberitalien befand, traf er sich zu einer Vorbesprechung mit Crassus in Ravenna. In Luca in Nordetrurien bekräftigten die Triumvirn ihr Bündnis (April 56). Das Zusammentreffen wurde gleichzeitig zu einer Demonstration ihrer Macht. Etwa 200 Senatoren fanden sich ein, darunter amtierende Magistrate und Promagistrate. Neue Vereinbarungen bestanden

4.7. Das erste Triumvirat und die Politik Caesars. Die Eroberung Galliens

in folgendem: Pompeius und Crassus sollten für das Jahr 55 zu Konsuln gewählt werden; danach war für sie ein fünfjähriges Kommando vorgesehen, und zwar für Pompeius in Spanien, für Crassus in Syrien. Caesar wurde die Verwaltung Galliens auf weitere fünf Jahre übertragen, und für das Jahr 48 war sein zweites Konsulat geplant. Der Senat sollte vor Ablauf der festgelegten Frist nicht über eine Nachfolge beraten.

Pompeius und Crassus begaben sich nach Rom, um, trotz einigen Widerstandes der Optimaten, ihre Wahl zu Konsuln durchzusetzen. Während alle anderen Kandidaten ihre Bewerbungen zurückzogen, bestand der Optimat L. Domitius Ahenobarbus auf seinem Vorhaben; der inzwischen aus Cypern zurückgekehrte Cato unterstützte ihn nachhaltig. Die Triumvirn hielten Domitius kurzerhand mit Waffengewalt von der Wahl fern. Die Wahl Catos zum Prätor wurde von ihnen ebenfalls hintertrieben und an seiner Stelle P. Vatinius in dieses Amt gebracht.

Den beiden Konsuln wurden auf Antrag des Volkstribunen C. Trebonius die beiden spanischen Provinzen sowie Syrien übertragen. Überdies erhielten sie das Recht, nach eigenem Ermessen über Krieg und Frieden zu befinden. Auch Caesar wurde in seinem Kommando bestätigt *(lex Licinia Pompeia)*. Pompeius blieb in der Nähe Roms und ließ seine spanischen Provinzen durch Legaten verwalten, während sich Crassus noch vor Ablauf seines Konsulats nach Syrien begab (November 55), wo er sich Reichtümer zu erwerben und militärische Erfolge gegen die Parther zu erringen hoffte. Caesar hatte sich im März 58 nach Gallien begeben. Vom transalpinischen Gallien befand sich nur Gallia Narbonensis (Ulterior) in der Hand der Römer, die das Gebiet der freien keltischen Stämme als *Gallia Comata*, das »langhaarige« Gallien, bezeichneten, im Gegensatz zum romanisierten Südgallien, dem »in die Toga gekleideten« *(Gallia Togata)*.

Caesar in Gallien

Die etwa sechzig keltischen Stämme in Gallien standen auf unterschiedlichem gesellschaftlichem Entwicklungsniveau und bildeten keine politische Einheit; sie befanden sich in der Spätphase der La-Tène-Zeit.

Wirtschaft der Kelten

In ihrem Wirtschaftsleben dominierte der Ackerbau, und der größte Teil der Bevölkerung lebte in *aedificia* und *vici*, d. h., in getrennten Höfen und Dörfern. Der Ackerbau war sehr ertragreich, und im 1. Jh. v. u. Z. galt das Land als reich. Die Anbaufrüchte waren mannigfaltig, und Caesar konnte bei seinen Feldzügen in Gallien die Truppen stets an Ort und Stelle verproviantieren, vor allem mit Getreide. Die landwirtschaftliche Technik wies einen hohen Stand auf. Nach Plinius (*Naturalis historia*, 18, 172) hatten die keltischen Raeti einen Räderpflug erfunden, der von den Römern übernommen wurde. Für das Mahlen des Getreides benutzten die Kelten rotierende Mühlen mit zwei körnigen Steinplatten, deren Gewicht zuweilen über 40 kg betrug. Sie sollen auch eine mechanische Mähmaschine entwickelt haben.

In Gebirgsgegenden war die Viehzucht bedeutend; hauptsächlich wurden Schweine, Rinder, Schafe und Pferde gehalten. Die Schafzucht war sehr verbreitet, und die daraus gewonnene Wolle war auch bei den Römern geschätzt. Die Allobroger versorgten Hannibals Soldaten vor dem Alpenübergang mit wärmenden Stoffen. Bedeutend war auch die Pferdezucht, die Grundlage der starken Reiterei der Gallier; große Verehrung genoß *Epona*, die keltische Schutzgöttin der Pferde.

4. Die Verschärfung des Klassenkampfes. Der Weg zur Militärdiktatur

Eisenver-arbeitung

Die Technologie der Verhüttung von Erzen und die qualitätsvolle Verarbeitung der Metalle hatten ein bemerkenswert hohes Niveau. Zu Eisenerzeugnissen zählten Pflugscharen, Eggen, Sensen, Sicheln, Äxte, Hämmer, Sägen, Zangen, Messer, Scheren, Feile, Schürhaken, Eisenreifen für Fässer und Spiralbohrer. Von guter Qualität waren auch die Eisenwaffen, vor allem die langen La-Tène-Schwerter. Hölzerne Wagen mit gut ausgearbeiteten Naben und Felgen wurden mit Eisenbeschlägen versehen. Die Bronzegießerei stand der Eisenverarbeitung nicht nach.

Weit verbreitet war das Kunstschmiedegewerbe, das Armbänder, Ringe, Fibeln u. a. m. herstellte. Der Schmuck wurde oft mit polychromen Emailleeinlagen verziert. Auch Glasbläserei gab es schon. Strabon hob die Vorliebe der Kelten für Aufwand und Prunk hervor (*Geographica*, 4, 4, 6); laut Plinius sollen sie auch die Seife erfunden haben (Nat. hist., 28, 191).

Weitere hochspezialisierte Produktionszweige waren das lederverarbeitende Handwerk, die Zimmermannskunst und die Keramik, die mit Hilfe der schnell rotierenden Töpferscheibe zur Massenproduktion entwickelt war. An den Küsten nahm der Schiffsbau einen großen Aufschwung.

Handel wurde recht intensiv betrieben, auch mit entfernteren Gegenden. Sehr eng waren die Verbindungen mit den Ländern des Mittelmeergebietes. Exportartikel waren vor allem Eisenerzeugnisse, Keramikwaren, Wolle, Fleisch und Getreide, während die Importe besonders Schmuck, Glas und Wein umfaßten. Periodisch abgehaltene Märkte förderten die Entstehung des Münzwesens, des ersten in Europa außerhalb der antiken Gesellschaften.

Die Kunst war hauptsächlich dekorativ; in der Ornamentik herrschten Spirale, Welle und Schneckenmotive vor; eine wichtige Rolle spielten Pflanzen- und Tiergestalten. Im Vordergrund stand die Kleinkunst, aber auch die Großplastik war vorhanden. Starke kulturelle Anregungen empfingen die Kelten von Etruskern, Griechen, Römern und Skythen.

Oppida

Im Verlaufe des 2. Jh. v. u. Z. traten, begünstigt durch verstärkten äußeren Druck sowie durch den wirtschaftlichen Aufschwung und die fortschreitende soziale Differenzierung, *oppida* hervor. Diese Oppida waren ursprünglich befestigte Zufluchtsplätze, später auch Sitze der Stammesaristokratie, die zumeist auf hohen, schwer zugänglichen Stellen gelegen waren. Sie erweiterten sich jetzt teilweise zu Großsiedlungen mit Produktionsstätten und zu Handelszentren; sie dienten auch als politische und kultische Zentren, doch waren die einzelnen Funktionen bei den verschiedenen Oppida von unterschiedlicher Gewichtigkeit. Die einzelnen Stämme besaßen mehrere Oppida, die Helvetier z. B. zwölf.

Zum Schutz ihrer Siedlungen entwickelten keltische Architekten die »gallische Mauer« *(murus gallicus)*, ein System von Längs- und Querbalken, das mit Schotter und Steinen gefüllt wurde. Die Außenseite wurde durch eine Steinwand abgeschlossen; hinter der Mauer befand sich eine breite Aufschüttung, die Fußkämpfern und Reitern den Zugang zur Mauerzinne ermöglichte. Diese Befestigungsanlagen waren nur schwer einzunehmen.

Ideologie

Die Ideologie der Gallier war von religiösen Vorstellungen durchdrungen. Himmelserscheinungen und Naturkräfte wie Sonne, Mond, Erde, Wasser, Fruchtbarkeit u. a. wurden gleichsam wie Götter verehrt und anthropomorph gedacht. Neben der Ahnenverehrung, den Schutzgöttern des Stammes,

4.7. Das erste Triumvirat und die Politik Caesars. Die Eroberung Galliens

Kriegsgöttern usw. waren noch totemistische Vorstellungen verbreitet; so verehrte man eine Pferdegöttin, einen Ebergott, einen Hirschgott u. a. Hervorstechend war der Brunnenkult, der die körperliche Gesundheit garantieren sollte.

Hüter der verschiedenen Kulte war die Priesterschicht der *Druiden*. In den auf Berggipfeln, an Quellen und in Wäldern gelegenen Kultstätten brachten sie den Göttern Opfer dar und verbanden diese kultischen Handlungen mit Weissagungen, wobei sie auf die Opferschau, die Vogelschau und andere Beobachtungen zurückgriffen. Die Druiden genossen eine große Autorität und übten auch die Rechtsprechung aus.

Die keltischen Stämme befanden sich — abgesehen von einem unterschiedlichen sozialökonomischen Entwicklungsniveau — in der Verfallsperiode der Urgesellschaft, in der Phase der militärischen Demokratie. Es hatte sich eine Stammesaristokratie herausgebildet, der der größte Teil des Bodens gehörte und die bestrebt war, die entstehenden Privateigentumsverhältnisse weiter auszubilden und ihre ökonomische, militärische und politische Vorrangstellung gegenüber den übrigen Stammesangehörigen auszubauen. Diese Adligen waren von Gefolgschaften umgeben, die sich aus Verwandten, Schuldnern und anderen Abhängigen zusammensetzten. Der Krieg war für die Stammesaristokratie ein geeignetes Mittel, die eigene Position zu festigen und Reichtümer anzuhäufen. So boten die keltischen Stämme Galliens vor Beginn der römischen Eroberung ein Bild innerer Zerrissenheit.

Gesellschafts-struktur

Im 2. Jh. v. u. Z. war es den Arvernern (Auvergne) gelungen, eine Reihe von anderen Stämmen unter ihre Oberherrschaft zu bringen. Unter Mitwirkung der Römer zerfiel das Arvernerreich wieder, woran besonders Cn. Domitius Ahenobarbus, Konsul des Jahres 122, einen Anteil hatte. Seitdem kämpften Haeduer und Sequaner, die jeweils mehrere andere Stämme unterworfen hatten, um die Hegemonie. Nördlich von Seine und Marne siedelte der starke Stammesverband der Belger. Im Zusammenhang mit den Zügen der Kimbern und Teutonen war der germanische Stammesverband der Sueben an den Rhein vorgedrungen. Ihren Heerkönig Ariovist riefen die Sequaner gegen die Haeduer zu Hilfe, die im Jahre 61 von den vereinten Gegnern besiegt wurden. Sie mußten Geiseln stellen und sich verpflichten, keine Hilfe seitens der Römer in Anspruch zu nehmen. Suebische Völkerschaften siedelten sich in dem Gebiet der Sequaner, dem heutigen Elsaß, an. Ariovist wurde im Jahre 59 vom Senat in Rom als »Bundesgenosse und Freund« des römischen Volkes (*socius et amicus*) anerkannt und in die Liste der mit Rom befreundeten Herrscher (*formula amicorum*) aufgenommen.

Rivalisierende Stammesver-bände

Bedeutungsvoll wurde die Wanderung des keltischen Stammesverbandes der Helvetier. Sie wichen dem Druck der Sueben aus, verließen ihr Stammesgebiet in der Westschweiz und beabsichtigten, sich an der Mündung der Garonne anzusiedeln. Sie baten Caesar, den Weg durch die Narbonensis nehmen zu dürfen, der das Ersuchen jedoch ablehnte, und die Helvetier zogen durch die Gebiete der Sequaner und der Haeduer; letztere wandten sich an die Römer um Hilfe, und Caesar nutzte diesen Anlaß zum Eingreifen.

Sein Legat T. Labienus zersprengte den helvetischen Stamm der Tiguriner beim Übergang über die Saône, während die übrigen Helvetier durch Caesar in der Nähe von Bibracte eine Niederlage hinnehmen, ein Bündnis mit den

Einmischung Caesars

Römern schließen und in ihre alten Wohnsitze zurückkehren mußten. Die Abteilungen der Bojer, die sich nach dem Überfall der Daker auf ihren Stammesverband zu den Helvetiern gerettet hatten und mit ihnen gezogen waren, wurden auf dem Gebiet der Haeduer angesiedelt.

Caesar sah nun in Ariovist ein ernstes Hindernis für die Errichtung der römischen Hegemonie in Gallien. Auf eine angebliche Bitte des Haeduers Diviciacus hin griff er die Sueben an, bevor diese vom östlichen Rheinufer Verstärkungen herbeiholen konnten. In der Nähe des heutigen Straßburg erfocht er im September 58 einen Sieg und drängte die Sueben auf das rechte Rheinufer zurück; auch Ariovist konnte sich retten. Mit diesem Erfolg sicherte Caesar die römische Vorherrschaft im mittleren Gallien; die Stämme zwischen Seine und Mosel erkannten die Oberhoheit der Römer an.

Einen großen Widerstand leisteten die Stämme der Belger, obwohl sich der Stamm der Remer (Reims) Caesar schon im Jahre 57 unterworfen hatte. Caesar verstärkte sein Heer durch zwei Legionen, das jetzt insgesamt sechs umfaßte. Ein mißlungener Angriff auf die römischen Stellungen an der Axona (Aisne) führte zur Auflösung der belgischen Stammeskoalition. Caesar konnte nun die einzelnen Stämme unterwerfen, die Suessionen (Soissons), die Ambianer (Amiens) und die Nervier; letztere brachten Caesar durch einen Überraschungsangriff an den Rand einer Niederlage. Ebenso wurden die Atuatuker unter die römische Herrschaft gezwungen und 53 000 Angehörige dieses Stammes in die Sklaverei verkauft.

Mit Hilfe der Britannier stellten die Aremoriker (Bretagne) und die Veneter den Römern eine starke Streitmacht entgegen, darunter eine Flotte. Die Aremoriker hatten zuvor durch P. Crassus, den Sohn des Triumvirn und Legaten Caesars, bereits große Verluste erlitten. Caesar gelang es im Jahre 56, mit Hilfe einer rasch aufgebauten Kriegsflotte die gegnerische Flotte in der Nähe der Loire-Mündung zu schlagen. Der Stamm der Veneter, der am heftigsten Widerstand leistete, wurde völlig ausgerottet. P. Crassus unterwarf die Völkerschaften Aquitaniens.

Unterwerfung der Gallier

Caesars Legat Ser. Sulpicius Galba unternahm einen Versuch, die Alpenstämme der Sedunen und Veragrer östlich vom Genfer See zu unterwerfen, mußte sich jedoch mit Teilerfolgen begnügen. Ein Angriff Caesars auf die Moriner und Menapier an Schelde und Niederrhein brachte ebenfalls keinen durchschlagenden Erfolg.

Caesar begab sich daraufhin nach Oberitalien, um den politischen Vorgängen in Rom selbst mehr Aufmerksamkeit zu schenken. Immerhin war Ende des Jahres 56 die Unterwerfung Galliens im wesentlichen abgeschlossen. Caesars Erfolge hoben sein Ansehen und lösten Begeisterung aus; der Sieg führte den Römern große Beute zu, vor allem Vieh, Edelmetalle und Sklaven. Der Senat in Rom bestimmte bereits die Mitglieder einer Zehnmännerkommission zur Umwandlung Galliens in eine römische Provinz.

Nachdem Caesar seine Position durch das Abkommen von Luca gefestigt hatte, schritt er zur völligen Unterwerfung der Gallier. Im Winter 56/55 hatten die germanischen Völkerschaften der Usipeter und Tenkterer den Rhein überschritten und waren nun südwärts bis in das Gebiet der Treverer an der Mosel vorgedrungen. Caesar brachte während einer Unterhandlung die beiden Stammesführer in seine Gewalt und vernichtete die führerlosen Germanen in

4.7. Das erste Triumvirat und die Politik Caesars. Die Eroberung Galliens

der Nähe von Koblenz. Nur die Reiterei entkam und suchte jenseits des Rheins bei den Sugambrern Zuflucht. Cato stellte im Herbst des Jahres 55 vor dem Senat den Antrag, Caesar wegen seines treulosen Verhaltens den Germanen auszuliefern.

Um vor allem vor den Sugambrern die Macht der Römer zu demonstrieren, überquerte Caesar den Rhein nördlich von Koblenz und verweilte 18 Tage auf dem rechten Ufer. In demselben Jahr noch setzte er mit zwei Legionen nach Britannien über. Die hier wohnenden keltischen Stämme waren mit denen Galliens in kultureller Hinsicht vielfach verbunden und waren letzteren in ihrem Kampf gegen die Römer mehrfach zu Hilfe geeilt.

Rheinübergang und Britannienzüge Caesars

Caesar mußte bald wegen seiner geringen militärischen Macht die Aktion abbrechen; er begab sich nach Gallien und unterwarf hier die Stämme der Moriner und Menapier.

Im Jahre 54 landete er erneut in Britannien, jetzt mit fünf Legionen, verstärkt durch gallische Reiterei. Unter ihrem Anführer Cassiovellaunus setzten ihm die Britannier harten Widerstand entgegen, und Caesar mußte sich, obwohl er bis über die Themse vorgedrungen war, mit dürftigem Beutegut nach Gallien zurückziehen. Dennoch hinterließ dieses Unternehmen nach jenem fernen und geheimnisumwitterten Land in Rom einen tiefen Eindruck.

Inzwischen wuchs unter den Galliern die Unzufriedenheit mit den Römern. Verpflichtungen zum Kriegsdienst, Zwangsabgaben vor allem an Getreide für den Unterhalt der römischen Truppen, Einmischung in die inneren Angelegenheiten der Stämme und in die Beziehungen untereinander — all das waren im wesentlichen die Faktoren, die die antirömische Stimmung schürten. Im Winter 54/53 brach der angestaute Groll offen hervor.

Erhebung der Gallier

Zunächst erhoben sich die Treverer unter Indutiomarus, dann überfielen die Eburonen anderthalb römische Legionen in ihrem Winterlager; die 15 Kohorten wurden völlig vernichtet. Auch der Legat Q. Tullius Cicero, Bruder des Konsuls von 63, geriet durch die Nervier und Atuatuker in eine äußerst bedrohliche Lage, doch konnte Caesar hier rechtzeitig zu Hilfe kommen.

Im Frühjahr des Jahres 53 verließ Caesar sein Winterquartier in Norditalien und zog, verstärkt durch weitere drei Legionen, gegen die Aufständischen. Die Nervier, Menapier, Treverer und andere Stämme wurden unterworfen. Da die Treverer Germanen zu Hilfe gerufen hatten, überschritt Caesar zum zweitenmal den Rhein und ließ einen Brückenkopf errichten, in den er eine Besatzung legte. Dann ging er gegen Atuatuker und Eburonen vor; letztere wurden vollständig ausgerottet.

Das grausame Vorgehen der Römer empörte auch die bisher mit ihnen befreundeten Stämme. So kam es im Jahre 52 zu einer großen Erhebung der gallischen Stämme, unter denen die Arverner unter *Vercingetorix*, dem Sohn des Celtillus, die führende Rolle spielten. Vercingetorix suchte die Römer von ihrer Operationsbasis, Norditalien und Südgallien, abzuschneiden, was ihm auch teilweise gelang. Während T. Labienus gegen die Aufständischen an der Seine kämpfte, drang Caesar nach Westen gegen die Arverner vor. Er eroberte Cenabum (Orléans) und Avaricum (Bourges); 40 000 Einwohner dieser Stadt, darunter Frauen und Kinder, ließ er niedermetzeln.

Vercingetorix

Bei Gergovia (nördlich von Clermont) traf er auf Vercingetorix. Der Angriff Caesars auf das Lager der Gallier endete mit einem vollen Mißerfolg. Der

Abfall der Haeduer zwang die Römer vollends zum Rückzug. Der Aufstand breitete sich weiter aus. In Bibracte trafen die Vertreter der aufständischen Stämme zusammen und wählten Vercingetorix zu ihrem obersten Anführer. Caesar wandte sich nach Norden und vereinigte sich mit Labienus. Außerdem nahm er germanische Reiterei von jenseits des Rheins in Sold, um ein Gegengewicht gegen die starke Reiterei der Gallier zu schaffen. Mit dieser Streitmacht zog er nach Süden, um einen eventuellen Angriff der Gallier auf Italien zu verhindern. Vercingetorix ging zur Offensive über und suchte dem römischen Heer den Weg zu versperren, mußte aber im Gebiet der Lingonen eine Niederlage hinnehmen, worauf er sich in Alesia (Alise Ste. Reine) verschanzte. Caesar schloß die Stadt mit zwei Ringwällen ein und wehrte erfolgreich ein großes gallisches Entsatzheer ab. Vercingetorix wurde schließlich durch Hunger zur Übergabe gezwungen (52). Die Römer hielten ihn bis zu Caesars Triumphzug im Jahre 46 gefangen, danach wurde er erdrosselt.

Gallien römische Provinz

Die Kämpfe in Gallien dauerten noch bis zum Sommer 51 an, dann war der Aufstand niedergeworfen. Gleichsam als symbolischen Abschluß des Krieges hielt Caesar im Gebiet der Treverer eine große Truppenschau ab (50). Die Gallier hatten schwere materielle und Menschenverluste zu beklagen, Hunderttausende von ihnen wurden in die Sklaverei verschleppt. Die Römer betrachteten Gallien als Provinz und erhoben eine jährliche Abgabe (*tributum*) von 40 Millionen Sesterzen. Diese Abgabe ließ Caesar nicht von den Steuerpächtern eintreiben, sondern von den Oberhäuptern der verschiedenen Stämme. Die endgültige Organisation Galliens als Provinz erfolgte unter Augustus.

Die römische Eroberung beschleunigte den Verfall der spätburgesellschaftlichen Verhältnisse und förderte die Herausbildung klassengesellschaftlicher Beziehungen, die sich in den Zentren des römischen Einflusses nach dem Vorbild der Sklavereigesellschaft gestalteten. Die Romanisierung machte besonders unter den führenden Stammesschichten rasche Fortschritte.

Caesar verfügte nun über ein kampferprobtes und ihm ergebenes Heer von nunmehr 13 Legionen, hatte sich mit großem militärischen Ruhm geschmückt und ein gewaltiges Beutegut zusammengebracht, das ihn in die Lage versetzte, seine Günstlinge reich zu belohnen, Schauspiele und Feste zu finanzieren sowie Bestechungen vielerlei Art vorzunehmen. Er mußte sich jetzt intensiv den Vorgängen in Rom zuwenden, wo sich die politische Lage inzwischen für ihn ungünstig entwickelt hatte.

Zerfall des Triumvirats

Äußere Umstände beschleunigten die Auflösung des Triumvirats. Im Jahre 54 starb Iulia, die Gattin des Pompeius und Tochter Caesars; somit bestand keine verwandtschaftliche Bindung mehr zwischen diesen beiden Triumvirn. Crassus kam im Jahre 53 bei einem Feldzug gegen die Parther ums Leben.

Die Parther, ursprünglich auf ein Gebiet südöstlich des Kaspischen Meeres beschränkt, hatten sich in der Mitte des 3. Jh. v. u. Z. gegen die griechischmakedonische Vorherrschaft erhoben und einen selbständigen Staat geschaffen. Die Seleukiden vermochten auf die Dauer nichts Entscheidendes gegen das Königshaus der Arsakiden auszurichten, die sich als Nachfolger der persischen Achämeniden betrachteten.

Kämpfe gegen die Parther

Die Parther eroberten Medien (um 155 v. u. Z.) und drangen allmählich bis nach Mesopotamien vor. Trotz aller Rückschläge, nicht zuletzt durch Einfälle

4.7. Das erste Triumvirat und die Politik Caesars. Die Eroberung Galliens

mittelasiatischer Nomadenstämme, gelang es ihnen zu Beginn des 1. Jh.
v. u. Z., ihre Westgrenze bis an den Euphrat vorzuschieben.

Zur ersten Berührung zwischen Römern und Parthern kam es im Jahre 92, als
Sulla in die kleinasiatischen Angelegenheiten eingriff und mit dem parthischen
Gesandten Orobazos zusammentraf. Weitere Verhandlungen, bei denen es in
erster Linie um die Euphratgrenze ging, führten Lucullus und Pompeius
während des dritten Mithradatischen Krieges.

Phraates III. (69–57) operierte im Einvernehmen mit den Römern gegen
Tigranes von Armenien. Als er sich jedoch Gordyenes bemächtigte, ließ
Pompeius die Parther durch seinen Legaten L. Afranius aus diesem Gebiet
vertreiben (65).

Im Jahre 57 wurde Phraates von seinen Söhnen Mithradates und Orodes
ermordet. Aus den nun einsetzenden Thronstreitigkeiten ging Orodes (57–37)
als Sieger hervor; Mithradates floh nach Syrien zu A. Gabinius, der ihm
Unterstützung zusicherte, sie aber hinausschob.

Ohne Kriegserklärung fiel Crassus im Jahre 54 in Parthien ein und eroberte
mehrere Städte. Nachdem er den Winter über in Syrien zugebracht hatte,
schritt er im Jahre 53 erneut zur Offensive. Er verfügte über sieben Legionen,
5000 Reiter und mehrere tausend Mann an Hilfstruppen. Außerdem zählte
er auf die mit ihm verbündeten Könige von Armenien, Artavasdes II. und Abgaros. Crassus hatte sich die Stadt Seleukeia am Tigris als Ziel gesetzt.

Die Parther griffen unter Orodes Armenien an, während der Feldherr Surenas   Niederlage und
die Verteidigung Mesopotamiens übernahm. Crassus überschritt den Euphrat   Tod des Cras-
und begab sich in die Steppen Mesopotamiens, um den zurückweichenden   sus
Surenas zu verfolgen. Dieser kommandierte ein Reiterheer von über
11 000 Mann. Es setzte sich aus Panzerreitern, die mit Lanzen und Schwertern
bewaffnet waren, und aus leichtbewaffneten Reitern zusammen, die mit Pfeil
und Bogen ausgerüstet waren.

Crassus zeigte sich der Kampfestaktik der parthischen Reiterei nicht gewachsen. In der Nähe von Karrhai (Harran) im nordwestlichen Mesopotamien
erlitt die römische Vorhut unter Publilius, dem Sohn des Crassus, eine vernichtende Niederlage; Publilius selbst fand den Tod.

Daraufhin griff Surenas die Hauptmacht der Römer an. Die Nacht unterbrach
den Kampf, doch am folgenden Morgen setzten die Parther ihre Attacken fort.
Crassus mußte sich unter Aufgabe der Feldzeichen eiligst zurückziehen. Als
er sich auf Verhandlungen einließ, wurde er niedergemacht. Nur der vierte
Teil seines Heeres konnte sich unter dem Quästor C. Cassius Longinus nach
Syrien retten.

Orodes II., der am Hofe des armenischen Königs weilte, ließ anläßlich des
Sieges nach einem Mahl die »Bakchen« des Euripides aufführen. Im Verlaufe
der Handlung zeigte Iason anstelle des Kopfes des von den Bakchantinnen in
Stücke gerissenen Pentheus den des Crassus.

Die Niederlage der Römer wog schwer, ihre Stellung in Asien war erschüttert.
C. Cassius gelang es allerdings, dem weiteren Vormarsch parthischer Reiter-
verbände Einhalt zu gebieten (51). Zwei in demselben Jahr für den Krieg gegen
die Parther ausgehobene Legionen kamen infolge der nunmehr offenen Rivalitäten zwischen Pompeius und Caesar nicht mehr zum Einsatz.

Der Nachfolger des Crassus in Syrien war M. Calpurnius Bibulus, Konsul des

Jahres 59. Er ermunterte Pacorus, den Sohn des Orodes, sich gegen den Vater zu stellen. Die gespannte innere Lage hinderte die Parther eine Zeitlang daran, ihre militärischen Operationen gegen die Römer fortzusetzen, aber bis zum Ende der Herrschaft der Arsakiden blieben sie für die Römer stets eine ernste Gefahr.

Im Jahre 55 geriet das letzte hellenistische Reich, Ägypten, unter römische Kontrolle. König Ptolemaios XII. Neos Dionysos (Auletes), der im Jahre 58 vor den Alexandrinern hatte fliehen müssen, wurde 55 von A. Gabinius wieder in seine Herrschaft eingesetzt. Seitdem war eine römische Besatzung in Ägypten stationiert, und der römische Ritter C. Rabirius Postumus beaufsichtigte das Finanzwesen.

Großreich der Daker

Um das Jahr 60 war in dem Gebiet zwischen der unteren Donau und den Karpaten ein dakisches Großreich unter dem König Byrebistas entstanden. Die Griechenstädte an der westlichen Schwarzmeerküste und angrenzende Völkerschaften mußten die Oberhoheit der Daker anerkennen. Das Dakerreich wurde zu einer Gefahr für die römischen Provinzen Illyrien und Makedonien, jedoch zerfiel das Reich nach dem Tode des Byrebistas bald wieder (45 oder 44 v. u. Z.).

Innenpolitische Lage in Rom

In Rom spitzte sich die innenpolitische Situation weiter zu. Clodius und Milo befehdeten sich mit ihren bewaffneten Abteilungen nahezu ununterbrochen, und diese Kämpfe verhinderten in den Jahren 54 und 53 reguläre Magistratswahlen. Bei einem Zusammenstoß auf der Via Appia unweit von Rom wurde Clodius am 18. Januar 52 von den Leuten Milos erschlagen. Sein gewaltsamer Tod löste unter der *plebs urbana* große Empörung aus. Die städtische Bevölkerung — vor allem Plebejer, aber auch viele Sklaven — brachte seinen Leichnam in die *Curia Hostilia*, den üblichen Tagungsort des Senats, und errichtete hier einen Scheiterhaufen; das Gebäude brannte mit ab.

Pompeius hatte sich in den letzten Jahren zurückgehalten und nichts gegen die um sich greifenden Unruhen und wachsenden Mißstände unternommen. Sein Streben nach der Alleinherrschaft im Staate war in dieser Zeit bereits deutlich erkennbar. Er hielt die augenblickliche innenpolitische Lage für geeignet, dem Senat Zugeständnisse abzutrotzen.

Dieser sah sich dann auch genötigt, Pompeius mit außerordentlichen Vollmachten auszustatten. Da die Diktatur unpopulär und den Optimaten unerwünscht war, schlug M. Calpurnius Bibulus vor, Pompeius unter der Bedingung, selbst den zweiten Konsul zu berufen, zum Konsul ohne Kollegen *(consul sine collega)* zu ernennen. Am 28. Februar 52 bestätigten die Komitien diesen Antrag. Im August wurde sein Kollege im Konsulat sein neuer Schwiegervater, Q. Caecilius Metellus Scipio.

Pompeius vereinte nun eine große Machtfülle in seiner Hand: Er war Konsul, Prokonsul für die spanischen Provinzen und Bevollmächtigter für die Sicherung der Lebensmittelversorgung der Hauptstadt. Diese Machtkonzentration und seine Annäherung an den Senat führten rasch zum endgültigen Bruch mit Caesar.

Milo, der sich für das Jahr 51 um das Konsulat bewarb und zu diesem Zweck drei Erbschaften vergeudete, konnte den Haß der städtischen Plebejer gegen ihn wegen der Ermordung des Clodius nicht wirksam bekämpfen, und Pompeius zeigte sich nicht geneigt, diesen extremen Optimaten zu unterstützen.

4.7. Das erste Triumvirat und die Politik Caesars. Die Eroberung Galliens

Die ersten Maßnahmen des Pompeius zielten auf die Wiederherstellung der inneren Ordnung. Eines seiner Gesetze richtete sich gegen Wahlbestechungen (*lex de ambitu*), ein weiteres gegen Gewalttätigkeiten (*lex de vi*). Um erneutem Aufruhr vorzubeugen, ließ er Truppen in Rom stationieren. Auf Grund des Gesetzes über Gewaltanwendungen wurde Milo vor Gericht gestellt. Der Prozeß verlief in einer gespannten Atmosphäre und endete mit der Verurteilung Milos. Sein Vermögen wurde konfisziert, und er selbst ging in die Verbannung. Die Optimaten mußten ihn fallenlassen, Cicero hingegen hatte sich mehrfach offen für ihn verwendet. Auch eine Reihe von Clodianern wurde verurteilt.

Maßnahmen des Pompeius

Ein anderes Gesetz des Pompeius aus dem Jahre 52 legte fest, daß die Magistrate erst fünf Jahre nach Ablauf ihrer Amtszeit in die ihnen zugesprochenen Provinzen gehen sollten. Dieses Gesetz gefährdete die Position Caesars, denn es war jetzt möglich, aus den Reihen der ehemaligen Konsuln sofort nach Ablauf seines Kommandos am 1. März 50 einen Nachfolger für ihn zu bestimmen. Besonders hart traf Caesar die Erneuerung des Gesetzes, das die Anwesenheit von Konsulatsbewerbern in Rom forderte. Caesar hätte so nach Ablauf seiner Amtszeit als Privatmann in Rom erscheinen müssen, was für ihn recht nachteilige Folgen hätte mit sich bringen können. Cato hatte nämlich die Absicht, ihn sofort wegen Übergriffen in den Provinzen anzuklagen, eine Beschuldigung, für die Caesar ausreichend Ansatzpunkte bot.

Auf dringendes Ersuchen Caesars hin entband Pompeius Caesar durch eine Klausel von dieser Verpflichtung, doch war das ohne rechtliche Bedeutung, da die Komitien nicht darüber befunden hatten. Caesar hingegen brauchte das Konsulat, um seine Anordnungen in Gallien bestätigen zu lassen, eine Belohnung für sein Heer zu erwirken und sein Versprechen, den Transpadanern das Bürgerrecht zu verleihen, einlösen zu können.

Die Annäherung des Pompeius an den Senat hatte die Position der Gegner Caesars gestärkt, und in den Jahren von 51 bis 49 gelangten anticaesarianisch eingestellte Politiker in das Konsulat. Caesars Widersacher in Rom drängten darauf, daß er seine Vollmachten termingemäß niederlege. Im Jahre 51 verhinderten Caesars Anhänger sechsmal die Herbeiführung eines Beschlusses über Gallien. Zahlreiche Bestechungen trugen ihren Teil dazu bei. Den Konsul des Jahres 50, L. Aemilius Paullus, bestach Caesar mit einer Summe von 9 Millionen Denaren, und den Volkstribunen desselben Jahres, C. Scribonius Curio, zog er auf seine Seite, indem er dessen Schulden in Höhe von 2,5 Millionen Denaren bezahlte.

Curio, vormals ein eifriger Optimat, tarnte seinen Übertritt zu Caesar damit, daß er im Senat den Antrag stellte, Pompeius und Caesar sollten ihre Heere entlassen und ihre Provinzen aufgeben. Diese Entscheidung hätte Caesar zum Vorteil gereicht, denn er verfügte über die riesige gallische Beute und erfreute sich als Repräsentant der Popularen großer Beliebtheit bei der Plebs.

Der Antrag Curios wurde in der Senatssitzung am 1. Dezember 50 mit 370 gegen nur 22 Stimmen angenommen, wurde aber nicht rechtsgültig, denn der Konsul C. Claudius Marcellus brach die Sitzung mit den Worten ab: »Siegt und habt Caesar als Herrn!«[26] Der überraschend klare Ausgang der Abstimmung

---

26 Appian, bell. civ., 2, 30.

4. Die Verschärfung des Klassenkampfes. Der Weg zur Militärdiktatur

erklärt sich daraus, daß die Mehrheit der Senatoren ihre Selbständigkeit auch Pompeius gegenüber behaupten wollte.

Caesar begab sich Ende 50 in das Diesseitige Gallien und verfolgte von Ravenna aus die Vorgänge in Rom. Die beiden Konsuln L. Cornelius Lentulus und C. Claudius Marcellus, die am 1. Januar 49 ihr Amt antraten, waren seine Gegner. Letzterer nutzte in Rom umlaufende Gerüchte von einem militärischen Anrücken Caesars, um sich zu Pompeius zu begeben und ihm die Verteidigung des Vaterlandes zu übertragen. Zwei bei Capua stehende Legionen wurden ihm unterstellt, weitere Aushebungen ihm nahegelegt.

Aktivitäten der Optimaten gegen Caesar

Die extremen Optimaten, allen voran Cato, Claudius Marcellus und Metellus Scipio, drängten auf weitere Entscheidungen. Cicero, nach seiner Statthalterschaft in Kilikien am 4. Januar 49 nach Rom zurückgekehrt, suchte zu vermitteln, drang aber nicht durch. Ihm war längst klar, daß es bei den Rivalitäten zwischen Pompeius und Caesar nicht mehr um die Republik, sondern vielmehr um die Alleinherrschaft im Staate ging, wenngleich er sich letztlich notgedrungen auf die Seite des Pompeius stellte, der ja im Bunde mit den Optimaten stand. »Die Alleinherrschaft ist von beiden erstrebt worden«, schreibt Cicero im Februar 49 an Atticus.[27]

In einer Sitzung am 7. Januar 49 faßte der Senat den Beschluß, Caesar aus Gallien abzuberufen und an seiner Stelle L. Domitius Ahenobarbus einzusetzen. Wenn Caesar die Absicht aufrechterhalte, sich um das Konsulat zu bewerben, so solle er sich persönlich in Rom einfinden. Die Volkstribunen M. Antonius und Q. Cassius, Anhänger Caesars, legten vergebens ihr Veto ein. Der Konsul Lentulus empfahl den Tribunen, sich aus dem Senat zu entfernen, wenn sie sich nicht Schmähungen auszusetzen wünschten. Antonius und Cassius, mit ihnen Curio, verließen daraufhin Rom und begaben sich zu Caesar; der Senat hingegen erließ das *senatus consultum ultimum*.

Caesar überschreitet den Rubico

Caesar zögerte nun nicht länger und überschritt am 10. Januar 49 mit nur einer Legion den Rubico, den Grenzfluß zwischen Italien und Gallia Cisalpina, und zwar mit den Worten »Hoch fliege der Würfel!« — in der lateinischen Version »Iacta alea est«, d. h., der Würfel ist geworfen. Seinen Entschluß begründete er mit der Beleidigung der Volkstribunen. Der offene Kampf um die Alleinherrschaft hatte begonnen; das Ende der Republik stand bevor.

Wie sah nun das Kräfteverhältnis zu Beginn des Krieges aus? Pompeius stützte sich auf die Senatsoligarchie, auf italische Großgrundbesitzer, einige wenige Wucherer *(feneratores)* und auf seine zahlreichen Gefolgsleute in den Provinzen. In Italien standen ihm die zwei kampanischen Legionen zur Verfügung, die jedoch als unzuverlässig galten. Die Aushebungen gingen nur schleppend voran, es kamen keine Freiwilligen, und die Bevölkerung leistete passiven Widerstand,[28] so daß wiederum Cicero resigniert feststellen mußte, die Optimaten hätten wenig Soldaten und wenig Geld (ebenda, 8, 15, 3).

Caesar dagegen verfügte über eine weitaus breitere soziale Basis. Die Ritterschaft neigte ihm zu, bei der städtischen Plebs war er beliebt, viele Munizipalstädte standen auf seiner Seite, und die Transpadaner waren ihm wegen des Bürgerrechtsversprechens zugetan. Cicero zählte — in tendenziöser Dar-

---

27 Cicero, ad Att., 8, 11, 2: *dominatio quaesita ab utroque est.*
28 Cicero, ad Att., 7, 21, 1.

4.7. Das erste Triumvirat und die Politik Caesars. Die Eroberung Galliens

stellung — zu den Stützen Caesars noch die »verderbte Jugend« *(perdita iuventus)* und die Volkstribunen, betonte aber gleichzeitig die große Autorität, die Caesar als Führer *(dux)* besaß, und seine Kühnheit *(audacia)* (ebenda, 7, 7, 6; Ende 50).

Obwohl Caesars Legat T. Labienus zu Pompeius übergegangen war, bemächtigte sich Caesar in schneller Folge der Städte von Ariminum bis Ancona und drang nach Etrurien vor, wo er Arretium einnahm. Der rasche Vormarsch Caesars löste bei seinen Gegnern Panik aus. Am 17. und 18. Januar verließen Pompeius, die Magistrate und die Senatoren in großer Eile Rom, wobei sogar die Staatskasse zurückgelassen wurde. Nachdem Caesar Umbrien und Picenum besetzt hatte, stieß er bei Corfinium in Samnium auf Widerstand des L. Domitius Ahenobarbus, der Pompeius zum Eingreifen zwingen zu können hoffte. Dieser setzte jedoch seinen Rückzug fort, und Domitius mußte sich ergeben, zumal seine Truppen zu Caesar überliefen. Der Versuch, Pompeius in Brundisium am Übersetzen nach Griechenland zu hindern, mißlang, und am 17. März verließ Pompeius Italien.

Italien in der Hand Caesars

Ganz Italien fiel nun in die Hand Caesars. Die Pompeianer gaben auch Sardinien und Sizilien preis. Sizilien mußte von Cato vor dem andrängenden Scribonius Curio geräumt werden.

Caesar behandelte seine Gegner außerordentlich schonend. Er griff zur Losung der »Milde« *(clementia Caesaris)*, verzichtete auf Proskriptionen und verurteilte offen den sullanischen Terror. Durch diese Politik gewann er viele neue Anhänger.

Auf der anderen Seite drohte das Lager des Pompeius den zurückgebliebenen Optimaten, den Munizipalen und den römischen Landbesitzern. Pompeius kündigte an, Italien und Rom auszuhungern, die Felder zu verwüsten, den Wohlhabenden ihr Vermögen zu nehmen und Proskriptionen durchzuführen. Seine Drohungen faßte er in dem Wort zusammen: »Sulla hat es gekonnt, warum nicht auch ich?«[29]

Die Proskriptionsabsichten der Pompeianer erklären sich zum großen Teil daraus, daß unter den Angehörigen der Nobilität die Verschuldung sehr groß war und sie daher bestrebt waren, sich auf diese Weise ihrer Gläubiger und damit ihrer Schulden zu entledigen. Demzufolge war auch der überwiegende Teil der *feneratores* antipompeianisch eingestellt.[30]

Caesar hielt sich nur sechs bis sieben Tage in Rom auf, wo sich wieder Magistrate und Senatoren eingefunden hatten. Über den Protest des Volkstribunen L. Metellus setzte er sich hinweg und bemächtigte sich des Staatsschatzes. Dann wandte er sich gegen Spanien, wo sieben pompeianische Legionen unter L. Afranius, M. Petreius und M. Terentius Varro standen.

Kämpfe gegen die Pompeianer in Spanien und in Afrika

Auf dem Wege dorthin stellte sich Caesar die Griechenstadt Massilia entgegen. Die Massilioten blieben neutral und weigerten sich, auf seine Seite zu treten. Caesar ließ drei Legionen unter seinem Legaten C. Trebonius zur Belagerung der Stadt zurück.

Nach einigen Schwierigkeiten gelang es Caesar, die Hauptmacht der Pompeianer am 2. August 49 bei Ilerda (Lerida) nördlich des Ebro zu überwinden.

---

29 Cicero, ad Att., 9, 10,.2 (März 49): *Sulla potuit, ego non potero?*
30 Cicero, ad fam., 8, 17, 2.

Schnell wurden nun die übrigen Truppen zur Kapitulation gezwungen. In nur 40 Tagen hatte Caesar die Militärmacht des Pompeius in Spanien zerschlagen. Auf dem Rückmarsch zwang er Massilia, das inzwischen auch von der Seeseite her eingeschlossen war, zur Übergabe. Die Stadt verlor ihre Unabhängigkeit und einen großen Teil ihres Gebiets, behielt allerdings die innere Autonomie.

In Afrika verliefen die Kriegshandlungen für die Caesarianer zunächst erfolglos. Nach anfänglichen Siegen mußte Scribonius Curio, der mit zwei Legionen von Sizilien nach Afrika übergesetzt war, von den Pompeianern unter P. Attius Varus und dem mit diesen verbündeten König Iuba von Numidien in einer Schlacht am Bagradas eine Niederlage hinnehmen; Curio büßte dabei sein Leben ein. Unter den wenigen, die sich retten konnten, befand sich der Historiker C. Asinius Pollio.

Pompeius hatte inzwischen ein Heer von neun Legionen zusammengebracht, davon 7000 Mann Reiterei. Seine Flotte beherrschte die Adria und fügte den Caesarianern schwere Verluste zu. Sie verloren anderthalb Legionen und büßten ihren Brückenkopf in Illyrien ein.

Der Prätor M. Aemilius Lepidus ließ Caesar in Abwesenheit zum Diktator ernennen. In dieser Eigenschaft hielt Caesar Ende des Jahres 49 Wahlen in Rom ab und ließ sich entgegen dem Herkommen für das Jahr 48 selbst zum Konsul wählen. Sein Amtskollege war P. Servilius Isauricus. Caesar rief die Verbannten zurück, setzte die Söhne der von Sulla Geächteten wieder in ihre Rechte ein und verschaffte den Schuldnern durch Herabsetzen der Zinsen etwas Erleichterung.

Entscheidungskampf in Griechenland

Bei Brundisium zog er zwölf Legionen zusammen, allerdings nicht in voller Stärke. Trotz seiner Unterlegenheit zur See gelang es ihm, am 5. Januar 48 mit sieben Legionen (ca. 22 000 Mann) an der Küste Illyriens zu landen und sich Apollonia und Orikon als Stützpunkte zu sichern. Als er gegen Dyrrhachion (Durazzo) vorrückte, kam ihm Pompeius zuvor und schlug vor der Stadt sein Feldlager auf. Ende März konnte M. Antonius Caesar vier weitere Legionen zuführen. Bis zum Juli 48 standen sich beide Heere gegenüber und führten einen Stellungskrieg.

Ein gelungener Überfall der Truppen des Pompeius, der seit Ende 49 den Oberbefehl innehatte, kostete Caesar 32 Feldzeichen und 1000 Soldaten. Pompeius nutzte diesen Erfolg nicht zum konsequenten Nachsetzen, und Caesar äußerte danach seinen Begleitern gegenüber: »Heute wäre der Sieg auf Seiten der Feinde gewesen, wenn sie jemanden hätten, der zu siegen versteht.«[31]

Caesar litt unter erheblichen Versorgungsschwierigkeiten und zog nach Thessalien. Pompeius und die bei ihm weilenden Optimaten wähnten sich bereits als Sieger. Bei Pharsalos trat Pompeius auf Drängen seiner Umgebung am 9. August 48 zur Schlacht an; sein Heer war dem Caesars um mehr als das Doppelte überlegen. Pompeius baute auf seine starke Reiterei, die er auf den linken Flügel zog, um die rechte Flanke Caesars aufzureißen. Dieser erkannte das Manöver und verstärkte unauffällig die gefährdete Seite durch Eliteeinheiten und Reserven.

Die Reiterei des Pompeius wurde bei ihrem Angriff völlig geschlagen und

---

31 Plutarch, *Caesar*, 39.

4.7. Das erste Triumvirat und die Politik Caesars. Die Eroberung Galliens

flutete zurück. Caesar ließ nun seinerseits die Flanke des Gegners angreifen, brachte ihn in große Verwirrung und drang bis in das feindliche Lager vor. Pompeius verließ nach der Niederlage seiner Reiterei sogleich das Schlachtfeld und floh über Lesbos nach Ägypten. Der dortige König Ptolemaios XIII. folgte seinen Ratgebern, sich Caesar nicht zum Feinde zu machen, und ließ Pompeius nach seiner Landung in Pelusion ermorden (28. September 48).

Pompeius galt in der späteren senatorischen Tradition als ein Verfechter der republikanischen Freiheit sowie als Bewahrer der Bräuche und Einrichtungen der Vorfahren. Diese Einschätzung, die die Ideologie des Senatorenstandes in der früheren Kaiserzeit reflektiert, trifft sicher nicht den Kern. Die römische Republik befand sich in der Krise, die auch ihn mehr und mehr auf den Weg zur Militärdiktatur drängte, wobei er es nicht vermochte, eine klare politische Konzeption zu entwickeln und zu verfolgen. Über die militärischen Fähigkeiten des Pompeius äußerte sich K. Marx in einem Brief an Fr. Engels: »Pompeius, ... erst durch Eskamotage der Erfolge von Lucullus (gegen Mithradates), dann der Erfolge von Sertorius (Spanien) usw. als ›young man‹ von Sulla usw. in falschen Ruf gekommen ... Sobald er Caesar gegenüber zeigen soll, was an ihm — Lauskerl. Caesar machte die allergrößten militärischen Fehler, absichtlich toll, um den Philister, der ihm gegenüberstand, zu dekontenancieren. Ein ordinärer römischer General, etwa Crassus, würde ihn sechsmal während des Kampfes in Epirus vernichtet haben. Aber mit Pompeius war alles möglich.«[32]

Beurteilung des Pompeius

Caesar erreichte am 1. Oktober 48 Alexandreia, wo er sich in Thronstreitigkeiten der Ptolemäer einmischte. Er ermöglichte Kleopatra VII., die nach dem Tode ihres Vaters Ptolemaios Auletes (51) von ihrem Bruder Ptolemaios XIII. vertrieben worden war, die Rückkehr nach Ägypten und proklamierte die Geschwister zu Herrschern des Landes. Den beiden jüngeren Kindern des Auletes, Ptolemaios XIV. und Arsinoë, übereignete er Cypern.

Caesar in Ägypten

Diese Eigenmächtigkeiten sowie hohe Geldforderungen Caesars führten in Alexandreia zu einer offenen Empörung, dem sogenannten Alexandrinischen Krieg. Caesar geriet in äußerste Bedrängnis. Damals wurde ein Teil der berühmten alexandrinischen Bibliothek durch Feuer vernichtet. Inzwischen führte Mithradates von Pergamon, ein Anhänger Caesars, Verstärkungen heran, mit deren Hilfe Caesar am 27. März 47 wieder in den Besitz Alexandreias gelangte. Er setzte Ptolemaios XIV. und Kleopatra, die eine Scheinehe eingingen, als Herrscher von Ägypten und Cypern ein. An der Seite von Kleopatra verweilte Caesar noch eine Zeitlang in Ägypten. Aus dieser Verbindung ging ein Sohn hervor, den die Alexandriner Kaisarion nannten, den »kleinen Caesar«.

Im Juni 47 verließ Caesar Ägypten. Die Pompeianer hatten inzwischen die Atempause genutzt und sich in Afrika eine starke Bastion geschaffen. Sie verfügten über zehn Legionen und erfuhren die Unterstützung Iubas von Numidien. Dennoch begab sich Caesar zunächst nach Kleinasien, wo Pharnakes, der Sohn Mithradates' VI., sein väterliches Reich in den alten Grenzen wiederherzustellen begonnen hatte. Er griff auch Bithynien und Kappadokien an. Nachdem Caesar in Palästina Hyrkanos als Hohepriester und Ethnarch

---

32 K. Marx an Fr. Engels am 27. Februar 1861, in: MEW, Bd. 30, Berlin 1964, S. 160.

bestätigt und den Idumäer Antipatros, Vater Herodes' I., als Regenten eingesetzt hatte, stellte er Pharnakes bei Zela in Pontus und besiegte ihn am 2. August 47. Caesar berichtete nach Rom: »Ich kam, ich sah, ich siegte«.[33] Pharnakes floh auf dem Seeweg in das Bosporanische Reich, wo er bald darauf durch Asandros, einen Rivalen, sein Ende fand. Caesar ordnete rasch die Verhältnisse in Kleinasien und kehrte dann im Oktober 47 nach Rom zurück, wo sein Eingreifen dringend erforderlich war. Bei Brundisium traf er mit Cicero zusammen, mit dessen Hilfe er auch andere Senatoren für sich zu gewinnen hoffte.

Unruhen in Rom und Italien

Im Herbst 48 hatte der Konsul P. Servilius Isauricus Caesars zweite Diktatur veranlaßt, die bis zum Herbst 47 galt. Während der Abwesenheit Caesars hatte sich die Situation in Italien und Rom zugespitzt. Die wirtschaftliche Lage Roms während der Bürgerkriege hatte sich verschlechtert, die Geldzirkulation stockte, und es griff eine allgemeine Geldknappheit um sich. Die Gläubiger fürchteten um ihr Geld und bemühten sich, die Schulden möglichst rasch einzutreiben. Der anhaltende Widerstand der Pompeianer in nahegelegenen Provinzen erhöhte die Unsicherheit in Italien.

Nach einigen vorläufigen Maßnahmen Caesars im Jahre 49 machte sich Anfang 48 der Prätor M. Caelius Rufus zum Fürsprecher der Verschuldeten und beantragte einen Zahlungsaufschub von sechs Jahren unter gleichzeitigem Wegfall der Zinsen. Als der Senat dagegen protestierte, brachte Caelius Rufus den Antrag ein, die Schulden gänzlich zu tilgen und die Wohnungsmieten für ein Jahr zu erlassen. Das rief die herrschenden Kreise Roms auf den Plan, und der Konsul Servilius Isauricus untersagte Caelius die weitere Amtsausübung.

Daraufhin begab sich Caelius nach Süditalien, wo er zusammen mit dem verbannten Milo aus Pompeianern, zahlungsunfähigen Schuldnern, Gladiatoren und anderen Sklaven Abteilungen aufstellte. Es fehlte dieser sehr heterogen zusammengesetzten Schar an einem klaren politischen Ziel, und so dauerte es nicht lange, bis die Bewegung niedergeworfen war. Caelius und Milo kamen ums Leben.

Schuldenproblem

Damit war jedoch das Schuldenproblem nicht gelöst; im Jahre 47 trat der Volkstribun P. Cornelius Dolabella, Schwiegersohn Ciceros, mit einem analogen Programm hervor, nämlich die Schulden zu erlassen und die Mieter von den Wohnungsmieten zu befreien. Die Lage war sehr gespannt, denn 47 hatte es keine Beamtenwahlen gegeben, weil man die Ankunft Caesars abwarten wollte. So übte M. Antonius als Reiterführer (*magister equitum*) Caesars die oberste Gewalt aus. Es kam in Rom wieder zu blutigen Straßenkämpfen zwischen bewaffneten Abteilungen Dolabellas und des L. Trebellius, eines anderen Volkstribunen. Als Antonius gegen Dolabella vorging, brach ein Aufstand aus, an dem sich Plebejer und Freigelassene beteiligten. Die Erhebung wurde niedergeschlagen; sie kostete etwa 800 Menschen das Leben.

Caesar stellte nach seiner Ankunft die innere Ruhe wieder her. Für das Jahr 46 wurden M. Aemilius Lepidus und Caesar selbst zu Konsuln gewählt. Den Schuldnern mußte Caesar Erleichterungen gewähren. Er verfügte die Streichung aller Mietschulden auf ein Jahr für alle diejenigen, die in Rom weniger als 2000 und in den Munizipien weniger als 500 Sesterzen zahlten. Außerdem

---

33 Sueton, *Caesar*, 37, 2: *veni, vidi, vici.*

4.7. Das erste Triumvirat und die Politik Caesars. Die Eroberung Galliens

legte er fest, daß die gezahlten Zinsen auf die Schuldsumme anzurechnen seien, eine Maßnahme, die die Wucherer offenbar empfindlich traf, denn nach Angaben Suetons verloren sie etwa ein Viertel der auf Zinsen verliehenen Gelder. Weiterhin bekräftigte er das Prinzip, wonach das immobile Eigentum nach dem Wert des Vorkriegsstandes zu schätzen war. Auf diese Weise gelang es Caesar, seine Popularität bei der städtischen Plebs aufrechtzuerhalten. Den stark gelichteten Senat ergänzte er durch die Aufnahme von Angehörigen des Ritterstandes. Schwierigkeiten bereiteten ihm die in Kampanien stationierten Truppen. Sie forderten die ihnen versprochenen hohen Belohnungen und Entlassung. Caesar vermochte die Soldaten nur mit Mühe und persönlichem Engagement zu beschwichtigen.

Noch vor Jahresende, am 28. Dezember 47, setzte Caesar mit nur 3000 Soldaten nach Afrika über und landete in Hadrumentum. In Afrika hatten sich die prominentesten Gegner Caesars zusammengefunden, Metellus Scipio, der als Oberbefehlshaber fungierte, L. Afranius, P. Attius Varus, M. Petreius, T. Labienus, Gnaeus und Sextus Pompeius, die Söhne des Pompeius Magnus, und endlich M. Porcius Cato. In Utica residierte eine Art von Gegensenat. *Krieg in Afrika*

Auf der Seite Caesars standen die Herrscher von Mauretanien, Bogund und Bocchus, und der ehemalige Catilinarier P. Sittius, der im Jahre 62 hierher geflohen war, sich in Mauretanien einen eigenen Herrschaftsbereich geschaffen hatte und jetzt Kräfte des Königs Iuba band.

Caesar geriet zunächst in Bedrängnis, als er von seinem ehemaligen Legaten Labienus eine Niederlage hinnehmen mußte. Inzwischen erhielt er Verstärkungen, auch durch die überlaufenden Soldaten der Pompeianer. Als er auf Thapsus vorrückte, trat ihm Metellus Scipio mit seinem Heer entgegen. Am 6. April 46 kam es hier zur Entscheidungsschlacht; die Pompeianer erlitten eine vernichtende Niederlage, etwa 50000 von ihnen blieben auf dem Schlachtfeld. Die afrikanischen Städte traten auf die Seite Caesars über.

Etwa zur gleichen Zeit besiegte Sittius König Iuba und besetzte Numidien. Iuba und mit ihm Petreius suchten Zuflucht in Zama. Als die Stadt ihnen den Eingang verwehrte, gaben sie sich den Tod. Andere, unter ihnen Metellus Scipio und Afranius, fielen Sittius in die Hände. Der größte Teil der führenden Pompeianer kam damals ums Leben. Caesar schritt zwar nicht zu Proskriptionen, ließ aber viele angesehene Pompeianer, die in Gefangenschaft geraten waren, hinrichten. Mit Gnadenbezeugungen war er diesmal zurückhaltend.

Der in Utica kommandierende Cato wählte beim Heranrücken Caesars den Freitod. Die Stadt verlieh ihm später den Beinamen *Uticensis*. Cato war ein überzeugter und konsequenter Verfechter der aristokratischen Republik. Seinen Zeitgenossen erschien er selbstgefällig und doktrinär. Das starre Festhalten an den republikanischen Einrichtungen und Idealen versperrte ihm den politischen Weitblick. Immerhin brachte ihm sein freiwilliger Tod den Ruf eines Märtyrers für die Freiheit ein. Sein Verhalten fand in der Folgezeit viele Bewunderer. Cicero widmete ihm einen Panegyrikus mit dem Titel »Cato«, und auch M. Iunius Brutus schrieb über ihn. Caesar sah sich angesichts der republikanischen und gegen ihn gerichteten Tendenz solcher Schriften veranlaßt, im Jahre 45 einen »Anticato« zu schreiben. Diese Schrift, die zwei Bücher umfaßte, ist uns nicht überliefert. *Cato Uticensis*

Vor seiner Rückkehr nach Rom ordnete Caesar die Verhältnisse in Afrika. Das

Königreich Numidien wurde unter dem Namen *Africa Nova* römische Provinz, ihr erster Statthalter der Historiker C. Sallustius Crispus, der sich hier umfangreicher Erpressungen schuldig machte und sich vor Gericht dafür verantworten mußte. Das westliche Numidien überließ Caesar Sittius.

Am 5. Juni 46 verließ Caesar Utica und begab sich nach Sardinien, das die Pompeianer unterstützt hatte, und Caesar verhängte einige Strafen. Am 28. Juli traf er in Rom ein und feierte anschließend einen pompösen, vierfachen Triumph über Gallien, Ägypten, Pharnakes und Iuba. Der Widerstand seiner Gegner war gebrochen, und Caesar gebot allein über das Imperium Romanum.

Agonie der Republik

Die Auflösung der republikanischen Staatsform war damit faktisch vollzogen, ein Prozeß, der mit der Entstehung des ersten Triumvirats in seine akute Phase eingetreten war. Dabei ging es nicht mehr darum, den Einfluß der Nobilität zurückzudrängen, sondern um ihre Entmachtung. Der Weg zur Militärdiktatur wurde von den hervorragendsten Politikern und Heerführern der Opposition mehr oder minder offen beschritten.

Nach seinem Sieg über die Pompeianer verfolgte Caesar dieses Ziel ganz unverhüllt. Es gab in der römischen Gesellschaft jener Zeit keine soziale Gruppe mehr, die in der Lage und willens gewesen wäre, Träger einer kollektiven Regierungsform zu sein, zumal die Bedingungen des Weltreiches eine straffe und zielstrebige Lenkung geboten. Die weitere Entwicklung lief dann auch folgerichtig darauf hinaus, daß die Herrschaft eines Einzelnen unvermeidlich war.

4.8. *Die Diktatur Caesars.*
Die Bürgerkriege des zweiten Triumvirats und der Untergang der Republik

Endgültiger militärischer Erfolg Caesars

Nach der Schlacht bei Thapsus erhielt Caesar die Jahresdiktatur auf zehn Jahre. Bevor er sich intensiv den inneren Angelegenheiten widmen konnte, mußte er noch gegen die Söhne des Pompeius in Spanien kämpfen. Gnaeus und Sextus Pompeius waren von Afrika hierher geflüchtet, wo auch Attius Varus und Labienus zu ihnen stießen. Sie gewannen die Unterstützung der Lusitaner, und Caesars Statthalter C. Trebonius — von seinen Truppen verlassen — vermochte nichts gegen die wachsende Macht der Pompeianer auszurichten. Nur die Flotte unter C. Didius blieb siegreich.

Caesar landete im Dezember 46 in Südspanien. Nach längeren Kämpfen kam es bei Munda — nördlich von Gibraltar — zur Schlacht, in der Caesar mit acht Legionen gegen 13 der Pompeianer einen vollständigen Sieg (17. März 45) errang. Cn. Pompeius wurde auf der Flucht erschlagen, auch Attius Varus und T. Labienus kamen ums Leben. Nur Sex. Pompeius rettete sich in das nördliche Spanien.

In Syrien behauptete sich noch der Pompeianer Q. Caecilius Bassus, der aber bald eingeschlossen und von caesarianischen Truppen in Apameia belagert wurde. Der militärische Sieg Caesars war nun vollständig.

Ehrungen in Rom

In Rom wurde er mit vielen Ehrungen bedacht. Ein zehnjähriges Konsulat

4.8. Die Diktatur Caesars. Die Bürgerkriege. Der Untergang der Republik

ergänzte seine Diktatur, der Titel Imperator wurde vererbbarer Bestandteil seines Namens, was seine enge Verbindung zum Heer demonstrierte; auch erhielt er den Ehrentitel »Vater des Vaterlandes« *(pater patriae)*. Ende des Jahres 45 wurde ihm die Diktatur auf Lebenszeit übertragen *(dictator perpetuus)*, und er war befugt, die Hälfte der Magistrate — ausgenommen die Konsuln — zu ernennen. Bei allen öffentlichen Anlässen durfte er im Triumphalgewand mit Lorbeerkranz erscheinen. Der Quinctilis, Caesars Geburtsmonat, wurde in Iulius umbenannt. Außerdem war es ihm als erstem Römer gestattet, Münzen mit seinem Bild prägen zu lassen.

Es war offenkundig: Caesar war keineswegs geneigt, die Macht noch einmal aus den Händen zu geben. Er war gewillt, sich über die Republik hinwegzusetzen und die monarchische Staatsform zu etablieren. Bezeichnend dafür sind seine Worte: »Die Republik ist nichts anderes als ein leeres Wort ohne Inhalt und Glanz. Sulla hat die Anfangsgründe der Politik nicht gekannt, weil er die Diktatur so rasch niederlegte.«[34]

In den ersten Monaten des Jahres 44 fehlte es dann auch nicht an Versuchen, den Übergang zur Monarchie zu vollziehen. Statuen Caesars sollten in allen Tempeln Roms wie des übrigen Reiches aufgestellt werden, seine Statue an den Rostra wurde mit dem Königsdiadem geschmückt, und am Lupercalienfest bot ihm M. Antonius das Diadem dar. Als die anwesenden Römer in eisigem Schweigen verharrten, wies es Caesar zurück und erntete großen Beifall. Das Königtum war bei den Römern nach wie vor unpopulär.

Auch eine Weissagung aus den Sibyllinischen Büchern nutzte Caesar für seine Zwecke. Darin hieß es, daß nur ein König den Sieg im Osten erringen könne. Der Beginn des Feldzuges gegen die Parther war für den 18. März 44 vorgesehen.

Mit zahlreichen Reformen und anderen Maßnahmen suchte Caesar dringende Probleme zu lösen und die innere Lage zu stabilisieren. Die römische Streitmacht zählte inzwischen 38 oder 39 Legionen (etwa 250 000 Mann), hinzu kamen Hilfstruppen, der Troß und die Schiffsmannschaften. Ein großer Teil der Soldaten, vor allem aus dem gallischen Heer, beendete die Militärzeit und mußte mit Land versorgt werden. Andererseits hatte sich auch die Anzahl der Besitzlosen in der Hauptstadt vergrößert. So schritt Caesar zu einer weitgespannten Kolonisation, deren Ziele darin bestanden, Veteranen mit Land zu versorgen, die Hauptstadt von Beschäftigungslosen und fremden Elementen zu entlasten sowie Landwirtschaft und Handel zu beleben.

Maßnahmen Caesars

Viele Veteranen siedelte er in Italien an, die Masse der Kolonisten jedoch, etwa 80 000, in den Provinzen. Die berühmteste Kolonie im Osten war Korinth, das Caesar von griechischen und orientalischen Freigelassenen besiedeln ließ. Die Stadt blühte schnell wieder auf. In Afrika war auch Karthago als römische Bürgerkolonie vorgesehen, doch die Realisierung erfolgte erst durch Octavian. Die Kolonisation und die großzügige Verleihung des römischen oder latinischen Bürgerrechts an Provinziale förderten den Romanisierungsprozeß in den Provinzen, vor allem in Spanien und Gallia Narbonensis.

Im Interesse der Landwirtschaft ließ Caesar die Trockenlegung der Pontinischen Sümpfe und des Fucinersees in Angriff nehmen. Den Wünschen der

---

34 Sueton, *Caesar*, 77.

ländlichen Plebs kam er dadurch entgegen, daß er anordnete, als Hirten auf den Weidewirtschaften mindestens ein Drittel Freie zu beschäftigen. Zur Verbesserung von Handel und Verkehr plante Caesar ferner eine Straße durch den Apennin zur Adria, den Ausbau des Hafens von Ostia und den Bau eines Kanals durch den Isthmus von Korinth.

Gegen Schatzbildung und Wucher richtete sich die Bestimmung, daß niemand mehr als 60 000 Sesterzen an barem Gold und Silber in seinem Besitz haben sollte. Dahinter stand auch die Absicht, das Anlegen von Geld in Grund und Boden zu stimulieren. Die Hoffnung großer Bevölkerungskreise auf eine Annullierung der Schulden erfüllte sich jedoch nicht. Unter Caesar begann die reguläre Prägung von Goldmünzen (*aurei*), die einen Wert von 25 Denaren besaßen.

Antidemokratische Haltung Entgegen seiner früheren Haltung als Popularpolitiker suchte er jetzt den politischen Einfluß der städtischen Plebs zurückzudrängen. So löste er die Kollegien auf, bis auf die, die seit altersher bestanden. Die Anzahl der kostenlosen Getreideempfänger setzte er von 320 000 auf 150 000 herab. Durch diese Maßnahmen büßte Caesar bei den städtischen Massen an Popularität ein.

Den Provinzialen verschaffte er insofern Erleichterung, als er die Tätigkeit der Publicani auf indirekte Steuern beschränkte und unter Kontrolle stellte. Die direkten Steuern wurden zunehmend unmittelbar an die römische Staatskasse abgeführt. Eine Neuregelung erfuhr auch die Dauer der Statthalterschaften. Nach Ablauf ihrer Amtszeit verwalteten die Konsuln die ihnen zugewiesene Provinz zwei Jahre, die Prätoren ein Jahr; Verlängerungen waren nicht gestattet.

Städteordnung Bedeutsam war die *lex Iulia municipalis* (»Gesetz des Iulius über die Munizipien«), mit der Caesar die Grundlage für die städtische Organisation des Imperiums schuf (Munizipalordnung). Den Munizipien wurde dadurch ein festes Territorium mit ständiger Gerichtsbarkeit zugewiesen, die Durchführung des Zensus und die Wahlen für die städtischen Magistrate übertragen. Diese erhielten die Auflage, die öffentlichen Gebäude und Anlagen instandzuhalten, Festlichkeiten und Spiele auszurichten und die Versorgung der städtischen Bevölkerung zu garantieren. Die Munizipalordnung, von Caesar eingeführt und von Octavian ausgebaut und weitestgehend durchgesetzt, markiert einen weiteren Schritt über den stadtstaatlichen Rahmen hinaus zum Reichsgedanken.

Um den Erfordernissen der Verwaltung besser Rechnung tragen und mehr Ehrenstellen vergeben zu können, erhöhte Caesar die Anzahl der Ämter. Prätoren gab es jetzt 16, bisher waren es zehn; plebejische Ädilen vier und Quästoren 40, bisher waren es 20. Die Mitgliederzahl des Senats betrug jetzt etwa 900, da Caesar verdiente Offiziere sowie Bürger aus italischen Städten und sogar aus den Provinzen zu Senatoren ernannte, eine Maßnahme, die bei den alteingesessenen Stadtrömern auf Ablehnung stieß.

Auch das Gerichtswesen ordnete er neu. Die Geschworenen setzten sich danach zu gleichen Teilen aus Senatoren und Rittern zusammen, die Ärartribunen tauchen nicht mehr auf; Caesar plante auch eine Kodifizierung des Rechts, die jedoch nicht zur Ausführung kam.

Kalenderreform Ein großes Verdienst erwarb sich Caesar durch die Reform des Kalenders, der in völlige Unordnung geraten war. Der Kalender ging der wahren Zeit um

4.8. Die Diktatur Caesars. Die Bürgerkriege. Der Untergang der Republik

67 Tage voraus, so daß z. B. das Blütenfest am 11. Juli anstatt richtig am 28. April gefeiert wurde. In Anlehnung an das ägyptische Sonnenjahr schuf der griechische Mathematiker und Astronom Sosigenes den sogenannten Iulianischen Kalender, der am 1. Januar 45 in Kraft trat. Zur Überleitung mußten im Jahre 46 die 67 Tage eingeschaltet werden, so daß dieses Jahr 455 Tage zählte *(annus confusionis)*.

Caesar konnte sein Werk nicht zu Ende führen. Die Opposition gegen seine Herrschaft war noch sehr stark. Vor allem waren es die Angehörigen der Nobilität, die unzufrieden waren darüber, daß die republikanische Verfassung verletzt und damit verbunden ihr politischer Einfluß zurückgegangen war; sie trachteten nach einer Gelegenheit, sich des unliebsamen Diktators zu entledigen.

Caesars Ermordung

Es bildete sich eine Verschwörergruppe, der D. Iunius Brutus, C. Cassius Longinus und endlich M. Iunius Brutus, ein Freund Ciceros, angehörten, alles ehemalige Pompeianer, die Caesar begnadigt hatte. Ungefähr 60 Senatoren waren in die Verschwörung eingeweiht. Es war geplant, Caesar an den Iden des März (15. März) umzubringen und die alte Senatsherrschaft wiederherzustellen. Vor Beginn der Senatssitzung, die für den 15. März 44 einberufen war, wurde Caesar von den Verschwörern zu Füßen der Statue des Pompeius im Versammlungsgebäude erdolcht. Die Bürgerkriege brachen erneut aus, zur Wiedererrichtung der Republik kam es allerdings nicht mehr.

Caesar ist eine historische Persönlichkeit, die in Historiographie und Dichtung eine starke Beachtung gefunden hat. Antike Autoren werteten ihn je nach ihrer politischen Position als Zerstörer der republikanischen Freiheit oder als Gestalter der Größe Roms. In der bürgerlichen Geschichtsschreibung liegt trotz aller divergierenden Auffassungen in der Beurteilung Caesars die Grundtendenz darin, seine Maßnahmen und Absichten zum Kriterium zu erheben, ohne die Klassenkonstellation zu analysieren.

Caesar als historische Persönlichkeit

Dieser Aufgabe hingegen haben sich vornehmlich marxistische Althistoriker wie Maschkin und Uttschenko unterzogen; sie haben dabei richtungweisende Ansätze gewonnen, die es von der Forschung noch weiter zu verfolgen gilt, um Grundlagen und Ziele der Tätigkeit Caesars besser zu erhellen.

Caesar betrieb eine Politik, die einen Ausgleich der Stände der Senatoren und Ritter anstrebte, darüber hinaus eine Angleichung der herrschenden Klassen des gesamten Reiches. Diese Politik lag objektiv im Interesse der besitzenden Klassen als Ganzes, deren Herrschaft durch den Kampf der Sklaven, durch die sozialen Bewegungen der unteren Bevölkerungsschichten sowie durch die großen Gegensätze untereinander bedroht war.

Auf der anderen Seite schritt Caesar zur Reorganisation des Staatsapparates und zur Schaffung einer starken Zentralgewalt, um den Widerspruch zwischen stadtstaatlicher Organisationsform und entstandenem Weltreich zu überwinden. Dabei stützte er sich hauptsächlich auf seine finanziellen Mittel und auf das Heer.

Diese beiden Grundlinien seiner Politik erklären auch den Umstand, daß er sich nicht eindeutig auf eine bestimmte soziale Gruppe stützte und, äußerlich gesehen, eine Politik des Lavierens verfolgte *(Caesarismus)*. Der Optimat Cicero, dem es an historischer Einsicht und politischem Weitblick mangelte, schätzte diese Sachlage so ein: »Caesar weiß nicht, wohin er uns führt, wir sind

4. Die Verschärfung des Klassenkampfes. Der Weg zur Militärdiktatur

Sklaven Caesars, und Caesar ist ein Sklave der Umstände.« (Ad fam., 9, 17). Überlegungen darüber, ob einer historischen Persönlichkeit unter diesen Umständen ein tieferes Ethos zugebilligt werden könne (z. B. Bengtson), sind hier unmaßgeblich. Entscheidend ist die konkrete Situation, aus der solche politischen Praktiken gesetzmäßig erwachsen.

Unübersichtliche Lage in Rom

Nach dem gewaltsamen Tod Caesars war die Lage sehr verworren. Die Republikaner handelten nicht konsequent und zeigten sich unsicher.

Cicero schrieb später, daß sie mit dem Mut erwachsener Männer gehandelt, sich aber auf das Weitere wie Knaben vorbereitet hätten (Ad Att., 15, 4, 2). Auch unter den Caesarianern herrschte keine Einigkeit. M. Antonius, der sich jetzt den ersten Platz im Staate erhoffte, brachte in der Senatssitzung am 17. März zunächst einen Ausgleich zustande, den Cicero befürwortete: Caesars Anordnungen sollten unangetastet bleiben, seine Mörder straffrei ausgehen und ihre Ämter behalten. Diese hatten an der Senatssitzung nicht teilgenommen und sich auf dem Capitol verschanzt, da M. Aemilius Lepidus, *magister equitum* des Jahres 44 und Caesarianer, Truppen nach Rom geführt hatte und die städtischen Massen den Attentätern gegenüber eine feindselige Haltung einnahmen. Die Plebejer wünschten auf keinen Fall die Restaurierung der alten Senatsherrschaft, und sie bekundeten das deutlich bei der feierlichen Beisetzung Caesars. Appian schreibt: »Als das Volk ihnen nicht zulief, gerieten sie in Verlegenheit und Furcht« (bell. civ., 2, 119).

Bewegung des Pseudo-Marius

Von der antisenatorischen Stimmung der städtischen Massen zeugt auch die Bewegung des Pseudo-Marius. Ein Grieche namens Herophilos (Amatius), der sich als Enkel des Marius ausgab, errichtete Caesar an dessen Begräbnisstätte einen Altar; hier wurden Caesar göttliche Ehren erwiesen. Antonius ließ den Pseudo-Marius festnehmen und ohne ordentliches Gerichtsverfahren hinrichten. Dolabella ging grausam gegen alle Anhänger des Amatius, unter denen sich viele Freigelassene und Sklaven befanden, vor und unterdrückte die Bewegung Ende April 44 endgültig, was ihm das uneingeschränkte Lob Ciceros einbrachte.

Die Vorgänge um den Pseudo-Marius lassen erkennen, daß die städtischen Plebejer nicht mehr über ein klares demokratisches Programm verfügten. Sie waren zwar antioligarchisch gesinnt, erhofften eine Änderung der Situation jedoch von einer einflußreichen Persönlichkeit.

Die Unruhen in Rom veranlaßten die prominentesten Caesargegner, die Stadt zu verlassen. Während sich M. Iunius Brutus und C. Cassius in der Nähe Roms aufhielten, übernahmen andere die ihnen zugewiesenen Provinzen, so D. Brutus Gallia Cisalpina und C. Trebonius Asia.

Antonius beherrscht Rom

Rom wurde von M. Antonius beherrscht, der sich mit P. Cornelius Dolabella versöhnte und ihn zu seinem Kollegen im Konsulat machte. Die Situation komplizierte sich weiter, als Octavius (Octavianus), Großneffe Caesars und von diesem als sein Erbe eingesetzt, im Mai 44 in Rom erschien und einen großen Teil der Caesarianer für sich gewinnen konnte, vor allem viele Veteranen, die von ihm die vorgesehenen Belohnungen erwarteten.

Antonius suchte dem wachsenden Einfluß Octavians zu begegnen und brachte ein Gesetz über den »Tausch der Provinzen« durch (*lex de permutatione provinciarum*), durch das ihm die strategisch wichtigen Provinzen Gallia Cisalpina und Gallia Transalpina — anstelle von Makedonien — auf fünf Jahre über-

4.8. Die Diktatur Caesars. Die Bürgerkriege. Der Untergang der Republik

tragen wurden, während Dolabella Syrien erhielt. Brutus und Cassius sollten Kreta und Kyrene verwalten, vorher aber die Getreideversorgung Roms sichern. Sie begaben sich jedoch bald in den Osten, um dort Sicherheit zu haben und Macht zu gewinnen.

Im Senat trat Cicero als Wortführer der Optimaten gegen Antonius auf; am 2. September 44 hielt er die erste von insgesamt 14 Reden gegen ihn, die er nach dem Vorbild des Demosthenes philippische Reden nannte. Die Senatspartei war gewillt, die Republik auch militärisch zu verteidigen, und setzte dabei ihre Hoffnungen auf Brutus und Cassius, auf D. Brutus, der noch Gallia Cisalpina verwaltete, und auf Sex. Pompeius, der sich in Massilia aufhielt. Den jungen Octavian, dem Antonius die Anerkennung versagte, gedachten die Optimaten ebenfalls auf ihre Seite zu ziehen.

Antonius rüstete zum Kampf gegen D. Brutus, der sich in Mutina festgesetzt hatte *(Mutinensischer Krieg)*. Der Senat entsandte die beiden Konsuln des Jahres 43, A. Hirtius und C. Vibius Pansa, gegen Antonius, dazu Octavian, der inzwischen ein Heer aufgestellt hatte; auch zwei Legionen des Antonius hatten sich ihm angeschlossen. Er erhielt die Befehlsgewalt eines Proprätors, wurde in den Senat aufgenommen und durfte seine Stimme zusammen mit den Konsularen abgeben.

Antonius wurde gezwungen, die Belagerung des D. Brutus aufzugeben. Er zog sich in das Jenseitige Gallien zurück, wo er sich mit M. Aemilius Lepidus vereinigte. Die beiden Konsuln hatten in den Kämpfen den Tod gefunden, und der Senat übertrug D. Brutus das Kommando. Die extremen Kräfte der Senatspartei, die sich als Sieger wähnten, gingen daran, den Einfluß der Caesarianer insgesamt zu brechen. Octavians Ersuchen, ihm Triumph und Konsulat zu gewähren, wurde zurückgewiesen. M. Brutus und C. Cassius bekamen die Ostprovinzen übertragen, Sex. Pompeius erhielt den Oberbefehl über die Flotte; Antonius wurde zum Feind des Vaterlandes erklärt.

Diese Entwicklung war für die führenden Caesarianer bedrohlich, und ihre Soldaten erhoben immer nachdrücklicher die Forderung nach Versöhnung ihrer Anführer und Bestrafung der Caesarmörder. So marschierte der noch nicht zwanzigjährige Octavian mit acht Legionen und seiner Reiterei auf Rom, das er ohne Widerstand einnehmen konnte. Er setzte seine Wahl zum Konsul durch und nahm seinen Oheim Q. Pedius zum Amtskollegen. Die neuen Konsuln verfügten die Ächtung und Verfolgung der Caesarmörder *(lex Pedia)*. Zu den Verurteilten gehörte auch Sex. Pompeius, obwohl er am Attentat auf Caesar nicht beteiligt war. Die gegen Antonius und Lepidus verhängten Sanktionen wurden aufgehoben.

Zweites Triumvirat

D. Brutus vermochte sich in Gallien nicht zu behaupten; er wurde auf der Flucht von den Sequanern getötet. Antonius und Lepidus zogen nach Italien, wo sie Anfang November 43 bei Bononia mit Octavian zusammentrafen. In Anwesenheit von insgesamt 28 Legionen kamen die drei führenden Caesarianer zu einer Übereinkunft, dem sogenannten zweiten Triumvirat. Sie teilten die Provinzen des westlichen Imperiums unter sich auf: Antonius erhielt Gallia Cisalpina und Gallia Comata, Lepidus Gallia Narbonensis und Spanien, Octavian Afrika, Sizilien und Sardinien. Sex. Pompeius wurde der Oberbefehl über die Flotten aberkannt. Ferner sollten Antonius und Octavian gemeinsam den Kampf gegen die Republikaner im Osten führen. Weitere Beschlüsse betrafen die Versorgung der Veteranen. Wichtig waren die Kompetenzen, die die Triumvirn beanspruchten: Sie sollten allen Magistraten vorgesetzt sein, Gesetze erlassen und Magistrate ernennen dürfen.

Die *lex Titia* vom 27. November 43 legalisierte Stellung und Maßnahmen der Triumvirn *(tresviri rei publicae constituendae)*, ihre Vollmachten sollten bis zum 31. Dezember 38 dauern.

Zur Vernichtung ihrer Gegner und zur Beschaffung der erforderlichen Geldmittel schritten sie zu umfangreichen Proskriptionen, denen etwa 300 Senatoren und 2 000 Ritter zum Opfer fielen, unter ihnen auch Cicero. Obgleich sich viele der Verfolgten zu Sex. Pompeius oder aber zu Brutus und Cassius retten konnten, so waren doch die Reihen der führenden Republikaner empfindlich gelichtet, und ihre Heerführer in den Provinzen konnten von Italien aus keine wirksame Unterstützung mehr erwarten.

Durch die *lex Rufrena* (1. Januar 42) wurde der tote Diktator Caesar zum Gott erhoben, und sein Bild durfte bei religiösen Prozessionen neben denen anderer Götter mitgeführt werden. Seit dieser Zeit führte Octavian den Namen *C. Iulius divi filius Caesar.*

Sextus Pompeius

Der gefährlichste Gegner der Triumvirn im Westen war Sex. Pompeius, der sich Siziliens und Sardiniens bemächtigt hatte und mit seiner starken Flotte das Meer beherrschte; er blockierte die Kornzufuhr aus Afrika nach Rom. Viele flüchtige Sklaven nahm er in sein Heer auf. Durch Bürgerkriege und Proskriptionen war eine verworrene Situation entstanden, die Sklaven zunehmend zur Flucht ausnutzten. Sex. Pompeius erfuhr die Unterstützung einer Reihe von italischen Städten, besonders derjenigen, deren Land zur Verteilung an die Veteranen vorgesehen war. Die Triumvirn hatten bei ihrem Abkommen auch den Beschluß gefaßt, den Veteranen auf Kosten von 18 der reichsten Gemeinden Italiens Land anzuweisen. Zwar stand die Realisierung noch aus, aber in den Städten war das Vorhaben bekannt; Unruhe und Unsicherheit verbreiteten sich.

Octavians militärische Operationen gegen Pompeius verliefen erfolglos. Er konnte zunächst nur die Provinz Africa sichern. Die entscheidende militärische Auseinandersetzung zwischen Sex. Pompeius und Octavian mußte wegen der Entwicklung im Osten, wo Brutus und Cassius ihre Machtposition ständig weiter ausbauten, verschoben werden. In Asia hatte sich zunächst Dolabella festgesetzt, der sich auf dem Wege nach Syrien befand. Den Statthalter der Provinz Asia, C. Trebonius, einen der Caesarmörder, ließ er grausam hinrichten. In Syrien mußte er dem kurz zuvor dort eingetroffenen C. Cassius weichen. Er zog sich nach Laodikeia zurück, wurde von Cassius belagert und gab sich selbst den Tod.

Brutus und Cassius im Osten

Cassius verfuhr ebenso wie Dolabella, indem er die Provinzialbevölkerung rücksichtslos ausplünderte. Nach Appian »plünderte er in Laodikeia die Tempel und öffentlichen Gebäude und züchtigte die angesehensten Einwohner und rieb auch die übrigen durch die schwersten Abgaben auf, bis er die Stadt in das tiefste Elend gestoßen hatte« (bell. civ., 4, 62).

Ende des Jahres 43 trafen sich Brutus und Cassius in Smyrna, um ihre Aktionen gegen die Triumvirn zu vereinen. Vorher wandten sie sich gegen die Rhodier und die Lykier, die ihnen die Heeresfolge verweigerten. Cassius unterwarf Rhodos, ließ 50 angesehene Bürger hinrichten und zwang die In-

4.8. Die Diktatur Caesars. Die Bürgerkriege. Der Untergang der Republik

selrepublik zur Zahlung von 8 000 Talenten. Brutus unterwarf inzwischen die Lykier. Ariobarzanes III. von Kappadokien wurde von Cassius hingerichtet, weil er sich neutral verhalten wollte.

Die Rüstungen erforderten gewaltige Mittel, und Brutus und Cassius zogen von Asien die Steuern für zehn Jahre im voraus ein. Dann begaben sie sich nach Makedonien, wo sie in der Nähe der Stadt Philippi zwei befestigte Lager bezogen. Die ansehnliche Flotte, die im ägäischen und ionischen Meer operierte, befehligten Domitius Ahenobarbus, Sohn des gleichnamigen Caesargegners, und Statius Murcus.

Im Herbst 42 kam es zum Entscheidungskampf. In einer ersten Schlacht siegte Antonius über Cassius, der sich daraufhin das Leben nahm. Octavian war allerdings dem Brutus unterlegen und entging nur mit Mühe der Gefangenschaft. Drei Wochen später, am 23. Oktober, kam es zu einer zweiten Schlacht, in der Brutus völlig geschlagen wurde; auch er gab sich den Tod. Die Flotte ergab sich den Siegern, ein Teil stieß zu Sex. Pompeius. Die Optimaten waren nach dieser Schlacht zahlenmäßig stark geschwächt und ihrer angesehensten und aktivsten Führer beraubt. Die Triumvirn nahmen eine Neuaufteilung des Imperiums vor. Lepidus erhielt die beiden afrikanischen Provinzen, Octavian die spanischen, Antonius die gallischen außer Gallia Cisalpina, das zum römischen Bürgerland erklärt wurde (42). Italien selbst sollte neutral bleiben.

Sieg der Caesarianer

Antonius begab sich im Frühjahr 41 in den Osten, um Gelder für die Auszahlung an die Veteranen und Soldaten aufzutreiben und für einen Feldzug gegen die Parther zu rüsten. Die Ostprovinzen wurden wirtschaftlich schwer geschädigt; die Provinz Asia mußte innerhalb von zwei Jahren 200 000 Talente aufbringen. In Tarsos nahm Antonius die Rechtfertigung der Königin Kleopatra VII. wegen ihrer Hilfeleistung für die Caesarmörder entgegen. Sie verstand es, Antonius völlig für sich zu gewinnen, und dieser verbrachte den Winter 41/40 in Ägypten.

Diesen Umstand nutzten die Parther. Ihre Reiterheere eroberten Syrien außer Tyros und drangen bis in das westliche Kleinasien vor. Antonius sah sich gezwungen, nach Italien zurückzukehren, um neue Truppen auszuheben. In Brundisium könnte ein bewaffneter Zusammenstoß zwischen Octavian und Antonius durch die Vermittlung von Freunden beider gerade noch vermieden werden.

Spannungen zwischen Antonius und Octavian

Zu diesen Spannungen hatten Vorgänge im Zusammenhang mit der Veteranenversorgung in Italien beigetragen. Es mußten angeblich 170 000 Veteranen mit Land ausgestattet werden. Rhegion und Vibo wurden mit Rücksicht auf den bevorstehenden Kampf gegen Sex. Pompeius von den 18 vorgesehenen Städten ausgenommen, es trat eine unübersichtliche Lage ein. Zwangsenteignungen, Soldatenwillkür, Sondersteuern und Versorgungsschwierigkeiten riefen tiefe Unzufriedenheit hervor, die zur Auflehnung verschiedener italischer Städte führte (41).

Die Anhänger des Antonius schürten die Stimmung gegen Octavian, führend waren sein Bruder Lucius und seine Frau Fulvia. Appian berichtet: »Die Neigung der Italer war vor allem dem Lucius zugewandt als dem Verfechter ihrer Rechte gegen die neuen Landbesitzer« (bell. civ., 5, 27).

M. Vipsanius Agrippa, ein enger Vertrauter Octavians, leitete die militärischen Aktionen gegen die rebellierenden Italiker. L. Antonius und Fulvia

13 Römische Geschichte

wurden in Perusia belagert *(Perusinischer Krieg)* und im Februar 40 zur Übergabe gezwungen. Octavian begnadigte sie und gewährte ihnen freien Abzug. Als der Verwalter der gallischen Provinzen, der Caesarianer Q. Fufius Calenus, starb, übergab sein Sohn Gallien mit elf Legionen an Octavian, dessen Macht dadurch bedeutend anwuchs.

Abkommen von Brundisium

Im Herbst 40 schlossen Antonius und Octavian in Brundisium einen Vertrag *(foedus Brundisinum)*, der eine Neuaufteilung des Reiches vorsah: Octavian erhielt den Westen mit Illyrien, Antonius den Osten; Lepidus wurde im Besitz von Africa belassen. Das Abkommen wurde durch die Heirat des Antonius, dessen Frau Fulvia kurz zuvor gestorben war, mit Octavia, der Schwester Octavians, noch bekräftigt. Im Sommer 39 kam es zu einer Übereinkunft zwischen Octavian und Sex. Pompeius, dessen Herrschaft über Sizilien, Sardinien und Korsika im Vertrag von Misenum anerkannt wurde. Im Osten erfochten die Legaten des Antonius mehrere Siege gegen die Parther. Kleinasien, Syrien und Iudaea gelangten wieder in römischen Besitz. Iudaea eroberten im Jahre 37 C. Sosius und Herodes, der Sohn des Idumäers Antipater. Der von den Parthern eingesetzte Antigonos wurde hingerichtet, und die Dynastie der Hasmonäer fand damit ihr Ende. Die Römer setzten Herodes als König ein.

Niederlage und Tod des Sextus Pompeius

Inzwischen rüstete Octavian zum Kampf gegen Sex. Pompeius, der ständig flüchtige Sklaven in sein Heer aufnahm und die kontinuierliche Getreideversorgung der Hauptstadt störte. Die Unzufriedenheit der italischen Sklavenbesitzer mit Pompeius wuchs. Auch die Optimaten wandten sich größtenteils von ihm ab und fügten sich den Triumvirn. Sie hatten die Hoffnung, daß Pompeius die Republik wiederherstellen werde, aufgegeben.

Als Sardinien durch Verrat des pompeianischen Flottenkommandeurs Menodoros in die Hände Octavians fiel, begann dieser den Krieg, jedoch zunächst ohne Erfolg. Er benötigte die Unterstützung durch die anderen Triumvirn. Da auch Antonius Truppen für einen Feldzug gegen die Parther brauchte, kam es im Frühjahr 37 zu einer weiteren Vereinbarung zwischen ihm und Octavian in der Nähe von Tarent. Sie verlängerten ihre Vollmachten um weitere fünf Jahre und sicherten sich gegenseitig militärische Hilfe zu. Octavian erhielt von Antonius 130 Schiffe, und Lepidus landete mit einem Heer in Sizilien, wo er Lilybaeum belagerte. M. Vipsanius Agrippa schlug die Flotte des Pompeius zuerst bei Mylae, dann am 3. September 36 bei Naulochos an der Nordküste Siziliens. Sex. Pompeius floh nach Kleinasien, wurde dort auf Befehl des Antonius ergriffen und in Milet hingerichtet (35).

Entmachtung des Lepidus

Lepidus, der Verstärkungen von Pompeius erhalten hatte, schickte sich an, Sizilien zu okkupieren. Seine Soldaten ließen ihn jedoch im Stich, und er ging seines Amtes und seiner Provinzen verlustig (36). Bis zu seinem Tode (12 v. u. Z.) behielt er allerdings die Würde eines Pontifex maximus. Durch das Ausscheiden des Lepidus aus dem Triumvirat wurde Octavian zum alleinigen Herrn der westlichen Reichshälfte.

Die Interessen der Sklavenbesitzer nahm Octavian dadurch wahr, daß er 30 000 Sklaven aus dem Heere des Pompeius nach Italien zu ihren früheren Herren zurückschickte. Einige tausend Sklaven, für die sich kein Besitzer mehr fand, wurden hingerichtet.

Antonius im Osten

Im Osten herrschte Antonius unumschränkt. Bereits auf seiner Reise in den

4.8. Die Diktatur Caesars. Die Bürgerkriege. Der Untergang der Republik

Orient hatte er sich in Korkyra von seiner Frau Octavia getrennt. In Syrien vermählte er sich Anfang 36 mit Kleopatra, um sich die materiellen Ressourcen Ägyptens zu sichern. Er übereignete der Königin Teile Syriens, Kilikiens, Iudaeas und einige andere Gebiete. Dann rüstete er zum Feldzug gegen die Parther, zu einem Zeitpunkt, wo nach dem Tode des Orodes und der Inthronisierung Phraates' IV. innere Unruhen ausgebrochen waren (38/37).

Eingedenk der negativen Erfahrungen des Crassus zog er zunächst nach Armenien, um den gefahrvollen Marsch durch die Steppe zu vermeiden. Sein Feldherr P. Canidius Crassus sicherte Armenien als Aufmarschbasis, indem er den König Artavasdes den Römern gefügig zu machen suchte, allerdings ohne nachhaltige Wirkung. Im Jahre 36 ging Antonius zum Hauptangriff auf Armenien über; er beabsichtigte, bis Ekbatana, der Hauptstadt des parthischen Reiches, vorzudringen. Sein Heer umfaßte 60 000 Fußsoldaten, 10 000 Reiter und 30 000 Mann an Hilfstruppen. Nach der erfolglosen Belagerung von Phraaspe, der Hauptstadt von Media Atropatene, mußte sich Antonius unter schweren Verlusten nach Armenien zurückziehen.

Die Frau des Antonius, Octavia, begab sich mit 2 000 Kriegern in den Osten. Antonius schrieb ihr jedoch, sie solle von Athen aus die Rückreise antreten (35). Octavian hielt es nicht mehr für nötig, Antonius die geliehenen vier Legionen zurückzugeben. Die Rivalität der beiden Triumvirn trat hier bereits offen zutage.

Antonius unternahm im Jahre 34 wiederum einen Feldzug gegen Armenien. Er nahm den König Artavasdes gefangen und ließ ihn unter dem Vorwand hinrichten, er hätte den Mißerfolg des Partherfeldzuges bewirkt. Anschließend feierte Antonius in Alexandreia einen glänzenden Triumph, einen Triumph, der zum erstenmal außerhalb Roms begangen wurde. Kleopatra ließ er zur »Königin der Könige« ausrufen, und Kaisarion, den Sohn Caesars, proklamierte er zum »König der Könige« und zum Mitregenten Kleopatras. Die Zwillinge Alexander Helios und Kleopatra Selene sowie Ptolemaios Philadelphos — seine Kinder mit Kleopatra — setzte er als Herrscher über verschiedene Gebiete ein, so daß nur Asia und Bithynien als römische Provinzen verblieben. Octavian hatte die Zeit genutzt, um auch außenpolitische Erfolge zu erringen. An der Grenze zu Germanien und in Aquitanien war es zu Aufständen gekommen, und Octavian entsandte Agrippa, um sie zu unterdrücken. Dieser überschritt den Rhein (38) und siedelte die Ubier am linken Rheinufer im Gebiet des heutigen Köln an. Die Aquitanier wurden ebenfalls besiegt. Zur Sicherung der Nordostgrenze Italiens führte Octavian erfolgreiche Kriege gegen keltisch-illyrische Stämme (35—33).

Die Maßnahmen des Antonius im Osten stießen in Rom auf allgemeine Ablehnung, weil man darin einen Verstoß gegen die Tradition und eine Schmälerung der römischen Machtstellung sah. Auch die italischen Geschäftsleute zeigten sich unzufrieden. Octavian nutzte diese Stimmung intensiv für seine eigenen Zwecke und schürte die allgemeine Abneigung gegen Antonius. Seit Ende 34 kam es zu immer schärferen Invektiven untereinander, die schließlich im Jahre 32 mit einem vollständigen Bruch endeten. Octavian zwang die beiden Konsuln dieses Jahres und Anhänger des Antonius, C. Sosius und Cn. Domitius Ahenobarbus, Rom zu verlassen. Sie begaben sich mit rund 300 Senatoren zu Antonius und bildeten in Ephesos einen Gegensenat. An-

Entscheidungskampf zwischen Antonius und Octavian

tonius seinerseits schickte Octavia offiziell den Scheidebrief und rüstete zum Kampf gegen Octavian. Dieser bemächtigte sich des Testaments des Antonius, das bei den Vestalinnen hinterlegt war, und nutzte es für seine Propaganda. Antonius bestätigte darin die territorialen Schenkungen an Kleopatra, erklärte Kaisarion zum rechtmäßigen Thronfolger und bestimmte, ihn selbst in Ägypten zusammen mit Kleopatra zu bestatten. Die öffentliche Meinung wandte sich vollends gegen Antonius.

Da die staatsrechtliche Position Octavians zu diesem Zeitpunkt unklar war, verpflichtete er die Bevölkerung Italiens und der westlichen Provinzen durch einen Treueid (32). Auf dem Marsfeld wurde in feierlicher Form Kleopatra, nicht Antonius der Krieg erklärt. Der Eindruck eines weiteren Bürgerkrieges sollte vermieden werden. Antonius wurden alle Ämter aberkannt, und sein Name wurde aus den amtlichen Listen gestrichen. Antonius forderte daraufhin seinerseits den Treueid von der Bevölkerung des Ostens.

Die Entscheidungsschlacht fand am 2. September 31 am Vorgebirge Actium in Epirus statt. Antonius hatte seine Flotte in der Bucht von Ambrakia stationiert, wurde aber von der Flotte Octavians unter dem Befehl des Agrippa eingeschlossen. In dieser Situation entschloß sich Antonius zur Schlacht, in der Agrippa siegte. Kleopatra konnte mit ihrem Flottenkontingent entkommen und segelte nach Ägypten zurück. Daraufhin verließ auch Antonius das Schlachtfeld; die Flotte und das Landheer kapitulierten. Auch die Senatoren, die sich im Lager des Antonius befanden, gingen nun zu Octavian über.

Antonius suchte die Verteidigung Ägyptens zu organisieren, allerdings ohne Erfolg. Die Cyrenaica ging ihm verloren, als sein Feldherr L. Pinarius Scarpus die ihm unterstehenden vier Legionen an Cornelius Gallus übergab, der von Octavian als Statthalter der Provinz Africa eingesetzt war.

Ende des Antonius und der Kleopatra

Octavian mußte sich zunächst nach Italien begeben, wo Unruhen unter den Veteranen ausgebrochen waren. Er nahm erneut umfangreiche Landanweisungen vor, vermied aber diesmal Konfiskationen. Dann reiste er über Griechenland nach Kleinasien und nach Syrien. Nachdem er so sein Hinterland gesichert hatte, nahm er am 1. August 30 Alexandreia ein.

Auf das Gerücht hin, Kleopatra habe Selbstmord verübt, nahm sich Antonius das Leben, nachdem Octavian ein Gnadengesuch abgelehnt hatte. Kleopatras Hoffnung, ihr Reich zu retten, erfüllte sich nicht. Octavian beabsichtigte, sie in Rom im Triumphzug mitzuführen. Sie wählte daraufhin den Tod durch Schlangenbiß. Kaisarion und Antyllus, der Sohn des Antonius und der Fulvia, wurden hingerichtet. Die Kinder Kleopatras von Antonius führte Octavian im Triumphzug mit und übergab sie dann Octavia zur Erziehung.

Octavian reihte Ägypten nicht in die übrigen Provinzen des römischen Reiches ein, sondern ließ es von einem Ritter als Präfekten verwalten, dessen offizieller Titel *praefectus Aegypti et Alexandreae* lautete. Der erste Präfekt war Cornelius Gallus. Senatoren durften Ägypten ohne die besondere Erlaubnis Octavians nicht betreten.

Die ägyptische Beute versetzte Octavian in die Lage, vor allem seinen Verpflichtungen gegenüber den Veteranen und Soldaten nachzukommen. Nach Italien zurückgekehrt, feierte er im August 29 einen dreifachen Triumph, und zwar über die Illyrer, aus Anlaß seines Sieges bei Actium und über Kleopatra.

4.8. Die Diktatur Caesars. Die Bürgerkriege. Der Untergang der Republik

Der Kampf um die Alleinherrschaft im Staate war entschieden und die Republik endgültig zu Grabe getragen.

Die Krise, in die die aristokratische Republik seit dem Ende des 2. Jh. v. u. Z. geraten war, konnte im Rahmen der stadtstaatlichen Organisation nicht mehr gelöst werden.

Untergang der Republik

Das Anwachsen der Produktion, des Austausches und des Geldwesens, die Ausbreitung der sehr extensiv betriebenen Ausbeutung von Sklaven, vor allem auf den Latifundien und in den Bergwerken, der hohe Grad der sozialen Differenzierung der Freien sowie die Größe des Reiches waren die maßgeblichen Faktoren, die zur Krise der aristokratischen Republik führten. Die republikanische Staatsform war nicht mehr in der Lage, ihre Funktionen nach innen und außen zur Zufriedenheit aller Angehörigen der herrschenden Klassen sowie der freien Bevölkerung überhaupt voll wahrzunehmen.

Auf politischer Ebene trat die Krise des stadtstaatlichen Systems als Krise der Alleinherrschaft der Nobilität in Erscheinung. Im Interesse der Erhaltung der Sklavenbesitzerklasse insgesamt war die Senatsherrschaft nicht mehr tragbar; die römische Gesellschaft mußte auf einer breiteren politischen Basis organisiert und gefestigt werden. Diesen Erfordernissen entsprach die Militärdiktatur, der gegenüber sich alle Gruppen der Freien *gleichermaßen* zu fügen hatten. So wurden Italiker und romanisierte Provinziale zunehmend in die Staatsverwaltung einbezogen, ein Weg, den Caesar und Octavian zuerst beschritten haben. In den beiden ersten Jahrhunderten u. Z. erhielten alle Provinzialen die Möglichkeit, in den Senat zu gelangen, und schließlich erkannte die *Constitutio Antoniniana* (212 u. Z.) allen Bewohnern des Imperium Romanum das römische Bürgerrecht zu.

Das Jahrhundert der römischen Bürgerkriege war also Ausdruck der Krise, in die die republikanische Staatsform geraten war. Es ging darum, eine Staatsform zu finden, die geeignet war, die bestehenden Eigentums- und Herrschaftsverhältnisse besser zu garantieren und den neuen Bedingungen umfassender Rechnung zu tragen.

Die oberen Schichten waren sich nicht einig, auf welchem Wege die herrschende Ordnung stabilisiert werden könnte, die unteren Klassen erstrebten eine Verbesserung ihrer sozialen Lage. Dieser Kampf endete schließlich mit der Errichtung der monarchischen Staatsform, die den Ansprüchen der herrschenden Klassen im Imperium Romanum objektiv am ehesten entgegenkam. Das beweist die Blütezeit der römischen Gesellschaft im 1. und 2. Jh. u. Z.

Es handelt sich bei diesem historischen Prozeß um einen Wechsel zweier Staatsformen *innerhalb* ein und derselben Gesellschaftsformation; der Staatstyp blieb unverändert: Er war nach wie vor ein Staat der Sklavenbesitzer. In den Bürgerkriegen ging es vor allem um die Erhaltung der bestehenden Gesellschaftsordnung. Bürgerliche Geschichtsschreiber wie R. Syme, A. Heuss, J. Vogt u. a. charakterisieren diese Zeit als »römische Revolution« und geben damit wiederum ihre weltanschauliche bzw. geschichtsphilosophische Position zu erkennen, die den Konservatismus impliziert und den Klassencharakter des Staates leugnet.

4.9. Die wirtschaftlichen Verhältnisse im letzten Jahrhundert der Republik

Versklavungen

Im 1. Jh. v. u. Z. breitete sich die Sklaverei im römischen Wirtschaftsleben weiter aus, Versklavungen großen Ausmaßes wurden vorgenommen. So verkaufte Marius nach seinen Siegen bei Aquae Sextiae und Vercellae 150 000 Germanen in die Sklaverei. In den Kriegen Sullas im Osten wurden viele Gefangene zu Sklaven gemacht, und die Eroberung Galliens durch Caesar soll sogar eine Million Sklaven eingebracht haben. Auch die Piraterie trug zur Belebung des Sklavenhandels bei. Auf Delos konnte bisweilen an einem Tag das Angebot an Sklaven die Zahl von 10 000 erreichen.

Die überlieferten Zahlen sind sicher nicht frei von Übertreibungen, zumal die antiken Autoren mit statistischen Angaben recht nachlässig verfuhren und meistens propagandistische Zwecke verfolgten, doch vermitteln diese Zahlen dennoch eine Vorstellung von den gewaltigen Ausmaßen der Versklavungen.

Varro

Der bestimmende Produktionszweig war nach wie vor die Landwirtschaft. Als wichtigste Quelle hierfür liegen die drei Bücher des römischen Gelehrten M. Terentius Varro »Über die Landwirtschaft« *(De re rustica)* vor, die er im Jahre 37 v. u. Z. verfaßte. Varro beruft sich außerdem des öfteren auf die beiden Sasernae, die um 100 v. u. Z. ein landwirtschaftliches Werk geschrieben haben und als erfahrene Landwirte galten. Ihre Besitzungen lagen in Gallia Cisalpina. Auch Plinius d. Ä. (1. Jh. u. Z.) griff in seiner »Naturgeschichte« *(Naturalis historia)* auf diese Schrift, die nicht überliefert ist, zurück. Ebenfalls verlorengegangen sind die Werke von C. Licinius Stolo und Cn. Tremellius Scrofa. Varro schrieb ausschließlich für die Großgrundbesitzer und negierte die Kleinwirtschaften völlig. Er sah sein Anliegen darin, die Grundbesitzer zu einer sachkundigen Leitung und Kontrolle ihrer Güter zu befähigen. Die Fruchtbarkeit der italischen Landwirtschaft schätzte er hoch ein. »Du, der du viele Länder durchwandert hast, hast du jemals ein Land gesehen, das besser kultiviert war als Italien?«[35] An anderer Stelle heißt es: »Ist Italien nicht so reich mit Bäumen versehen, daß es wie ein einziger Obstgarten erscheint?«[36]

Betriebsgrößen

Die Güter des Varro sind erheblich größer als die des Cato. Der Umfang eines Gutes von durchschnittlicher Größe lag zwischen 160 und 320 iugera; hier wurde die intensive Landwirtschaft betrieben. Daneben erwähnt Varro ausdrücklich Latifundien[37]; derartige extensive und ausgedehnte Güter gab es allerdings nur wenige. Es handelte sich vorrangig um Weidegüter, die hauptsächlich in Gebirgsgegenden lagen. L. Domitius Ahenobarbus, der die Stadt Massilia gegen Caesar unterstützte, konnte zu diesem Zweck sieben Schiffe mit seinen Sklaven, Freigelassenen und Kolonen bemannen.[38] Schätzungen ergaben, daß Domitius mehr als 60 000 iugera Land besessen haben muß. Größenordnungen dieser Art waren allerdings selten.

In der Regel besaß ein Gutsherr in mehreren Gebieten Güter kleineren und mittleren Ausmaßes. Von Marius wird berichtet, daß er über Güter bei Baiae,

---

35 Varro, r. r., 1, 2, 3: *Vos, qui multas perambulastis terras, ecquam cultiorem Italia vidistis?*
36 Varro, r. r., 1, 2, 6: *Non arboris consita Italia, ut tota pomarium videatur?*
37 Varro, r. r., 1, 16, 4: *lati fundi.*
38 Caesar, *bellum civile*, 1, 34.

4.9. Die wirtschaftlichen Verhältnisse im letzten Jahrhundert der Republik 199

Solonium und anderswo verfügte, allerdings »genug für ein Königreich« (Plutarch, *Marius*, 34). Auch in den Provinzen erwarben die Römer Ländereien. Unter den in Gallia Narbonensis weilenden Römern nennt Cicero Landwirte *(agricolae)* und Viehzüchter *(pecuarii)*.[39] Weitere für Investitionen bevorzugte Länder waren Südspanien, Sizilien, Afrika und Kleinasien.

Neben den mittleren und Großgütern bestand der landwirtschaftliche Kleinbetrieb fort. Dazu beigetragen hatte die seit Marius üblich gewordene Veteranenversorgung. Außerordentlich umfangreich waren die Landzuweisungen an Veteranen in Italien in der Zeit von 42 bis 30 v. u. Z. Nach vorsichtigen Schätzungen müssen in dieser Zeit etwa 300 000 Kleinwirtschaften in Italien entstanden sein. Obwohl die Veteranensiedlungen zu einem nicht geringen Teil kaum über einen längeren Zeitraum hinweg intakt blieben, so muß es doch vorübergehend zu einem Anwachsen des Kleinbesitzes gekommen sein.

Für die großen Weidewirtschaften setzt Varro voraus, daß alle Hirten *(pastores)* Sklaven sind, obwohl Caesar verfügt hatte, daß ein Drittel von ihnen Freie sein sollten. Solche Betriebe kamen das ganze Jahr hindurch mit den vorhandenen Sklaven aus, und nur im Frühjahr wurden zusätzlich Scherer *(tonsores)* für die Schafschur angeworben. Zur Abwehr von Räubern und wilden Tieren waren die Hirtensklaven bewaffnet, vor allem auf abgelegenen Bergweiden *(calles)*. Varro gesteht ihnen auch Frauen zu (r. r., 2, 1, 26), und zwar im *contubernium* (Ehe zwischen Sklaven, im Gegensatz zum *conubium* der Bürger). Den Frauen oblag vor allem die Sorge um die Hütten und für das Jungvieh. Die Leitung einer solchen Außenwirtschaft lag in der Hand eines Vorstehers *(magister pecoris)*, der ebenfalls ein Sklave war und wie der *vilicus* des Schreibens kundig sein mußte.

Die Aufzucht von Pferden, Rindern, Schafen und Eseln war in dieser Zeit sehr gewinnbringend. Die Schafe lieferten Wolle, Pferde wurden für das Heer, den Reiseverkehr und für Zirkusspiele bereitgestellt, Esel und Maulesel dienten als Lasttiere und wurden zum Pflügen gebraucht, Rinder verwendete man als Lasttiere und waren nicht zuletzt für die Ernährung wichtig.

Varro widmete fruchtbaren Weidegründen größere Aufmerksamkeit als Cato, und seinen Worten zufolge herrschte in seiner Zeit die Tendenz vor, Ackerland in Viehweiden umzuwandeln (r. r., 2, praef. 4). Getreide wurde wie in der Zeit Catos fast ausschließlich für den eigenen Bedarf angebaut. Der Anbau von Weizen war in ganz Italien verbreitet, seine Zentren waren Etrurien, Umbrien und Apulien. Während die Hauptstadt mit überseeischem Getreide beliefert wurde, versorgte sich das übrige Italien selbst. Der Getreideanbau wurde ebenfalls vorwiegend mit Hilfe von Sklaven betrieben.

Für die Güter mit Wein- und Olivenkulturen gibt Varro nicht mehr Sklaven an als Cato und verweist wie dieser auf die Praxis, im Bedarfsfall freie Arbeiter einzustellen. Viel Raum widmet Varro diesen Kulturen allerdings nicht, und er bemerkt, daß z. B. diejenigen gegen den Weinanbau eingestellt seien, »die meinen, daß die Kosten die Einnahmen verschlingen« (r. r., 1, 8, 1). Dennoch florierte der Weinanbau, und die italischen Sorten wurden jetzt sehr differenziert. Vereinzelt wurden Weine bereits in Länder des westlichen Mittel-

Viehzucht

Wein- und Olivenkulturen

---

39 Cicero, *Pro Fonteio*, 46 (74 v. u. Z.).

meergebietes exportiert. Im eigenen Land hatten importierte Weinsorten allerdings noch immer den Vorrang. Ebenso wurde Öl zu einer Exportware. Schon aus sullanischer Zeit sind italische Ölhändler (*olearii*) auf Delos bezeugt.

Vielfältigkeit der landwirtschaftlichen Produktion

Ausführlich beschreibt Varro die Geflügelzucht, das Hegen von Wildtieren und die Fischzucht. Die Wirtschaften, die sich damit befaßten, waren völlig auf den Verkauf ihrer Produkte ausgerichtet und erzielten häufig hohe Gewinne. Die Aufzucht wurde wissenschaftlich betrieben, und die in diesen Bereichen tätigen Sklaven mußten über solide Fachkenntnisse verfügen. Sie waren daher besonders teuer und wertvoll.

Recht lukrativ war die Zucht von Pfauen, Drosseln, Tauben und Hühnern. An anderem Geflügel nennt Varro Enten, Gänse, Kraniche, Wachteln u. a. Auch die Bienenzucht spielte eine große Rolle. Besonders auf stadtnahen Besitzungen lohnte sich das Anlegen von Blumengärten. Varro empfiehlt Rosen und Veilchen für den städtischen Markt und gibt ferner Hinweise für das Anpflanzen von Lilien und Krokussen.

Zunehmend wurden Fischteiche (*piscinae*) angelegt, zunächst für Süßwasserfische, dann aber auch für Meeresfische. Hierfür ließ man Behälter bauen, denen Seewasser durch Leitungen zugeführt wurde, oder aber man grenzte Teile des Meeres selbst durch Molenbauten ab. Begehrte Leckerbissen waren Forellen und Austern.

Neue Fruchtsorten wurden ständig nach Rom gebracht und bereicherten den Gartenbau. So führte Lucullus die Kirsche aus Pontus in Rom ein; sie verbreitete sich von hier aus schnell bis nach Britannien. Neue Feigensorten kamen aus Asien und Afrika, mehrere ausländische Apfelbäume gelangten nach Italien u. a. m. Weiterhin wurde das Angebot an fremden Fischen, Vögeln und anderen Tieren reichhaltiger.

Auch technische Neuerungen fanden Eingang. Gegen Ende der Republik wurden die ersten Wasserräder für Getreidemühlen eingesetzt. Während in der Zeit Catos Wein- und Olivenpressen mit Hebeln betrieben wurden, zogen jetzt auf den Gütern Esel Pressen und Getreidemühlen. Die Schraubenpresse trat erst vereinzelt auf.

Arbeitskräfte

In den landwirtschaftlichen Betrieben gab es nur wenig ausgebildete Handwerker unter den Sklaven. Varro gibt den Rat, solche Sklaven möglichst nicht einzusetzen, da bei einem Verlust der Schaden zu groß sei. Es sei vielmehr besser, darauf zu achten, daß in der Nachbarschaft Handwerker wohnten, auf die man zurückgreifen könne (r. r., 1, 16, 4). Auf abgelegenen Latifundien kam man ohne eigene Handwerkssklaven freilich nicht aus.

So hatte neben der Sklavenarbeit auf den Gütern auch die Arbeit von Freien ihre Bedeutung. Es war rentabler, anstelle von Sklaven, denen man ständig Unterhalt gewähren mußte, Freie als Handwerker zu beschäftigen, sie für saisonbedingte Aufgaben anzuwerben oder aber in ungesunden Gegenden einzusetzen, wie Varro empfiehlt (r. r., 1, 17, 3).

Behandlung der Sklaven

Ansonsten beruhte der Gutsbetrieb hauptsächlich auf Sklavenarbeit. Was die Behandlung der Sklaven anbetrifft, so hat sie viel gemeinsam mit der Catos, aber auch Unterschiede. Varro negiert durchaus nicht die körperliche Züchtigung der Sklaven und warnt davor, zu viele Sklaven aus ein und derselben Völkerschaft zu kaufen, »denn dadurch pflege es am ehesten zu häuslichen

4.9. Die wirtschaftlichen Verhältnisse im letzten Jahrhundert der Republik

Unruhen zu kommen« (1, 17, 5). Varro gibt auch eine in der Antike unter den herrschenden Schichten verbreitete Ansicht wieder, derzufolge die Arbeitsinstrumente in drei Gruppen zu unterteilen seien. Die Arbeitsmittel »teilt man in drei Teile ein, in stimmbegabte Werkzeuge, halbstimmbegabte Werkzeuge und in stumme Werkzeuge; zu den stimmbegabten gehören die Sklaven, zu den halbstimmbegabten die Ochsen, zu den stummen die Wagen«.[40]
Trotz der Übereinstimmungen mit den Anschauungen und Praktiken des 2. Jh. v. u. Z. traten einige neue Tendenzen hervor. Bei Cato ging es vorrangig um die strenge Aufsicht über ungelernte Sklaven, bei Varro um das Heranziehen von Spezialisten und Aufsehern zu verantwortungsvoller Tätigkeit. Wenn Varro vom *peculium* der Sklaven spricht, das sie zu sorgfältiger Arbeit anhalte, so war das besonders für die Sklavenaufseher und *vilici* gedacht. Belohnungen und Arbeitsanreize gewannen an Bedeutung, und Cicero konnte – zweifellos bezogen auf Sklaven in gehobenen Positionen – sagen, daß ein Sklave genügend Mittel erwerben könne, um sich nach sieben Jahren freizukaufen.[41]
In diesem Zusammenhang wuchs auch die Neigung, Sklaven zu Ehen zu ermutigen – in der Stadt wie auf dem Lande –, um Sklaven zu erhalten, die im Hause aufgewachsen *(vernae)* und nicht so gefährlich wie Kriegsgefangene waren, außerdem frühzeitig mit den erforderlichen Fachkenntnissen ausgerüstet werden konnten. Varro spricht in Bezug auf die Behandlung von Sklaven sogar von der *humanitas* (r. r., 1, 17, 4), und zwar im Sinne der griechischen Philanthropia, die eine herablassende und wohlwollende Haltung der Höheren den Niederen gegenüber in sich schließt.
Diese veränderte Einstellung wurde durch die Notwendigkeiten diktiert, die sich aus dem Klassenkampf der Sklaven sowie aus den Erfordernissen einer spezialisierten Wirtschaft ergaben. Ebenso spielten die wachsende Konkurrenz und die Gefährdungen seitens des Wucherkapitals eine Rolle, Faktoren, die zur Effektivität der Arbeit und zur Rationalisierung zwangen. Das wachsende Angebot aus den Importen und das steigende Luxusbedürfnis der Oberschichten wirkten in dieser Richtung zusätzlich stimulierend. Diese Gründe und die wachsenden Besitzgrößen, verbunden mit der häufigen Abwesenheit der Grundbesitzer von ihren Gütern, führten im 1. Jh. v. u. Z. zum Vordringen des Pachtsystems, dessen Anfänge bis in die Zeit Catos zurückgehen.
Aus dem landwirtschaftlichen Werk Columellas (1. Jh. u. Z.) geht hervor, daß *Pachtsystem* die beiden Sasernae den Begriff *colonus* bereits in der Bedeutung als Pächter gebrauchten.[42] Bei Cato waren *agricola* und *colonus* noch Synonyme. Die Sasernae unterschieden zwei Gruppen von Kolonen, nämlich den »städtischen Kolonen« *(urbanus colonus)* und die »bäuerlichen Kolonen« *(rustici coloni)*, d. h. die Pächter größerer und kleinerer Güterkomplexe (Columella, ebenda). Der *urbanus colonus* war ein wohlhabender Mann, der ein ganzes Gut pachtete und wie der Besitzer in der Stadt wohnte. Die Kleinpacht wurde allerdings von den Sasernae als vorteilhafter erachtet, weil sich hier der Pächter selbst um seinen Betrieb kümmerte.

---

40 Varro, r. r., 1, 17, 1: *quas res (scilicet quibus agri colantur)... dividunt... in tres partes, instrumenti genus vocale et semivocale et mutum, vocale, in quo sunt servi, semivocale, in quo sunt boves, mutum, in quo sunt plaustra.*
41 Cicero, *Philippicae*, 8, 32.
42 Columella, *de re rustica*, 1, 7, 3—4.

In der Zeit Varros erlangte der Begriff *colonus* immer mehr die Bedeutung eines Kleinpächters. Varro zählt die Kolonen nicht zu den Arbeitskräften eines Gutes, woraus folgt, daß der Pächter völlig selbständig wirtschaftete. Die Pachtsumme entrichtete er in Geld.

Für den Grundeigentümer war es offensichtlich sicherer und rentabler, Teile seiner verstreut liegenden Besitzungen zu verpachten, als ihre Bewirtschaftung allein einem *vilicus* zu überlassen. Der freie Pächter mußte stärker an der Rentabilität seines Pachtlandes interessiert sein, und der Grundeigentümer verfügte so über eine solidere Einkommensquelle. Für die Entwicklung Roms in den folgenden Jahrhunderten sollte der Kolonat eine entscheidende Bedeutung erlangen.

Handwerk

Die handwerkliche Produktion wurde in erster Linie von den Bedürfnissen der Landwirtschaft und des Militärwesens bestimmt. Die Eisenindustrie war ein wichtiger Produktionszweig. Ausgebeutet wurden vor allem die Eisenerze der Insel Elba. In Populonia erfolgte das Ausschmelzen, und teilweise wurden die Erze auch hier geschmiedet. Das bedeutendste Schmiedezentrum war die Hafenstadt Puteoli. Von hier aus gelangten Fertigerzeugnisse und Roheisen in andere Städte Italiens.

Das Erz für die Wasserleitungen, die zunehmend in Blei ausgeführt wurden, kam aus den spanischen Minen. Nach wie vor begehrt waren die Bronze- und Silbererzeugnisse Kampaniens, und auch die Möbelindustrie dieses Gebietes hatte einen guten Ruf. Im metallverarbeitenden Handwerk herrschten mittelgroße Werkstätten mit Sklaven als Hauptarbeitskräften vor.

Neben der Metallindustrie hatte der Bergbau einen gewichtigen Platz im Wirtschaftsleben. Die Bergwerke, mit Ausnahme der Goldminen, gingen in dieser Zeit allmählich in Privatbesitz über. Wahrscheinlich hat Sulla die Silberminen versteigern lassen, denn von Crassus heißt es, er habe unter Sulla »zahllose Silberminen« erhalten;[43] vermutlich in Spanien, wo er sich zur Zeit der Statthalterschaft seines Vaters aufgehalten hatte (96—93 v. u. Z.). Hauptarbeitskräfte in den Bergwerken waren ebenfalls Sklaven.

Die ausgedehnte Schafzucht in Italien hatte eine umfangreiche Weberei zur Folge; in diesem Wirtschaftszweig gab es einige Großwerkstätten. Das Wachstum der Städte, besonders das der Hauptstadt selbst, stimulierte die Produktion von Dachziegeln. Bemerkenswert ist die rote Töpferware, mit deren Herstellung jetzt in Arretium begonnen wurde und die sich in der Folgezeit über alle westlichen Provinzen verbreitete. Eine Analyse der Herstellermarken, die auf Tafelgeschirr von Arretium festgestellt werden konnten, ergab für den Zeitraum von 40—10 v. u. Z. eine Anzahl von dreizehn Werkstättenbesitzern. Außer zwei oder drei Freigelassenen handelte es sich um freigeborene Bürger. Etwa 123 Produzenten, die die Produkte mit ihrem Namen signierten, waren Sklaven, dazu acht oder neun Freigelassene; es gibt dabei keine Anzeichen für die Verwendung freier Arbeitskräfte. Es kann mit einiger Sicherheit angenommen werden, daß auch andere Handwerksstätten im wesentlichen auf Sklavenarbeit beruhten.

Eine neue Glasware, die in dieser Zeit in Italien Eingang fand und mit einem Lötrohr hergestellt wurde, kam vermutlich aus Syrien.

---

43 Plutarch, *Crassus*, 2, 5.

4.9. Die wirtschaftlichen Verhältnisse im letzten Jahrhundert der Republik

Der Binnenhandel wurde gegenüber der vergangenen Zeit intensiviert. Ein Handel wesentlicher Grund hierfür lag in der größeren Vielfalt und Spezialisiertheit der landwirtschaftlichen Produktion. Die Grundeigentümer nutzten den städtischen Markt zum Verkauf ihrer Produkte; das Angebot verbesserte sich quantitativ und qualitativ. Der Handel mit handwerklichen Erzeugnissen hatte sich kaum verändert; nach wie vor dominierte das kleine Ladensystem.

Nachdem die Piratengefahr im Jahre 67 durch Pompeius gebannt worden war, nahm der Überseehandel gewaltige Ausmaße an. Italische und römische Händler erschienen in großer Anzahl in den Provinzen. So befanden sich unter den 80 000 römischen Bürgern — überwiegend allerdings Italiker —, die im Jahre 88 in der Provinz Asia auf Befehl des Mithradates umgebracht wurden, hauptsächlich Kaufleute.[44] Nach Cicero (*Pro Font.*, 11; 74 v. u. Z.) war Südgallien voll von römischen Geschäftsleuten, was Sallust auch für Afrika bestätigt.[45] Auch in Alexandreia waren sie anzutreffen.

Aus dem Osten gelangten vornehmlich Luxusartikel nach Italien, hauptsächlich über den Hafen von Puteoli. Zu den Importen zählten Kunstgegenstände wie Statuen, Marmorsäulen und Gemälde. Der Besitz von Antiquitäten, wie Strabo bezeugt (8, 6, 23), erfreute sich immer größerer Beliebtheit. So raubten z. B. die von Caesar nach Korinth entsandten Kolonisten die Gräber nach alten Vasen und Bronzen aus, die sie an römische Interessenten verkauften; selbst griechische Inschriften wurden gehandelt.

Sehr gefragt waren östliche Juwelierwaren und Perlen, weiterhin Möbel, ausgelegt mit Edelmetallen, Lampen, Vasen, Glaswaren, Papyrus, Leinen, Wandteppiche mit mythologischen und anderen Szenen, Salben u. a. m. In dieser Zeit kam auch die purpurgefärbte Wolle aus Tyros und Tarent in Mode. Die doppelt gefärbte Wolle aus Tyros tauchte erstmalig im Jahre 73 in Rom auf. Aus Afrika wurden viele Tiere eingeführt, und im Jahre 99 veranstaltete man in Rom die erste Elefantenjagd, bald danach eine Löwenjagd.[46]

Aus Mauretanien bezogen die Römer die begehrten Tische aus Zitrusholz. Für Luxuswaren und Kunstgegenstände wurden hohe Summen gezahlt, und die römische Handelsbilanz blieb passiv. Sallust bemerkt, daß die Einnahmen nicht einmal die Hälfte der Ausgaben deckten (hist., 2, 47). Im Jahre 63 sah sich der Senat veranlaßt, die Ausfuhr von Gold und Silber aus Italien zu verbieten, um dem um sich greifenden Mangel zu begegnen.

Im Überseehandel herrschte das Chartersystem vor, d. h., unabhängige Schiffseigentümer übernahmen in den Häfen Ladungen, die ihnen den höchsten Gewinn zu bieten schienen. Die Kaufleute selbst besaßen nur wenig eigene Schiffe. Der Schiffsverkehr vollzog sich relativ langsam. Bei günstigen Windverhältnissen konnte man von Alexandreia aus Sizilien in sechs oder sieben Tagen erreichen, Puteoli in etwa acht Tagen. Nach Ostia konnte man von Gades aus in sechs Tagen gelangen, von Tarraco aus in vier. Briefsendungen von Athen nach Rom waren bis zu sechs Wochen unterwegs.[47]

Die Römer hielten ihre Häfen für jeglichen Handel offen, es gab keine Güter, deren Handel untersagt war, keine Monopole und keine verbotenen Gewässer.

---

44 Valerius Maximus (1. Jh. u. Z.), 9, 1, 3: *negotiatores*.
45 Sallust, Bel.. Iug., 64, 5: *negotiatores, magna multitudo*.
46 Plinius, Nat. hist., 8, 19, 53.
47 Cicero, ad fam., 16, 21.

Geldwirtschaft	Die Geldwirtschaft setzte sich in dieser Zeit mehr und mehr durch, der Geschäftsverkehr wurde vielfältiger, und das Wucherkapital breitete sich weiter aus. Geldwechsler *(nummularii)* nahmen für ihre Dienste ein Prozent der Summe, ebenso ein Prozent für das Prüfen *(spectatio)* der Echtheit von Münzen. Auktionäre forderten für ihre Transaktionen ebenfalls ein Prozent des jeweils erzielten Wertes. Geldverleiher *(feneratores)* spielten eine große Rolle. Die Zinsraten lagen gewöhnlich bei sechs Prozent, in den Provinzen durften jedoch zwölf Prozent genommen werden. Bankiers verwalteten Gelder reicher Leute, für die es in der Regel keine Zinsen gab.

Im Jahre 49 ließ Caesar die ersten regulären Goldmünzen *(aurei)* prägen. Sie hatten einen Wert von 25 Denaren. Der Denarius und der Aureus setzten sich als Standardmünzen im gesamten Imperium durch. Der Wucher ließ die Verschuldung wachsen, und Cicero stellt resigniert fest, daß die ehrenwertesten Männer tief verschuldet seien (*ad fam.*, 7, 3, 2).

Staatshaushalt Der römische Staatshaushalt war in dieser Zeit arg zerrüttet. Die Kosten für Heer und Flotte wuchsen rapide. So standen im Jahre 31 insgesamt 75 Legionen unter Waffen. Hinzu kamen die riesigen Flottenkontingente. In der Seeschlacht bei Naulochos (36) standen sich auf jeder Seite etwa 300 Schiffe gegenüber. Auf den Trieren, den gebräuchlichsten Kriegsschiffen, dienten jeweils 80 bis 100 Legionäre. Als Ruderer waren Sklaven oder Freigelassene eingesetzt. Der durchschnittliche Sold für einen Legionär betrug 120 Denare im Jahr, doch wurde er häufig überboten; außerdem gab es nicht selten Sonderzuwendungen. Bei seinem Triumph im Jahre 46 belohnte Caesar jeden Legionär mit 5000 Denaren, jeden Zenturio mit 10000 und jeden Tribunen mit 20000.

Über die Provinzialabgaben, die um 60 v. u. Z. etwa vier Fünftel des gesamten Etats ausmachten, verfügten die Heerführer zunehmend nach eigenem Gutdünken, ebenso über die den Bürgern auferlegten Sondersteuern. Auch die Kriegsbeute wurde von den Feldherren gewöhnlich einbehalten. Caesar z. B. erbeutete in Gallien so viel Gold, daß der Preis dafür um ein Sechstel fiel, er führte jedoch nichts davon in den Staatsschatz ab. In der Zeit zwischen 49 und 30 v. u. Z. flossen der römischen Staatskasse aus dem Beutegut keine größeren Summen zu — ein Symptom für den Niedergang der alten Staatsform.

Die Landwirtschaft blieb also der bestimmende Produktionszweig, und hier kam es zu erheblichen Verbesserungen. Das Handwerk hielt mit dieser Aufwärtsentwicklung nicht Schritt, während der Fernhandel nahezu ausschließlich die steigenden Ansprüche der herrschenden Klasse befriedigte. Die Sklaverei hatte alle wichtigen Produktionssphären erfaßt, doch stieß die extensive Sklavenausbeutung an ihre Grenzen, was sich in den großen Aufständen und in der Ausbreitung des Kolonats besonders in den Jahrzehnten nach dem Spartacusaufstand zeigte. Die vertiefte soziale Differenzierung und die Größe des Reiches zwangen die verschiedenen Schichten der herrschenden Klasse schließlich, zu neuen politischen Herrschaftsformen überzugehen.

Die römische Kultur von der Gracchenzeit bis zum Untergang der Republik

4.10.

Die Krisenerscheinungen der römischen Gesellschaft der ausgehenden Republik fanden ihren Niederschlag auch in der Kultur dieser Zeit. Das kulturelle Leben wurde reichhaltiger und gleichzeitig widerspruchsvoller. Die Rezeption griechischen Kulturgutes verstärkte sich, und unter seinem Einfluß nahmen besonders diejenigen Disziplinen einen Aufschwung, die eng mit dem politischen Geschehen verknüpft waren bzw. darin einbezogen werden konnten. So erfuhr in dieser Zeit die Rhetorik ihre vollendetste Ausprägung, in der Philosophie rückten Fragen der Staatstheorie, der Ethik und der Staatsreligion in den Vordergrund, die Geschichtsschreibung nahm einen stark apologetischen Charakter an. Die politische Publizistik entwickelte sich; Biographien und Autobiographien, Pamphlete und Invektiven wurden übliche Mittel in der politischen Auseinandersetzung.

Die größeren ökonomischen Möglichkeiten, die vor allem durch den ausgedehnteren Machtbereich gegeben waren, stimulierten das Bauwesen. Die römischen Oberschichten entfalteten einen prunkvollen Luxus. Marmor fand zunehmend für Privatbauten Verwendung. Im Jahre 78 besaß der Konsul Lepidus das kostbarste Haus in Rom; es war mit numidischem Marmor durchsetzt. Vielfach wurde griechischer Marmor importiert, und, wie berichtet wird, hatte das Haus des Crassus sechs Säulen aus hymettischem Marmor, die ersten Marmorsäulen, die für ein römisches Privathaus erwähnt werden.

Bauwesen

Seit der Zeit Caesars war das Material für Säulen und Architrave gewöhnlich Marmor, und der Chefingenieur Caesars, Mamurra, verwendete wohl als erster den karrarischen Marmor aus der Provinz Gallia Cisalpina.

Die Wohnhäuser wohlhabender Römer wurden durch Wand- und Deckenbemalung und Fußbodenmosaiken farbig ausgestaltet. Die Bemalung der Wände mit Säulen und Panoramen erweiterten künstlich die Dimensionen des Raumes. Diese Entwicklung charakterisierte den sogenannten zweiten pompeianischen Stil (80—20 v. u. Z.). Typisch für diesen Stil waren rote Färbungen, wofür man Zinnober benötigte, der bei Sisapo in Spanien und bei Sinope in Kleinasien gewonnen wurde. Vestorius, ein Bankier in Puteoli, scheint eine Werkstatt für diese Farbenherstellung besessen zu haben.[48]

In den 35 Jahren nach 78 soll das Haus des Lepidus von hundert anderen übertroffen worden sein (ebenda, 36, 109).[49] Die Angehörigen der besitzenden Klassen ließen sich zunehmend Luxusvillen errichten, vor allem in Cumae und Baiae, in den Albanerbergen, in Tibur und entlang der Küste von Tarracina bis Alsium. Cicero besaß außer seinem Stadthaus auf dem Palatin Villen bei Arpinum, Asturae, Puteoli und Pompeji, dazu Häuser in Tusculum und Formiae.

Die Hauptstadt Rom entwickelte sich zum Zentrum der damaligen Mittelmeerwelt, die öffentliche und private Bautätigkeit nahm zu. Im Jahre 78 v. u. Z. erhielt das Forum Romanum einen monumentalen Neubau in Gestalt

---

48 Plinius, Nat. hist., 33, 57.
49 Ebenda, 36, 109.

des Tabulariums, in dem das Staatsarchiv aufbewahrt wurde. Caesar ließ auf dem Forum eine neue Rostra errichten. Der durch einen Brand im Jahre 83 zerstörte Jupitertempel wurde erneuert, sein Dach mit vergoldeten Bronzeplatten gedeckt. Im Innenraum wurde eine neue Kultstatue aufgestellt. Die Übergabe des Tempels erfolgte im Jahre 69.

Pompeius veranlaßte den Bau des ersten Steintheaters in Rom (55). Es war ein frei aus der Ebene des Marsfeldes herausragender Bau mit 40 000 Plätzen. Durch ein hochgezogenes Bühnenteil entstand ein geschlossener Innenraum, im Unterschied zu den nach vorn offenen griechischen Theatern. Reich gegliederte Außenfassaden ergänzten die Ausgestaltung dieser Amphitheater.

Im 1. Jh. v. u. Z. wurden in der Hauptstadt öffentliche Bäder mit Umkleideräumen, Kalt- und Warmwasserbecken und Dampfbädern gebaut. Häufig hatten sie auch einen Ausschank und in unmittelbarer Nähe einen kleinen Sportplatz. Auch in Privathäuser baute man jetzt Warmbäder ein *(pensiles)*.

Im Jahre 62 wurde die Brücke zur Tiberinsel fertiggestellt, die noch heute existiert *(pons Fabricius)*. Bald darauf wurde die ergänzende Brücke *pons Cestius* gebaut. Die steinerne Einfassung des Tiber wurde weitergeführt.

Zur Ausschmückung der komfortablen ländlichen Villen und der Stadthäuser gehörten auch griechische Kunstwerke, die man zu sammeln begann. Da Originale nur begrenzt zu haben waren, entwickelte sich das Kopistenwesen. Griechische Werkstätten fertigten massenweise Kopien an und exportierten sie nach Italien.

Porträtkunst

Einen bemerkenswerten Aufschwung nahm im 1. Jh. die Porträtkunst. Die vormals in Wachs angefertigten Totenmasken wurden in dauerhafteres Material übertragen, die realistische Form blieb allerdings erhalten. Trotz dieser sehr individuellen Gestaltung der Gesichtszüge erlangten Standbilder und Porträts bedeutender Persönlichkeiten auch eine politische Funktion, sie wurden Ausdruck politischen Bekenntnisses. So weihte die Plebs der Cornelia, Mutter der Gracchen, ein Bronzestandbild. Caesar errichtete als Ädil im Jahre 65 Marius eine Statue auf dem Kapitol. Schließlich erschien das Porträt Caesars auf den Münzen.

Der Realismus in der Darstellung wich in den letzten Jahrzehnten der Republik einem Klassizismus, einer verstärkten Orientierung an den klassischen Vorbildern der Griechen des 5. Jh. Diese Erscheinung, die auch in anderen Kunstgattungen zu beobachten ist, war Ausdruck zunehmender Entfremdung des Individuums von der gesellschaftlichen Realität, in der man sich bislang eingebettet sah. So ist es auch zu erklären, wenn führende Politiker sich bemühten, abstrakte Begriffe — Eigenschaften, Zustände — zu personifizieren und zu vergöttlichen, um im eigenen bzw. im Interesse der von ihnen vertretenen sozialen Schicht auf die Menschen propagandistisch einzuwirken. So griff Caesar eine seit dem Ende des 2. Jh. in seinem Geschlecht bestehende Ansicht auf, nach der die Iulier von Iulus, dem Sohn des Aeneas und Enkel der Venus, abstammten. Im Jahre 46 weihte er der göttlichen Ahnherrin seines Geschlechts, der *Venus Genetrix*, einen Tempel; im Jahre 44 der Göttin *Clementia*. Caesar und Clementia reichten sich hier die Hände, ein Symbol für die *clementia Caesaris*, für den gütigen und segensreichen Staatsmann. Politische Ambitionen waren für diese Vorgänge bestimmend.

4.10. Die römische Kultur von der Gracchenzeit bis zum Untergang der Republik

Die Rhetorik ist ebenfalls in diesem Zusammenhang zu nennen, doch umfaßte *Rhetorik* sie mehr als bloße politische Zweckmäßigkeit; sie implizierte gewissermaßen das gesamte Bildungsprogramm der herrschenden Klasse. Für die Jünglinge vom zwölften bis sechzehnten Lebensjahr setzte sich dieses Programm aus den Fächern Grammatik, Rhetorik, Dialektik (Philosophie), Arithmetik, Geometrie, Astronomie und Musiktheorie zusammen, den *artes liberales* (Wissenschaften, die einem Freien angemessen sind). Die Fächer Medizin und Architektur erweiterten diesen Kanon, der in lateinischer Sprache erstmals von Varro fixiert wurde.

An diese sogenannte Grammatikschule schloß sich dann ein Spezialstudium der Rhetorik und des Rechts unter der Leitung griechischer oder lateinischer Rhetoren an.

Kennzeichnend war die Tendenz, das spezifisch Römische gegenüber den griechischen Grundlagen zu betonen. Diese Bestrebungen kulminierten in der Schulrichtung der »Lateinischen Rhetoren«, einer Richtung, die den Popularpolitikern nahestand. Eine weitestgehende Synthese von Griechischem und Römischem, von Theorie und Praxis, erstrebte Cicero, der eine breite geistige Bildung, insbesondere eine philosophische, für ein erfolgreiches politisches Wirken für unerläßlich hielt. So schuf er das Ideal des gebildeten Staatsmannes und Redners (*vir bonus et orator perfectus*).

Die Redekunst erreichte einen ersten Höhepunkt mit Marcus Antonius, dem Konsul des Jahres 99 und Großvater des Triumvirn, der im Jahre 87 von den Popularen umgebracht wurde, und L. Licinius Crassus, Konsul des Jahres 95, ebenfalls ein Optimat.

In der ersten Hälfte des 1. Jh. war in Rom ein schwülstig-pathetischer Stil der Rede (*Asianismus*) in Mode gekommen. Ein berühmter Vertreter dieses Stils war Q. Hortensius Hortalus (114—50), mit dem Cicero erfolgreich konkurrierte. Besonders seit der Mitte des 1. Jh. setzte sich jedoch eine schlichtere Vortragsweise durch, die sich an griechischen Vorbildern des 4. Jh. v. u. Z. orientierte, vor allem an Lysias und Demosthenes (*Attizismus*). Caesar und Brutus gehörten dieser Richtung an, während Cicero einen gemäßigteren Standpunkt vertrat.

Unter den Bedingungen der sozialen und politischen Krise des 1. Jh. erlangte die Redekunst eine erstrangige Bedeutung. Entscheidungen in Volks- oder Gerichtsversammlungen hingen sehr von der Geschicklichkeit und Gewandtheit der Redner ab. Dementsprechend wurde die sachkundige und wahrheitsgetreue Darlegung eines Sachverhaltes durch die beabsichtigte Wirkung in den Hintergrund gedrängt. So meint z. B. Cicero: »Es irrt sich sehr, wer in unseren Reden, die wir vor Gericht gehalten haben, unsere Überzeugungen verbrieft und versiegelt zu besitzen glaubt.«[50]

Die Rhetoren benötigten auch eine gründliche Ausbildung auf dem Gebiet der *Rechtswissen-* Rechtswissenschaft, die in dieser Periode weitere Fortschritte machte, vor *schaft* allem durch die philosophische Fundierung und die weitere Systematisierung des geltenden Rechts, die Präzisierung alter und die Schaffung neuer Begriffe und nicht zuletzt durch die Loslösung der Rechtswissenschaft von den Priesterkollegien. Q. Mucius Scaevola, Konsul im Jahre 117 und 82 von den

---

50 Cicero, *Pro Cluentio*, 139.

Marianern getötet, war der letzte priesterliche Jurist. In 18 Büchern legte er das Privatrecht systematisch dar.

In der Folgezeit kamen die Juristen hauptsächlich aus dem Ritterstand, vielfach aus den Munizipien. Der größte Jurist der ausgehenden Republik war Servius Sulpicius Rufus, Konsul des Jahres 51. Unter den 180 Büchern, die er verfaßt haben soll, befand sich auch ein Kommentar zum prätorischen Edikt, das auf diese Weise in die juristische Interpretation einbezogen wurde.

Kennzeichnend für die Rechtsentwicklung dieser Zeit war das Bemühen der Juristen, den komplizierteren Eigentums- und Herrschaftsverhältnissen gerecht zu werden. Das Privateigentum erfuhr zunehmend rechtlichen Schutz, was sich in der Einführung der Begriffe *dominium* und *proprietas* für derartiges Eigentum offenbarte. Die *domini potestas* (»Macht des Herrn«) bekräftigte die Verfügungsgewalt der Besitzer über ihre Sklaven. Die Einführung von Begriffen für absolutes Eigentum an Sachen und Lebewesen zeugt von der Herauslösung des Individuums aus der Polisgemeinschaft, die ihren Charakter bzw. ihre Funktion als höhere Rechtseinheit sichtbar verlor, ein weiteres Symptom für die Krise des antiken Stadtstaates.

Geschichts-schreibung

In der Geschichtsschreibung seit der Gracchenzeit ging es um die Rechtfertigung der römischen Weltherrschaft; zu diesem Zweck wurde die römische Vergangenheit mit Legenden ausgeschmückt. Adelsgeschlechter erhielten eine erfundene Tradition und nutzten diese zu Propagandazwecken in den innenpolitischen Auseinandersetzungen. Die politischen Kämpfe der Zeit widerspiegelten sich in der historischen Literatur, und politische Gesinnungen bestimmten die Interpretation vergangener Ereignisse.

Von den Werken der Geschichtsschreiber um die Wende vom 2. zum 1. Jh. ist nur wenig erhalten. Mit seiner Darstellung des zweiten Punischen Krieges schuf L. Coelius Antipater die historische Monographie. Sempronius Asellio folgte in seiner Zeitgeschichte der pragmatischen Geschichtsschreibung des Polybios. Weitere Historiker waren Q. Claudius Quadrigarius, Valerius Antias, ein Zeitgenosse Sullas, und Licinius Macer. Letzterer war durch seine demokratische Gesinnung bekannt. Von diesen Schriften sind nur Fragmente erhalten.

Die wachsende Rolle von einzelnen Persönlichkeiten in der Spätzeit der Republik brachte die Biographie zur Geltung. Das bekannteste Beispiel ist der »Cato« Ciceros, eine Lobrede auf den überzeugten Republikaner Cato Uticensis. Auch Brutus widmete Cato einen Panegyrikus. Caesar sah sich daraufhin veranlaßt, Erwiderungen zu schreiben (*»Anticatones«*).

T. Pomponius Atticus verfaßte in griechischer Sprache eine Lobpreisung des Konsulats Ciceros. Cornelius Nepos (etwa 100—24) schrieb Biographien berühmter Persönlichkeiten (*De viris illustribus*), darunter eine über den älteren Cato und eine ausführlichere über Atticus, ebenso eine über Cicero. Auch Varro wandte sich diesem literarischen Genre zu und schrieb Biographien von 700 bedeutenden Römern und Griechen. Diese Schriften wie auch eine umfangreiche Biographie des Pompeius sind nicht erhalten. Der Grieche Theophanes aus Mytilene verherrlichte in einer Schrift Pompeius, der ihn mit der Verleihung des römischen Bürgerrechts belohnte. Alle diese Biographien waren von politischen Erwägungen diktiert.

Die Voraussetzungen für eine schnelle Verbreitung von literarischen Werken

4.10. Die römische Kultur von der Gracchenzeit bis zum Untergang der Republik

waren in den letzten Jahrzehnten der Republik gegeben. Der buchhändlerische Vertrieb von Papyrusrollen war in dieser Zeit schon üblich geworden und hatte feste Formen angenommen.

Ein bedeutender Historiker der späten Republik war Gaius Iulius Caesar (100–44). Seine Commentarii enthalten Zeitgeschehen. In den »*commentarii de bello Gallico*« (»Denkwürdigkeiten über den Gallischen Krieg«) werden die Ereignisse dieses Krieges gegen die Gallier beschrieben. Die Darstellung enthält auch den ersten Bericht über die Germanen in lateinischer Sprache. Seine unvollendet gebliebenen »*commentarii de bello civile*« (»Denkwürdigkeiten über den Bürgerkrieg«) haben die Vorgänge in den Jahren 49 und 48 zum Inhalt.

Caesar

Caesar verfolgte mit diesen Werken vor allem politische Ziele. Er rechtfertigte damit die Unterwerfung der Gallier und seine Rolle in den innenpolitischen Kämpfen. Die prägnante und sachliche Sprache erhöhte die Überzeugungskraft seiner Darlegungen.

Von den Historikern der spätrepublikanischen Geschichtsschreibung wurde Gaius Sallustius Crispus (84–34) besonders berühmt. Er stand den Popularpolitikern nahe und schloß sich Caesar an. Wegen seiner heftigen Angriffe gegen die Optimaten wurde er im Jahre 50 von der Liste der Senatoren gestrichen. Caesar begünstigte ihn und übertrug ihm im Jahre 46 die Statthalterschaft von *Africa nova* (Numidien). Er mißbrauchte dieses Amt und erwarb durch Erpressungen ein großes Vermögen, das er u. a. für die in Rom nach ihm benannten Gärten, die *Horti Sallustiani* verwendete. Caesars Gunst und Wohlwollen bewahrten ihn vor einer drohenden Verurteilung. Nach der Ermordung Caesars hielt er sich vom öffentlichen Leben fern und widmete sich historischen Studien.

Sallust

Seine politischen Anschauungen bewegten sich im Rahmen der Republik. Die offenkundigen Mißstände bzw. Verfallserscheinungen führte er vor allem auf die moralische Zersetzung der herrschenden Aristokratie zurück. Seine Reformgedanken richteten sich vornehmlich auf die Entmachtung der Optimaten, auf die Stärkung der Positionen der Plebs sowie auf das Unterbinden des schädlichen Einflusses des Geldes. Er setzte große Hoffnungen in Caesar, von dem er sich eine Erneuerung der republikanischen Ordnung versprach; seine Ansichten legte er in zwei politischen Denkschriften (*Epistulae ad Caesarem*) dar.

In der »Verschwörung des Catilina« (*De coniuratione Catilinae*) wies er auf die Gefahr hin, die der Republik durch Revolten deklassierter Adliger drohte. Sie hätten nur diktatorische Ambitionen bestimmter Politiker gefördert. Seine Darstellung des Kriegs gegen Jugurtha (*Bellum Iugurthinum*) nutzte er dazu, das korrupte Verhalten der Nobilität anzuprangern; durch das Wirken von Einzelpersönlichkeiten sollte seiner Meinung nach der verderbliche Einfluß dieser oligarchischen Schicht eingedämmt werden.

Das Hauptwerk Sallusts, die fünf Bücher Historien (*Historiarum libri quinque*), eine Zeitgeschichte, reicht vom Tode Sullas bis in die Mitte der sechziger Jahre. Von diesem Werk sind nur Fragmente erhalten. Auch hier geht es Sallust um die Ursachen für den Niedergang der republikanischen Staatsform; er sah sie — außer in der Unfähigkeit der Nobilität — vor allem im Mißbrauch republikanischer Ämter sowie in der inkonsequenten Haltung der Plebs. Sallust

14 Römische Geschichte

handhabte die Geschichtsschreibung mit künstlerischer Meisterschaft. Sein Stil ist kurz, sein Werk enthält interessante Charakteranalysen, brillante Antithesen und prägnante Sentenzen. Seine Darstellung ist durch innere Anteilnahme trotz archaisierender Momente von einer bemerkenswerten Spannung. Als Vorbilder galten ihm Thukydides und Polybios.

Sallust stellte die Geschichtsschreibung der Tätigkeit eines Politikers oder eines Feldherrn gleichwertig an die Seite und betonte ihren Nutzen für den Staat. Sein Einfluß auf die Nachwelt war groß, Tacitus und andere Autoren nahmen sich ihn zum Vorbild. Quintilian im 1. Jh. u. Z. stellt ihn Thukydides an die Seite, und Martial im 1. Jh. u. Z. ehrt ihn in einem Epigramm als den »Ersten in der römischen Historiographie« *(primus in romana historia)*. In der Zeit des Mittelalters genoß er von den römischen Historikern das größte Ansehen.

Im 1. Jh. v. u. Z. nahm die Wissenschaftsentwicklung insgesamt einen Aufschwung. Wie die von Caesar im Jahre 59 begründete Tageszeitung *(acta diurna)*, die bis in die Provinzen hinein bekannt wurde, so kamen jetzt auch Bibliotheken dem geistigen Informationsbedürfnis nach.

Asinius Pollio (76/75 v. u. Z. – 5. u. Z.) richtete die erste öffentliche Bibliothek in Rom ein, und Caesar ernannte im Jahre 47 Varro zum Leiter des Bibliothekswesens.

Philologie

Die Aufbereitung und Herausgabe von Schriften zog die Entwicklung philologischer Kenntnisse nach sich. Der erste römische Philologe von Rang war Lucius Aelius Stilo (um 100), ein Lehrer Ciceros und Varros. Letzterer veröffentlichte eine Schrift »Über die lateinische Sprache« *(De lingua Latina)*, das älteste Werk auf dem Gebiet der Sprachwissenschaft. Aus den letzten Jahrzehnten der Republik ist Lucius Ateius Praetextatus als hervorragender Philologe bekannt.

Varro

Ein wichtiges Merkmal der Wissenschaftsentwicklung dieser Zeit war die Sammlung und Klassifizierung des Wissensstoffes. Hierin tat sich vor allem M. Terentius Varro hervor, der größte Enzyklopädist des Altertums. So stellte er einen chronologischen Abriß der Weltgeschichte in drei Büchern zusammen *(Annalium libri tres)*, verfaßte eine Studie über den Ursprung des römischen Volkes *(de gente populi Romani)* und gab in seinem berühmtesten Werk, den 41 Büchern »*Antiquitates*«, einen Überblick über die Institutionen und Bräuche der Römer. In neun Büchern klassifizierte und interpretierte er die *artes liberales* (»*Disciplinae*«), ein Werk, das bis in das hohe Mittelalter hinein fortwirkte.

Varro widmete sich auch der Geographie wie viele seiner Zeitgenossen. Geographisch-ethnographische Abhandlungen und Exkurse, wie sie z. B. bei Caesar und Sallust zu finden sind, zeugen von gewachsenem Interesse an solchen Fragen.

Medizin

Das Ansehen des Arztberufs hatte sich gegenüber der Zeit Catos gewandelt. Unter den Sklaven wohlhabender Familien befand sich jetzt gewöhnlich ein Arzt *(servus medicus)*. Auf Gütern, die nahe einer Stadt gelegen waren, nahm man sich von dorther einen Arzt. Asklepiades aus Prusa in Bithynien (um 124–56) hatte durch seine Lehre viel dazu beigetragen, der griechischen Medizin in Rom den Boden zu bereiten. Caesars Edikt aus dem Jahre 46, das u. a. fremden Ärzten den Erwerb des römischen Bürgerrechts ermöglichte, förderte die Verbreitung der ärztlichen Kunst.

4.10. Die römische Kultur von der Gracchenzeit bis zum Untergang der Republik

Verschiedene medizinische Schulen bildeten sich heraus. Ein Schüler des Asklepiades, Themison aus Laodikeia, begründete die »methodische« Ärzteschule, deren therapeutische Methode sich auf die Behandlung der festen Bestandteile des Körpers orientierte, im Gegensatz zu der hippokratischen Auffassung, die sich auf die Körperflüssigkeiten konzentrierte. Daneben bestand die »pneumatische« Schule, ins Leben gerufen von Athenaios aus Attaleia (um 50 v. u. Z.). Fußend auf der stoischen Lehre vom Pneuma, dem allem innewohnenden Lebensprinzip, traten ihre Anhänger für diätetische und physiotherapeutische Methoden ein.

Die Philosophie gewann in Rom weiter an Boden, und auch gebildete Römer **Philosophie** wandten sich ihr in stärkerem Maße zu. Weite Verbreitung fand der Epikureismus. Nach Cicero hatte sich die Lehre Epikurs fast ganz Italiens bemächtigt und stand in hoher Blüte (*Tusc. disp.*, 4, 3; *de officiis*, 3, 116).

An der Wende vom 2. zum 1. Jh. wirkten in den italischen Munizipien die Epikureer C. Amafinius, Rabirius und C. Catius. Aus dem 1. Jh. sind vor allem Philodemos und Siron zu nennen, die in Kampanien Epikurs Lehre verbreiteten.

Der Epikureismus, der dem Menschen ein individuelles Lebensglück in Zurückgezogenheit von den Wechselfällen des öffentlichen Lebens verhieß (λάθε βιώσας »lebe im Verborgenen«), das Führen erbaulicher Gespräche unter gleichgesinnten Freunden propagierte und dem Menschen durch die Ablehnung des traditionellen Götterglaubens die Todesfurcht zu nehmen trachtete, hatte vor allem Einfluß auf große Teile der Ritterschaft, die hauptsächlich in Ruhe ihren Geschäften nachzugehen wünschten.

Cicero, der gegen die Lehre Epikurs polemisierte, führte damit gleichzeitig einen ideologischen Kampf gegen derartige Haltungen unter den Rittern, bei denen er Aktivitäten für die Republik zu wecken suchte.

Von der Vielzahl epikureischer Schriften ist nichts erhalten, ausgenommen das **Lukrez** philosophische Lehrgedicht des Titus Lucretius Carus (96—55) in sechs Büchern mit dem Titel »Über die Natur der Dinge« (*De rerum natura*). In dichterischer Form zeichnete er das materialistische Weltbild Epikurs, das die Religionskritik einschloß. Er griff auch die positiven Ansätze Epikurs zur Erklärung der gesellschaftlichen Entwicklung auf und nutzte sie, um die schöpferischen Kräfte des Menschen zu preisen, die allmählich zu den gegenwärtigen Errungenschaften geführt haben. Gleichzeitig geißelte er die negativen Begleiterscheinungen, und zwar die unersättliche Habgier und den räuberischen Krieg. Hierin ist Lukrez ein scharfer Kritiker seiner Zeit.

Viele progressive Denker der Renaissance und der Neuzeit waren von den tiefgründigen Darlegungen des Lukrez beeinflußt.

Anders als das des Lucretius ist das philosophische Denken des Marcus Tullius **Cicero** Cicero einzuordnen. Ihm ging es darum, mit Hilfe philosophischen Gedankengutes der Griechen die altrömische Ideologie, den *mos maiorum*, zu festigen. Als Optimat war er bestrebt, mit Hilfe der Philosophie zum ideologischen Selbstverständnis der Nobilität beizutragen und deren Vorrangstellung auch theoretisch zu rechtfertigen. Deshalb unterzog er sich der Aufgabe, eine umfassende lateinische philosophische Terminologie in enger Verbindung mit der gesellschaftlichen Praxis zu schaffen. Ebenso erfuhren die altrömischen Wertbegriffe eine philosophische Durchdringung.

14*

Auf den engen Praxisbezug seiner Philosophie verweist Cicero selbst, wenn er z. B. im Jahre 50 v. u. Z. an Cato schrieb, sie seien diejenigen gewesen, die die Philosophie auf das Forum, in die Republik und sogar mitten auf das Schlachtfeld geführt hätten (Ad fam., 15, 4, 16). Ähnlich äußerte sich Cicero im Jahre 46 gegenüber Varro (Ad fam., 9, 2, 5).

Besonders in Zeiten erzwungener politischer Muße widmete er sich der philosophischen Schriftstellerei. So entstanden nach 54 in Anlehnung an Platon die beiden Werke »Über den Staat« *(De re publica)* und »Über die Gesetze« (De legibus), die in Dialogform abgefaßt sind.

Das Gespräch in den sechs Büchern »Über den Staat« verlegte Cicero in das Jahr 129. Gesprächspartner sind der jüngere Scipio Africanus und dessen Freundeskreis. Als beste Verfassung erscheint Scipio die römische, weil sie das monarchische, das aristokratische und das demokratische Element am harmonischsten in sich vereint habe. Auf der Grundlage der griechischen Theorien vom Maß und von der Mitte (μέσον) sowie in Anlehnung an Polybios kommt Cicero zu dieser Schlußfolgerung:

»So nehmen die Aristokraten *(optimates)* zwischen der Unzuverlässigkeit eines einzelnen und der Unbesonnenheit der Menge eine Mittelstellung ein, und nichts kann maßvoller sein.«[51]

Cicero trug der wachsenden Rolle von Einzelpersönlichkeiten Rechnung, indem er — wiederum in Anknüpfung an griechische Vorstellungen — die Gestalt eines Staatslenkers *(gubernator, rector, moderator)* in seine Erwägungen einbezog, eines Politikers, der über genügend Macht und Ansehen, aber auch über eine republikanische Gesinnung verfügen müsse, um im Interesse der Nobilität agieren zu können. Am Ende der fünfziger Jahre versuchte Cicero, Pompeius für diese Rolle zu gewinnen, und wenn er im Jahre 49 schrieb, in seiner »Republik« sei alles auf den *moderator* zurückzuführen, so wird das aktuelle Anliegen deutlich (Ad Att., 8, 11, 1). Mit seinen Erörterungen über die Person eines Staatslenkers bereitete Cicero objektiv den Prinzipat vor.

In den »Gesetzen« ging es Cicero um praktische Fragen des Rechts und der Staatsverwaltung.

In den Jahren 45 und 44 schrieb er die Werke »Hortensius«, »Über das höchste Gut und das schlimmste Übel« *(De finibus bonorum et malorum)*, die »Tusculanen« *(Tusculanae disputationes)*, »Über die Natur der Götter« *(De natura deorum)* und sein berühmtes und mehrfach nachgeahmtes Werk »Über die Pflichten« *(De officiis)*.

Aristokratisches Standesideal

In allen diesen Schriften überwiegen Fragen der Ethik und der Religionsphilosophie. In der Ethik bemühte sich Cicero um die philosophische Ausformung des aristokratischen Standesideals *(vir bonus)* zur Untermauerung des Herrschaftsanspruches der Nobilität. Im Vordergrund stehen solche sittlichen Werte wie die *pietas* — die Ehrfurcht vor den Göttern und den überkommenen Institutionen —, das *officium* — die redliche Pflichterfüllung vor allem gegenüber dem Staat —, die *dignitas* — die würdevolle Haltung und gleichzeitig gebührende Anerkennung einer aristokratischen Persönlichkeit —, die *constantia* — die Stetigkeit in der Lebensführung — und die *liberalitas* — das wohlwollende Verhalten anderen gegenüber.

51 Cicero, *de re publica*, 1, 34, 52.

4.10. Die römische Kultur von der Gracchenzeit bis zum Untergang der Republik 213

Derartige Tugenden wurden in die Vergangenheit projiziert, um ihre Bedeutung als Norm und Maßstab für die Gegenwart zu betonen.

Ciceros gesamte Darlegungen über den Idealbürger, einen Angehörigen der herrschenden Klasse, gipfelten in dem Begriff der *humanitas*, die alle höhere Bildung und Tugend in sich schloß. Da auch die Tugend erlernbar sei, tendierte der Begriffsinhalt von *humanitas* zur Bildung hin, zur griechischen Paideia.

Cicero bediente sich in seinem Schaffen des Gedankengutes der Akademiker, der Peripatetiker und der Stoiker. Insofern war er Eklektiker, doch die Konsequenz, mit der dieses griechische Gedankengut auf die römische Gesellschaft übertragen worden ist, erhebt ihn über einen bloßen Eklektizismus. In der philosophischen Durchdringung der römischen Wirklichkeit liegt seine eigenständige theoretische Leistung.

Ciceros Einfluß auf die Nachwelt war bedeutend. Er wurde zum Vorbild für die lateinische Literatursprache, und sein Werk — außer seinen philosophischen und rhetorischen Schriften sind 57 Reden und über 900 Briefe überliefert — stellt eine unschätzbare Quelle für die Erhellung antiken Denkens dar. Bei alledem darf allerdings nicht übersehen werden, daß sich Cicero einer herrschenden Schicht angeschlossen hatte, deren Herrschaft historisch unhaltbar geworden war.

Die Auflösungserscheinungen der stadtstaatlichen Ordnung zeigten sich auch auf religiösem Gebiet. Formalismus und Unverständnis griffen um sich. So blieb das Amt des Iupiterpriesters, des Flamen Dialis, von 87 bis 11 v. u. Z. unbesetzt. Andere Priesterämter, wie das der Auguren, waren heftig umstritten, da sie Möglichkeiten für politische Manipulationen boten. Cicero bemerkt, daß die Auspizien stets in der Hand der Senatoren sein müßten, denn oft hätten die unsterblichen Götter dadurch eine ungerechtfertigte Aufwallung des Volkes unterdrückt.[52]

Religion

So widerspiegelte sich schließlich die tiefgreifende soziale Differenzierung auch im religiösen Denken. Viele Angehörige der oberen Schichten zogen sich innerlich von der herkömmlichen Götterverehrung zurück. Ausdruck dessen ist die Lehre von den drei Religionen, die auf Panaitios zurückgeht und von Q. Mucius Scaevola, dem Pontifex maximus, vertreten wurde. Diese Auffassung unterschied zwischen einer Religion der Philosophen, einer der Dichter und einer der Staaten. Scaevola wünschte sich, daß die beiden ersteren dem Volke unbekannt blieben.[53] Varro vertrat ebenfalls diese Dreiteilung der Religion.

Viele Tempel verfielen, viele Götter gerieten in Vergessenheit, und Varro meinte, gewissen Göttern sei es wie den Menschen ergangen, sie seien am Ende verschollen.[54] Die Folge davon war, daß sich besonders die unteren Gesellschaftsschichten einschließlich der Sklaven fremden Kulten zuwandten. Die unsicheren sozialen und politischen Verhältnisse förderten den Aberglauben, die Hoffnung auf bessere Zeiten und auf einen Erretter. Auf Vorzeichen und Weissagungen achteten die Vertreter aller Klassen und Schichten. Auf diesem Boden konnte auch der Pythagoreer Nigidius Figulus mit seinen mystischen Spekulationen Anhänger gewinnen, später auch das Christentum.

---

52 Cicero, *de legibus*, 3, 12, 27.
53 Augustinus, *de civitate dei* (Über den Gottesstaat), 4, 27.
54 Bei Augustinus, a. a. O., 7, 3.

214 4. Die Verschärfung des Klassenkampfes. Der Weg zur Militärdiktatur

Bei den unteren Bevölkerungsschichten waren die Kulte der Glücksgöttin Fortuna, der »guten Göttin« *(Bona dea)* und — bei der ländlichen Bevölkerung — des Waldgottes Silvanus verbreitet, dazu der Larenkult. Großer Beliebtheit erfreuten sich orientalisch-griechische Mysterienkulte wie der orgiastische Kult der kappadokischen Göttin *Ma-Bellona* oder der von Eleusis.

Im Gegensatz zu dem unpersönlichen Verhältnis der Menschen zu den Staatsgöttern stellten diese Kulte eine persönliche Beziehung zu der jeweiligen Gottheit her. Diese Kultgemeinden waren religiöse Gemeinschaften, in denen soziale Unterschiede gewöhnlich keine Rolle spielten; die religiöse Gemeinschaft garantierte ihren Anhängern oft auch ein Begräbnis.

Dichtung

Die Auflösung der stadtstaatlichen Organisation führte zur wachsenden Entfremdung von der altrömischen Tradition, zur Entwicklung des Individualismus. Diesen Vorgang reflektiert deutlich die lateinische Poesie. Seit den siebziger Jahren des 1. Jh. traten Dichter auf, die das eigene Ich zum Kriterium ihres künstlerischen Schaffens machten und menschliche Empfindungen und Leidenschaften in das Blickfeld rückten.

In dieser neuen Kunstauffassung spielten erotische und Freundschaftsbeziehungen eine große Rolle. In Anlehnung an alexandrinische Vorbilder pflegten diese Dichter die kleinere literarische Form (Epigramm, Liebesgedicht, Elegie) und strebten nach Gelehrsamkeit, besonders auf dem Gebiet der Mythologie; sie führten neue metrische Formen und strenge Regeln für den Versbau ein. Sie nannten sich »neue Dichter« *(poetae novi*; Neoteriker).

Die einzigen von den Neoterikern erhaltenen Gedichte stammen von Gaius Valerius Catullus (um 85—54) aus Verona. In seinen Liebesliedern besingt er seine Geliebte Lesbia, ein Pseudonym für Clodia, die Schwester des bekannten Volkstribunen Clodius und Frau des Q. Caecilius Metellus Celer, der im Jahre 59 gestorben ist. Obwohl sein Vater ein Anhänger Caesars war, griff Catull wie viele seiner Freunde in Epigrammen heftig die Triumvirn und ihre Anhänger an. Seinen Ruf als größten römischen Lyriker verdankt er vor allem seinen kleineren Gedichten.

Zum Kreise der Neoteriker gehörten u. a. Valerius Cato, der durch die sullanischen Proskriptionen sein Vermögen verlor, C. Licinius Calvus, Sohn des Historikers Licinius Macer, C. Helvius Cinna und M. Furius Bibaculus, dessen Spottverse viel gelesen wurden. Mit gutmütigem Spott verfolgte er auch seinen Freund Valerius Cato, der zwar alle Fragen löse, aber seinen Namen im Schuldbuch der Gläubiger nicht zu tilgen wisse.

Der berühmteste Dichter der vierziger Jahre war offenbar Cornelius Gallus, den Octavian für seine Verdienste im Kampf gegen Antonius als ersten Präfekten von Ägypten einsetzte. Gallus trat vor allem mit Liebeselegien hervor.

In die Zeit der ausgehenden Republik fällt auch der Beginn des Schaffens der bedeutendsten Dichter der frühen Kaiserzeit, Vergil und Horaz, doch wurzelt ihr Gesamtwerk in den sozialen, politischen und ideologischen Verhältnissen der Zeit des Prinzipats des Augustus.

Bühnenspiele

Unter den Bühnenspielen war um die Wende vom 2. zum 1. Jh. die *Fabula togata* beliebt, die das Milieu von »kleinen Leuten« zu ihrem Gegenstand wählte. In sullanischer Zeit gelangte die kampanische Volksposse *(Atellane)* auf die Bühne. Sie wurde jetzt in lateinischer Sprache literarisch gestaltet und von

4.10. Die römische Kultur von der Gracchenzeit bis zum Untergang der Republik 215

berufsmäßigen Darstellern aufgeführt. Eigentümlich für die Atellanen waren feststehende Charaktertypen wie z. B. *Maccus copo* (Maccus als Gastwirt) oder *Buccus auctoratus* (Buccus als Gladiator). Der Stoff der Atellanen war hauptsächlich dem ländlichen Milieu entnommen; Dichter dieser Stücke waren L. Pomponius aus Bononia und Novius.

Um die Mitte des 1. Jh. wurde die Atellane vom Mimus verdrängt. Dieser, ursprünglich ein Gebärdentanz, hatte sich zu einem selbständigen Bühnenstück entwickelt, das eine mit vielen Sentenzen angereicherte Sprache bevorzugte. Der Mimus enthielt deutliche Anspielungen auf Persönlichkeiten und politische Zustände. Als Mimendichter sind Decimus Laberius und Publilius Syrus bekannt.

Von Publilius, der aus Antiocheia stammte und als Sklave nach Italien kam, *Publilius Syrus* sind etwa 700 Verse bekannt, alles einzeilige Sprüche, die allgemeine Lebensweisheiten, aber auch Stimmungen und Ansichten Angehöriger niederer Gesellschaftsschichten enthalten.

»Es ist schwer, so zu leben, wie es ein anderer befiehlt.« »Es ist besser zu sterben, als in schmachvoller Sklaverei zu leben.« »Man kann keinen Gewinn erhalten, ohne einem anderen zu schaden.« »Auch aus Hütten kann ein großer Mann hervorgehen.« »Die Arbeit bahnt den Weg, dann folgt die Ehre.« Besonders die letztgenannten Sprüche bezeugen Denkweisen unterer Schichten, und wenn damals auf Grab- und Votivsteinen von Handwerkern Arbeitsinstrumente dargestellt wurden, so läßt sich aus alledem ablesen, daß die Volksmassen die Mißachtung der körperlichen Arbeit seitens der herrschenden Klasse keineswegs teilten.

Die frühe römische Kaiserzeit. Der Prinzipat

5

Die Entstehung des Kaiserreichs und der Klassencharakter des Prinzipats

5.1.

In den letzten Jahrzehnten der römischen Republik hatten sich die gesellschaftlichen Widersprüche außerordentlich zugespitzt. Die Zahl der in den Kriegen wie in Friedenszeiten geraubten Menschen, die versklavt wurden, war ins unermeßliche gewachsen. Die extensive Landwirtschaft auf den Latifundien, den antiken Großgütern, machte den Einsatz von Massen von Sklaven erforderlich. Latifundien waren vor allem in Italien, auf Sizilien und im ehemals punischen Nordafrika verbreitet. Der Grundwiderspruch der Epoche hatte sich so sehr verschärft, daß er in den Klassenkämpfen des letzten Jahrhunderts der Republik die bestehende Staatsmacht der Nobilität, der politisch herrschenden Klasse Roms, ernsthaft gefährdete. Die historische Bedeutung der großen Sklavenaufstände von 138 bis 71 v. u. Z. sowie der Kämpfe der Klasse der freien Kleinproduzenten gegen die Großgrundbesitzer von den Gracchen bis hin zu Clodius bestand u. a. darin, daß diese Aufstände die traditionelle römische Staatsordnung erschüttert, untergraben und so zu ihrem Untergang beigetragen hatten. Auf wirtschaftlichem Gebiet führten diese Volksbewegungen zu ersten Ansätzen des Kolonats und zur Intensivierung der Landwirtschaft in kleinen und mittelgroßen Grundbesitzungen, wie sie schon von Cato dem Älteren im 2. Jh. v. u. Z. propagiert wurden. Die großen Sklavenaufstände und die sozialen Bewegungen der freien Kleinproduzenten zwangen die herrschende Klasse, Veränderungen in der politischen Leitung der Gesellschaft und in der Wirtschaft vorzunehmen.

Soziale Widersprüche

Die territoriale Expansion der herrschenden Klasse Roms hatte zum anderen gewaltige Ausmaße angenommen. Die Bevölkerung der Provinzen wurde mit brutaler Gewalt ausgeplündert und entrechtet, oft wurde sie durch die römischen Steuerpächter und Provinzstatthalter völlig ruiniert. Beschwerden der Provinzialbevölkerung hatten nur selten Erfolg; neue Eroberungskriege waren die Folge, um neue Tribute aufzuerlegen und neue Quellen des Reichtums zu erschließen. Rom war zum Weltreich geworden, dessen staatliche Unterdrückungsfunktionen nach innen und nach außen von einem Stadtstaat nicht bewältigt werden konnten.

Ausplünderung der Provinzen

Außerdem verlangten die weitgehende wirtschaftliche und soziale Differenzierung unter den römischen Bürgern, die anwachsenden Spannungen zwi-

Änderungen in der politischen Struktur

schen den römischen Bürgern einerseits, den „Bundesgenossen" und der tributpflichtigen Provinzialbevölkerung andererseits und die ständige Privilegierung eines Teils der herrschenden Klasse gebieterisch nach Veränderung der politischen Struktur des Staates, nach einer erweiterten sozialen Basis für die Sicherung der politischen Macht der Sklavenhalter-Großgrundbesitzer. Die Proskriptionen und Konfiskationen unter Sulla und in der Zeit des zweiten Triumvirats hatten die bestehenden Grundeigentumsverhältnisse zerrüttet; die Zahl der alten patrizischen Geschlechter der Nobilität war zusammengeschmolzen, und der römische Senat war in der Zeit der Bürgerkriege so oft umgebildet und erweitert worden, daß er zuletzt nur noch den Namen eines repräsentativen Machtorgans trug.

Beide in den Bürgerkriegen sich bekämpfenden Gruppen, die Optimaten und die Popularen, die im wesentlichen die gleichen gesellschaftlichen Kräfte repräsentierten, suchten nach Auswegen aus dieser Krise; sie bemühten sich um eine Stabilisierung der bestehenden Gesellschaftsordnung. Den Weg dazu hatte Marius mit seiner Heeresreform vorgezeichnet; er und andere, vor allem Sulla, Pompeius, Crassus und Caesar hatten Voraussetzungen und Grundlagen für die Entwicklung der antiken Militärdiktatur geschaffen, Cicero suchte sie politisch-ideologisch zu begründen, und Octavian-Augustus konnte sie zur Herrschaftsform des Prinzipats weiter ausbauen. Das auf Militärherrschaft gegründete Kaisertum wurde »eine unabänderliche Notwendigkeit«.[1] Die wachsende Bedeutung des Heeres, des Ritterstandes und der Städte in Italien sowie in den Provinzen, die zunehmende Rolle der städtischen Plebs und alle anderen vorher genannten Faktoren stellten die herrschende Klasse Roms vor neue Aufgaben, die bewältigt werden mußten, um die weitere Entwicklung der auf Sklaverei beruhenden Gesellschaftsordnung im römischen Staat zu ermöglichen. Hinzu kam auch nach Beendigung der Bürgerkriege, die weite Teile der römischen Bürgerschaft, besonders die Bauern und die städtische Plebs, erfaßt hatten, die Sehnsucht nach Frieden; der Ruf nach einem »Retter« aus den Wirren der Zeit, nach einem Lenker des Staates war unüberhörbar, und Octavian verstand es meisterhaft, jedenfalls besser als Antonius, Ideen der sozialen Utopie der unterdrückten Klassen nach der Wiederkehr des Goldenen Zeitalters in sein Programm der Reorganisation des Staates einmünden zu lassen.

Übergang zum Kaiserreich

Der Übergang von der Republik zum Prinzipat war daher alles andere als eine Revolution. Er war Ausdruck weitgehender Veränderungen der politischen und sozialen Struktur der herrschenden Klasse sowie ihres Machtinstruments, des Staates. Aber es handelte sich dabei immer um strukturelle Veränderungen *innerhalb* ein und desselben gesellschaftlichen Systems mit dem Ziel, die Sklavereigesellschaft mit den Mitteln der antiken Militärdiktatur zu stabilisieren. Die allgemeine Stagnation setzte erst rund zweihundert Jahre später ein. Dann war die Gesellschaft in jene allgemeine Krise geraten, die auch durch keine bloßen Strukturveränderungen mehr überwunden werden konnte; Rom stand am Vorabend einer bedeutenden sozialen Revolution, in deren Ergebnis die alte Klassengesellschaft zusammenbrach und eine neue Klassengesellschaft, der Feudalismus, sich herauszubilden begann.

1   Fr. Engels: Bruno Bauer und das Urchristentum, in: MEW, Bd. 19, Berlin 1962, S. 301.

5.1. Die Entstehung des Kaiserreichs und der Klassencharakter des Prinzipats

An die Stelle der aristokratisch regierten Republik trat eine spezifisch römische Form der Monarchie, der Prinzipat (lat. principatus); an der Spitze dieser Herrschaftsform stand der Kaiser mit dem Titel princeps, d. h. Erster, Vorsteher. Der Name »Kaiser« wurde von Caesar hergeleitet, dem Cognomen (Beinamen) des Adoptivvaters Octavians. Octavian führte seit dem Jahre 40 v. u. Z. diesen Namen anstelle eines Gentilnamens: Imperator Caesar divi filius (Imperator Caesar, Sohn des Göttlichen [Caesars]). Der Caesarname wurde später in Verbindung mit der Imperatorbezeichnung Bestandteil des Vornamens der Kaiser Roms bis in die Spätantike.

Entstehung des Prinzipats

Principes hatte es schon in der Zeit der Republik gegeben; sie genossen durch besondere Leistungen für den Staat hohes Ansehen im Senat. Meist handelte es sich um ehemalige Konsuln, die bei Abstimmungen im Senat als erste ihre Stimme abgaben und damit allgemein den Trend der politischen Meinungsbildung angaben. Octavian zeigte sich in der Übernahme und Aufwertung dieses Titels auch darin als sehr geschickter und kluger Kopf seiner Klasse, daß er es verstand, eindrucksvoll und unauffällig zugleich republikanische Formen mit monarchischem Inhalt zu füllen, so daß nach außen der Eindruck entstand, er habe die Republik wiederhergestellt (res publica restituta). In seinem »Tatenbericht« verkündete er: »In meinem 6. und 7. Konsulat (28/27 v. u. Z.), als ich das Feuer der Bürgerkriege ausgelöscht hatte, hatte ich unter allgemeiner Zustimmung die gesamte Staatsmacht an mich genommen, da legte ich den Staat aus meiner Gewalt in die Hände des Senats und des römischen Volkes zurück.«[2]

Einbeziehung republikanischer Herrschaftsformen

Der junge C. Octavianus hatte schon als Triumvir eine bedeutende Machtfülle besessen. Nun gelang es ihm, nach und nach weitere Ehrenrechte zu erwerben, die ihm allmählich eine hervorragende Stellung im Staat verschafften. Seit dem Jahre 36 v. u. Z. besaß er die tribunizischen Ehrenrechte, darunter die rechtliche Unantastbarkeit seiner Person (sacrosanctitas). In Vorbereitung des Krieges gegen Kleopatra und Antonius verpflichtete er im Jahre 32 die römischen Bürger Italiens und der westlichen Provinzen, über die er verfügte, durch einen Treueid auf seine Person. Octavian nutzte damit die alte Institution des Patronats und der Klientel, um mit dieser Eidesleistung als »pater familias« ein doppelseitiges Treueverhältnis zwischen ihm und allen Bürgern der westlichen Hälfte des Imperiums herzustellen. Von 31 v. u. Z. bis 23 v. u. Z. war er Jahr für Jahr einer der beiden Konsuln. Die Siege der Feldherren M. Vipsanius Agrippa im Golf von Actium und des C. Cornelius Gallus in Afrika machten ihn populärer als die Heerführer selbst. Die politische Ideologie des Octavian war »massenwirksamer« als die gleichzeitige Propaganda des Antonius. In Anlehnung an alte, psychologisch effektvolle Praktiken verstand es Octavian meisterhaft, sich ins Recht und seinen Widersacher ins Unrecht zu setzen.

Machtfülle Octavians

Am 13. Januar 27 v. u. Z. erklärte Octavian vor dem Senat, seine Ämter niederlegen zu wollen, die Macht dem Volke und dem Senat zurückzugeben und sich ins Privatleben zurückzuziehen. Da seine Freunde und Parteigänger im Senat die Mehrheit hatten, brauchte er nicht zu befürchten, daß der Senat sein Angebot annahm. Die politischen Anhänger des Antonius hatte er schon

»Teilung« der Macht mit dem Senat

---

2 res gestae divi Augusti, Kap. 34.

vorher aus dem Senat entfernt. Der Verzicht des Octavian wie auch die Bitte der Senatoren, er solle an der Spitze des Staates bleiben, waren nur äußerlicher Natur. Octavian nahm an. Er erhielt eine zunächst auf zehn Jahre befristete prokonsularische Gewalt, die ihn an die Spitze des in den Provinzen konzentrierten Heeres stellte. Gleichzeitig erfolgte die Teilung der Provinzen in kaiserliche und senatorische: Die Provinzen, die als »befriedet« galten, wurden dem Senat unterstellt. Die anderen, meist Grenzprovinzen, in denen fast sämtliche Legionen stationiert waren, erhielt Octavian. Solch bedeutende Gebiete wie Spanien, Gallien, Syrien und Ägypten waren in seinem Besitz. Weitgehend romanisierte bzw. hellenisierte Provinzen, wie Baetica (in Südspanien), Narbonensis (in Südgallien), Sizilien, das ehemalige karthagische Nordafrika, Makedonien, Achaia (Griechenland), Asia (im westlichen Kleinasien), Bithynien und Pontus, Zypern, die Cyrenaika und Kreta unterstanden dem Senat; doch hatte der Herrscher ein weitgehendes Kontrollrecht auch über diese Provinzen. Nur in einer senatorischen Provinz, in Africa proconsularis, war eine Legion stationiert. Aber ihr Kommandeur unterstand den Befehlen des Kaisers, nicht des Senats.

Octavian — Augustus

Am 16. Januar 27 v. u. Z. verlieh ihm der Senat den ehrenden Beinamen Augustus (d. h. der Erhabene). Dieser Name wurde fortan die kaiserliche Herrschaftsbezeichnung. In den folgenden Jahren baute Augustus seine Machtposition weiter aus; im Jahre 23 v. u. Z. erweiterte der Senat das prokonsularische Imperium (imperium proconsulare maius); es bezog sich nun auch auf die Stadt Rom und wurde den Herrschaftsfunktionen der Statthalter übergeordnet. Damit wurde ein Amt geschaffen, für das es in der Zeit der Republik kein Beispiel gegeben hatte, und wenn auch Augustus auf Titel wie König oder Diktator verzichtete, wurde die Entwicklung zur Monarchie offenkundig. Im Jahre 23 v. u. Z. erhielt er auf Lebenszeit die Gewalt eines Volkstribunen (tribunicia potestas), die für das ganze Reich galt. Von nun an wurde die Regierungszeit nach den Jahren der tribunizischen Gewalt des Herrschers datiert. Seine Machtfülle war bereits so angewachsen, daß er seit 23 auf die jährliche Bekleidung des Konsulats verzichten konnte; im Jahre 19 v. u. Z. übernahm er weiter das konsularische Imperium auf Lebenszeit. Damit war er den beiden jährlich wechselnden Konsuln formell juristisch gleichgestellt, auch wenn er selbst nicht Konsul war. Im gleichen Jahr hatte er die Aufsicht über die Gesetze und Sitten erhalten (cura legum et morum). Damit konnte er im Jahre 17 v. u. Z. die neue Saecularfeier veranstalten, die Augustus als den Bringer eines neuen Zeitalters feierte. Nach dem Tode des M. Aemilius Lepidus (12 v. u. Z.), des ehemaligen Triumvirn und des Pontifex maximus, wurde Augustus auch in dieses Amt gewählt; somit stand er nun an der Spitze des gesamten staatlichen Kultwesens. Der ihm im Jahre 2 v. u. Z. verliehene Titel eines »Vaters des Vaterlandes« (pater patriae) unterstrich seine Autorität weiter. Mit all diesen Maßnahmen waren alte Grundsätze der römischen republikanischen Ordnung endgültig über Bord geworfen worden: die Prinzipien der Kollegialität im Amte, der Annuität und des Verbots der Ämterhäufung. In seinem schon erwähnten »Tatenbericht« verkündete zwar Augustus, nach dem Jahre 27 v. u. Z. habe er lediglich an Würde und Ansehen (auctoritas) mehr besessen als seine »Kollegen« im Amt des Konsulats, nicht aber an Macht (potestas); dies entsprach wohl der von ihm propagierten

5.1. Die Entstehung des Kaiserreichs und der Klassencharakter des Prinzipats

politischen Ideologie des Prinzipats, der neuen kaiserlichen Herrschaft, doch nicht der geschichtlichen Wirklichkeit.

Beim Übergang der römischen Republik zum Prinzipat verlor der Senat an politischer Macht. War er früher Träger der staatlichen Autorität, so war es nun allmählich der Kaiser geworden. Die Zahl der Senatsmitglieder wurde von 1000 auf 600 festgesetzt; unter denen, die dem Senat nicht mehr angehörten, fanden sich zahlreiche Gegner des Augustus. Ein eigenartiger Widerspruch wurde in der kaiserlichen Politik sichtbar: Je mehr der Senat an politischer Macht einbüßte, desto weniger konnte der Kaiser auf ihn verzichten. Der Senat war nach wie vor das Zentrum der Großgrundbesitzer-Sklavenhalter, Senatoren waren die Kommandeure der Legionen, Senatoren standen an der Spitze der senatorischen Provinzen und leiteten auch als legati pro praetore Augusti (kaiserliche Legaten im proprätorischen Rang) die meisten kaiserlichen Provinzen. Der Stadtpräfekt von Rom, dessen Amt sich aber nicht nur auf die Stadt Rom, sondern auf ganz Italien erstreckte, war stets ein Senator; konsularische Statthalter erhielten das höchste Jahresgehalt, das damals gezahlt wurde: 1 Million Sesterzen (4 Sesterzen = 1 Denar); 1 Million Sesterzen betrug auch das von einem Senator geforderte Mindestvermögen (senatorischer Zensus). Der Senat verlor zwar als *eigene* politische Körperschaft an Macht und Einfluß, aber über den kaiserlichen Dienst gewannen die Senatoren gewissermaßen an Einfluß zurück. In dieser Sicht war der Kaiser Exponent der herrschenden Klasse der Großgrundbesitzer-Sklavenhalter, die sich vor allem im Senat sammelten. Diese klassenmäßige Verbindung zwischen Kaiser und Senat wurde auch dadurch nicht verwischt, daß manche Kaiser eine Politik verfolgten, die zu Spannungen gegenüber dem Senat führte. Senatorische Opposition bedeutete oft das Todesurteil für die Betreffenden, aber auch jene Kaiser, die den Senat unterdrückten, fielen meist senatorischen Verschwörungen zum Opfer. Keinem Kaiser fiel es je ein, den Senat etwa abzuschaffen; Nero (54—68) hat zwar einmal damit gedroht, aber es blieb bei der Drohung. Erst seit Kaiser Hadrian (117—138) wurden die Senatoren allmählich aus ihren Positionen verdrängt.

Rückgang der Macht des Senats

Unter Augustus und in der ganzen frühen Kaiserzeit wurde die gesellschaftliche Stellung des Ritterstandes immer einflußreicher, selbst unter Verlust ihrer monopolartigen Stellung der Steuerpacht, was sich günstig für die wirtschaftliche Entwicklung der Provinzen auswirkte. Sie bekleideten bald in der kaiserlichen Verwaltung hohe verantwortliche Ämter, standen an der Spitze einiger Provinzen, stellten in der Armee die Kader der Stabsoffiziere, leiteten als Prokuratoren (Verwalter) die kaiserlichen Finanzen, verwalteten den kaiserlichen Großgrundbesitz und standen häufig an der Spitze der städtischen Verwaltungsorgane in Italien und in den Provinzen. Die höchsten ritterlichen Ämter im Staat waren die Präfektur der Getreideversorgung Roms (praefectura annonae), die Präfektur der Prätorianergarde in Rom (zunächst neun, dann zwölf Kohorten) und die Präfektur der Provinz Ägypten, die Eigentum des Kaisers war und die Senatoren nur mit ausdrücklicher kaiserlicher Genehmigung betreten durften. Der Zensus der Ritter war auf 400 000 Sesterzen festgesetzt, aber außerdem setzte die Zugehörigkeit zur Ritterschaft voraus, daß der Kaiser die Ritter durch ein Edikt ernannte.

Aufstieg der Ritter

| Munizipal-aristokratie | Besondere Bedeutung gewannen unter Augustus und dem frühen Prinzipat die oberen und mittleren sozialen Schichten der Städte, seien es nun Militärsiedlungen (coloniae), Bürgersiedlungen (municipia) oder Hauptorte von unterworfenen Stämmen in den Provinzen (civitates). Auch in den Marktsiedlungen und in den kleineren Landstädten (fora, vici), in denen die Einwohnerschaft politisch nicht organisiert war, entwickelte sich bald reges städtisches Leben. Die führenden sozialen Schichten der städtischen Bevölkerung, aus denen sich der Munizipaladel zusammensetzte, unterstützten aktiv die Politik des Prinzipats, der ihnen größere wirtschaftliche Entwicklungsmöglichkeiten bot. |

Besondere Bedeutung gewannen unter Augustus und dem frühen Prinzipat die oberen und mittleren sozialen Schichten der Städte, seien es nun Militärsiedlungen (coloniae), Bürgersiedlungen (municipia) oder Hauptorte von unterworfenen Stämmen in den Provinzen (civitates). Auch in den Marktsiedlungen und in den kleineren Landstädten (fora, vici), in denen die Einwohnerschaft politisch nicht organisiert war, entwickelte sich bald reges städtisches Leben. Die führenden sozialen Schichten der städtischen Bevölkerung, aus denen sich der Munizipaladel zusammensetzte, unterstützten aktiv die Politik des Prinzipats, der ihnen größere wirtschaftliche Entwicklungsmöglichkeiten bot.

Volksversammlungen

Bei dieser politischen Entwicklung und der immensen Ausdehnung des Reiches mußten die Volksversammlungen der römischen Bürger an Bedeutung verlieren. Im Todesjahr des Augustus, 14 u. Z., wurden sie in Rom zum letzten Male abgehalten. Ihre Rechte gingen allmählich an den Senat über, der dabei die kaiserlichen »Empfehlungen« und Vorschläge stets zu beachten hatte. In den Provinzstädten blieb jedoch die Versammlung der römischen Bürger länger bestehen; sie wählte die städtischen Magistraturen.

Veteranen

Der Munizipaladel wurde ständig durch die Veteranen ergänzt. Das waren die ehemaligen Soldaten der römischen Legionen, die nach 20 Jahren aus dem Heeresdienst entlassen wurden und dann auf einem städtischen Territorium einen mittelgroßen Grundbesitz zugewiesen bekamen. Die Größe dieses Besitztums war in den einzelnen Territorien sehr unterschiedlich, aber es war umfangreich genug, um die Veteranen in den Munizipaladel einzuführen. Die Soldaten der Hilfstruppen (auxilia), meist keine römischen Bürger, erhielten im allgemeinen nach ihrer Entlassung das römische Bürgerrecht. Auch damit wurde das städtische Leben weiter gefördert. Aus all dem geht hervor, daß die römische Armee mit der Entwicklung des Kaiserreichs auch in sozialer Hinsicht ein bedeutender Faktor wurde.

Legionen und Hilfstruppen

Betrug die Dienstzeit in den Legionen 20 Jahre, so war sie in den Hilfstruppen auf mindestens 25 Jahre festgelegt. Die Prätorianerkohorten, die »Elitetruppe« der römischen Armee, bekamen einen dreimal so hohen Sold wie die Legionäre und wurden schon nach zwölf Jahren entlassen. Nach Beendigung der Bürgerkriege konnte Augustus die Zahl der Legionen von 50 auf 25 herabsetzen, damit wurden auch die Militärausgaben des Staates gesenkt. Zu Beginn des Prinzipats standen acht Legionen an der Rheingrenze, an der mittleren und unteren Donau waren sieben Legionen, an der Euphratgrenze in Syrien vier Legionen stationiert, drei Legionen hatten ihre Standorte in Spanien, zwei in Ägypten, und eine besaß ihr Lager in der Provinz Africa. Insgesamt waren in den 25 Legionen etwa 130000 Soldaten zusammengefaßt. Zusammen mit den Hilfstruppen war das römische Heer unter Augustus etwa 250000 Mann stark. Als Octavian nach der Schlacht bei Actium das Heer verringerte, erhielten etwa 300000 Veteranen nach ihrer Entlassung hohe Geldzahlungen oder Grundbesitz in den Militärsiedlungen oder Munizipien innerhalb und außerhalb Italiens. Sehr rasch kam es zu engen sozialen Beziehungen zwischen den Legionslagern und der umwohnenden einheimischen Bevölkerung. In den Lagersiedlungen entstand ebenfalls städtisches Leben, und die örtliche Wirtschaft stellte sich auf die Bedürfnisse des dort stationierten Heeres ein.

5.1. Die Entstehung des Kaiserreichs und der Klassencharakter des Prinzipats

Die Gründung zahlreicher neuer und die Weiterentwicklung der schon bestehenden Städte — ein geschichtlicher Vorgang, den man mit dem Begriff der Urbanisierung bzw. Munizipalisierung zu erfassen versucht — standen im engen Zusammenhang mit der Romanisierung der Provinzen. Die Städte blieben die Zentren der auf Sklaverei beruhenden Produktionsweise, auch noch in der Zeit, als sich auf dem Lande die ersten Ansätze des Kolonats zu entwickeln begannen. Urbanisierung und Romanisierung führten in der frühen Kaiserzeit noch einmal zu einer etwa 200 Jahre währenden relativen Stabilisierung der auf Sklaverei beruhenden Gesellschaftsordnung. Die Kultur der augusteischen Zeit entwickelte sich in enger Wechselbeziehung zu dieser gesellschaftlichen Wirklichkeit, förderte und formte sie gleichermaßen.

Urbanisierung und Romanisierung

Damit war die soziale Grundlage der Staatsmacht im Vergleich zur Republik breiter geworden. In der Republik war die Nobilität weitgehend allein die *politisch* herrschende Klasse geblieben. Im frühen Kaiserreich stellten außer dem Senatsadel die Ritter und neben dem Heer der Munizipaladel das Fundament der Herrschaft des Kaisers dar. Aber zugleich repräsentierten sie alle *die* sozialen Kräfte, die an der Erhaltung der auf Sklaverei beruhenden Gesellschaftsordnung noch am meisten interessiert waren, während der Senatsadel sich allmählich auf seinen Gütern auf eine neue Produzentenklasse, die Pachtbauern (coloni), umzuorientieren begann.

Neue soziale Grundlage der Staatsmacht

Augustus und die nachfolgenden Kaiser des Prinzipats begünstigten die Sklavenhalterklasse. Obwohl auch die Kaiser recht bald auf ihren Gütern dem Kolonat den Vorzug gaben, sahen sie doch im Kolonat nur *eine* Möglichkeit, ihr Mehrprodukt zu vermehren. Im Ganzen blieb die Sklaverei doch noch die gesellschaftliche Grundlage.

Sklaverei

Dem Ziel, die während der Bürgerkriege in ihren Grundfesten erschütterte Sklavereigesellschaft zu stabilisieren, dienten auch verschiedene Gesetze des Augustus, in denen er häufig auf schon in Vergessenheit geratene Rechtsnormen zurückgriff, so in den Gesetzen zur Festigung der Familie, die in der Sklavereigesellschaft eine wichtige Zelle des gesellschaftlichen Lebens darstellte, in Gesetzen zur Beschränkung des Luxus und besonders in Gesetzen über die Sklaven. Die Freilassung von Sklaven sollte eingeschränkt werden (Gesetz des Aelius Sentius, 4 u. Z. und das Gesetz des Furius Caninus, 2 v. u. Z.). Ein Senatsbeschluß des Jahres 10 u. Z. bestätigte ein altes republikanisches Gesetz, das alle Sklaven, die sich bei der Ermordung ihres Herrn im Hause befunden hatten, dem Tode überantwortete. Die Verfügungsgewalt des Sklavenhalters über seine Sklaven sollte wieder unumschränkt gültig sein; die kaiserliche Gewalt mischte sich grundsätzlich nicht ein.

Gesetzgebung

Der Übergang von der Republik zum Kaiserreich erscheint nicht als eine Revolution, sondern als eine gesellschaftliche und politische Veränderung, die durch einen Strukturwandel innerhalb des bestehenden Systems die alte Ausbeuterordnung zeitweilig zu stabilisieren und zu reformieren vermochte. Die Krise der Sklavenhalter-Polis Rom konnte mit dem Übergang zum Kaiserreich abgefangen werden. Als gegen Ende des 2. Jh. dann die allgemeine Krise der auf Sklaverei beruhenden Produktionsverhältnisse einsetzte, konnte durch eine bloße Strukturveränderung, wie sie etwa der Übergang vom Prinzipat zum Dominat darstellt, der unaufhaltsame Niedergang der Sklavenhalterordnung nicht mehr aufgehalten werden.

Übergang zum Prinzipat — keine Revolution

5. Die frühe römische Kaiserzeit. Der Prinzipat

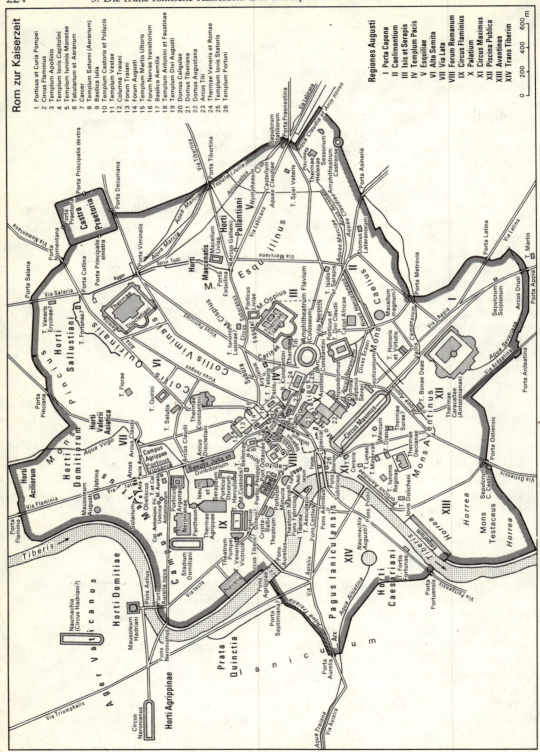

Kaiser Augustus (27 v. u. Z.–14 u. Z.), Panzerstatue aus der Villa der Livia bei Primaporta

52 Augustus und die Göttin Roma beim Triumph des Tiberius, sogenannte
Gemma Augustea (12 v. u. Z.)

53 Erdgöttin Tellus mit Personifikation von Luft und Wasser,
Relief von der Ostseite der Ara Pacis in Rom, Marmor (13–9 v. u. Z.)

54 Kantharos, 1. Jh.

55 Schale mit Vollrelief aus dem Silberschatz von Boscoreale bei Pompeji, 1. Jh.

56 Colosseum in Rom (80), Ansicht von Nordwesten

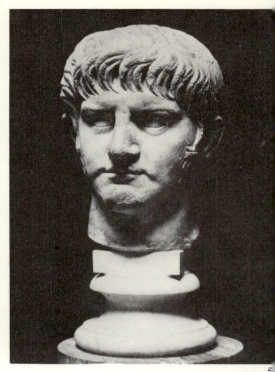
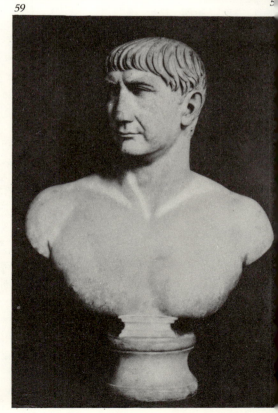

57 Triumphbogen des Kaisers Titus in Rom

58 Kaiser Nero (54—68)

59 Kaiser Traian (98—117), Marmorbüste

60 Ausschnitt von der Traianssäule: Einbringung von dakischen Gefangenen, Brücken- und Festungsbau

61 Traiansforum in Rom mit der Statue des Kaisers Nerva (96—98) und der Traianssäule

61

63

62 Eine römische Heeresabteilung überschreitet die Donau auf einer Schiffsbrücke, Relief von der zerstörten Antoninus-Pius-Säule in Rom

63 Pantheon in Rom (um 118–125)

64 Teil eines Grenzwalls mit Wach- und Torhäusern und hölzernen Palisaden, Relief von der Mark-Aurel-Säule in Rom

65 Hadrianswall in Nordengland

66 Kastell Saalburg am obergermanischen Limes, Luftaufnahme

67 Pompeji, Ansicht der sogenannten Straße des Wohlstands (via dell'Abondanza)

68 Baalbek (Heliopolis), Jupitertempel

66

67

Der Prinzipat bis zur Mitte des 1. Jh. 5.2.

Der Grundwiderspruch der antiken Sklavereigesellschaft bedeutete nicht nur **Außenpolitik** Ausbeutung und Unterdrückung der innerhalb der Landesgrenzen befindlichen Sklaven und freien Kleinproduzenten, sondern auch Expansion, Raub und Aggression nach außen, um zusätzliches Mehrprodukt in Form von neuen Tributen, Steuern, Abgaben und Menschenraub zu erwerben. Dies war das Hauptziel römischer Außenpolitik, und jeder Versuch, die außenpolitischen Aktivitäten des Augustus und der nachfolgenden Herrscher der frühen Kaiserzeit zu idealisieren, verfälscht letzten Endes die Geschichte. Augustus selbst betonte in seinem »Tatenbericht«: »Kriege habe ich in der ganzen Welt geführt, zu Lande und zu Wasser, gegen innere und äußere Feinde, und als Sieger habe ich alle überlebenden Bürger geschont. Auswärtige Völker wollte ich lieber erhalten als vernichten, sofern es die Sicherheit erlaubte.«[3] »Neun Könige oder Kinder der Könige wurden auf den Triumphen vor meinen Wagen hergeführt.«[4] »Ich habe die Grenzen aller Provinzen des Römischen Volkes erweitert, deren Nachbarn Völker waren, die noch nicht unserer Herrschaft gehorchten.«[5] In sieben Kapiteln seines »Tatenberichtes« zählt Augustus die Erfolge seiner Feldzüge und anderer außenpolitischen Handlungen auf.

Angesichts dieser Tatsachen ruft die Darstellung der Außenpolitik des Augustus bei Hermann Bengtson im »Grundriß der römischen Geschichte mit Quellenkunde« Befremden und Verwunderung hervor, wenn man liest »Das Werk des Augustus ist im wesentlichen ein Werk des Friedens. Wenn er trotzdem Kriege geführt hat, so dienten diese der Abrundung des Reiches und der Befriedung von Grenzvölkern.«[6]

Der römische Geschichtsschreiber P. Cornelius Tacitus (um 55 bis um 120) hat **Römische** die Außenpolitik Roms objektiver charakterisiert. In einer Rede, die er den **Außen-** Anführer eines britannischen Aufstandes von 83, Calgacus, halten läßt, re- **politik in der** sümiert dieser die römische Expansionspolitik. Gewiß ist die Rede in dieser **Beurteilung** Form nie gehalten worden, aber Tacitus gibt hier die Stimmung breiter **des Tacitus** Schichten in den unterworfenen Provinzen wieder. »Diese Räuber der Welt durchwühlen, nachdem sich ihren Verwüstungen kein Land mehr bietet, selbst das Meer; wenn der Feind reich ist, sind sie habgierig, wenn er arm ist, ruhmsüchtig; nicht der Orient, nicht der Okzident hat sie gesättigt; als einzige von allen begehren sie Reichtum und Armut in gleicher Gier. Plündern, Morden, Rauben nennen sie mit falschem Namen Herrschaft, und wo sie eine Öde schaffen, heißen sie es Frieden.«[7] Mit einer Sklavenfamilie vergleicht Calgacus die Provinzen des Römischen Reiches.[8] Ähnliches legte Tacitus auch dem Anführer des Bataveraufstandes (69), Civilis, in den Mund, als dieser in einer Rede seine Stammesgenossen zum Kampf aufrief und dabei die römische

---

3 res gestae, Kap. 3.
4 res gestae, Kap. 4.
5 res gestae, Kap. 26.
6 Hermann Bengtson, Grundriß der römischen Geschichte mit Quellenkunde, München 1967, S. 267.
7 Tacitus, Das Leben des Julius Agricola, deutsch von Rudolf Till, Berlin 1961, S. 43, Kap. 30, 4.
8 A. a. O., Kap. 31, 2.

15 Römische Geschichte

5. Die frühe römische Kaiserzeit. Der Prinzipat

Unterjochung anprangerte.[9] Mag der Quellenwert dieser Reden durch ihren topischen Charakter beeinträchtigt sein, gänzlich erfunden sind diese Anklagen gegen die römische Herrschaft keinesfalls.[10]

Kämpfe in Spanien

In den ersten drei Jahrzehnten der Regierungszeit des Augustus führte Rom Angriffskriege gegen die Cantabrer und Asturer auf der Iberischen Halbinsel, die bisher ihre Unabhängigkeit gegenüber Rom noch bewahren konnten, gegen germanische Stämme zwischen Rhein und Elbe und gegen keltisch-rätische Stämme in den Alpen. In den Jahren 27 bis 25 v. u. Z. führte Augustus selbst die Kampfhandlungen in Spanien, jedoch ohne größeren Erfolg. Die Cantabrer und Asturer im Norden und Nordwesten Spaniens verteidigten tapfer und hartnäckig ihre Freiheit. Erst M. Vipsanius Agrippa gelang die Unterwerfung dieser Bergvölker, in deren Gebieten sich wichtige Goldfelder befanden. Mehrere römische Kolonien wurden dort zur Sicherung des eroberten Landes angelegt. Spanien wurde in drei Provinzen eingeteilt: Tarraconensis, Baetica und Lusitania.

Kämpfe in den Alpen

Im Jahre 26 v. u. Z. wurde der keltische Alpenstamm der Salasser im Gebiet des Kleinen St. Bernhard auf Befehl des Kaisers fast völlig ausgerottet, der Rest in die Sklaverei verkauft. Den Römern mißfiel es, daß die Salasser die Landverbindungen zwischen Italien und Gallien ständig bedrohen konnten.

Kämpfe in Noricum und Rätien

Das Königreich Noricum in den Ostalpen wurde 16 oder 15 v. u. Z. von Rom abhängig; im Jahre 15 v. u. Z. kamen Teile der heutigen Schweiz und das nördliche Alpenvorland bis zur Donau als Provinz Rätien an das Römerreich. In Oberhausen bei Augsburg stationierte man vorübergehend eine Legion. Hauptstadt der neuen Provinz wurde Augusta Vindelicum oder Vindelicorum (Augsburg). Aus den eroberten Westalpengebieten entstanden drei neue Provinzen: Alpes Maritimae, Alpes Cottiae und Alpes Poeninae. Diese und die Provinz Rätien unterstanden ritterlichen Prokuratoren als Statthaltern.

Neueinteilung Galliens

Gallien wurde in diesen Jahren neu organisiert und in vier Provinzen eingeteilt: Narbonensis (senatorische Verwaltung), Aquitania, Lugdunensis und Belgica (alle in kaiserlicher Verwaltung). Politisches und kultisches Zentrum in Gallien wurde die Stadt Lugdunum (Lyon) mit einem Altar für den römischen Kaiserkult.

Aufstand in Pannonien

In der Zeit von 14 bis 9 v. u. Z. erhoben sich die Pannonier an der mittleren Donau; zwei der besten Feldherren Roms in jener Zeit, Agrippa und Tiberius, der spätere Kaiser, gelang es schließlich, sie wieder zu unterwerfen.

In Thrakien und im Bosporanischen Reich am Schwarzen Meer verstärkte sich in diesen Jahren erheblich der römische Einfluß.

Kämpfe gegen die Germanen

Besondere Aufmerksamkeit seitens der Römer erforderten die in der Zeit von 16 v. u. Z. bis 16 u. Z. währenden Kämpfe mit den Germanen. Nachdem C. Iulius Caesar die linksrheinischen Germanen fast völlig vernichtet hatte, war der Rhein politische Grenze des Römischen Reiches gegenüber den freien Germanen geworden. Einigen germanischen Stämmen, wie den Ubiern, Vangionen, Nemetern und Tribokern hatte Rom inzwischen die Übersiedlung auf das linke Rheinufer gestattet, nicht zuletzt auch aus dem Grund, daß sie

---

9 Tacitus, Historiae 4, 14.
10 Vgl. auch die Rhodierrede Catos des Zensors, Orat. Rom. fragm.[2] ed. Malcovati, fr. 163ff. und den Brief des Mithradates an den Partherkönig Arsaces bei Sallust, Hist. fr. 4, 69 ed. Maurenbrecher.

5.2. Der Prinzipat bis zur Mitte des 1. Jh. 227

den Grenzschutz gegen andere Germanenstämme übernehmen sollten. Im Jahre 16 v. u. Z. drangen die germanischen Sugambrer, Usipier und Tenkterer über den Niederrhein auf römisches Gebiet vor und brachten dem Heer des Legaten M. Lollius Paulinus eine schwere Niederlage bei. Die im Jahre 12 v. u. Z. eingeleiteten römischen Gegenangriffe verfolgten das Ziel, Germanien bis zur Weser, wenn möglich auch bis zur Elbe zu unterwerfen und dort eine neue Provinz einzurichten. Die Feldzüge standen bis 9 v. u. Z. unter der Leitung des Drusus, des Stiefsohnes des Augustus. Jahr für Jahr drangen römische Heere vor allem durch das Tal der Lippe und des Main in Germanien ein und unterwarfen zahlreiche germanische Stämme. Nach dem Tod des Drusus (9 v. u. Z.) übernahm Tiberius das Oberkommando der Rheinlegionen. Etwa um 5 u. Z. stand die Gründung einer neuen römischen Provinz Germania nahe bevor, nachdem die Stämme zwischen Rhein und Weser in ein festes Abhängigkeitsverhältnis gezwungen waren und sich auch verschiedene Stämme diesseits und jenseits der Elbe vertraglich gegenüber Rom verpflichtet hatten. Einige römische Heerführer hatten auf ihren Feldzügen auch die Elbe erreicht; einer von ihnen, L. Domitius Ahenobarbus, stieß im Jahre 2 v. u. Z. über die mittlere Elbe in das Gebiet der germanischen Semnonen vor; — aber das blieb eine Demonstration römischer Macht.

In den letzten Jahren vor unserer Zeitrechnung war es Marbod, dem Stammesfürsten der Markomannen und Sueben nach Unterwerfung der noch in Böhmen lebenden keltischen Boier gelungen, eine stabilere Stammesvereinigung zu begründen, die schon einige Kennzeichen des Staates trug. Einige germanische Stämme mußten die Herrschaft der Markomannen anerkennen, woraus in Ansätzen soziale Abhängigkeitsverhältnisse entstanden. Rom sah darin eine mögliche Bedrohung für die Provinz Germanien, deren Bildung kurz bevorstand, und bereitete 6 u. Z. einen Doppelangriff vom Rhein und von der Donau her gegen Marbod vor. Da brach im Jahre 6 der große pannonische Aufstand aus. Die Ursachen der Erhebung lagen vor allem in dem maßlosen Steuerdruck der Römer, in den angesichts der Kriegsvorbereitungen gegen Marbod gestiegenen Abgaben und Heereslieferungen und in der zwangsweisen Aushebung der Bevölkerung zum Dienst in den römischen Hilfstruppen. Die Aufständischen unter Führung von Baton und Pinnes bedrohten Makedonien und selbst Italien und konnten von Tiberius, dem römischen Oberkommandierenden zur Unterdrückung des Aufstandes, erst 9 u. Z. mit Hilfe von 15 Legionen und zahlreichen Auxiliartruppen wieder niedergeworfen werden. Was wäre geschehen, wenn diese 15 Legionen zur Niederwerfung des im gleichen Jahre ausbrechenden Germanenaufstandes zur Verfügung gestanden hätten? Pannonien, das bis dahin Teil der Provinz Illyricum — einschließlich Dalmatien — war, erhielt nun zur besseren Kontrolle der einheimischen Bevölkerung eine eigene Provinzorganisation. Der pannonische Aufstand veranlaßte Augustus, auf ein weiteres Vordringen in Böhmen zu verzichten. Marbod hatte sich während des pannonischen Aufstandes neutral verhalten. Er suchte einen Ausgleich mit Rom, nicht die Auseinandersetzung, ebenso wie Teile der germanischen Stammesaristokratie im Rhein-Weser-Gebiet, die ihre gehobene soziale Stellung im Stamm festigen wollten. Es hatte sich jedoch in diesen Stämmen eine breite Bewegung entwickelt mit dem Ziel, im Kampf gegen Rom die verlorengegangene Freiheit wiederzuerringen. Zentrum dieser

Geplante Unterwerfung der Markomannen

Aufstand der Pannonier

15*

228   5. Die frühe römische Kaiserzeit. Der Prinzipat

Bewegung war der Stamm der Cherusker, die Führung übernahm *der* Teil der Stammesaristokratie, der noch stärker mit der Gesamtheit der Stammesfreien verbunden war; — häufig ging die Spaltung der Aristokratie in der Frage für oder gegen Rom durch die einzelnen Stämme selbst hindurch. Anführer dieser gegen Rom gerichteten Bewegung mehrerer vereinigter germanischer Stämme war Arminius, ein Cheruskerfürst. Im Jahre 9 u. Z. kam es zum offenen Aufstand; der römische Legat P. Quinctilius Varus, der seit dem Jahre 7 den Oberbefehl in Germanien innehatte, erlitt zusammen mit drei Legionen in der Schlacht im saltus Teutoburgensis (»Teutoburger Wald«) eine vernichtende Niederlage. Zwar hatten sich nicht alle germanischen Stämme am Aufstand beteiligt, wie die Bataver an der Rheinmündung, die Friesen und Chauken an der Nordsee und auch der Stammesbund des Marbod in Böhmen, aber für kurze Zeit schien es, als sollte Arminius ähnlich wie Marbod die Schaffung einer festeren stabileren Stammeskonföderation gelingen, die dann auch vielleicht zusammen mit dem Markomannenbund Marbods zu größeren Angriffen gegen Rom in der Lage gewesen wäre. Bildete auch die Schlacht im Teutoburger Wald »einen der entscheidendsten Wendepunkte in der Geschichte«[11], so war für eine dauerhafte Staatsbildung der Germanen die Zeit doch noch nicht gekommen. Die Gentilverfassung befand sich zwar schon in ihrer letzten Entwicklungsstufe, aber noch hatten wirtschaftliche und soziale Differenzierung nicht zur Klassenbildung geführt, noch gab es kein Privateigentum am Boden; die Stämme lebten noch im Stadium der militärischen Demokratie.

Die Bedeutung der Schlacht bestand für die Germanen vor allem darin, daß sie danach wirtschaftliche und gesellschaftliche Erfahrungen der römischen Sklavereigesellschaft übernehmen konnten, ohne politisch von ihr unterworfen und ausgebeutet zu sein.

Der Ort der Schlacht ist bis heute umstritten; einige Forscher vermuten ihn im Wiehengebirge westlich der Porta Westfalica im Weserbergland. Der heute so benannte Teutoburger Wald hat mit der Schlacht nichts zu tun. Er hieß früher Osning und erhielt erst im Verlaufe des 16. und 17. Jh. diesen Namen, als deutsche Humanisten im Osning den von Tacitus, Annales 1, 60 erwähnten »Teutoburger Wald« vermuteten.

Die römische Niederlage in Germanien zwang Augustus zur Aufgabe seiner offensiven Germanenpolitik. Die Kastelle zwischen Rhein und Weser mußten preisgegeben werden. Man war wieder dort angelangt, wo man 12 v. u. Z. begonnen hatte — allerdings nun mit einer geschwächten Armee und in einer angespannteren Finanzlage. Der pannonische und der germanische Aufstand veranlaßten Augustus, auf ein weiteres Vordringen in Richtung Weser und Elbe sowie nach Böhmen zu verzichten.

An der Ostgrenze des Reiches war Rom erfolgreich gegenüber Parthern und Armeniern mehr durch diplomatisches Geschick als durch Waffengewalt. Parthien gab im Jahre 20 v. u. Z. die nach dem Sieg über Crassus bei Karrhai (53 v. u. Z.) erbeuteten Feldzeichen und Gefangenen an Rom zurück. Im gleichen Jahr sicherte sich auch Rom seinen Einfluß über Armenien, das zwar formell die Unabhängigkeit behielt, faktisch aber ein römischer Klientelstaat

Schlacht im »Teutoburger Wald«

Aufgabe der offensiven Politik gegenüber den Germanen

Erfolge im Osten

---

11   Fr. Engels, Zur Urgeschichte der Deutschen, in: MEW, Bd. 19, S. 447.

5.2. Der Prinzipat bis zur Mitte des 1. Jh.

wurde. Allerdings war die Kontrolle über Armenien auch in Zukunft oftmals die Ursache weiterer Auseinandersetzungen zwischen Rom und Parthien. Um wichtige Fernhandelswege beherrschen zu können, führte Rom in den Jahren 25 bis 24 v. u. Z. zwei Feldzüge gegen das »Glückliche Arabien« (Arabia felix) in Südarabien im Gebiet des heutigen Jemen und gegen Äthiopien (24—22 v. u. Z.). Der Feldzug des C. Aelius Gallus nach Südarabien endete mit einem völligen Mißerfolg. In Nubien stieß der römische Heerführer C. Petronius, der Präfekt Ägyptens, bis Napata vor, erreichte eine formelle Anerkennung der römischen Oberhoheit, mußte sich dann aber auch wieder zurückziehen.

Am 19. August 14 u. Z. starb Augustus, 75 Jahre alt, in Nola, einer Stadt in Kampanien und wurde in Rom im Mausoleum Augusti beigesetzt. Er hat mit der Staatsform des Prinzipats, auch wenn sie bei seinem Tode noch nicht voll ausgebildet war, entscheidend zur Festigung der Sklavereigesellschaft beigetragen. *Tod des Augustus*

Die Nachfolger der Julisch-Claudischen Dynastie behielten im allgemeinen die defensive Außenpolitik bei. Kaiser Tiberius (14—37), dem Stiefsohn des Augustus, der 4 u. Z. von ihm adoptiert und zum Nachfolger bestimmt worden war, wurde schon ein Jahr vor dem Tode des Augustus das imperium proconsulare maius übertragen. Meutereien der Legionen am Rhein und in Pannonien ließen erkennen, daß die Frage der Übergabe der Macht an den Nachfolger noch nicht endgültig geklärt war. Die Heere verlangten mehr Sold, die Verkürzung der Dienstzeit und bessere Veteranenversorgung; die Rheinlegionen wollten außerdem ihren populären Feldherrn Germanicus als Kaiser auf dem Thron sehen. Drusus, der Sohn des Tiberius, und Germanicus, der Neffe und Adoptivsohn des Tiberius, unterdrückten die Meutereien. *Tiberius*

Tiberius nahm in den Jahren 14 bis 16 die Feldzüge gegen Germanien erneut auf. Wieder waren das Lippe- und Maintal die Haupteinfallstore in das Land. Arminius organisierte mit großem Geschick die Abwehr der Angriffe. Mit sehr großem Aufwand, sogar unter Einsatz der Flotte, stießen Germanicus und seine Heerführer wieder bis zur Weser vor. Ein Heer des A. Caecina Severus entging im Jahre 15 nur mit Mühe und durch glücklichen Zufall dem Schicksal der Varus-Legionen. In zwei Schlachten des Jahres 16 bei Idistaviso östlich der Porta Westfalica und am Angrivarierwall rechts der Weser behielt zwar Germanicus die Oberhand, doch konnte sich Arminius mit seinen Truppen geordnet zurückziehen. Die verlustreichen Feldzüge spannten die militärischen wie finanziellen Kräfte des Staates so sehr an, daß Kaiser Tiberius Germanicus von der Rheinfront abberief und ihn im folgenden Jahr an den orientalischen Kriegsschauplatz versetzte. Der Triumph, den Germanicus im Jahre 17 in Rom feierte, diente mehr dazu, das untergrabene Prestige des römischen Staates zu heben. Die Germanen hatten im Kampf gegen die Römer ihre Unabhängigkeit erfolgreich behauptet. Aber die Zwistigkeiten der aristokratischen Geschlechter untereinander zersetzten das Verteidigungsbündnis der germanischen Stämme. Die römische Politik gegenüber den Germanen war in der Folgezeit darauf gerichtet, führende Geschlechter der Stammesaristokratie stärker an sich zu binden, sie mit Freundschaftsgeschenken und anderen Ehrungen zu bestechen, um so schrittweise auf diplomatischem Wege das Ziel zu erreichen, das den Römern auf dem Schlachtfeld versagt blieb. Diese Politik bewährte sich, denn Arminius wurde um 21 von seinen eigenen Verwandten *Neue Kämpfe in Germanien* umgebracht, und Marbod floh im Jahre 18 nach seinem Sturz durch Katualda auf römisches Gebiet. Unter den Funden aus germanischen Adelsgräbern des 1. Jh finden sich zunehmend prächtige römische Importstücke.

Teilung der römischen Rheinarmee

Das Heereskommando am Rhein wurde geteilt; fortan gab es ein obergermanisches Heer mit der Leitung in Mogontiacum (Mainz) und ein untergermanisches Heer mit der Führung in Castra Vetera (bei Xanten). Rom mischte sich im Orient in parthische Thronstreitigkeiten ein, die auch die römische Vorherrschaft in Armenien wieder in Frage stellten. Germanicus zwang den Armeniern einen Fremden, einen Sohn des Rom treuergebenen Königs des Bosporanischen Reiches als König auf, der sich dann mit römischer Hilfe bis zum Jahre 35 halten konnte. Kappadokien und Kommagene, bisher von Rom abhängige Klientelstaaten in Kleinasien, wurden im Jahre 17 neue römische Provinzen.

Aufstände in den Provinzen

Auch in den Provinzen gärte es; in diesen Jahren brachen in Africa proconsularis (17–24), in Thrakien (21), in Gallien unter den Häduern und Treverern (21) erneut Aufstände aus, und in Süditalien konnte ein Sklavenaufstand (24) im Keim erstickt werden. Der bedeutendste unter diesen Aufständen war der in Africa, wo Tacfarinas, ein Numider, die Erhebung organisierte. Dieser Bewegung, die Acker- und Weideland auf römischem Territorium für sich beanspruchte, schlossen sich mehrere afrikanische Stämme zwischen Africa proconsularis und Mauretanien an. Geschickt wich Tacfarinas mit seinen Scharen immer wieder der römischen Übermacht aus, bis er doch den Truppen unter Q. Iunius Blaesus (21) und P. Cornelius Dolabella (24) erlag.

C. Iulius Caesar (Caligula)

Tiberius starb am 16. März 37 in Misenum, einer kampanischen Hafenstadt. Sein Nachfolger C. Iulius Caesar (37–41), Sohn des Germanicus, von den Soldaten Caligula (»Stiefelchen«) genannt, rief durch die tyrannische Politik gegenüber den Provinzen große Unzufriedenheit hervor. Da er sich auch mit dem Senat und mit den Offizieren der Prätorianergarde in Rom verfeindet hatte, fiel er am 15. Januar 41 in Rom einer Verschwörung zum Opfer.

Claudius

Prätorianer und Senat hoben danach Claudius (41–54), den Bruder des Germanicus, auf den Thron. Er setzte die Steuerverordnungen des Caligula außer Kraft, um Erhebungen zuvorzukommen. Außenpolitisch änderte sich nichts Grundlegendes gegenüber der Politik des Augustus, doch begann unter seiner Herrschaft die Eroberung Britanniens (43). Das Land etwa bis zur Themse wurde neue römische Provinz zunächst mit Camulodunum (Colchester), später mit Londinium (London) als Zentrum. Eine andere frühe bedeutende Römerstadt in Südbritannien war Verulamium (St. Alban's). Im mittleren Britannien verstärkte sich jedoch der Widerstand der einheimischen Bevölkerung, so daß die Römer nur allmählich, im Verlaufe der nächsten hundert Jahre, ihre Herrschaft nach Norden ausdehnen konnten. Es gelang ihnen aber nie, bis zur Nordspitze Britanniens vorzustoßen. Ebenso blieb auch Hibernia (Irland) von römischer Fremdherrschaft frei.

Neue Provinzen

Zur Zeit des Claudius erfolgte die Umwandlung einiger romhöriger Klientelstaaten in Provinzen. Mauretanien wurde im Jahre 42 nach Niederwerfung eines Aufstandes in zwei kaiserliche Provinzen aufgeteilt. Das ehemalige Königreich Noricum wurde ebenso Provinz wie Thrakien; Judäa wurde erneut Teil der Provinz Syrien. Auch in der Urbanisierungspolitik sind weitere

5.2. Der Prinzipat bis zur Mitte des 1. Jh.

Fortschritte gemacht worden, neben anderen Städten gründete man im Jahre 50 Colonia Claudia Ara Agrippinensium (Köln).

Claudius wurde am 13. Oktober 54 von seiner Frau Agrippina vergiftet, die **Nero** damit den Weg für ihren Sohn Nero (54–68) ebnete. In der Außenpolitik unterschied sich Nero nicht von seinen Vorgängern. Die britannischen Stämme konnten weiter zurückgedrängt werden; aber gerade in dieser Provinz wuchs die Unzufriedenheit der Bevölkerung wie auch der Stammesaristokratie. Im Jahre 60 kam es zu einem bedeutenden Aufstand auf der Insel unter der **Aufstand** Führung der Boudicca, der Stammesfürstin der Icener. Da das Heer des **in Britannien** Statthalters C. Suetonius Paulinus in diesem Jahr auf der Insel Mona (Angelsey) operierte, eroberten die Aufständischen rasch hintereinander die noch unbefestigten Römerstädte Londinium, Camulodunum und Verulamium. Als aber Paulinus im Jahre 61 mit seinem Heer zurückkehrte, wurde der Aufstand mit brutaler Gewalt niedergeworfen.

Im Orient kam es zu neuen militärischen Auseinandersetzungen mit Parthien **Kämpfe** um die Besetzung des armenischen Königsthrons. Obwohl Rom an der Ost- **mit Parthien** grenze in Cn. Domitius Corbulo einen hervorragenden Feldherrn besaß, mußte es letzten Endes mit Parthien einen Kompromiß eingehen. Rom gestand zu, daß ein Bruder des Partherkönigs König von Armenien wurde; er mußte jedoch die armenische Krone im Jahre 66 aus der Hand des Kaisers Nero empfangen.

Im Osten war Judäa eine der unruhigsten Provinzen. Im Jahre 66 brach in **Aufstand** Palästina ein großer judäischer Aufstand aus. Zunächst aus örtlichen Streitig- **in Judäa** keiten zwischen Judäern, Griechen und Syrern entstanden, breitete er sich rasch aus und wurde eine der bedeutendsten Volksbewegungen des 1. Jh. Der Statthalter von Syrien, C. Cestius Gallus, wurde von den Aufständischen bei dem Versuch, Jerusalem zu erobern, geschlagen. Nero übertrug den Oberbefehl zur Niederwerfung des Aufstandes T. Flavius Vespasianus, der von 67 bis 68 in Palästina mit drei Legionen und zahlreichen Hilfstruppen wieder die Oberhand gewann. In diesem Aufstand spielten ärmere judäische Bevölkerungsgruppen eine bedeutende Rolle. Nur Jerusalem konnte sich beim Tode Neros noch halten.

Unter der Herrschaft Neros wurde auch das Königreich Pontus in Kleinasien, ein bisher von Rom abhängiger Vasallenstaat, in eine römische Provinz umgewandelt (64).

Gegen diesen Kaiser kam es zu mehreren Verschwörungen der Senatsoppo- **Verschwörung** sition. Im Jahre 68 fiel Nero einer Verschwörung des Senats und der Prä- **gegen Nero** torianergarde zum Opfer; er verübte am 9. Juni 68 Selbstmord. Mit ihm starb die Dynastie der julisch-claudischen Kaiser aus.

In diesen knapp hundert Jahren seit Bestehen des Prinzipats hatte sich die von **Zeitweilige** Augustus gegebene Orientierung für die weitere Politik der herrschenden **Festigung und** Klasse als gangbar erwiesen. Der Sklavenhalterstaat hatte sich vorüber- **Stabilisierung** gehend wieder stabilisiert. Trotz einzelner Mißerfolge war es möglich, die **des römischen** Grenzen des Reiches auszudehnen und ihren Schutz zu garantieren. Die soziale **Staates** Basis wurde durch die Urbanisierungspolitik in den Provinzen und durch die Einbeziehung der Ritter in die staatlichen Machtfunktionen gestärkt. Zugleich zeigen aber die zahlreichen Aufstände, daß die sozialen Widersprüche durch die Bildung des Kaiserreiches keineswegs aufgehoben waren; der Prinzipat

232 5. Die frühe römische Kaiserzeit. Der Prinzipat

*Klassen-
widerspruch*

selbst war ein Beweis dafür, daß die herrschende Klasse diese sozialen Widersprüche nur noch mit den Mitteln der antiken Militärdiktatur überbrücken konnte. Die Aufstände in Spanien, Pannonien, Germanien, Nordafrika, Britannien und Judäa waren eine Fortsetzung der gewaltigen Klassenkämpfe aus der Zeit der späten Republik. Aber es begann sich bereits der wesentliche Widerspruch zwischen den Hauptklassen zu verlagern: Nicht mehr Sklaven und die römische Plebs waren die Hauptträger des Klassenkampfes, sondern die unterjochten Stämme in den Provinzen, d. h. im wesentlichen die freie bäuerliche Bevölkerung, die Klasse der freien Kleinproduzenten in den von Rom unterworfenen Territorien. Die entscheidenden Impulse für die weitere gesellschaftliche Entwicklung gingen nicht mehr von Italien aus, sondern von den Provinzen. Bei allen innenpolitischen Maßnahmen, die den Senat betrafen, achtete Augustus sorgsam darauf, daß er kaum oder besser keine Möglichkeit erhielt, eine selbständige Politik ohne den Kaiser — geschweige denn gegen den Kaiser — zu betreiben. Wo es sich darum handelte, dem Senat nur den *Schein* der Autorität zu verleihen, war der Kaiser sehr großzügig, solange die reale Macht in seinen Händen verblieb. Er konnte durch Gesetz im Jahre 28 v. u. Z. dem Senat gestatten, daß er mehrere angesehene senatorische Familien plebejischer Herkunft in den Patrizierstand aufnahm (lex Saenia), nur damit die Patrizier nicht aussterben; ein Vorgang, den übrigens Kaiser Claudius im Jahre 48 wiederholte. Aber im gleichen Jahr entzog Augustus den Quästoren die Verwaltung der Staatskasse und übertrug sie zwei Präfekten. Damit wurden die Finanzmittel des Senats unter kaiserliche Kontrolle genommen, auch wenn zunächst noch der Senat die Präfekten auswählte. Ab 23 v. u. Z. wurden die Bewerber für diese Präfektur bereits verlost, und damit — nicht zuletzt auch durch häufige Zuschüsse aus dem kaiserlichen Vermögen in die Staatskasse — gewann der Kaiser mehr und mehr die Kontrolle über die Finanzmittel, die früher der Senat verwaltet hatte. Gleich zu Beginn seiner Herrschaft schuf sich Augustus neben der alten Staatskasse (aerarium Saturni) in jeder kaiserlichen Provinz eine eigene, vom Senat unabhängige Kasse, den fiscus. In diese Kasse flossen die Steuereinnahmen und andere Einkünfte der Provinz, die Ausgaben waren vor allem für das dort stationierte Militär bestimmt. Unter Kaiser Claudius wurden die einzelnen Provinzkassen zu einer zentralen kaiserlichen Kasse in Rom ebenfalls mit der Bezeichnung fiscus zusammengefaßt. Für die Veteranenversorgung richtete man im Jahre 6 v. u. Z. eine besondere Kasse, das aerarium militare ein, in das als Einnahmen die Eingänge der fünfprozentigen Schenkungs- und Erbschaftssteuer und Stiftungen des Augustus flossen. Das Privatvermögen des Kaisers (patrimonium Caesaris) wurde von kaiserlichen Prokuratoren verwaltet. Es bestand aus der Erbmasse C. Iulius Caesars, aus den beschlagnahmten Vermögen der Gegner des Kaisers, aus den Einkünften der zahlreichen kaiserlichen Güter, die im ganzen Reich verstreut waren, und aus Erbschaften, die dem Kaiser zuflossen. Letztere machten allein zur Zeit des Augustus die riesige Summe von 1,4 Milliarden Sesterzen aus. Mit Hilfe solcher Finanzmittel kontrollierten die Kaiser den gesamten Staatshaushalt. Schon im Jahre 27 v. u. Z. stand dem Senat nur noch die Kupferprägung zu, die Gold- und Silberprägung blieb in Zukunft dem Kaiser vorbehalten. Im Jahre 2 u. Z. tat Augustus ein Weiteres, um das Ansehen des Senats formal zu erhöhen, wobei aber zugleich das Amt

*Neuordnung
der Finanzen*

des Konsuls immer bedeutungsloser wurde: Er führte das Kurzkonsulat ein. Bisher war das Konsulat wie die meisten aus der Zeit der Republik stammenden Ämter auf ein Jahr befristet. Nunmehr erhielten im Laufe eines Jahres mehrere Senatoren nacheinander die Ehrenstellung eines Konsuls, die sich gegenseitig in rascher Folge ablösten. Damit erhöhte sich die Zahl der Konsularen im Senat, aber wirkliche Bedeutung hatte das Amt nicht mehr.

Einführung des Kurzkonsulats

Um die Stellung des Herrschers weiter zu erhöhen, hatte Augustus das Hochverratsgesetz erneuert. Es verurteilte nicht nur Verschwörer gegen den Staat, sondern auch diskriminierende Äußerungen gegen den Kaiser in Wort und Schrift. Schriften gegen den Kaiser und seine Familie wurden öffentlich verbrannt. Da die Zuträger solcher Anzeigen (delatores) ein Viertel des gesamten Eigentums der Angezeigten erhielten, wurde besonders dieses Gesetz ein Mittel zur Unterdrückung jeglicher Opposition und Quelle zur Bereicherung sowohl der Kaiser wie der Zuträger.

Kampf gegen Andersdenkende

Beim Tode des Augustus war der Senat schon so weit ohne Einfluß, daß dieser die gewünschte Thronfolge nicht mehr in Frage stellen konnte. Tiberius setzte gegenüber Senat und Ritterschaft die Politik seines Vorgängers fort. Er hob, ohne damit ein Machtmittel aus der Hand zu geben, wieder das Ansehen des Senats, indem er ihm die bisher den Wahlkomitien zustehende Aufgabe der Magistratswahlen übertrug. Natürlich folgte der Senat willfährig den »Empfehlungen« (commendationes) des Kaisers; Bürgerversammlungen zum Zweck der Magistratswahl wurden in Zukunft in Rom nicht mehr abgehalten.

Princeps und Senat

Gleich zu Beginn seiner Herrschaft stärkte er die mittleren Sklavenbesitzerschichten in den Städten des Imperiums, indem er das 25 Personen umfassende Priesterkollegium der Augustales einsetzte, das sich vornehmlich aus diesen Schichten rekrutierte. Der Kaiserkult, der in ihren Händen lag, wurde zu einem bedeutenden politisch-ideologischen Propagandamittel des Prinzipats in den Städten. Neben dem Munizipaladel verliehen die Augustalen in den Städten den mittleren städtischen Bürgern Ansehen und Würde. Auch mit dieser Einrichtung wurde die soziale Grundlage des Prinzipats weiter gefestigt.

Kollegium der Augustales

Etwa seit dem Jahre 20 begann sich das Verhältnis des Tiberius zum Senat zu verschlechtern. Der Reichtum dieser aristokratischen Körperschaft weckte bei einigen Senatoren insgeheim auch das Streben nach größerer Eigenständigkeit, nach Opposition gegenüber dem Prinzeps, auch wenn sie in Senatssitzungen von einer servilen Haltung gegenüber dem Kaiser waren. Man verehrte republikanische Helden der Vergangenheit; mit ironischen und satirischen Bemerkungen machten sie den Kaiser lächerlich. Das alles war weit entfernt von einer wirklichen Alternative zur kaiserlichen Politik, die nach wie vor die Interessen der herrschenden Klasse besonders berücksichtigte. Solche oppositionellen Senatoren beschäftigten sich mit der stoischen Philosophie, mit deren Hilfe sie ihre aristokratischen Standesinteressen ideologisch rechtfertigten. Dagegen hatte der Kaiser mehr die Interessen der Gesamtheit der Sklavenbesitzer im Auge, also auch der Ritter und der munizipalen Ober- und Mittelschichten. Tiberius schritt deshalb häufig gegen Erpressungen der Provinzbevölkerung durch senatorische Statthalter ein, denn er wußte, daß Rom und Italien ohne die Steuern und Tribute aus den Provinzen nicht

Tiberius und die Senatsaristokratie

234   5. Die frühe römische Kaiserzeit. Der Prinzipat

existieren könne. Er zog auch immer mehr den aus dem Ritterstand kommenden Prätorianerpräfekten als seinen Berater an sich; das war in jenen Jahren L. Aelius Seianus, der danach strebte, selbst Nachfolger des Kaisers zu werden, und am Kaiserhof zu großem Einfluß gelangte. Er schürte persönliche Abneigungen des Kaisers gegen Senatoren, räumte Rivalen durch Mord aus dem Weg, wurde im Jahr 31 Konsul, hatte bereits die prokonsularische Gewalt erhalten, als er im gleichen Jahr einer Senatsopposition zum Opfer fiel. Tiberius zog sich in der Zeit von 21 bis 22, dann seit dem Jahre 26 ständig aus Rom zurück und residierte auf der Insel Capri. Zahlreiche Majestätsprozesse vergifteten die innenpolitische Atmosphäre. Der Prätor M. Scribonius Libo, Urenkel des Pompeius, fiel ihnen im Jahre 16 als erster zum Opfer. Im Jahre 25 wurde Anklage gegen den Geschichtsschreiber A. Cremutius Cordus erhoben, da er die Caesarmörder in seinem Geschichtswerk in einem zu hellen Licht dargestellt hatte. Das kaiserliche Vermögen war durch das konfiszierte Eigentum der in diesen Prozessen Verurteilten bedeutend angewachsen. Gegen Ende seiner Regierung zog sich Tiberius von fast allen Regierungsgeschäften zurück.

Kaiser Caligula schaffte zunächst die Majestätsprozesse ab und erließ eine Amnestie für die Verbannten. Aber bald waren die Verfolgungen reicher Senatoren wieder an der Tagesordnung. Vom Jahre 40 an beanspruchte er schon zu Lebzeiten göttliche Ehrungen für sich und verfiel in Machtrausch und Ausschweifungen. Während Augustus und Tiberius noch einen Unterschied machten zwischen den Provinzen, Rom und Italien, begann unter Caligula in zunehmendem Maße die Vergabe des römischen Bürgerrechts an freie Provinzbewohner. Die Urbanisierung der Westprovinzen hatte inzwischen dazu geführt, daß sie sich nur noch wenig in ihrer wirtschaftlichen und sozialen Entwicklung von Italien unterschieden, ja sogar Italien überflügelten. Dieser Entwicklung trug die genannte Politik folgerichtig Rechnung. Im Jahre 40 erhielt der gallische Stamm der Allobroger im Norden der Provinz Gallia Narbonensis das römische Bürgerrecht. Mit dieser Politik hatten einst bereits Caesar und Antonius begonnen, als Caesar 49 v. u. Z. den Galliern der Transpadana (Norditalien nördlich des Po) und Antonius 44 v. u. Z. den Siziliern das römische Bürgerrecht verliehen hatten. Die Politik der Bürgerrechtsverleihung an größere Bevölkerungsgruppen außerhalb Italiens stand im Zusammenhang mit den Bemühungen der kaiserlichen Zentralgewalt, die Gesellschaft weiter zu stabilisieren und mehr soziale Kräfte an ihrer Erhaltung und Weiterentwicklung zu interessieren.

Urbanisierung der Westprovinzen

Nach der Ermordung des Caligula beriet der Senat ernsthaft darüber, ob nicht die Republik wiederhergestellt werden sollte. Die Mehrheit der Senatoren entschied sich aber dafür, aus ihren Reihen einen neuen Kaiser zu wählen. Die Prätorianergarde kümmerte sich jedoch nicht um die Auseinandersetzungen und Erwägungen des Senats und hob Claudius auf den Thron. Dafür erhielt jeder Prätorianer vom Kaiser als Geldspende (donativum) 15000 Sesterzen. Als der Statthalter von Dalmatien, der dem Senat angehörte, ein Jahr später dort die Wiedererrichtung der Republik ausrief, wurde er von den Truppen getötet.

Senat diskutiert die Wiederherstellung der Republik

Unter Claudius wurde das System der kaiserlichen Verwaltung vervollkommnet und im wesentlichen in die Hände kaiserlicher Freigelassener gelegt. Damit

Kaiserliche Verwaltung

schuf er sich einen zentralisierten Verwaltungsapparat, der die senatorischen Verwaltungsämter in den Hintergrund drängte. Der Vorsteher der kaiserlichen Kanzlei leitete zugleich das Büro ab epistulis, das für die Ausarbeitung und Versendung der kaiserlichen Erlasse zuständig war. Das kaiserliche Vermögen und die Finanzen regelte der Vorsteher des Büros a rationibus. Ein anderes wichtiges Amt der kaiserlichen Kanzlei war das a cognitionibus, das alle Streitfragen behandelte, in denen der Kaiser als Ankläger auftrat. Das Amt für die Bittschriften — a libellis — prüfte zugleich eingehende Klagen über die Dienstausführung von Staatsbeamten; außerdem gab es die Archivverwaltung — a studiis —, deren Vorsteher den Kaiser auch in wissenschaftlichen Fragen beriet. Da diese leitenden Beamten kaiserliche Freigelassene und damit Klienten des Kaisers waren, folgten sie ihm in unbedingtem Gehorsam. Dies Verwaltungssystem blieb bis in die Zeit Hadrians bestehen, der dann an die Spitze der Verwaltungsressorts Beamte aus dem Ritterstand stellte. Diese kaiserlichen Freigelassenen, vor allem der Vorsteher der kaiserlichen Kanzlei, Narcissus, und der Leiter des Finanzwesens, Pallas, gewannen über den Kaiser bedeutenden Einfluß auf die gesamte Innenpolitik. Doch vernachlässigte auch Claudius nicht die Ritterschaft. Die ritterlichen Prokuratoren in den Provinzen erhielten im Jahre 53 das Recht der prätorischen Gerichtsbarkeit. Die Sklavengesetzgebung des Augustus ergänzte er durch ein Gesetz, das die »wilde Ehe« (contubernium) einer Freien mit Sklaven — eine rechtlich anerkannte Ehe war natürlich von vornherein ausgeschlossen — durch Entzug der Bürgerfreiheit bestrafte. Freigelassene, die sich über ihren ehemaligen Herrn beklagten, wurden wieder in die Sklaverei zurückgestoßen. Die Politik der Bürgerrechtsverleihungen, wie sie von Caligula wieder begonnen wurde, setzte Claudius fort. Im Jahre 47 erhielt Italicus, der Stammeskönig der Cherusker, das römische Bürgerrecht, und im Jahre 48 bekamen die gallischen Häduer aus der Provinz Lugdunensis als erste Provinziale Sitz und Stimme im Senat. Claudius war ein nüchtern und sachlich denkender und handelnder Exponent der herrschenden Klasse. Eine Rede an den Senat schloß er mit den Worten: »Alles, was heute uralt ist, war einst neu. Die Staatsämter gelangten von den Patriziern auch an das Volk, vom Volk an die Latiner und von diesen an die anderen Völker Italiens. Auch dies wird einst veralten, und was wir heute durch Beispiele verteidigen, wird einst selbst Beispiel sein«.[12] Verarmte Mitglieder des Senats bewegte er zum Verzicht auf ihren Senatssitz.

Bürgerrecht an Provinziale

Von den Frauen des Claudius haben zwei besondere Bedeutung erlangt: Valeria Messalina, die bald zu einem berüchtigten Symbol für ein ausschweifendes Leben wurde, die auch über ihren Mann Hinrichtungsbefehle für ihre persönlichen Gegner erlangte; sie wurde im Jahre 48 hingerichtet. Ihre Nachfolgerin, Julia Agrippina, tat das Gleiche nur mit dem umgekehrten Ergebnis: Im Jahre 54 beseitigte sie Claudius durch Gift.

Mit Kaiser Nero schien zunächst das Einvernehmen mit dem Senat wiederhergestellt zu sein. Unter dem Einfluß seines Erziehers, des Philosophen L. Annaeus Seneca (um 4 v. u. Z. bis 65 u. Z.) und des Prätorianerpräfekten Sex. Afranius Burrus (gest. 62) stellte er die Vollmachten des Senats wieder her; er beschränkte seine eigene politische Macht auf den militärischen Ober-

Nero und die Senatsaristokratie

12 Tacitus, Annales 11, 24.

236 5. Die frühe römische Kaiserzeit. Der Prinzipat

befehl in den Provinzen. Unter dem Einfluß der stoischen Philosophie bemühte sich Nero um gute Beziehungen zum Senat, was nicht im Widerspruch zu den Erfordernissen der antiken Militärdiktatur stand, solange der Senat diese oder ähnliche zeitgemäße Gunstbezeugungen nicht falsch einschätzte und glaubte, tatsächlich Macht als Mitregent ausüben zu können. Etwa seit dem Jahre 59 wurden dem Kaiser diese sich auferlegten Beschränkungen lästig, er wechselte wieder von der verschleierten zur offenen Militärdiktatur über. Im Jahre 60 erhielt der Senat die Befugnisse eines Appellationsgerichtshofes.

Terror gegen die Sklaven
Als im Jahre 61 der Stadtpräfekt Pedanius Secundus von einem seiner Haussklaven ermordet wurde, verurteilte man alle 400 Sklaven, die sich zur Zeit der Ermordung des Sklavenbesitzers im Hause befunden hatten, nach einem alten Gesetz zum Tode. Gegen diese Massenhinrichtung von Sklaven protestierte sogar die römische Plebs, und Nero mußte die Hinrichtungsstätte mit militärischer Bedeckung sichern. Im Jahre 62 zog sich Seneca aus der Umgebung des Kaisers zurück, der im gleichen Jahr die Majestätsprozesse wieder einführte. Im Jahre 63 erhielten die Alpenstämme das römische Bürgerrecht; Nero erklärte anläßlich der Isthmischen Spiele in Korinth ganz Griechenland für steuerfrei und autonom. Darin bekundete der Kaiser seine Verehrung für die griechische Vergangenheit; aber die griechischen Städte waren schon so sehr verarmt, daß sie keinen Nutzen mehr daraus ziehen konnten. Kaiser Vespasian hob im Jahre 72 diese Verordnung Neros wieder auf.

Brand Roms
Im Juli 64 verheerte ein Großbrand zehn der 14 städtischen Regionen Roms. Gerüchten zufolge soll Nero selbst der Brandstifter gewesen sein, um Rom danach größer und schöner aufbauen zu können. Diese Gerüchte sind jedoch unglaubwürdig. Der Kaiser wiederum lenkte den Verdacht auf die judäische Sekte der »Chrestiani«, die unter Claudius schon einmal aus Rom ausgewiesen worden war. Zahlreiche Angehörige dieser Sekte wurden grausam hingerichtet. Die Gleichsetzung dieser Chrestiani mit den Christen ist in der Forschung umstritten. Rom wurde nach großzügigen Plänen wiederaufgebaut. Viele alte, enge Gassen verschwanden und machten breiten, geraden Straßen Platz.

Wiederaufbau Roms
Nero ließ sich einen neuen Kaiserpalast, das Goldene Haus (domus aurea) errichten, der sich vom Caelius bis zum Esquilin erstreckte. Den Palast beschreibt der römische Archivar und Biograph C. Suetonius Tranquillus (um 70 bis um 140): »Das Vestibül war der Art, daß darin der 35,40 m hohe Koloß, ein Porträt Neros, stehen konnte, die Ausdehnung des ganzen Baues so ungeheuer, daß seine aus drei Säulenreihen bestehenden Säulenhallen anderthalb Kilometer lang waren, daß er ferner einen Teich einschloß, der wie ein Meer mit Gebäuden umgrenzt war, welche Städte vorstellen sollten, ... In dem Gebäude selbst war übrigens alles mit Vergoldungen, edlen Steinen und Perlmutt ausgelegt.«[13] In Rom kursierte danach allerdings im Volk ein Spottvers: »Rom wird ein einziges Haus, nach Veji wandert, Quiriten, falls nicht Veji auch frißt jenes räuberische Haus«.[14]

Die Politik der offenen Militärdiktatur, worin der Kaiser nach dem Tode des Burrus im Jahre 62 durch den neuen Prätorianerpräfekten Ofonius Tigellinus

---

13 Sueton, Werke, übers. von A. Stahr und W. Krenkel, Berlin—Weimar 1965, S. 296, Vita des Nero, 31, 1–2.
14 A. a. O., S. 306, Nero, 39, 2.

5.2. Der Prinzipat bis zur Mitte des 1. Jh.

noch unterstützt wurde, rief neue Verschwörungen von Senatoren auf den Plan. Die Opposition des Senats fand ihren Ausdruck in der Verschwörung des C. Calpurnius Piso aus dem Jahre 65, in die viele Adlige und Vertreter der stoischen Senatsopposition, angesehene Persönlichkeiten wie Seneca und der Dichter Lucan, verstrickt waren. Die Verschwörung wurde jedoch entdeckt; Piso, Seneca und Lucan machten ihrem Leben durch Selbstmord ein Ende. Die Spannungen zwischen Kaiser und Senat verschärften sich. Schon ein Jahr darauf kam es unter Führung des Annius Vinicianus zu einer neuen Konjuration. Im Wüten gegen die Verschwörer wurde auch der berühmte Heerführer Cn. Domitius Corbulo, der Schwiegervater des Vinicianus, im Jahre 67 zum Selbstmord gezwungen. Das gleiche Los teilten die Anführer des ober- und niederrheinischen Heeres, Scribonius Rufus und Scribonius Proculus. Im Jahre 68 erhob sich der Statthalter von Gallia Lugdunensis, C. Julius Vindex. Zwar konnte seine Erhebung von den rheinischen Truppen kurz darauf niedergeschlagen werden, aber das rettete Nero nicht mehr. Mehrere Statthalter von Spanien und Africa sagten sich gleichfalls von ihm los. Zuletzt verließen ihn auch die Prätorianer, die Servius Sulpicius Galba, den Statthalter von Hispania citerior (das Diesseitige Spanien) zum Kaiser ausriefen. Auch der Senat, der Nero zuletzt zum Staatsfeind erklärte, entschied sich für Galba. Am 9. Juni 68 verübte Nero Selbstmord.

Verschwörung des C. Calpurnius Piso

In der römischen Plebs war die Meinung über ihn geteilt. Durch zahlreiche Schauspiele, Geld- und Lebensmittelspenden gewann er einen Teil der Plebs für sich. Wie einst Augustus knüpfte Nero geschickt an Auffassungen der sozialen Utopie an, die besonders mit messianischen Vorstellungen vom Sonnengott als Erlöser und Befreier der Armen verbunden waren. Lange Zeit später noch wurden sein Grab und seine Bildnisse heimlich geschmückt. Ja, man glaubte sogar an seine Wiederkehr, so daß etwa zwanzig Jahre später ein Prätendent sich als »zurückgekehrter« Nero ausgeben konnte und Zulauf hatte. Andere haßten ihn aber wegen seiner Grausamkeit und liefen, wie Sueton überlieferte, bei der Nachricht von seinem Tode mit Freiheitsmützen auf den Köpfen durch die Stadt, als ob sie durch seinen Tod die verlorene Freiheit wiedererlangt hätten.[15]

Nero in der Beurteilung der römischen Plebs

In den ersten hundert Jahren des Bestehens des Prinzipats hatte sich die Militärdiktatur gefestigt und die soziale Basis derjenigen, die an der Entwicklung der römischen Sklavereigesellschaft interessiert waren, hatte sich erweitert. Dabei zeigte das Heer aber immer noch eine gewisse Verbundenheit mit dem Herrschergeschlecht der Julier und Claudier, das Augustus begründet hatte. Zugleich hatte der Senat die Verbindung zum Heer in den Provinzen eingebüßt. Zwar befehligten Senatoren als kaiserliche Legaten die Truppen, aber der Oberbefehl lag beim Kaiser, nicht beim Senat. Besonders schwerwiegend erwiesen sich für den Senat die zunehmenden Differenzen mit den Prätorianerkohorten, die vom Viminal aus die Stadt Rom beherrschten. Nicht der Senat, sondern die Prätorianer »wählten« den neuen Kaiser, zu dem der Senat wohl oder übel sein Einverständnis geben mußte. Aber am Ende dieser Periode kündigte sich eine neue Phase in der Entwicklung der Militärdiktatur an: Die Legionen in den Provinzen erkämpften sich das Recht, den neuen

Festigung der antiken Militärdiktatur

---

15   A. a. O., S. 319, Nero, 57.

5. Die frühe römische Kaiserzeit. Der Prinzipat

Kaiser zu benennen. Bevor Galba, der Nachfolger Neros, von den Prätorianern und vom Senat als Kaiser anerkannt wurde, war er schon von seinen spanischen Truppen gegen Nero zum Kaiser ausgerufen worden.

5.3. Der Prinzipat in der zweiten Hälfte des 1. Jh.

Streit um das Kaiseramt

Nach dem Sturz Neros geriet das Römische Reich vorübergehend in eine politische Krise, die in den Jahren 68 und 69 in bewaffneten Kämpfen verschiedener Thronprätendenten um die Macht zum Ausdruck kam. In jeder Militärdiktatur, auch in der antiken Sklavereigesellschaft, wird die Nachfolge in das höchste Staatsamt dann ein ernstes Problem, wenn die militärischen, politischen oder sozialen Interessen einzelner Heeresteile oder ihrer Führer zu divergieren beginnen, einzelne Heerführer um das Amt des Staatsoberhaupts streiten und wenn die bestehende Zentralgewalt zu schwach ist, diese divergierenden Interessen innerhalb der herrschenden Klasse auszugleichen. Zur Zeit Neros hatte es sich gezeigt, daß Machtmißbrauch unmittelbare Auswirkungen auf die soziale und ökonomische Entwicklung der Gesellschaft hatte; daher die Verschwörungen von Senatoren und von Militärbefehlshabern. Die herrschende Klasse suchte nach einem geeigneteren Vertreter ihrer Interessen.

Galba, Otho, Vitellius

Zunächst war Galba Kaiser geworden, er wurde aber mit den inneren Schwierigkeiten nicht fertig und betrieb eine widersprüchliche Politik, die bald neue Gegner auf den Plan rief. Der Statthalter des lusitanischen Spaniens, M. Salvius Otho, wurde von den Prätorianern zum Gegenkaiser erhoben, die Rheinlegionen hatten dagegen ihren Befehlshaber A. Vitellius zum neuen Kaiser ausgerufen. Galba wurde am 15. Januar 69 in Rom ermordet, und zunächst beherrschte Otho, der schon in Rom weilte, die politische Szene. Aber Gallien, Britannien und auch Spanien standen auf der Seite des Vitellius, während die Truppen auf dem Balkan und in Syrien Otho anerkannt hatten. Die Rheinarmee zog im Frühjahr 69 nach Oberitalien, und in der Schlacht bei Betriacum (bei Cremona) wurden die Truppen Othos geschlagen. Otho verübte Selbstmord (16. April 69). Die Rheinlegionen zogen mit ihrem Kaiser in Rom ein; die Prätorianergarde wurde aufgelöst und aus Soldaten der rheinischen Truppen neu gebildet (16 000 Mann).

Vespasian

Mit diesem Triumph der Rheinarmee, die schon früher von den Kaisern bevorzugt worden war, waren jedoch die Legionen an der Donau und im Orient unzufrieden; sie sahen jetzt eine Gelegenheit, ihren Anspruch auf politische Gleichberechtigung durchzusetzen. Am 1. Juli 69 wurde T. Flavius Vespasianus in Alexandreia vom Präfekten Ägyptens, Tib. Iulius Alexander, zum Kaiser ausgerufen. Kurze Zeit darauf war er von allen Legionen im Orient und auf dem Balkan bestätigt worden. Wie schon erwähnt, war Vespasian mit der Unterdrückung des judäischen Aufstandes (seit 66) in Palästina beauftragt worden; M. Antonius Primus drang mit pannonischen Truppen in Italien ein. Im Oktober des Jahres 69 fand bei Betriacum eine zweite Schlacht statt, in der die Anhänger Vespasians siegreich blieben. Während das Heer des Antonius Primus gegen Rom zog, kam es dort zu Straßenkämpfen zwischen den Parteigängern beider Kaiser, in deren Verlauf sogar der Jupitertempel auf dem

5.3. Der Prinzipat in der zweiten Hälfte des 1. Jh.

Capitol in Flammen aufging. Rom wurde im Sturm genommen, und am 20. Dezember 69 bereitete Vitellius seiner Herrschaft durch Selbstmord ein Ende. In dem Streit zwischen den Heeren in Spanien, Afrika, am Rhein, an der Donau, im Orient und den Prätorianern waren die Truppen der östlichen Reichshälfte Sieger geblieben. Im Ergebnis dieses Sieges erlangten die Legionen jene privilegierte Stellung wie vorher die Prätorianer. Den Legionen war »das Geheimnis der kaiserlichen Macht bekannt geworden, daß auch anderswo als in Rom einer zum Prinzeps gemacht werden könne«.[16]

Vespasian war der erste Kaiser des Prinzipats, der den italischen Mittelschichten angehörte — ein Ergebnis der Munizipalpolitik des Augustus und seiner Nachfolger, die bestrebt waren, gerade mit Hilfe dieser Schicht die sozialökonomische Ordnung zu stabilisieren. Vespasian begründete die sogenannte flavische Dynastie, die bis zum Jahre 96 währte.

Es gelang ihm, die Zentralgewalt wieder straff zu organisieren. Diese Politik verfolgte er auch gegen aufständische Provinzen und gegen verschiedene Stämme, die in das Reich einfielen. Besonders bedeutend war der judäische Aufstand in Palästina, der erst im Jahre 73 endgültig unterdrückt werden konnte. Im September 70 wurde Jerusalem, das Zentrum der Aufständischen, von den römischen Truppen unter Führung des älteren Kaisersohnes Titus erobert; die Aufständischen erlitten schwere Verluste; es waren vor allem Bauern, Tagelöhner und freigelassene Sklaven, die unter der Leitung des Simon bar Giora und anderer Jerusalem gegen die Römer heldenhaft verteidigten. Der Aufstand war in erster Linie eine breite Volksbewegung, in deren Verlauf die Römer die judäische Oberschicht begünstigten. Nach dem judäischen Geschichtsschreiber Flavius Josephus (37 bis um 100) betrug die Gesamtzahl der in römische Gefangenschaft Geratenen 97 000; während der Dauer der Belagerung Jerusalems kamen 1 100 000 Menschen ums Leben.[17]

Unterdrückung des Aufstandes in Judäa

Im Jahre 69 kam es am Niederrhein und in Gallien unter der Führung des Iulius Civilis, einem adligen Bataver, zu einem gefährlichen Aufstand. Die germanischen Bataver hatten ihn begonnen, die Canninefaten am Niederrhein, einige rechtsrheinische Germanenstämme und gallische Treverer, Lingonen und Nervier schlossen sich ihnen an. Civilis fand Unterstützung bei den Treverern Classicus und Tutor und dem Lingonen Sabinus; es gelang ihnen, die römische Rheinarmee zu überwältigen und fast alle Kastelle am Rhein zu zerstören.

Erhebung in Gallien und am Niederrhein

Germanen wie Galliern ging es um die Wiederherstellung der politischen Unabhängigkeit. Die gallischen Aufständischen riefen sogar ein eigenes »Gallisches Reich« aus. Germanisch-gallische Hilfstruppen kämpften gegen die Legionen, aber sie waren sich über ihre Ziele nicht einig, auch schlossen sich ihnen nicht alle germanischen und gallischen Stämme an; die Romanisierungspolitik zeigte ihre Erfolge. Nach schweren Kämpfen gelang es dem Heerführer Vespasians, Q. Petilius Cerealis, den Aufstand im Jahre 70 niederzuschlagen. Ein im kleinasiatischen Pontus im Jahre 69 ausgebrochener Aufstand unter der Führung des Freigelassenen Anicet konnte noch im gleichen Jahre unterdrückt werden.

Kampf der Hilfstruppen gegen die Legionen

---

16 Tacitus, Historiae 1, 4, 2.
17 Flavius Josephus, Geschichte des judäischen Krieges, Leipzig 1970, S. 464; 6, 9, 3.

240 5. Die frühe römische Kaiserzeit. Der Prinzipat

Eroberungen in Britannien und am Oberrhein

In den Jahren 71 bis 74 wurden die Briganten im nördlichen Britannien unterworfen und im Jahre 74 erfolgte nach einem Feldzug die römische Besetzung des Neckarlandes. Die Stadt Arae Flaviae (Rottweil) wurde gegründet und eine Straße von Argentoratum (Straßbourg) durch den Schwarzwald nach Rätien gebaut. Damit begann die Eroberung eines größeren Territoriums rechts des Oberrheins, das später durch eine befestigte Militärgrenze (Limes) gesichert wurde. Während der Statthalterschaft des Cn. Iulius Agricola in Britannien (77–84) wurde die römische Provinz bis zum Firth of Forth und Forth of Clyde ausgedehnt. Hauptstadt der Provinz wurde Eburacum (York). Am Niederrhein kam es in den Jahren 77/78 zu einem Aufstand des Stammes der Brukterer, der unterdrückt wurde, und Veleda, eine berühmte germanische Seherin, die schon im Bataveraufstand (69/70) eine große Rolle gespielt hatte, geriet in römische Gefangenschaft. Am Mittelrhein legten die Römer neue Auxiliarkastelle an.

Soziale Grundlage der Aufstände

All diese Aufstände hatten keine einheitliche soziale Grundlage. Ein Teil der Stammesaristokratie kämpfte um die politische Freiheit, ein anderer um die Gleichberechtigung mit den Römern. Die Masse der freien, aber unterdrückten Bauern dieser Stämme kämpfte um eine bessere soziale Stellung. Sie wandten sich vor allem gegen die zunehmenden Abgaben und wachsenden Kriegsdienstleistungen, sie kämpften allgemein gegen die römische Fremdherrschaft, aber sie hatten nur unklare Vorstellungen darüber, was auf all das folgen sollte.

Weitere Urbanisierung der Westprovinzen

Vespasian setzte die Munizipalisierungspolitik seiner Vorgänger in großem Umfange fort. Es gelang der herrschenden Klasse des Römischen Reiches, die spanischen und gallischen Provinzen voll in das ökonomische und soziale System der antiken Sklavereigesellschaft zu integrieren. Etwa 350 spanische Städte und Gemeinden erhielten unter Vespasian das latinische Recht. In Dalmatien und den Donauprovinzen setzte in jener Zeit die römische Urbanisierung ein. Vespasian bezog die Stammes- und Munizipalaristokratie der Westprovinzen in die Reichsverwaltung stärker ein, als dies in der ersten Hälfte des Jahrhunderts üblich war; darin zeigte sich der fortschreitende Romanisierungsprozeß. In seiner Eigenschaft als Zensor erneuerte er die Zusammensetzung des Senats durch viele Angehörige städtischer Oberschichten aus Südgallien und Südspanien. An der Donaugrenze wurden neue Straßen angelegt, und mehrere ältere Orte wurden durch Steinbauten befestigt, so z. B. Guntia (Günzburg), Vindobona (Wien) und Carnuntum (bei Wien).

Vespasian und die Senatsaristokratie

Zum Senat hatte Vespasian im allgemeinen gute Beziehungen; er erhob wieder einige plebejische Familien in den Patrizierstand. Die Zahl der Senatoren wurde auf 1 000 erhöht; unter seiner Herrschaft wurde sogar ein Senator Prätorianerpräfekt, was es früher nicht gegeben hatte. Dennoch gab es eine Opposition unter den Senatoren, deren Wortführer wie früher die Stoiker waren. Der geistige Anführer der Senatsopposition, Helvidius Priscus, wurde erst verbannt, dann hingerichtet. Die mit der geistigen Opposition sympathisierenden griechischen Philosophen wurden im Jahre 74 aus Italien ausgewiesen. Dagegen waren die unter Vespasian neu aufgenommenen, aus Italien und aus den Westprovinzen stammenden Senatoren zu einer zuverlässigen Stütze der Zentralgewalt geworden.

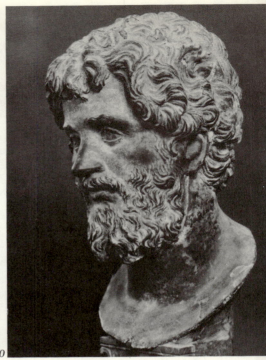

69 Kaiser Severus Alexander
(222–235), Marmorbüste

70 Kaiser Septimius Severus
(193–211), Bronzekopf

71 Thamugadi (Timgad),
Reste der Basilika

72 Marmorstatue
einer Germanin

73

74

Schlächterladen, Relief (2. Jh.)
Moselschiff mit Weinfässern, Sandstein (3. Jh.)
Schuster bei der Arbeit, Relief
Weinverkauf, Relief (2./3. Jh.)
Pachtzahlung, Relief (3. Jh.)

78 Aureliansmauer in Rom mit Cestiuspyramide

79 Trier: Porta Nigra, Außenseite (spätes 2. Jh.)

80 Schlacht zwischen Römern und Barbaren, sogenannter Ludovisischer Schlachtensarkophag (Anfang 3. Jh.)

81 Arles: Römisches Amphitheater, Luftaufnahme

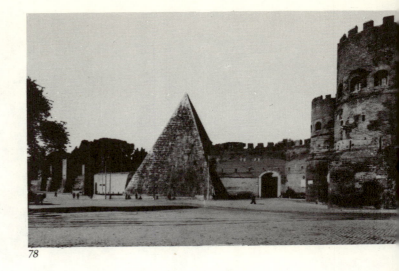

78

79

81

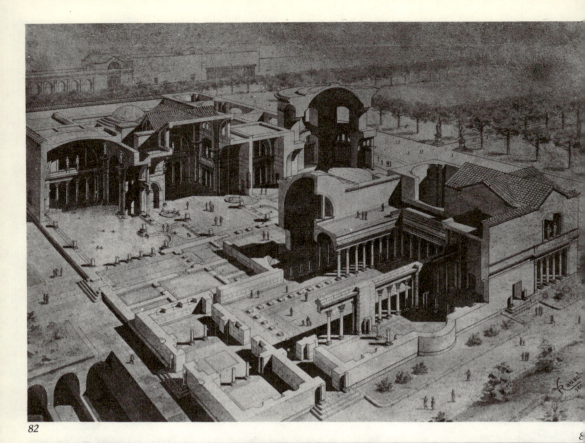

82 Caracallathermen in Rom, Rekonstruktion
83 Römischer Jagdsarkophag (3. Jh.)

5.3. Der Prinzipat in der zweiten Hälfte des 1. Jh. 241

In der kaiserlichen Kanzlei begann Vespasian die Freigelassenen in den höchsten Ämtern durch Ritter zu ersetzen, eine Maßnahme, die später Kaiser Hadrian konsequent zu Ende geführt hat. Diese Ritter waren oft keine Stadtrömer, sondern kamen aus Italien und den Westprovinzen. Sie verfügten über größere Erfahrungen in Verwaltungsangelegenheiten als die Freigelassenen.

Zunahme der Ritter in der kaiserlichen Kanzlei

Durch die außerordentlich hohen Ausgaben Neros und die Verschwendungspolitik Othos und Vitellius' waren die Kassen beim Regierungsantritt Vespasians leer. Vespasian trug durch Sparsamkeit, durch strenge Kontrolle der Armeeausgaben und der Steuereingänge, durch Senkung der öffentlichen Ausgaben und durch Erlaß neuer Steuern zur Wiederauffüllung der Staatskasse bei. Rhodos, Samos und Byzantium wurde ihre bisherige Steuerfreiheit genommen; Griechenland wurde wieder steuerpflichtig und dem Senat übergeben. Die reicheren Provinzen Sardinien und Korsika kamen unter kaiserliche Kontrolle. Zugunsten der kaiserlichen Kasse wurden Latifundien, die frühere Kaiser ihren Anhängern geschenkt hatten, wieder konfisziert. Einige Maßnahmen erhöhten die Rentabilität der kaiserlichen Güter. Durch Revision der Pachtverträge erhöhte er die Einnahmen aus den kaiserlichen Bergwerken. Bekannt ist die Erhebung einer Benutzungssteuer öffentlicher Bedürfnisanstalten in Rom. Das Geld stinke nicht (pecunia non olet), so verteidigte er seine Maßnahme. Andererseits schenkte er aber auch dem Wiederaufbau Roms große Aufmerksamkeit; so wurde der Tempel des Iupiter Capitolinus neu errichtet, ebenso ein Friedenstempel und das berühmte Colosseum, ein riesiges Amphitheater inmitten der Stadt, das im Jahre 80 eingeweiht wurde. Zahlreiche Städte im Reich, die durch Erdbeben oder Feuersbrünste heimgesucht worden waren, erhielten finanzielle Zuwendungen. Lateinische und griechische Rhetoren erhielten Staatsbesoldungen von 100 000 Sesterzen im Jahr.

Sanierung der Staatsfinanzen

Am 24. Juni 79 starb Vespasian. Bei seinem Leichenbegängnis trat ein Schauspieler auf, »der die Person des Kaisers maskiert vorstellte und, wie es Sitte ist, dessen Benehmen und Reden bei Lebzeiten nachahmte; als er auf seine laute Frage an den Intendanten, wie hoch das Begräbnis und der Leichenzug zu stehen komme, die Antwort erhielt: ›10 Millionen Sesterzen‹, rief er vor allem Volke aus, sie möchten ihm hunderttausend Sesterzen geben und ihn dann seinetwegen ohne weiteres in den Tiber werfen«[18].

Tod Vespasians

Nach dem Tode Vespasians regierte für kurze Zeit sein älterer Sohn Titus (79–81); er stand im besten Einvernehmen mit dem Senat. In seine Regierungszeit fällt der unerwartet schwere Ausbruch des Vesuvs am 24. August 79. Die Städte Pompeji, Herculaneum und Stabiae wurden verschüttet, viele Menschen fanden in den Lavamassen und im Aschenregen den Tod, darunter auch der berühmte Schriftsteller C. Plinius Secundus (23–79), der zu dieser Zeit Präfekt der römischen Kriegsflotte im Hafen von Misenum war. Titus starb am 13. September 81.

Titus. Ausbruch des Vesuvs

Sein jüngerer Bruder Domitian folgte ihm in der Regierung (81–96). In der Außenpolitik setzte er die Politik seines Vaters fort, die darin bestand, Aufstände gewaltsam zu unterdrücken und die römischen Grenzen, wo es möglich war, zu erweitern. In Britannien wurde der Aufstand der Kaledonier unter der Führung des Calgacus (83) in einer Schlacht am Mons Graupius

Domitian

---

18 Sueton, Werke, S. 377, Vespasian, 19, 2.

16 Römische Geschichte

5. Die frühe römische Kaiserzeit. Der Prinzipat

niedergeworfen. Die römische Herrschaft hatte sich in Britannien konsolidiert; Wales war unterworfen, und die römischen Truppen standen an der Grenze Schottlands. In einem Feldzug gegen die Chatten in den Jahren 83 bis 85 wurden das Taunusgebiet und die Wetterau, das Land zwischen Taunus und Main, erobert. In den Jahren 88/89 erhob sich der Befehlshaber des obergermanischen Heeres, L. Antonius Saturninus, mit seinen Truppen gegen den Kaiser, wobei er auch ein Bündnis mit den Chatten einging. Die niederrheinischen Truppen unterdrückten jedoch rasch diese Erhebung. Im Jahre 89 wandelte Domitian die beiden bisherigen Militärbezirke des obergermanischen und des niedergermanischen Heeres in zwei neue Provinzen Ober- und Niedergermanien um. Grenze zwischen beiden Provinzen wurde der Vinxtbach bei Andernach am Rhein. Um das Jahr 90 kam das Odenwaldgebiet an das Imperium. Kastelle sicherten die vorgeschobene Grenze. Die Kaiser des 2. Jh. bauten diese Grenze zu dem obergermanisch-rätischen Limes aus. Die Anlage eines ausgedehnten Straßensystems im Hinterland begünstigte rasche Truppenverschiebungen. Das Straßennetz wirkte sich auch fördernd auf den Handel in diesen Gebieten aus und beschleunigte den Romanisierungsprozeß. Um sich die Soldaten der Legionen stärker zu verpflichten, erhöhte Domitian ihren Sold.

Provinzen Ober- und Niedergermanien

Jenseits der unteren Donau war inzwischen unter dem tatkräftigen König Decebalus (um 85—107) der Staat der Daker entstanden. Mehrere römische Heerführer wurden in den Jahren 85 bis 86 von den Dakern geschlagen, die in die Provinz Mösien eingedrungen waren. Im Jahre 88 konnten zwar die Römer die Daker besiegen, doch wurden sie durch die schweren Verluste zur Einstellung des Krieges gezwungen. Im Jahre 89 kam es zum Friedensschluß, in dem sich die Römer zur jährlichen Tributzahlung an die Daker verpflichteten. Mösien wurde der besseren Grenzkontrolle wegen in zwei Provinzen eingeteilt. Vorübergehend standen neun Legionen an der gefährdeten Grenze. Gleichzeitig begann man auch an der unteren Donau mit dem Bau eines großen Limes, der durch zahlreiche Kastelle geschützt wurde. Im Jahre 92 fielen die Jazygen über die Donau in Pannonien ein und vernichteten eine römische Legion, im Jahre 93 konnten sie zurückgeworfen werden, danach wurde die pannonische Donaugrenze stärker befestigt und das Legionslager Aquincum (bei Budapest) erweitert. Die Gesamtstärke des römischen Heeres wurde auf 30 Legionen erhöht. In flavischer Zeit verstärkte man auch die römische Ostgrenze Kleinasiens durch neue Militärstützpunkte, durch Umwandlung von Klientelstaaten in Provinzen und durch vorgeschobene Militärposten bis zum Kaukasus. Unweit von Baku befand sich zeitweilig eine römische Garnison.

Kämpfe gegen die Daker

Domitian verstand die Militärdiktatur als seine persönliche Alleinherrschaft. Es kam erneut zu Majestätsprozessen, zu Hinrichtungen von Senatoren; der Einfluß des Senats wurde zurückgedrängt. Die römische Plebs suchte er für sich zu gewinnen, indem er dreimal in seiner Regierungszeit Geschenke (congiaria) in Höhe von 225 Denaren pro Person verteilen ließ. Er veranstaltete viele Zirkusspiele, Gladiatorenkämpfe und Wagenrennen und ahmte griechische Festspiele in Rom nach. Er ließ das Pantheon restaurieren und zahlreiche neue Bauwerke in Rom errichten, darunter einen neuen Kaiserpalast auf dem Palatin.

Entwicklung der antiken Militärdiktatur

Im Jahre 85 wurde er Zensor auf Lebenszeit und hatte damit das Recht, die Zusammensetzung des Senats zu verändern. Er beanspruchte seit dem Jahre 86 den Titel Dominus et Deus (»Herr und Gott«) für sich und verlangte schon zu seinen Lebzeiten göttliche Ehrungen. Im Jahre 89 kam es erneut zu einer Ausweisung der Astrologen und Philosophen aus Rom, die Senatsopposition wurde durch zahlreiche Todesurteile dezimiert, im Jahre 95 mußten auch die Philosophen Italien verlassen. Schließlich fiel Domitian einer Verschwörung des Senats und der Prätorianer am 18. September 96 zum Opfer. — *Ermordung Domitians*

Am Ende des 1. Jh. war die Zentralgewalt, trotz aller Verschwörungen des Senats und der Prätorianer, gestärkt aus den Auseinandersetzungen hervorgegangen, der Senat genoß zwar hohes Ansehen, aber besaß keine politische Macht. Lediglich beim Thronwechsel vermochte er gelegentlich ein Mitspracherecht geltend zu machen. — *Stärkung der Zentralgewalt*

Politische Ideologie und Kultur im Prinzipat bis zum Ende des 1. Jh.

5.4.

Kulturelle Entwicklung ist stets engstens mit dem sozialgeschichtlichen Prozeß verbunden; solange es antagonistische Klassen gibt, ist die Kultur immer ein Ausdruck und eine Form des ideologischen Klassenkampfes, so verschleiert und verdeckt er uns auch erscheinen mag. Stets stehen hinter kulturellen Erscheinungen bestimmte Klassen und Schichten der Bevölkerung, die in ihnen sich rechtfertigen und behaupten oder andere Klassen und Schichten damit angreifen und bekämpfen wollen. In den kulturellen Äußerungen widerspiegeln sich — wenn auch oft verzerrt und entstellt — Vielfalt und Kompliziertheit der sozialen Widersprüche und Gegensätze. — *Politische Ideologie*

Die in der Antike herrschende Kultur ist im wesentlichen die Kultur der städtischen Sklavenbesitzer. Sie gibt dem Historiker reichliche Hinweise, in welcher Entwicklungsperiode sich die gesellschaftliche Ordnung befindet. Gewiß müssen sozialökonomische Höhepunkte nicht immer mit hohen kulturellen Leistungen zeitlich zusammenfallen. Aber auch aus der jeweiligen kulturellen Entwicklungsstufe ist erkennbar, ob sich die herrschende Klasse noch in ihrer progressiven oder schon in ihrer restaurativ-reaktionären Entwicklungsphase befindet. Sophokles' Antigone und der freimütige kritische Geist des Aristophanes wären etwa in der römischen Kaiserzeit undenkbar.

Über die politisch-ideologische Bedeutung kultureller Äußerungen waren sich die Herrschenden selbst in der hier behandelten Zeit immer im klaren — ganz im Gegensatz zu einigen bürgerlichen Historikern, die beispielsweise die Klassenindifferenz der augusteischen Kultur behaupten.

Wie eng die politische Ideologie mit der Entwicklung der Kultur verbunden war, zeigt unter anderem der Kampf zwischen Octavian-Augustus und Antonius, der geführt wurde um die wirksamste Einbeziehung der Ideen der sozialen Utopie der armen Freien und Sklaven in ihre kulturpolitische Propaganda. In der Zeit der Bürgerkriege hatte sich im römischen Imperium die soziale Utopie immer weiter verbreitet. Man hoffte auf ein Ende der Bürgerkriege, auf Ruhe und Frieden. Octavian und Antonius stellten diese Sehnsucht breiter Bevölkerungskreise in ihrer Politik in Rechnung. Im beider- — *Ideologischer Kampf zwischen Octavian und Antonius* seitigen Kampf wurde die soziale Utopie politisch-propagandistisch benutzt. Antonius bevorzugte die Kulte der griechisch-orientalischen Gottheiten des Dionysos und der Isis. Er bewegte sich in den Bahnen altorientalischer und hellenistischer Gottesvorstellung. Anders Octavian: Sein Gott war der Sonnengott Apollon, der kein orientalischer, sondern ein römischer Gott war, der spätere Apollon des Palatin, der Schutzgott des künftigen Kaiserhauses wurde. Nach italischer Prophetie war Apollon der Gott des neuen goldenen Zeitalters. Neu war aber, daß der römische Sonnengott den Herrscher selbst als seinen Vertreter, als Gott des neuen Zeitalters ausgewählt hat. Damit wurde die soziale Utopie der Armen und Rechtlosen in den neuen Herrscherkult einbezogen: Der Gott des erwarteten neuen Zeitalters, der Erlöser, der Messias, der Friedensbringer usw., all das war in Zukunft der Kaiser selbst. Es ist kein Zufall, wenn Augustus in Inschriften die gleichen ehrenden Beinamen (z. B. Weltenerlöser) erhielt, wie später der Gott der Christen.

»Neues Zeitalter«

Im Jahre 17 v. u. Z. hielten Augustus und sein Freundeskreis die Zeit für gekommen, mit einem großen Fest offiziell das neue goldene Zeitalter einzuleiten. Der Dichter Horaz wurde beauftragt, das Festlied (carmen saeculare) zu dichten. Als Schutzgottheit des augusteischen Zeitalters wurde wieder Apollon ausersehen, der den östlichen Göttern, die Antonius bevorzugt hatte, ablehnend gegenüberstand. Im römischen Heldenepos »Aeneis« des Dichters Vergil vertrieb Apollon die orientalischen Götter in der Schlacht bei Actium mit Pfeil und Bogen (Aeneis, 8, 704 f.); die östlichen Gottheiten im Gefolge des Antonius und der Kleopatra ergriffen darauf die Flucht. Apollon brachte mit seinem Eingreifen in die Schlacht die Entscheidung für Octavian.

Apollon — Schutzgott des »römischen Friedens«

Bei dem Fest des Jahres 17 v. u. Z. standen nicht mehr die alten erdverbundenen Sühnegottheiten im Vordergrund, sondern der römische Lichtgott Apollon, der das neue Zeitalter unter seinen besonderen Schutz nahm. Damit war ein Bild des Gottes geformt worden, das den politisch-ideologischen Erfordernissen der herrschenden Klasse Roms entsprach. Der allgemeine Weltfrieden war dem *römischen* Frieden gewichen. Der Gott der allgemeinen Gerechtigkeit hatte dem Gott der *römischen* Ewigkeit (Aeternitas) weichen müssen. Der Gott, der die Menschheit in eine glückliche Zukunft führen sollte, war von Augustus und dem palatinischen Apollon verdrängt worden, die die Menschheit des Erdkreises in eine *römische* Zukunft führen wollten. Der Gott der sozialen Utopie der armen Freien und der Sklaven war zu einem Gott der herrschenden Klasse Roms geworden. Im carmen saeculare des Horaz ist Rom unter der Herrschaft des Apollon-Augustus zum Retter geworden, der die Welt zum römischen Frieden zwingen wird:

Säkularlied des Horaz

> Und so wahr, geschmückt mit dem Silberbogen,
> Seher Phoebus, Liebling der neun Kamönen,
> der mit seiner Heilkunst des Leibes müde
> Glieder erquicket,
> gnädig auf Palatiums Altäre schauet,
> führet er den römischen Staat und Latium
> in ein neu Jahrhundert des Glücks und in immer
> bessere Zeiten.[19]

5.4. Politische Ideologie und Kultur im Prinzipat bis zum Ende des 1. Jh. 245

Der Kaiserkult, an dessen Entstehung die soziale Utopie maßgeblich mit-
beteiligt war, bildete fortan neben der Staatsmacht die wichtigste Ideologie
im Überbau der römischen Gesellschaft. In dieser Idee war die Einheit des
Imperiums einbegriffen und verkörpert. Die Idee von der Einheit des Reiches
sollte die fehlende soziale und ökonomische Einheit des Reiches ersetzen. Das
zeigt ihre große Bedeutung für den gesamten politisch-ideologischen Kampf
in der folgenden Geschichte des Prinzipats und des Dominats.

Kaiserkult

Nebenher ging eine Idealisierung der römischen Vergangenheit; frühere, zum
Teil längst vergessene Ideen und Einrichtungen wurden zu Vorbildern und
Leitlinien für das Kaiserreich. Bewahrung des Alten, besonders der alt-
republikanischen patrizischen Ideale von den Römertugenden, verband sich
mit einem Sendungsbewußtsein der römischen Bürgerschaft, das von Augustus genährt und von der augusteischen Literatur und der monumentalen
Kunst verbreitet wurde.

*Idealisierung
der
Vergangenheit*

In die augusteische Zeit fällt die Blütezeit der römischen Poesie, die sich in
hohem Maße in den Dienst der herrschenden Klasse und namentlich ihres
Repräsentanten Augustus stellte. Dichter wie P. Vergilius Maro (Vergil,
70–19 v. u. Z.), Q. Horatius Flaccus (Horaz, 65–8 v. u. Z.), aber auch
P. Ovidius Naso (Ovid, 43 v. u. Z. bis um 18 u. Z.), Sex. Propertius (Properz,
um 47 bis um 15 v. u. Z.) und Albius Tibullus (Tibull, um 50 bis um 19 oder
17 v. u. Z.) verherrlichten die Politik des Augustus und seiner Anhänger. Die
Dichtung wurde – ähnlich wie das Theater im klassischen Athen – zum
wichtigsten »Kommunikationsmittel« jener Zeit, um die politischen Ideen der
herrschenden Klasse breiten Bevölkerungsschichten zugänglich zu machen.

Dichtkunst

In den Werken dieser Dichter findet man seit dem Ende der Republik einen
deutlichen Wandel bzw. eine neue Akzentuierung der Anschauungen. Besonders Vergil und Horaz nehmen Augustus selbst in die Reihen der olympischen Gottheiten auf. Horaz stellt im zweiten Gedicht des ersten Oden-
buches, das er um das Jahr 29 verfaßte, die Frage nach dem Retter des römischen Volkes. Werden Apollon, Venus oder Romulus sich endlich offenbaren
und den Retter schicken, oder ist Augustus schon der auf Erden weilende Gott,
der Rom vor dem Untergang bewahren wird? In der zwölften Ode des ersten
Buches preist er Augustus als Vater des Menschengeschlechts und als seinen
Beschützer. Besonders in den ersten sechs Oden des dritten Buches, den
Römeroden, wird die nun herrschende Ideologie des neuen Kaiserreiches
propagiert; Genügsamkeit, Mannestugend, römische Größe und römischer
Geist werden darin gepriesen und die Sittenverderbnis seiner Zeit verurteilt;
diese Grundsätze lagen auch der augusteischen Politik zugrunde. In der
zweiten Römerode findet sich z. B. der in der Zeit des Imperialismus an
deutschen Gymnasien oft mißbrauchte Vers »Süß und ruhmvoll ist es, fürs
Vaterland zu sterben«, den bisher in der Klassengesellschaft jede herrschende
Klasse in ihrem Sinne zu interpretieren vermochte. In der vierten Römerode
erscheint Augustus nicht nur als der gerechte Beherrscher der Erde und Meere,
sondern auch der Götter, in der fünften wird er dem Iupiter gleichgesetzt:

*Augustus –
»Retter« des
Menschen-
geschlechts*

---

19 Horaz, Säkulargesang, Verse 61–68, in: Horaz, Werke, übersetzt von Manfred Simon,
Berlin/Weimar 1972 (Bibliothek der Antike), S. 119; Seher Phoebus: Beiname Apollons,
Kamönen: italische Quellennymphen, die mit den griechischen neun Musen gleichgesetzt wurden.

> Im Himmel herrscht nach unserem Glauben Zeus,
> der Donnerer: Hier auf Erden wird uns als Gott
> Augustus gelten, ...[20]

Vergil geht in seiner Augustusverehrung noch weiter als Horaz. Schon am Ende des vierten Buches seiner Georgica – das war nach der Schlacht von Actium geschrieben – erhob er ihn unter die olympischen Götter (4, 561). Diese Idee fand vor allem im Hauptwerk des Dichters, der Aeneis, ihren Niederschlag. Seit dem Jahre 29 v. u. Z. arbeitete Vergil an diesem Epos. Rom herrscht ewig; es ist eine Herrschaft ohne Ende (Aeneis, 1, 279). Die Idee des ewigen Rom wird mit der Vorstellung vom glücklichen Rom verbunden, denn mit Augustus beginnt ja das neue goldene Zeitalter. In der Anchises-Prophezeiung des sechsten Buches hat dann die messianisch-eschatologische Verehrung Augustus' einen Höhepunkt erreicht (6, 637–892). Anchises, der Vater des Aeneas, weissagt die ruhmvolle Zukunft eines mächtigen römischen Staates; diese Weissagung ist die Antwort der herrschenden Klasse Roms auf die orientalische Prophetie, nach der das kommende Reich des Messias immer auf ein östliches Land bezogen wurde. Nicht der Orient, sondern Rom und Italien sind das Ursprungsland des neuen goldenen Zeitalters, und Augustus führt es herbei:

Augustus – Gott des neuen goldenen Zeitalters

> Dies hier, dies ist der Mann, den oft du dir hörtest verheißen, Caesar
> Augustus, des Göttlichen Sohn, der die goldenen Zeiten wieder nach Latium
> bringt, ...[21]

Nicht Rom wird Magd des Ostens sein, wie es in der älteren östlichen Prophetie verkündet wurde, sondern:

Prophezeiung der Weltherrschaft Roms

> Dein sei, Römer, das Amt, als Herrscher die Völker zu zügeln, dies ist die
> Kunst, die dir ziemt, die Gesetze des Friedens zu schreiben,
> ihm, der gehorcht, zu verzeihn, Hochmütige niederzukämpfen![22]

In seiner sechsten Römerode hatte Horaz das gleiche Anliegen mit ähnlichen Worten ausgedrückt:

> Gehorsam vor den Göttern bedeutet Macht!
> Beginn und Ende lege in ihre Hand.[23]

In die gleiche Richtung zielt auch ein Vers des Dichters Tibull in der fünften Elegie seines Nemesisbuches:

> Rom, dir ward vom Schicksal verhängt, die Welt zu beherrschen.[24]

Properz preist in der sechsten Elegie seines fünften Buches Augustus als »Retter der Welt« (mundi servator).[25] Auch Ovid, der sonst für unsere Fragestellung weniger in Betracht kommt, hat mit seinen Dichtungen »Metamorphoses« (Verwandlungen) und »Fasti« (Festkalender) die Religionspolitik des Augustus unterstützt.

5.4. Politische Ideologie und Kultur im Prinzipat bis zum Ende des 1. Jh.   247

Im Zusammenhang mit dem Rom-Apollon-Augustus-Hymnus der augusteischen Dichtung erscheint mit Beginn des römischen Kaiserreiches die Auffassung von der Pax Romana, vom römischen Frieden. Frieden sollte von der Herrschaft des Augustus ausgehen und mit dem römischen Imperium fest verbunden sein. Die Pax Romana, durch den Kaiser geschützt und geschaffen, wurde ein politisches Programm des Prinzipats; Ausdruck dessen war die Tatsache, daß im Jahre 9 v. u. Z. in Rom auf dem Marsfeld ein besonderer Friedensaltar (Ara pacis Augusti) geweiht wurde.

Römische Auffassung des Friedens

Der römische Frieden war aber nicht von römischer Herrschaft zu trennen. Frieden wurde nur jenen gewährt, die sich der römischen Herrschaft bedingungslos unterwarfen; dort, wo das nicht der Fall war, wurden sie durch Krieg unter römische Herrschaft gezwungen. Dieser Drohung hat Ovid in den »Fasti« Ausdruck verliehen: Nah und fern möge die Welt die aus dem Geschlecht des Aeneas fürchten,[26] und unter der Führung des Augustus ist der Erdkreis römisch geworden.[27]

Schon im Jahre 29 v. u. Z. nach dem dreitägigen Triumph Octavians über Kleopatra und Antonius in Rom beginnt die Pax-Prägung. Daneben finden sich zahlreiche Münzen mit dem Bild der römischen Siegesgöttin, der Victoria. Dies entspricht der Vorstellung vom römischen Frieden, der nur durch römische Siege gesichert ist. Seit Kaiser Claudius gibt es in der gesamten Geschichte des Prinzipats keinen Kaiser, der nicht Münzen mit der Friedensgöttin Pax geprägt hat. Aber dieser »Frieden« bedeutete die bedingungslose Unterwerfung anderer Völker; auch das ist auf Münzen zu sehen. Verschiedentlich steckt die Göttin einen Haufen aufgeschichteter erbeuteter Waffen in Brand; auf anderen Münzen setzt sie den Fuß auf den Nacken eines Besiegten.

Münzprägung

Es ist eine notwendige Aufgabe des Historikers, den Klassencharakter der römischen Kultur, besonders der augusteischen Zeit, zu betonen, sie in ihren historischen Zusammenhang zu stellen. Dichter und bildende Künstler der augusteischen Zeit schufen Werke von außerordentlich großer Bedeutung. Sie beeinflußten das künstlerische Schaffen bis zum Untergang der antiken Sklavereigesellschaft, und diese Werke überdauerten ihre Epoche. Vergils Dichtungen sind Sprachkunstwerke höchsten Ranges, und auch die Lyrik des Horaz, die Liebesgedichte des Tibull, Properz und Ovid fanden später viele Nachahmer.

Klassencharakter der römischen Kultur

Während die genannten Dichter mehr oder weniger Ehrungen von Augustus oder seinem Freundeskreis empfingen, hatte Ovid ein tragisches Schicksal. Aus nicht genau bekannten Gründen — wahrscheinlich war er in eine Liebesaffäre mit Iulia, der Enkelin des Augustus, verwickelt — wurde Ovid vom

Verbannung des Ovid

---

20   Horaz, Oden 3, 5, 1—3, a. a. O., S. 65.
21   Vergil, Aeneis 6, 791—793, in: Vergil, Werke, übersetzt von Richard Seelisch und Wilhelm Hertzberg, bearbeitet von Wolfgang Hering, Berlin/Weimar 1965 (Bibliothek der Antike), S. 231.
22   Vergil, Aeneis 6, 851—853.
23   Horaz, Oden 3, 6, 5—6, a. a. O., S. 67.
24   Tibull, 2, 5, 57, in: Tibull, Gedichte, übersetzt von Rudolf Helm, Berlin (Schriften und Quellen der Alten Welt, Bd. 2), Berlin 1958, S. 85.
25   Properz, 5, 6, 37.
26   Ovid, Fasti 1, 717.
27   Ovid, Fasti 2, 136.

248   5. Die frühe römische Kaiserzeit. Der Prinzipat

Kaiser im Jahre 8 u. Z. nach Tomis (Konstanza) am Schwarzen Meer verbannt, wo er auch starb.

Maecenas

Zur Zeit des Augustus scharten einflußreiche vermögende Römer, die zum Freundeskreis des Kaisers gehörten, Dichter um sich und förderten sie. Berühmt wurde der Kreis um C. Cilnius Maecenas, zu dem Vergil, Horaz und Properz gehörten, und der Kreis um M. Valerius Messala Corvinus, mit dem Tibull in Verbindung stand. Diese Gönner sicherten die materielle Existenz der Dichter und beeinflußten auch ihre Dichtungen.

Geschichts-schreibung

Der bedeutendste Geschichtsschreiber der augusteischen Zeit war Titus Livius (59 v. u. Z. bis 17 u. Z.), ein Freund des Kaisers. Sein Geschichtswerk »Ab urbe condita« (Geschichte seit der Gründung der Stadt Rom) stellte in 142 Büchern die römische Geschichte von den Anfängen bis zum Jahre 9 v. u. Z. dar. Überliefert sind aber nur die Bücher 1 bis 10 (von der Entstehung Roms bis 293 v. u. Z.) und 21 bis 45 (von 219/218 bis 167 v. u. Z.). Sein Werk enthält weniger eine exakte Darstellung der historischen Fakten, er verhielt sich zu seinen Quellen sehr unkritisch, sondern vielmehr eine romantisch-idealisierende Schilderung einstiger römischer Größe; damit unterstützte er auch die Reformpolitik des Augustus.

Architektur und bildende Künste

Einen großen Aufschwung nahmen unter Augustus Architektur und bildende Künste. Rom verwandelte sich aus einer Backsteinstadt in eine Marmorstadt. Glänzende Bauwerke, wie Theater, Wasserleitungen, Bäder, Tempel, wurden geschaffen bzw. restauriert und sollten von Glanz und Größe, Frieden und Wohlstand des Reiches künden. Das alte Zentrum Roms, das Forum Romanum, wurde umgestaltet und erweitert. So wie die Politik des Augustus auf die Bewahrung alter Traditionen gerichtet war, knüpfte auch die bildende Kunst weniger an zeitgenössische hellenistische Vorbilder, sondern mehr an Werke der klassischen griechischen und italisch-griechischen Kunst an.

Lucanus

Nach Vergil war der bedeutendste römische epische Dichter der aus Spanien gebürtige M. Annaeus Lucanus (39–65). Er gehörte unter Nero der stoischen Senatsopposition an und verherrlichte in seinem Epos »Pharsalia« die verlorengegangene republikanische Freiheit; Lucan behandelte in ihm den Bürgerkrieg zwischen Caesar und Pompeius; Pompeius und der jüngere Cato werden gefeiert, während Caesar negativ beurteilt wird. Lucan nahm an der mißglückten Pisonischen Verschwörung gegen Nero teil und wurde von ihm zum Selbstmord gezwungen.

Petronius

Aus dem gleichen Grund wurde im Jahre 66 der Schriftsteller Petronius Arbiter zum Selbstmord getrieben. Er war der bedeutendste Prosaschriftsteller des 1. Jh. In seinem gesellschaftskritischen Roman »Satyricon« geißelte Petronius das Treiben neureicher Emporkömmlinge und zeichnete ein realistisches Sittengemälde seiner Zeit. Kernstück seines Romans ist das Gastmahl des Trimalchio (Cena Trimalchionis), eines Müßiggängers und protzigen Freigelassenen, der mit seinem Reichtum prahlt und aristokratisches Gebaren nachahmt.

Martialis

Ein hervorragender Meister des römischen Epigramms war der aus Spanien stammende M. Valerius Martialis (um 40 bis um 102). Mit Witz und beißender Ironie verspottete er die Laster und den Sittenverfall der römischen Oberschichten.

Seneca

Ebenfalls aus Spanien nach Rom kam der Hauptvertreter der stoischen

5.4. Politische Ideologie und Kultur im Prinzipat bis zum Ende des 1. Jh.

Philosophie des 1. Jh., L. Annaeus Seneca (um 4 v. u. Z. bis 65 u. Z.); sein Vater gleichen Namens war einer der bedeutendsten Lehrer der Rhetorik der augusteischen Zeit. Seneca wandte sich ebenfalls der Rhetorik, vor allem aber der stoischen Philosophie zu und versuchte, als Erzieher des jungen Nero den Herrscher im Sinne dieser Philosophie zu beeinflussen. Nach der Lehre der Stoiker ist die Welt der Vernunft untergeordnet. Die menschliche Seele galt als Teil der Vernunft, und damit wäre den Menschen die Erkenntnis der Naturgesetze möglich. Die Erkenntnis der Gesetze des Kosmos würde ihnen wiederum ein auf Vernunft gegründetes Leben gewährleisten. Naturgesetze waren den Stoikern göttliche Gesetze. Aber auch die bestehenden gesellschaftlichen Verhältnisse entsprachen diesem göttlichen Gesetz, dem der Mensch sich zu unterwerfen habe. Auf eine wesentliche Änderung der gesellschaftlichen Zustände wurde verzichtet. Deshalb traten die stoischen Senatoren in Rom auch für die Erhaltung des Kaiserreiches ein; die oppositionelle Haltung kam einzelnen Kaisern gegenüber zum Ausdruck, die nicht gemäß den stoischen Idealen regierten.

Im Mittelpunkt der philosophischen Abhandlungen Senecas stand vor allem die Ethik. Er trat für die Bedürfnislosigkeit ein, war aber zugleich einer der reichsten Sklavenbesitzer Roms mit einem Vermögen von etwa 300 Millionen Sesterzen. Er verfocht eine mildere Behandlung der Sklaven, lobte die Armut und forderte Menschenfreundlichkeit. Der Sklavenbesizer sollte mit seinen Sklaven freundlich umgehen, dann brauchte er nicht zu befürchten, von ihnen umgebracht zu werden.

Philosophie und Wirklichkeit

Senecas Haltung gegenüber den Sklaven entsprach einer Richtung innerhalb der herrschenden Klasse der Sklavenbesitzer, die ihre wirtschaftlichen und sozialen Entwicklungsmöglichkeiten realistischer einschätzte. Sie suchte durch ein patriarchalisches Verhältnis zu den Sklaven, durch die Heraussonderung einer Sklaven-Elite und durch das Wecken eines wenn auch begrenzten materiellen Interesses die Sklaverei in das bestehende sozialökonomische System fester zu integrieren, um damit seine Entwicklung zu erhalten. Diese Gruppe, deren ideologischer Vertreter Seneca war, befand sich aber in der ersten Hälfte des 1. Jh. noch bei weitem in der Minderheit. Erst im 2. Jh. zwang die sich verschlechternde wirtschaftliche Lage im Imperium die Sklavenbesitzer dazu, solchen Vorstellungen mehr Wirksamkeit und Gewichtigkeit einzuräumen. Zur Zeit Neros überwogen dagegen noch die alten traditionellen Auffassungen in der herrschenden Klasse über die Sklaven, in denen man sprechende Werkzeuge, aber keine Menschen sah. Natürlich bedeutete auch die Lehre Senecas von der sittlichen Gleichheit aller Menschen, auch der Sklaven, keine Aufhebung der Sklaverei. Seine Philosophie beeinflußte die christliche Ethik der frühen Kirche.

Seneca und die Sklaverei

Neben Dichtung, Philosophie und Geschichtsschreibung gab es im Römischen Reich im 1. Jh. auch eine wissenschaftliche Prosaliteratur, die die Traditionen der spätrepublikanischen Zeit fortsetzte. L. Iunius Moderatus Columella aus der spanischen Provinz Baetica verfaßte mit seiner der Landwirtschaft gewidmeten Schrift »De re rustica« ein Werk, das für das Studium italischer agrargeschichtlicher Verhältnisse großen Quellenwert besitzt. C. Plinius Secundus der Ältere (23 bis 79) schrieb mit seiner »Naturalis historia« (Naturgeschichte) ein umfangreiches enzyklopädisches Sammelwerk, in dem das gelehrte Wissen

Wissenschaftliche Prosaliteratur

250 5. Die frühe römische Kaiserzeit. Der Prinzipat

seiner Zeit vereinigt war. M. Fabius Quintilianus (um 35 bis um 96), auch ein Spanier, erhielt unter Vespasian die erste besoldete »Professur« für Rhetorik in Rom und gab ein Handbuch der Rhetorik (Institutio oratoria) heraus.

Architektur und bildende Künste

Architektur und bildende Künste entwickelten sich im 1. Jh. weiter in der Richtung, die schon für die augusteische Zeit bestimmend gewesen war; die Architektur steigerte sich teilweise ins Bombastische. Vom riesigen Kaiserpalast Neros, dem Goldenen Haus, war schon die Rede. Das Colosseum besaß vier Stockwerke mit Plätzen für etwa 50 000 Zuschauer. Neue Foren wurden erbaut, die mit ihren prunkvollen Anlagen Macht und Größe einzelner Kaiser symbolisch ausdrücken sollten. Für Kaiser Titus wurde nach seinem Tode in Rom ein Triumphbogen zur Erinnerung an seine Niederwerfung des judäischen Aufstandes errichtet. Doch nicht nur in Rom, auch in den Provinzen wurden in den Städten viele neue Bauwerke geschaffen. Die Städte wetteiferten miteinander, neue Tempel, Theater, Bäder, Aquädukte zu erbauen. Darin zeigte sich der Wohlstand der städtischen Aristokratie, die eine sichere Stütze der kaiserlichen Zentralgewalt geworden war. In jeder größeren Stadt gab es einen Tempel für die Göttin Roma und einen Altar des Kaiserkults.

5.5. Die wirtschaftliche Entwicklung im Prinzipat bis zum Ende des 1. Jh.

Städtischer Grundbesitz

Schon in der Zeit der späten Republik hatte sich im Zuge der Urbanisierung und durch die zunehmende Anlage von Veteranenkolonien auf städtischem Land der kleinere und der mittelgroße Grundbesitz als progressive Wirtschaftsform in der Landwirtschaft herausgebildet.

Durch die Agrargesetze von 119 und 111 v. u. Z. war der bisher verpachtete oder an Bauern verteilte Boden des römischen Staatslandes zu einer uneingeschränkten Ware geworden, über die die betreffenden Eigentümer voll verfügen konnten. Das freie, käufliche und verkäufliche Bodeneigentum des einzelnen Bürgers bildete eine wichtige Voraussetzung für die weitere Entwicklung der Grundeigentumsverhältnisse in Italien.

Rechtliche Unterschiede im Bodeneigentum zwischen Italien und den Provinzen

Während in Italien damit der Weg für die weitere Entwicklung des privaten Grundeigentums geebnet war, blieb in den Provinzen der alte Rechtsgrundsatz gültig, daß es dort nur das Eigentum des ganzen römischen Volkes — oder später des Kaisers — am Boden geben könne, der einzelne dagegen lediglich Besitzer oder Nutzer sei. Erst im 4. Jh. setzte sich das private Grundeigentum auch in den Provinzen durch. In Italien gab es am Anfang des Prinzipats durch die Urbanisierung nur noch städtisches oder kaiserliches Land; letzteres war exterritorial, d. h., es war aus den städtischen Territorien und aus deren Kontrolle herausgelöst worden.

Latifundien

Die allmähliche Herausbildung eines riesenhaften, meist zusammenhängenden Latifundienbesitzes, von Tausenden von Sklaven bewirtschaftet, war im 2./1. Jh. v. u. Z. ein Versuch der herrschenden Klasse, durch Extensivierung der Sklavereiverhältnisse die ökonomische Basis zu festigen und weiterzuentwickeln. Dieser Versuch mißlang, und die großen Sklavenaufstände des 2./1. Jh. v. u. Z. warnten die Großgrundbesitzer vor diesem Weg.

5.5. Die wirtschaftliche Entwicklung im Prinzipat bis zum Ende des 1. Jh.

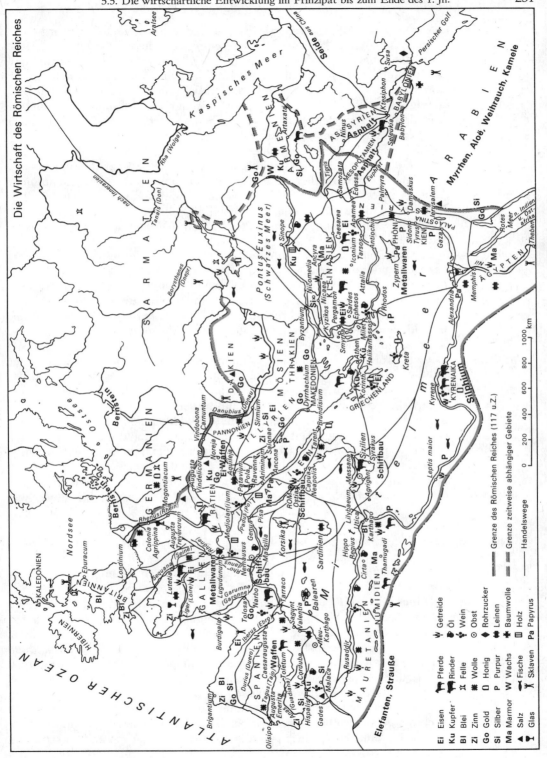

5. Die frühe römische Kaiserzeit. Der Prinzipat

Entwicklung der Villenwirtschaften

Demgegenüber verstärkte sich die Richtung, durch erhöhte Intensivierung der Landwirtschaft das Mehrprodukt zu vergrößern; diese Entwicklung wurde durch die Urbanisierung begünstigt. Nicht das große von Sklaven bearbeitete Latifundium bestimmte die landwirtschaftliche Produktion der frühen Kaiserzeit, sondern der mit dem Großgrund*eigentum* verbundene Klein*besitz*. Es zeigte sich, daß sich die kleineren und mittelgroßen auf städtischem Gebiet liegenden Villenwirtschaften auf der Grundlage der Sklavenwirtschaft noch weiterentwickeln konnten, als sich die großen Latifundien bereits auflösten.

Weitere Entwicklung der Sklaverei

Deshalb stellt diese Erscheinung auch noch keine Krise der Sklaverei dar, sondern die Krise des mit Sklaverei extensiv betriebenen Latifundiensystems. *Eine* Form der Sklaverei erwies sich unter veränderten Bedingungen als nicht weiter entwicklungsfähig. Eine Intensivierung der landwirtschaftlichen Produktion war unter den damaligen Bedingungen nur im Klein- und Mittelbetrieb möglich, daher gewannen die städtischen Villenwirtschaften so große Bedeutung.

Entstehung des Kolonats

In diesen Zusammenhang kann auch die Entstehung des römischen Kolonats eingeordnet werden — ein Versuch der Großgrundbesitzer, *neben* der Sklaverei, die in den Villenwirtschaften weitgehend erhalten blieb, ein bäuerliches Pachtsystem zu entwickeln, das ihnen ebenfalls ein Mehrprodukt sicherte. Die *Entstehung* des Kolonats erscheint in Rom noch nicht als Zeichen der Krise der Sklaverei, sondern als eine Möglichkeit, die bestehende ökonomische Ordnung zu stabilisieren und weiterzuentwickeln. Der im 2. Jh. v. u. Z. entstandene Kolonat war ungefähr 200 Jahre lang integrierender Bestandteil der bestehenden Gesellschaftsordnung; er diente der Festigung dieses Systems; später wandelte sich freilich dieses Bild.

Grenzen der Latifundienverbreitung

Der römische Kolonat dehnte sich in Italien vor allem nach dem Spartacusaufstand weiter aus, als die Latifundienbesitzer, aus mehreren Gründen, dazu übergingen, einen Teil ihres meist verstreuten Landbesitzes an Pächter zu vergeben. Die wesentliche Ursache dafür lag einmal darin, daß der extensiv betriebenen Sklaverei-Großwirtschaft doch bestimmte Grenzen gesetzt waren. Mit dem Überschreiten einer bestimmten Betriebsgröße wuchsen die unproduktiven Kosten schneller als das Mehrprodukt, das durch die Sklaven erarbeitet wurde; die landwirtschaftliche Produktion der Großgüter stagnierte.

Massenhafte Konzentration von Sklaven

Außerdem hatten die römischen Latifundienbesitzer erkannt, daß massenhafte Ansammlungen von Sklaven auf den Großgütern auch eine politische Gefahr darstellen konnten. Ein Mangel an Arbeitskräften kann nicht als Ursache für die Entstehung des Kolonats festgestellt werden.

Im frühen Kolonat ist der Großpächter vom Kleinpächter noch nicht getrennt, beide finden wir nebeneinander, und viele Pächter arbeiten auf ihren Pachtgrundstücken auch mit Sklaven.

Allmählicher Rückgang der Sklaverei

Der Übergang von der Sklaverei zum Kolonat ist ein Entwicklungsprozeß, der im Römischen Reich von sehr unterschiedlicher Dauer und Intensität war. Vom 1. Jh. v. u. Z. bis zum Ende des 2. Jh. u. Z. ging ein Wandlungsprozeß in den Produktions- und Klassenverhältnissen vor sich; die Sklaverei verlor nur sehr allmählich ihre vorherrschende Stellung in der Landwirtschaft und wurde durch den Kolonat und andere Formen bäuerlicher Abhängigkeit ersetzt. Im städtischen Villenbesitz hielt sich die Sklaverei am längsten und verschwand

dort erst dann, als der Villenbesitz selbst in der Spätantike vom Großgrundbesitz angeeignet wurde, der seinerseits auf dem Kolonat beruhte.

In der späten Republik wie in der frühen Kaiserzeit verfügten viele Groß- Ausdehnung
grundbesitzer über einen in ganz Italien und in den Provinzen verstreuten der Villen-
Villenbesitz. Der Grundbesitz einer *villa* war kein Latifundium, die Zahl der wirtschaften
Sklaven war hier überschaubar und leichter zu kontrollieren; die Größe der
Villen war unterschiedlich. Bei Ausgrabungen im Gebiet von Tusculum in
Latium (ager Tusculanus) stieß man auf Reste von 131 Villen, wobei die
Gesamtgröße des ager Tusculanus etwa 50 km² betrug. Nimmt man dort
insgesamt etwa 150 Villen an, so lag ihre Durchschnittsgröße unter 30 ha.

Die einzelnen Teile des Großgrundbesitzes wurden in der Regel von einem Verbindung des
vilicus, einem Verwalter-Sklaven, im Auftrage des Eigentümers verwaltet. Es Großgrund-
scheint für die Großgrundbesitzer in den Bürgerkriegen des 1. Jh. v. u. Z. und eigen-
besonders nach dem Spartacusaufstand sicherer gewesen zu sein, wenigstens tums mit dem
einen Teil ihrer Besitzungen zu verpachten, als durch den *vilicus* insgesamt Kleinbesitz
bewirtschaften zu lassen; so kamen zu den *vilici* die Kolonen hinzu. Landwirtschaft, Handwerk und Handel erholten sich in der augusteischen Zeit
rasch von den Wirren der Bürgerkriege. Besonders die Wirtschaft in Italien
blühte auf, während die Ostprovinzen noch unter den Auswirkungen der Bürgerkriege litten und die Romanisierung sowie der damit verbundene wirtschaftliche Aufschwung in den Westprovinzen erst seinen Anfang nahm.

In Italien nahmen die Villenwirtschaften vor allem der städtischen Ober- und Spezialisierung
Mittelschichten an Zahl und Bedeutung zu. Allein in der Gegend von Pompeji, der Villenwirt-
einer Kleinstadt, lagen etwa 40 Villen, deren Größe zwischen neun und 50 ha schaften in der
betrug. Die meisten dieser Villen hatten sich auf Wein- und Ölkulturen spe- landwirt-
zialisiert. Aus der dort gefundenen materiellen Hinterlassenschaft kann man schaftlichen
schließen, daß die Eigentümer sich um eine möglichst weitgehende Autarkie Produktion
ihrer Wirtschaften bemühten. Eine besonders gut ausgegrabene Villa ist die
bei Boscoreale in der Nähe von Pompeji; dort gefundene Speicherkrüge lassen
auf eine jährliche Produktion von mindestens 90 000 Liter Wein schließen; das
Haus hatte auch mehrere Badezimmer mit einer Warmwasserheizung.

Die auf Wein- und Ölkulturen spezialisierten Wirtschaften im Raum von Villenwirt-
Pompeji arbeiteten mehr für den lokalen Bedarf, weniger für den Export. Sie schaften im
reichen in ihrer Bedeutung nicht an die Villenwirtschaften in Latium und Raum
Kampanien heran, die ihre Waren nach Rom lieferten. Viele dieser Höfe von Pompeji
bauten außerdem Getreide an und hielten Vieh. Auf den Gütern gab es
Wassermühlen, Bäckereien, Töpfereien, Gerbereien und Reparaturwerkstät-
ten für landwirtschaftliche Geräte und Werkzeuge.

Rom war zu Beginn unserer Zeitrechnung eine Großstadt mit etwa Rom – eine
1,5 Millionen Einwohnern; davon waren etwa 320 000 römische Bürger; von antike
diesen erhielten etwa 200 000 Getreide aus Staatsmitteln. Zu den reichsten Großstadt
Bürgern zählten ca. 5 000 Angehörige des Ritterstandes, die mindestens über
400 000 Sesterzen, und 600 Mitglieder des Senatorenstandes, die mindestens
über eine Million Sesterzen verfügten.

Neben den Villenbesitzern gab es auch weiterhin sehr reiche Großgrund- Reiche Groß-
besitzer. Caecilius Claudius Isidorus vererbte testamentarisch im Jahre 8 u. Z. grundbesitzer
ein Vermögen, das aus 4 100 Sklaven, 260 000 Stück Vieh und 60 Millionen
Sesterzen bestand.

254   5. Die frühe römische Kaiserzeit. Der Prinzipat

Entwicklung der Viehzucht

Der Bevölkerungszuwachs, mit dem die steigende Nachfrage nach Fleisch, Wolle und anderen tierischen Erzeugnissen verbunden war, beeinflußte günstig die Entwicklung der Viehzucht. Man konnte in Italien das Vieh das ganze Jahr über auf der Weide lassen; auch der Bedarf an Arbeitskräften war in der Viehzucht geringer als in anderen Zweigen der Landwirtschaft. Daher wurde Viehzucht oft in großem Maßstabe betrieben. Es gab in Italien Güter, die auf Viehzucht spezialisiert waren und 250000 Schafe und mehr besaßen. Etrurien, die Po-Ebene und auch Gebiete in Südostitalien waren Zentren der italischen Viehzucht. Neben Rinder- und Schafzucht wurde besonders in der Umgebung großer Städte Geflügelzucht betrieben, die ihren Eigentümern großen Gewinn brachte.

Freie Bauern

Neben den Großgrundbesitzungen und Villenwirtschaften hatten sich aber immer noch zahlreiche kleine Bauernstellen erhalten, die ihre Unabhängigkeit bewahrten und im wesentlichen familienwirtschaftlich ohne Sklaven oder höchstens mit ein bis zwei Sklaven wirtschafteten. Was sie erarbeiteten, verbrauchten sie im wesentlichen selbst. In den Handel flossen nur gelegentlich Überschüsse mit ein, etwas Getreide, Schweinefleisch, Gemüse und Obst.

Landwirtschaftliche Produktion Italiens

In Italien betrieb man in den landwirtschaftlichen Großbetrieben der frühen Kaiserzeit namentlich Oliven- und Weinanbau. Getreide wurde kaum auf großen Flächen angebaut, nur im cisalpinischen Gallien hatte der Getreideanbau größere Bedeutung erlangt; im allgemeinen diente er in Italien der Versorgung der ländlichen Bevölkerung; die Großstädte waren dagegen stets auf Getreideimporte, in der Hauptsache aus Sizilien, Sardinien und Ägypten, angewiesen. Vor allem seit dem 2. Jh. gewann das nordafrikanische Getreide für den Handel nach Italien immer größere Bedeutung.

Ökonomischer Klassenkampf der Sklaven

Mit der Entwicklung des Kolonats erweiterte man auch den Getreideanbau in Italien. Der von den Sklaven heimlich geführte ökonomische Klassenkampf gegen die Sklavenbesitzer schädigte besonders die Getreidewirtschaft. Der schon erwähnte Agrarschriftsteller Columella beschrieb diesen Klassenkampf der Sklaven folgendermaßen: »... Die Sklaven fügen den Getreidefeldern ... den größten Schaden zu; sie verleihen die Ochsen, weiden sie und das übrige Vieh schlecht, pflügen den Boden nicht fleißig und geben an, bei weitem mehr Saat verbraucht zu haben, als sie wirklich ausgesät haben; sie kümmern sich auch nicht darum, daß die Saat, die sie der Erde übergeben haben, gut gedeiht, und wenn sie das Getreide auf die Tenne gebracht haben, mindern sie es beim Dreschen täglich entweder durch Betrug oder durch Nachlässigkeit. Denn sie stehlen sowohl selbst Getreide als auch schützen sie es nicht vor anderen Dieben, auch geben sie den Getreidevorrat nicht gewissenhaft an«.[28] An einer anderen Stelle seiner Schrift hebt er kritisch hervor: »Ich glaube ... nicht, daß die erwähnten Erscheinungen (des Verfalls der Landwirtschaft, R. G.) durch ungünstige Witterungseinflüsse, sondern vielmehr durch unsere Schuld hervorgerufen sind, die wir die Landwirtschaft, mit der sich die besten unserer Vorfahren selbst mit größtem Eifer beschäftigt haben, den schlechtesten Sklaven überlassen haben, gleichsam als ob wir sie dem Henker zur Bestrafung übergeben hätten.«[29]

---

28   L. Iunius Moderatus Columella, De re rustica 1, 7, 6—7.
29   A. a. O., 1, praefatio 3.

5.5. Die wirtschaftliche Entwicklung im Prinzipat bis zum Ende des 1. Jh.

Columella empfiehlt, Kolonen dort zu beschäftigen, wo sich infolge ungesunden Klimas oder wenig fruchtbaren Bodens Ödland befindet, oder wo die weitere Entfernung des Gutes vom Wohnsitz des Grundeigentümers eine ständige Aufsicht des Herrn über die Sklaven und vor allem eine überraschende Kontrolle unmöglich macht. Sklavenwirtschaft wird bei Columella vor allem dort dem Kolonat vorgezogen, wo der Herr im Klein- oder Mittelbetrieb die Kontrolle im Auge behalten kann. Besonders in Weingärten und Baumpflanzungen läßt man lieber Sklaven arbeiten, sogar gefesselte, während Kolonen auf Getreidefeldern der Vorzug gegeben wird. [Kontrolle der Sklaven]

Die Sklaverei war in der Mitte des 1. Jh. in der italischen Landwirtschaft noch vorherrschend; der Kolonat war noch nicht allzu weit verbreitet, und die Schriftsteller schildern uns eine italische Landwirtschaft, die im wesentlichen noch von der Produktionsweise der Sklaverei beherrscht wird.

Das Handwerk spielte in zahlreichen Städten Italiens eine große Rolle. Leider sind uns die Produktionswerkstätten durch Ausgrabungen mehr oder minder zufällig bekannt. Systematische Ausgrabungen in Handwerksiedlungen der Großstädte fehlen noch weitgehend, und unsere zusammenhängenden Kenntnisse von Handwerkstätten des 1. Jh. stammen aus Pompeji und Ostia, also gerade keinen antiken Großstädten. In Pompeji gab es viele kleine Werkstätten, die mit der Textilherstellung verbunden waren, wie Tuchwalkereien, Wollreinigungen und Färbereien. Sehr verbreitet waren in dieser Stadt die Bäckereien, in denen auch zahlreiche Backgeräte bei den Ausgrabungen zutage kamen. Die größte Bäckerei in Pompeji konnte etwa 2 000 Brote pro Tag backen. Das war zwar viel für Pompeji, aber verschwindend wenig im Vergleich zu »Großbäckereien« in Rom oder in anderen antiken Großstädten. Herrschte in den kleinen und mittleren Landstädten das Kleingewerbe vor — in Pompeji gab es etwa 40 Bäckereien —, so war in Großstädten der Konzentrationsprozeß in der handwerklichen Produktion schon weit vorangeschritten. Wir kennen leider nur das Grabmal, nicht die Bäckerei des M. Vergilius Eurysaces in Rom in der Nähe der Porta Maggiore; es gibt uns Aufschluß darüber, daß Eurysaces ein Lieferant für den Staat war und daß er viele Sklaven und Freie in seiner Bäckerei beschäftigte. [Handwerk in Italien]

Zentren der Glasherstellung lagen in Italien in Aquileia und in Kampanien. Seit der Mitte des 1. Jh. gewann das gallische Glashandwerk um Lugdunum (Lyon) an Bedeutung. [Glasproduktion]

In der keramischen Produktion eroberte sich die sogenannte Terra-sigillata-Ware den Markt. Hierbei handelte es sich um eine rotglasierte Keramik mit einer figürlichen Reliefornamentik. Ihre bedeutendsten Produktionswerkstätten lagen in Arretium (Arezzo) und in Puteoli (Pozzuoli). Über Zwischenhändler wurde diese Keramik bis nach Indochina gehandelt. In Arretium fand sich ein Mischgefäß für die Tonherstellung; es faßte 40 000 Liter. Im Verlauf des 1. Jh. wurden jedoch Zweigbetriebe, die in Gallien errichtet worden waren, für die italische Terra-sigillata-Produktion eine ernsthafte Konkurrenz. Von La Graufesenque in Süd- und Lezoux in Mittelgallien aus wurden im Rheinland und im Gebiet der oberen Donau neue Werkstätten angelegt und neue Absatzgebiete erschlossen. [Keramische Produktion]

Auch die italischen Metallwaren wurden in der Mitte des 1. Jh. über die Grenzen des Römischen Reiches hinaus gehandelt. Die Eisenverarbeitung [Metallverarbeitung] konzentrierte sich in Aquileia und in Puteoli. Eisenerz wurde vor allem auf der Insel Elba gewonnen. Während dies in erster Linie in Puteoli verhüttet wurde, verarbeiteten die Werkstätten von Aquileia die Eisenerze aus Noricum (Österreich).

Silberwaren wurden besonders in Capua und in Tarent hergestellt. Ebenso war die Bronzewarenindustrie in Capua konzentriert. Im metallverarbeitenden Handwerk war die Arbeitsteilung weit entwickelt. In der Bronzeverarbeitung liefen in der zweiten Hälfte des 1. Jh ebenfalls gallische Werkstätten den italischen den Rang ab.

Bauhandwerk

Das Bauhandwerk nahm unter Augustus und den nachfolgenden Kaisern einen raschen und bedeutenden Aufschwung. Rohre aus Blei und Ton für die Wasserleitungen, Ziegel, Dachziegel, Mörtel und Marmor wurden massenhaft benötigt. Als Baumaterial diente weiter der Travertin, ein gelblich-weißer Kalktuffstein. Mörtel wurde aus einer Mischung von Vulkanasche und Kalk hergestellt. Für die kaiserlichen Prunkbauten wurde besonders Marmor benötigt. Die Importe von den ägäischen Inseln, aus Kleinasien, Ägypten und aus Nordafrika reichten jedoch nicht aus; bei Carrara in Etrurien, in Ligurien und bei Verona hatte man Marmor entdeckt, der seit der augusteischen Zeit gebrochen wurde und für Roms Bauten zur Verfügung stand.

Italischer Export in die Westprovinzen

Die handwerklichen Erzeugnisse Italiens wurden in der augusteischen Zeit und im 1. Jh. besonders in die westlichen Provinzen des Reiches exportiert. Dort richtete man im Zuge der Urbanisierung häufig Filialen italischer Produktionsbetriebe ein, die sich nach kurzer Zeit verselbständigten und mit den italischen Werkstätten zu konkurrieren begannen. Besonders Gallien brach das italische Monopol in verschiedenen Handwerkszweigen. Am Ende des 1. Jh. geriet die wirtschaftliche Vormachtstellung Italiens im Römischen Reich ins Wanken.

Handwerk in den Ostprovinzen

Wirtschaftspolitik der Kaiser

Da es in den östlichen Provinzen des Reiches ein hochentwickeltes Handwerk gab, bot sich den italischen Werkstätten dort kein Ersatz für die in den westlichen Provinzen verlorengegangenen Absatzmärkte. Eine staatlich gelenkte Wirtschaftspolitik gab es kaum. Mit Ausnahme Domitians haben die Kaiser nicht versucht, die wirtschaftliche Entwicklung mit Gesetzen oder Verordnungen zu lenken. Domitian suchte den Getreideanbau in Italien durch gesetzliche Maßnahmen zu fördern. Der italische Weinanbau sollte dadurch geschützt werden, daß er in den Provinzen eingeschränkt wurde; die Widerstände in den Provinzen waren zu groß, und der Kaiser verfügte nicht über die Machtmittel, um diese wirtschaftlichen Maßnahmen auch durchzusetzen.

Technische Neuerungen

Technische Erfindungen wurden in der frühen Kaiserzeit kaum noch gemacht; einige technische Neuerungen aus der Zeit der späten Republik verbreiteten sich nur zögernd, und neben Neuentwicklungen blieb die alte herkömmliche Technik oft noch in Gebrauch. Zwar war die Wassermühle schon bekannt, aber erst in der späten Kaiserzeit kam sie allgemein in Anwendung. Auch die Erfindung verbesserter Öl- und Weinpressen bedeutete nicht, daß man sich von den alten trennte. Eine antike »Mähmaschine« war auf ein kleines Gebiet in Gallien begrenzt. Als ein »Ingenieur« Kaiser Vespasian eine technische Erfindung anbot, mit deren Hilfe riesige Säulen mit mechanischen Mitteln

5.5. Die wirtschaftliche Entwicklung im Prinzipat bis zum Ende des 1. Jh. 257

leichter und mit geringeren Kosten auf das Capitol geschafft werden konnten, gab Vespasian ihm zwar eine Belohnung, verzichtete aber auf die Anwendung, um, wie es heißt, der ärmeren stadtrömischen Bevölkerung nicht die Tagelöhnerarbeit zu nehmen.

Kaiser Tiberius versuchte im Jahre 33, wirtschaftlichen und damit verbundenen finanziellen Schwierigkeiten in Rom damit zu begegnen, daß er reiche Bürger, vor allem Ritter und Senatoren, gesetzlich dazu veranlaßte, zwei Drittel ihres Vermögens in italischem Grundbesitz anzulegen. Außerdem schuf er mit 100 Millionen Sesterzen aus eigenem Vermögen den Grundstock für eine staatliche Darlehenskasse.

Konzentration des senatorischen Großgrundbesitzes in Italien

Die umfangreichen Baumaßnahmen der Kaiser und andere staatliche Aufträge förderten natürlich verschiedene Handwerkszweige Italiens; mit der Anlage von Fernverkehrsstraßen verbilligten sich die Transportkosten, aber wegen des größeren Risikos blieben doch der Seetransport und der Flußhandel billiger und sicherer. Um Schiffahrt und Handel zu fördern, wurden Kanäle angelegt, so etwa ein Kanal zwischen Rhein und Maas, ein Kanal vom Nil zum Roten Meer u. a. Ein Kanal, der die Landenge von Korinth durchschneiden sollte, blieb dagegen in den Anfängen stecken. In Italien wurde der Fuciner See trockengelegt, um fruchtbares Land zu gewinnen.

Eine bedeutende wirtschaftliche Maßnahme war unter Claudius der Ausbau des Hafens von Ostia. Früher mußten die für Rom bestimmten Waren im Hafen von Puteoli an der kampanischen Küste gelöscht werden (250 km von Rom entfernt), von dort wurden sie dann auf dem Landwege nach Rom gebracht. Das Hafenbassin von Ostia, das unter Nero vollendet wurde, war 50 ha groß. Dämme schützten mit Wellenbrechern die Hafeneinfahrt. Ein Leuchtturm, Kaianlagen, Be- und Entladeeinrichtungen und Dockanlagen gaben dem Hafen ein modernes Aussehen. In der Hafenstadt gab es große Getreidespeicher und Warenhäuser, vierstöckige Wohnhäuser waren keine Seltenheit; rund 100 000 Menschen lebten in der frühen Kaiserzeit in Ostia. Um Kaufleute und Schiffsbesitzer nach Ostia zu ziehen, versprach ihnen Claudius das römische Bürgerrecht, wenn sie sechs Jahre den Getreidehandel nach diesem Hafen betrieben hatten.

Ausbau des Hafens von Ostia

Trotz der immensen Steuereinnahmen aus den Provinzen kam es unter Nero zu ersten größeren finanziellen Schwierigkeiten. Nero versuchte ihrer Herr zu werden, indem er den Münzfuß verringerte. Das Gewicht des Aureus, der Goldmünze, wurde um etwa zehn Prozent verringert. Ähnlich verfuhr er mit der Silbermünze, dem Denar. Dieses von ihm neu eingeführte Münzgewicht blieb dann etwa bis zum Ende des 2. Jh. gültig.

Verringerung des Münzfußes

In der Zeit der späten Republik hatten sich Handwerker ein und desselben Gewerbezweiges oft zu Kollegien vereinigt, die wir sowohl in Italien als auch in den Provinzstädten finden. Da sie sich in den Bürgerkriegen der späten Republik zuweilen auch politisch betätigt hatten, standen sie in der frühen Kaiserzeit unter strenger kaiserlicher Kontrolle. Ihre wirtschaftlichen Aufgaben waren gering, mit den mittelalterlichen Zünften sind sie nicht gleichzusetzen. Die Kollegien übernahmen Staatsaufträge, besonders für Heereslieferungen. Zahlreiche Kollegien aber waren kultische Vereinigungen und Zusammenschlüsse zur gegenseitigen Unterstützung in Notsituationen.

Handwerkerkollegien

Obwohl es im Römischen Reich niemals einen einheitlich strukturierten

Fernhandel

17 Römische Geschichte

Binnenmarkt gab, spielte der Handel besonders in der frühen Kaiserzeit eine bedeutende Rolle. Man hat berechnet, daß jährlich etwa 100 Millionen Sesterzen für Luxusartikel aus dem Orient von der Aristokratie im Reich ausgegeben wurden; die Hauptstadt Rom nahm hierbei die erste Stelle ein. Ägypten lieferte Getreide, Papyrus und Leinwand, aus Kleinasien kamen vor allem Wolle und Holz, Syrien lieferte Öl, und die Kaufleute aus den östlichen Provinzen des Reiches wurden besonders reich und angesehen. Nordafrika führte Getreide und Öl aus und war Hauptlieferant der wilden Tiere, die für die Tierhetzen im Zirkus vorgesehen waren. Aus Spanien kamen Mineralien und Fischkonserven.

Auch die Kaufleute und Schiffsbesitzer schlossen sich in der frühen Kaiserzeit zu Vereinigungen zusammen.

5.6.   *Die politische Entwicklung des Prinzipats im 2. Jh.*

Vertiefung der sozialen Widersprüche

Das römische Imperium ist im 2. Jh. janusköpfig, zwiespältig und von Widersprüchen gekennzeichnet, wie kaum eine andere Periode seiner Geschichte. Nach außen hin schien es auf der Höhe seiner Macht angelangt zu sein; die Urbanisierung erreichte in den Westprovinzen ihre höchste Entfaltung; territorial erlangte das Reich seine größte Ausdehnung; das Wirtschaftsleben florierte; der Widerstand auswärtiger Gegner schien gebrochen zu sein; Kaisertum und Senat lebten in gutem Einvernehmen nebeneinander; die Zeiten der Senatsopposition schienen vorbei zu sein.

Trotz des äußeren Anscheins von sozialem Frieden und Wohlstand lassen sich in Rom im 2. Jh. Anzeichen der Krise der Sklavereigesellschaft nicht verkennen. Die sozialen Widersprüche begannen sich stärker als früher zu polarisieren und zu vertiefen; gewaltige Volksaufstände demonstrierten die zunehmende soziale Kluft; Städte verschuldeten, die Finanzen waren zerrüttet; die militärische Kraft ließ nach, eroberte Territorien mußten wieder aufgegeben werden; Italien büßte zusehends seine wirtschaftliche und politische Vorrangstellung ein; die frühe Prosperitätsphase in der Entwicklung des Kolonats ging ihrem Ende entgegen, die Kolonen verschuldeten mehr und mehr, und am Ausgang des Jahrhunderts waren sie durch Verschuldung und die daraus erwachsenden zusätzlichen sozialen Belastungen schon an den Boden gebunden, rund hundert Jahre, bevor sie juristisch an ihn gefesselt waren. Am Ende des 2. Jh. trat die Sklavereigesellschaft in ihre allgemeine Krise ein, aus der es trotz verschiedener Versuche zur Stabilisierung von seiten der herrschenden Klasse kein Entrinnen mehr gab und die im 5. Jh. in die Epoche des Übergangs zum Feudalismus hinüberführte.

Kaisertum und Senatsopposition

Durch eine sehr geschickte Politik verstanden es die Kaiser nach der Ermordung Domitians, ihre politische Macht zu festigen und der Senatsopposition den Wind aus den Segeln zu nehmen. Die Senatsopposition hatte sich bekanntlich einen Kaiser gewünscht, der den Idealen der stoischen Philosophie entsprach. Das war die eine, die äußere Seite ihrer Politik. Andererseits war damit die Hoffnung verbunden, daß diese Kaiser den Großgrundbesitz fördern und begünstigen möchten. Die Senatsaristokratie trat allmählich in Gegensatz zur städtischen Aristokratie, deren ökonomische Grundlage mehr

5.6. Die politische Entwicklung des Prinzipats im 2. Jh.

auf der Sklaverei beruhte, während der Großgrundbesitz im wesentlichen auf der Wirtschaftsform des Kolonats begründet war. Die Kaiser kamen der Großgrundbesitzeraristokratie im Senat insofern entgegen, als sie sich die stoischen Auffassungen von der Herrschaft aneigneten, ja selbst zu Verfechtern dieser Philosophie wurden wie Mark Aurel. Damit wurde der Senatsopposition der Boden ihrer ideologischen Argumentation entzogen. Aber andererseits orientierten sich diese Kaiser nach wie vor allem auf das Heer und die Munizipalaristokratie und setzten damit die allgemeine politische Linie der Zentralgewalt des 1. Jh. fort.

M. Cocceius Nerva (96—98), der Nachfolger Domitians, stammte selbst aus einem alten Senatorengeschlecht; er schaffte die Majestätsprozesse ab und gestattete den Verbannten die Rückkehr. Der Kaiser verzichtete auf die Gerichtsbarkeit über Angehörige des Senats. Über Domitian wurde die damnatio memoriae verhängt, d. h., seine Verfügungen wurden ungültig, seine Ehrungen ihm abgesprochen, seine Standbilder gestürzt und seine Name wurde aus Inschriften und Urkunden ausgelöscht. Diese Praxis war erstmalig nach dem Tode Caligulas und Neros geübt worden. Mit diesen Verfügungen stellte Nerva das gemeinsame Handeln mit dem Senat wieder her. Als er Kaiser wurde, war er schon 70 Jahre alt; er hatte keine Kinder und adoptierte daher den Statthalter Obergermaniens M. Ulpius Traianus und bestimmte ihn durch Übertragung der tribunizischen Gewalt und des prokonsularischen Imperiums zu seinem Nachfolger. Traian besaß beim Heer hohes Ansehen, während Nerva stets Sorgen mit seinen Prätorianern hatte, die ihm wegen seiner Sparsamkeit zusetzten. Mit dieser Adoption kam Nerva auch den Wünschen der Senatsaristokratie entgegen, die eine Erbmonarchie als Tyrannis ansah und forderte, daß sich der Kaiser unter den Würdigsten im Reich selbst seinen Nachfolger auswählen sollte.

Nerva

Ausdruck einer weiter zunehmenden sozialen Differenzierung unter den römischen Bürgern war die Tatsache, daß viele verarmte Bürger mittellos waren und nichts für die Versorgung und Erziehung ihrer Kinder aufbringen konnten. Dafür stiftete Kaiser Nerva die sogenannten Alimentationen. Aus einer staatlichen Darlehenskasse wurden kleinen und mittleren städtischen Grundeigentümern gering verzinsbare Darlehen gewährt; die Zinsen aus diesen Darlehen wurden dann für die Versorgung und Erziehung von bedürftigen Kindern mitteloser Bürger verwendet. Einmal sorgte der Kaiser damit für die ökonomische Stärkung der städtischen Villenwirtschaften, und zum anderen hatte er damit die Erhaltung der Wehrkraft des Staates im Auge. Unter seinem Nachfolger wurde das System der Alimentationen noch weiter ausgebaut. Außerdem kaufte er aus den gleichen Gründen in Italien von den Großgrundbesitzern für 60 Millionen Sesterzen Land und verteilte es an ärmere Bürger. Am 27. Januar 98 starb Nerva.

Zunehmende soziale Differenzierung

Traian (98—117) entstammte der spanisch-römischen Munizipalaristokratie. Er war der erste römische Kaiser, dessen Wiege nicht in Italien gestanden hatte. Während seiner Regierungszeit ging der römische Staat zeitweilig wieder zur militärischen Expansion über. In der zweiten Hälfte des 1. Jh. hatte sich auf dem Balkan in Transsilvanien aus dem Stammesverband der Daker ein Staat entwickelt, der sich unter König Decebalus zu konsolidieren begann. Die römische herrschende Klasse sah darin die Gefährdung der Donaugrenze und

Traian

bereitete den Krieg vor. Dakien war außerdem durch seinen Reichtum an Gold, Erzen und Salz für die Römer von wirtschaftlicher Bedeutung. Im Frühsommer 101 fiel ein Heer von etwa 100 000 römischen Kriegern in das Land ein, um den dakischen Staat zu vernichten.

Eroberung Dakiens

Trotz der großen Übermacht mußten die römischen Truppen im Jahre 101 bei der Eroberung des Banats zunächst schwere Verluste einstecken. Decebalus fiel im Gegenangriff in die Provinz Niedermösien ein. Im Jahre 102 ging jedoch der römische Vorstoß weiter, die Daker wurden geschlagen und mußten kapitulieren. Das Banat wurde dem römischen Imperium einverleibt, der dakische Staat blieb vorerst ein Klientelstaat unter römischer Kontrolle. Aber schon 105/106 kam es zum zweiten Dakerkrieg; erneut griff Rom an und drängte die heldenhaft kämpfenden Daker von Osten und Westen her zurück. Für den Donauübergang des Heeres hatte der Baumeister Apollodor von Damaskus bei Drobeta (Turnu Severin) eine feste Brücke errichtet. Die Burgen der Daker wurden erobert, darunter die Königsresidenz des Decebalus in der Nähe der späteren Provinzhauptstadt Sarmizegetusa, und Decebalus sah zuletzt keinen anderen Ausweg als den Selbstmord. Dakien wurde römische Provinz.

Eroberung des Nabatäerstaates

Wie der dakische Staat nördlich der Donau, so war im Osten im östlichen Jordanland der Staat der Nabatäer mit der Hauptstadt Petra römisches Angriffs- und Annexionsziel geworden. Der römische Heerführer A. Cornelius Palma, Statthalter von Syrien, eroberte ohne große Anstrengungen im Jahre 106 den Nabatäerstaat, der in die Provinz Arabia umgewandelt wurde. Dieses Gebiet reichte bis zum Golf von Akaba im Süden und besaß in Ailena (Elat) einen wichtigen Hafen, der für den Zwischenhandel mit Indien nicht ohne Bedeutung war.

Partherkrieg und Eroberung Mesopotamiens

In den Jahren 113 bis 117 kam es zum Krieg mit den Parthern. Wieder gab das Bestreben Roms, Armenien zu kontrollieren, dafür den Anstoß. Armenien wurde erobert und im Jahre 114 römische Provinz. Da sich der parthische Staat in einer inneren Krise befand, war der Widerstand nur gering. Im Jahre 115 wurde Mesopotamien erobert, auch die parthische Hauptstadt Ktesiphon fiel in römische Hand. Zwei neue Provinzen Assyrien und Mesopotamien wurden gebildet. Das Römische Reich hatte seine größte territoriale Ausdehnung erreicht. Im Jahre 116 zog Traian mit seinem Heer bis zur Mündung des Tigris. Dort war Charakene ein bedeutender Hafen für den Indienhandel. Aber die Parther und mit ihnen im Bunde arabische Stämme gaben sich nicht geschlagen. Die Wüstenfestung Hatra wurde von Traian vergeblich belagert. Auf dem Rückweg nach Rom starb er in Selinus in Kilikien (Kleinasien) am 9. August 117.

Munizipalisierungspolitik

Die Munizipalisierungspolitik seiner Vorgänger trieb Traian weiter voran. Mit Hilfe städtischer Neugründungen wurde die soziale Grundlage seiner Herrschaft breiter; so entstanden u. a. Ulpia Traiana (bei Xanten), Ulpia Noviomagus (Nijmegen), beide am Niederrhein, Marciana Traiana Thamugadi (Timgad), der Stolz des römischen Nordafrika, Ulpia Traiana Sarmizegetusa (bei Várhely) in Dakien. Durch den Ausbau der Befestigungen am Rhein wurde die Rheinarmee auf vier Legionen verringert, während an der Donau zwischen Vindobona (Wien) und der Donaumündung neun Legionslager die Grenze sicherten. Der militärische Schwerpunkt des Imperiums hatte sich vom

5.6. Die politische Entwicklung des Prinzipats im 2. Jh.

Rhein an die Donau verlagert. Bei Adamklissi in der Dobrudscha wurde im Jahre 109 ein großes Siegesdenkmal Traians geweiht.

Unter seiner Regierung wurden in Italien und in den Provinzen zahlreiche Straßen neu angelegt, darunter die Via Traiana von Beneventum nach Brundisium, schon bestehende verlängert und erneuert. Der Hafen von Ostia wurde durch ein zweites Hafenbecken von ca. 28,3 ha Größe erweitert, an der Küste Etruriens wurde der Hafen von Centumcellae (Civitavecchia) ausgebaut. Um 105 baute man in Spanien bei Alcantara eine Brücke über den Tajo. Der erhaltene Briefwechsel zwischen dem Kaiser und seinem Statthalter in der Provinz Bithynien und Pontus in Kleinasien, Plinius Secundus minor, gibt einen weiteren Einblick in die Provinzialpolitik Traians. In Anbetracht der zunehmenden finanziellen Schwierigkeiten der Städte ernannte der Kaiser besondere Kontrollbeamte für die städtischen Finanzen, die sogenannten curatores bzw. correctores rei publicae, die die städtischen Funktionen der Selbstverwaltung beschnitten. Des weiteren wurden die Ritter bei der Verteilung höherer Verwaltungsämter im Imperium bevorzugt; allmählich lösten sie darin die Freigelassenen ab.

Ausbau der Verkehrswege

Zum Senat hatte Traian wie sein Adoptivvater gute Beziehungen. Wie Nerva verzichtete er auf die Gerichtsbarkeit über Senatoren. Nicht zuletzt dafür verlieh ihm der Senat den Titel Optimus (d. h. der Beste), und noch im 4. Jh. rief man bei der Einsetzung eines neuen Kaisers dem Herrscher zu: »Sei glücklicher als Augustus, sei besser als Traian«.[30]

Traian und die Senatsaristokratie

Bürgerliche Geschichtsdarstellungen der Gegenwart heben besonders die militärischen Qualitäten Traians hervor. Er war »eine der großen Eroberergestalten der Weltgeschichte« (Alfred Heuss); er war »der größte, den Rom seit Julius Caesar hervorgebracht hatte« (Hermann Bengtson). Niemand wird bestreiten, daß Traian ein bedeutender Heerführer war. Zählt ihn auch die senatsfreundliche Geschichtsschreibung der Antike zu den »guten« Kaisern, rechnet auch die moderne bürgerliche Historiographie ihn zu den »humanitären« oder »aufgeklärten« Herrschern und folgt damit der popularphilosophischen stoischen Auffassung des Dion Chrysostomos von Prusa in Bithynien (um 40 bis 120), so gibt es doch keinen Zweifel daran, daß Traian seine Außen- wie Innenpolitik im Interesse der herrschenden Klasse durchsetzte. Unterstützungen für die minderbemittelten Römer, Brot und Spiele für die römische Plebs, Prachtbauten in Rom und die Bautätigkeit in den Provinzen — das ist die eine Seite seiner Politik; die andere: gewaltsames Vorgehen gegen all jene, die auch nur im Verdacht standen, Widerstand zu leisten, wie die Daker, Nabatäer und Parther. Ebenso hat Traian in den Jahren 114 bis 116 Aufstände in Kyrene, in Ägypten, in Syrien, auf der Insel Zypern und in Mesopotamien gewaltsam unterdrückt; das betraf besonders die judäische Bevölkerung, die sich in diesen Gebieten gegen Rom erhoben hatte. Der Kaiser mußte seine besten Feldherren wie Lusius Quietus und Q. Marcius Turbo einsetzen, um die Aufstände niederzuwerfen.

Beurteilung der Politik Traians

Nach dem Tode Traians riefen die syrischen Legionen ihren Statthalter der Provinz Syrien, P. Aelius Hadrianus, zum Kaiser aus (117–138). Ob Traian seinen Nachfolger und Freund noch auf dem Sterbebett adoptiert hat, ist in

Hadrian

---

30 Eutropius, Breviarium ab urbe condita 8, 5, 3.

der antiken Überlieferung umstritten. Der Senat bestätigte ihn nachträglich, und Hadrian legte wie seine beiden Vorgänger großen Wert auf ein gutes Einvernehmen mit der Senatsaristokratie, der er selbst seit fünf Generationen angehörte. Hadrian stammte wie Traian aus der Provinz Baetica in Spanien.

Rückkehr zur Defensivpolitik

Unter ihm ging der römische Staat wieder zur Defensivpolitik über. Die Feldzüge Traians hatten die Finanzkraft des Staates erschöpft, sie hatten aber auch gezeigt, daß die militärische Expansion die Grenze des Möglichen überschritten hatte. Deshalb schloß Hadrian Frieden mit den Parthern und gab die Provinzen Assyrien und Mesopotamien wieder auf; sie wären unter den gegebenen politischen und militärischen Bedingungen ohnehin nicht zu halten gewesen. Damit wurde die Euphratgrenze im Osten wiederhergestellt. Auch Armenien wurde aus einer Provinz wieder in ein von Rom abhängiges Königreich umgewandelt. Einfälle der Roxolanen im Jahre 117 an der unteren Donau und der Brittonen ins nördliche Britannien im Jahre 122 wurden zurückgewiesen, doch erfolgte keine größere Gegenoffensive. Dafür wurden an verschiedenen Grenzen Wälle angelegt und Mauern errichtet, um kriegerische Einfälle von Grenzstämmen abzuwehren. In Britannien ließ Hadrian zwischen dem Solway Firth und der Tynemündung den nach ihm benannten Wall anlegen, der aus Graben — Steinmauer — Graben — Wall mit zahlreichen Kastellen und Wachtürmen bestand. Der obergermanisch-rätische Limes wurde stärker befestigt, und neue Kastelle wurden angelegt. Ebenso errichtete man an der unteren Donau, in Syrien und in Nordafrika (an der Südgrenze Numidiens) ähnliche Grenzbefestigungen.

Reorganisation des Heeres

Um die Schlagkraft des Heeres bei leicht verminderter Truppenstärke zu erhalten, erfolgte eine innere Reorganisation des Heeres. Auf militärische Disziplin legte man großen Wert; nach parthischem Vorbild wurden Abteilungen schwerer Panzerreiterei, der sogenannten Kataphrakten, aufgestellt; um die Grenzverteidigung zu verstärken, wurden leicht bewegliche Kontingente aus der Provinzialbevölkerung, die sog. Numeri, eingerichtet; die Legionen begannen sich in stärkerem Maße aus Provinzialen, besonders aus der Umgebung des Legionslagers, zu rekrutieren; auch darin zeigte sich die zunehmende politische Bedeutung der Provinzen gegenüber Italien.

Weitere Urbanisierung

Hadrian setzte die Politik der Urbanisierung fort. In Numidien wurde ein neues Legionslager in Lambaesis (Lambèse) angelegt, woraus später eine eigene Stadt erwuchs; in Thrakien wurde die Stadt Adrianopel (Edirne) gegründet; Athen schmückten neue, großzügige Bauten; Jerusalem wurde als römische Stadt Aelia Capitolina wiederaufgebaut; in Ägypten legte man die Stadt Antinoopolis neu an. Zahlreiche Städte erhielten größere Rechte zuerkannt.

Reisen Hadrians

Hadrian verfolgte mit seinen vielen Reisen, die er in fast alle Provinzen des Reiches unternahm, in erster Linie politische Ziele. Diese Reisen, die vor allem in Truppenbesichtigungen, Beratungen mit Provinzstatthaltern und Heerführern, mit Klientelfürsten bestanden, führten ihn in den Jahren von 121 bis 125 nach Noricum, Rätien, Germanien, Britannien, Gallien, Spanien, Nordafrika, Cyrenaika, Kreta, Kleinasien, Syrien, Thrakien, Mösien, Dakien, Makedonien, Griechenland und Sizilien. Im Jahre 128 reiste er erneut nach Nordafrika, inspizierte die Legion in Lambaesis, und nach kurzem Aufenthalt in Rom unternahm er noch im gleichen Jahre eine zweite große Reise, die ihn von 128

5.6. Die politische Entwicklung des Prinzipats im 2. Jh.

bis 132 nach Griechenland, Kleinasien, Syrien, Judäa, Arabia, Ägypten, von dort noch einmal nach Syrien, Kleinasien und Griechenland wieder zurück nach Rom führte.

Die Herrschaft Hadrians ist mit der grausamen Niederwerfung des letzten großen judäischen Aufstandes von 132 bis 135 verbunden. Die Judäer setzten der Romanisierungspolitik und den Urbanisierungsbestrebungen der römischen Zentralgewalt entschlossenen Widerstand entgegen. Die Römer mißachteten alte religiöse Traditionen der Judäer und planten den Bau eines Jupitertempels gerade an der Stelle, an welcher früher der berühmte Jahwe-Tempel in Jerusalem gestanden hatte. Unter der Führung des Bar Kocheba, in zeitgenössischen Quellen Simon ben Koseba (Sohn des Sterns) genannt, brach der Aufstand der noch im Lande verbliebenen Judäer gegen die römische Fremdherrschaft und Unterdrückung aus. Jerusalem, das als römische Stadt Aelia Capitolina hieß, wurde von den Aufständischen erobert. Jüngst gefundene Handschriften aus dem Wadi Muraba'at in der Nähe des Toten Meeres enthalten militärische Befehle Bar Kochebas; die Aufständischen organisierten eine eigene Verwaltung und datierten nach Jahren der wiedergewonnenen Freiheit, derer sie sich nicht lange erfreuen konnten. Hadrian beauftragte S. Iulius Severus, Statthalter von Britannien, mit der Niederwerfung des Aufstandes. Trotz erbitterter Gegenwehr konnten die Römer im Jahre 134 Jerusalem zurückerobern, wobei die Stadt wieder völlig zerstört wurde. Im Jahre 135 fielen die letzten befestigten Plätze der Aufständischen in römische Hand. Viele Tausende von Judäern wurden getötet, vertrieben und versklavt. In Zukunft drohte ihnen die Todesstrafe, wenn sie Jerusalem, das als Aelia Capitolina wieder aufgebaut wurde, auch nur betraten; selbst der Name Judäa sollte ein für allemal ausgelöscht werden: Als Syria Palaestina wurde es eine eigene Provinz und erhielt zwei Legionen Besatzungstruppen.

Aufstand in Judäa

Die innenpolitischen Maßnahmen Hadrians stärkten die kaiserliche Zentralgewalt auf der Grundlage der Militärdiktatur. Gleich zu Beginn seiner Regierung ließ er durch den Senat unter der Anklage wegen angeblicher Verschwörung vier der bedeutendsten Heerführer Traians umbringen: A. Cornelius Palma, Lusius Quietus, L. Publilius Celsus und C. Avidius Nigrinus. Anscheinend versuchte er sich so möglicher Usurpatoren zu entledigen.

Stärkung der kaiserlichen Zentralgewalt

Der Beraterkreis des Kaisers, das consilium principis, hatte ein festumrissenes Aufgabengebiet und trat seit Hadrian in regelmäßigen Sitzungen zusammen; es war vor allem für Rechts- und Verwaltungsfragen zuständig. In diesem Rat spielten neben Senatoren immer mehr Ritter, besonders als Juristen, eine große Rolle. Sie erhielten ein festes Gehalt und hatten eine bestimmte Dienststellung inne. Im bürokratischen Apparat der kaiserlichen Zentralverwaltung drängten Ritter die kaiserlichen Freigelassenen in den Kanzleien endgültig in den Hintergrund. Um das Rechtswesen zu ordnen und zu systematisieren, wurden die Verordnungen (Edikte) der Prätoren durchgesehen und die wichtigsten ausgewählt. Diese Sammlung und Auswahl nahm der bedeutendste Jurist der hadrianischen Zeit, P. Salvius Julianus, vor. Er kodifizierte und veröffentlichte diese Sammlung prätorischer Rechtssprüche unter dem Namen »Ständiges Edikt« (edictum perpetuum). Danach hatten die Prätoren nicht mehr das Recht, rechtliche Bestimmungen zu verändern; dies Recht ging nunmehr auf den Kaiser über.

Consilium principis

Edictum perpetuum

264   5. Die frühe römische Kaiserzeit. Der Prinzipat

Wandel in Auffassungen über die Sklaven

Zur Zeit Hadrians begannen sich die Ideen einer humaneren Sklavenbehandlung, wie sie schon rund 100 Jahre früher der Philosoph Seneca vorgetragen hatte, allmählich durchzusetzen. Doch nicht allgemein philanthropische Erwägungen waren dafür ausschlaggebend, sondern die Erfahrung, daß mit einer besseren Behandlung der Sklaven und mit der Aussicht auf eine mögliche Freilassung die Arbeitsproduktivität der Sklaven noch zu steigern war. Immer mehr wurde es auch in der Landwirtschaft üblich, den Sklaven einen besonderen Besitzanteil (peculium) zu gewähren. Aus wirtschaftlichen Gründen mußte die alte traditionelle Auffassung vom Sklaven als einer Sache, eines sprechenden Werkzeugs (instrumentum vocale) aufgegeben werden. Nicht zuletzt äußerten sich in diesem Wandel Krisenerscheinungen der auf Sklaverei beruhenden Produktionsweise, die gegen Ende des 2. Jh. immer deutlicher zutage traten. Der Staat mischte sich immer entschiedener in die »Rechte« des Sklavenbesitzers über seine Sklaven ein; ein Senatsbeschluß aus dem Jahre 121 nahm den Sklavenbesitzern das Tötungsrecht über ihre Sklaven.

Hadrian, der Griechenfreund

Hadrian hatte eine besondere Vorliebe für Griechenland, für griechische Kunst, Dichtung, Philosophie und Wissenschaft. Schon als Heerführer Traians hatte er sich 112 zum Archonten von Athen wählen lassen. Zahlreiche Städte Griechenlands feierten ihn als ihren Wohltäter. Im Jahre 129 erneuerte er während seines Aufenthalts in Griechenland den panhellenischen Bund, dem aber keine politische Bedeutung zukam. In Rom gründete Hadrian eine griechische »Universität«, das Athenaeum, mit Lehrstühlen für griechische Grammatik und griechische Literatur. In Athen ließ sich der Kaiser in die Eleusinischen Mysterien einweihen. Entsprechend seinen philosophischen Anschauungen erließ er ein allgemeines Verbot des Menschenopfers im Römischen Reich.

Bautätigkeit

Viele Prunkbauten wurden in dieser Zeit in Rom neu errichtet, begonnene Bauten vollendet, andere restauriert. Das Pantheon, das 27 v. u. Z. von Agrippa erbaut und in der Regierungszeit des Titus durch Feuer zerstört worden war, erhielt ein neues Kuppeldach von 55 m Durchmesser und 43 m Höhe. Hadrian ließ für sich und seine Familie ein Mausoleum errichten, das heute noch in der Engelsburg in Rom weiter besteht. In Tibur (Tivoli) in der Nähe Roms wurde eine kaiserliche Prunkvilla erbaut (villa Hadriana), in der eklektisch und symbolhaft verschiedene griechische Landschaften dargestellt waren.

Unterdrückung der Senatsopposition

In seinen letzten Lebensjahren kam es zu Unstimmigkeiten mit dem Senat, der als Hüter altrömischer Tradition sich durch die Vorliebe des Kaisers für alles Griechische zurückgesetzt fühlte. Der Kaiser, sonst ein Freund des Senats, ließ in seinen letzten Lebensjahren erneut Senatoren hinrichten. Hadrian adoptierte Anfang 138 zu seinem Nachfolger T. Aelius Caesar Antoninus, den späteren Kaiser Antoninus Pius. Am 10. Juli 138 starb Hadrian im Bade zu Baiae an der kampanischen Küste. Sein Nachfolger hatte Mühe, im Senat für ihn die Apotheose (Vergottung) durchzusetzen.

Antoninus Pius

Kaiser Antoninus Pius (138–161) stammte aus einer reichen Großgrundbesitzerfamilie der Provinz Gallia Narbonensis. In der Innen- wie Außenpolitik setzte er die Defensivpolitik seiner Vorgänger fort; sein Verhältnis zum Senat ist als gut zu bezeichnen. Zugleich förderte er die privilegierten Schichten in den Provinzstädten; einen Konflikt mit den Parthern legte er im Jahre 139

5.6. Die politische Entwicklung des Prinzipats im 2. Jh.

durch Verhandlungen bei. Nach der Niederwerfung eines Aufstandes der Briganten im nördlichen Britannien wurde im Jahre 142 etwa 120 km nördlich des Hadrianswalls eine neue Grenzbefestigung, der Antoninuswall (vallum Antonini), zwischen dem Firth of Forth und dem Firth of Clyde angelegt; auch der obergermanische Limes wurde etwas weiter nach Osten vorverlegt.

Die Regierungszeit des Antoninus Pius priesen seine Zeitgenossen als eine allgemeine Zeit des Friedens; aber die Wirklichkeit sah anders aus. Unter der Oberfläche einer scheinbaren sozialen Eintracht spitzten sich die sozialen Widersprüche zu, entwickelten sich neue schwere Klassenkämpfe im Reich. *Blütezeit des »römischen Friedens«*

In den Jahren 144 bis 152 kam es zu einem gewaltigen Aufstand der einheimischen Bevölkerung im nordafrikanischen Mauretanien; im Atlasgebiet tobten harte Kämpfe. In den Jahren 152 und 153 erhob sich die Bevölkerung in Judäa, in Griechenland und in Ägypten. Besonders durch den ägyptischen Bauernaufstand wurde die Getreideversorgung Roms gefährdet. Die Kämpfe der Latronen gegen den römischen Staat nahmen in vielen Teilen des Reiches immer größere Ausmaße an. *Aufstände im Innern*

Schriftsteller und Redner entwarfen jedoch ein idealisiertes Bild vom Römischen Reich dieser Zeit. Rom sei kein Gewaltherrscher, sondern ein gewählter Anführer, der von all seinen Untertanen bereitwillig als Leiter anerkannt werde, so heißt es in einer Lobrede auf Rom, die der griechische Rhetor Aelius Aristides in der Mitte des Jahrhunderts in der Hauptstadt hielt.[31] Aber die Wirklichkeit sah anders aus.

Das System der Alimentationen wurde von Antoninus Pius weiterentwickelt. Mit Brot, Spielen und reichen Spenden erhielt er die hauptstädtische Bevölkerung bei guter Laune. Im Jahre 147 veranstaltete er eine Säkularfeier für das 900jährige Rom. Er starb am 7. März 161 in Lorium bei Rom. *Brot und Spiele*

Sein Nachfolger wurde Mark Aurel (M. Aurelius Antoninus Augustus, 161—180). Die Familie Mark Aurels stammte aus der spanischen Provinz Baetica. Gleich zu Beginn seiner Regierung ernannte er seinen jüngeren Adoptivbruder L. Aelius Aurelius Commodus zum gleichberechtigten Mitkaiser, zum Augustus. Als dieser trug er dann den Namen L. Aurelius Verus (161—169). *Mark Aurel*

Mark Aurel war der Philosoph auf dem römischen Kaiserthron. Nach Seneca und Epiktet (um 60—140) war er selbst der bedeutendste Vertreter der späten Stoa, der auch versuchte, Ideen der stoischen Ethik mit Auffassungen der platonischen Philosophie zu verbinden. Die politische Ordnung sei gewiß unvollkommen, man solle aber nicht hoffen, daß der ideale Staat einmal verwirklicht würde — diese in bezug auf den historischen Fortschritt pessimistische Auffassung entsprach der krisenhaften Situation, in der sich die Sklavereigesellschaft damals befand.

Aber Mark Aurel war nicht nur Philosoph auf dem Thron, sondern ein streitbarer Heerführer, dessen Regierungszeit größtenteils von Kriegen im Orient und an der Donau erfüllt war. Die Völker, die bisher von Rom angegriffen und unterjocht worden waren, gingen nun zum Gegenangriff über.

In den Jahren von 161 bis 166 tobte ein Krieg gegen die Parther; wieder gab *Partherkrieg*

---

31 Aelius Aristides, Eis Rómen, oratio 26 ed. Keil.

266   5. Die frühe römische Kaiserzeit. Der Prinzipat

der Streit um den armenischen Thron den Anlaß. Ein parthischer Prinz besetzte den Thron, vernichtete im Jahre 161 bei Elegeia ein römisches Heer unter der Führung des römischen Statthalters von Kappadokien, M. Sedatius Severianus, der in dieser Schlacht umkam. Auch die Truppen des syrischen Statthalters L. Attidius Cornelianus wurden von parthischen Einheiten in die Flucht geschlagen. Die sonst romhörigen Klientelstaaten des Nahen Ostens schlugen sich auf die parthische Seite. Armenien, Kappadokien in Kleinasien und weite Teile Syriens waren von den Parthern besetzt worden. Nach bedeutenden Rüstungen, wobei auch die Legionen am Rhein, an der Donau, in Afrika und in Ägypten herangezogen wurden, begann 162/163 der römische Angriff, den Mark Aurels kampferfahrene Heerführer, wie Avidius Cassius, M. Statius Priscus und P. Martius Verus leiteten. Im Jahre 163 siegten die Römer in einer Schlacht bei Dura-Europos am Euphrat, den die römischen Truppen überschritten; indessen hatte ein römisches Heer Armenien wieder erobert. In den folgenden Jahren besetzten die Römer ganz Mesopotamien, und die Parther mußten sich über den Tigris zurückziehen. Seleukeia am Tigris und die Hauptstadt Ktesiphon wurden verwüstet. Bis in das iranische Medien drangen die römischen Truppen vor. Da aber brach im Jahre 166 im römischen Heer die Pest aus, die sich dann von Syrien aus fast im ganzen Römischen Reich verbreitete. Rom beeilte sich, noch im gleichen Jahr mit den Parthern Frieden zu schließen. Der römische Einfluß im Orient war wieder für einige Zeit gesichert.

Markomannen-kriege

Im Jahre 166 durchbrachen germanische und sarmatische Stämme, vor allem die Markomannen, Quaden und die sarmatischen Jazygen die römischen Grenzbefestigungen von der oberen bis zur unteren Donau. Die Ursachen dafür lagen vor allem in Wanderungen verschiedener Stämme, die um die Jahrhundertmitte einsetzten, vermutlich von der Wanderung der Goten von der unteren Wisła (Weichsel) zum Schwarzen Meer ausgingen, andere Stämme verdrängten, die wieder andere in Bewegung setzten, bis sie zur Landnahme in das römische Imperium eindrangen. In dieser Zeit begann der komplexe, weiträumige Prozeß von Völkerverschiebungen, der mit wichtigen gesellschaftlichen Veränderungen im Innern dieser Stämme einherging — große und stabile Stammesverbände schlossen sich zusammen — und der im allgemeinen unter dem Namen Völkerwanderung bekannt geworden ist. Markomannen und Quaden drangen bis nach Oberitalien vor; Aquileia wurde von ihnen belagert. Beide Kaiser übernahmen die Leitung der Gegenmaßnahmen. Die Germanen wurden wieder zurückgeworfen, und im Jahre 168 schien die Donaugrenze wiederhergestellt zu sein.

Römische Gegenoffensive

Aber noch blieb die Lage unentschieden; ein Friedensschluß war noch nicht erfolgt. Von 169 bis 171 rüstete Rom zur Gegenoffensive. Dabei zeigten sich große Schwierigkeiten: Die Kriegskasse war durch den Partherfeldzug erschöpft, das Heer durch die Pest dezimiert, so daß man Sklaven freilassen und Gladiatoren rekrutieren mußte. In den Jahren von 171 bis 175 wurden römische Angriffe weit in das germanische und sarmatische Hinterland geführt. Mark Aurel dachte im Zuge weiterer Eroberungen daran, zwei neue Provinzen in das Imperium einzugliedern: die Provinz Markomannia in Böhmen und die Provinz Sarmatia in Mähren und Teilen der Slowakei; er selbst leitete von Carnuntum aus die Operationen. Rom führte einen grausamen Vernichtungs-

5.6. Die politische Entwicklung des Prinzipats im 2. Jh. 267

krieg gegen diese Völker. Ihre Siedlungen wurden dem Erdboden gleichgemacht, viele germanische Gefangene wurden von den Römern getötet. Schließlich siegte die römische Übermacht. Im Jahre 174 unterwarfen sich die Markomannen, 175 die Quaden und die Jazygen. Sie mußten einen Grenzstreifen an der Donau den Römern abtreten und römische Besatzungstruppen in ihre Länder aufnehmen. Außerdem hatten sie Hilfstruppen für die römischen Kriege zu stellen. Ihr politischer Status glich etwa dem eines römischen Protektorats. Zahlreiche germanische und sarmatische Kriegsgefangene wurden im Römischen Reich nicht mehr versklavt, sondern als Kolonen auf dem Lande angesiedelt. Im Gegensatz zu anderen Kolonen waren diese Kriegsgefangenen-Kolonen bereits an den Boden gebunden. Auch darin zeigt sich die beginnende allgemeine Krise der auf Sklaverei beruhenden Produktionsverhältnisse.

Aber ehe Rom die unterworfenen Territorien in Provinzen umwandeln konnte, erhob sich in Syrien im Jahre 175 der Heerführer Avidius Cassius zum Gegenkaiser. Mark Aurel hatte ihn im Jahre 169 zum Oberbefehlshaber über alle Truppen der Ostprovinzen des Reiches ernannt; damit war er faktisch der Stellvertreter des Kaisers im Orient geworden. Schon drei Monate nach seiner Usurpation wurde er von seinen Anhängern im Stich gelassen und umgebracht. Mark Aurel besaß in der senatorischen wie in der städtischen Aristokratie genügenden Rückhalt.

Erhebung des Avidius Cassius

Im Jahre 177 brachen die Markomannenkriege erneut aus. Scharen von Germanen versuchten der römischen Unterjochung durch Flucht zu den Elbgermanen zu entkommen; römische Heere, die dies verhindern sollten, erlitten zuerst Verluste. Im Jahre 178 übernahm Mark Aurel in Begleitung seines Sohnes Commodus, den er im Jahre 176 zum Mitregenten erhoben hatte, wieder den Oberbefehl über die Donautruppen. Wieder jagte die römische Kriegsfurie über die markomannischen und quadischen Länder hinweg. Große Teile dieser Stämme wurden regelrecht ausgerottet. Im Jahre 180 waren Markomannen, Quaden und Jazygen erneut unterworfen. In diesem Jahre erfaßte eine neue Pestwelle das römische Heer an der Donau, der auch der Kaiser am 17. März 180 im Legionslager von Vindobona zum Opfer fiel.

Neue Markomannenkriege

Die Innenpolitik Mark Aurels entsprach der seiner Vorgänger. Er förderte den Senat, unterstützte aber zugleich die Städte, wenn sie in Not geraten waren. Wiederholt griff er auch in die städtischen Finanzen ein, kontrollierte sie und veranlaßte einen Senatsbeschluß, der die städtischen Ausgaben für Gladiatorenspiele begrenzte.

Innenpolitik

Die bäuerliche Bevölkerung litt im ganzen Reich besonders unter der steigenden Steuerlast, die, durch die vielen Kriege verursacht, immer drückender wurde. Im Jahre 172 kam es im Nildelta zu einem großen Bauernaufstand gegen die römische Herrschaft. In dem sumpfigen und schwer zugänglichen Nildelta hatten seit langem Bauern und Hirten, die wegen zunehmender Unterdrückung und Ausbeutung ihre Dörfer verlassen hatten, Zuflucht gesucht. Die Aufständischen, Bukolen genannt, drangen beinahe bis Alexandria vor und wurden schließlich von Avidius Cassius vernichtend geschlagen.

Aufstand in Ägypten

Commodus, der Sohn Mark Aurels, regierte von 180 bis 192. Er gab die Offensivpolitik gegenüber den Germanen und Sarmaten auf und schloß mit ihnen Frieden auf der Grundlage des Status quo. An die Einrichtung neuer

Commodus

268 5. Die frühe römische Kaiserzeit. Der Prinzipat

Provinzen war nicht mehr zu denken; auf territoriale Erweiterungen wurde verzichtet.

Kriegsfolgen

Die vielen Kriege Mark Aurels hatten zur Verschärfung aller sozialen Widersprüche im römischen Imperium geführt. Die wirtschaftliche Lage war erschüttert, die Staatsfinanzen waren zerrüttet. In dieser Situation übernahm ein neunzehnjähriger Jüngling, der nicht die nötige Erfahrung und Energie besaß, um die kritische Situation im Interesse der herrschenden Klasse zu meistern, die Regierung.

Senatsverschwörungen

Commodus glaubte, auf die Zusammenarbeit mit dem Senat verzichten zu können; der Senat rächte sich durch mehrere Verschwörungen, von denen eine in der Silvesternacht von 192 zu 193 ihr Ziel erreichte. Ehe es dazu kam, hatte der Kaiser den Senat durch zahlreiche Hinrichtungen einzuschüchtern versucht.

Commodus suchte und fand Popularität bei den Massen der stadtrömischen Bürgerschaft und in der Prätorianergarde. Er propagierte vor allem den Herculeskult, der im Heer und bei vielen einfachen Menschen im Reich beliebt war. Die hauptstädtische Bevölkerung begeisterte er durch seine Vorliebe für die Arena und das Theater. Der Kaiser trat selbst als Gladiator auf.

Erhebungen in den Provinzen,

Unter Commodus kam es in mehreren Provinzen zu Aufständen der bäuerlichen Bevölkerung, die von desertierten Soldaten unterstützt wurde. Besonders um das Jahr 186 breiteten sich solche Bewegungen in Gallien, Spanien, Obergermanien und Norditalien aus. Die Ausweitung des Großgrundbesitzes hatte die Lage der Bauern erheblich verschlechtert, die in der Flucht zu den Latronen einen Ausweg suchten. Als latro galt nach römischer Rechtsauffassung jeder, der sich mit der Waffe in der Hand gegen den römischen Staat

Zunahme des Latrociniums

erhob. Wer von ihnen gefangen wurde, hatte stets mit der Todesstrafe zu rechnen. Dennoch nahm die Latronenbewegung seit dem Ende des 2. Jh. an Umfang und an Bedeutung zu und wurde zu einer spezifischen Form des Klassenkampfes im spätrömischen Reich. Rom setzte besondere Polizeieinheiten gegen die Latronen ein, die sich in unwirtliche Gegenden, Schluchten, Berge und Sümpfe zurückzogen und von dort aus ihren Kleinkrieg gegen den römischen Staat führten.

Auch in Nordafrika, in Britannien und Dakien kam es zu ähnlichen Erhebungen und Aufständen, die aber nach kurzer Zeit von den römischen Truppen wieder niedergeworfen werden konnten.

Förderung der Städte

Commodus versuchte die ökonomische Macht der Großgrundbesitzer durch Konfiskationen zu verringern; er begünstigte mehr die städtischen Sklavenbesitzer. Er beschnitt die Rechte der Freigelassenen, die sie in den vorangegangenen Generationen erhalten hatten, und unterstellte sie wieder in stärkerem Maße der Aufsicht ihrer Patrone, die das Recht erhielten, sie erneut versklaven zu können, wenn sie nicht ihren Verpflichtungen gegenüber dem, der sie freigelassen hatte, nachkamen. Commodus war bemüht, die Interessen der Munizipien zu fördern; auch damit setzte er sich in Gegensatz zur Senatsaristokratie. Er verfolgte damit in einer Zeit, die von der beginnenden Krise der auf Sklaverei beruhenden Produktionsweise gekennzeichnet ist, eine Politik der Stärkung der Sklaverei.

Finanzschwierigkeiten

Die Geldnot wurde in den achtziger Jahren des 2. Jh. besonders drückend. Man verkaufte Staatsämter an reiche Bewerber, um die Kassen zu füllen; auf diese

5.7. Die wirtschaftlichen und sozialen Verhältnisse im 2. Jh.

Weise gab es im Jahre 189 an die 25 Konsuln. Der Münzwert wurde wieder herabgesetzt; die Preise stiegen rapide an.

Auswärtige Kriege konnte Rom in dieser Zeit nicht führen. Die Grenzbefestigungen wurden verstärkt. Da der Druck der Briganten schon seit der Zeit Mark Aurels auf die römische Grenze immer stärker wurde, konnte der Antoninuswall in Schottland nicht länger gehalten werden. Die römische Grenzverteidigung zog sich wieder an den Hadrianswall zurück.

Verstärkung der Grenzbefestigungen

P. Helvius Pertinax, der Stadtpräfekt Roms und ein Mann des Senatsadels, wurde am Neujahrstag 193 von den Prätorianern zum Kaiser erhoben. Er gab den Großgrundbesitzern die unter Commodus konfiszierten Länder zurück. In einer Revolte der Prätorianer kam Pertinax schon am 28. März 193 ums Leben. Das Schicksal des Galba hatte sich in ihm wiederholt.

Pertinax

Neuer Kaiser wurde M. Didius Iulianus, der jedem Prätorianer eine Belohnung von 25 000 Sesterzen versprochen hatte, wenn sie ihn zum Kaiser machten. Aber die in den Provinzen stehenden Legionen fühlten sich zurückgesetzt, sie waren nicht bereit, den Prätorianern das Privileg der Kaiserwahl einzuräumen; nach kurzer Zeit hatte das Römische Reich drei sich bekämpfende Kaiser; die Donaulegionen hatten ihren Statthalter von Oberpannonien, L. Septimius Severus, zum Kaiser ausgerufen, die syrischen Legionen wählten ihren Statthalter C. Pescennius Niger zum Kaiser, und bald darauf erhob sich auch in Britannien D. Clodius Albinus zum Gegenkaiser. L. Septimius Severus, der sich als Rächer des Pertinax ausgab, drang mit Truppen rasch in Italien ein. Die Prätorianer, zu jener Zeit zügellos, von Geldgier besessen, die den Mantel nach dem Wind hängten, gingen auf die Seite des Severus über. Didius Iulianus wurde am 2. Juni 193 in seinem Palast in Rom getötet. Vorher hatte der Senat ihn für abgesetzt erklärt und sich für Septimius Severus ausgesprochen. Wenige Tage darauf besetzte dieser mit seinen Truppen Rom. Im Kampf um den Kaiserthron blieb Severus Sieger. Pescennius Niger verlor mehrere Schlachten in Kleinasien und in Syrien. Im April 194 kam er nach der Entscheidungsschlacht bei Issos ums Leben. Clodius Albinus, der von Severus noch vor seiner Abreise aus Rom nach dem Osten als Mitregent anerkannt worden war, erhob sich im Jahre 195 und fiel in Gallien ein. Auch die spanischen Truppen schlossen sich ihm an. In einer erbitterten Schlacht in der Nähe von Lugdunum siegte Septimius Severus zu Beginn des Jahres 197 über den Rivalen, der dann auf der Flucht ums Leben kam.

Sieg des Septimius Severus

Die wirtschaftlichen und sozialen Verhältnisse im 2. Jh. 5.7.

Im 2. Jh. erreichte das römische Imperium seine größte Ausdehnung; Städtegründungen und städtische Entwicklung hatten die Romanisierung der Provinzen in einem später nicht wieder erreichten Maße gefördert; Italien büßte allmählich seine Vorrangstellung ein. Die ökonomische Basis blieb im Römischen Reich nach wie vor uneinheitlich, es kam aber wenigstens zu sporadischen Ansätzen eines einheitlichen inneren Marktes.

Größte Ausdehnung des Reiches

An den wirtschaftlichen Erfolgen waren im 2. Jh. allerdings Provinzen wie Gallien, Spanien und Africa mehr beteiligt als Italien. Die Apenninenhalbinsel befand sich in einer landwirtschaftlichen Krise, und die ländliche Bevölkerung

Wirtschaftliche Blüte der Westprovinzen

ging zahlenmäßig zurück, auch die handwerkliche Produktion stagnierte. Die Ursachen dieser wirtschaftlichen Schwierigkeiten lagen einmal darin, daß die agrarische und handwerkliche Produktion der Westprovinzen die italische zurückdrängte und teilweise überflügelte, zum anderen in der zunehmenden Verarmung der italischen landwirtschaftlichen freien Kleinproduzenten und Kolonen, in steigenden Produktionskosten – z. B. erhöhten sich die Preise für Sklaven –, letzten Endes aber in der allmählich einsetzenden allgemeinen Krise der auf Sklaverei beruhenden Produktionsweise.

Handwerk in Gallien und Germanien

Neue Werkstätten zur Glasherstellung wurden in Lyon und in Köln eingerichtet; neue für die Metallproduktion entstanden in Lyon und in Gressenich (Rheinland), neue keramische Werkstätten in Montans, La Graufesenque, Bassanac und in Lezoux. Damit wurden alte italische Produktionszentren empfindlich getroffen. Ebenso konkurrierten erfolgreich gallisches, spanisches und nordafrikanisches Öl und Weine mit entsprechenden italischen Erzeugnissen.

Zunahme des Brachlandes in Italien

Immer häufiger geschah es in Italien im 2. Jh., daß Grund und Boden weithin brachlagen. Deshalb ordnete z. B. Kaiser Traian an, daß die aus den Provinzen stammenden Senatoren mindestens ein Drittel ihres Vermögens in italischem Grundbesitz anlegen sollten. Die Senatoren empfanden diese Maßnahme aber als Härte, da es infolge der allgemeinen wirtschaftlichen Lage Italiens gewinnbringender war, sein Grundeigentum etwa in Gallien, Spanien oder in Nordafrika zu vergrößern. Kaiser Mark Aurel verringerte daher den betreffenden Teil auf ein Viertel.

Parasitäre Luxuskonsumtion der herrschenden Klasse

Doch die italische Landwirtschaft konnte dadurch nicht gesunden. Die parasitäre Luxuskonsumtion der herrschenden Klasse stieg weiter an; das Geld floß aus Italien in die Provinzen ab, woher die Luxusgüter kamen, und der Boden wurde weiter vernachlässigt. Kaiser Pertinax ging noch einen Schritt weiter und gestattete allen, brachliegende Äcker in kaiserlichen Gütern Italiens in Besitz zu nehmen, und versprach den neuen Besitzern eine zehnjährige Steuerfreiheit. Theoretisch sollte diese Maßnahme auch dem bäuerlichen und kleinen städtischen Grundbesitz zugute kommen; in Wirklichkeit aber förderte sie das weitere Wachstum des Großgrundbesitzes.

Zunehmende Verschuldung der Kolonen

Das 2. Jh. bedeutete auch einen Einschnitt in der Entwicklung des Kolonats in Italien. Die Schulden der Kolonen bei ihren Grundherren hatten einen solchen Umfang angenommen, daß die Kolonen an einer Steigerung der landwirtschaftlichen Produktion das Interesse verloren. Mit dem Anwachsen der Schulden verstärkte sich die wirtschaftliche und soziale Abhängigkeit der Kolonen von den Grundherren. Im 2. Jh. wurden die italischen Kolonen aus früher unabhängigen, selbständig wirtschaftenden und oft selbst Sklaven besitzenden Pächtern zu verschuldeten, wirtschaftlich und sozial abhängigen und ausgebeuteten Pachtbauern. Freilich behielten sie juristisch ihre Freiheit, obwohl sie sich wirtschaftlich allmählich der Situation der Sklaven annäherten.

Italische Kolonatsverhältnisse

Der Briefwechsel des jüngeren Plinius (um 62–113) gibt uns einen Einblick in die italischen Kolonatsverhältnisse seiner Zeit. Die Pachtrückstände waren so sehr angewachsen, daß sich die Kolonen um die Bezahlung ihrer Schulden überhaupt nicht mehr kümmerten. Damit war aber das Mehrprodukt der Großgrundbesitzer gefährdet, die nach einem neuen Weg der Ausbeutung der

Kolonen suchten, der einerseits den Kolonen entgegenkam und andererseits den Verpächtern des Landes wieder ein regelmäßiges Einkommen sicherte. Die Grundeigentümer gingen etwa zu Beginn des 2. Jh. dazu über, von der bisher in Geld zu zahlenden Pachtsumme abzugehen und dafür einen Teil der Ernte als Pacht zu fordern. Schwankungen im Ernteertrag hatten bislang auf die Höhe der in Geld zu zahlenden Pacht keinen Einfluß gehabt, wurden aber nunmehr bei der Teilpacht aus den Erträgen des Erntegutes berücksichtigt.

Trotz allem konnte sich der italische Kolonat nur zeitweilig wieder stabilisieren. An der Wende vom 2. zum 3. Jh. stellten römische Juristen fest, daß Kolonen keine Eigentumsrechte mehr über ihr landwirtschaftliches Inventar besaßen, ausgenommen, wenn sie selbständige Großpächter waren (z. B. Digesten 33, 7, 24). Die Kolonen wurden allmählich als untrennbarer Bestandteil des Herrengutes angesehen. In ihrer vermögensrechtlichen Stellung näherten sie sich den Sklaven an; sie verschuldeten immer mehr und etwa hundert Jahre vor der juristischen Bindung der Kolonen an den Boden waren sie faktisch durch den Grad der Verschuldung schon an ihn gefesselt. *Soziale Degradierung der Kolonen*

Der Kolonat hatte sich im Römischen Reich nicht gleichmäßig entwickelt. In Italien, wo er entstanden war, zeigten sich auch zuerst seine sozialen Widersprüche besonders deutlich. In den westlichen Provinzen verbreitete sich der Kolonat vor allem seit der zweiten Hälfte des 1. Jh. u. Z. In den östlichen Provinzen, besonders in Kleinasien, Syrien und in Ägypten, hatten sich noch altorientalische und hellenistische Formen der Bodenpacht erhalten, die allmählich dem römischen Kolonat angeglichen wurden. *Unterschiedliche Entwicklung des Kolonats im Römischen Reich*

Der Kolonat verbreitete sich in den Provinzen vor allem auf den kaiserlichen Ländereien und in den privaten Großgrundbesitzungen. Das den Städten (coloniae, municipia, civĩtates) zugeteilte Land gehörte in erster Linie kleineren und mittleren Grundbesitzern, die in der Form der Villenwirtschaft (vgl. S. 252) ihren Boden intensiv mit einer kleinen, überschaubaren und leicht zu kontrollierenden Zahl von Sklaven bewirtschafteten. Auch entlassene Söldner (Veteranen) zählten oft zu den Besitzern solcher städtischen Villenwirtschaften. Daher bildeten die Städte bis in die Spätantike ökonomisch noch einen Hort der auf Sklaverei beruhenden Produktionsverhältnisse, in die der Kolonat nur sehr allmählich eindringen konnte. Erst mit dem allgemeinen Niedergang vieler Städte im Römischen Reich seit dem 3./4. Jh. verloren auch die Sklavereiverhältnisse in den Städten und den städtischen Ländereien an Bedeutung. Der Großgrundbesitz riß immer mehr städtisches Land an sich. Auf dem Großgrundbesitz herrschte aber nicht mehr die Sklaverei vor, sondern der abhängige Kolonat.

Auf Grund günstiger Quellenüberlieferung sind wir besonders über den Kolonat in Nordafrika informiert. In einem Gutsstatut, das in Nordafrika an die Stelle der individuellen Pachtverträge getreten war, wurden die Verpflichtungen der Kolonen festgehalten. Wer auch immer einen brachliegenden Acker auf kaiserlichem Boden bearbeiten wollte und dieses Gutsstatut anerkannte, war ein Kolone. Dieses Gutsstatut, das im Gebiet des heutigen Tunesien gefunden wurde, wird als lex Manciana bezeichnet. Die Inschrift, die es uns überliefert (CIL 8, 25 902), gehört in die letzten Regierungsjahre des Kaisers Traian; das Statut selbst ist jedoch älter und reicht noch in die Flavierzeit. Die lex Manciana wurde nicht nur auf ein bestimmtes kaiserliches *Lex Manciana*

Gut in Nordafrika angewendet, sondern besaß für die dortigen Provinzen einen allgemeinen Charakter.

Abgaben der Kolonen

Die Kolonen waren verpflichtet, von allen Feld- und Gartenfrüchten einen bestimmten Teil an den Gutsverwalter abzuliefern. An einem vom Verwalter bezeichneten Ort mußten sie das gesamte Getreide ihrer Ernte dreschen, den Ertrag dem Verwalter melden, und erst nach der Kontrolle durch ihn oder seinen Beauftragten konnten die Kolonen den ihnen verbleibenden Ernteteil in ihre eigenen Scheunen bringen. Ein Drittel der Ernte wurde als Pachtsumme vom Weizen, von der Gerste, vom Wein und den Oliven, ein Viertel von den Bohnen abverlangt. Vom Honig mußte der Kolone ein festgesetztes Maß (ein sextarius = ca. 0,55 l) pro Bienenstock abliefern. Da man in der Antike aus einem Bienenstock mindestens etwa sechs sextarii Honig erhielt, war dieses Abgabeverhältnis für den Kolonen günstig. Von der Feigenernte mußte wiederum ein Drittel abgegeben werden. Bei Neupflanzungen von Feigenbäumen und Weinstöcken wurden den Kolonen fünf Jahre Abgabenfreiheit zugesichert; bei Olivenpflanzungen betrug die pachtfreie Zeit zehn Jahre. Insgesamt hatte in Nordafrika aber der Getreideanbau den Vorrang. Geldabgaben werden in diesem Gutsstatut nur noch für das auf dem Gutsland weidende und den Kolonen gehörende Vieh gefordert: Für jedes Stück Vieh mußten jährlich vier As, das waren weniger als zwei Sesterzen, als Weideabgabe gezahlt werden.

Arbeitspflichten der Kolonen

Die Pflichten der Kolonen erstreckten sich aber nicht nur auf die Pachtzahlungen. Sie mußten auf den Ländereien, die nicht von Kolonen bewirtschaftet wurden, auf dem Teil des Gutes, der dem Verwalter direkt unterstand, je zwei Tage Arbeitsleistungen (operae) zur Zeit des Pflügens und zur Zeit der Ernte verrichten. Zwei Tage waren auch für die Pflege landwirtschaftlicher Kulturen vorgesehen. Dabei wurden die Arbeitstage nicht pro Kolonenwirtschaft, sondern pro Kopf der Kolonenfamilie berechnet, es wurden also auch Frauen und Kinder mit zu den Arbeitsleistungen für den Grundherrn herangezogen. Ein Jahrhundert später wurden die Kolonen bei Befestigungsarbeiten an den Kastellen eingesetzt. Auch Nachtwachen auf den Feldern zum Schutz gegen Diebe mußten die Kolonen übernehmen.

Lex Hadriana

In der Nähe des Ortes, wo die Lex Manciana gefunden wurde, konnte ein weiteres Gutsstatut aus der Zeit Kaiser Hadrians geborgen werden, die sogenannte lex Hadriana über das Ödland (de rudibus agris).[32] Während die Gutsverwalter zur Zeit der lex Manciana den Pachtbauern nur Boden, der ungünstig lag oder wenig fruchtbar war, verpachteten, den besseren aber für sich behielten, gestattete die lex Hadriana den Kolonen, jedes beliebige Land des Gutes in Besitz zu nehmen, wenn es von den Verwaltern und Großpächtern brach gelassen wurde. Das Hadrianische Gesetz räumte den Kolonen auch das Erbrecht ein, wenn die Erben die Gutsbestimmungen anerkannten.

Ausbeutung der Kolonen durch Verwalter und Großpächter

Den Kolonen traten so als Ausbeuter konkret der Großpächter, der von der kaiserlichen Verwaltung meist mehrere Güter in Pacht genommen hatte, und dessen Verwalter gegenüber. In der zweiten Hälfte des 2. Jh. war die Lage der Kolonen durch die von Großpächtern und Verwaltern zusätzlich geforderten

32 CIL 8, Suppl. 4, 25 943; 26 416; 14 464 = 10 570.

5.7. Die wirtschaftlichen und sozialen Verhältnisse im 2. Jh.

Arbeitsleistungen so drückend geworden, daß sich die Kolonen eines kaiserlichen Gutes, des sogenannten Saltus Burunitanus, der auf dem Gebiet des heutigen Tunesiens lag, beim Kaiser Commodus darüber beschwerten. Als der dortige Großpächter mit der Unterdrückung der Kolonen fortfuhr und sogar einige ins Gefängnis werfen und andere mit Körperstrafen mißhandeln ließ, wandten sie sich erneut an Kaiser Commodus, und durch eine einflußreiche, vermittelnde Person gelangte diesmal die Beschwerde bis in die kaiserliche Kanzlei. Die Kolonen beriefen sich darin auf die lex Hadriana und forderten, daß die Arbeitsleistungen das in der lex Hadriana festgesetzte Maß von insgesamt sechs Tagen nicht überschreiten sollten. Der Großpächter hatte auch die kaiserlichen Prokuratoren der Provinz bestochen, damit sie die Beschwerden der Bauern unberücksichtigt ließen. Die Inschrift, die uns die Beschwerde der Kolonen überliefert hat, enthält auch eine Abschrift der Antwort und Entscheidung des Kaisers: Die Kolonen sollten nur so viel arbeiten, wie es die lex Hadriana verlange (CIL 8, 2, 10570; Suppl. 1, 14464). Nach einer anderen inschriftlich erhaltenen Beschwerde von Kolonen derselben Provinz sollen sich die Arbeitsleistungen gegenüber den Bestimmungen der lex Manciana und der lex Hadriana inzwischen verdoppelt haben: Vier Arbeitstage mußten für das Pflügen, vier für die Aussaat und vier für die Ernte aufgebracht werden (CIL 8, 14428). Die Kaiser waren jedoch an regelmäßigen Pachteinnahmen ihrer Güter, an den nordafrikanischen Getreidelieferungen und an einer Rekrutierungsreserve für das römische Söldnerheer interessiert und schränkten deshalb die Willkür der Großpächter ein.

In der frühen Kaiserzeit geschah es außerdem immer häufiger, daß Großgrundbesitzer ihren Sklaven eine Landparzelle übergaben, die sie dann — gleichsam als Kolonen — bewirtschafteten. Diese Sklaven galten daher als quasi coloni und ihren Besitz nannte man peculium. Die Einrichtung des peculium war viel älter; es gehört bereits in die frühe republikanische Zeit. Als peculium wurde ein Bestandteil des Vermögens des pater familias angesehen, das er den Mitgliedern seiner familia zur Nutzung übergeben konnte; er blieb in jedem Fall Eigentümer des peculium. Während er aber in republikanischer Zeit die Vergabe eines peculium im wesentlichen auf seine Kinder beschränkt hatte, konnten nun auch seine in der Landwirtschaft arbeitenden Sklaven ein peculium erhalten. Diese Quasikolonen führten auf diesen Parzellen eine kleine Wirtschaft und entrichteten ähnlich wie Kolonen einen Teil der Ernte als Abgabe an ihre Herren. Juristisch blieben die Quasikolonen Sklaven, aber ihre wirtschaftliche Lage unterschied sich bald kaum von der der Kolonen.

Quasikolonen

Häufig verbanden Großgrundbesitzer mit der Freilassung von Sklaven rechtliche Verpflichtungen, die auch noch nach der Freilassung auf eine wirtschaftliche Abhängigkeit vom Großgrundbesitzer hinausliefen, besonders wenn die Sklaven zusammen mit ihrem peculium freigelassen worden waren.

Knechtung der Freigelassenen

Damit entstanden in der Zeit der Krise der auf Sklaverei beruhenden Produktionsweise Elemente neuer Produktionsverhältnisse, und der Großgrundbesitz wurde durch diese neuen Ausbeutungsformen allmählich für die weitere Entwicklung progressiver als der noch auf Sklaverei beruhende städtische Villenbesitz.

18 Römische Geschichte

274   5. Die frühe römische Kaiserzeit. Der Prinzipat

Wirtschaftliche Überlegenheit der Provinzen

In der ersten Hälfte des 2. Jh. konnten die Provinzen ihre wirtschaftliche Vorrangstellung gegenüber Italien noch weiter festigen. Sie konkurrierten mit ihren Erzeugnissen erfolgreich auf den Handelsmärkten des Imperiums, auch in Italien. Spanien exportierte Öl, Wein, Fischsoßen, Wolle und Pferde; Gallien führte hochwertige Töpfer-, Glas- und Wollerzeugnisse aus, und Nordafrika war vor allem als Olivenöl- und Getreidelieferant wirtschaftlich leistungsfähig. Ägypten exportierte vorwiegend Getreide, Leinen, Wolle, Papyrus und Glaswaren, während Syrien besonders aus dem Zwischen- und Fernhandel Nutzen zog. Waren aus Südarabien, dem Iran, aus Indien, ja sogar aus China wurden auf syrischen Märkten, vor allem in Antiochia am Orontes, gehandelt und gelangten von dort in den Mittelmeerraum. Syrien produzierte und exportierte Feigen, Olivenöl, Weizen, Textilien, Drogen und Glaswaren.

Beginn wirtschaftlicher Schwierigkeiten in den Provinzen

Seit der Mitte des 2. Jh. gerieten auch die bisher wirtschaftlich führenden Provinzen in eine schwierige Lage. Das städtische Wirtschaftsleben, durch die Politik der Urbanisation zunächst stark gefördert, hatte seinen Höhepunkt überschritten. Für die Eigentümer städtischen Grundbesitzes war die Einführung der Naturalteilpacht ein Nachteil, da die städtischen Abgaben nach wie vor in Geld entrichtet werden mußten. Die wirtschaftliche Lage der Städte verschlechterte sich, da sich der städtische Grundbesitz allmählich zugunsten des Großgrundbesitzes verringerte. Die Pestepidemien in der Zeit Kaiser Mark Aurels dezimierten in erster Linie die städtische Bevölkerung. Die kaiserliche Zentralgewalt mußte öfters die leeren Kassen der Städte auffüllen helfen oder die verarmte städtische Bevölkerung mit Lebensmittellieferungen unterstützen. Seit der Mitte des 2. Jh. begann die Munizipalaristokratie in einigen Teilen des Reiches die einstmals sehr begehrten städtischen Ehrenämter als Last zu empfinden.

Der wirtschaftliche Aufschwung in den Provinzen war nur von kurzer Dauer. Hatte die Urbanisation der Provinzen, die mit der Romanisierung und der Verbreitung der auf Sklaverei beruhenden Produktionsweise verbunden war, gegenüber den urgesellschaftlichen Verhältnissen etwa der Kelten, Germanen, Iberer u. a. einen wesentlichen Fortschritt bedeutet, so wirkte sich nun die beginnende Krise der Sklavereiverhältnisse besonders in den am stärksten urbanisierten Gebieten aus.

Provinzen im Balkan-Donau-Gebiet

Die Provinzen im Balkan-Donau-Raum hatten dagegen im 2. Jh. den Höhepunkt ihrer wirtschaftlichen Entwicklung noch nicht erreicht. Die Sklaverei entwickelte sich dort nur wenig, auch der Großgrundbesitz mit dem Kolonat verbreitete sich erst im 3./4. Jh. Im 2. Jh. herrschten in diesen Provinzen, wie Dalmatien, Rätien, Noricum, Pannonien, Mösien und Dakien, noch die Dorfgemeinden der einheimischen Bevölkerung vor, die wenig romanisiert war. Erst im 3. Jh. übten die Donauprovinzen einen wesentlichen Einfluß auf das wirtschaftliche und politische Leben im Römischen Reich aus. Dagegen stagnierte die wirtschaftliche Entwicklung in Griechenland (Achaia), Städte wie Ländereien verfielen. Die sozialen Gegensätze traten besonders stark hervor: Wenige sehr reiche Familien beherrschten das städtische Leben, die verarmte städtische Bevölkerung verschuldete immer mehr. Da die Sklaverei in Griechenland sich schon vor der römischen Eroberung überlebt hatte, traf die allgemeine Krise der Sklaverei die ärmere freie Bevölkerung in Griechenland besonders schwer.

5.8. Die kulturelle Entwicklung im 2. Jh.   275

Das Römische Reich im 2. Jh. bot insgesamt ein Bild großer wirtschaftlicher und sozialer Gegensätze. Reichtum und Wohlstand finden wir vor allem in Südspanien, Südgallien, im ehemals karthagischen Nordafrika, im westlichen Kleinasien und in Syrien, aber verbunden mit zunehmender Verarmung der einfachen freien Bevölkerung. Die wirtschaftlichen und sozialen Unterschiede der einzelnen Provinzen des Römischen Reiches ließen trotz Ausweitung und Intensivierung der Handelsbeziehungen zwischen den Provinzen und Italien keinen einheitlichen inneren Markt entstehen. Die Finanzlage des Reiches war zerrüttet, der Edelmetallgehalt der Münzen nahm weiter ab, die Preise stiegen, die Steuern und andere Lasten wuchsen außerordentlich an. Die soziale Differenzierung unter den Freien nahm zu, und am Ende des Jahrhunderts verschärfte sich ihre rechtliche Ungleichheit. Die verarmten und minderbemittelten Freien bildeten die große Masse der »humiliores«, die für bestimmte Vergehen das Todesurteil und Strafversetzung in Bergwerke zu erwarten hatten, während die Vornehmen und Reichen, die »honestiores«, dafür allenfalls zeitweilig auf eine Insel verbannt wurden oder einen Teil ihres Vermögens verloren.

Wirtschaftliche und soziale Gegensätze

Humiliores und Honestiores

Die zunehmende Ausweitung der Kolonatsverhältnisse, der Rückgang der Sklaverei und die beginnenden Auseinandersetzungen zwischen den städtischen Oberschichten, die noch mit der auf Sklaverei beruhenden Produktionsweise enger verbunden waren, und dem außerstädtischen Großgrundbesitz, der im wesentlichen auf der Arbeit von Kolonen, Inquilinen, Sklaven mit peculium, Freigelassenen und prekaristischen kleinen Landbesitzern basierte, waren Erscheinungsformen der am Ende des 2. Jh. einsetzenden allgemeinen Krise der auf Sklaverei beruhenden Produktionsweise.

Beginn der allgemeinen Krise der Sklaverei

Die kulturelle Entwicklung im 2. Jh.   5.8.

Auch das kulturelle Leben des 2. Jh. hinterläßt den Eindruck eines Zeitalters voller Gegensätze. In den Städten des Reiches wurden besonders in diesem Jahrhundert viele bedeutende und prunkvolle Baudenkmäler errichtet. Für die Entwicklung einzelner Wissenschaftszweige und der Literatur bestanden günstige Voraussetzungen: In Ephesos wurde eine neue Bibliothek eingerichtet, in Alexandria gab es ein reges wissenschaftliches Leben, in Athen entstand eine Hochschule, an der die Philosophie des Platon, des Aristoteles, die stoische Philosophie und die des Epikur gegen Bezahlung gelehrt wurde; in Rom gründete Kaiser Hadrian das Athenaeum, eine griechische Bildungsstätte für die interessierte römische Jugend.

Wissenschaftliches Leben

Die Rhetorik erreichte unter Dion Chrysostomos von Prusa (um 40—120), Aelius Aristides (um 117—187), Herodes Atticus (101—177) und M. Cornelius Fronto (2. Jh.) einen Höhepunkt. Es erschienen wissenschaftliche Werke, die das gesamte Wissen ihrer Zeit in sich vereinigten. Nikomachos von Gerasa in Judäa verfaßte Handbücher der Arithmetik und der Geometrie, die in ihrer lateinischen Fassung später noch bis zum 13. Jh. benutzt wurden. Sein Handbuch der Harmonielehre beeinflußte die gesamte mittelalterliche Musiktheorie. Heron von Alexandria gab Werke der Geometrie und der Ingenieurpraxis heraus und kommentierte Euklid. Herons Schriften wurden später von den

Rhetorik, Mathematik,

Musiktheorie

18*

Arabern übersetzt. Der Mathematiker Menelaos von Alexandria erarbeitete Methoden der sphärischen Trigonometrie. Klaudios Ptolemaios (nach 83 bis nach 161) wurde der bedeutendste Astronom der Antike, zugleich auch Geograph, Mathematiker und Astrologe. Er wirkte ebenfalls in Alexandria. Auch seine Werke wurden ins Arabische, dann aus dem Arabischen ins Lateinische übersetzt und bestimmten die wissenschaftlichen Vorstellungen bis auf Kopernikus. Sein Werk über die Optik, das uns nur in einer lateinischen Übersetzung vorliegt, war Grundlage aller späteren mittelalterlichen Untersuchungen.

Medizinische und grammatische Schriften

In der Medizin steht stellvertretend für viele andere Namen das Werk des berühmten Galen von Pergamon (129–199), dessen Bibliographie 153 Titel aufführt, der darin das gesamte medizinische Wissen seit Hippokrates von Kos (um 460–370 v. u. Z.) vereint. Seit dem 4. Jh. wurde Galen als »Klassiker« der Medizin angesehen und blieb noch in der Zeit der Renaissance in allen medizinischen Fragen größte Autorität. Gleiches gilt für die Arbeiten des Apollonios von Alexandria über die Grammatik, besonders über die Syntax. Sein Sohn Herodian verfaßte eine allgemeine Prosodielehre (Prosodie: Lehre von den Quantitäten der Silben und von der metrischen Behandlung der Wörter) in 29 Büchern. Hephaistion von Alexandria schrieb ein Handbuch über die Metrik in 48 Büchern, das, oft kommentiert, zum Standardwerk der byzantinischen Philologen wurde. Es erschienen mehrere griechische Wörterbücher. Alle Kenntnisse der Rhetorik wurden schließlich (um 180) in dem umfangreichen Corpus des Hermogenes von Tarsos zusammengefaßt.

Forschungsreisen in bis dahin wenig bekannte Länder führten Julius Maternus zum Tschadsee, Diogenes zum Victoriasee und Dioskoros an die ostafrikanische Küste.

Rechtswissenschaft

Die römische Rechtswissenschaft, die im 3. Jh. einen Höhepunkt ihrer Entwicklung erreichte, manifestierte sich in der Mitte des 2. Jh. vor allem in dem Rechtslehrbuch (Institutiones) des Gaius, das in die Teile Personenrecht, Sachenrecht, Schuldrecht und Prozeßrecht gegliedert war. Ein unbekannter Verfasser sammelte die Verwaltungsvorschriften von Augustus bis Antoninus Pius, die das ägyptische Steuerwesen und Privatrecht betrafen (sogenannter Gnomon des Idios Logos).

Einfluß auf das Mittelalter

Viele dieser Gelehrten haben im 2. Jh. die weitere wissenschaftliche Erkenntnis für die nächsten tausend Jahre, wenn nicht noch darüber hinaus bestimmt. Auch die sieben »freien Künste«, die Grundlagen der Artistenfakultät mittelalterlicher Universitäten, erhielten im 2. Jh. ihre Zusammenfassung in trivium (Dreiweg) und in quadrivium (Vierweg); unter trivium verstand man Grammatik, Rhetorik und Logik; unter quadrivium Arithmetik, Musiktheorie, Geometrie und Astronomie. Zentren des römischen Bildungswesens waren im 2. Jh. vor allem Rom, Athen, Alexandria, Berytos (Beirut), Antiochia (am Orontes) und Karthago. Aber all diese Bildungsmöglichkeiten blieben der Senatsaristokratie, den Rittern und den munizipalen Oberschichten vorbehalten, obgleich Lesen und Schreiben im allgemeinen weit verbreitet waren.

Niedergang in den Wissenschaften

Trotz der erstaunlichen Leistungen bleibt dennoch ein Niedergang der wissenschaftlichen und künstlerischen Entwicklung unverkennbar. Originalität und schöpferische wissenschaftliche Arbeiten treten hinter Nachahmungen,

5.8. Die kulturelle Entwicklung im 2. Jh.

eklektischen Sammelarbeiten, Kompilationen und Systematisierung älteren Wissens zurück. Einführungen, Kurzfassungen, Handbücher, Lexika, Vulgarisierungen umfassenderen Wissens drängen sich nach vorn. Wer am meisten auswendig lernte, konnte glänzen. Das 2. Jh. bereitete der mittelalterlichen Scholastik den Boden.

In diesem Jahrhundert gibt es auch auf dem Gebiet der materiellen Kultur mit wenigen Ausnahmen nichts Neues mehr. Die Produktivkräfte beginnen zu stagnieren, die Architektur, die Skulptur halten sich an die bekannten griechischen Formen der klassischen oder der archaischen Kunst. Die Kaiserreliefs, die bedeutendsten Leistungen der bildenden Kunst im 2. Jh., verkörpern eine typisch römische Art, den Kaiser und seine Taten im Relief darzustellen. Im Jahre 113 wurde das neue Kaiserforum Traians in Rom vollendet und die Traianssäule geweiht, deren Reliefband Darstellungen aus den Kriegen Roms gegen die Daker zeigt. Die Mark-Aurel-Säule, um 190 errichtet, schildert die Schrecken der Markomannenkriege. Doch bereits hier, wie dann auch auf dem Septimius-Severus-Bogen im nordafrikanischen Leptis Magna (um 203), wird der Kaiser in einer erstarrenden Frontalität gezeigt, ebenso auf dem Bogen der Geldwechsler in Rom (um 204). Diese Art der Kaiserdarstellung findet dann in der späten Kaiserzeit ihre Vollendung.

Beginn der Stagnation der Produktivkräfte

Auf dem Gebiet der schöngeistigen Literatur wurden im 2. Jh. die Satire, der Roman und die Geschichtsschreibung gepflegt.

D. Iunius Iuvenalis (um 60 bis nach 127) griff in seinen Satiren schonungslos die Mißstände seiner Zeit an; er schonte darin nicht die Kaiser und deren Freundeskreis, sein Spott richtete sich gegen die Kriecherei der Höflinge, er verspottete die Protzerei der Emporkömmlinge und ihr Großtun mit ihren Ahnen, er nahm ihre Eitelkeit ins Visier. Überall sah Iuvenalis Negatives in seiner Umwelt; mit zuweilen übertriebenem Pathos — man spürt den Einfluß der Rhetorik — zog er über die einzelnen Laster her. Er idealisierte die Sitten der römischen Vergangenheit und besonders das Leben in den kleinen Landstädten, trat für Einfachheit und Bescheidenheit ein. Unter dem Einfluß des Skeptizismus stehend, sah er keinen Ausweg aus den Mißständen seiner Zeit.

Iuvenalis

Der Syrer Lukian von Samosata (um 120 bis nach 180), der in griechischer Sprache schrieb, war der letzte bedeutende antike Dichter dieses Genres. Wegen seines geistreichen Witzes, seiner treffsicheren Satire und seiner ironisch vorgetragenen Skepsis gegenüber der Religion wurde er von Friedrich Engels »der Voltaire des klassischen Altertums« genannt.[33] Lukian parodierte die alten überlieferten Göttermythen und ließ seine Zeit lachend von den Göttern Abschied nehmen. Der junge Marx schrieb dazu: »Die Geschichte ist gründlich und macht viele Phasen durch, wenn sie eine alte Gestalt zu Grabe trägt. Die letzte Phase einer weltgeschichtlichen Gestalt ist ihre Komödie. Die Götter Griechenlands, die schon einmal tragisch zu Tode verwundet waren im ›Gefesselten Prometheus‹ des Aischylos, mußten noch einmal komisch sterben in den Gesprächen Lukians. Warum dieser Gang der Geschichte? Damit die Menschheit heiter von ihrer Vergangenheit scheide.«[34]

Lukian von Samosata

---

33 Fr. Engels, Zur Geschichte des Urchristentums, in: MEW, Bd. 22, Berlin 1963, S. 451.
34 K. Marx, MEW, Bd. 1, Berlin 1956, S. 382.

| | 5. Die frühe römische Kaiserzeit. Der Prinzipat |

Kritik am Christentum

Lukian bezieht in seiner Kritik der Religion auch das Christentum mit ein, nicht aber den Isis- und Serapiskult und auch nicht den Kaiserkult. Zu römischen staatlichen Einrichtungen äußert er sich in seinen satirischen Dialogen nicht, nimmt aber oft für die unteren Schichten Partei, wie schon vor ihm Iuvenalis.

Apuleius

Um 125 wurde Apuleius geboren; er stammte aus Madaura in Nordafrika und war der einzige bedeutende lateinisch schreibende Romanschriftsteller der Antike; außerdem war er Rechtsanwalt, platonischer Philosoph und Gelegenheitsredner. Seine Bildung erhielt er vor allem in Karthago und in Athen. In seinem Roman »Metamorphoses« (Verwandlungen) oder auch »Der Goldene Esel« genannt, beschreibt er die Abenteuer eines in Thessalien durch Zauberei in einen Esel verwandelten und wieder zurückverwandelten Lucius. Ein Bestandteil dieses Romans ist auch das Märchen von Amor und Psyche. Der Roman enthält eine kulturgeschichtlich interessante Huldigung an die Göttin Isis: Er beschreibt bei der Weihung des Lucius zum Isismysten den Kult der Isis, ohne dabei das eigentliche Mysterium preiszugeben.

Chariton aus Aphrodisias, Xenophon von Ephesos, Iamblichos, Achilleus Tatios

Der griechische Roman war durch mehrere Verfasser vertreten. In acht Büchern schildert Chariton aus Aphrodisias (Karien) Leiden, Irrfahrten, Unglück und schließlich die Hochzeit von Chaireas und Kalirrhoe. In das 2. Jh. gehört auch der griechische Roman »Ephesiaka« des Xenophon von Ephesos. Wieder handelt er von Stürmen, Schiffbrüchen, Räuberüberfallen auf zwei Liebende. Ähnliche Abenteuer stellte der Syrer Iamblichos in seinem Roman »Babyloniaka« dar. Noch in das Ende des 2. oder in den Anfang des 3. Jh. gehört der Roman »Leukippe und Kleitophon« des alexandrinischen Dichters Achilleus Tatios. Abermals müssen zwei Liebende erst zahlreiche Gefahren überstehen, ehe sie sich endgültig vereinen können.

Geschichtsschreibung des Tacitus

Die römische Geschichtsschreibung erreichte in den ersten beiden Jahrzehnten des 2. Jh. mit P. Cornelius Tacitus (um 55 bis um 120) ihren Höhepunkt. Tacitus gehörte der italischen Senatsaristokratie an, war im Jahre 88 Prätor, 97 Konsul und um 112/113 Prokonsul der Provinz Asia. Als Geschichtsschreiber teilte er die Auffassungen der Senatsopposition im 1. Jh.; er beurteilte die Kaiser im wesentlichen nach ihrer Haltung gegenüber dem Senat. Mit seinen historischen Schriften trat er zuerst nach der Ermordung Domitians an die Öffentlichkeit. Tacitus erkannte die Notwendigkeit der Errichtung des Prinzipats an und sah in der Politik des Nerva und Traian die Möglichkeit eines Kompromisses zwischen republikanischer Freiheit einerseits und kaiserlicher Zentralgewalt andererseits. Triebkraft des historischen Geschehens war seiner Auffassung nach das Wirken großer Persönlichkeiten, besonders das der Kaiser. Die Handlungen und Entscheidungen der Kaiser leitete er aus ihrem Charakter ab und suchte die psychologischen Motive ihres Handelns bloßzulegen. Tacitus lehrte die Einfachheit der Sitten, besonders der Vorväter, und verurteilte die Habsucht und Verderbtheit der römischen Aristokratie. Er schrieb zuerst (98) zu Ehren seines verstorbenen Schwiegervaters, des Statthalters der Provinz Britannien, die Schrift »Agricola«, die die Form einer Biographie hat, in einigen Teilen aber sich zur historischen Monographie ausweitet. Im gleichen Jahre erschien seine geographisch-ethnographische Studie »Germania«, in der er einerseits Herkunft und Lebensform der Germanen insgesamt beschreibt, während er einzelne Stämme besonders her-

5.8. Die kulturelle Entwicklung im 2. Jh.   279

vorhebt, andererseits aber die Römer seiner Zeit auf die Gefahren hinweist, die ihnen von diesen Stämmen drohen können. Ein »Dialogus de oratoribus« (Gespräch über die Redner) aus dem Jahre 102 oder kurz danach untersucht die Ursachen, die zum Niedergang der Redekunst führten.

Seine historischen Hauptwerke waren die »Historiae« in 14 Büchern und die »Annales« in 16 Büchern. Die Historien behandeln die Zeit von 69 bis 96; nur die ersten vier Bücher und der Anfang des fünften Buches (die Jahre 69/70) sind erhalten. Die Annalen behandeln die römische Geschichte vom Tode des Kaisers Augustus (14) bis zum Untergang der julisch-claudischen Dynastie unter Nero (68). Es sind aber nur die ersten sechs Bücher (14—37) und die Bücher 11 bis 16 (47—66) erhalten geblieben. Von den Büchern fünf, sechs und 16 sind nur Bruchstücke überliefert.

Tacitus will seine Geschichte Roms sine ira et studio (ohne Haß und Partei- *sine ira* lichkeit) schreiben, was aber nicht bedeutet, daß er in seiner Darstellung *et studio* keine Akzente setzt; zuweilen steigert sich seine Schilderung zu höchster Dramatik; er gilt zu Recht als zuverlässiger Geschichtsschreiber, auch wenn er die Darstellungsform über den Inhalt stellte; er hat in seinen historischen Werken ein höchst eindrucksvolles, aber einseitiges Bild gezeichnet, was im wesentlichen an der »besseren« Vergangenheit orientiert war.

Ein Freund des Tacitus war C. Plinius Caecilius Secundus der Jüngere (um Plinius 61 bis um 113), der Neffe des Naturforschers, Plinius' des Älteren, der beim der Jüngere Vesuvausbruch im Jahre 79 ums Leben gekommen war. Plinius gehörte der Senatsaristokratie an, war im Jahre 100 Konsul und in den Jahren 111/112 oder 112/113 Statthalter der Provinz Bithynien in Kleinasien. Von ihm sind als literarische Schriften neun Bücher »Epistulae« (Briefe) überliefert, die das Leben der Senatsaristokratie, ihre literarischen Interessen, ihre Bildung und Erziehung zum Inhalt haben. In den Briefen wird über die Villen des Plinius berichtet, werden Probleme der Landwirtschaft behandelt. Das zehnte Buch umfaßt Briefe, die zwischen Plinius und Kaiser Traian während der Statthalterzeit des Plinius in Bithynien gewechselt worden sind; darunter befinden sich (Nr. 96 und 97) wertvolle Quellen zur frühen Geschichte des Christentums. Außerdem verfaßte Plinius einen Panegyricus (Lobrede) auf Kaiser Traian.

C. Suetonius Tranquillus (um 70 bis um 140), ein Freund Plinius' des Jüngeren Suetonius und Vorsteher der kaiserlichen Kanzlei unter Traian, verfaßte zwölf Kaiserbiographien (von Caesar bis Domitian), deren historischer Quellenwert unterschiedlich ist, da neben Wesentlichem auch historisch unwesentliche Einzelheiten sowie viel Klatschgeschichten überliefert wurden.

Biographien berühmter Griechen und Römer schrieb auch der griechische Plutarch Schriftsteller Plutarch aus Chaironeia in Böotien (um 46 bis nach 119). Er erwarb sich seine Bildung in Athen, übte in seiner Heimatstadt politische Ämter aus und war Priester in Delphi. Plutarch war von der aristotelischen und der platonischen Lehre beeinflußt und beschäftigte sich oft mit Problemen, die mit dem antiken Humanismus verbunden waren. Des weiteren befaßte er sich mit philosophischen Themen, die unter dem Titel »Ethika« (lat. Moralia) gesammelt worden sind. Von den insgesamt etwa 250 ihm zugeschriebenen Schriften ist nur ein Drittel erhalten. Neben den Biographien sind auch die »Ethika«, vor allem aber seine Schrift über die Isis- und Osirisreligion wichtige historische Quellen.

280   5. Die frühe römische Kaiserzeit. Der Prinzipat

Pausanias	Wichtige Nachrichten über die antike Kunst- und Kulturgeschichte enthält das Werk des Pausanias, eines griechischen Schriftstellers des 2. Jh. aus Kleinasien; seine »Beschreibung von Hellas« beruht auf eigenen Anschauungen und auf älteren Quellenzeugnissen. In der griechischen Welt des Römischen Reiches
Arrianus	entstanden noch weitere historische Darstellungen. Flavius Arrianus aus Nicomedia in Kleinasien (um 95 bis um 175), Mitglied der römischen Senatsaristokratie und Anhänger der stoischen Philosophie, verfaßte eine indische Geschichte (»Indika«) und eine Geschichte des Perserfeldzuges Alexan-
Appian	ders des Großen. Die »Römische Geschichte« des Appian aus Alexandria, der dem römischen Ritterstand angehörte, umfaßt 24 Bücher, von denen die, die die Geschichte der spanischen Kriege, der Kriege gegen Hannibal, der Kriege in Afrika gegen Karthago und Numidien und die Geschichte der syrischen Kriege zum Inhalt haben, erhalten sind. Andere Bücher sind in Fragmenten überliefert; sein Werk enthält u. a. eine gute Darstellung der römischen Bürgerkriege. Marx und Engels schätzten Appian, da er der materiellen Grundlage der Bürgerkriege auf den Grund geht.[35] Engels schrieb über ihn: »Von den alten Quellen über die Kämpfe innerhalb der römischen Republik sagt uns nur Appian klar und deutlich, um was es sich schließlich handelte — nämlich um das Grundeigentum.«[36]
Späte stoische Philosophie	Die späte Stoa fand im 2. Jh. ihre Fortsetzung in Epiktet (um 50—130) und in Kaiser Mark Aurel (121—180). Die stoische Lehre wurde nun fast völlig auf die Ethik beschränkt, in bezug auf das menschliche Leben herrschte ein tiefer
Epiktet	Pessimismus. Epiktet war ursprünglich Sklave eines kaiserlichen Freigelassenen, wurde dann selbst freigelassen und lehrte in Rom Philosophie. Glückseligkeit ist nach ihm die Freiheit von allen Begierden. Der Sklave sollte auch nicht gewaltsam nach Freiheit streben. Die Freiheit war für ihn lediglich eine sittliche Kategorie. Frei konnte jeder sein, der den Willen dazu besaß, welcher von niemandem unterdrückt werden konnte. Der subjektiv-idealistische Grundzug der Philosphie Epiktets kam den Sklavenbesitzern entgegen, da er die Sklaven dazu aufrief, in ihrem Schicksal geduldig zu verharren. Epiktet wollte die Klassen miteinander versöhnen und forderte die Anerkennung der bestehenden Gesellschaftsordnung. Er verglich das Streben nach Freiheit von allen Begierden mit den Mühen derjenigen, die sich z. B. um das Konsulat bewarben: »Wenn du Konsul werden willst, mußt du auf deinen Schlaf verzichten, herumrennen, anderen die Hand küssen ... vielen Geschenke und einigen täglich Gunstbeweise schicken. Und was ist der Erfolg? Zwölf Rutenbündel und die Erlaubnis, drei- oder viermal auf dem Tribunal zu sitzen, im Circus Spiele zu geben und in kleinen Körbchen Mahlzeiten zu verteilen.«[37] Pessimismus und Hoffnungslosigkeit durchziehen auch die Lehre
Mark Aurel	Mark Aurels. Das öffentliche Leben sei eintönig, und es sei zwecklos, eine Veränderung anzustreben. Jeder solle seinen Platz ausfüllen, auf den er gestellt worden ist, sei er ein Sklave oder ein Kaiser. Damit verteidigte er die bestehenden gesellschaftlichen Verhältnisse. Mark Aurel führte in seinen letzten Lebensjahren Tagebuch mit Aufzeichnungen, die nicht für die Veröffent-

35 Brief von K. Marx an Fr. Engels vom 27. 2. 1861, in MEW, Bd. 30, Berlin 1964, S. 160.
36 Fr. Engels, Ludwig Feuerbach und der Ausgang der klassischen deutschen Philosophie, in: MEW, Bd. 21, Berlin 1962, S. 302.
37 Epiktet, Encheiridion 4, 10, 20 f.

lichung bestimmt waren; sie wurden nach seinem Tode gefunden und bald unter dem Titel »Ta eis heauton« (Schriften an sich selbst, Selbstbetrachtungen) publiziert. Gleichmütig und gelassen, so schreibt er darin, solle der Mensch die Stürme des Schicksals hinnehmen: »Das liegt im Wesen des vollkommenen Charakters, daß man ... weder tobt noch stumpf ist noch heuchelt ... Der Klippe gleich sein, an der sich ständig die Wogen brechen. Sie aber steht unerschüttert, und die sie umtobende See sinkt in Schlummer. ›Ich Unglücklicher, daß mir das passieren mußte!‹ — Nicht doch! Vielmehr: ›Ich Glücklicher, daß ich unbekümmert bleibe, trotzdem mir das passiert ist ...«[38] Das war nicht mehr die Philosophie des aufstrebenden Polisbürgertums in der sich entwickelnden Sklavereigesellschaft, sondern die müde Reflexion eines Vertreters der herrschenden Klasse in der Zeit der Krise dieser Gesellschaft.

Von den Ideen der stoischen und kynischen Philosophie war auch der Redner Dion Chrysostomos aus Prusa in Bithynien (um 40–120) durchdrungen. In seinen Reden behandelte er oft das Thema der Rückkehr zur Natur und zu einem einfachen Leben; auch politische Erörterungen fehlen nicht; die Reden zählen daher zu wichtigen geschichtlichen Quellen des frühen 2. Jh. *Dion Chrysostomos*

Zuweilen bekleideten die Rhetoren höchste römische Staatsämter, wie Herodes Atticus (101–177), der im Jahre 143 römischer Konsul wurde. Er war der bedeutendste Redner der sogenannten zweiten Sophistik. Im Unterschied zur ersten, der altgriechischen, Sophistik, die die Rhetorik des 5. und 4. Jh. v. u. Z. bestimmte, entstand sie aus rein rhetorischem Bildungsstreben in der ersten Hälfte des 2. Jh und blühte bis etwa zur Mitte des 3. Jh. Die Vertreter der zweiten Sophistik suchten der Philosophie den Rang abzulaufen, ahmten die ältere griechische Redekunst nach und stellten die Form über den Inhalt. Herodes Atticus gehörte zu den reichsten Männern seiner Zeit und verwendete sein Vermögen für bedeutende Bauunternehmungen; so ließ er das Odeion in Athen errichten, das Stadion umbauen und eine Wasserleitung in Olympia anlegen. *»Zweite« Sophistik, Herodes*

Einer der berühmtesten Redner der zweiten Sophistik und Schüler des Herodes Atticus war Aelius Aristides aus Hadrianutherai in Kleinasien (um 117 bis um 187). In einer Anzahl von Reden verteidigte er die Rhetorik gegen die Philosophie und hielt im Jahre 143 eine Lobrede auf Rom, in der die Erfolge des römischen Friedens (Pax Romana) gepriesen werden, ohne die Schattenseiten zu sehen. Seine 55 erhaltenen Reden sind eine wichtige Quelle für die Kulturgeschichte des 2. Jh. Sie spiegeln eine intakte Welt vor und lassen nicht ahnen, daß wenige Jahrzehnte danach Rom von schweren inneren und äußeren Krisen erschüttert wurde. *Aelius Aristides*

Die Verbreitung orientalischer Kulte und die Entstehung des Christentums

5.8.1.

Ursachen der Entstehung des Christentums

Schon seit dem Ende des 3. Jh. v. u. Z., in den letzten Jahren des zweiten Punischen Krieges, dann zunehmend im 2. und 1. Jh. v. u. Z. hatten orientalische Kulte in Rom und Italien Eingang gefunden. Der Prozeß der Entstehung

---

38 Mark Aurel, Selbstbetrachtungen 7, 69; 4, 49.

des römischen Weltreichs führte dazu, daß eine herrschende Klasse überaus reicher Sklavenbesitzer sich formierte. Die Klasse der Kleinproduzenten differenzierte sich immer stärker und verlor einen großen Teil ihres Grundeigentums an die Großgrundbesitzer; vor allem aber verschärften sich die Ausbeutung und der soziale Widerspruch in allen Bereichen der auf Sklaverei beruhenden Produktion; der Reichtum in den Händen weniger Sklavenbesitzer häufte sich rasch an. Ökonomische Macht implizierte politische Machtbestrebungen. Raubkriege bisher nicht gekannten Ausmaßes bereicherten die herrschende Klasse.

Zunehmende Verelendung der Bevölkerung

Auf der anderen Seite begünstigte die zunehmende Verelendung breiter Schichten der freien Bevölkerung Entstehen und Verbreitung von Heilslehren, Mysterienkulten, Zukunftsprophezeiungen, Offenbarungsgeschichten u. ä. Nachdem der Mehrheit der freien Bevölkerung die Teilnahme an der politischen Gestaltung ihres Gemeinwesens versagt blieb, wurden diese Kulte zu einem Surrogat für die ehemals aktive politische Tätigkeit der Bürger. Vom Diesseits wurden sie in das Jenseits verwiesen, von der Gegenwart in eine mythische Vergangenheit oder in eine mystische Zukunft.

Erste Verbreitung orientalischer Heilslehren in Rom

In dieser Zeit des Niedergangs des antiken Stadtstaates — der Polis in Griechenland und im hellenistischen Osten — entwickelten sich Ideen, die dieser gesellschaftlichen Entwicklungsstufe entsprachen. Daß diese Vorstellungen aus dem östlichen Mittelmeergebiet stammten, war für die herrschende Klasse noch kein Grund, sie zu unterdrücken. Seit altersher war Rom nicht gegen die Aufnahme fremder Kulte und Religionen, wenn sie von der herrschenden Klasse sanktioniert, umgeformt und damit romanisiert wurden. Aber gegen das unkontrollierbare Eindringen fremder geistiger Strömungen und religiöser Kulte, vor allem, wenn sie unter den Massen Anhänger gewannen, wandte man sich mit aller Schärfe und Nachdruck. Die Forderung nach Bewahrung römischen Herkommens, altrömischer Sitte in den letzten beiden Jahrhunderten der Republik war zugleich Ausdruck eines erbitterten Kampfes gegen Vorstellungen, die, aus dem Osten kommend, geeignet schienen, die geistige Grundlage dessen, was die Senatsaristokratie als verpflichtendes Herkommen betrachtete, ins Wanken zu bringen.

Soziale Utopie

Dessenungeachtet treffen wir seit dem 2. Jh. v. u. Z. im römischen Herrschaftsbereich auf Vorstellungen der sozialen Utopie, in denen die Sonne oder der Sonnengott als Erlöser von sozialer Knechtschaft auftreten. In messianischen, orakelhaften und apokalyptisch-eschatologischen Darstellungen haben diese Vorstellungen ihren Niederschlag gefunden. Es wurde bereits auf das Bestreben des Augustus und seines engsten Freundeskreises hingewiesen, ein Bild von dem neuen Herrscher entstehen zu lassen, das so weit wie möglich den Vorstellungen des einfachen Volkes über einen Welterlöser und Friedensbringer entsprach (vgl. S. 243 f.). Darüber hinaus waren die Kaiser des frühen Prinzipats immer bemüht, die traditionelle römische Religion zu beleben und die staatlichen Kulte, die teilweise schon in Vergessenheit geraten waren, zu erneuern. Aber die alten Götter des griechischen Olymps und des römischen Capitols blieben unpersönlich, waren oft in moralischer Hinsicht als Vorbilder ungeeignet und fanden bei den einfachen Freien und Sklaven keinen Anklang. Dafür verbreiteten sich orientalische Mysterienkulte, Orakel, Wundergeschichten, Astrologie, Alchimie und Traumdeuterei.

5.8. Die kulturelle Entwicklung im 2. Jh.

Unter den Mysterienkulten spielten die Kulte der Göttin Isis und des Gottes Serapis, aus dem hellenistischen Ägypten, der Göttin Kybele und des Gottes Attis, aus Kleinasien, des griechisch-hellenistischen Dionysos und des iranischen Mithras eine besondere Rolle. Die Mysterien waren Geheimkulte, die nur Eingeweihten, den Mysten, bekannt waren. Von den einzelnen Kulthandlungen der Mysterien ist nur wenig überliefert, da den Eingeweihten Schweigepflicht auferlegt worden war. Jedoch handelte es sich bei den Riten stets um eine individuelle Erlösung des Menschen, um Entsühnung und »Wiedergeburt« durch die Erkenntnis des Mysteriums und durch die Vereinigung mit der Gottheit. Die Mysterienkulte hatten in der Kaiserzeit großen Zulauf. Es gab kaum eine Stadt im Römischen Reich, in der nicht wenigstens eine Mystenvereinigung bestand. In diesen Kulten fühlten sich die Eingeweihten als Brüder und Gleichgestellte, auch Sklaven wurden aufgenommen. Allen Mysterienkulten gemeinsam ist, daß sich die Mitglieder ein glückliches Leben nach dem Tode sichern wollten. Formen und Bräuche dieser Mysterien, wie Taufe, Konfirmation, Abendmahl, beeinflußten auch den christlichen Kult.

Mysterienkulte, Traumdeutung

Erlösungslehren, Geheimkulte

Die Mysterienkulte kannten keine ethnische oder soziale Exklusivität; allen Menschen, gleich welcher Herkunft und sozialer Stellung, sollte die Erlösung im Jenseits möglich sein.

Gleichheit aller Menschen – vor Gott

Neben den Mysterienkulten waren in der frühen Kaiserzeit unter Handwerkern und Tagelöhnern einige Kulte weit verbreitet, die entweder mit dem ländlichen Leben oder mit Heroen, die körperliche Arbeit nicht verachteten, verbunden waren. Dazu zählte der Kult des italischen Gottes Silvanus, des Gottes des Waldes, der Waldweide, der Gehöfte und der Gärten; ihm entsprach der griechische Gott Pan. Auch Herakles, der griechische Halbgott, wurde von einfachen Menschen verehrt, weil er sich sein Gottsein erst durch zwölf schwere Arbeiten erworben hatte.

Andere Kulte

Die Auseinandersetzung der Judäer mit der hellenistischen und später römischen Umwelt führte zur Ausbildung eines romfeindlichen apokalyptischen Schrifttums, das in Orakeln und besonders in den Büchern der sogenannten Jüdischen Sibylle faßbar ist. Sowohl der Haß gegen Griechen und Römer als auch die eigenen Klassenauseinandersetzungen im Innern führten bei den Judäern zur Entstehung von Sekten und eschatologischen Lehren.

Judäische Religion

Die Verelendung breiter Massen der Bevölkerung in den Bürgerkriegen des 1. Jh. v. u. Z., denen allein in Italien nach einer Quellenüberlieferung etwa 300000 Menschen zum Opfer fielen,[39] die zunehmende Unzufriedenheit der vom politischen Leben ausgeschlossenen Bürger, die auch von seiten des Staates geförderte Hinwendung breiter Schichten der Bevölkerung zu irgendeiner Form der Mystik – das waren die Hauptursachen für die etwa gleichzeitige Entstehung zweier bedeutender Erlösungsreligionen im palästinensisch-syrischen Raum: des Christentums und der Gnosis. Sie *entstanden* nicht in der Krise, sondern auf dem Höhepunkt der Sklavereigesellschaft.

Leiden der verarmten Bevölkerung

Das Christentum war als eine judäische Sekte zu Beginn des 1. Jh. u. Z. entstanden. Als Lehre leicht verständlich, ohne kompliziertes kultisches Ritual, verfügte es über die Vorzüge der Mysterienkulte ohne ihre Geheimnistuerei und sprach, wie sie, Freie, Sklaven und Menschen aller Völker des

Christentum

---

39 Velleius Paterculus, 2, 15, 2.

284   5. Die frühe römische Kaiserzeit. Der Prinzipat

Mittelmeerraumes an. Das Kernstück der urchristlichen Lehre, die Nächsten-
liebe und die Aufforderung zur Barmherzigkeit mit der Verheißung eines
glücklichen Lebens im Jenseits, fand besonders unter Sklaven und ärmeren
Freien willkommene Aufnahme.

Christusmythos Nach christlichen, erst gegen Ende des 1. Jh. entstandenen Quellen hielten
einige Judäer einen aus Galiläa stammenden Jehoschua (Jesus), Sohn eines
Zimmermanns Joseph und seiner Frau Maria, für den lang erwarteten Messias.
Ins Griechische übertragen heißt Messias »Chrestos« — Christus; dies wurde
sein Beiname. In der Regierungszeit des Tiberius, als Pontius Pilatus römischer
Präfekt in Judäa war, wurde er wegen »Aufwiegelung« hingerichtet. Die
judäischen Quellen des 1. Jh. u. Z. (Philon von Alexandria, um 25 v. u. Z. bis
50 u. Z. und Flavius Josephus, 37—100) nennen den Stifter der christlichen
Religion und das Christentum ebensowenig wie die uns überlieferten griechischen und römischen Schriftsteller des 1. Jh., wie etwa Seneca, Petronius,
Martial oder Plutarch, Dion Chrysostomos oder Epiktet. Selbst die in die Mitte
des 1. Jh. zu datierenden echten Schriften des Apostels (= Sendboten) Paulus
setzen zwar die Existenz eines christlichen Religionsstifters voraus, berichten
aber nichts aus seinem Leben. Die »Offenbarung des Johannes« (Johannesapokalypse), wahrscheinlich in den achtziger Jahren des 1. Jh. entstanden, kennt Jesus als Gott, nicht als Menschen und irdischen Religionsstifter.

Evangelien Erst die sogenannten Evangelien, die in ihrer überlieferten Fassung literarische
Zeugnisse des frühen 2. Jh. sind, berichten über das Leben Jesu. Die ersten
römischen Autoren, die mit dem Christentum Bekanntschaft machen, sind am
Anfang des 2. Jh. der jüngere Plinius und Tacitus. Die Evangelien indessen
stellen keine historischen Berichte über das Leben Jesu dar, sondern sind
Zeugnisse des Christus-Glaubens verschiedener christlicher Gemeinden aus
der zweiten Hälfte des 1. Jh., zuerst mündlich tradiert, später schriftlich fixiert.
Es ist möglich, daß Jesus ursprünglich zu dem Kreis Johannes' des Täufers
gehörte, eines Bußpredigers der judäischen Essenersekte, der von dem judäischen Kleinkönig Herodes Antipas (9—39) hingerichtet wurde. Ebenso ist
es nicht ausgeschlossen, daß er mit sozial unzufriedenen ärmeren Schichten
in Galiläa und Judäa in Verbindung stand, die ihrerseits wiederum messianischen und eschatologischen Lehren anhingen. Aber es ist auch denkbar, daß
eine religiöse judäische Gruppe den schon aus dem Alten Testament bekannten Prophetennamen Jehoschua (dort unter dem Namen Josua bekannt,
Jesus — Kurzform von Josua) zu Beginn des 1. Jh. neu benutzte, um ihren
Glaubensvorstellungen durch den Namen eines berühmten Anführers der
judäischen Stämme aus ihrer Frühzeit Nachdruck zu verleihen.

Neue religiöse Für die Geschichte des Christentums, ja sogar für seine Entstehung ist der
Bedürfnisse Anteil dieses Religionsstifters von sehr geringer Bedeutung. Die Zeit ging
schwanger mit diesen und ähnlichen Ideen, und der Messias-Christus hätte
auch einen anderen Namen tragen können. Auch den urchristlichen Quellen
nach war Jesus nicht der Begründer einer christlichen Kirche. Die christlichen
Anschauungen kamen den religiösen Erwartungen, Hoffnungen und Bedürfnissen der Masse der freien Bevölkerung und Sklaven entgegen; volkstümliches
griechisches Gedankengut kam sehr früh hinzu, und schon in der Mitte des
1. Jh. wurde die Lehre vom Opfertod Jesu verbreitet, der damit die Sünden
aller Menschen auf sich genommen habe. Für die Formung und frühe Ver-

breitung der christlichen Lehre hat der Apostel Paulus in der Mitte des 1. Jh. eine besondere Bedeutung.

Die christlichen Ideen knüpfen in vielerlei Hinsicht an längst Bekanntes an. Die Lehre von einem göttlichen Kind als Erlöser war bereits im altägyptischen Horusmythos enthalten, die Vorstellung von einem sterbenden und wiederauferstehenden Gott, die dem Vegetationszyklus entsprach, war im Vorderen Orient uralt; der Messianismus stammte aus der judäischen Religion, in der man auch das Vorbild eines konsequenten Monotheismus fand; die Auffassung vom Erscheinen eines prophetischen »Lehrers der Gerechtigkeit«, der von den Hohepriestern in Jerusalem verfolgt und verurteilt wurde und auf dessen Wiederkunft man wartete, vertrat die judäische Sekte der Essener. Durch die seit 1947 bei Chirbet Qumran am nordwestlichen Ufer ·des Toten Meeres gefundenen wertvollen Handschriften sind die religiösen Vorstellungen und die Gemeindeorganisation der Essener näher bekannt geworden. Die Lehre von der Wiederkunft des Goldenen Zeitalters war griechischen Ursprungs und wurde in der sozialen Utopie mit dem Sonnengott verbunden. Vorbilder für Erlösungsreligionen und ihre Organisationsformen fand man in den hellenistischen Mysterienreligionen; christliche Vorstellungen von Himmel und Hölle, vom Kampf des Guten gegen das Böse wurden von iranischen Lehren beeinflußt; als Weltenheiland galt schon Augustus.

Geistige Wurzeln des Christentums

Unverkennbar ist der soziale anklagende Charakter, der Einfluß der sozialen Utopie auf das Urchristentum. In der Bergpredigt richten sich die Seligpreisungen direkt an die Armen, und die Reichen werden mit sehr scharfen Worten gegeißelt. Die jetzt hungern, werden dann satt sein, und die jetzt satt sind, werden dann Hunger leiden. In diesem Zusammenhang lesen wir auch den bekannten Satz: Laßt eure Schuldner frei, so werdet auch ihr freigelassen werden. Sehr häufig sind in den Evangelien Anspielungen auf die Sonne und auf das göttliche Feuer, besonders in der Johannesapokalypse.

Sozialer Protest des Christentums

Der Kampf gegen den Reichtum findet sich an mehreren Stellen der Evangelien, in wahrnehmbarer Parallele zu älteren Vorstellungen: Ihr könnt nicht Gott dienen und dem Mammon; — kommt her zu mir alle, die ihr niedergedrückt und beladen seid ...; — das Gespräch mit dem reichen Jüngling, der sein Hab und Gut verkaufen soll, um den Erlös den Armen zu geben, und der darin enthaltene Spruch: Es ist leichter, daß ein Kamel durch ein Nadelöhr eingeht, als daß ein Reicher in den Himmel kommt. All das ist alte sozialutopische Tradition, die weit zurückverfolgt werden kann. Dazu gehört auch die Feststellung, daß die Herrscher ihre Völker unterjochen und die Großen die Völker vergewaltigen. Scharfe Anklagen gegen den Reichtum sind auch in einigen Paulus-Briefen und in der Petrusapokalypse enthalten. Händler und Geldwechsler werden aus dem Tempel in Jerusalem hinausgetrieben.

Kampf gegen den Reichtum

Bedeutsam in dieser Hinsicht ist auch die Predigt, die Jesus in Nazareth, dem Heimatort seines Vaters, gehalten haben soll. In der Interpretation eines ausgewählten Jesaja-Textes aus dem Alten Testament wandte er sich ausdrücklich an die Armen. Die Gefangenen sollen freigelassen und den Unterdrückten die Freiheit verkündet werden. In jener Zeit herrschte in Galiläa eine sehr angespannte soziale Situation; eine sozial-religiöse Bewegung knüpfte an die judäische Eschatologie an; sie erwartete den unmittelbaren Umsturz der bestehenden politischen und sozialen Verhältnisse.

Freilassung der Gefangenen

286   5. Die frühe römische Kaiserzeit. Der Prinzipat

**Gleichheits-
vorstellungen**

Das Neue Testament, eine Sammlung frühchristlicher Literatur, die um 200 zusammengestellt wurde, enthält auch Vorstellungen über die Gleichheit der Menschen und über gemeinschaftliches Leben. Ein Beispiel dafür ist das Gleichnis von den Arbeitern im Weinberg. Jeder Tagelöhner erhält seinen Denar Tagelohn, unabhängig davon, ob er am Vormittag oder am Nachmittag mit der Arbeit begonnen hat; die Letzten werden die Ersten sein; oder: Jeder

**Armutsideal
und
Gütergemein-
schaft**

Arbeiter ist seines Lohnes wert. Die Apostelgeschichte nennt die Gütergemeinschaft der judäisch-christlichen Urgemeinde in Jerusalem, die aber eine Konsumtionsgemeinschaft war und daher – als nichts mehr zu konsumieren war – sich auflöste.

Die einzelnen apokalyptischen Sprüche des Stifters der neuen Religion oder andere apokalyptische Deutungen im Römerbrief des Paulus, von der Johannesapokalypse ganz zu schweigen, ordnen sich in diesen Zusammenhang ein. Sie ergeben ein Bild mit eindrucksvollen Farben der sozialen Utopie vergangener Jahrhunderte: Das Armutsideal, der Kampf gegen den Reichtum, die antirömische Tendenz, die Gleichheitsidee, die Gütergemeinschaft und die Apokalypse wurzeln in einer geistig-sozialen Umwelt, die auch von der früheren sozialen Utopie mit geprägt worden ist.

Mit dem Entstehen der christlichen Kirche seit dem 2. Jh. verloren diese Ideen immer mehr an Bedeutung; lediglich in christlichen Sekten lebten diese Ideen des Urchristentums weiter.

**Unterordnung
unter den
römischen
Staat**

Bereits in den frühesten christlichen Schriften sind die Aufforderung zur Unterordnung unter den römischen Staat, zu Demut und Gehorsam, der Verzicht auf revolutionäres Handeln enthalten. Darin wurde das frühe Christentum von der spätstoischen Ethik, wie sie etwa Seneca und Epiktet vertraten, beeinflußt. »Gebt dem Kaiser, was des Kaisers ist, und Gott, was des Gottes ist« wird bereits dem christlichen Religionsstifter zugeschrieben, und Paulus fordert in seinem Römerbrief die Christen auf: »Jedermann sei obrigkeitlichen Gewalten untertan, denn es gibt keine Obrigkeit, die nicht von Gott ist, die bestehenden aber sind von Gott eingesetzt.« Jede gewaltsame Auflehnung gegen die Regierenden wird abgelehnt. Diese Richtung trat im Verlaufe der folgenden Jahrhunderte in der Kirche in den Vordergrund und bestimmte ihr Verhältnis zum römischen Staat.

**Erste
Anhänger
des Christen-
tums**

Da sich das Urchristentum vor allem gegen den Reichtum wandte, waren Großgrundbesitzer, reiche Kaufleute und vermögende Werkstättenbesitzer in den Städten nicht die ersten Anhänger dieser Lehre, sondern die mittleren und ärmeren städtischen Schichten, die nur wenige Sklaven und Tagelöhner ausbeuteten. Außer in Palästina bildeten sich im Verlaufe des 1. Jh. christliche Gemeinden in syrischen, ägyptischen, kleinasiatischen, griechischen und italischen Städten.

**Ablehnung des
Kaiserkults**

Da die Christen den Kaiserkult strikt ablehnten, galten sie als illoyal, als Staatsfeinde und wurden zeitweilig verfolgt. Die frühesten Verfolgungen unter Nero und Domitian sind umstritten; vielleicht waren sie aus politischen Gründen mehr gegen die Judäer gerichtet, zu denen man noch die frühen Christen des 1. Jh. rechnete. Im 2. Jh. kam es dagegen zu örtlich begrenzten

**Erste lokale
Christen-
verfolgungen**

Verfolgungen, die schon direkt gegen die Christen gerichtet waren, z. B. unter Traian in Bithynien (Kleinasien), in Antiochia (Syrien) und unter Mark Aurel im Jahre 177 in Lugdunum (Lyon) und in Vienna (Vienne), in Gallien und in kleinasiatischen Städten. Dennoch verbreitete sich das Christentum im 2. Jh. im Westen und Osten des Reiches vor allem in den plebejischen Schichten der Städte, fand aber auch zunehmend Eingang in die munizipalen Oberschichten. Seit dem 2. Jh. entstand eine christliche Hierarchie, bestehend aus dem Bischof (gr. episkopos, d. h. Aufseher über das Gemeindevermögen), den Presbytern (Ältesten) und den Diakonen (Dienern). Von den westlichen Provinzen war es besonders Nordafrika, wo sich das Christentum im 2. Jh. verbreitete und wo auch die ersten Werke des Christentums in lateinischer Sprache entstanden.

Die Vertreter der griechischen und römischen Literatur des 2. Jh. wandten sich ausnahmslos gegen das Christentum. Tacitus schrieb von ihnen, daß sie das gesamte Menschengeschlecht haßten; Mark Aurel äußerte sich in seinen »Selbstbetrachtungen« abfällig über das Christentum, Fronto, der Erzieher Mark Aurels, schrieb gegen die Christen; Celsus, ein Anhänger der Lehre Platons, verfaßte um 177/178 eine polemische Schrift gegen die Christen, aus der hervorgeht, daß das Christentum zu jener Zeit im wesentlichen fast ausschließlich nur unter den niederen Schichten der Bevölkerung verbreitet war. *Kampf gegen die christlichen Lehren*

Dagegen wandten sich die Apologeten, die Verteidiger der christlichen Lehre; sie verwarfen die Angriffe wegen angeblicher Unmoral und wandten sich gegen die Vorwürfe, daß die Christen wegen ihrer Ablehnung des Kaiserkults Staatsfeinde wären; sie hoben hervor, daß die Christen zu den loyalsten römischen Untertanen gehörten. Gleichzeitig/suchten sie, zwischen den christlichen Anschauungen und der platonischen und stoischen Philosophie zu vermitteln. Zu den Verfassern apologetischer Schriften zählten im 2. Jh. vor allem Iustin, der Märtyrer (um 165 in Rom hingerichtet), Minucius Felix und Meliton von Sardes; letzterer führte aus, daß der Welt in Augustus und Jesus zur gleichen Zeit zwei Heilande geschenkt worden seien und daß daher Eintracht für den römischen Staat und die Kirche von Nutzen sei. *Christliche Apologeten*

Gegen Ende des 2. Jh. hatte das Christentum sich weiter verbreitet, in vielen Städten des Reiches waren christliche Gemeinden entstanden. Aus den Verfolgungen ging es ideologisch gestärkt hervor, und die Märtyrer genossen großes Ansehen. Entstanden auf dem Höhepunkt der antiken Sklavereigesellschaft, konnte es sich als Kirche und werdende Weltreligion durchsetzen, als am Ende des 2. Jh. durch die beginnende allgemeine Krise der Sklavereigesellschaft dieser Lehre sich zahlreiche Scharen neuer Anhänger anschlossen. *Ausbreitung des Christentums*

Eine andere Erlösungsreligion der römischen Kaiserzeit war die Gnosis, die neben den Mysterienkulten zum bedeutendsten Gegner des Christentums wurde. Der Überlieferung nach galt Simon Magus aus Samaria, der zu Beginn unserer Zeitrechnung lebte, als erster Vertreter dieser Lehre. *Gnosis*

Die Gnosis bedeutet eine totale Abkehr von der antiken, aber auch von der christlichen Weltauffassung; sie hatte das Urchristentum beeinflußt und war zum konsequentesten und erbittertsten Gegner jeder Lehre geworden, die sich mit der bestehenden Weltordnung abfand oder, wie das Christentum, mit ihr einen Kompromiß suchte. Die Gnosis war gesellschaftlich progressiv, soweit sie für die völlige Vernichtung der alten Weltordnung eintrat; sie wurde besonders in der späten Kaiserzeit eine religiöse Erlösungsbewegung größeren Ausmaßes. Grundsätzlich unterschied sie sich vom Christentum dadurch, daß sie die Auferstehung ablehnte, die Auffassung vom Leiden und Kreuzestod des *Abkehr von antiker Welt- und Lebensauffassung*

288   5. Die frühe römische Kaiserzeit. Der Prinzipat

Erlösergottes zurückwies und daß der höchste Gott nicht der Weltschöpfer sei. Die Gnosis lehrte, daß jeder einzelne Mensch durch die Erkenntnis (= Gnosis) in der Lage sei, sich selbst zu erlösen. Daher bedurften die Gnostiker auch keiner Kirche und keiner Priester, da allein auf dem Weg der eigenen persönlichen Erkenntnis die Erlösung vom irdischen Übel möglich war. Die Gnosis verneinte nicht nur die bestehende Welt, sondern jegliche Weltordnung. Diese Negierung alles Bestehenden implizierte die Negierung jeder weiteren Entwicklung, zumal es ihr auch nicht um eine neue soziale Ordnung ging. Für den Gnostiker war jedes irdische Leben der Menschen eine Knechtstrafe in der Fremde. Als streng dualistische Lehre ging sie von den zwei Grundprinzipien des Bösen und Guten aus, die sich in ständigem Kampf befanden. Erlöst wird der Mensch durch das Wissen, durch die Erkenntnis, daß nach dem Tode die Seele zu einem jenseitigen Lichtreich (= Verkörperung des Guten) durch den feindlichen Kosmos (= Verkörperung des Bösen) hindurch zur endgültigen Befreiung von irdischer Knechtschaft gelangen konnte.

Marcion

Im 2. Jh. gründete Marcion, ein reicher Schiffsbesitzer aus Kleinasien, eine gnostische Sekte, die weite Verbreitung im Römischen Reich gefunden hatte und die für die christliche Kirche eine ernste Gefahr darstellte. In der Auseinandersetzung mit den Marcioniten entwickelte die christliche Kirche Anfänge einer Dogmatik, die in den beiden folgenden Jahrhunderten noch vervollständigt wurde. Ihren Höhepunkt erreichte die Gnosis in der späten Kaiserzeit durch die Lehre Manis (Manichäismus), der von 217 bis um 274 lebte; vgl. S. 314.

5.9. Die gesellschaftliche Krise im 3. Jh.
Der Untergang des Prinzipats

Neue Bürgerkriege

Als Septimius Severus im Jahre 197 Clodius Albinus, seinen Rivalen im Kampf um den Kaiserthron, besiegte, kämpften auf beiden Seiten zusammen etwa 300 000 Soldaten um den Sieg. Die Zeiten früherer Bürgerkriege schienen sich zu wiederholen; das Heer, dem im 3. Jh. besonders wichtige Aufgaben zufielen, wurde zu einer Landplage. Die Kaiser wechselten in rascher Folge; sich gegenseitig bekämpfende Heerführer — Soldatenkaiser — beherrschten die politische Szene.

Bürgerliche Historiker über die Ursachen des Niedergangs

Bürgerliche Historiker vermuten die Ursachen dieses Niederganges in verschiedenen Erscheinungen: In der Ausrottung der Besten durch die Bürgerkriege (O. Seeck), in einer Revolution der Bauern und Landarbeiter gegen die Städte (M. I. Rostovtzeff), in der Vernichtung der Staatsmacht durch das Heer (H. Bengtson), im Gegensatz zwischen neuen, »jungen« und »überalterten« Völkern (F. Altheim), in einer geistigen »Revolution«, die durch das Christentum und andere östliche Kulte ausgelöst wurde, im Kampf zwischen zentrifugalen und zentripetalen Tendenzen (A. Calderini) u. a. Aber all das erfaßt nur *Teile* eines umfassenderen Prozesses.

Allgemeine Krise der Sklaverei

Es ist ein Ergebnis intensiver Forschungen sowjetischer Althistoriker, besonders von E. M. Štaerman, auf die wesentlichen Ursachen und Auswirkungen dieses historischen Niedergangsprozesses hingewiesen zu haben. In der allgemeinen Krise der auf Sklaverei beruhenden Produktionsweise begannen

5.9. Die gesellschaftliche Krise im 3. Jh. Der Untergang des Prinzipats

sich die sozialökonomischen Verhältnisse vor allem auf dem Lande zu verändern. Es war nicht schlechthin eine Ausbreitung des Kolonats, sondern auch eine qualitative Veränderung desselben im Zusammenhang mit einer allgemeinen Wandlung der landwirtschaftlichen Produktion zu verzeichnen, die für die bäuerlichen Klassenverhältnisse bedeutsame Folgen hatte. Am Ende des 3. Jh. hatte sich der soziale Status verschiedener Schichten der ländlichen Produzenten, der Kolonen, Inquilinen, der mit einem Peculium versehenen Sklaven, der Freigelassenen, der Gemeindebauern u. a. so weit angenähert, daß Voraussetzungen für einen tiefgreifenden Wandlungsprozeß in der Struktur der bäuerlichen Klasse in der Spätantike gegeben waren. Aber die weiterhin dominierenden Rechtsnormen der Sklaverei, die alle Nichtbesitzer von Produktionsmitteln der Stellung von Sklaven anzugleichen suchten, standen einer grundlegenden Veränderung bäuerlicher Eigentumsverhältnisse im Wege, so lange der weströmische Staat noch bestand. Der Staat und sein ideologischer Überbau waren zu einem Hemmnis für die weitere Entwicklung der Produktivkräfte und der Produktionsverhältnisse geworden.

Diese allgemeine Krise der auf Sklaverei beruhenden Produktionsweise wirkte sich nicht nur auf die landwirtschaftlichen Produzenten, sondern auch auf die herrschende Klasse aus. Es war eine Großgrundbesitzeraristokratie entstanden, die ihren Großgrundbesitz aus den städtischen Territorien herausgelöst hatte. Ihre Produktion beruhte im wesentlichen auf der Arbeit von Kolonen, von ehemaligen Sklaven, die mit der Freilassung von ihren früheren Herren wirtschaftlich abhängig blieben, und von Gemeindebauern, die in die Knechtschaft der Großgrundbesitzer geraten waren. Sie erwarben sich noch weitere Sonderrechte, so daß sie nur noch der kaiserlichen Kontrolle unterstanden, nicht mehr der der Provinzstatthalter; so wurden sie faktisch völlig unabhängig; ihr politisches Zentrum bildete der römische Senat. *(Großgrundbesitzeraristokratie in der Krise der Sklaverei)*

Dieser Aristokratie standen die städtischen Oberschichten, die Munizipalaristokratie, gegenüber. Ihre wirtschaftliche Grundlage bildeten noch immer die kleineren und mittelgroßen städtischen Villenwirtschaften, die vor allem von Sklaven bearbeitet wurden. Kolonatsverhältnisse entwickelten und verbreiteten sich auf städtischem Territorium erst dann, wenn sich darauf auch Großgrundbesitz entwickelte. Diese städtischen Oberschichten waren also in viel stärkerem Maße als die Großgrundbesitzeraristokratie noch mit der Produktionsweise der Sklaverei verbunden. *(Munizipalaristokratie in der Krise der Sklaverei)*

Im 3. Jh. versuchte die Großgrundbesitzeraristokratie in verstärktem Maße, sich städtisches Land anzueignen. In Zeiten schwacher Zentralgewalt okkupierte sie auch kaiserliches Land. Reich gewordene Angehörige der städtischen Aristokratie versuchten, es ihr gleich zu tun und ihr Land aus der städtischen Kontrolle und Steuerpflicht herauszulösen. Diese Entwicklung mußte natürlich zu einer empfindlichen und allseitigen Schwächung der Städte führen, die damit ihre bedeutendsten Steuerzahler und finanziell starken Kandidaten für die kostspieligen städtischen Ämter verloren. So kam es dazu, daß die sozialen und wirtschaftlichen Interessen dieser beiden Gruppen der herrschenden Klasse nicht mehr zu vereinbaren waren. *(Kampf der Großgrundbesitzer gegen die Munizipalaristokratie)*

Diese Auseinandersetzungen wurden auch mit militärischen Mitteln geführt. Angesichts der zunehmenden Einfälle germanischer Stammesverbände am Rhein und an der Donau sowie der Sassaniden am Euphrat, verschiedener *(Wachsende Bedeutung des Heeres)*

19 Römische Geschichte

5. Die frühe römische Kaiserzeit. Der Prinzipat

Stämme in Nordafrika und britannischer Stämme im Norden Schottlands gewann die Armee an Bedeutung. Die antike Militärdiktatur trat immer unverhüllter zutage. Die einzelnen Legionen, die sich am Rhein, an der Donau und am Euphrat konzentrierten, erhoben ihre Befehlshaber zu Kaisern, die sich untereinander bekämpften und meist gegenseitig umbrachten. Vom Nachfolger des Septimius Severus bis zur Entstehung des Dominats im Jahre 284 starb fast jeder Kaiser und Usurpator des Kaiserthrons eines gewaltsamen Todes. In bürgerlichen Geschichtsdarstellungen über diese Zeit wird als Erklärung für diese Erscheinung folgendes ausgeführt: Der Soldat, nicht mehr der Bürger sei nunmehr der erste Mann im Staat geworden; der Wille des Heeres war oberstes Gesetz; die wirklichen Herren des Reiches wären die großen Generäle gewesen, so äußerte sich Hermann Bengtson in seiner Römischen Geschichte über diese Entwicklung. Aber das Heer bildete keine eigene Klasse, und es übte auch nicht die Funktion einer herrschenden Klasse aus. Der oben erwähnte Kampf zwischen der Großgrundbesitzer- und der Munizipalaristokratie hatte auch die Führungen der Armee und die kaiserliche Zentralgewalt erfaßt. Zwar werden die meisten Kaiser dieser Zeit als sogenannte »Soldatenkaiser« und diese Periode auch oft als Soldatenkaiserzeit bezeichnet, aber das Heer blieb ein Instrument zur Durchsetzung der Politik der herrschenden Klasse. Die Kompliziertheit der Situation bestand darin, daß eben diese herrschende Klasse entzweit war und daß sich ihr Kampf untereinander auch auf Kreise der Armee und ihrer Führungen erstreckte.

Politik der Soldatenkaiser

Die Soldatenkaiser begünstigten zwar das Heer, erhöhten den Sold, verbesserten die Truppenversorgung, gestatteten die rechtmäßige Ehe zwischen Soldaten und ihren Frauen, kümmerten sich um die Versorgung der Veteranen mit Land, Beute und Geldgeschenken usw., aber sie wandten sich auch sehr oft gegen die Großgrundbesitzeraristokratie, konfiszierten deren Ländereien, um die Veteranen mit Land auszustatten, ließen Senatoren scharenweise hinrichten und versuchten, die Lage der Städte zu erleichtern. Häufig waren das Kaiser, die vorher nicht dem Senat angehört hatten, sondern sich durch eigene Verdienste und durch Protektion zu den höchsten Ämtern im Heer empor »gedient« hatten. Mehr oder weniger stabile Herrscherdynastien, wie sie für die Zeit des Feudalismus typisch waren, kannte das römische Kaiserreich ohnehin nicht, und die Krise des 3. Jh. verstärkte noch diese Erscheinung. Die Soldatenkaiser begünstigten objektiv die Politik der städtischen Oberschichten, die — wie hervorgehoben wurde — noch am stärksten mit der auf Sklaverei beruhenden Produktionsweise verbunden waren. Sie gaben den Städten Land zurück, das sich die Großgrundbesitzer angeeignet hatten; sie siedelten auf städtischem Land ihre Veteranen an, die in der Regel als neue Villenbesitzer durch ihre soziale und wirtschaftliche Stellung zu einer Stütze der Munizipalaristokratie wurden.

Die Soldatenkaiser betrieben also trotz aller Widersprüchlichkeit ihrer Maßnahmen eine Politik der Erhaltung der auf Sklaverei beruhenden Produktionsverhältnisse.

Politik der Senatskaiser

Andererseits gab es Kaiser, sogenannte »Senatskaiser«, die die Politik der Großgrundbesitzeraristokratie unterstützten. Natürlich waren sie genauso wie die Soldatenkaiser vom Heer abhängig, aber sie versuchten zumindest, das Heer als Instrument *ihrer* politischen Orientierung zu benutzen. Im all-

5.9. Die gesellschaftliche Krise im 3. Jh. Der Untergang des Prinzipats

gemeinen sparten sie mit Solderhöhungen, galten daher im Heer als geizig, versuchten, das Ansehen des Senats zu heben, unterstützten die Großgrundbesitzer in ihrer Politik gegenüber den Städten, gaben den Großgrundbesitzern konfisziertes Land zurück, verstärkten den Druck auf die Städte durch neue Steuern und begünstigten die Entwicklung weiterer Abhängigkeit der Kolonen und freien Gemeindebauern von den Großgrundbesitzern. Zuweilen nutzten sie die Unzufriedenheit der Großgrundbesitzer und der Landbevölkerung über Maßnahmen der Soldatenkaiser, um ihre Position zu festigen. In Aufständen und separaten Bewegungen der Großgrundbesitzer in Gallien und in Nordafrika, so in den Jahren 195 bis 197 unter Führung von D. Clodius Albinus in Gallien, im Jahre 238 unter Gordian I. und Gordian II. in Nordafrika und in der Bildung eines gallischen Sonderreiches 260 bis 274 traten sie den Soldatenkaisern entgegen.

Mit der Unterstützung der Großgrundbesitzeraristokratie verfolgten die Senatskaiser eine Politik, die auf die Förderung und weitere Entwicklung des von den Städten abgetrennten (exterritorialen) Großgrundbesitzes und der Kolonatsverhältnisse gerichtet war. Der Kampf der Soldatenkaiser und der Senatskaiser untereinander schwächte aber auch in zunehmendem Maße die kaiserliche Zentralgewalt, und dies wirkte sich sehr negativ auf die Verteidigung der Grenzen aus.

Gegen Ende des 2. Jh. hatten sich in Germanien erstmalig stabile Stammesverbände gebildet, die von nun an für das Römische Reich eine weitaus größere Gefahr darstellten als die früher kleineren, sich oft gegenseitig befehdenden Stämme. Die Ursachen dafür lagen einmal in der wachsenden Erkenntnis der germanischen Stammesaristokratie, daß man sich zusammenschließen müsse, um im Kampf gegen Rom Erfolge zu erzielen, zum anderen in gesellschaftlichen Prozessen, die sich innerhalb der germanischen Stämme vollzogen. Die soziale Differenzierung war weiter vorangeschritten, die wirtschaftliche Ungleichheit im Stamm hatte zugenommen, das Gefolgschaftswesen hatte sich weiterentwickelt, und Macht wie Ansehen der Stammesaristokratie hatten einen Höhepunkt erreicht. Da diese Entwicklung von Stamm zu Stamm ungleichmäßig verlief, waren reichere und mächtigere Stämme neben ärmeren und schwächeren entstanden. Der Zusammenschluß zu Stammesverbänden basierte daher kaum auf einer freiwilligen Entscheidung der Stämme, sondern vollzog sich auf gewaltsamem Wege. Manchmal bildete sich auch ein Stammesverband, wie etwa bei den Franken, aus der Vereinigung zahlreicher kleiner Stammessplitter, nicht ganzer Stämme, unter einer neuen Führung. Zu diesen Stammesverbänden zählten z. B. die Alamannen südlich des Main, die Franken am Niederrhein, die Sachsen an der Unterelbe, die Vandalen auf dem Balkan nördlich der Donau (im pannonischen Raum) und die Goten im Gebiet nördlich der Donaumündung. Einige größere Stämme blieben aber auch selbständig, wie die Chatten zwischen Mittelrhein und Weserquellflüssen und die Burgunder am oberen und mittleren Main. Auf dem Balkan standen Germanen im 3. und 4. Jh. häufig im Bunde mit sarmatischen Stämmen und verstärkten damit den Druck auf die römische Donaugrenze. Die Sarmaten hatten sich aus Stämmen mittelasiatischen Ursprungs zusammengeschlossen. Bedeutende sarmatische Stämme, die den Römern sehr gefährlich wurden, waren die Roxolanen und die Jazygen.

Stabile Stammesverbände in Germanien

5. Die frühe römische Kaiserzeit. Der Prinzipat

Untergang des Partherstaates

An der Ostgrenze des Römischen Reiches hatten sich im dritten Jahrzehnt des 3. Jh. ebenfalls große politische Veränderungen vollzogen. Das Partherreich befand sich seit dem 1. Jh. u. Z. im Niedergang; es kam oft zu Thronstreitigkeiten, zu Kämpfen zwischen einzelnen Völkerschaften im Staat und zu sozialen Spannungen. Mehrere römische Kaiser hatten in der Vergangenheit die Schwäche des Partherreiches ausgenutzt und größere Kriege gegen diesen Staat geführt; ein dauerhafter Erfolg blieb dennoch aus. Um 216 erhob sich der parthische Vasall der Persis, Ardaschir I., gegen den letzten Partherkönig Artaban V. (um 213–226). Artaban V. hatte in Vologases V. (um 207–227) einen Thronrivalen, der die nördlichen Gebiete des Partherreiches für sich gewinnen konnte. Ardaschir war der Enkel des persischen Priesters Sassan, nach dem das neue persische Herrschergeschlecht seinen Namen Sassaniden erhielt. Ardaschir gelang es, im Jahre 226 oder 224 Artaban V. in einer Schlacht zu besiegen und eine eigene Herrschaft zu errichten. Die neue persische Dynastie der Sassaniden sah sich als Erneuerer der Traditionen des alten Perserreiches der Achämeniden an, das von Alexander dem Großen 330 v. u. Z. zerstört worden war.

Entstehung des Sassanidenreiches

Nach der Niederlage und dem Tod Artabans V. kämpften die Parther unter einigen Arsakidenfürsten noch einige Zeit weiter, aber bald hatte Ardaschir seine Herrschaft gefestigt (226–240). Der straff zentralisierte Staat der Sassaniden wurde ein besonders gefährlicher Gegner Roms, mehrmals erlitten römische Heere vernichtende Niederlagen, und im Jahre 260 geriet sogar Kaiser Valerian (253–260), nachdem er bei Edessa vernichtend geschlagen worden war, in die Gefangenschaft des sassanidischen Königs Schapur I. (240 bis um 272). Schapur ließ aus diesem Anlaß ein Siegesrelief in Naksch-i-Rustan bei Persepolis errichten. Valerian blieb bis zu seinem Tode in persischer Gefangenschaft.

Das Sassanidenreich im Kampf gegen Rom

Der Anspruch des Sassanidenreiches auf sämtliche Gebiete, die zum alten Perserreich gehört hatten, bedeutete, daß der Krieg zwischen Persern und Römern nahezu ein Dauerzustand geworden war, der nur von kurzfristigen Waffenstillständen unterbrochen wurde. Da aber die Ostgrenze des Sassanidenreiches oftmals von Hunnen und Turkvölkern angegriffen wurde, konnten die Sassaniden ihre militärische Macht nicht allein auf den Kampf gegen Rom konzentrieren. Dies schuf für Rom zeitweilige Erleichterungen.

Gebietsverluste

Die konzentrierten Angriffe der Germanen, Sarmaten und Sassaniden führten zu umfangreichen und schwerwiegenden Gebietsverlusten des Imperiums: In Obergermanien und Rätien ging das Gebiet zwischen dem obergermanisch-rätischen Limes und dem Rhein und der Donau verloren; die reiche Provinz Dakien mußte 270 nach ständigen Angriffen dakischer Karpen, germanischer Goten und sarmatischer Jazygen aufgegeben werden. Im Osten konnten die Römer die Grenze zwar halten, aber die Perser drangen oft in raschen Vorstößen weit in syrisches Gebiet ein und eroberten 256 für kurze Zeit sogar Antiochia.

Usurpationen

Die zahlreichen gegnerischen Einfälle in das Reich begünstigten Usurpationsbestrebungen in den bedrohten Grenzgebieten. Die Kaiser konnten nicht zu gleicher Zeit die Eindringlinge am Rhein, an der Donau, in Syrien und in Nordafrika zurückschlagen, und die örtlichen Truppen erhoben oft ihre zeitweilig erfolgreichen Heerführer zu Gegenkaisern. Unterstützte die Pro-

5.9. Die gesellschaftliche Krise im 3. Jh. Der Untergang des Prinzipats

vinzialaristokratie diese Usurpationen, konnte dies auch zu einer Sonderreichs-
bildung führen, wie in Gallien von 260 bis 274; das Gallische Reich umfaßte
nicht nur die meisten gallischen Provinzen, vielmehr schlossen sich ihm auch
Britannien und Spanien an.

Von 267 bis 272 waren weite Teile des Ostens abgefallen; unter der Führung
Palmyras in der syrischen Wüste hatte sich vorübergehend ein Palmyrenisches
Reich gebildet, dem auch Syrien, Palästina und Ägypten angehörten.

Die Auswirkungen der Krise der auf Sklaverei beruhenden Produktionsweise   Auswirkungen
waren um so schwerwiegender, je mehr die Sklaverei in den Provinzen das   der Krise
Wirtschaftsleben beherrschte. Die Ausgaben der Städte für den Unterhalt der   auf die Städte
verarmten Bevölkerung wuchsen rasch, da die Zahl dieser »Unterhaltsemp-
fänger« im 3. Jh. schnell anstieg. Dies belastete besonders das Vermögen der
städtischen Oberschichten, die die Dekurionen, die Ratsherren, zu stellen
hatten. Der gleichzeitig spürbare wirtschaftliche Rückgang senkte die Einkünfte dieser Schichten, so daß sie immer weniger in der Lage waren, ihren
Verpflichtungen gegenüber der Stadt und dem Staat nachzukommen. Die
Übernahme der Dekurionenämter — früher eine begehrte Ehre — wurde immer
mehr zu einer Last, der man sich nach Möglichkeit zu entledigen suchte. Die
Sklaverei hatte die Spezialisierung der Produktion, die Arbeitsteilung und die
Verbesserung der Arbeitsmethoden begünstigt. Dadurch konnten sich auch
Warenproduktion und Geldumlauf immer mehr entwickeln. Jedoch wirkte
sich die Entwicklung der Geldzirkulation »bei einer allgemeinen Natural-
grundlage der Wirtschaft und einem niedrigen Niveau der gesellschaftlichen
Produktion verheerend aus und beschleunigte den wirtschaftlichen Nieder-
gang«.[40] Die Blütezeit der Produktion in neu eingerichteten handwerklichen
Werkstätten in den Städten, die auch für den Export arbeiteten, dauerte
meistens nur wenige Jahrzehnte. Während der Krise des 3. Jh. gewannen die
Klassenkämpfe der Kolonen, der übrigen bäuerlichen Bevölkerungsschichten   Klassenkämpfe
und der Sklaven, die sich ihnen angeschlossen hatten, an Bedeutung. Die
Latronenbewegung erreichte ein bis dahin nicht gekanntes Ausmaß. Schon
gegen Ende der Regierungszeit des Commodus hatten flüchtige Sklaven,
Kolonen und desertierte Soldaten unter der Führung des Maternus gallische,
spanische und italische Landstriche regelrecht beherrscht, bis Septimius Severus ihrer Herr werden konnte. Zu Beginn des 3. Jh. lebte diese Bewegung
in Italien unter der Führung des Felix Bulla wieder auf, bis er im Jahre 207
gefangengenommen und hingerichtet wurde. Im Jahre 269 kam es in Gallien
zu einer Volksbewegung, die kurze Zeit später in die Aufstände der Bagauden
(vgl. S. 321 f.) hinüberleitete. Die Erhebung Gordians I. und Gordians II. im
Jahre 238 in Nordafrika war mit einem Bauernaufstand verbunden; in den
Jahren von 254 bis 262 kam es in Nordafrika erneut zu sozialen Unruhen von
Bauern und Hirten einheimischer Stämme. Auf Sizilien fand das Latrocinium
solche Verbreitung, daß es zur Regierungszeit des Gallienus (260—268) fast
einem Sklavenkrieg gleichkam. In Rom erhoben sich 271 die Münzarbeiter in
den staatlichen Werkstätten; Freie und Sklaven waren daran beteiligt.

---

40 E. M. Schtajerman, Die Krise der Sklavenhalterordnung im Westen des Römischen Reiches,
übersetzt und herausgegeben von W. Seyfarth, Berlin 1964, S. 78; vgl. K. Marx, Das Kapital I, in:
MEW, Bd. 23, Berlin 1962, S. 154, wo sich Marx direkt auf Beispiele der römischen Kaiserzeit
bezieht.

294   5. Die frühe römische Kaiserzeit. Der Prinzipat

Die Krise des 3. Jh. hatte in erster Linie die auf Sklaverei beruhende antike Eigentumsform erfaßt. Dem kaiserlichen und privaten Großgrundbesitz kam dagegen eine immer wichtigere Rolle zu.

Abhängigkeit der Kolonen

Die Kolonen gerieten in größere Abhängigkeit von ihren Grundherren und waren schon durch das Ausmaß ihrer Verschuldung und infolge zahlreicher Verpflichtungen gegenüber den Grundherren faktisch an den Boden gebunden, bevor sie juristisch am Ende des 3. Jh. an ihn gefesselt wurden. Der Klassenkampf der Sklaven trat immer mehr zurück und verband sich mit den Klassenkämpfen der bäuerlichen Bevölkerung gegen die herrschende Klasse. Im 3. Jh. begann der Auflösungsprozeß der Hauptklassen der Sklavereigesellschaft, der im Römischen Reich selbst ungleichmäßig verlief und erst im 6. Jh. abgeschlossen war.

5.9.1.   Die politische Entwicklung bis zum Untergang des Prinzipats

Instabilität der Zentralgewalt

Die gesellschaftliche Krise des 3. Jh. zeigte sich schon sehr deutlich in den Kämpfen um die kaiserliche Macht in den Jahren 193 und 197. Septimius Severus gab sich zunächst als Freund des Senats und lavierte zwischen der Großgrundbesitzeraristokratie und den städtischen Oberschichten. Daher unterstützte ihn anfangs der Senat und erreichte, daß D. Clodius Albinus, der Anführer der Truppen in Britannien, ebenfalls ein Förderer der Großgrundbesitzeraristokratie, von Septimius Severus als Mitregent anerkannt wurde. Dagegen stützte sich C. Pescennius Niger, der Usurpator in Syrien, auf die städtischen Schichten in den Ostprovinzen. Nach der Niederlage des Pescennius Niger nahm Septimius Severus umfangreiche Konfiskationen im Osten vor und ging besonders grausam gegen die Städte vor, die Niger unterstützt hatten, so vor allem gegen Antiochia und Byzantion. Andererseits förderte er die Städte, die seine Politik begünstigten, erhöhte ihre rechtliche Stellung und stärkte sie durch die Anlage neuer Veteranenkolonien, etwa im Gebiet von Tyros in Phönikien und von Samaria in Palästina. Doch ließ er nach seinem Sieg über Pescennius Niger bald erkennen, daß er nicht zu einer senatsfreundlichen Politik bereit war und auch nicht dazu, etwa mit der Adoption des Clodius Albinus die Politik der vom Senat verehrten Kaiser des 2. Jh. fortzusetzen. Er ernannte seinen Sohn Caracalla zum Caesar und gab damit zu erkennen, daß er die Politik des Commodus fortzusetzen beabsichtigte. Sogleich fiel Clodius Albinus in Gallien ein und fand dort die Unterstützung der Großgrundbesitzeraristokratie. Septimius Severus verfuhr nach seinem Sieg über Albinus mit den Senatoren außerordentlich hart; er ging auch grausam gegen Albinus' Zentrum der Macht und Residenz vor. Die gallische Hauptstadt Lugdunum wurde geplündert und verlor all ihre Vorrechte; fortan war Trier neue Hauptstadt Galliens.

Verstärkung der Armee

Severus hatte schon im Jahre 193 nach seiner Inbesitznahme Roms die alte Prätorianergarde aufgelöst und sie aus Soldaten seiner Donaulegionen neu aufgestellt. Er ließ drei neue Legionen rekrutieren und eine davon in der Nähe Roms stationieren, damit bestand das Heer nun aus 33 Legionen. Die Prä-

5.9. Die gesellschaftliche Krise im 3. Jh. Der Untergang des Prinzipats

torianergarde, die Legion, die städtischen Polizeikohorten und weitere Spezialeinheiten des Heeres in der Nähe Roms und in Italien konnte der Kaiser gegeneinander ausspielen, falls eine dieser Truppeneinheiten versuchen sollte, den Kaiser in ihre Gewalt zu bekommen. Da die Gegensätze zwischen ihm und dem Senat seit dem Jahre 195 offen zutage getreten waren, traf er eine wichtige Neuerung, die die traditionelle Senatsaristokratie empfindlich traf: Die Offiziere hatten fortan Zugang zu dieser Aristokratie, indem er die Zenturionen mit ihren Nachkommen in den Ritterstand erhob. Gleichzeitig erweiterte er die Kompetenzen des Ritterstandes und setzte sie in Ämter ein, die bisher Vertretern senatorischen Ranges vorbehalten waren, z. B. vergrößerte er die Zahl ritterlicher Provinzstatthalter; an der Spitze der neu eingerichteten Legionen standen ebenfalls Ritter, während sonst Legionskommandeure Senatoren waren; die Ritter spielten von nun an eine größere Rolle im Gefolge des Kaisers (comites Augusti). Damit begann unter Septimius Severus eine Entwicklung, die am Ende des Prinzipats zu einer völligen Ausschaltung der Senatoren aus der Heeresführung führte.

Gegensätze zum Senat

Verordnungen gegen die Großgrundbesitzer

Gleichzeitig wurden die Veteranen von den munizipalen Lasten befreit und die Soldatenehen gesetzlich anerkannt.

Er trat den Großgrundbesitzern entgegen, wenn sie sich das Land der Bauern aneignen wollten, und hinderte die Großpächter daran, die Zahl der in der lex Manciana und lex Hadriana festgesetzten Fronarbeitstage auf dem Herrengut willkürlich zu erhöhen. Die uns überlieferten Abschriften dieser Bestimmungen stammen aus der Zeit des Septimius Severus; und wie zur Zeit des Commodus wandten sich Bauern in Ägypten und in Kleinasien an ihn, um ihre Beschwerden über Großgrundbesitzer vorzubringen. Besonders in Ägypten war es durch die zunehmende Bedrückung der Bauern zu einer Landflucht der bäuerlichen Bevölkerung, einer besonderen Form ihres Klassenkampfes, gekommen. Verschiedene Edikte des kaiserlichen Provinzpräfekten in Ägypten waren darauf gerichtet, die Bauern in ihre Dörfer zurückzuholen und der Willkür der Reichen Einhalt zu gebieten.

Um die Steuereinkünfte zu erhöhen, führte er in Ägypten die munizipale Selbstverwaltung ein; bisher hatte sich dort die Bevölkerung seit altersher in Gaue (pagi) organisiert. Der Gold- und Silbergehalt der Münzen wurde weiter herabgesetzt.

Aus den zahlreichen konfiszierten Vermögen seiner Gegner bildete Septimius Severus eine besondere kaiserliche Privatkasse, die ratio privata, die er von der Staatskasse trennte.

Kaiserliche Privatkasse

Aus Gründen der Versorgung Roms und anderer größerer Städte des Reiches regelte er die Beziehungen zwischen den Handwerkerkorporationen und den Städten und befreite die fabri (Metall- und Steinhandwerker), die centonarii (die Handwerker, die in der örtlichen Feuerwehr Dienst taten), ebenso Kaufleute und Schiffsbesitzer, die für die Lebensmittelversorgung der Städte von großer Bedeutung waren, von den munizipalen Lasten.

Gesetze zugunsten der Städte

Da er den Legionssoldaten den Aufenthalt bei ihren Familien außerhalb des Lagers, in den sogenannten Lagersiedlungen (canabae), gestattete, begannen sich die Grenzheere zu einer seßhaften bäuerlichen Miliz zu entwickeln; damit verringerte sich allerdings auch die Disziplin und die Kampfkraft dieses Heeres. Die Soldaten bestellten Weiden, die zum Legionslager gehörten, waren

Grenzheere werden bäuerliche Miliz

als Bauhandwerker tätig und versorgten sich auch sonst mehr und mehr selbst.

Die großen Unterschiede zwischen einfachen Legionären und Offizieren widerspiegelten sich auch im Sold; die Offiziere erhielten mehr als das Fünfzigfache des Soldes, den der einfache Legionär erhielt.

Neuer Partherkrieg

Nachdem Clodius Albinus besiegt worden war, kehrte Septimius Severus an die Ostgrenze zurück und begann einen neuen Partherkrieg (197—199). Er eroberte Babylon, Seleukeia am Tigris und die parthische Hauptstadt Ktesiphon. Die arabische Wüstenfestung Hatra konnte er jedoch trotz zweimaliger Belagerung nicht einnehmen; Hatra war eine wichtige Handelsmetropole und darüber hinaus ein Zentrum des vorderorientalischen Sonnenkults, den der Kaiser für seine Politik dienstbar machen wollte. Im Friedensschluß (199) traten die Parther Mesopotamien an Rom ab. Noch im gleichen Jahr reiste Septimius Severus nach Ägypten (199—200) und war nach einer Rückreise über Syrien, Kleinasien, Mösien und Pannonien im Jahre 202 wieder in Rom. In den Jahren 203/204 hielt sich der Kaiser in Nordafrika auf, wo Unruhen ausgebrochen waren. Der aufständische Stamm der Garamanten wurde zurückgedrängt und der afrikanische Limes nach Süden vorverlegt. In Nordafrika erhöhte er die rechtliche Stellung mehrerer Städte, das Legionslager von Lambaesis erhob er in den Rang einer colonia, und die Städte Tyrus, Karthago, Leptis Magna und Utica erhielten das italische Recht, damit wurden sie frei von der Boden- und Kopfsteuer. Kolonen kaiserlicher Güter in Nordafrika mußten künftig beim Bau und bei der Verteidigung der Grenzkastelle mitwirken.

Wachsende Bedeutung der Prätorianerpräfektur

Im Jahre 205 wurde Aemilius Papinianus, einer der berühmtesten römischen Rechtslehrer, Prätorianerpräfekt in Rom. Dieses eigentlich militärische Amt, dessen Träger der erste Mann im Staat nach dem Kaiser wurde und schon als Vorläufer des allgewaltigen Heermeisters (magister militum) der Spätantike anzusehen ist, griff zunehmend in zivile Bereiche über. Das war allerdings kein Hindernisgrund, daß auch sehr reich gewordene Prätorianerpräfekten gestürzt wurden, damit sich der Kaiser ihr Vermögen aneignen konnte, wie es im Jahre 205 mit C. Fulvius Plautianus geschah.

Kämpfe gegen britannische Stämme

Seit dem Jahre 206 waren Kaledonier und Mäaten, die im Norden Britanniens jenseits des Hadrianswalls lebten, in die römische Provinz eingefallen. Septimius Severus führte von 208 bis 211 einen Krieg gegen diese Stämme, die er regelrecht auszurotten suchte; er erreichte mit seinem Heer die Nordküste Schottlands und bereitete die Einrichtung einer neuen Provinz vor. Doch verteidigten die Stämme tapfer ihre Freiheit, führten in den unwegsamen Gebieten Schottlands einen Kleinkrieg gegen das römische Heer und konnten nicht völlig unterworfen werden. Während der Vorbereitung eines neuen Heereszuges gegen diese Stämme starb Septimius Severus am 4. Februar 211 in Eburacum (York). Er war der letzte Kaiser des noch bis zum Jahre 284 dauernden Prinzipats, der eines natürlichen Todes starb. Als Nachfolger hatte er seine beiden Söhne Caracalla und Geta bestimmt. Aber im Jahre 212 ließ Caracalla seinen Bruder ermorden und war damit alleiniger Regent (212—217).

Caracalla

Caracalla, der diesen Beinamen deshalb führte, weil er am liebsten den sogenannten caracallus, einen langen gallischen oder germanischen Kapuzen-

5.9. Die gesellschaftliche Krise im 3. Jh. Der Untergang des Prinzipats

mantel, trug, als Kaiser aber eigentlich M. Aurelius Antoninus hieß, setzte die Politik seines Vaters fort. Er soll gesagt haben: »Kein Mensch außer mir braucht Geld zu haben, und ich brauche es, um es den Soldaten schenken zu können.«[41] Er erhöhte den Sold für den Legionssoldaten von 500 auf 750 Denare, während ein Angehöriger der Prätorianergarde 2550 Denare erhielt; allerdings sollten damit auch wesentliche Preissteigerungen ausgeglichen werden. Deshalb erhöhte er verschiedene Steuern, so das aurum coronarium, eine Steuer, die die Provinzen aufzubringen hatten; diese Maßnahme traf besonders die Großgrundbesitzer und andere reiche Schichten. Auch wurden die Lebensmittellieferungen der Großgrundbesitzer für die Heeresversorgung erhöht. Ebenso stiegen die Erbschafts- und die Freilassungssteuer. Seine Haltung gegenüber den Städten war widersprüchlich; Alexandria, das einen Aufstand gegen ihn gewagt hatte, wurde von seinen Truppen furchtbar verheert. Städte in Kleinasien und in Syrien förderte er wiederum.

Zusätzliche Besteuerung der Großgrundbesitzer

Im Jahre 212 erließ Caracalla die Constitutio Antoniniana, ein Gesetz, das allen Freien im Römischen Reich das römische Bürgerrecht verlieh. Ausgeschlossen hiervon blieben weiterhin nur die sogenannten dediticii, bei denen es sich wahrscheinlich um Angehörige von Stämmen, die von Rom unterworfen waren, oder um Provinziale, die sich erst kürzlich gegen den Kaiser erhoben hatten und mit Waffengewalt niedergeworfen werden mußten, handelt. Wie groß diese Gruppe war, die das Bürgerrecht nicht erhielt, ist noch unbekannt. Mit der Constitutio Antoniniana wurde das Römische Reich eine rechtliche Einheit, und das römische Zivilrecht wurde auf alle Provinzen des Reiches ausgedehnt. Damit aber wurde das römische Bürgerrecht ein bloßer Rechtstitel, dem kein Privileg mehr zukam. Dennoch förderte das Gesetz die weitere Romanisierung der Provinzbevölkerung, die sich jetzt nicht mehr aus Bürgern zahlreicher Städte, sondern aus *einer* Reichsbürgerschaft zusammensetzte. Für die rechtliche Stellung des einzelnen besagte aber die Constitutio Antoniniana gar nichts; die Unterscheidung aller Bürger in honestiores und humiliores (vgl. S. 275) begünstigte die Annäherung aller Schichten der ausgebeuteten wie der herrschenden Klasse und ihre allmählich zunehmende Polarisierung im Klassenkampf.

Constitutio Antoniniana

Im Jahre 213 zog der Kaiser an die germanische Grenze in Rätien und schlug den Stammesverband der Alamannen zurück, der den obergermanischen Limes am Main durchbrochen hatte. Der Name dieses Stammesverbandes wird in diesem Jahr erstmalig in den Quellen erwähnt. Von dort aus zog er im Jahre 214 nach Dakien, wo er die Karpen an der Donau bekämpfte. In Thrakien und Makedonien ließ er sich Alexander der Große nennen und begann im Jahre 216 einen Krieg gegen die Parther; während dieses Feldzuges wurde er am 8. April 217 von Soldaten seiner Leibgarde umgebracht.

Kämpfe gegen Alamannen und Karpen

Anführer der Verschwörung war der Präfekt der Prätorianergarde M. Opellius Macrinus, der darauf zum Kaiser ausgerufen wurde. Macrinus (217–218) war der erste Kaiser, der dem Ritterstand entstammte. Er bemühte sich, den Senat für sich zu gewinnen, und setzte verschiedene Verfügungen des Caracalla, die gegen die Großgrundbesitzeraristokratie gerichtet waren, außer Kraft; auch setzte er den Sold der Soldaten herab. Im Krieg gegen die Parther wurden die

Macrinus

---

41 Cassius Dio, 77, 10, 4.

Römer bei Nisibis geschlagen; der Friedensschluß mußte römischerseits mit hohen Geldzahlungen an die Parther (50 Millionen Denare) im Jahre 218 erkauft werden. Im römischen Heer waren Septimius Severus und Caracalla wegen ihrer Freigiebigkeit noch in guter Erinnerung. Dies nutzte die Schwester der Gattin des Septimius Severus aus, um ihrer Familie wieder den Kaiserthron zu sichern. Septimius Severus hatte Iulia Domna, die Tochter des Sonnenpriesters aus Emesa in Syrien geheiratet, die es sehr geschickt verstanden hatte, politischen Einfluß zu gewinnen, ohne sich in den Vordergrund zu drängen. Sie hatte besondere Ehrentitel, wie mater castrorum (Mutter des Heerlagers) und mater patriae (Mutter des Vaterlandes) erhalten. Nach der Ermordung ihres Sohnes Caracalla verübte sie Selbstmord. Ihre Schwester, Iulia Maesa (gest. 225), gab im Jahre 218 dem Heer vor, ihr Enkel Elagabal (Heliogabalus) sei ein Sohn Caracallas, dem rechtmäßig eigentlich der Thron zustehe. Elagabal, der Neffe Caracallas und Priester des Sonnengottes von Emesa fand unter der eifrigen Propaganda seiner Großmutter und seiner Mutter Iulia Soaemia, die mit Geld nicht sparten, Unterstützung im Heer und wurde, erst vierzehnjährig, zum neuen Kaiser erhoben. Macrinus wurde am 8. Juni 218 auf der Flucht in Chalkedon umgebracht, nachdem er vorher im Kampf gegen das Heer des neuen Kaisers bei Antiochia eine Niederlage erlitten hatte.

Elagabal (Heliogabalus)

Die Regierungsgeschäfte lagen in der Zeit Elagabals (218—222), der sich als Kaiser M. Aurelius Antoninus Pius Felix Augustus nannte, völlig in den Händen seiner Großmutter und Mutter. Sie nahmen ihre Plätze sogar — horribile dictu — neben den amtierenden Konsuln im Senat ein. Im Jahre 219 hielt Elagabal seinen Einzug in Rom und tat in der Folgezeit eigentlich alles, um Senat und römisches Herkommen zu provozieren. Er zeigte sich geschminkt und edelsteinbeladen in der Öffentlichkeit und führte den Kult des östlichen Sonnengottes von Emesa als höchste Religion im ganzen Reich ein. Als Iulia Maesa bemerkte, daß diese Maßnahmen den Unwillen der Römer gegen Elagabal immer mehr erregten, ließ sie ihn und seine Mutter fallen und veranlaßte Elagabal, daß er seinen Vetter Alexianus zum Mitregenten erhob. Zu spät erkannte Elagabal, daß sich seine Großmutter von ihm abgewandt hatte; Anfang März des Jahres 222 wurden er und seine Mutter von der Prätorianergarde in Rom erschlagen. Sein Andenken verfiel der damnatio memoriae, durch Senatsbeschluß wurde sein Name auf allen Urkunden und Denkmälern gelöscht.

Severus Alexander

Iulia Maesa hatte sich geschickt aus der Affäre gezogen. Zusammen mit der Mutter des neuen jungen Kaisers, Iulia Mammaea, führte sie bis zu ihrem Tode im Jahre 225 die politischen Geschäfte des Kaisers, der nun M. Aurelius Severus Alexander (222—235) hieß. Nach dem Tode Iulia Maesas stand Severus Alexander, der bei der Thronbesteigung 16 (nach anderen Quellen 13) Jahre alt war, bis zu seiner Ermordung im Jahre 235 unter dem bestimmenden Einfluß seiner Mutter.

Begünstigung der Senatsaristokratie

Unter diesem Einfluß verfolgte Severus Alexander eine Politik, die die Senatsaristokratie begünstigte. Er hob das Ansehen des Senats, richtete das consilium principis (Staatsrat) aus 50 angesehenen Senatoren und 20 erfahrenen Rechtslehrern ein und verband das Amt des Prätorianerpräfekten, bisher nur Rittern vorbehalten, mit der Senatorenwürde. Die berühmten Juristen Ulpian und Paulus wurden zu Gardepräfekten ernannt. Die kaiserliche Appellations-

5.9. Die gesellschaftliche Krise im 3. Jh. Der Untergang des Prinzipats

gerichtsbarkeit wurde von nun an durch die Gardepräfekten ausgeübt. Der Sonnenkult von Emesa, der bei vielen Römern auf Widerstand gestoßen war, wurde als Reichskult wieder abgeschafft.

Die zunehmende Verarmung und der fühlbare Mangel an Kolonen führten dazu, daß Severus Alexander wie einst schon Mark Aurel kriegsgefangene Barbaren[42] als Kolonen auf den Gütern ansiedelte.

Dagegen wurden die Lasten der städtischen Bevölkerung immer drückender. Requisitionen nahmen überhand, die Munizipien waren verantwortlich für den Transport der Lebensmittellieferungen für die Truppen; die Einquartierungen von kaiserlichen Beamten und von Soldaten in den Städten kamen einer Eroberung gleich. Einige Edikte des Kaisers wandten sich gegen Privilegien der Veteranen, deren Rechte eingeschränkt wurden.

Zunehmende Lasten der städtischen Bevölkerung

Die Politik des Severus Alexander festigte den Großgrundbesitz, der auf den exterritorialen Latifundien entstanden war. In mehreren Aufständen wehrte sich das Heer gegen die Politik des Kaisers und der Senatsaristokratie; sie konnten zunächst unterdrückt werden. Den Grenzlegionen kam er entgegen, indem er ihren Grundbesitz im Gebiet der Kastelle und canabae erblich machte, wenn sich die Söhne ebenfalls zum Militärdienst verpflichteten.

Im Jahre 230 hatte Ardaschir I., der erste Sassanidenherrscher, seine Offensive gegen den römischen Osten eröffnet. Er forderte ganz Syrien, Palästina und Kleinasien für sein Reich. Das sassanidische Heer besetzte Mesopotamien und belagerte Nisibis. Unter dem Befehl des Kaisers zog im Jahre 231 ein römisches Heer nach Syrien, das im Jahre 232 mit wechselndem Erfolg operierte. Keine der beiden Seiten errang einen eindeutigen Sieg; auf beiden Seiten erlitt man große Verluste. Aber der persische Vorstoß war doch zum Stehen gebracht worden, und damit sah der Kaiser das vorläufige Kriegsziel als erreicht an.

Krieg gegen das Sassanidenreich

Als Severus Alexander im Jahre 231 mit dem Heer von Italien nach Syrien aufbrach, hatte er zur Verstärkung seiner Kriegsmacht Truppenkontingente vom Oberrhein abgezogen. Dies machten sich die Alamannen zunutze, durchbrachen im Jahr 233 den Limes und fielen in Gallien ein. Im Jahre 234 zog Severus Alexander gegen sie zu Feld; doch suchte er die Entscheidung nicht auf dem Schlachtfeld, sondern in Verhandlungen und wollte den Frieden mit hohen Geldzahlungen erkaufen. Daraufhin empörte sich das Heer gegen ihn und rief C. Iulius Verus Maximinus, den praefectus tironibus (Befehlshaber der Rekrutenabteilungen) zum Kaiser aus. Severus Alexander und seine Mutter, die ihn begleitete, wurden am 22. März in Mogontiacum (Mainz) von Soldaten umgebracht.

Einfälle der Alamannen

Kaiser Maximinus Thrax (235–238) war thrakischer Herkunft und stammte aus einfachen Verhältnissen; er hatte sich im Heeresdienst den ritterlichen Rang erworben. Die Quellen bezeichnen ihn als einen ausgezeichneten Soldaten, den das Heer so recht als sein Vorbild anerkannte. Er führte den Feldzug des Severus Alexander gegen die Alamannen fort, die er schließlich unterwarf. Er erhöhte den Sold auf 1 500 Denare, um die Soldaten fester an sich zu binden, und führte im Jahre 236 Krieg gegen Jazygen und Daker an der

Maximinus Thrax

---

42 Der Barbarenbegriff wird hier im Sinne »Nichtrömer« verwendet, nicht in moralisch abwertender Bedeutung.

300   5. Die frühe römische Kaiserzeit. Der Prinzipat

Donau. Im folgenden Jahr fielen die Sassaniden wieder in Mesopotamien ein und eroberten Nisibis und Karrhai.

Kampf gegen die Großgrundbesitzer

Maximinus ging während seiner kurzen Regierungszeit gewaltsam gegen den Senat und gegen die Großgrundbesitzer vor; sie mußten besondere Steuern und Abgaben zahlen, ihre Ländereien wurden — wie unter Caracalla — wieder konfisziert. Der Geschichtsschreiber Herodian charakterisierte die Herrschaft Maximinus Thrax' mit folgenden Worten: »Täglich konnte man sehen, wie Leute, die gestern noch zu den Reichsten gehörten, heute den Bettelstab nehmen mußten; so groß war die Habgier der Tyrannis, die die Notwendigkeit der ständigen Beschaffung von Geldern zur Bezahlung der Soldaten zum Vorwand nahm.«[43]

Aufstand in der Provinz Africa

Als Beamte des Kaisers im Jahre 238 in der Provinz Africa wieder einmal von den Großgrundbesitzern hohe Kontributionen eintrieben, kam es zu einem offenen Aufstand gegen den Soldatenkaiser. Die Großgrundbesitzer bewaffneten die von ihnen abhängigen Bauern, Kolonen und Sklaven und erhoben den Prokonsul der Provinz, M. Antonius Gordianus, einen reichen Großgrundbesitzer aus senatorischem Geschlecht, zum Gegenkaiser (Gordian I.). Er ernannte seinen Sohn zum Mitkaiser (Gordian II.); beide wurden umgehend vom Senat anerkannt. Maximin wurde zum Feind des Staates erklärt. Aber die Regierungszeit der Gordiane währte nicht einmal einen Monat; die in Numidien stationierte Legio III Augusta, die Maximin treu geblieben war, schlug unter der Führung des Statthalters von Numidien, Capellianus, den Aufstand der Großgrundbesitzer nieder. Gordian II. fiel in der Schlacht, sein Vater verübte Selbstmord. Nach seinem Sieg dezimierte Capellianus die Großgrundbesitzeraristokratie durch Massenhinrichtungen und schwächte sie wirtschaftlich durch neue Konfiskationen.

Nach dem Tode der beiden Gordiane wählte der Senat aus seinen Reihen zwei neue Kaiser, D. Caelius Calvinus Balbinus und M. Clodius Pupienus Maximus, die Italien vor dem Zugriff Maximins schützen sollten. Die stadtrömische Bevölkerung zwang jedoch den Senat, auch den vierzehnjährigen Enkel Gordians I., M. Antonius Gordianus zum Mitherrscher zu ernennen. Maximinus Thrax bereitete einen Feldzug gegen Italien vor, aber schon bei der Belagerung der norditalischen Stadt Aquileia im Jahre 238 ermordeten ihn meuternde Soldaten. Noch im gleichen Jahre wurden die beiden Senatskaiser in Rom von der Prätorianergarde erschlagen.

Gordian III.

Unter Kaiser Gordian III. (238–244) verlagerte sich der Schwerpunkt weiter von den Städten auf das Land. Die Legio III Augusta in Lambaesis (Numidien) wurde aufgelöst, einmal wegen ihres Verhaltens gegen die beiden älteren Gordiane, zum anderen, um die Politik der Begünstigung des Großgrundbesitzes in Nordafrika durch diese Legion nicht beeinträchtigen zu lassen. Die städtische Entwicklung hatte in Nordafrika unter den beiden ersten Severerkaisern ihren Höhepunkt erreicht, etwa seit Gordian III. begann sie zu stagnieren.

Einfall der Goten

Zu Beginn der Regierungszeit Gordians kam es zum ersten bedeutenden Einfall der Goten über die untere Donau. Nur gegen die Zusicherung von Geldzahlungen konnten sie zum Rückzug veranlaßt werden; Rom stellte

---

43 Herodian, 7, 3, 3f.

5.9. Die gesellschaftliche Krise im 3. Jh. Der Untergang des Prinzipats

damals schon erste gotische Hilfstruppen in seine Armee ein. Im Jahre 242 kam es zu einem neuen Perserkrieg, da Schapur I. im Jahre vorher wieder Mesopotamien besetzt hatte. In einer Schlacht bei Resaina erlitten die Sassaniden eine Niederlage; sie räumten das Zweistromland; die Römer eroberten im Jahre 243 Karrhai und Nisibis zurück, da wurde der Kaiser im Jahre 244 auf dem Marsch ermordet. Drahtzieher dieser Verschwörung war der Prätorianerpräfekt M. Iulius Philippus, der damit neuer Kaiser wurde (244–249).

Neuer Perserkrieg

Philippus, von arabischer Herkunft, war der Sohn eines Stammesscheichs aus der Landschaft Trachomitis. Da die Goten und die dakischen Karpen neue Angriffe gegen römisches Gebiet auf dem Balkan unternahmen, mußte er sein Hauptaugenmerk auf die Sicherung der unteren Donaugrenze richten. Im Jahre 248 ließ er in prunkvoller Form die Tausendjahrfeier der Stadt Rom begehen. Im gleichen Jahr fielen wieder Goten, Karpen und Vandalen in die Balkanhalbinsel ein; im Heer gärte es, und an der Donau, in Kappadokien und in Syrien erhoben sich Gegenkaiser. Unter dem Befehl des Stadtpräfekten von Rom, C. Messius Decius, wurden die in Thrakien und Mösien eingefallenen Stämme wieder zurückgedrängt. Nun rief das Heer Decius zum Kaiser aus, und Philippus fiel in der Schlacht bei Verona im Kampf gegen ihn.

Philippus Arabs

Kaiser Decius (249–251) stammte aus Illyricum, und aus diesem Reichsteil kamen in den folgenden Jahrzehnten noch mehrere Kaiser. Dieses Gebiet war bisher von der Entwicklung der Sklaverei und des Kolonats nur wenig erfaßt worden; es hatten sich noch weitgehend bäuerliche Gemeinden erhalten, die seit der zweiten Hälfte des 3. Jh. zunehmend vom Großgrundbesitz abhängig wurden.
Zur Abwehr der Barbarenangriffe an der Donau war das dort stationierte Heer das bedeutendste im Reich geworden.

Decius

Decius verfolgte wieder eine Politik im Interesse der Großgrundbesitzeraristokratie, Verwaltungsreformen kamen den Senatoren entgegen. Die Goten, die sich um die Jahrhundertmitte ebenfalls zu einem Stammesverband zusammengeschlossen hatten, wurden für Rom eine immer größere Gefahr. Das Bosporanische Reich wurde von ihnen abhängig. Wieder stießen sie gegen die Donauprovinzen vor, und unter ihrem Stammesfürsten Kniva errangen sie bedeutende Siege. Im Jahre 251 fiel Decius in einer Schlacht bei Abrittus (Razgrad) in Mösien. Die römische Verteidigungslinie an der unteren Donau brach zeitweilig völlig zusammen.

Kämpfe gegen die Goten

Von 251 bis 253 herrschten fünf Kaiser, die sich teils gegenseitig bekämpften, teils von der seit dem Jahre 248 grassierenden Pest hingerafft wurden. Obwohl Rom den Goten jährlich große Summen zahlte, damit sie keine weiteren Züge unternahmen, drangen sie im Jahre 252 bis nach Kleinasien vor; die Stadt Ephesos wurde von ihnen geplündert. Unter den verschiedenen Herrschern setzte sich schließlich P. Licinius Valerianus, der Statthalter in Rätien und Noricum, im Herbst des Jahres 253 durch.

Zeitweilige Anarchie in Rom

Kaiser Valerian (253–260) erhob im gleichen Jahre seinen Sohn Gallienus zum Mitkaiser. Da die militärische Situation an den Grenzen nahezu katastrophal war, teilten sich die Kaiser die Befehlsgewalt, Valerian ging in den Osten, Gallienus wandte sich der ebenfalls bedrohten Grenze am Rhein und an der oberen Donau zu.
Goten, Burgunder und Karpen waren im Jahre 253 wieder in Kleinasien ein-

Valerian

gefallen; die Barbaren hatten Schiffe ausgerüstet und wurden zum Schrecken der Hafenstädte. Im Jahre 254 bedrängten die Goten Thrakien und Makedonien, Quaden und Sarmaten Pannonien, die Alamannen fielen in Gallien ein, in Nordafrika kam es zu Unruhen, und Schapur I. besetzte erneut Mesopotamien, große Teile Syriens und Kleinasiens, in Armenien herrschte ein persischer Vasallenfürst. Nisibis fiel im Jahre 254, Antiochia und Dura-Europos im Jahre 256 in sassanidische Gewalt. Trapezunt, die große Handelsstadt an der kleinasiatischen Nordküste, wurde im Jahre 255 von Sarmaten erobert. Schapur setzte sogar in Syrien einen römischen Gegenkaiser ein.

Im Jahre 256 nahmen Goten und Karpen die reiche römische Provinz Dakien in Besitz; sie war damit endgültig verloren, auch wenn sie erst im Jahre 270 offiziell aufgegeben wurde. Wieder plünderten gotische Schiffe die Küsten des Schwarzen Meeres. In dieser katastrophalen Situation gingen im gleichen Jahre große Teile des obergermanisch-rätischen Limes an Alamannen und Franken verloren, fränkische Scharen zogen im folgenden Jahr vom Niederrhein aus durch Gallien, Spanien bis nach Nordafrika. Berberische Stämme der Quinquegentanei fielen unter der Führung ihres Fürsten Faraxen in die Provinz Numidien ein, und in den Jahren 258/259 mußte der obergermanisch-rätische Limes ebenfalls endgültig aufgegeben werden. Das Römische Reich schien sich aufzulösen. Als Kaiser Valerian in den Jahren 258/259 in Kappadokien und Syrien zur Gegenoffensive überging, hatte er zwar anfangs Erfolge, wurde jedoch dann von Schapur in der Nähe von Edessa geschlagen. Während der Friedensverhandlungen zwischen dem römischen Kaiser mit dem persischen Großkönig wurde Valerian im Jahre 260 von den Persern gefangengenommen.

Gallienus

Sein Sohn und Nachfolger Gallienus (260—268) versuchte, die ökonomische Macht der städtischen Oberschichten und die Bedeutung der Armee zu heben sowie die Macht der Senatoren einzuschränken. Dies führte zu mehreren Usurpationen, deren Ziel es war, die senatsfreundliche Politik seines Vaters fortzusetzen. Außerdem machten sich die Usurpatoren die chaotische Lage an den Grenzen und die zeitweilige Bildung und Konsolidierung des Gallischen und Palmyrenischen Sonderreiches zunutze. Germanische Stammesverbände drangen wiederum tief in das Reich ein, sie verwüsteten die Dörfer und kleineren Städte, zerstörten die Wohnsitze der Großgrundbesitzer wie der Villenbesitzer, in wilder Flucht stob arm und reich vor ihnen davon. Die Kriegszüge der Germanen waren in dieser Zeit im wesentlichen Beutezüge und dienten noch nicht einer bäuerlichen Landnahme.

Heeresreform

In dieser Situation reformierte Gallienus das Heer; er stellte ein rasch bewegliches Reserveheer auf, das in bedrohten Grenzgebieten zum Einsatz kommen sollte; die Reiterei wurde verstärkt und nach dem Vorbild der sarmatischen Reiterei ausgebildet und bewaffnet; eine schwer bewaffnete Kataphraktenreiterei wurde aufgestellt. Damit ist Gallienus schon als einer der bedeutendsten Wegbereiter der Reformen der Kaiser Diokletian und Konstantin I. anzusehen: die weitere Trennung von Grenztruppen und der Bewegungsarmee. Gallienus schloß außerdem Senatoren von der militärischen Befehlsgewalt aus. Damit standen keine Senatoren mehr an der Spitze der Legionen bzw. einzelner Armeen, ihre Stelle nahmen ritterliche Präfekten ein.

5.9. Die gesellschaftliche Krise im 3. Jh. Der Untergang des Prinzipats

Auch gab es seit Gallienus nur noch sehr wenige senatorische Provinz- *Zurückdrän-*
statthalter, die meisten Träger dieser Ämter waren ebenfalls Ritter. Damit *gung*
suchte der Kaiser jegliche Verbindung des Senats zu den Heeren und zu den *der Senatoren*
Provinzen zu unterbinden. Die Auseinandersetzung zwischen der Großgrund- *aus Provinz-*
besitzeraristokratie und der Munizipalaristokratie erreichte unter Gallienus *ämtern*
einen Höhepunkt. Der ritterliche Militäradel, dessen rasch anwachsender
Reichtum aber wieder auf dem Großgrundbesitz basierte, drängte den traditionellen Senatsadel zurück. Anderseits verlieh Gallienus mehreren Städten
Privilegien und schützte sie vor Willkürmaßnahmen kaiserlicher Beamter und
Großgrundbesitzer. Die städtischen Handwerker- und Kultkollegien stärkten
die Munizipalorganisation. Auf dem Lande wahrte er die — wenn auch nur
geringen — Rechte der Kolonen gegenüber ihren Grundherren. Die Freilassung
von Sklaven wurde gefördert.

Im Jahre 260 kam es in Gallien zur Erhebung des M. Cassianus Latinus Postu- *Gallisches*
mus, die die Bildung eines Gallischen Sonderreiches einleitete, das bis 274 *Sonderreich*
bestand. Dieser Staat, der sich von Rom losgesagt hatte, umfaßte auch die
britannischen und spanischen Provinzen. Hinter dieser Erhebung standen
in erster Linie Kreise der gallischen Großgrundbesitzeraristokratie, die sich
gegen die Herrschaft des Soldatenkaisers Gallienus wandten und die Einfälle
der Germanen von sich abwehren wollten. Die Herrscher des Gallischen Sonderreiches achteten besonders auf die Sicherung der Rheingrenze. Die Rheinarmee bildete die Hauptstütze ihrer Macht. Postumus wurde im Jahre 268
von Soldaten ermordet; die Kämpfe zwischen den einzelnen Gruppen innerhalb der Aristokratie setzten sich auch im Gallischen Reich fort. Typische
Vertreter der gallischen Senatsaristokratie waren die Kaiser Victorinus
(268—270) und Tetricus (270—274). Aber die städtische Opposition gegen
die Kaiser war in Gallien zeitweise recht bedeutend. Im Jahre 269 oder 270
erhob sich die Stadt Augustodunum (Autun) gegen Victorinus und bat den
römischen Kaiser Claudius II. um Hilfe. Die Stadt widerstand sieben Monate
lang der Belagerung durch den gallischen Kaiser, mußte sich aber dann doch
ergeben, da die Hilfe ausblieb. Besonders Tetricus stand unter dem Druck
dieser Kreise, des Heeres und auch bäuerlicher Unruhen. Im Jahre 274 übergab er das Gallische Sonderreich in einer »kampflosen Schlacht« auf den
Katalaunischen Feldern bei Chalons dem römischen Kaiser Aurelian, mit
dem er schon vorher in geheimen Verhandlungen gestanden hatte. Tetricus
blieb auch nach seiner Unterwerfung in hoher Stellung.

Im Osten des Reiches waren die persischen Truppen nach der Gefangennahme *Schwere*
Valerians, ohne auf nennenswerten Widerstand zu stoßen, rasch bis nach *Kämpfe*
Kilikien in Kleinasien vorgestoßen. Dort hinderte ein Heer unter der Führung *im Osten*
der beiden Präfekten der Prätorianergarde Ballista und Macrianus die Perser
am weiteren Vormarsch und gewann Teile Syriens wieder zurück. Zwei Söhne
des Macrianus erhoben sich zu Gegenkaisern des Gallienus und nahmen in
Emesa ihre Residenz, doch verloren sie schon im Jahre 261 in Kämpfen mit
Truppen, die Gallienus treu geblieben waren, ihr Leben. Dabei zeichnete sich
besonders die unter dem Befehl des Aureolus stehende Reiterarmee des
Gallienus aus.

Im Osten gewann das unter römischer Herrschaft stehende Fürstentum von *Palmyra*
Palmyra unter Führung des Septimius Odenathus an Einfluß; er blieb

304   5. Die frühe römische Kaiserzeit. Der Prinzipat

Gallienus treu ergeben und wurde zum erbittertsten Feind der Sassaniden, die er schon im Jahre 260 mit seinen Panzerreitern (Kataphrakten) am Euphrat schlug. Palmyra (Thadmor) war eine wichtige Handelsstadt im östlichen Syrien.

Im Jahre 261 fielen die Alamannen in Italien ein, konnten aber von Gallienus bei Mediolanum (Mailand) geschlagen werden. Im Jahre 262 gelang es Odenathus, Mesopotamien zurückzugewinnen. Er vertrieb im Jahre 264 die Perser auch aus Armenien, und damit war die römische Herrschaft im Osten zeitweilig im alten Umfang wiederhergestellt. Für seine Verdienste erhob ihn Gallienus im Jahre 265 in die Stellung eines Augustus. Im Jahre 266 wurde er jedoch von Verwandten ermordet.

Goten, Heruler und Alamannen

Seit 263 waren die Goten wieder sehr aktiv geworden und hatten Ilion (Troia) und Ephesos geplündert, im Jahre 266 Herakleia in Bithynien erobert. Im Jahre 267 fuhren sie mit ihren Schiffen in das Ägäische Meer, eroberten zusammen mit den Herulern Thessalonike und plünderten zahlreiche Städte in Griechenland, darunter Athen, Korinth, Argos, Sparta und Olympia. Die Heruler konnten von einem athenischen Aufgebot unter der Führung des Archonten und Geschichtsschreibers Dexippos geschlagen werden, Gallienus selbst drängte sie aus Makedonien zurück; aber die Goten verheerten weiterhin Griechenland und den Balkan. Im gleichen Jahre besetzten die Alamannen Rätien. Die Nordgrenze des Reiches stand den Barbaren völlig offen. Im Jahre 268 fiel Gallienus einer Verschwörung seiner Truppenführer zum Opfer, als er bei Mailand eine Usurpation seines Reiterführers Aureolus bekämpfte, der in den folgenden Machtkämpfen ebenfalls den Tod fand; den Thron gewann M. Aurelius Claudius, der Befehlshaber der römischen Truppen in Illyrien.

Claudius II.

Zur Zeit Kaiser Claudius' II. (268–270) zeigte es sich, daß der Großgrundbesitz schon recht erstarkt war; es war deutlich geworden, daß die Großgrundbesitzeraristokratie aus den Kämpfen mit den munizipalen Oberschichten um die ökonomische Vorrangstellung siegreich hervorgegangen war, auch wenn die Kaiser meistens zwischen beiden Gruppen der herrschenden Klasse lavierten. Dabei ist die Großgrundbesitzeraristokratie der Senatsaristokratie nicht unbedingt gleichzusetzen; auch in der Ritterschaft hatte sich das große exterritoriale Grundeigentum entwickelt. Den reichsten Vertretern der städtischen Oberschicht gelang es mehr und mehr, ihren Grundbesitz aus dem städtischen Territorium herauszulösen oder einflußreiche Hofämter zu erlangen und sich damit von den städtischen Lasten zu emanzipieren. Die Städte verarmten, der Großgrundbesitz vergrößerte sich und mit ihm nahm die Kolonenwirtschaft zu.

Erste Erlasse gegen das Patrocinium

Claudius II. schreibt man erste Erlasse gegen die Verbreitung des Patrociniums zu. Das Patrocinium war eine Art »Schutz«-herrschaft der Großgrundbesitzer über Bauern und Pächter oder auch über ganze Dörfer, die damit ihre Eigentums- bzw. Besitzrechte dem Großgrundbesitzer überließen, der sie dann vor den Übergriffen durch einquartierte Soldaten oder kaiserliche Beamte oder durch Steuereintreiber schützte. Damit verbunden war auch die Entstehung des sogenannten spätantiken Precariums, eines besonderen Rechtsverhältnisses über eine Sache, etwa ein Stück Land, das jemandem zum widerruflichen Gebrauch überlassen wurde. Durch die Verbreitung des Patrociniums ver-

5.9. Die gesellschaftliche Krise im 3. Jh. Der Untergang des Prinzipats

ringerte sich sehr schnell die Zahl der noch freien Bauern. Die Kaiser sahen aber darin wiederum eine Gefahr für den Rückgang der Steuereinnahmen und befürchteten eine Einschränkung der Rekrutierungsmöglichkeiten für das Heer. Durch die Barbareneinfälle und die ständigen Kriege wurde das Land verwüstet und die Zahl der brachliegenden Äcker nahm zu. Sarmaten, Geten, Bastarner, Goten und Angehörige anderer Stämme wurden daher nach ihrer Gefangennahme scharenweise auf diesen Äckern angesiedelt, erhielten einen kolonenähnlichen Status und konnten ihre Felder schon nicht mehr verlassen.

In Palmyra hatte im Jahre 267 die Gattin des ermordeten Odenathus, Zenobia, ihre Unabhängigkeit von Rom erklärt; sie betrieb eine antirömische Politik und nahm im Jahre 270 den Titel einer Augusta an. Syrien fiel ihr zu, und im Jahre 269/270 hatte sich auch Ägypten dem palmyrenischen Staat angeschlossen. — *Palmyrenisches Sonderreich*

Die bedrohliche Nähe der Alamannen und Goten ließ Claudius II. keine Zeit, sich nach dem Osten zu wenden. Er schlug im Jahre 268 die Alamannen in einer Schlacht am See Benacus (Gardasee) und gewann das narbonensische Gallien und Spanien vom Gallischen Reich zurück. 269 kam es zur Entscheidungsschlacht mit den Goten bei Naissus (Nisch). Claudius blieb Sieger; im Jahre 270 starb er an der Pest. — *Sieg über die Goten*

Sein Nachfolger, L. Domitius Aurelianus (270–275), unter Claudius II. Befehlshaber der Reitertruppen, stammte aus einfachen Verhältnissen aus der Provinz Mösien. Es gelang ihm in seiner Regierungszeit vor allem, die Zentralgewalt wieder zu stärken und beide sich bekämpfenden Gruppen der herrschenden Klasse zu einer gemeinsamen Abwehrpolitik gegen die Barbaren sowie den Separatismus im Osten wie im Westen zu veranlassen. Er setzte die Heeresreform des Gallienus fort und verstärkte besonders die Panzerreiterei. Germanische Truppenkontingente als geschlossene Einheiten wurden immer häufiger in den römischen Heeresdienst als »Bundesgenossen« gestellt. Von dieser Zeit an setzte sich das römische Heer immer weniger aus römischen Bürgern, sondern aus Söldnern barbarischer Herkunft zusammen. — *Aurelianus*

Aurelian erhob den »unbesiegten Sonnengott« (Sol invictus) zum Reichsgott; er wurde mit dem Kaiserkult verbunden. Damit suchte Aurelian eine einheitliche Ideologie zu entwickeln, die in den Dienst der Zentralgewalt gestellt wurde. Er nannte sich darüber hinaus »Herr und Gott« (dominus et deus) und nahm damit autokratische Bestrebungen der Kaiser des Dominats vorweg. — *Kult des »unbesiegten Sonnengottes«*

Der Kaiser vereinheitlichte die in große Unordnung geratene Währung und hob fast alle lokalen Münzprägungen der Städte, auch des Senats auf. Wahrscheinlich war er es auch, der in der Hauptstadt Rom aus Versorgungsgründen die Mitglieder der Handwerkerkollegien erblich an ihre Berufe band und auch mit dieser Maßnahme den Dominat vorbereitete. — *Vereinheitlichung der Währungen*

Zu Beginn seiner Herrschaft vertrieb er die Vandalen und Sarmaten an der Donau; von den Alamannen und Juthungen mußte er bei Placentia in Norditalien eine Niederlage hinnehmen. Daraufhin umgab er Rom mit einer neuen Mauer, der sogenannten Aurelianischen Mauer, die heute noch größtenteils gut erhalten ist. Diese Mauer, in kurzer Zeit errichtet, war 19 km lang und stellt eine grandiose bauliche Leistung dar, die nur unter Anspannung aller Handwerkerkollegien der Hauptstadt möglich war. Die durchschnittliche — *Aurelianische Mauer*

20 Römische Geschichte

Höhe der Mauer betrug 7,80 m; 380 Türme sollten die Befestigung sichern, und 16 Tore wurden in die Mauer eingefügt. Nach etwa sieben bis acht Jahren war der Bau abgeschlossen; zu Beginn des 4. Jh. wurde die Mauer noch weiter erhöht.

Im Jahre 271 schlug Aurelian die Alamannen bei Pavia und vertrieb sie aus Italien; auch zahlreiche andere von Barbareneinfällen bedrohte Städte des Reiches, namentlich in Gallien, auf der Balkanhalbinsel und in Kleinasien, folgten dem Beispiel Roms und umgaben sich in den siebziger und achtziger Jahren mit einer festen Wehrmauer. Im Jahre 272 besiegte Aurelian die Truppen Palmyras in Kämpfen bei Antiochia und Emesa; Zenobia geriet in römische Gefangenschaft, Palmyra wurde besetzt und bald nach einem erfolglosen Aufstand von den Römern zerstört. Mesopotamien und Armenien wurden von Rom aufgegeben, da man die militärischen Kräfte an der Rhein- und Donaufront konzentrieren mußte. Im Jahre 274 war mit der Übergabe der Macht durch Tetricus an Aurelian die Einheit des Reiches wiederhergestellt. In Inschriften und auf Münzen wurde er als »Wiederhersteller des Erdkreises« (restitutor orbis) gefeiert.

Beseitigung des Gallischen und Palmyrenischen Sonderreiches

Um gegen die Perser zu Felde zu ziehen, begab sich Aurelian im Jahre 275 nach dem Osten, wurde jedoch während des Marsches in der Nähe von Byzantion von Hofbeamten ermordet.

Folgen der Kriege

Die Kriege verschlangen ungeheure Summen. Um die Steuerzahlungen zu gewährleisten, verfügte Aurelian Maßnahmen, die besonders die Städte hart trafen. Sie mußten auch für die Besitzungen, die verlassen worden waren, Steuern entrichten. Diese und andere Maßnahmen der Kaiser beschleunigten den Niedergang und den finanziellen Ruin der Städte.

Tacitus

Im Einvernehmen mit dem Heer wählte daraufhin der Senat den schon über 70 Jahre alten angesehenen Konsular M. Claudius Tacitus zum Kaiser (275—276). In dieser Zeit kam es zu einem besonders schwerwiegenden Einfall der Franken und Alamannen in Gallien; Trier wurde zerstört. Münzschätze weisen uns den Weg der Germanen in Gallien. Tacitus vermochte gegen diese nichts auszurichten, da die Goten und Alanen wiederum in Kleinasien eingefallen waren, gegen die er sich zuerst wenden mußte; sie konnten zurückgedrängt werden. Tacitus fiel im Jahre 276 in Tyana einer Militärverschwörung zum Opfer. Er war der letzte Kaiser, der vom römischen Senat gewählt worden war. Auf Münzen bezeichnete er sich als »Wiederhersteller des Staates« (restitutor rei publicae), womit er zum Ausdruck brachte, alte republikanische aristokratische Traditionen wiederherstellen zu wollen. Keinesfalls konnte er jedoch daran denken, die alte Republik wiederherzustellen.

Probus

Der neue Kaiser, der von den Legionen der Ostprovinzen ausgerufen wurde, war M. Aurelius Probus (276—282). Die wichtigste Aufgabe war für ihn die Vertreibung der Franken und Alamannen aus Gallien; dies gelang ihm im Jahre 277 nach harten Kämpfen mit den Germanen. Er nahm zahlreiche Alamannen ins Heer auf und sicherte nach Vorstößen in das freie Germanien wieder die Rheingrenze; viele germanische Kriegsgefangene wurden als Bauern in verödeten Gebieten Nord- und Nordostgalliens angesiedelt. Sie wurden auch zur Verstärkung der Grenztruppen (limitanei) mit herangezogen. Im Jahre 278 eroberte er die Provinz Rätien zurück, schlug im Jahre 279 eine Erhebung der Isaurier in Kleinasien nieder und verdrängte im Jahre 280 die

5.9. Die gesellschaftliche Krise im 3. Jh. Der Untergang des Prinzipats

aus dem Sudan kommenden und in Oberägypten einfallenden Blemmyer. An der Schnelligkeit der Truppenverschiebungen von Gallien über den Balkan und Kleinasien bis nach Ägypten zeigte sich der Vorteil des seit Gallienus im Aufbau befindlichen Bewegungsheeres.

In der Ansiedlung der Veteranen läßt sich allmählich eine neue Tendenz erkennen. Bisher wurden sie in der Regel auf städtischem Land angesiedelt und verstärkten daher immer wieder die munizipalen Oberschichten; die Befreiung der Veteranen von den munizipalen Lasten brachte den Städten immer weniger Gewinn. Hinzu kam, daß die Veteranen etwa seit der Zeit des Probus häufiger auf entlegenen, verlassenen und unkultivierten Ländereien ihre Grundstücke erhielten. Das hatte zur Folge, daß sie in Zukunft kaum noch die städtischen Oberschichten, sondern die Schicht ländlicher Grundbesitzer verstärkten. Die soziale Differenzierung unter ihnen führte dazu, daß einige Großgrundbesitzer wurden, die ebenfalls mit Kolonen wirtschafteten, andere aber durch das Patrocinium in die Abhängigkeit von Großgrundbesitzern gerieten. Die germanischen Söldner im römischen Dienst erhielten vorzugsweise in Grenzgebieten Äcker zugewiesen und förderten auch damit nicht mehr die weitere städtische Entwicklung.

Ansiedlungen von Veteranen auf Ödland

Diese Veteranenversorgung, besonders die Tatsache, daß sie unbebautes Land erhielten, das erst urbar gemacht werden mußte, rief Unzufriedenheit unter den Soldaten hervor. Immerhin handelte es sich jährlich um etwa 10000 bis 15000 Söldner, die versorgt sein wollten. Ob sich die vier Usurpatoren, die sich — ohne Erfolg — gegen Probus erhoben, auf eine städtische Opposition gegen die Politik des Probus stützten, ist auf Grund des spärlichen und wenig glaubhaften Quellenmaterials ungewiß. Immerhin gingen zwei Erhebungen von städtischen Zentren aus, von Lugdunum und von Köln. Probus förderte besonders die Entwicklung des Weinbaus in Gallien, Spanien, Pannonien und Mösien. Damals blühte der Weinbau im Raum von Trier, wo sich besonders der Großgrundbesitz verbreitet hatte. Probus fiel im Jahre 282 einer Soldatenverschwörung zum Opfer, als er in Illyricum einen Feldzug gegen die Sassaniden vorbereitete.

Unzufriedenheit unter den Soldaten

Offensichtlich stand hinter dieser Verschwörung der Prätorianerpräfekt M. Aurelius Carus, der auch vom Heer zum Kaiser ausgerufen wurde (282–283). Carus war der erste Kaiser, der die Bestätigung durch den Senat ablehnte. Er ernannte seine beiden Söhne Carinus und Numerianus zu Caesaren, dann zu Mitkaisern und setzte zusammen mit Numerianus den von Probus eingeleiteten Feldzug gegen die Sassaniden fort. Carinus übertrug er die Leitung des westlichen Reichsteiles. Im Jahre 283 gelang dem römischen Heer die Eroberung von Seleukeia am Tigris und von Ktesiphon; danach aber wurde der Kaiser von seinen Soldaten ermordet. Auch Numerian fiel 284 einer Verschwörung, hinter der der Präfekt der Prätorianergarde Flavius Aper stand, zum Opfer. Das Heer rief aber nicht ihn, sondern den Befehlshaber der Leibwache des ermordeten Kaisers, C. Aurelius Valerius Diocles, zum neuen Kaiser aus. Er nahm den Namen Diokletian an und wurde der Begründer des spätrömischen Kaiserreiches, des Dominats. Kaiser Carinus (283–285) zog mit seinem Heer Diokletian entgegen, konnte in Mösien im Jahre 285 zwar noch einen Sieg über die Truppen Diokletians erringen, wurde aber bald darauf von seinen Soldaten ermordet, die zu Diokletian übergingen.

Carus, Carinus

Krieg gegen die Perser

308   5. Die frühe römische Kaiserzeit. Der Prinzipat

Ende des Prinzipats

Mit der Ermordung des Carinus endet die Geschichte des Prinzipats, des frühen römischen Kaiserreiches. Die sklavenbesitzenden munizipalen Oberschichten waren außerordentlich geschwächt worden, die Großgrundbesitzer gingen dagegen gestärkt aus diesem Ringen hervor. Aber schon bahnten sich neue Klassenkämpfe an, die sich in der folgenden Zeit zu umfassenden Volksbewegungen ausweiteten; das war wiederum ein Anlaß für die Großgrundbesitzer, sich näher an die kaiserliche Zentralgewalt anzuschließen, da diese über die Machtmittel verfügte, die Aufstände der Kolonen, Hirten, freien Bauern und der mit einem Acker als Peculium versehenen Sklaven (Quasi-Kolonen) niederzuwerfen und die Grenzen vor Einfällen der Barbaren zu sichern. Das Sklavereiverhältnis verlor in ökonomischer Hinsicht weiter an Bedeutung, wenn es auch im Rechtsdenken der Römer nach wie vor eine vorrangige Rolle spielte. Die Sklaven waren endgültig seit dem 3. Jh. nicht mehr die Haupttriebkraft im Klassenkampf, sondern die abhängigen Bauern und Landarbeiter.

5.10.   *Die kulturelle Entwicklung in der Krise des 3. Jh.*

Niedergang der städtischen Kultur

Der wirtschaftliche Niedergang vieler Städte im 3. Jh. und die soziale Verelendung der städtischen Schichten in den Kämpfen zwischen der Munizipalaristokratie und der Großgrundbesitzeraristokratie wirkten sich auch nachteilig auf die kulturelle Entwicklung aus. Allmählich begann sich das kulturelle Leben von der Stadt in die prunkvollen Villen der Großgrundbesitzer zu verlagern — eine Entwicklung, die dann in den beiden folgenden Jahrhunderten typisch wurde. Werke der bildenden Kunst, z. B. Grabreliefs, steinerne Sarkophage mit künstlerischen Darstellungen, Porträts in Bild und Stein, Mosaiken usw. finden sich mehr und mehr auf dem Lande. Natürlich blieb auch in den Städten, die an bedeutenden Fernhandelsverbindungen lagen und nicht so stark vom wirtschaftlichen Niedergang betroffen waren, oder in Städten, die kaiserliche Residenzen wurden, ein künstlerisches Schaffen im Interesse der herrschenden Klasse erhalten.

Lokale Kulturen in den Provinzen

Gleichzeitig zeigten sich seit dem 3. Jh. vor allem in Gallien, Kleinasien, Syrien und in Ägypten provinziell oder anderweitig lokal gebundene Kulturen, die sich von der römischen bzw. von der römisch-hellenistischen Kultur abgrenzten und ihre eigene Sprache, etwa das Keltische, Phrygische, Syrische und Koptische stärker zur Geltung brachten. Diese Kulturen berücksichtigten mehr die Interessen der ausgebeuteten Klassen als die römische Kultur, die stets eine Kultur der herrschenden Klasse geblieben ist.

Bauwesen

Die Technik beruhte im 3. Jh. einzig und allein auf den Erkenntnissen der Vergangenheit. Die monumentale Baukunst brachte es zu beachtlichen Leistungen; zur Verteidigung der bedrohten Städte wurden gewaltige Mauern und Festungswerke errichtet, so die schon erwähnte Aurelianische Mauer in Rom; in Trier wurde ein bis heute erhaltenes Stadttor, die berühmte Porta Nigra, erbaut. Aber abgesehen von den Verteidigungswerken und Bauten, die dem kaiserlichen Ansehen dienten, wie z. B. die Triumphbögen des Septimius Severus und die im Jahre 216 vollendeten Thermen des Caracalla in Rom, geht die Bautätigkeit in den Städten in diesem Jahrhundert rapide zurück. Im

5.10. Die kulturelle Entwicklung in der Krise des 3. Jh.

Jahre 222 wurde zum letzten Mal ein neuer Aquädukt in Rom errichtet. In der künstlerischen Darstellung hielt man sich weiter an griechische Vorbilder; aber je mehr sich die Kunst allmählich von der Stadt löste, desto wahrnehmbarer trat der Klassizismus in der Kunst in den Hintergrund.

Zwei kulturelle Bereiche gewinnen im 3. Jh. an Bedeutung und werden bestimmend für die weitere Formentwicklung in der Spätantike: die frühchristliche Katakombenmalerei und die orientalische, besonders von Parthien und von Palmyra geprägte Kunstauffassung. Die Katakomben, die sich außerhalb der Stadttore teilweise kilometerlang hinzogen, waren unterirdische Begräbnisanlagen für die frühen Christen; die Wände der Katakomben waren oft mit farbigen Wandbildern versehen. Während die Künstler etwa bis zur Mitte des 3. Jh. Themen der hellenistischen Malerei und der römischen Kultdarstellung entnahmen, treten nunmehr Erlösungsmotive aus der Evangelienüberlieferung in den Vordergrund. Die Figuren werden starr, silhouettenhaft, und die Künstler suchen mit Mitteln der Allegorie die Sehnsucht der Menschen nach Erlösung von den Übeln der diesseitigen Welt zum Ausdruck zu bringen. Bedeutende Katakomben vor den Toren Roms waren die Calixtus-, die Sebastianus- und die Domitilla-Katakombe. Die zweite künstlerische Komponente, die über die Spätantike bis in das Mittelalter führt, bestand in der bis ins Extreme gesteigerten Abstraktion und Vergeistigung des Porträts in der bildenden Kunst, wobei man sich zunehmend der Frontalität in der Darstellung bediente. Diese Kunstauffassung kam aus dem parthisch-palmyrenischen Raum. Im 3. Jh. finden wir sie u. a. in den Wandmalereien der jüdischen Synagoge von Dura-Europos am Euphrat. Ihre Themen waren dem Alten Testament entnommen, aber die einzelnen Figuren waren auch dort stilisiert, schemenhaft und hatten einen symbolischen Charakter. *(Frühchristliche Katakombenmalerei)* *(Parthisch-palmyrenischer Einfluß)*

In der Reliefkunst nahm im 3. Jh. die Sarkophagplastik einen großen Aufschwung. Neben die Darstellung siegreicher Schlachten gegen Barbaren treten Szenen der Jagd, der Jahreszeiten und auf christlichen Sarkophagen dieser Zeit erstmalig auch das Martyrium. Andere Grabreliefs, so die von Neumagen im Moselland und von der Igeler Säule, sind wirtschaftsgeschichtlich von besonderem Interesse, sie zeigen Szenen aus dem täglichen Leben der Kolonen, Handwerker und Händler. *(Reliefkunst, Mosaiken)*

Auf mehreren Mosaiken — vor allem aus Nordafrika — werden Jagdszenen und das Leben auf einer großen landwirtschaftlichen Villa dargestellt.

Die politische Ideologie der kaiserlichen Zentralgewalt strebt in dieser Krisenzeit zur Vereinheitlichung, sie tendiert zum Monotheismus mit den Mitteln des Synkretismus und der Erhöhung eines bestimmten Kultes. Dem Sonnenkult und dem Alexanderkult kommt dabei besondere Bedeutung zu. Caracalla läßt sein Kaiserbild auf Münzen mit der Strahlenkrone versehen und nicht wie bisher mit dem Lorbeerkranz. Der siegreiche Alexander der Große wurde das Vorbild vieler Kaiser des 3. Jh. Elagabal scheiterte in seinem Bemühen, den Kult des orientalischen Sonnengottes von Emesa nach Rom zu übertragen und ihn allen anderen römischen Gottheiten voranzustellen. Aurelian dagegen, der den Kult des orientalischen Sonnengottes mit dem des römischen Sol verband, sicherte damit die Vorrangstellung dieser Gottheit (Sol Salutis) und suchte mit Hilfe dieses Kultes zwischen den sich bekämpfenden Schichten der herrschenden Klasse wieder zu vermitteln. *(Tendenzen zum Monotheismus)*

310   5. Die frühe römische Kaiserzeit. Der Prinzipat

Römisches Recht

In die ersten Jahrzehnte des 3. Jh. fällt die Blütezeit des klassischen römischen Rechts. Die Systematisierung des Rechts ist vor allem dem Wirken bedeutender Juristen zu verdanken, die in Rom eine vom Kaiser autorisierte Gutachtertätigkeit ausübten. Da diese Juristen oft hohe Staatsämter innehatten, z. B. die Prätorianerpräfektur, kannten sie genau die juristischen Interessen der herrschenden Klasse und verfügten über vielseitige Erfahrungen bei der Leitung der kaiserlichen Verwaltung. Ihre juristischen Methoden und Entscheidungen blieben noch in den folgenden Jahrhunderten Vorbild. Unter diesen Juristen ragen besonders Aemilius Papinianus (um 146—212), Domitius Ulpianus (gest. 229), Iulius Paulus (Jurist zur Zeit des Severus Alexander), Callistratus und Herennius Modestinus (Juristen zur Zeit des Severus Alexander und des Maximinus Thrax) hervor. Papinian und Ulpian besaßen unter den Juristen noch im 5. Jh. höchste Autorität, und Zitate aus ihren Rechtsgutachten und -entscheidungen bildeten einen wesentlichen Bestandteil der Digesten, des ersten Bandes des von Kaiser Iustinian herausgegebenen Corpus iuris civilis. Papinian war ein scharf urteilender, kritischer Kopf, der sich weigerte, den Mord Caracallas an seinem Bruder Geta (212) gutzuheißen, und deshalb selbst zum Tode verurteilt wurde. Ulpian stand auf der Seite des Senatskaisertums und wurde im Jahre 229 von der rebellierenden Prätorianergarde umgebracht. Er stellte den Kaiser über die Gesetze und schuf damit eine Voraussetzung für die Entwicklung mittelalterlicher Kaisergewalt.[44]

Philosophie

Im Gegensatz zur Entwicklung von Religion und Recht versank die spätantike Philosophie immer mehr im Skeptizismus und Mystizismus. War in der ionischen Naturphilosophie philosophisches Denken durch Loslösung von der Religion überhaupt erst möglich gewesen, so ging es in der Spätantike in der Vereinigung mit der Religion unter. Vertreter des Skeptizismus war an der Wende des 2. Jh. zum 3. Jh. Sextus Empiricus; er riet, daß sich der Mensch jeglichen Urteils enthalten sollte, da es keine Möglichkeit der Erkenntnis gebe. Ammonios Sakkas aus Alexandria (um 175—242) wurde der Begründer der neuplatonischen Philosophie. Da er keine Schriften hinterließ, ist uns der Neuplatonismus vor allem durch seinen Schüler Plotin (204—270) und dessen Schüler Porphyrios (um 232—301) bekannt. Diese idealistische Philosophie, von Kaiser Gallienus gefördert, war die letzte geistige Strömung der niedergehenden munizipalen Oberschichten im Römischen Reich. Plotin verband den platonischen Dualismus zwischen Ideenreich und wirklicher Welt mit der stoischen Ethik und sah das höchste Ziel des Menschen in der mystischen Ekstase, um ihn zu reinigen (Katharsis) und zur Erkenntnis zu führen. Die neuplatonische Philosophie wirkte im 4. Jh. stark auf die christliche Dogmatik ein. Während bei Plotin noch einige Beziehungen des Menschen zur gesellschaftlichen Umwelt erkennbar sind, hat Porphyrios dann der Ekstase und der Magie den Vorrang gegeben und damit die Philosophie endgültig der Religion untergeordnet. Der Neuplatonismus, der jedoch mit der platonischen Philosophie nicht mehr viel Gemeinsames hatte, legte ganz besonderen Wert auf die religiöse Einstellung des Menschen. Obwohl die Neuplatoniker sich vom Christentum abgrenzen, kommt ihr Gottesbegriff der christlichen Vorstellung doch schon sehr nahe.

---

44   Princeps legibus solutus est: Dig. 1, 3, 31 (Der Princeps ist von den Gesetzen gelöst.)

5.10. Die kulturelle Entwicklung in der Krise des 3. Jh.

In der schöngeistigen Literatur wurde das Genre des Abenteuerromans, der in Beziehung zu den Mysterienkulten stand, weiter fortgeführt.

Romanliteratur

Zu Beginn des 3. Jh. etwa entstand der Hirtenroman »Daphnis und Chloë«, von Longus aus Lesbos verfaßt. Daphnis und Chloë waren von ihren Eltern nach der Geburt ausgesetzt worden, wurden von Pflegeeltern aufgezogen und hüteten Schafe und Ziegen. Das Ganze ist ein bukolisches Idyll und erinnert an die Dichtungen Theokrits (erste Hälfte 3. Jh. v. u. Z.). Nach langen Irrfahrten, Kriegen, Entführungen usw. kommt es zur glücklichen Vereinigung und Wiederfindung ihrer Eltern. Der Roman übte später auf die mittelalterliche Schäferdichtung einen großen Einfluß aus.

In die erste Hälfte des 3. Jh. gehört auch der Roman »Aithiopika« des Heliodor aus Emesa in Syrien. Wiederum handelt es sich um eine abenteuerliche Liebesgeschichte, diesmal zwischen Theagenes und Chariklea. Nach vielen Gefahren und Abenteuern finden sie den Weg in die Heimat und zu ihren Eltern, wo die beiden Liebenden die Ehe schließen. Der Kult des Sonnengottes, der im römischen Staatskult des 3. Jh. eine immer größere Rolle spielte, hat im Roman eine hohe Stellung inne. Die schließliche Erlösung der Geliebten hat ihre Parallele in den Mysterienkulten der Zeit.

Niedergang der wissenschaftlichen Literatur

Die wissenschaftliche Literatur setzte die Tradition des 2. Jh. fort. Man sammelte gelehrte Aussprüche und Notizen, fertigte Zitatbücher an, die bequemer zur Hand waren als die alten umfangreichen Kompendien, man stellte Kompilationen aus älterer Literatur und Anekdotensammlungen zusammen und verfaßte gelehrte Kommentare zu den Dichtern der augusteischen Zeit. Philostrat von Lemnos schrieb um 217/218 in Romanform eine Lebensbeschreibung des Apollonios von Tyana, eines pythagoreischen Wanderpredigers aus Kleinasien, der an der Wende vom 1. zum 2. Jh. gelebt hatte. Auch Philostrat stellte den Sonnengott in den Mittelpunkt seiner Darstellung. Durch die zahlreichen, uns erhaltenen Zitate aus älteren, aber verlorengegangenen Schriften ist das Sammelwerk »Deipnosophistai« (Gelehrte beim Mahl) des Athenaios aus Naukratis in Ägypten für den Historiker eine wichtige Quelle. Ähnlich schrieb Claudius Aelianus Erzählungen aus dem Tierleben, aus Natur und Geschichte, Bauernbriefe u. a.

Zurücktreten der lateinischen Sprache in der Literatur

Für die Zeit der allgemeinen Krise der Sklavereigesellschaft, die sich besonders im Westen des Reiches bemerkbar machte, ist bezeichnend, daß die lateinische Sprache in der Literatur immer mehr zurücktrat. Lateinisch blieb die Sprache der Jurisprudenz, lateinisch auch die Sprache in der Armee, aber sowohl die Romanliteratur wie die wissenschaftliche Literatur wurden in jener Zeit griechisch verfaßt. Römer war man nach dem Bürgerrecht, aber die gebildeten Kreise fühlten sich als Griechen, auch wenn sie Syrer, Ägypter, Kleinasiaten oder Latiner waren. Das wirtschaftliche Schwergewicht hatte sich in die Provinzen des Ostens verlagert, die in kultureller Hinsicht ohnehin schon immer führend gewesen waren. Gänzlich fehlt die lateinische Literatur dennoch nicht; in der christlichen Literatur der westlichen Reichshälfte hat sich die lateinische Sprache gegenüber dem Griechischen durchgesetzt.

Cassius Dio

Griechen waren es auch, die die römische Geschichte darstellten. Cassius Dio Cocceianus (um 150 bis um 235) aus Nicäa in Bithynien, der im Jahre 229 das Konsulamt in Rom innehatte, schrieb in 80 Büchern eine in annalistischer Form abgefaßte römische Geschichte von den Anfängen bis zum Jahre 229,

312   5. Die frühe römische Kaiserzeit. Der Prinzipat

die nur teilweise erhalten ist; politisch war Cassius Dio ein Vertreter der östlichen Großgrundbesitzeraristokratie, die für eine starke Zentralgewalt und für die Schwächung der Städte eintrat.

Herodian und Dexippos

Herodian, ein aus Syrien stammender Grieche, verfaßte acht Bücher über die Ereignisse von 180 bis 238 und schilderte darin aus seiner Sicht den Niedergang des sogenannten Goldenen Zeitalters der Antoninen (Adoptivkaiser). Von den Schriften des athenischen Archonten und Historikers P. Herennius Dexippos, der die römische Geschichte bis zur Zeit Aurelians und die Kriege seiner Zeit gegen die Barbaren, die auf die Balkanhalbinsel vordrangen, beschrieb, besitzen wir leider nur wenige Fragmente.

Diogenes Laërtios

Eine wichtige, wenn auch unkritische Quelle stellt das Werk des Diogenes Laërtios dar, der um 240 in seinem Werk „Leben und Meinungen berühmter Philosophen" einen philosophiegeschichtlichen Abriß bot.

Wiederaufleben der lokalen Sprachen in den Provinzen

Aber schon meldeten sich, wie eingangs dieses Kapitels erwähnt, andere Sprachen zu Wort. Im 3. Jh. erscheint auf Meilensteinen in Gallien das keltische Wort für Meile, »leuga«. Testamente wurden in Gallien auch in keltischer Sprache abgefaßt, und christliche Bischöfe Galliens mußten seit dem späten 2. Jh. des Keltischen Kundige zu Rate ziehen, wenn sie sich der Landbevölkerung verständlich machen wollten. Im kleinasiatischen Phrygien wurden im 3. Jh. Inschriften im griechischen Alphabet, aber in einheimischer Sprache abgefaßt. In Edessa in Mesopotamien entstand eine christliche Literatur in syrischer Sprache. In Ägypten erschienen in dieser Zeit die ersten Schriften in koptischer Sprache. Ausdruck der allgemeinen Krise der Sklavereigesellschaft und ihrer herrschenden Kultur war das Selbstbewußtsein der von Rom unterworfenen Völker des Mittelmeerraumes; sie erinnerten sich ihrer Vergangenheit und begannen, eine eigene Kultur zu entwickeln.

Erstarken des Christentums

Die zunehmende Verarmung und Verelendung der städtischen Schichten in der Krise des 3. Jh. wirkte sich auch günstig auf die weitere Verbreitung des Christentums aus. Wie schon ausgeführt, waren im frühen Christentum Elemente des sozial-religiösen Protestes gegen die Sklavereigesellschaft enthalten, die besonders bei den verarmten städtischen Bevölkerungsschichten Anklang fanden. Die frühchristliche Lehre brachte am verständlichsten ihre Wünsche und Hoffnungen zum Ausdruck. In der Krise des 3. Jh. begann sich die Klassenstruktur der Sklavereigesellschaft zu verändern, die antike Gesellschaft begann sich zu zersetzen; dies begünstigte die Entwicklung des Christentums: »Alle die Elemente, die der Auflösungsprozeß der alten Welt freigesetzt, d. h. an die Luft gesetzt hatte, kamen nacheinander in den Anziehungskreis des Christentums als des einzigen Elements, das diesem Auflösungsprozeß widerstand — weil es sein eigenes notwendiges Produkt war ...«[45] Entstanden war das Christentum auf dem Höhepunkt der Sklavenhalterordnung im Römischen Imperium; um sich siegreich durchsetzen zu können, bedurfte es der allgemeinen Krise dieser Gesellschaftsordnung.

Festigung der christlichen Kirche

Die christliche Lehre hatte sich im 2. Jh. eine hierarchische Organisationsform, die Kirche, geschaffen. Im Zuge der organisatorischen und ideologischen Festigung der Kirche trat der Protest gegen die bestehende Gesellschaft allmählich in den Hintergrund. Die Kirche suchte den Kompromiß mit dem

45 Fr. Engels, Zur Geschichte des Urchristentums, in: MEW, Bd. 22, Berlin 1963, S. 454.

5.10. Die kulturelle Entwicklung in der Krise des 3. Jh. 313

römischen Staat, ohne allerdings von ihrer streng monotheistischen Grundlage abzugehen. Die Gedanken des sozialen Protestes wurden nun von den Sekten übernommen, z. B. von den Montanisten im 2. Jh. und den Novatianern im 3. Jh. Gegen die Sekten zogen viele Kirchenschriftsteller zu Felde, u. a. Irenäus von Smyrna, Bischof von Lugdunum (Lyon) aus der zweiten Hälfte des 2. Jh., der in seinem Werk »Adversus Haereses« (Gegen die Häresien) vor allem gnostische Sekten angriff. *Kompromiß mit Rom — Kampf gegen die Sekten*

Einer der bedeutendsten Vertreter der lateinischen Kirchenliteratur um 200 war Sept. Florens Tertullian (um 160 bis nach 220), der Wortführer der nordafrikanischen Kirche. Tertullian hatte eine fundierte rhetorische und juristische Bildung erhalten; zunächst suchte er im römischen Staat Verständnis für die christliche Lehre zu wecken und bekämpfte die Sekten in mehreren Schriften; etwa seit 200 ging er selbst zum Montanismus über, wandte sich gegen den römischen Staat und forderte die Christen zur Heeresdienstverweigerung auf. Aber diese Entwicklung eines profilierten Kirchenschriftstellers war selten. Die Bemühungen gingen vielmehr dahin, die christliche Lehre mit der griechischen Philosophie zu verbinden und den römischen Staat für das Christentum zu gewinnen. Hauptvertreter dieser Richtung waren im 3. Jh. Clemens Alexandrinus (um 150—215) und Origenes (um 184—253). Origenes soll 2000 Schriften verfaßt haben; sein bedeutendstes Werk war die erste kritische Textausgabe des Alten Testaments, die sogenannte Hexapla; in sechs Textspalten stellte er den hebräischen Text des Alten Testaments neben die verschiedenen griechischen Übersetzungen. Er starb als Märtyrer in der Christenverfolgung des Kaisers Decius. *Tertullian* *Clemens Alexandrinus, Origenes*

Den Märtyrertod erlitt auch Thascius Caecilius Cyprian (um 200—258) in einer Christenverfolgung des Kaisers Valerian. Cyprian war Bischof von Karthago und gehörte zum reichen Munizipaladel. In seiner Schrift »Ad Demetrianum«, die um 252/253 geschrieben wurde, geißelte er die Sucht der Reichen nach übermäßigem Reichtum, wandte er sich gegen die Zunahme des Großgrundbesitzes, die schweren Lasten besonders der munizipalen Bevölkerung und klagte er über die Ausbreitung des Latrociniums, über die zahlreichen blutigen Kriege und die Barbareneinfälle. *Cyprian*

Während Cyprian der munizipalen Oberschicht angehörte, war der christliche Dichter Commodian (aus der zweiten Hälfte des 3. Jh.) ein Vertreter der unteren Schichten. In seinen beiden Dichtungen »Instructiones« (Belehrungen) und »Carmen Apologeticum« (Gedicht zur Verteidigung des christlichen Glaubens) beschreibt Commodian den Untergang der bestehenden Gesellschaft, das Gottesgericht und die Wiederkehr des Goldenen Zeitalters; die Vornehmen und die Großen des Reiches müssen nun Sklavendienste verrichten. Aber auch den reichen Christen droht der Untergang, wenn sie nicht ihr Vermögen unter die Armen aufteilen. *Commodian*

Auch der im Jahre 258 in der Valerianischen Christenverfolgung hingerichtete Novatian war ein geistiger Vertreter der niederen Schichten, die gegen die Wiederaufnahme von Glaubensverleugnern — meist in wohlhabenden Vermögensverhältnissen — protestierten. Schon im 2. Jh. begann der Streit innerhalb der Kirche über das Verhältnis von göttlicher und menschlicher Natur des christlichen Religionsstifters — Streitigkeiten, die im 4. Jh. auch eine politische Bedeutung bekamen. Im 3. Jh. sind die Gegensätze bereits soweit *Novatian*

314   5. Die frühe römische Kaiserzeit. Der Prinzipat

ausgeprägt, daß man unter den Vertretern, die die menschliche Natur des Religionsstifters betonen, wie die Anhänger des Paulus von Samosata, die späteren Arianer, und unter denen, die die göttliche Natur hervorheben, wie die Anhänger des Sabellius, die späteren Monophysiten erkennen kann.

Andere Erlösungslehren

Neben dem Christentum waren astrologische Erlösungslehren, Zauberei und Orakelwesen im 3. Jh. weit verbreitet. Griechische Philosophie wurde mit ägyptischer Mystik verbunden, und natürlich lebten auch die Mysterienreligionen weiter.

Manichäismus

Die Gnosis gewann im 3. Jh. durch den Manichäismus große Bedeutung. Sein Begründer, Mani (um 217—274), entwickelte eine gnostische Lehre, die im Sassanidenreich zum gefährlichsten Konkurrenten des Zoroastrismus (auf Zoroaster = Zarathustra zurückgehende Lehre) und im Römischen Reich zum bedeutendsten Rivalen des Christentums wurde. Mani, von persischer Herkunft, der in Babylonien wirkte, wurde schließlich von zoroastrischen Priestern gesteinigt. Viele Anhänger des Manichäismus sahen in dieser Religion das Symbol eines neuen, kommenden Zeitalters; ein sozialer Protest ist im Manichäismus wenigstens in Ansätzen erkennbar. Manichäische Missionare verbreiteten die Lehre bis nach China. Manis Lehre liegt ein strenger Dualismus zwischen Gut und Böse, Licht und Finsternis zugrunde. Einst brach die Finsternis in das Lichtreich, ein Teil des Lichtes mischte sich mit der Finsternis; das ist die Welt, wie sie die Manichäer sahen. Aber die Lichtelemente in der Mischung mit der Finsternis streben doch unaufhörlich zu ihrem Ursprung zurück. Die Manichäer selbst suchen durch gute Taten, durch Askese, durch ein friedvolles Leben die Lichtfunken in ihrer Seele zu vermehren, um nach dem Tode im Kampf gegen die Gefahren der Finsternis, die die Seele nicht freigeben wollen, zum Lichtreich zurückkehren zu können. Der Manichäismus nahm christliches, jüdisches, persisches Gedankengut in sich auf, verarbeitete es aber zu einer neuen Einheit. Im Iran, in Turkestan, in Arabien, in Byzanz und im Weströmischen Reich bis nach Spanien gab es Manichäer, die trotz Terror und Verfolgung seitens des Staates, der christlichen Kirche und des Islam ihren Glauben nicht aufgegeben haben. Der Staat war für die Manichäer eine Ausgeburt der Finsternis; daher die wütenden Angriffe vor allem der Römer und Sassaniden gegen diese entstehende Weltreligion.

5.10. Die kulturelle Entwicklung in der Krise des 3. Jh. 315

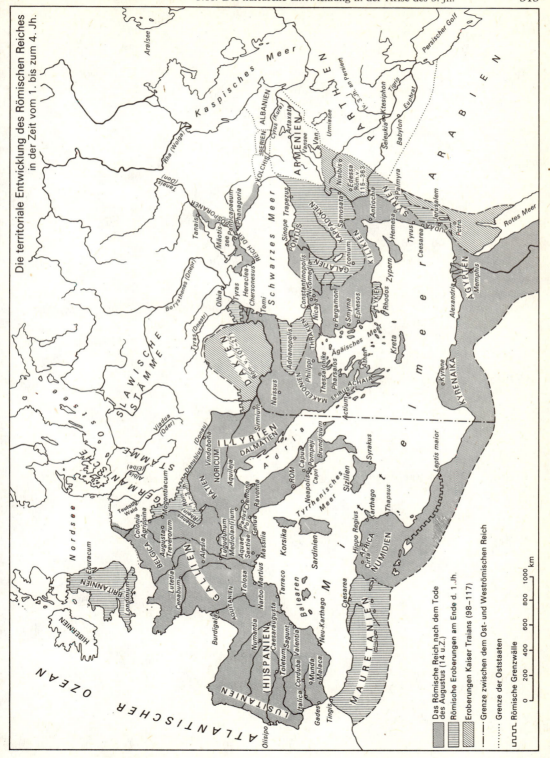

Die spätrömische Kaiserzeit. Der Dominat

6

Die Grundlagen des Dominats

6.1.

Seit dem Ende des 2. Jh. zerrüttete die allgemeine Krise der auf Sklaverei beruhenden Produktionsverhältnisse alle Bereiche des wirtschaftlichen, politischen und kulturellen Lebens im römischen Staat. In der Mitte des 3. Jh. schien es so, als sollte er dem Ansturm barbarischer Stämme und Stammesverbände und sassanidischer Heerzüge erliegen; die Loslösung reicher Provinzen und der Kampf zahlreicher Usurpatoren und Kaiser gegeneinander wirkten in diesem Sinne. Mehreren Kaisern und bedeutenden Heerführern, wie Claudius Gothicus, Aurelian und Probus gelang es, zwischen den rivalisierenden Gruppen der herrschenden Klasse zu lavieren und sie zu höchsten Anstrengungen zu veranlassen, um die militärische Abwehrkraft des Staates zu erhöhen. Dabei stützten sie sich besonders auf die noch freien Bauern der Provinzen an der unteren Donau, die dem Heer zahlreiche Rekruten stellten, und in zunehmendem Maße auf germanische Kriegerscharen, die in römischen Sold genommen wurden. Dennoch mehrten sich die Anzeichen, daß der Staatsapparat des frühen Kaiserreiches, des Prinzipats, nicht mehr in der Lage war, die gesellschaftlichen Verhältnisse zeitweilig zu stabilisieren. Das Bündnis zwischen Kaisertum, Senatsaristokratie, Ritterschaft und den munizipalen Oberschichten bestand nicht mehr; es hatte sich in der Zeit der Krise aufgelöst. Die Senatsaristokratie war aus fast allen Kommandostellen im Heer und in den Provinzen durch Angehörige des Ritterstandes verdrängt worden; die munizipalen Oberschichten sahen sich dem verstärkten Druck der Großgrundbesitzer ausgesetzt. Mit dem beginnenden Auflösungsprozeß der bis dahin bestehenden gesellschaftlichen Hauptklassen, der Sklaven und Sklavenbesitzer, und mit der allmählichen Verdrängung der sklavenbesitzenden munizipalen Oberschichten aus der herrschenden Klasse erwies sich eine strukturelle Veränderung des Staates als Machtinstrument der herrschenden Klasse als unumgänglich. Dieser strukturelle Wandel des Machtapparates wurde im wesentlichen zur Zeit der Kaiser Diokletian (284—305) und Konstantin I. (306—337) vollzogen. Die Frage war nur, ob mit dieser Strukturveränderung der allgemeinen Krise wirkungsvoll begegnet werden konnte, natürlich ohne sie zu überwinden, und der politische Machtapparat mit den sozialökonomischen Veränderungen der folgenden zwei Jahrhunderte in

Soziale Lage

318   6. Die spätrömische Kaiserzeit. Der Dominat

Übereinstimmung zu bringen war. Im Osten des Römischen Reiches bestanden für die Erhaltung der Staatsmacht und für die allmähliche Feudalisierung dieser Macht günstigere Voraussetzungen als im Westen, und eine dynamischere, flexiblere herrschende Klasse verstand es, im Osten diese günstigeren Bedingungen zu nutzen, während im Westen der römische Staat im Jahre 476 unterging.

Sieg der Groß-grundbesitzer-aristokratie

Herrschende Klasse wurde in der Zeit des Dominats allein die Großgrundbesitzeraristokratie, wozu auch die kaiserliche Familie und in wachsendem Umfang die christliche Kirche mit ihrem führenden Klerus gehörte. Diese exempten Großgrundbesitzer waren Vorläufer der späteren Feudalherren wie die Kolonen Vorläufer der feudalabhängigen Leibeigenen. Die Großgrundbesitzer des Dominats waren noch keine Feudalherren, weil die herrschende Produktionsweise noch nicht feudal war. Die herrschende Produktionsweise der Spätantike entsprach der einer untergehenden Sklavereigesellschaft mit Elementen künftiger feudaler Produktionsverhältnisse. Durch den Erwerb der steuerlichen Immunität und die Ausbreitung des Patrociniums festigten die Großgrundbesitzer ihre ökonomische Macht. Die Besitzer großer Latifundien schufen sich im Verlaufe des spätrömischen Kaiserreiches eigene Macht- und Unterdrückungsorgane, z. B. Gefängnisse, private Heeresabteilungen (bucellarii), befestigte Landhäuser, eigene Kirchen u. a. Ihre Grundbesitzungen lagen in verschiedenen Provinzen des Reiches verstreut, und sie besaßen bedeutende Reichtümer.

Nivellierung und Annäherung der ausgebeuteten Klassen

Die ausgebeuteten Klassen repräsentierten im Dominat die eingeschränkt selbständig wirtschaftenden Kleinproduzenten und die Sklaven. Zu den Kleinproduzenten gehörten die verschiedenen sozialen Gruppen eines mehrschichtigen Kolonats, etwa die originarii, die adscripticii, die inquilini, die laeti, die coloni liberi, dazu freie Bauern und kleine Handwerker in Städten, Dörfern und auf den Gütern der Großgrundbesitzer. Auch die Sklaven waren je nach ihrer Stellung in der Gesellschaft uneinheitlich zusammengesetzt. Charakteristisch für die Zeit des Dominats ist die allmählich immer stärkere Annäherung dieser beiden ausgebeuteten Klassen in ihrer wirtschaftlichen Tätigkeit und in ihrer sozialen Stellung. Dagegen blieben die personenrechtlichen Unterschiede zwischen Freien und Unfreien erhalten. Die Kolonen wurden keine Sklaven, und nicht alle Sklaven erhielten die Freiheit.

Sklaven und Kolonen

Da sich jedoch Sklaven, die eine Landparzelle als Peculium erhalten hatten, als Quasi-Kolonen wirtschaftlich gar nicht mehr von den »echten« Kolonen, und Sklaven, denen eine Werkstatt als Peculium überlassen worden war, nicht mehr von den freien Handwerkern unterschieden, sah sich beispielsweise die kaiserliche Gesetzgebung der Spätantike vor den größten Schwierigkeiten, zwischen beiden Kategorien rechtlich zu trennen, obgleich nach wie vor die Fiktion aufrechterhalten wurde, daß alle Menschen im Römischen Reich entweder Freie oder Sklaven seien.

Spätantiker Kolonat

Die Frage nach dem historischen Charakter des spätantiken Kolonats und des Großgrundbesitzes muß aus beider Stellung im Wandel der Produktions- und Eigentumsverhältnisse im spätrömischen Kaiserreich beantwortet werden. Da der Kolonat die bestehenden antiken Eigentumsverhältnisse zwar modifizierte, aber nicht grundsätzlich veränderte, ist er ein Bestandteil der untergehenden Sklavereigesellschaft, gehört er noch nicht in die Anfangsphase der Feudalordnung. Der Nivellierungsprozeß der ausgebeuteten Klassen in der Landwirtschaft machte aus den Kolonen de facto Sklaven des Bodens, deren gesamter Besitz dem Peculium der Sklaven gleichgesetzt wurde. Es ist bezeichnend für spätantike Verhältnisse, daß allmählich alle Freien, die nicht im Besitze von Produktionsmitteln waren, der Sklaverei angeglichen wurden, und dies um so mehr, je zunehmender die Sklaverei selbst wirtschaftlich an Bedeutung verlor.

Diese genannten Klassen gehörten verschiedenen Ständen an. Den höchsten Stand bildete auch im Dominat der Senatsadel, der sich im 4./5. Jh. in mehrere voneinander abgegrenzte Rangstufen (clarissimi, spectabiles, illustres) gliederte. Die politische Entmachtung des Senatorenstandes durch die Politik der Soldatenkaiser im 3. Jh. erreichte unter Kaiser Diokletian ihren Höhepunkt. Der Ritterstand, der selbst Teil der Großgrundbesitzeraristokratie geworden war, hatte fast alle Positionen besetzt, die vorher Senatoren innehatten. Aber unter Kaiser Konstantin I. kam es zu einer Wende in der Politik gegenüber dem Senat. Senatorische Familien besetzten wieder hohe staatliche Ämter — mehr im Westteil als im Ostteil des Reiches. Da die senatorische Großgrundbesitzeraristokratie in den westlichen Provinzen einen größeren sozialen Einfluß besaß als in den östlichen Provinzen, suchte Konstantin I. sie auf diese Weise für sich zu gewinnen und stärker der Politik der kaiserlichen Zentralgewalt zu verpflichten. Gleichzeitig relativierte Konstantin I. die Bedeutung des Senatsadels, indem er den größten Teil der Ritterschaft in den Senatorenstand übernahm. Zugleich wurde der Senat nach der Gründung der neuen Hauptstadt Konstantinopel durch einen zweiten dort befindlichen Senat ergänzt. Gehörten dem römischen Senat zu Beginn der Regierungszeit Konstantins I. 600 Mitglieder an und dem Senat von Konstantinopel nach seiner Einrichtung 330 300, so zählten beide Korporationen in der Mitte des 4. Jh. zusammen etwa 4000 Mitglieder. An den Senatssitzungen nahm aktiv jedoch nur ein kleiner Teil davon teil. Die meisten Angehörigen des Senatorenstandes lebten in den Provinzen auf ihren Grundbesitzungen und begnügten sich mit dem senatorischen Rang. Der Ritterstand hörte nach diesen Reformen Konstantins I. auf zu existieren. Auch den reichsten Vertretern der munizipalen Oberschichten gelang es, senatorischen Rang zu erhalten. Über die kaiserliche Bürokratie, das Gerichtswesen und über höhere Kommandostellen im Heer fanden die Ritter und die wohlhabendsten Dekurionen der Städte Eingang in den Senatsadel.

Zu Beginn des 5. Jh. waren schon mittlere Hof- und Provinzverwaltungsämter mit Männern niederen senatorischen Ranges (vir clarissimus) besetzt. Daneben entstand ein Hochadel, die viri illustres, der sich in Rom und an den Kaiserresidenzen konzentrierte. Seine wachsende politische Macht war mit dem Großgrundbesitz und höchsten Ämtern verbunden. Die Kaiser suchten vergeblich, seine überragende Stellung in Grenzen zu halten; aber da die, die die kaiserlichen Verfügungen und Bestimmungen durchsetzen sollten, selbst Großgrundbesitzer waren, mußten diese Versuche von vornherein zum Scheitern verurteilt sein. Im 5. Jh. zeigte sich besonders im Weströmischen Reich die Kehrseite der konstantinischen Senatspolitik; der Anteil des senatorischen Einflusses auf Wirtschaft und Politik wuchs auf Kosten der kaiserlichen Zentralgewalt. Die munizipalen Oberschichten, die in der frühen

6. Die spätrömische Kaiserzeit. Der Dominat

Munizipale Oberschichten

Kaiserzeit zusammen mit Rittern und der Senatsaristokratie die herrschende Klasse der sklavenbesitzenden Grundbesitzer gebildet hatten, büßten in der Zeit des Dominats ihre angesehene und vorrangige Stellung ein. Ursache dafür waren in erster Linie der Niedergang der Sklaverei und vieler Städte, besonders im Westen des Reiches, die mit der allgemeinen Krise im Zusammenhang stehende beginnende Veränderung des Stadt-Land-Verhältnisses. Aus Gründen der Erhaltung der Steuerkraft und der Heeresversorgung versuchten manche Kaiser des Dominats, die Städte und die munizipalen Oberschichten zu stützen und sie vor Übergriffen der Großgrundbesitzer und hoher Beamter zu schützen, doch waren diese Maßnahmen allesamt erfolglos. Die Munizipalaristokratie gehörte fortan nicht mehr zur herrschenden Klasse und befand sich in einer solchen Stellung, daß die Dekurionen lieber aufs Land zu den Kolonen flüchteten oder sich sogar als Sklaven ausgaben, als daß sie die »Ehre« des Dekurionats weiterhin auf sich nehmen wollten.

Lage der städtischen Plebs

Die städtischen Plebejer, die teilweise im Handwerk und Kleinhandel tätig waren, teilweise sich als Tagelöhner verdingten, hatten unter dem zunehmenden Druck besonders zu leiden, den die einzelnen Beamten der Provinzialverwaltung und des Stadtrates auf sie ausübten. Sie existierten an der Grenze des Existenzminimums und mußten in ihrer Mehrheit von den Lebensmittelspenden der Reichen unterhalten werden. In politischer Hinsicht war die städtische Plebs keine träge Masse. Besonders die stadtrömische Plebs war in ihrem Aufbegehren gegen mißliebige Beamte und Senatoren, vor allem wenn die Getreidelieferungen ausblieben, gefürchtet. Durch Zirkusspiele, Theateraufführungen und Pferderennen versuchten die herrschenden Kreise, die Plebejer zu besänftigen. Aber die verarmte städtische Plebs, die nichts besaß, unterlag noch nicht dem ökonomischen Zwang, ihre Arbeitskraft verkaufen zu müssen. Doch war ihre Existenz nur in den Städten sicher; auf dem Lande wurden sie als Landstreicher aufgegriffen und von den Verwaltern der Großgrundbesitzer unter die Kolonen eingereiht.

Klassenkämpfe

Die sich verändernden sozialen Verhältnisse, die zunehmende Ausbeutung der Kolonen und Sklaven verschärften den Klassenkampf in der Spätantike. Das Latrocinium breitete sich im ganzen Imperium aus. Aufstände waren weniger örtlich begrenzt als früher; an ihnen beteiligten sich nicht mehr nur Kolonen und Sklaven, sondern weite Teile der unzufriedenen, ärmeren und ausgebeuteten Bevölkerung; sie erfaßten auch barbarische Stämme und Stammesverbände, die sich auf dem Reichsboden niedergelassen hatten. Die Klassenkämpfe wurden zu umfassenden Volksbewegungen in verschiedenen Provinzen des Ostens wie des Westens; die aufständische bäuerliche Landbevölkerung trat vereinzelt auch für die Veränderung der Eigentumsverhältnisse bzw. für die Stärkung ihrer bäuerlichen Eigentumsrechte gegen Übergriffe der Großgrundbesitzer ein, wurde somit eine revolutionäre Kraft in der Übergangsepoche zum Feudalismus. Unter diesen Volksbewegungen sind besonders die Bagauden in Gallien und Spanien, die Circumcellionen in Nordafrika, der Aufstand des Gildo in Nordafrika, die Erhebung der Westgoten an der unteren Donau und die Kämpfe der Isaurier in Kleinasien hervorzuheben. Auch die bäuerliche Bevölkerung im spätantiken Ägypten, in Palästina und in Syrien erhob sich oft gegen die oströmische kaiserliche Zentralgewalt.

6.2. Die Zeit Diokletians und Konstantins 321

Um die ausgebeuteten Klassen im Innern niederzuhalten und die äußeren Gegner abzuwehren, gelangte die antike Form der Militärdiktatur in der Zeit des Dominats zur höchsten Stufe ihrer Entwicklung. War die Anerkennung des neuen Kaisers nach dem Tode eines Herrschers durch den Senat schon in der Zeit des Prinzipats mehr und mehr eine formelle Handlung geworden, so verzichteten die Kaiser des Dominats vollends darauf. Wie schon im Prinzipat bestimmte letztendlich das Heer, wer Herrscher sein sollte, und dieser konnte nur solange die herrschende Klasse repräsentieren, solange das Heer ihn anerkannte. Eine Senatsverschwörung gegen einen Kaiser hatte nur dann Aussicht auf Erfolg, wenn wenigstens ein Teil des Heeres, meist die Prätorianergarde, mitwirkte oder zumindest ihr Einverständnis bekundet hatte. Im Dominat wurden die Armee, die militärisch organisierte Beamtenschaft und die christliche Kirche die einzigen sicheren Stützen der kaiserlichen Macht.

Antike Militärdiktatur

In ideologisch-weltanschaulicher Hinsicht ist der Dominat durch den Sieg des Christentums über die mit ihm konkurrierenden anderen Erlösungsreligionen gekennzeichnet. In der revolutionären Übergangsepoche von der Sklavereigesellschaft zum Feudalismus entwickelte sich keine führende materialistische Ideologie wie einst bei der Entstehung der antiken Sklavereigesellschaft oder später bei der Herausbildung des Kapitalismus. Das Christentum überwand die antike Polis-Ideologie, die antike Weltauffassung und das antike Menschenbild. In der römisch-katholischen Kirche bildete sich im Weströmischen Reich seit etwa dem Ende des 4. Jh. die politische Ideologie der künftig herrschenden Feudalklasse heraus.

Sieg des Christentums

Die Zeit Diokletians und Konstantins I.

6.2.

Während der Herrschaft Diokletians (284—305) fielen Franken, Alamannen und Burgunder wieder in Gallien ein, und die Sachsen verheerten die Küsten Britanniens und Galliens. Gleichzeitig erhob sich in Gallien die unterdrückte Landbevölkerung in einem machtvollen Aufstand gegen die römische Herrschaft (285—286). Die Aufständischen nannten sich Bagauden, das Wort ist keltischen Ursprungs und bedeutet soviel wie die »Streitbaren« oder »Kämpfer«. An der Ostgrenze drohte der Sassanidenkönig Bahram II. (276—293) mit neuem Krieg. Deshalb setzte Diokletian einen fähigen Heerführer, M. Aurelius Valerius Maximianus, der wie er aus Illyricum stammte und ihm in vielen Kriegen Waffengefährte gewesen war, als Caesar ein und übertrug ihm die Kontrolle über die westlichen Provinzen des Reiches. Er selbst sicherte die Euphratgrenze und veranlaßte den Sassanidenkönig, mit Rom einen neuen Friedensvertrag (287) zu schließen. Bahrams II. Stellung im Staat war durch innere Auseinandersetzungen geschwächt, so daß Rom in Armenien wieder einen Klientelkönig einsetzen konnte, der sich römischer Kontrolle unterwarf.

Diokletian

Bagaudenaufstand in Gallien

In Gallien reichten die lokalen militärischen Kräfte nicht aus, die Germanen von den Grenzen fernzuhalten und gleichzeitig der Bagaudenbewegung Herr zu werden. Unter ihren Anführern Amandus und Aelianus hatten die Bagauden kleinere Erfolge erzielen können. Es bedurfte der bedeutenden Heeresmacht Maximians, um die Aufständischen niederwerfen zu können.

Unterdrückung der Bagaudenbewegung

21 Römische Geschichte

322   6. Die spätrömische Kaiserzeit. Der Dominat

Die Bagauden bildeten bewaffnete Abteilungen. Aus einer Quelle wissen wir, daß die des Kriegshandwerks unkundigen Bauern (agricolae) die Römer angriffen, der Pflüger wurde zum Fußsoldaten, der Hirt zum Reiter, und der Bauer (rusticus) ahmte den feindlichen Barbaren nach.[1]

Die Bagauden verwüsteten die Besitzungen der gallo-romanischen Aristokratie und suchten auch kleinere Städte zu erobern; es handelte sich bei ihnen im wesentlichen um freie Bauern, da in den Quellen Sklaven und Kolonen als Teilnehmer der Bewegung nicht ausdrücklich genannt werden; sicher werden sie auch nicht völlig gefehlt haben. Im Verlaufe des Jahres 286 hatten die gut ausgerüsteten und schwerbewaffneten römischen Legionen unter Maximian die Bagauden niedergeworfen. Aber die Erinnerung an diese Volksbewegung blieb bei den Bauern noch lange erhalten; als sich etwa 130 Jahre später wieder eine machtvolle Volksbewegung in Gallien gegen die römischen Unterdrücker erhob, trug sie ebenfalls diesen Namen.

Maximian, Weiterführung militärischer Reformen

Im Frühjahr 286 hatte Diokletian Maximian zum Augustus ernannt. Als im Jahre 288 der Frieden an den Grenzen wiederhergestellt zu sein schien, trafen sich die beiden Kaiser in Mediolanum (Mailand) und legten weitere Maßnahmen zur Festigung der Staatsmacht fest. Militärische und zivile Gewalt wurden endgültig voneinander getrennt; an den Kaiserhöfen führte man persisches Zeremoniell ein. Der lebende Kaiser galt als Verkörperung des Göttlichen und verlangte dementsprechende Verehrung. Die militärische Reorganisation, die schon in der Mitte des 3. Jh. begonnen hatte, führte er weiter, der Grenzschutz wurde verstärkt und das bewegliche Feldheer ergänzt; 25 Legionen wurden neu aufgestellt. Obwohl die Stärke der Legionen herabgesetzt wurde, bestand das römische Heer unter Diokletian etwa aus rund 500000 Mann.

Usurpation des Carausius

Aber die Einheit des Reiches war trotz der Erfolge beider Kaiser noch nicht gesichert. Im Jahre 288 trat Musaeus Carausius, ein römischer Heerführer batavischer Herkunft, in Britannien als Usurpator auf. Erneut drohte die Bildung eines Sonderstaates die Westprovinzen zu erfassen; doch blieb die gallo-romanische Aristokratie auf der Seite Maximians, der in ihrem Interesse die Bagaudenerhebung niedergeworfen hatte. Die Usurpation des Carausius (288—293) und seines Nachfolgers Allectus (293—296) blieb auf Britannien begrenzt. Diese Ereignisse in Britannien nutzten fränkische und alamannische Verbände zu verstärkten Angriffen gegen die römischen Grenzgebiete. Die Franken besetzten die Rheinmündung, doch den Gegenangriffen Maximians und Diokletians konnten beide Völker nicht standhalten. Im Jahre 290 drängte Diokletian in Syrien eingefallene arabische Sarazenen zurück. Dann nahmen ihn im Jahre 292 Kämpfe mit den Sarmaten an der Donau in Anspruch, während Maximian mit den Alamannen in der Maingegend Krieg führte.

Die Teilung der militärischen Macht hatte sich bei der Abwehr äußerer Angriffe bewährt, doch reichte sie gegenwärtig noch nicht aus, um die im Verlaufe des 3. Jh. im Kampf gegen Usurpatoren geschwächte Zentralgewalt wiederherzustellen. Daher vereinbarten beide Kaiser, die militärische Macht des Staates weiter zu dezentralisieren, wobei jedoch der höhere Rang der beiden Augusti gewahrt blieb. Am 1. März 293 erhob Diokletian in seiner Residenz

1   Vgl. Panegyrici latini, ed. Baehrens, 2 (10), 4, 3.

6.2. Die Zeit Diokletians und Konstantins

Nikomedeia (Kleinasien) seinen Präfekten der Prätorianergarde, C. Galerius Valerius Maximianus, zum Caesar und präsumtiven Nachfolger; am gleichen Tage ernannte auch Maximian an seinem Hof in Mailand seinen Chef der Prätorianergarde, C. Flavius Valerius Constantius (Chlorus), zum Caesar und späteren Thronerben. Beide Caesaren stammten wie die beiden Augusti aus Illyricum und hatten sich im Heeresdienst ausgezeichnet. Diese Form der Herrschaft wurde als Tetrarchie (Vierherrschaft) bezeichnet. Die staatliche Einheit blieb gewahrt; Diokletian wurde als »Oberherr« von den anderen drei Mitherrschern anerkannt. Jeder erhielt einen bestimmten räumlichen Bereich zugeteilt, den er gegen Einfälle von außen, Aufstände im Innern und gegen Usurpationen zu überwachen hatte. Diokletian behielt den Osten des Reiches, d. h. die Provinzen in Kleinasien, Syrien, Palästina und in Ägypten; sein Caesar Galerius bekam die Balkanhalbinsel von Noricum bis zur Donaumündung samt Makedonien und Griechenland; seine Residenz wurde Sirmium an der Save (Sremska Mitrovica). Maximian erhielt Italien und Afrika zur Verwaltung; er residierte in Mailand; sein Caesar, Constantius, bekam Spanien und Gallien zugewiesen; außerdem erhielt er die Aufgabe, den Kampf gegen die Usurpatoren in Britannien zu führen; im Falle einer siegreichen Beendigung sollte ihm auch dieses Land unterstehen. Trier und Eburacum (York) wurden seine bevorzugten Aufenthaltsorte. Die neue Herrschaftsform schien sich zunächst zu bewähren. Im Jahre 294 bekämpfte Galerius die Jazygen an der Donau, Constantius vertrieb in diesen Jahren Franken und Friesen von der Rheinmündung und gewann im Jahre 296 Britannien zurück; in den Jahren 295 und 296 stand Galerius in Auseinandersetzungen mit Goten an der unteren Donau und mit dakischen Karpen. In dieser Zeit unterdrückte Diokletian zwei Usurpationen in Ägypten und schlug 297 in einem Perserfeldzug ein sassanidisches Heer. Im Friedensvertrag schob Rom seine Grenze bis zum Tigris vor. Maximian drängte im gleichen Jahr in Nordafrika die Stämme der Quinquegentanei vom römischen Territorium zurück, und Constantius fügte den Alamannen in der Schweiz eine Niederlage zu. Jeder der vier Herrscher war in diesen Jahren durch militärische Aktionen voll in Anspruch genommen; die üblichen staatlichen Mittel der Prinzipatszeit hätten in der Tat nicht ausgereicht, um der zahlreichen Einfälle an den verschiedenen Grenzen und der Usurpationen Herr zu werden.

Tetrarchie

Kämpfe an allen Grenzen

Diente die Bildung der Tetrarchie in erster Linie dazu, die militärische Schlagkraft des Staates zu erhöhen, so war die Provinzreform vor allem auf den Ausbau der zivilen Verwaltung gerichtet. Schon im Jahre 296 war die seit Augustus bestehende Sonderverwaltung Ägyptens aufgehoben worden, und im Jahre 297 wurde die gesamte Reichsverwaltung neu geordnet. Das ganze Imperium wurde in zwölf größere Verwaltungseinheiten, Diözesen, eingeteilt. Italien wurde in das neue Verwaltungssystem mit eingegliedert, nachdem bereits im Jahre 292 die Grundsteuerfreiheit Italiens aufgehoben worden war, die seit dem Jahre 168 v. u. Z. bestanden hatte. Die Vorsteher der Diözesen, die den Titel eines Vikar (vicarius) führten, waren in ihrem Gebiet die Stellvertreter des jeweiligen Tetrarchen, hatten sich aber nicht mit militärischen Fragen, sondern ausschließlich mit Angelegenheiten der inneren Verwaltung, besonders der Steuereinziehung, zu befassen. Gleichzeitig wurde die Zahl der Provinzen durch Teilung der alten, größeren Provinzen auf 101 erhöht. Die

Provinzreform Diokletians

21*

Provinzstatthalter trugen den Titel praeses, consularis oder — in Italien — corrector; in Asia, Africa und Achaia nannte man die Statthalter wie früher Prokonsuln. Die neuen Provinzen waren zum Teil wesentlich kleiner; staatliche Kontroll- und Unterdrückungsmaßnahmen ließen sich in ihnen leichter durchsetzen, da der Statthalter mit seinem Beamtenapparat sein Territorium nun besser überschauen konnte.

Steuerreform Diokletians

Die vier Hofhaltungen, das Heer und der ständig sich vergrößernde Beamtenapparat erforderten in zunehmendem Maße bedeutende Steuersummen. Da die unteren Schichten der städtischen Plebs gar nicht in der Lage waren, Steuern zu zahlen — es gab im Gegenteil in Rom über 100 000 Bürger, die auf Staatskosten Getreidezuwendungen erhielten, in Konstantinopel waren es in der Mitte des 4. Jh. etwa 80 000 —, lastete der Steuerdruck vor allem auf den bäuerlichen Produzenten. Diokletian vereinheitlichte das bestehende Steuerwesen; die Naturalsteuer (annona) erhielt den Vorrang vor den in Geld zu entrichtenden Steuern. Die Ursachen dafür lagen besonders in der zunehmenden Geldentwertung, weshalb der Sold und die Gehälter für die Beamten mehr und mehr in Naturalien ausgezahlt wurden. Die Steuerreform wurde von Diokletian begonnen, aber erst von Konstantin I. zu Ende geführt. Es wurde im Imperium eine einheitliche Steuerveranlagung nach landwirtschaftlichen Bemessungseinheiten durchgesetzt, die je nach der Qualität des Bodens, nach den angebauten Produkten und nach der Lage unterschiedlich groß waren. Eine solche Bemessungs- oder Steuereinheit nannte man ein iugum. Der Wert der Erzeugnisse einer bestimmten Anzahl von iuga wurde gleichgesetzt. Die Größe der Steuereinheit war auch abhängig von der Arbeitskraft, die ein Mann für die Bewirtschaftung dieser Einheit benötigte.

iugatio — capitatio

Ein Sklave war dabei einem freien Mann gleichgesetzt; zwei Frauen entsprachen der Arbeitskraft eines Mannes usw. Diese menschliche Arbeitskraft hieß caput (= Kopf, Person); das System dieser Besteuerung wurde als iugatio — capitatio bezeichnet. In fünfjährigen, später fünfzehnjährigen Berechnungsperioden wurden die Steuerzahler neu veranlagt, wobei man stets vom Steuerbedarf, nicht von der Leistungsfähigkeit ausging.

Indiktionen

Für eine Steuerberechnungsperiode führte man die Bezeichnung Indiktion (indictio) ein, die seit dem Jahre 312/313 für die Zeitrechnung allgemein üblich wurde.

Nachdem von der kaiserlichen Kanzlei der geschätzte Steuerbedarf an Naturalien und Geldeinnahmen errechnet worden war, wurden die Steuern nach den vorhandenen iuga und capita aufgegliedert und an die Provinzen aufgeteilt. Die dortige Finanzverwaltung schrieb die Steuersummen wieder für die einzelnen Städte, Großgrundbesitzungen oder Dörfer aus. Durch dieses Steuersystem wurde das gesamte anbaufähige Land katastriert; für ein iugum und caput war eine bestimmte Steuersumme zu entrichten, die zu Beginn jeder Indiktionsperiode neu festgesetzt wurde. Auch die Bauern der kaiserlichen Güter waren der Steuerpflicht unterworfen.

Besondere Lasten für die Bauern

Eine besondere Härte bestand darin, daß die Bauern gezwungen wurden, die Steuer für benachbartes, verlassenes Land mit zu übernehmen. Die Vorsteher der Städte, die Dekurionen, mußten die Steuersumme, zu der die Stadt mitsamt den auf städtischem Boden liegenden Grundbesitzungen verpflichtet war, dem Statthalter mit ihrem Vermögen garantieren.

6.2. Die Zeit Diokletians und Konstantins

Neben der annona gab es auch weiterhin Steuern, die in Geldform zu zahlen waren; es handelte sich um Steuern, die die Städte, die Händler und Gewerbetreibenden entrichten mußten.

Die Steuerreform hatte aber nur dann einen Sinn, wenn die bäuerlichen und städtischen Produzenten — theoretisch zumindest während einer Indiktionsperiode — ihren Grund und Boden, den sie als Kolonen oder als freie Bauern bearbeiteten, und ihre Werkstatt bzw. ihr Gewerbe nicht verließen. Die Wirksamkeit der Steuerreform Diokletians war mit der Bindung der Kolonen an den Boden und der Handwerker an ihre Berufe verbunden. Wenn auch solche Gesetze erst unter Konstantin I. bekannt geworden sind, so liegt nahe, daß schon Diokletian ähnliche Verfügungen erlassen haben muß.

Das Münzsystem war zu Beginn der Regierungszeit Diokletians besonders reformbedürftig. Durch die Vereinheitlichung des Münzsystems und die Beseitigung aller lokalen Prägungen suchte der Kaiser dem Gelde größeren Wert zu verleihen. Aber die inflationistischen Tendenzen nahmen gegen Ende des 3. Jh. rapide zu. Im Jahre 290 begrenzte Diokletian den Zinsfuß auf 12 Prozent, um dem Wucher Einhalt zu gebieten. Danach führte er eine Münzreform durch, die mit modern anmutenden deflationistischen Maßnahmen der Misere begegnen wollte. Durch eine drastische Verminderung des Geldumlaufs und durch die Senkung des Nennwertes der Bronzemünzen um 50 Prozent sowie durch die Herausgabe neuer Goldmünzen, deren Realwert sogar über dem Nennwert lag, beabsichtigte der Kaiser, den ständig zunehmenden Preissteigerungen zu begegnen, die Preise zu stabilisieren und nach Möglichkeit auch herabzusetzen. Aber der Erfolg blieb aus, da Händler und Angehörige der Oberschichten die guten Münzen horteten und damit bald aus dem Verkehr zogen. Den Nachteil hatten die wirtschaftlich schwachen Schichten, die sich keine Goldschätze anlegen konnten und weiter auf die Kupfermünzen angewiesen waren, deren Wert im Verhältnis zum Gold und zum Silber weiter fiel. Um 300 entsprach ein römisches Pfund (327,45 g) Gold etwa 50 000 Kupferdenaren; trotz aller Maßnahmen war schon im Jahre 310 der Preis für ein Pfund Gold auf 120 000 Denare angestiegen, im Jahre 324 betrug er etwa 300 000 Denare, in den nächsten Jahrzehnten erreichte die Summe fast sprunghaft die astronomische Ziffer von über 300 Millionen Denaren. Das bedeutet, daß es faktisch zwischen Gold und Bronze bzw. Kupfer kein Wechselverhältnis mehr gab; dieser Zustand blieb bis in die Regierungszeit des oströmischen Kaisers Anastasius I. (493—518) bestehen. Dann wurden nach einer Münzreform neue Bronzestücke geprägt, die wieder gegen Goldmünzen einwechselbar waren.

Da das Ziel der Münzreform nicht erreicht wurde, erließ Diokletian im Jahre 301 ein Edikt (edictum de pretiis rerum venalium), das Höchstpreise für über 900 Waren, Maximaltarife für 41 Transportleistungen und Höchstsätze für 130 Arten von Arbeitsleistungen in Denaren festsetzte. Diokletian nahm an, daß die Preissteigerungen lediglich durch die schädliche Spekulation von Händlern, Kaufleuten und Wucherern verursacht wurden, und drohte im Falle der Überschreitung der vorgeschriebenen Summen mit der Todesstrafe. Das Edikt, das im ganzen Reich von Spanien bis zum Tigris im Osten befolgt werden sollte, hatte kaum praktische Bedeutung, da das Römische Reich keinen einheitlichen inneren Markt besaß und die unterschiedlichen Produktions-,

Münzreform Diokletians

Festsetzung der Höchstpreise

6. Die spätrömische Kaiserzeit. Der Dominat

Verkehrs- und Marktbedingungen in den einzelnen Provinzen nicht berücksichtigt wurden. Die Preise und Sätze entsprachen mehr denen des östlichen Reichsteils; die Händler verkauften die Waren dorthin, wo sie ihnen größten Gewinn brachten. Das Edikt wurde bald nicht mehr befolgt, zumal die Regierung nicht mit Hilfe eines Kontrollsystems die Preise, Tarife und Löhne in jeder Stadt, auf jedem Markt im Reich zu überprüfen vermochte.

Germanische Läten in Gallien

Um die wirtschaftliche Lage grenznaher Gebiete römischer Provinzen zu verbessern, die durch die germanischen Einfälle besonders in den siebziger Jahren des 3. Jh. schwer gelitten hatten, wurden vom Caesar Constantius in Gallien germanische Familien angesiedelt, die in den Quellen als Läten (laeti) bezeichnet werden. Sie werden zuerst im Jahre 297 genannt.

Läten waren meistens kriegsgefangene Germanen, die nicht mehr versklavt wurden, sondern als abhängige Bauern Grundstücke bestellten, die durch die Kriegsereignisse verödet waren; diese Grundstücke wies ihnen der Kaiser selbst zu. Sie mußten auch für Rom in den Krieg ziehen, kämpften aber unter dem Befehl römischer Offiziere. Ihr sozialer Status ähnelte dem der spätrömischen Kolonen, und wie diese konnten sie die ihnen zugewiesenen Äcker nicht wieder verlassen.

Diokletian und seine Mitherrscher beschränkten sich bei ihren Reformen nicht auf militärische, administrative, wirtschaftliche und finanzpolitische Maßnahmen. Auch die politisch-ideologischen, besonders religionspolitischen Edikte und Aktionen waren auf die Restaurierung der alten, im Niedergang befindlichen Gesellschaftsordnung gerichtet.

Restauration des römischen Staatskults

Der alte römische, vom Staat geförderte Götterkult sollte erneuert werden. Die mehr als tausendjährige Geschichte Roms, so schien es, hatte unter der Obhut der römischen Götter gestanden. Selbst die Herrschaft Roms über fremde Völker galt als göttlicher Auftrag. Daher förderten die Tetrarchen die traditionellen römischen Staatskulte, besonders die Pflege des Jupiter-, Hercules- und des Sonnenkultes. Diokletian nannte sich Abkömmling des Jupiter (Iovius), und Maximian sah sich als Nachfahre des Hercules (Herculius). Auch darin kam der höhere Rang Diokletians zum Ausdruck, da der Sage nach Hercules (= Herakles) der Sohn des obersten Gottes Jupiter (= Zeus) war. Auf den Münzbildern propagierten er und seine Mitherrscher diese Religionspolitik. Gegen Andersdenkende, vor allem gegen Manichäer und Christen, ging man mit Verfolgungen, Terror, Folter und Tod vor. Die herrschende Klasse glaubte eine dauerhafte politische Ordnung errichten zu können, die auf der Restaurierung der alten Gesellschaft und der alten Kulte gegründet war.

Verfolgungen von Manichäern und Christen

Schon bei der Herausgabe seines Ehegesetzes aus dem Jahre 295 verlangte Diokletian, die alten römischen Gesetze unverfälscht zu bewahren, »damit die unsterblichen Götter dem römischen Namen gnädig und gewogen bleiben.«[2] Ein Jahr darauf erließ er ein Edikt, das eine rücksichtslose Verfolgung der Manichäer einleitete. Vermutlich waren unter den Anhängern der beiden obenerwähnten ägyptischen Usurpatoren, die Diokletian gerade in diesem Jahr niederwarf, auch Manichäer gewesen. Nach dem Edikt dürfe die alte römische Religion von einer neuen nicht getadelt werden. Die neuen Sekten würden zunichte machen, was Rom den Göttern im Verlaufe seiner Geschichte ver-

2 Fragmenta Vaticana, ed. P. Krüger, S. 157.

danke. Die Manichäer wurden beschuldigt, mit ihrer Lehre das römische Volk und den römischen Erdkreis zu vergiften, deshalb sollte »die Seuche dieses Übels aus unserem glücklichen Zeitalter mit der Wurzel ausgerottet werden«.[3] Die Anführer der manichäischen Gemeinden wurden mit ihren Schriften verbrannt, die Anhänger der Lehre mit der Todesstrafe bedroht, zu Zwangsarbeit verurteilt, und ihr Besitz wurde konfisziert.

Der Zusammenstoß mit der christlichen Kirche war nur eine Frage der Zeit. Um das Jahr 299/300 entließ Diokletian christliche Offiziere aus dem Heer und christliche Hofbeamte aus seiner Umgebung. Im Jahre 303 begann die letzte, aber auch die umfassendste Christenverfolgung im Römischen Reich. Insgesamt wurden nacheinander vier Edikte gegen die Christen erlassen, das letzte Anfang des Jahres 304. Das erste Edikt sprach ein allgemeines christliches Kultverbot aus; die Kirchen sollten abgerissen werden; das christliche Gemeindevermögen wurde beschlagnahmt, christliche Schriften wurden verbrannt. Wer sich weigerte, dem Edikt Folge zu leisten, wurde mit dem Verlust des Bürgerrechts und der Entfernung aus allen Ämtern bestraft. In einem zweiten und dritten Edikt wandte man sich besonders gegen die Kleriker, die sich weigerten, den Göttern zu opfern; sie erwartete dann Gefängnis, Folter und Tod. Das vierte Edikt verschärfte die Verfolgung. Es wurde der Opferzwang für alle Christen angeordnet; wer sich der Aufforderung nicht fügte, wurde zur Zwangsarbeit in die Bergwerke geschickt oder auch hingerichtet. Christliche Ortschaften wurden niedergerissen. Besonders heftig verfolgte man die Christen in den Reichsterritorien, die Diokletian und seinem Caesar Galerius unmittelbar unterstanden, also auf dem Balkan, in Kleinasien, Syrien und in Ägypten. Dagegen hat sich Constantius in Gallien, Spanien und Britannien weniger um die Durchsetzung der Edikte gekümmert, und er beließ die Dinge meist so, wie sie waren.

Christenverfolgung Diokletians

Das Ziel dieser Verfolgung wurde jedoch nicht erreicht. Viele Christen, sehr oft aus den unteren Schichten, wurden hingerichtet, weil sie sich standhaft weigerten, ihrer Religion abzuschwören. Andererseits gaben manch reiche Christen bei der Drohung, ihr Vermögen zu enteignen, den Kampf auf. Die Kirche bildete jedoch schon eine zu starke Organisation und war besonders in den städtischen Bevölkerungen fest verwurzelt, so daß sie durch die Verfolgungen wohl zeitweilig geschwächt, aber nicht vernichtet werden konnte. Im Jahre 311 wurde die Verfolgung durch ein Toleranzedikt des Galerius aufgehoben. Aber noch in diesem Edikt betonte Galerius die Rechtmäßigkeit der Verfolgung, man verzichtete lediglich darauf, sie weiterzuführen.

Toleranzedikt des Galerius

In der Rechtsprechung hielt Diokletian an den überlieferten Normen des klassischen Rechts fest. Zwei Gesetzessammlungen, die in seine Regierungszeit fielen, überlieferten das geltende Recht. Der Codex Gregorianus stellte die Kaisergesetze von Hadrian bis auf Diokletian zusammen, der Codex Hermogenianus sammelte die Konstitutionen des Kaisers Diokletian; beide Sammlungen sind nur in Fragmenten erhalten.

Bewahrung des klassischen römischen Rechts

Wie es zu Beginn der Tetrarchie vereinbart war, dankten die beiden Kaiser Diokletian und Maximian am 1. März 305 ab; sie ernannten ihre bisherigen Caesaren zu neuen Augusti. Gleichzeitig wurden zwei neue Caesaren ernannt:

Abdankung Diokletians und Maximians

---

3 Fragmenta Vaticana, ed. P. Krüger, S. 187.

6. Die spätrömische Kaiserzeit. Der Dominat

Flavius Valerius Severus als Caesar des Kaisers Constantius im Westen und
Galerius Valerius Maximinus Daia als Caesar des Kaisers Galerius im Osten.
Diokletian zog sich nach Dalmatien zurück, wo er sich in Spalato (Split) einen
prächtigen Palast hatte bauen lassen; er starb im Jahre 316. Maximian bewohnte sein Landgut in Lukanien (Unteritalien), er nahm an den Bürgerkriegen der folgenden Jahre teil und fand dabei im Jahre 310 in Massilia (Marseille)
den Tod.

Diokletian in der historischen Beurteilung

Das Bild Diokletians in der Geschichte ist besonders von seiner Haltung zu
den Christen beeinflußt worden; diese Haltung entsprach seiner gesamten
politischen Orientierung sowie seiner praktischen Politik. Um den Ruhm des
»ewigen Rom« wiederherzustellen, führte er die antike Form der Militärdiktatur auf ihre höchste Entwicklungsstufe.

Kampf der Söhne der Tetrarchen um das Kaiser- amt

Diokletian hatte bei der Bildung der Tetrarchie eines nicht berücksichtigt, daß
nämlich die Söhne der Tetrarchen sich nicht widerstandslos bei der Auswahl
der neu nachrückenden Caesaren übergehen ließen. Konstantin, der spätere
Kaiser, Sohn des Constantius, und Maxentius, Sohn des Kaisers Maximian,
sollten auch bald ihre Ansprüche anmelden. Constantius, der Kaiser des
westlichen Reichsteils, starb bereits im Sommer 306 in Britannien. Während
entsprechend der Nachfolgeordnung der Tetrarchie Severus neuer Augustus
des Westens wurde, rief das Heer in Britannien den Sohn des Constantius,
Konstantin, zum neuen Kaiser aus (306–337). Galerius, der zur Zeit rang-
höchste Augustus, erkannte Konstantin als Caesar des Severus an. Konstantin
verzichtete zunächst auf den Augustustitel.

Maxentius

Gegen diese Regelung erhob sich im Oktober 306 in Italien der Sohn Maxi-
mians, M. Aurelius Maxentius. Mit Unterstützung der Prätorianergarde und
des Senats ließ er sich in Rom zum Kaiser erheben und ernannte seinen Sohn
Romulus zum Caesar. Als Kaiser Severus, der in Mailand residierte, gegen
Maxentius anrückte, rief dieser seinen Vater Maximian aus Lukanien zu Hilfe.
Maximian versagte seinem Sohn die Unterstützung nicht, und als Severus mit
seinem Heer erschien, wollten die Soldaten nicht gegen ihren ehemaligen
Kaiser und Feldherrn kämpfen und gingen auf die Seite Maximians und
Maxentius' über. Severus konnte sich in eiliger Flucht nach Ravenna zurück-
ziehen, wo er belagert wurde und sich schließlich Maximian ergeben mußte;
wenig später wurde Severus von Maxentius hingerichtet (307).

Maximian suchte nun Konstantin als Bundesgenossen zu gewinnen; im Jahre
307 ernannte er ihn zum Augustus. Als Kaiser Galerius mit seinem Heer nach
Italien zog, um Maxentius zu bekriegen, ereilte ihn beinahe das gleiche
Schicksal wie Severus. Nun baten Galerius und Maximian, der sich mit seinem
Sohn überworfen hatte, Diokletian, daß er eingreife und die Regierung wieder
übernehme; dieser lehnte ab, kam aber im November des Jahres 308 zu einer

Carnuntum

Konferenz nach Carnuntum (bei Wien); dort beschloß man, Maxentius als
Usurpator auszuschalten, Konstantin wieder in den Stand eines Caesars zu
erheben und Maximian erneut zum Übergang in den »Ruhestand« zu über-
reden, was er nur ungern tat. Gleichzeitig ernannte man unter Umgehung
Konstantins Flavius Valerius Licinianus Licinius, einen Landsmann und
Kriegsgefährten Diokletians, anstelle des ermordeten Severus zum neuen
Kaiser der westlichen Reichsteile. Doch bald legten sich unter Nichtachtung
der Beschlüsse von Carnuntum auch die beiden Caesaren Konstantin und

6.2. Die Zeit Diokletians und Konstantins

Maximinus Daia den Augustustitel zu, so daß es vorübergehend vier Kaiser gab. Außerdem dachte Maxentius nicht daran, zugunsten des Licinius zurückzutreten; in Afrika erhob sich um das Jahr 309 L. Domitius Alexander, der Vikar der afrikanischen Diözese, als weiterer Usurpator; diese Erhebung wurde jedoch im Jahre 310 durch Maxentius niedergeworfen, der nun auch Afrika und Spanien seinem Herrschaftsbereich einverleibte.

Maximian hatte sich nach der Konferenz von Carnuntum nach Gallien zu Konstantin zurückgezogen. Er nutzte eine Abwesenheit Konstantins an der Rheingrenze, um Angriffe der Franken und Alamannen abzuwehren, wiegelte Truppen gegen Konstantin auf und ernannte sich in Arelate (Arles) zum dritten Male zum Kaiser. Vor dem rasch heranrückenden Konstantin floh **Ende** Maximian nach Massilia, wurde dort aber gefangengenommen und hin- **des Maximian** gerichtet (310). Die Gegensätze unter den Kaisern nahmen noch zu, als Galerius im Mai 311 starb. Maximinus Daia trat im Osten seine Nachfolge an und verbündete sich mit Maxentius. Licinius, dessen Herrschaftsgebiet zunächst auf Pannonien und Rätien begrenzt blieb, schloß sich Konstantin an, der Maxentius Spanien abnehmen konnte. Obwohl Galerius noch vor seinem Tode die Christenverfolgungen einstellte, führte sie Maximinus Daia weiter. In dem im Jahre 312 erneut aufflammenden Bürgerkrieg wurde Maximinus **Sieg des** Daia im Frühjahr 313 bei Tzirallum in Thrakien von Licinius geschlagen und **Licinius** starb auf der Flucht kurz darauf in Tarsos. Licinius war nun Alleinherrscher der östlichen Reichsteile.

Im Herbst 312 wurden die entscheidenden Auseinandersetzungen zwischen Konstantin und Maxentius ausgetragen. Konstantin überwand rasch das Heer **Sieg Konstan-** seines Gegners in Norditalien; in Eilmärschen zog er nach Rom, wo es einige **tins** Kilometer nördlich der Stadt, am Tiberufer an der Mulvischen Brücke (Pons Mulvius, heute Ponte Molle), zwischen Konstantin und Maxentius zur Schlacht kam. Mit der Vernichtung der Prätorianergarde, die auf der Seite des Maxentius focht, war der Kampf entschieden. Die Brücke brach unter der Last der Flüchtenden zusammen; unter denen, die im Tiber ertranken, war auch Maxentius. Durch den Sieg wurde Konstantin der Beherrscher des westlichen Reichsteils, einschließlich Italiens und Nordafrikas.

Beide Kaiser gelangten im Verlaufe der nächsten Jahre, vor allem in rechts- und religionspolitischen Fragen, zu einigen gemeinsamen Auffassungen. Aber die noch bestehenden Gegensätze brachen bald wieder auf; schon im Jahre 314 kam es zwischen ihnen zu heftigen militärischen Auseinandersetzungen. Im Friedensschluß mußte Licinius den gesamten Balkan mit Ausnahme Thrakiens an Konstantin abtreten. Diese Kämpfe stellten aber nur das Vorspiel zu einer letzten außerordentlichen Kraftprobe dar. Seit dem Jahre 321 nahmen die Spannungen zwischen den beiden Kaisern zu, als es im Jahre 324 zu offenen Feindseligkeiten kam. Insgesamt kämpften auf den Schlachtfeldern Thrakiens und Kleinasiens etwa 300 000 Soldaten und 550 Kriegsschiffe gegeneinander. In zwei Landschlachten bei Adrianopel (Edirne) und Chrysopolis (Usküdar) und in einer Seeschlacht am Eingang zum Hellespont (Dardanellen) wurde die Militärmacht des Licinius vernichtet. Er selbst geriet in Gefangenschaft und wurde bald darauf hingerichtet. Konstantin hatte sein Ziel erreicht: Er war Lenker der ganzen (römischen) Welt, »Rector totius orbis«, geworden.

Konstantin führte die Reformpolitik Diokletians konsequent fort. Mit Fug

6. Die spätrömische Kaiserzeit. Der Dominat

Fortsetzung der restaurativen Reformpolitik

und Recht kann daher die Regierungszeit beider Herrscher, in der die Grundlagen für die Geschichte des Dominats gelegt worden sind, als eine Einheit betrachtet werden. Diokletian und Konstantin versuchten ganz bewußt, die niedergehende Sklavereigesellschaft zu restaurieren und — wenigstens zeitweilig — zu stabilisieren. Der Politik, die auf Restauration gerichtet war, blieb der Erfolg zumindest für die nächsten hundert Jahre nicht versagt; die Stabilisierung dieses politischen Systems gelang jedoch nur für einige Jahrzehnte. Die Reformen konnten die gesellschaftlichen Widersprüche jener Zeit nicht überwinden, und schon unter den Nachfolgern Konstantins waren sie deutlicher als vorher.

Konstantin und Diokletian

Die Kontinuität der konstantinischen Politik im Vergleich zu Diokletian zeigte sich besonders in der weiteren Stärkung der kaiserlichen Macht, in der weiteren Trennung der Militär- von der Zivilverwaltung, im Ausbau des Beamtenapparates, in der Finanzpolitik, in der Bindung der Kolonen an den Boden, der Handwerker an ihre Korporationen, der Dekurionen an ihren Stand und in der gesetzgeberischen Tätigkeit. Es lassen sich jedoch bei einem Vergleich der Politik der beiden Kaiser einige wesentliche Unterschiede erkennen. Während Diokletian in seiner politischen Haltung viel stärker als Konstantin mit den Soldatenkaisern des 3. Jh. verbunden war, orientierte sich Konstantin vor allem auf jene gesellschaftlichen Kräfte, die die Erhaltung der staatlichen Ordnung im Zusammenhang mit den beginnenden sozialökonomischen Veränderungen zu gewährleisten in der Lage waren; das waren besonders die Großgrundbesitzer und die christliche Kirche.

Diokletian erneuerte die traditionellen altrömischen Götterkulte, Konstantin suchte in der christlichen Kirche einen Bundesgenossen zu gewinnen. Der Begründer des Dominats stützte sich, wie seine Vorgänger, vor allem auf die Ritterschaft und setzte die senatsfeindliche Politik der Soldatenkaiser fort. Konstantin ließ die Ritterschaft in einem neuen Senatsadel aufgehen; indem er ihn in sein weitverzweigtes bürokratisches System einbaute, band er ihn zugleich eng an die Politik der Zentralgewalt. Diokletian hielt konsequent an den Normen des klassischen römischen Rechts fest, das zu seiner Zeit schon nicht mehr den Erfordernissen des Dominats genügte; unter Konstantin beginnt die Entwicklung eines spätrömischen Vulgarrechts, das im 5. und 6. Jh. großen Einfluß auf frühe germanische und germanisch-römische Rechtsordnungen ausübte. Diokletian sah in der spezifischen Form der Tetrarchie ein Mittel, den zahlreichen Usurpationen und den gleichzeitigen Angriffen äußerer Gegner an verschiedenen Reichsgrenzen wirkungsvoll zu begegnen, Konstantin erneuerte die Erbmonarchie, ernannte Mitglieder der kaiserlichen Familie zu Caesaren, ohne ihnen ein besonderes Territorium zur Verwaltung zuzuweisen. Obwohl Konstantin auf den Reformen Diokletians aufbaute und sie zu Ende führte, beeinflußte seine Politik die frühmittelalterliche Kaiservorstellung in Europa, besonders in Byzanz, in bedeutend stärkerem Maße als die Politik Diokletians.

Ausbau des Beamtenapparats

Konstantin baute den Beamtenapparat weiter aus. Rangordnung und Titelwesen grenzten die einzelnen Ämter und Amtspersonen streng voneinander ab. Am Hof des Kaisers gewann der Thronrat besondere Bedeutung (sacrum consistorium); sein Vorsteher war der Chef der Hofkanzlei (magister officiorum), er war der Kommandeur der kaiserlichen Leibwache und persönlich verantwortlich für die Sicherheit des Kaisers. Ihm unterstellt war der Zeremonienmeister (magister admissionum), der über die höfischen Formen und die Dienerschaft am Kaiserhof zu wachen hatte. Der Magister officiorum leitete außerdem das Büro der Notare (schola notariorum); die Notare berieten den Kaiser in Fragen der Politik und der Rechtsprechung; er stand auch an der Spitze der Geheimpolizei (schola agentium in rebus). Die Geheimpolizisten (agentes in rebus) führten besondere Aufträge des Kaisers aus und kontrollierten am Hof und in den Provinzen die Beamten. Ein weiteres Mitglied des Thronrates war der Oberkammerherr des Kaisers (praepositus sacri cubiculi), der großen persönlichen Einfluß auf den Kaiser hatte. Andere Mitglieder waren der Vorsteher des kaiserlichen Hauses (quaestor sacri palatii), der die Gesetze vorbereitete, der Vorsteher des Amtes der kaiserlichen Schenkungen (comes sacrarum largitionum), der etwa das Amt eines Finanzministers versah, der Vorsteher der kaiserlichen Domänenverwaltung und der Befehlshaber der kaiserlichen Palasttruppen (comes domesticorum). Ein Magister memoriae war der Vorsteher der kaiserlichen Privatkanzlei. In den einzelnen Ämtern waren kaiserliche Räte (referendarii) tätig. Als kaiserliche Stellvertreter in Rom und — seit 359 — in Konstantinopel fungierten die Stadtpräfekten (praefecti urbi). Bereits seit den Reformen Diokletians gab es, festgesetzt durch die Zahl der Tetrarchen, vier Prätorianerpräfekten, die unter Konstantin gänzlich auf die zivilen Aufgaben beschränkt werden. Die räumliche Vierteilung des Reiches wurde also beibehalten, ohne daß jeweils ein Kaiser oder ein Caesar an der Spitze dieses Verwaltungsgebietes stand. Der praefectus praetorio ist nunmehr in seinem Bereich der höchste zivile Verwaltungsbeamte nach dem Kaiser. Diese Trennung der Prätorianerpräfekturen von den militärischen Aufgaben hatte zur Folge, daß nunmehr besondere militärische Befehlshaber ernannt werden mußten, es entstand das Amt des Heermeisters (magister militum), das seit dem Ende des 4. Jh. auch zunehmend politische Bedeutung erlangte. Ein Heermeister stand an der Spitze der Fußtruppen (magister peditum), ein anderer an der Spitze der Reiterei (magister equitum). Seit Kaiser Constantius II. (337—361) gab es dann diese beiden Heermeister in jeder Präfektur. Den Oberbefehl über diese übte ein besonderer Heermeister am Kaiserhof aus, der magister militum praesentalis. Seit dem Ende des 4. Jh. wurde er der mächtigste Mann am Kaiserhof und setzte, wie es unter dem obersten Heermeister Ricimer (Heermeister von 456 bis 472) geschah, Kaiser ein und ab. Die Heermeister in den Präfekturen befehligten das bewegliche Feldheer (comitatenses); die Grenztruppen (limitanei) wurden in einzelnen befestigten Grenzabschnitten (limites) von besonderen Heerführern (duces, sg. dux) befehligt.

Trennung der zivilen von den militärischen Ämtern

Die Diözesaneinteilung ließ Konstantin bestehen; den zwölf vorhandenen fügte er noch zwei hinzu. Das Reich bestand nunmehr aus 117 Provinzen. Das Heer wurde auf 75 Legionen verstärkt.

Da die unterbewerteten Goldmünzen Diokletians faktisch aus dem Verkehr gezogen waren, reformierte Konstantin im Jahre 312 die Münzprägung und stellte sie wieder auf eine solide Goldbasis. Die neue Goldmünze, der Solidus, entsprach dem Realwert; nicht mehr 60, sondern 72 Goldstücke wurden aus einem römischen Pfund Gold geprägt; der Solidus wog 4,55 g. Da Konstantin die heidnischen Tempelschätze konfiszierte und der Münzprägung zur Ver-

Neue Goldmünzen

6. Die spätrömische Kaiserzeit. Der Dominat

fügung stellte, da er über die bedeutenden Goldreserven des Licinius nach dem Jahre 324 verfügte, die Pacht kaiserlicher Güter in Gold bezahlt werden mußte und da er neue Steuern von Senatoren und Kaufleuten nicht in Naturalien, sondern in Geld erhob, konnten für die wirtschaftlichen Bedürfnisse des Staates ausreichend Goldmünzen geprägt werden. Die Prägung von Silbermünzen ging dagegen zurück. Die verbesserte Goldprägung kam gänzlich der herrschenden Klasse zugute. Arm und reich schieden sich in Zukunft noch schärfer voneinander. Die Großgrundbesitzeraristokratie, die auch die höheren und höchsten Beamten in der Hof- und Reichsverwaltung stellte und die oberen Kommandostellen im Heer besetzte, häufte Reichtümer an.

Erblichkeit der städtischen Oberschichten

Schwer lastete dagegen die allgemeine Krise der Sklavereigesellschaft auch zur Zeit Konstantins auf den Städten und der städtischen Wirtschaft. Die Zugehörigkeit zur städtischen Oberschicht, zu den Kurialen, war erblich geworden, und sie hafteten mit ihrem Vermögen dem Staat gegenüber für die Ablieferung der Steuern. Den Kurialen wurde verboten, ihre Stadt zu verlassen, in der sie geboren waren. Hatten einzelne Bürger in einer Stadt Vermögen erworben, so wurden sie zwangsweise zu Kurialen ernannt. Viele Kurialen suchten sich durch heimlichen Eintritt in die Armee, durch die Übernahme christlicher Priesterämter, die von den munizipalen Lasten befreit waren, oder auch durch die Flucht auf Großgrundbesitzungen, wo sie sich als Kolonen ausgaben, den zunehmenden Belastungen zu entziehen. Wurden sie entdeckt, so führte man sie unbarmherzig in ihre Stadt und in ihr »Ehrenamt« zurück. Einigen wenigen unter ihnen gelang es, durch Protektion am Kaiserhof in den privilegierten Senatorenstand aufzusteigen.

Weitere Bindung der Handwerker an die Kollegien

Der Prozeß der Bindung der Handwerker an ihre Kollegien machte unter Konstantin weitere Fortschritte. Wie die Münzarbeiter an ihren Stand, so wurden die Schiffseigentümer (navicularii) und Bäcker, die für die Versorgung Roms und Konstantinopels unentbehrlich waren, an ihre Kollegien erblich gebunden.

Defensor civitatis

Die Zentralregierung suchte dem Druck zu begegnen, den mächtige und einflußreiche Beamte und Großgrundbesitzer auf die Städte ausübten, und richtete zu Beginn des 4. Jh. ein neues Amt ein, das des Defensors civitatis bzw. plebis; dieses Amt sollte die Städte und besonders die städtischen Plebejer schützen; es wurde zuerst im Osten des Reiches eingerichtet, im Jahre 368 findet man es auf dem Balkan und etwa seit dem Jahre 385 ist es im ganzen Imperium verbreitet. Der Defensor civitatis sollte ein Verteidiger der munizipalen Ordnung und besonders der Plebs sein, nachdem andere munizipale Organe, die Dekurionen und der von der Regierung bestellte Kurator, in dieser Hinsicht versagt hatten. Aber die Defensoren besaßen überhaupt keine eigenen Machtbefugnisse, um den Vornehmen und Großen (potentiores) zum Schutz ihrer Städte wirksam entgegentreten zu können.

Lage der Kolonen

Vor allem übte die herrschende Klasse einen verschärften Druck auf die abhängigen ländlichen Produzenten aus. Schon die diokletianische Steuerreform hatte sie an ihren Heimatort (origo) gebunden, und Konstantin bekräftigte diese Maßnahme mit einem besonderen Gesetz vom Jahre 332, das ihnen verbot, von einem Gut auf ein anderes überzuwechseln: ».. . die Kolonen, die auf Flucht sinnen, sind wie Sklaven in Fesseln zu schlagen, damit sie gezwungen werden, die Pflichten, die Freien anstehen, nach Verdienst in

6.2. Die Zeit Diokletians und Konstantins

sklavischer Verdammung zu erfüllen.«[4] Damit näherten sich die Kolonen in ihrer Lage immer mehr den Sklaven an. Die Großgrundbesitzer erhielten obrigkeitliche Befugnisse über ihre Kolonen. Nach kaiserlicher Aufforderung hatten die Großgrundbesitzer Kolonen für den Militärdienst bereitzustellen, ohne dadurch die Abgaben der betreffenden Kolonenfamilien zu verringern.

Die Sklaverei als gesellschaftliche Einrichtung blieb erhalten, wenn sie auch nicht mehr die ökonomische Bedeutung hatte. Sklaven finden wir nach wie vor auf dem Lande, sie hatten ein Grundstück als Peculium erhalten und bearbeiteten es als quasicoloni. Andere Sklaven waren auf dem nicht verpachteten Herrengut des Großgrundbesitzers beschäftigt. Auch unter den Hirten findet man noch viele Sklaven; sie arbeiteten neben den Freien im städtischen Handwerk und im Handel. Sklaven waren weiterhin in der kaiserlichen Verwaltung tätig, wo sie niedere Dienste verrichteten, sie konnten Aufseher privater Güter werden und übten dann Kontrollfunktionen der herrschenden Klasse aus. Wie unterschiedlich aber auch immer ihre soziale Stellung war, rechtlich blieben sie nach wie vor von den Freien geschieden, und Konstantin verschärfte manche althergebrachte Sklavenbestimmung. Freigelassene, die ihren Verpflichtungen gegenüber denen, die sie freigelassen hatten, ihren ehemaligen Herren, nicht nachkamen, konnten wieder in die Sklaverei zurückversetzt werden. Ehen zwischen Frauen und Sklaven wurden mit dem Tode bestraft; Kinder einer Sklavin und eines Freien blieben in der Sklaverei. Mit Folter, Verbannung in die Bergwerke und Todesstrafe wurde jede aufsässige Regung von Sklaven beantwortet.

Rückgang der Sklaverei

Gleichzeitig setzte sich die schon im 2. Jh. beginnende Entwicklung fort, die darin bestand, daß der Staat mehr und mehr als Kontrollorgan zwischen Herren und Sklaven fungierte. Der Klassenkampf der Sklaven war gefürchtet, deshalb trat die Regierung Übergriffen der Herren gegen ihre Sklaven entgegen. Sklavenfamilien durften bei Verkäufen und Erbteilungen nicht mehr getrennt werden — eine Maßnahme, die auch aus der Sicht der Bindung der Quasi-Kolonen an das jeweilige Grundstück zu verstehen ist; die Trennung der Sklaven hätte die Zahl der Arbeitskräfte auf dem Grundstück verringert. Den Herren wurde endgültig das Recht abgesprochen, ihre Sklaven zu töten.

Staat — Kontrollorgan zwischen Herren und Sklaven

Rom hatte schon unter Diokletian seine Bedeutung als Kaiserresidenz verloren; damit büßte es auch seinen Rang als Hauptstadt des Imperiums ein. Die Kaiser der Tetrarchie und Konstantin zogen mit ihren Heeren von Ort zu Ort und hatten keine ständige Hauptstadt. Bevorzugte Aufenthaltsorte der Kaiser waren Trier, Mailand, Sirmium, Serdica (Sofia) und Nikomedeia (Izmit). Nach der Eroberung des östlichen Reichsteils unter Licinius (324) plante Konstantin die Errichtung einer neuen Hauptstadt für das ganze Reich, und zwar an der Stelle der griechischen Kolonie Byzantion am Bosporus.

Neue Kaiserresidenzen

Für die Wahl des Ortes waren vor allem strategische Gründe ausschlaggebend. Die Rheingrenze galt unter Konstantin als gesichert; der Balkan war dagegen durch Angriffe verschiedener Stämme über die untere Donau gefährdet, und außerdem erforderte die antirömische Politik des Sassanidenreiches, daß der Kaiser mit seinem Feldheer sich in der Nähe seiner Grenzen aufhielt. Hinzu kam eine gewisse Abneigung des Kaisers gegen die traditionsbewußte römische

Konstantinopel

---

4 Codex Theodosianus, 5, 17, 1.

334   6. Die spätrömische Kaiserzeit. Der Dominat

Senatsaristokratie mit ihrem heidnischen Glauben, der Konstantin in seiner neuen Hauptstadt auch einen neuen Senat entgegenstellen wollte. In der Stadt wurden prächtige Bauwerke errichtet, neben christlichen Kirchen heidnische Tempel; die Stadt erhielt Privilegien jeder Art; römische Senatoren wurden eingeladen, in die neue Hauptstadt umzusiedeln. Sie erhielt den Namen des Kaisers, Konstantinopel (heute Istanbul), und wurde am 11. Mai 330 durch Sopatros von Apameia, den neuplatonischen Philosophen, feierlich eingeweiht. Konstantinopel wurde ein »zweites Rom«, die römische Stadteinteilung wurde nachgeahmt. Das ägyptische Getreide diente fortan der Versorgung der neuen hauptstädtischen Bevölkerung. Wie in Rom fanden regelmäßig Wagenrennen in einem dafür erbauten Hippodrom statt, Thermen wurden erbaut. Auf dem Forum erhob sich eine gewaltige, über 30 m hohe Säule mit der Statue des Kaisers als Sonnengott. Festmünzen ehrten die Göttin Roma und die personifizierte neue Stadtgöttin Constantinopolis. Das Augusteion, ein Kaiserpalast mit einer Fläche von ca. 37 ha, stand im Zentrum der Stadt.

Religionspolitik

Eine wichtige Reform Konstantins betraf die Religionspolitik. Jeder der vier Tetrarchen hatte den Kult einer Gottheit bevorzugt: Diokletian den Jupiterkult, Maximian den Herculeskult, Galerius stellte den Kult des Sonnengottes an die erste Stelle, Constantius vor allem den Kult des Mars, um seine Stellung zu erhöhen. Konstantin legte sich zunächst nicht auf einen besonderen Kult fest; Jupiter, Mars, Hercules, Apollon und der »Unbesiegte Sonnengott« (Sol invictus) wurden von ihm verehrt. Seit etwa 310 steht der Kult des Sonnengottes im Vordergrund, mit dem er sich zuweilen selbst identifizierte. Die Christenverfolgung wurde in seinem Machtbereich, als er Caesar und dann Kaiser geworden war, nicht mehr fortgesetzt. Nachdem Konstantin im Oktober 312 Maxentius besiegt hatte, veranlaßte ihn seine bisher tolerante Haltung gegenüber dem Christentum zu einer bedeutsamen politischen Entscheidung. Im Frühjahr 313 vereinbarten Konstantin und Licinius bei einer Zusammenkunft in Mailand, das Christentum als gleichberechtigte Religion im Reich anzuerkennen.

Auswirkung der Mailänder Vereinbarung

Damit wurde nicht nur die Verfolgung eingestellt — diese Bestimmung enthielt auch schon das Toleranzedikt des Galerius vom Jahre 311 —, sondern die Mailänder Vereinbarung stellte die christliche Religion jeder anderen gleich. Auch sollten den christlichen Gemeinden Versammlungshäuser und der kirchliche Besitz zurückgegeben werden. Noch im gleichen Jahre erfolgten weitere Vergünstigungen: Der afrikanische Klerus erhielt vom Kaiser Geldzuweisungen und wurde von Dienstleistungen an den Staat befreit. Entsprechend dieser kaiserlichen Politik setzte die Synode von Arles im Jahre 314 fest, daß Christen den Militärdienst nicht mehr verweigern dürfen. Die sakrale Bautätigkeit nahm in vielen Städten einen raschen Aufschwung. Die Kleriker wurden von den Munizipalämtern befreit; der Bischof von Rom erhielt im Jahre 314 den Lateranpalast, die erste päpstliche Residenz in Rom, als Besitz zugewiesen. Die Kirche wurde in den zivilen Verwaltungsapparat einbezogen; bischöfliche Urteile wurden als rechtskräftig anerkannt, auch wenn sie rein weltliche Dinge betrafen. Freilassungen von Sklaven in der Kirche waren rechtsgültig, wenn sie vom Bischof bestätigt wurden. Die Kirche erhielt das Erbrecht zugesprochen. In Rom wird die Peterskirche, in Konstantinopel die Sophienkirche errichtet, in Jerusalem wird mit dem Bau der Auferstehungs-

6.2. Die Zeit Diokletians und Konstantins

kirche begonnen. Unter christlichem Einfluß werden im Jahre 404 die Gladiatorenspiele verboten; im Jahre 318 werden private Opferhandlungen untersagt. Im Krieg gegen Licinius wird dem Heer Konstantins das sogenannte Labarum, das kaiserliche Banner, mit dem Christusmonogramm vorangetragen. Ein nach dem Sieg über Licinius erlassenes Edikt bestätigt noch einmal die bisher getroffenen Festlegungen zugunsten des Christentums. Aber das Gewicht hatte sich inzwischen eindeutig zugunsten der Kirche verschoben: Im Jahre 313 wurde den Christen die Gleichberechtigung verkündet, 324 galt sie schon mehr den Nicht-Christen als den Christen. Gegen Ende der Regierung Konstantins wurde der 25. Dezember, der Geburtstag des Sonnengottes, als Geburtstag des christlichen Religionsstifters gefeiert.

Christlicher Einfluß

Konstantins Verbindungen mit antiken heidnischen Kulten blieben aber weiter bestehen. Der im Jahre 315 errichtete Konstantinsbogen in Rom hat keine Beziehungen zur christlichen Lehre. Im gleichen Jahr erscheinen zwar auf Münzen Konstantins schon christliche Symbole neben heidnischen Darstellungen, die bis zum Jahre 323 auf den Münzen zu finden sind. Ein neuplatonischer Philosoph weihte die neue Hauptstadt des Reiches. Einige Münzen zeigten den Sonnengott zusammen mit dem christlichen Kreuz; andererseits ist auf einem Deckenmosaik eines unter dem Petersdom in Rom entdeckten Mausoleums Christus als Sonnengott dargestellt. Konstantins Religionspolitik hatte in einem Synkretismus den Kult der »Unbesiegten Sonne« mit dem Christentum vereinigt. Über hundert Jahre später noch bekämpfte Papst Leo I. die Sitte, daß sich Christen vor dem Eintritt in die Peterskirche nach Osten, zur aufgehenden Sonne hin, verneigten.

Konstantin und der Sonnenkult

Christen erlangten unter Konstantin hohe Ehrenämter und höchste Beamtenstellen: das Konsulat im Jahre 323, die römische Stadtpräfektur im Jahre 325 und die Prätorianerpräfektur im Jahre 329.

Damit begann ein Prozeß, den einzuleiten die Kaiser seit dem beginnenden 3. Jh. vergeblich versucht hatten; dieser Prozeß war gerichtet auf eine dauerhafte Verbindung mit einer politischen Ideologie, die sowohl den Bedürfnissen der herrschenden Klasse entsprach als auch den sozialen Ansprüchen und religiösen Erwartungen der ausgebeuteten Klassen weitgehend nahekam. In jener Zeit konnte sich eine solche politische Ideologie nur in religiöser Form entwickeln; das Christentum bot dafür besonders günstige Voraussetzungen. Es war durch und durch widersprüchlich, weil es selbst aus den Widersprüchen der hochentwickelten Sklavereigesellschaft hervorgegangen war. Es bot dem Kaiser die gewünschte sakrale Erhöhung, ohne daß er noch auf dem formellen Kaiserkult mit Opferzeremonie beharrte, und es gewährte den unterdrückten und rechtlosen Volksschichten die Hoffnung auf die Erlösung von allem Übel im Jenseits. Das Christentum eignete sich am besten zur politisch wirksamen Manipulierung der Volksmassen, indem die Herrschenden die religiösen Erwartungen der unterdrückten Menschen mißbrauchten. Gleichzeitig entsprach der römisch-universalen Monarchie unter Konstantin und seinen Nachfolgern das Christentum als römisch-universale Religion. »Ein Gott, ein Logos, ein Kaiser!«[5], das war der Kaiserruf der tri-

Ursachen der Entscheidung Konstantins für das Christentum

---

5 Logos bedeutet in diesem Zusammenhang nach christlicher Anschauung der »Sohn« Gottes als Gottes menschgewordene Lehre.

umphierenden Kirche nach dem Konzil von Nicäa (Nikaia, Iznik) im Jahre 325. Diese Formel drückte ein gemeinsames politisches Interesse aus, das die Kirche mit dem Kaiser als dem Repräsentanten der herrschenden Klasse verband. Über die Ursachen zu Konstantins religionspolitischer Entscheidung gehen die Meinungen der Historiker weit auseinander. Die einen führen sie auf seine nüchtern überlegende Berechnung zurück, die anderen auf seine eigene religiöse Überzeugung. Es waren vor allem politische Erwägungen, die ihn veranlaßten, das Christentum als gleichberechtigte Religion anzuerkennen. Zwar war erst etwa ein Zehntel der Bevölkerung des Imperiums christlich; es konzentrierte sich vor allem in den Städten, wo die Christen zu Beginn des 4. Jh. in den verschiedenen Bevölkerungsschichten schon erheblichen Einfluß erlangt hatten. In der Restaurationspolitik der Kaiser während des Dominats blieben die Städte, trotz ihres unverkennbaren Niedergangs, Zentren der alten Gesellschaftsordnung. Der Aufruf der Kirche zur Demut und zum Gehorsam, die Vorbereitung auf ein glückliches Leben im Jenseits schränkte den Kampf der unterdrückten Klassen erheblich ein. All dies versprachen allerdings auch andere mit dem Christentum konkurrierende Erlösungsreligionen, wie die einzelnen Mysterienkulte und die Gnosis. Das Christentum aber war diesen durch eine feste und straffe Kirchenorganisation überlegen, die der Kaiser aus innenpolitischem Interesse nutzen konnte.

Streben nach einheitlicher Kirche

Der Kaiser brauchte vor allem eine einheitliche, nicht in gegenseitigen Glaubenskämpfen gespaltene Kirche. Deshalb unterstützte Konstantin die orthodoxe, d. h. die »rechtgläubige« Kirche in ihrem Kampf gegen Sekten und gegen Bildungen von Sonderkirchen. Wie schon früher bei Christenverfolgungen, so hatte auch während der Verfolgungen in der Zeit Diokletians ein Teil der Christen dem Druck nachgegeben. Nachdem die Verfolgungen eingestellt worden waren, versuchten diese lapsi, d. h. die abgefallenen Christen, wieder in den christlichen Gemeinden aufgenommen zu werden. Um die Wiederaufnahme dieser entbrannte seit 306 in mehreren Teilen des Reiches ein heftiger Streit. Die orthodoxe Kirche nahm in dieser Frage einen gemäßigten Standpunkt ein, nach entsprechenden Bußen wurden die »Abgefallenen« wieder Glieder der Gemeinden. Dagegen erhoben aber einzelne Kleriker mit ihren Gläubigen Einspruch, die den Ausschluß dieser aus der Kirche für immer verlangten. Da die orthodoxe Kirche diesen Forderungen nicht nachkam, bildeten sich besonders in Ägypten und in Nordafrika Sonderkirchen, die sich nach ihren Anführern, dem Bischof Meletius von Lykopolis (Asiut) in Ägypten

Donatistische Sonderkirche

und dem Bischof Donatus von Karthago, Meletianer und Donatisten nannten. Der Streit in Nordafrika richtete sich darüber hinaus auch gegen Bischöfe, die als Verräter (traditores) bezeichnet wurden, weil sie während der Verfolgung den staatlichen Behörden heilige Schriften ausgeliefert hatten.

Konstantin erließ im Jahre 317 ein Gesetz gegen die Anhänger der Sonderkirchen, hatte damit jedoch keinen Erfolg. Um nicht zu größeren Unruhen Veranlassung zu geben, gab er im Jahre 321 nach und verkündete ein Toleranzedikt für die Donatisten, die besonders in Numidien und Mauretanien viele Anhänger besaßen. Die donatistische Kirche, die sich als die »Kirche der Heiligen« bezeichnete, war besonders unter den ausgebeuteten Klassen verbreitet, und so nahm der Kampf der Donatisten gegen die rechtgläubige Kirche auch den Charakter eines sozialen Kampfes an. Im weiteren Verlauf des 4. Jh.

Schulszene von einem Relief aus Neumagen (1. Hälfte 3. Jh.)
Wagenrennen im Zirkus, Relief (3./4. Jh.)

86

87

86 Römische Legionäre, Relief von der
Südseite des Konstantinsbogens in Rom

87 Porphyrgruppe der vier Kaiser Diokletian,
Maximian, Galerius und Constantius,
südlicher Seitenflügel der Basilika
von San Marco, Venedig

88 Triumphbogen des Kaisers Konstantin I. in Rom

89 Kaiser Diokletian (284—305), Marmorbüste

88

89

90 Marmorstatue des Kaisers Konstantin I. (306—337)
91 Maria mit dem Jesuskind, Freskogemälde
aus der Priscilla-Katakombe in Rom (2. Hälfte 3. Jh.)
92 Porta aurea des Diokletianspalastes in Spalato (Split)

93 94

95/96

93 Christus mit dem Apostelkollegium, Wandgemälde aus der Domitilla-Katakombe in Rom (1. Hälfte 4. Jh.)

94 Elfenbeindiptychon des Stilicho (um 400)

95/96 Aureus Mark Aurels, 167/168, mit Siegesgöttin (Rs.)

97/98 Solidus Konstantins I., 336/337, von der Münzstätte Antiochia, mit Siegesgöttin (Rs.)

99/100 Solidus Julians, 362/363, von der Münzstätte Antiochia, mit symbolischer Darstellung der Tapferkeit des römischen Heeres (Rs.)

101/102 Aureus Hadrians, 134—138, mit symbolischer Darstellung Ägyptens (Rs.)

103/104 As des Tiberius oder des Caligula für M. Agrippa, mit Neptun (Rs.)

97/98

99/100 *103/104*

101/102

105/106

109

107/108

105/106 Sesterz Traians, 114—117, mit drei unterworfenen Königen vor Traian (Rs.)

107/108 Aureus Domitians, 88/89, mit trauernder Germania (Rs.)

109 Theoderich, König der Ostgoten (471—526)

110/111 Sesterz Vespasians, 71, mit symbolischer Darstellung der Unterwerfung Judaeas (Rs.)

112/113 Denar Oktavians, ca. 29 v. u. Z., mit Siegesgöttin (Rs.)

110/111

112/113

6.2. Die Zeit Diokletians und Konstantins

entwickelte sich in diesem Kampf eine der bedeutendsten Volksbewegungen der Spätantike.

Im Osten des Reiches kam es etwa 318 zu einer weiteren Kirchenspaltung; es entstand der Arianismus. Arius, Presbyter in Alexandria, trat mit der Lehre auf, daß der christliche Religionsstifter als Sohn Gottes ein Geschöpf Gottes sei, ihm daher nicht wesensgleich, sondern wesensähnlich sei, wie ein Sohn seinem Vater. Der Bischof von Alexandria, Alexander, und dessen Nachfolger, Athanasius, vertraten dagegen die Auffassung, Christus sei seinem Vater wesensgleich. Die Lehre des Arius fand unter den niederen Bevölkerungsschichten Alexandrias großen Zulauf. Arius wurde von seinem Bischof und dann von einer ägyptischen Provinzialsynode exkommuniziert; aber er wandte sich an andere Bischöfe im Reich, und bald erfaßte der arianische Streit das ganze Imperium. *Arianismus*

Um den Kampf zu schlichten, berief Konstantin im Jahre 325 das erste Ökumenische Konzil (d.h. Weltkonzil) der Kirche in Nicäa ein; etwa 300 Bischöfe, fast ausschließlich der östlichen Provinzen, nahmen daran teil, aus den westlichen Provinzen waren nur drei oder vier Bischöfe anwesend, der Bischof von Rom ließ sich durch zwei Gesandte vertreten. Das Konzil verwarf die Lehre des Arius. Die wichtigsten Lehren (Dogmen) des Christentums wurden in einem »Symbolum Nicaenum« zusammengefaßt. Athanasius — der bedeutendste Wortführer der orthodoxen Kirche — hatte sich durchgesetzt. Das Konzil beschloß, daß der Sohn Gottes dem Vater wesensgleich sei (gr. homoousios); Arius und seine Anhänger wurden verbannt. *Konzil zu Nicäa*

Aber der Arianismus lebte weiter, und als Arius im Jahre 335 starb, hatte die Gegenpartei solchen Einfluß am Kaiserhof gewonnen, daß im gleichen Jahr Athanasius, seit dem Jahre 328 Bischof von Alexandria, verbannt wurde.

Erst nach dem zweiten Ökumenischen Konzil, das im Jahre 381 in Konstantinopel tagte, verlor der Arianismus im Römischen Reich allmählich an Bedeutung. Da jedoch viele germanische Stämme und Stammesverbände im 4. und 5. Jh. das Christentum in seiner arianischen Form übernahmen, blieb die Kirchenspaltung, die nun eine vorrangig politische Bedeutung erhielt, bis zum 6. Jh. bestehen. *Konzil zu Konstantinopel*

Konstantin ließ sich selbst erst auf seinem Sterbebett im Jahre 337 taufen, und zwar von dem arianischen Bischof Eusebius von Nikomedeia. *Taufe Konstantins*

Die Außenpolitik Konstantins unterschied sich nicht von der seiner Vorgänger. In den Jahren 308 und 313 warf er Franken und Alamannen wieder über den Rhein zurück; im Jahre 320 konnte er diese Aufgabe seinem Sohn Crispus und im Jahre 328 seinem Sohn Constantinus, die er beide im Jahr 317 zu Caesaren ernannt hatte, überlassen. Auch stellte er in erheblicherem Umfange, als dies frühere Kaiser bereits getan hatten, germanische Söldner in sein Heer ein. Kommandeure germanischer Herkunft erreichten unter Konstantin hohen militärischen Rang. *Außenpolitik*

Größere Aufmerksamkeit erforderte die Sicherung der Donaugrenze. In den Jahren 315, 318, 322 und 332 wehrte Konstantin Vorstöße einiger Stämme, besonders der Goten und Sarmaten, über die Donau ab. Im Jahre 332 folgte dem Sieg über die Goten ein Friedensvertrag, in dem sie als römische Föderaten (Bundesgenossen) anerkannt wurden. Sie erhielten allerdings noch kein Land innerhalb des Imperiums zugewiesen; sie sollten gegen jährliche *Sicherung der Donaugrenze*

22 Römische Geschichte

| | Lieferungen von Lebensmitteln den Grenzschutz für Rom nördlich der Donau übernehmen. Im Jahre 334 wurden Sarmaten als abhängige Bauern im Donaugebiet und in Italien angesiedelt.

Bis auf eine Ausnahme hatte Konstantin nicht gegen Usurpationen vorzugehen. In den Jahren 333/334 kam es auf Zypern zu einer Erhebung, die er jedoch ohne große Mühe unterdrücken konnte.

Testament Konstantins
Kurze Zeit vor seinem Tode hatte er in seinem Testament unter Bewahrung der Reichseinheit das Imperium an seine Söhne und nächsten Verwandten aufgeteilt: Constantinus sollte den Westen erhalten, Constantius (seit 323 Caesar) den Osten, Constans (seit 333 Caesar) Italien und Dalmatius, Sohn eines Stiefbruders Konstantins, den Balkan. Hannibalianus, Bruder des Dalmatius, sollte als König über Pontus und Armenien herrschen.

Vorbereitung des Perserkrieges
Als der Sassanidenkönig Schapur II. (310—379) im Jahre 334 Armenien angriff, bereitete Konstantin einen Perserfeldzug vor. Er hatte im Jahre 336 seinen Sohn Constantius an die Ostgrenze vorausgeschickt und wollte mit einem großen Heer nachfolgen. Mitten in diesen Vorbereitungen erkrankte er und starb.

6.3. Von den Nachfolgern Konstantins bis zum Ende des 4. Jh.

Im 4. Jh. lassen sich schon einige wesentliche Prozesse erkennen, die im folgenden Jahrhundert zum Untergang des Weströmischen Reiches beigetragen haben.

Ansiedlung germanischer Stammesverbände als Föderaten im Innern des Reiches
Erstmalig wurden ganze germanische Stammesverbände innerhalb der Reichsgrenzen angesiedelt und in das Föderatenverhältnis überführt. So sehr sich auch die herrschenden Kreise Roms darum bemühten, nicht nur die Oberschichten dieser Stammesverbände, sondern auch die Masse der einfachen Stammesangehörigen zu romanisieren, d. h. sie in das im Niedergang sich befindende antike Gesellschaftssystem einzubeziehen, widerstand die Masse der Freien den Assimilierungsbestrebungen Roms. In einzelnen Fällen ging von diesen föderierten Stammesverbänden eine breite Volksbewegung aus, der man von römischer Seite nur mit Mühe Herr werden konnte, nachdem die Römer eine katastrophale Niederlage erlitten hatten.

Germanen in höchsten Staatsämtern
Zum ersten Mal erlangten im 4. Jh. Germanen die höchsten militärischen Ämter, auch das Konsulat, und fanden Zugang zur römischen Senatsaristokratie. Oft waren sie ihrer Herkunft nach Mitglieder der Stammesaristokratie aus den Gebieten des freien Germaniens, die in römische Dienste getreten waren. Sie waren mit ihren verwandten Stammesgenossen verfeindet und verbündeten sich nicht mit ihnen, wenn diese in das Römische Reich einfielen. Im Gegenteil: Diese Germanen in höchsten römischen Ämtern waren romanisiert worden und vertraten gegenüber ihren Stammesgenossen das Klasseninteresse der untergehenden antiken Sklavereigesellschaft.

Keime neuer Produktions- und Eigentumsverhältnisse
Auf sozialökonomischem Gebiet bildeten sich im 4. Jh. in ersten Ansätzen neue Produktions- und Eigentumsverhältnisse heraus; es entstanden frühe Formen der feudalen Landleihe. Durch die weitere Entwicklung des Patrociniums und der Immunität der exempten Großgrundbesitzeraristokratie bereitete sich der kontinuierliche Übergang von Teilen der herrschenden Klasse in die neue |

6.3. Von den Nachfolgern Konstantins I. bis zum Ende des 4. Jh.

herrschende Klasse der feudalen Ordnung vor. In den in sozialer Hinsicht schon sehr differenzierten föderierten Stammesverbänden auf römischem Reichsboden verstärkten sich der Kampf und die Bestrebungen der abhängigen bäuerlichen Bevölkerungsschichten, ihre Nutzungsrechte am Boden zu erweitern, sie in Besitzrechte umzuwandeln oder direktes Grundeigentum zu erwerben; auch die Volksbewegungen waren Ausdruck dieses Kampfes und dieser Bestrebungen. Da das spätrömische Vulgarrecht im Gegensatz zum klassischen römischen Recht zwischen Besitz und Eigentum nicht mehr unterschied, ist die Entstehung und Entwicklung bäuerlicher Eigentumsverhältnisse erst in den frühen germanischen Rechtsaufzeichnungen des 5. und 6. Jh. zu erkennen. Entgegen den Aussagen der römischen Kaiserkonstitutionen, die die Starrheit der römischen Gesellschaft im 4. Jh. betonen, zeigten sich doch schon Ansätze einer sozialen Dynamik, die in die Epoche der sozialen Revolution hinüberführte und der alten auf Sklaverei beruhenden Gesellschaftsordnung im 6. Jh. ein Ende bereitete.

In der zweiten Hälfte des 4. Jh. begann der Kaiser vereinzelt nicht mehr ausschließlich Repräsentant der herrschenden Klasse zu sein. Jovian (363—364), Valentinian I. (364—375) und Valens (364—378) gehörten z. B. vor ihrer Erhebung zum Kaiser durch das Heer nur mittleren und niederen Offiziersrängen an. Da die führenden Offiziere es ungern sahen, wenn einer aus ihrem Kreis das Kaiseramt einnahm, setzten sie politisch und militärisch weniger profilierte Persönlichkeiten auf den Thron. Auch die Kaiser des 5. Jh. entstammten kaum noch den Kreisen der militärischen Oberbefehlshaber, die aber in immer stärkerem Maße politischen Einfluß auf die Kaiser gewannen. *Rückgang der Bedeutung des Kaisertums*

Die Stellung der christlichen Kirche zum römischen Staat und zum Kaiser begann sich im 4. Jh. zu verändern. Die Mailänder Vereinbarung vom Jahre 313 hatte das Christentum nicht nur als gleichberechtigte Religion neben allen anderen Kulten im Reich anerkannt, am Ende des Jahrhunderts war die christliche Kirche einzig zugelassene Staatskirche. War sie zu Beginn des 4. Jh. noch eine verfolgte Kirche, so starben bereits in der zweiten Hälfte des 4. Jh. Heiden und christliche Häretiker den Märtyrertod. Hatte sich die Kirche zu Beginn des Jahrhunderts noch dem Kaiser untergeordnet, so zwang sie an dessen Ende zum ersten Mal in der Geschichte den Kaiser zur Kirchenbuße. Zeitweilig, besonders unter Konstantin, Constantius II. (337—361) und Theodosius I. (379—395), hatten sich Staat und Kirche so sehr integriert, daß das Christentum die Ideologie der niedergehenden Sklavereigesellschaft werden konnte; seit der Mitte des Jahrhunderts wurden jedoch Tendenzen erkennbar, die auf eine Relativierung des Staates im Interesse der Kirche hinzielten, auf die Überwindung des antiken Menschen- und Gesellschaftsbildes. Dadurch blieb die Kirche flexibel genug, sich den verändernden gesellschaftlichen Verhältnissen anzupassen und teilweise an diesen Veränderungen selbst aktiv mitzuwirken. Es wurden zugleich Voraussetzungen dafür geschaffen, daß ein nicht geringer Teil der führenden Kleriker auch Herrschaftsfunktionen in den neuen germanischen Staaten der Völkerwanderungszeit übernehmen konnte. *Entwicklung der christlichen Kirche zur Staatskirche*

Unmittelbar nach dem Tod Konstantins ließen seine Söhne die übrigen Mitglieder der kaiserlichen Familie, darunter die Miterben Dalmatius und *Nachfolger Konstantins*

6. Die spätrömische Kaiserzeit. Der Dominat

Hannibalianus, durch Palasttruppen in Konstantinopel ermorden. Unter denen, die entkamen, war der Neffe des verstorbenen Kaisers, Flavius Claudius Julianus, der spätere Kaiser (361–363). Die drei Söhne Konstantins teilten das Reich unter sich auf: Constantin II. (337–340) herrschte über den westlichen Reichsteil; Constans (337–350) erhielt Italien, Nordafrika und den Balkan; Constantius II. (337–361) bekam den östlichen Reichsteil von Kleinasien bis Ägypten.

Krieg mit dem Sassanidenreich

Im Jahre 338 begannen erneut die kriegerischen Auseinandersetzungen zwischen Rom und dem Sassanidenreich, die mit großen Verlusten auf beiden Seiten bis zum Jahre 363 sich hinzogen. In den Jahren 338, 346 und 350 belagerte Schapur II. (310 bis 379) die stark befestigte Stadt Nisibis, konnte sie jedoch nicht einnehmen. Constantius II. besetzte die Landschaft Adiabene im Norden Mesopotamiens und besiegte die Perser im Jahre 348 bei Singara (Beled-Singār). Danach hatten jedoch die Perser größere Erfolge zu verzeichnen, sie eroberten im Jahre 359 die Stadt Amida (Dijārbekr), am Oberlauf des Tigris gelegen, und im Jahre 360 Singara.

Lage im westlichen Reichsteil

Im Westen war es im Jahre 340 zu einem Krieg zwischen Constantin II. und Constans gekommen, in dessen Verlauf Constantin II. umkam. Danach war Constans auch Herrscher des gesamten westlichen Reichsteils geworden.

Diesen Krieg nutzten die Franken am Niederrhein im Jahre 341 zu einem Einfall in römisches Gebiet, sie konnten aber im Jahre 342 von Constans zurückgeschlagen werden. Im Jahre 343 ließ er in Britannien den Hadrianswall erneuern, um Angriffe der Picten und Scoten abzuwehren.

Erhebung des Magnentius

Gegen Constans erhob sich 350 sein Heermeister fränkischer Abstammung Magnus Magnentius (350–353). In kurzer Zeit hatte er ganz Gallien auf seiner Seite. Constans wurde auf der Flucht ermordet,und noch im gleichen Jahr besetzte Magnentius auch Italien. Magnentius, unterstützt von der italischen Senatsaristokratie, überwand in Rom rasch einen Usurpator namens Nepotianus und wurde auch von den nordafrikanischen Provinzen als Kaiser anerkannt. In Pannonien hatte sich Vetranio, der Heermeister des Donauheeres, zum Gegenkaiser erhoben, der sich jedoch bald darauf dem gegen Magnentius anrückenden Constantius II. unterwarf. Im Herbst 351 siegte er in der Schlacht bei Mursa (Esseg) in Pannonien über das Heer des Magnentius. Die Entscheidung fiel, als ein Teil der Truppen des Magnentius unter dem Befehl des Silvanus während der Schlacht zu Constantius II. überging. Silvanus, ein römischer Offizier fränkischer Herkunft, Heermeister der römischen Fußtruppen in Gallien, erhob sich im Jahr 355 in Köln zum Gegenkaiser. Im Jahr 352 rückte das Heer Constantius' II. in Italien ein, Magnentius floh nach Gallien, wo er im folgenden Jahr in Lugdunum Selbstmord verübte. Damit war Constantius II. alleiniger Beherrscher des Imperiums.

Einfälle der Franken und Alamannen

Seit dem Jahre 350 waren an der Rheingrenze die Alamannen und Franken wieder in Bewegung geraten. Im Unterschied zu früheren Beutezügen handelte es sich jetzt um Versuche, sich links des Rheins ständig anzusiedeln und das eroberte Land landwirtschaftlich zu nutzen. Aber eine dauerhafte germanische Landnahme links des Rheins war in dieser Zeit nur in einem Föderatenstatus möglich, da Rom noch stark genug war, eine selbständige Ansiedlung zu verhindern.

Etwa 45 Städte oder städtische Siedlungen wurden in den Jahren 352 bis 355

6.3. Von den Nachfolgern Konstantins I. bis zum Ende des 4. Jh.

von Alamannen und Franken zerstört, darunter Strasbourg, Metz, Speyer, Worms, Mainz, Wiesbaden, Bingen, Andernach, Bonn, Neuß und die Colonia Ulpia Traiana in der Nähe von Xanten. Die Alamannen besetzten das Elsaß, die Pfalz und Rheinhessen; die salischen Franken nahmen die batavischen Gebiete am Unterlauf des Rheins wieder in Besitz; zahlreiche römische Landhäuser wurden vernichtet.

Erst im Jahre 355 erzielten die römischen Truppen unter Silvanus im Raum von Köln Teilerfolge; im August wurde er von seinen Soldaten und Freunden zum Kaiser ausgerufen, aber schon wenige Wochen danach durch Beauftragte Constantius' II. ermordet. **Erhebung des Silvanus**

Der Kaiser ernannte im Jahre 355 Julian, den späteren Kaiser, zum Caesar und beauftragte ihn, die Rheingrenze wiederherzustellen. Auch Köln war inzwischen von Franken geplündert worden. Noch zu Beginn des Winters zog Julian mit einer kleinen Eskorte zum Heer nach Gallien. In der Zeit von 356 bis 359 gelang es Julian, der außerordentliche Fähigkeiten in der Truppenführung entwickelte, die Alamannen und Franken wieder über den Rhein zurückzudrängen. Im Jahre 356 gewann er die Städte am mittleren Rhein zurück, darunter Köln; im Jahre 357 besiegte er die Alamannen in der Schlacht bei Argentoratum (Strasbourg) und nahm ihren Anführer Chnodomar gefangen; im Jahre 358 zog er gegen die salischen Franken am Unterlauf des Rheins und nahm sie als Föderaten in das Römische Reich auf. Dreimal überschritt Julian mit seinem Heer in diesen Jahren den Oberrhein, um vor allem gegen Alamannen zu kämpfen; im Friedensschluß mußten die Alamannen 20 000 römische Provinzbewohner freilassen, die sie bei ihren Überfällen gefangengenommen hatten. Julian ließ die Grenzstädte befestigen, und eine Flußflotte kontrollierte die Rheingrenze. Auch Kaiser Constantius II. bekämpfte in diesen Jahren mehrmals von Rätien aus die Alamannen. **Julian in Gallien** **Argentoratum**

Im Jahre 360 wurde Julian von der in Gallien stationierten Feldarmee, in der sich zahlreiche germanische Söldner befanden, zum Kaiser ausgerufen. Constantius II. hatte ihm befohlen, zur Fortsetzung des für die Römer so verlustreichen Perserkrieges starke und besonders kampferfahrene Abteilungen der gallischen Feldarmee an die Ostgrenze zu entsenden. Die Truppen widersetzten sich dieser Anordnung, wollten unter dem Befehl Julians bleiben, der bei ihnen sehr populär war, und erkannten ihn als Kaiser an, indem sie ihn nach germanischer Sitte auf einen Schild hoben und ihn als Kaiser begrüßten. Dieser Brauch zeigt, daß das römische Feldheer in Gallien bereits stark von germanischen Söldnern durchsetzt war. **Julian**

Mit starken Truppenkontingenten stieß Julian im Jahre 361 auf den Balkan vor, um für die Entscheidungsschlacht mit Constantius II. eine günstige Ausgangsposition einzunehmen. Constantius brach den Perserfeldzug ab und zog in Richtung Konstantinopel, starb jedoch vorher in Kilikien eines natürlichen Todes; Julian war Alleinherrscher. **Tod Constantius II.**

Schon in den ersten Jahrzehnten nach dem Tode Kaiser Konstantins verschärften sich die Klassenkämpfe im Römischen Reich. Die Isaurier in Kleinasien beunruhigten durch ihre Beutezüge Städte und überfielen Kaufleute in weitem Umkreis. In Antiochia und in anderen Städten kam es zu Hungerrevolten der städtischen Plebejer. Nach dem Selbstmord des Magnentius zogen viele seiner Söldner als Latronen durch Gallien. Besonders deutlich zeigten sich die **Klassenkämpfe**

6. Die spätrömische Kaiserzeit. Der Dominat

Agonistiker und Donatisten

sozialen Widersprüche in Nordafrika, wo der Klassenkampf die Gestalt einer sozialreligiösen Massenbewegung angenommen hatte. Teile der unterdrückten ländlichen Bevölkerung, freie, umherwandernde Tagelöhner, geflohene Sklaven und Kolonen, Angehörige berberischer Stämme, die auf römischem Territorium lebten, hatten sich zu Beginn der vierziger Jahre unter dem Namen der Agonistiker (agonistici = Kämpfer für den wahren Glauben) zusammengeschlossen; von ihren Gegnern wurden sie auch Circumcellionen (circumcelliones = Landstreicher) bezeichnet. In der modernen Geschichtsschreibung finden sich gleichzeitig beide Bezeichnungen.

Die Agonistiker bildeten den aktivsten Teil der donatistischen Sonderkirche in Nordafrika. Da die Donatisten auch starke antirömische Tendenzen entwickelten, fanden sie bei allen mit der Herrschaft Roms unzufriedenen Schichten der nordafrikanischen Bevölkerung Zuspruch: Grundbesitzer, Städter, Landgeistliche, aber auch viele aus den Kreisen der landwirtschaftlichen Produzenten gehörten dieser Bewegung an. Daher war die donatistische Gemeinschaft in ihrer sozialen Zusammensetzung keineswegs einheitlich; es gab donatistische Bischöfe, die sich nicht mit den Agonistikern verbanden und sogar Truppen herbeiriefen, um mit Waffengewalt die »Ordnung« wiederherzustellen.

Aktionen der Agonistiker

Der Kampf der Agonistiker richtete sich vor allem gegen Wucherer, Großgrundbesitzer, Beamte und gegen den oberen Klerus der katholischen Kirche. Zuweilen zwangen sie Eigentümer von Sklaven, diese freizulassen, ohne eine generelle Forderung nach Aufhebung der Sklaverei damit zu verbinden. Sie hatten auch besondere Anführer; in den vierziger Jahren waren es Axido und Fasir, die beide im Kampf fielen. Über die Bewegung der Agonistiker in dieser Zeit berichtet der katholische Bischof Optatus von Mileve haßerfüllt: »... Keiner konnte sich in seinem Besitz sicher fühlen; die Schuldscheine hatten ihre Gültigkeit verloren, kein Gläubiger konnte seine Außenstände eintreiben, alle wurden durch die Briefe derjenigen terrorisiert, die sich rühmten, Führer der Heiligen (sanctorum duces, gemeint sind Axido und Fasir) zu sein; und wenn einer zögerte, ihren Befehlen zu gehorchen, kam sofort ein wilder Haufe angezogen, dem der Schrecken schon vorauseilte, und die Gläubiger sahen sich rings von Gefahren umgeben, so daß sie, die man eigentlich hätte um Nachsicht bitten müssen, unter Todesangst zu erniedrigenden Bitten getrieben wurden. Es beeilte sich ein jeder, selbst die größten Schulden zu streichen, und man schätzte sich glücklich, ihren Gewalttaten entgangen zu sein; selbst die Straßen konnten nicht mehr ganz sicher sein, da man die Herren aus ihren Wagen warf und vor ihren Sklaven, die den Platz der Herren einnahmen, nach Sklavenart herlaufen ließ. Auf die Entscheidung und den Befehl jener (wieder sind die beiden Anführer gemeint) vertauschten Herren und Sklaven ihre Stellung (... inter dominos et servos condicio mutabatur).«[6]

Donatus von Bagai

Nach dem Tode Axidos und Fasirs, die beide einen berberischen Namen tragen, führte der Bischof Donatus von Bagai[7] die Agonistiker an; er wurde um 347 von den Römern hingerichtet. Unter Kaiser Julian erhielten die Donatisten gleiche Rechte wie die Katholiken; die Bewegung der Agonistiker

6 Optatus von Mileve, 3, 4.
7 Stadt in Numidien.

6.3. Von den Nachfolgern Konstantins I. bis zum Ende des 4. Jh. 343

verebbte zeitweilig, in den siebziger und neunziger Jahren des 4. Jh. aber gewann sie erneut an Kraft und Bedeutung.

In religionspolitischer Hinsicht vertraten die Nachfolger Konstantins keinen einheitlichen Standpunkt. Constans unterstützte die Beschlüsse des Konzils von Nicäa, Constantius II. begünstigte die Arianer. Auch in den folgenden Jahrzehnten standen die Bischöfe des westlichen Reichsteils auf dem Boden des Konzils von Nicäa, während sich der Arianismus besonders im Osten des Reiches entwickelte. Eine Ausnahme bildete Alexandria, wo sich Bischof Athanasius, ein streitbarer und unduldsamer Vorkämpfer der Beschlüsse von Nicäa, mit dem Bischof von Rom verband. Fünfmal wurde er von Kaisern verbannt, weil er nicht im geringsten kompromißbereit war. *Arianer und Athanasianer*

Der Arianismus war in den Jahren zwischen 325 und 360 in mehrere Lehrmeinungen gespalten; in zahlreichen Synoden, die rasch aufeinanderfolgten, errang die eine oder die andere Richtung die Oberhand. Auf einem Konzil, das im Jahre 360 in Konstantinopel stattfand, setzte sich eine gemäßigte arianische Auffassung durch, die vor allem von Akacius von Caesarea, dem Nachfolger Eusebius', vertreten wurde. Da sich Kaiser Constantius auch für diese Formel einsetzte, bekam sie staatliche Sanktion. *Einfluß des Arianismus im östlichen Reichsteil*

Allmählich gerieten die nichtchristlichen Religionen in eine schwierige Lage; sie waren dem Christentum gegenüber nicht mehr gleichberechtigt und wurden zeitweilig schon offen verfolgt, zeitweilig geduldet. Im Jahre 341 wurden im Westreich die heidnischen Opfer verboten; im Jahre 346 verfolgte man die Anhänger der alten Götterkulte; im Jahre 356 versuchte Constantius II., den Arianismus zur Staatsreligion zu erheben; das Heidentum wurde verboten, die heidnischen Tempel geschlossen, auf Ausübung der alten Götterkulte stand nun die Todesstrafe. Freilich ließ sich dieses Verbot nicht überall im Reich durchsetzen; in Rom selbst und vor allem auf dem Lande erhielten sich alte römische Götterkulte. Im übrigen ließ sich Constantius II. wie sein Vater erst auf dem Sterbelager taufen. *Kampf des Heidentums*

Während der Regierungszeit Julians (361—363) trat zeitweilig ein völliger Wandel in der staatlichen Religionspolitik ein. Julian sah sein großes Vorbild in Kaiser Mark Aurel; er bekannte sich öffentlich zur Religion der Vorfahren und bemühte sich, sie wieder zur herrschenden Religion zu erheben. Er verfolgte die Christen nicht, nahm ihnen aber die Vorrechte, die ihnen seit Kaiser Konstantin zuteil geworden waren. Julian förderte besonders die neuplatonische Philosophie. Innenpolitisch unterstützte er die Munizipien und stärkte ihre Positionen gegenüber der Großgrundbesitzeraristokratie; er senkte die Steuern und betrieb eine durch Sparsamkeit sich auszeichnende Finanzpolitik. Er war der letzte Kaiser in der Zeit des Dominats, der sich vor allem auf die städtischen Oberschichten des Reiches stützte. *Religionspolitik*

Außenpolitisch setzte Julian den Perserkrieg fort, den Constantius im Jahre 360 wegen der Erhebung Julians abbrechen mußte. Im Frühjahr 363 drang ein starkes römisches Heer unter dem Oberbefehl des Kaisers in Mesopotamien ein. In einer Schlacht vor der persischen Hauptstadt Ktesiphon blieben die Römer siegreich; auf dem Rückmarsch jedoch drängten die Perser nach, in diesen Kämpfen wurde Julian tödlich verwundet, er starb einen Tag darauf. Der Feldzug endete mit einer schweren römischen Niederlage. *Außenpolitik*

Julians Nachfolger, Flavius Claudius Iovianus, war ein Offizier der kaiser- *Jovianus*

6. Die spätrömische Kaiserzeit. Der Dominat

lichen Leibgarde (primicerius domesticorum), nicht vom höchsten Rang. Da die Heermeister wegen der bestehenden Gegensätze keinem aus ihrem Kreis das Kaiseramt übergeben wollten, empfahlen sie dem Heer einen Offizier mittleren Ranges als Nachfolger, behielten aber ihren maßgebenden politischen Einfluß. Kaiser Iovian (363–364) sah sich angesichts der Niederlage gezwungen, Frieden mit den Sassaniden zu schließen. Im Friedensvertrag aus dem Jahre 363 trat Rom alle Gebiete östlich des Tigris an die Perser ab; Armenien wurde persischem Einfluß überlassen. Iovian war Christ und hob alle Verfügungen Julians gegen die Christen wieder auf. Auf dem Rückmarsch des Heeres nach Konstantinopel starb Iovian in Bithynien im Februar des Jahres 364.

Valentinianus und Valens

Wieder versammelten sich die Heermeister und stellten dem Heer Flavius Valentinianus, den Tribun einer Abteilung der Scutarier, einer besonders kampferfahrenen Elitetruppe, als zukünftigen Kaiser vor, der von 364 bis 375 regierte. Auf Veranlassung der Heeresversammlung ernannte er noch im gleichen Jahr seinen Bruder Flavius Valens zum Mitkaiser (364–378), dem er die Verwaltung des östlichen Reichsteils übertrug. Valens, der vorher nur ein niedriges Offiziersamt innehatte, wurde erst Tribun des kaiserlichen Marstalls (tribunus stabuli), um sich dem Heer als Anwärter für den Kaiserthron empfehlen zu können, ehe er die Ernennung zum Kaiser erhielt. Unter beiden Kaisern begann der Einfluß der Heermeister, meist schon germanischer Herkunft, rasch an Bedeutung zu gewinnen.

Usurpation des Procopius

Im Jahr 365 erhob sich in Konstantinopel Prokopios, ein Verwandter des Kaisers Julian, zum Usurpator; diese Erhebung war von Soldaten, städtischen und ländlichen Schichten und gotischen Söldnern aktiv unterstützt worden. Thrakien und Teile des angrenzenden Kleinasiens fielen Prokopios zu. Nur mit Mühe konnte Valens im Frühjahr 366 der Usurpation Herr werden und die Bewegung unterdrücken; Prokopios wurde hingerichtet, und in den Städten, die ihn unterstützt hatten, folgte ein blutiges Gemetzel.

Grenzbefestigungen

Valentinian I. ließ während seiner Regierungszeit besonders die Grenzen am Rhein und an der oberen Donau befestigen, da germanische Stammesverbände, vor allem Alamannen, Sachsen und Quaden, wiederholt in römisches Gebiet eingefallen waren. Auch der Hadrianswall in Britannien wurde erneuert. Im Jahre 370 wurden gefangengenommene Alamannen in bäuerlicher Abhängigkeit in Oberitalien angesiedelt. Im Jahre 367 hatte Valentinian, der oft von Krankheit geplagt war, seinen achtjährigen Sohn Gratian zum Mitkaiser für den westlichen Reichsteil erhoben, um damit seine Nachfolge zu sichern.

Erhebungen in Nordafrika

In den Jahren nach 363 fiel in Nordafrika wiederholt der Stamm der Austurianer in römisches Gebiet Tripolitaniens ein; besonders verheerte er die Umgebung der Stadt Leptis Magna. Auch in Mauretanien kam es zu Unruhen.

Firmus

Seit etwa dem Jahre 371 gärte es in der Provinz Mauretania Caesariensis, wo Firmus, ein Stammesfürst, die mit der römischen Herrschaft Unzufriedenen um sich scharte. Im Jahre 372 rief er die einheimische berberische Bevölkerung zum Aufstand auf und wurde ihr König. Einigen Nachrichten zufolge soll er sogar nach dem Augustustitel gestrebt haben. Auch viele Donatisten, insbesondere Agonistiker, schlossen sich Firmus an. Die Aufständischen eroberten mehrere Städte; Großgrundbesitzer wie auch Angehörige städtischer Oberschichten flohen vor ihnen zu den Römern. Um den mit starken Kräften

6.3. Von den Nachfolgern Konstantins I. bis zum Ende des 4. Jh. 345

angreifenden römischen Truppen begegnen zu können, verschanzten sich die Aufständischen in Kastellen und befestigten Landhäusern der vertriebenen Aristokratie. Im Jahre 375 hatten die Römer nach schweren Kämpfen ihre »Ordnung« wiederhergestellt. Firmus beging Selbstmord, seine Anhänger wurden grausam bestraft. Nordafrika blieb auch in den nächsten Jahrzehnten ein Unruheherd.

Während eines Feldzuges gegen die Quaden und Sarmaten, die in Pannonien eingefallen waren, starb Kaiser Valentinian I. im Jahre 375 in Brigetio (Szöny-Komárom). Seine Nachfolge trat Gratian (375–383) an, der schon seit dem Jahre 367 den Augustustitel führte. Nach dem Beispiel seines Vaters ernannten einflußreiche Heerführer im gleichen Jahre den vierjährigen Bruder Gratians, Valentinian, zum »Mitherrscher« für Illyricum, Italien und Afrika. Die wirklichen Machthaber in diesen Territorien waren jedoch die Heermeister Merobaudes, von fränkischer Herkunft, Equitius und der Präfekt Petronius Probus.

Gratian

Kaiser Valens, der das Ostreich regierte, führte von 367 bis 369 Krieg gegen die Goten, die über die Donau auf die Balkanhalbinsel vorgedrungen waren. Im Friedensschluß von 369 wurde das seit dem Jahre 332 bestehende Föderatenverhältnis mit den Goten aufgehoben. Anführer dieser Goten, die in der Geschichtsliteratur als Westgoten bezeichnet werden, war Athanarich. An der Ostgrenze des Reiches kam es trotz des im Jahre 363 abgeschlossenen Friedensvertrages auch in den folgenden Jahren zu Kämpfen zwischen Römern und Persern, die vor allem in Armenien und dem nördlich davon gelegenen Iberien ausgetragen wurden.

Gotenkriege des Valens

Um 374/375 trat ein Ereignis ein, das in den nächsten Jahren und Jahrzehnten viele in Europa lebende Völker und das Römische Reich stark berührte. Hunnische Stämme, die schon spätestens seit dem 2. Jh. von der Ostküste der Maiotis (Asowsches Meer) landeinwärts als Nomaden lebten, hatten sich mit anderen vereinigt und drangen aus ihren Sitzen an den Unterläufen von Wolga und Don unaufhaltsam nach Westen vor. Die Ursachen dieser weit ausgreifenden Expansion lagen einmal in Veränderungen in der gesellschaftlichen Struktur der hunnischen Stämme, in denen sich ein auf Raub und Machtzuwachs orientierter Adel entwickelt hatte; zum anderen auch in klimatischen Schwankungen in Innerasien, denen die Hunnen als Nomaden besonders ausgesetzt waren. Sie überrannten das Gebiet der Ostgoten, die unter ihrem Anführer Ermanarich in Südrußland siedelten, und unterwarfen sich dieses Volk. König der Hunnen war in dieser Zeit Balamber. Von Südrußland aus stießen sie weiter nach Westen vor, unterwarfen weitere Stämme und drängten andere vor sich her. Die hunnische Expansion veranlaßte zahlreiche Stämme zum Aufbruch aus ihren Wohnsitzen und zur Wanderung nach Westen bzw. Südwesten; sie leitete eine Wanderungsbewegung ein, die in der historischen Literatur traditionell als Völkerwanderung bezeichnet wird.

Hunnen, Anfänge der Völkerwanderung

Um das Jahr 376 hatte sich die Lage an der unteren Donaugrenze zugespitzt. Abgesplitterte Stammesteile der Ostgoten und anderer Stämme, die vor den Hunnen geflohen waren, forderten vergeblich Aufnahme in das Römische Imperium. Sie setzten dennoch über die Donau und siedelten sich in Pannonien an. Unter den Westgoten, die südlich der Flüsse Dnjestr und Pruth lebten, vollzog sich unter dem Zwist zweier Adliger eine Spaltung. Die einen unter

Ansiedlung der Westgoten in Thrakien

346 6. Die spätrömische Kaiserzeit. Der Dominat

der Führung des Athanarich, antirömisch eingestellt und — da man in gotischen
Christen römisch Gesinnte sah — antichristlich, wichen dem hunnischen Druck
in die südlichen Karpaten aus, die außerhalb der Reichsgrenze lagen. Die
andere Gruppe, die sich dem arianischen Christentum unter dem Einfluß des
westgotischen Bischofs Wulfila angeschlossen hatte, suchte und erhielt unter
ihrem Anführer Fritigern Land zur bäuerlichen Besiedlung in Thrakien zugewiesen. So »stieß das Barbarenland Schwärme von Kriegern wie Asche vom
Ätna überall hinaus«, schrieb darüber der römische Geschichtsschreiber
Ammianus Marcellinus.[8]

Rom sah in den Westgoten vor allem ein volkreiches Reservoir, um das Heer
zu ergänzen und um neue Kolonen für die Bebauung des Landes zu gewinnen.

Aufstand der Westgoten

Die westgotischen Siedler hatten unter der römischen Verwaltung in Thrakien
sehr zu leiden; besonders die lokalen römischen Truppenführer suchten sich
maßlos zu bereichern. »Sie brachten so viele Hunde auf, wie es ihre Un-
ersättlichkeit vermochte, und gaben je einen für einen Sklaven.«[9] Im Jahre 377
erhoben sich die Westgoten und verbündeten sich mit ihren versklavten
Stammesgenossen und mit anderen germanischen Gruppen auf dem Balkan
und verheerten zahlreiche Grundbesitzungen und Dörfer. In Thrakien und an
der unteren Donau fanden Kämpfe zwischen Germanen und Römern mit
wechselndem Erfolg statt. Im nächsten Jahr konzentrierten die Westgoten ihre
Hauptkräfte in der Nähe der Stadt Adrianopel in Thrakien. Dort kam es am
9. August 378 zur Entscheidungsschlacht mit den Truppen des Kaisers Valens,
der das Eintreffen der von Kaiser Gratian abgesandten Hilfskontingente nicht
abgewartet hatte. In der Schlacht erlitten die Römer eine vernichtende
Niederlage; Valens selbst kam um. Die Goten und ihre Verbündeten waren
zeitweilig Herren des Balkans.

Theodosius

In dieser für den römischen Staat gefahrvollen Situation rief Kaiser Gratian
den Heerführer Theodosius aus Spanien herbei und ernannte ihn im Jahre 379
zum Kaiser für die Donauprovinzen und den Osten (379–395). Theodosius
gelang es, einen Teil der mit den Westgoten verbündeten Scharen für sich zu
gewinnen und die Hauptstadt Konstantinopel zu sichern. Die Westgoten
konnten zurückgeschlagen werden, drangen aber im folgenden Jahr bis nach
Epirus und Achaia vor. Im Jahre 382 schloß Theodosius mit ihnen einen
Friedensvertrag, in dem sie als Föderaten Roms anerkannt wurden und in
Mösien und Thrakien Siedlungsland erhielten. Diesmal wurden sie keine
Kolonen, sondern lebten in ihren eigenen gentilen Stammesverbänden unter
eigenen Adligen. Sie erhielten von Rom jährliche Getreidelieferungen und
verpflichteten sich zur Heeresfolge. Dieser Föderatenvertrag galt als Muster
für spätere ähnliche Verträge mit germanischen Stämmen oder Stammesverbänden auf römischem Reichsboden.

Föderaten-vertrag mit den Westgoten

An der Rheingrenze war es nach einer schweren Niederlage, die die Alamannen
im Jahre 378 bei Argentaria (in der Nähe von Kolmar) im Elsaß durch das
Heer Gratians erlitten haben, in den folgenden Jahren ruhig geblieben. Dafür
kam es im Innern des Westreiches zu einer gespannten Situation, als sich im

8 Ammianus Marcellinus, 31, 4, 9.
9 Ammianus Marcellinus, 31, 5, 11.

6.3. Von den Nachfolgern Konstantins I. bis zum Ende des 4. Jh. 347

Jahre 383 Magnus Clemens Maximus, ein Heerführer in Britannien, von seinen Truppen zum Kaiser ausrufen ließ; Maximus setzte nach Gallien über und fand dort rasch Zulauf. Gratian zog dem Usurpator entgegen, verlor aber einen großen Teil seiner Truppen, die auf die Seite Maximus' übergingen. Auf der Flucht nach Italien wurde er unterwegs eingeholt und ermordet.

Usurpation des Maximus

Maximus wurde von Theodosius, der zunächst noch kein Heer auf dem Balkan für den Kampf gegen den Usurpator entbehren konnte, im Jahre 384 als Mitkaiser anerkannt. Als er jedoch im Jahre 387 Italien besetzte und den jungen Valentinian II. nach dem Osten vertrieb, rüstete Theodosius gegen den Empörer und besiegte ihn im Jahre 388 in zwei Schlachten in Pannonien. Maximus wurde hingerichtet; Valentinian II. erhielt zu Italien noch die anderen Westprovinzen hinzu, die Gratian einst verwaltet hatte. Valentinian II., der keine wesentliche Rolle in der Politik gespielt hatte, wurde im Jahre 392 in Gallien ermordet, vermutlich auf Betreiben seines mächtigen Heermeisters Arbogast. Arbogast, Franke von Geburt, erhob Eugenius (392–394), den Rhetor und Leiter einer kaiserlichen Kanzlei, zum neuen Kaiser des Westens. Theodosius erkannte ihn jedoch nicht an. Beide Seiten rüsteten zum Entscheidungskampf, den Theodosius in der Schlacht am Fluß Frigidus (Wippach) bei Aquileia im Jahre 394 für sich entschied. Arbogast verübte Selbstmord; Eugenius wurde hingerichtet; Theodosius war für kurze Zeit — er starb im Januar 395 — wieder Alleinherrscher im Römischen Reich.

Valentinian II.

Usurpation des Eugenius

Rom mußte in der zweiten Hälfte des 4. Jh. gewaltige Anstrengungen unternehmen, um die Völkerwanderungswelle, die vor allem an die Donaugrenze brandete, aufzufangen. Aber es waren nicht nur die ostgermanischen Stämme, die in Bewegung geraten waren. Westgermanische Stammesverbände bemühten sich, wenn auch noch vergeblich, um eine bäuerliche Landnahme in linksrheinischen Gebieten. Der Hunnensturm veränderte die politische Geographie weiter Teile Europas. Der Sassanidenstaat zwang Rom, die alten Grenzen in Mesopotamien aufzugeben. Nordafrikanische Stämme von Dromedarnomaden stießen gegen römische Städte vor; die berberische Erhebung unter Firmus konnte nur mit großer Mühe niedergeschlagen werden. Rom mußte auf dem Balkan und an der Ostgrenze empfindliche Niederlagen einstecken. Diese Ereignisse und die anwachsenden Volksbewegungen im Innern des Reiches führten dazu, daß das Heermeisteramt an den Kaiserhöfen rasch an politischer Bedeutung gewann. Schon in dieser Periode zeigte sich, daß einzelne Kaiser die politische Macht der herrschenden Klasse nur noch symbolhaft repräsentierten; die wirkliche militärische und politische Macht jedoch lag in den Händen führender Heermeister und einflußreicher Präfekten. Manche Kaiser waren nur noch formell Oberbefehlshaber über die Truppen, wie etwa Valentinian II. oder Eugenius. Die Widersprüche der sich auflösenden Sklavereigesellschaft beeinflußten auch die Entwicklung der spätantiken Form der Militärdiktatur in Rom. Nicht der bedeutendste und kampferfahrenste Heerführer wurde beim Tode eines Kaisers Repräsentant der herrschenden Klasse — dann hätte man schon auf Germanen zurückgreifen müssen —, sondern Vertreter des mittleren und niedrigen Offiziersranges oder Kinder. Bei Vertretern der Großgrundbesitzeraristokratie, die hohe Hof- und Verwaltungsämter innehatten, machten sich bei der Auswahl von Kandidaten für den Kaiserthron auch zentrifugale Tendenzen bemerkbar. Kaiser, die die

Grenzsicherung

Wachsender Einfluß des Heermeisteramtes

348 6. Die spätrömische Kaiserzeit. Der Dominat

Römische »Kinderkaiser«

herrschende Klasse voll und ganz repräsentierten, wurden selten; Theodosius war einer der letzten dieser Art. Oft gelangten Kinder, die noch nicht das erste Lebensjahrzehnt überschritten hatten, wie etwa der achtjährige Gratian, der vierjährige Valentinian II., der sechsjährige Arcadius, der im Jahre 383 von Theodosius zum Mitherrscher erhoben wurde, und der neunjährige Honorius, der im Jahre 393 Augustus wurde, auf den Kaiserthron.

Germanen und Sarmaten als Heermeister und Konsuln

Als führende Heermeister an den Kaiserhöfen wie als Militärbefehlshaber in den Provinzen finden wir seit der Mitte des 4. Jh. zunehmend Persönlichkeiten germanischer Abstammung. Schon unter Konstantin sind Germanen zum consul suffectus, etwa einem Nachfolgekandidaten für das ordentliche Konsulat, ernannt worden. Seit Kaiser Julian erlangten Germanen auch das ordentliche Konsulat, das höchste Amt, das die Republik einst zu vergeben hatte. Damit gehörten sie der Senatsaristokratie an.

Alamannen, Franken, Goten, ferner Sarmaten nahmen im römischen Heeresdienst rasch einen Rang ein und gewannen schnell an Einfluß. In politisch komplizierten Situationen jener Jahrzehnte sicherten sie die Kontinuität der römischen Staatsmacht. Nevitta (cos. 362), Dagalaif (cos. 366), Victor (cos. 369), Arintheus (cos. 372), Merobaudes (cos. 377, 383, designiert für das Jahr 388), Richomer (cos. 384), Bauto (cos. 385), der fränkische »König« Mallobaudes, der in römische Dienste trat, Arbogast, seit dem Jahre 388 oberster Heermeister des Westreiches, machten sich um die Erhaltung des römischen Staates besonders verdient. Es waren »dem Reich ergebene Männer.«[10] Diese Art von »Germanisierung« des Imperiums lag im Interesse der herrschenden Klasse, sie bedeutete keine Gefahr für Rom. Diese Germanen und Sarmaten waren völlig romanisiert worden und verteidigten die römischen Grenzen gegen Angriffe ihrer ehemaligen Stammesgenossen; sie waren selbst Angehörige und teilweise schon Repräsentanten der herrschenden Klasse geworden. Einige dieser germanischen Heermeister, von umfassender Bildung, machten z. B. mit den Führern der heidnischen Senatsopposition in Rom gemeinsame Sache gegen die christlich-orthodoxe Zentralregierung.

Differenzierung der Senatsaristokratie

In der spätrömischen Gesellschaft bestand der Senatsadel aus drei Gruppen. Die Privilegien, die früher alle Senatoren genossen, gingen allmählich auf die höchsten Vertreter des Senatsadels über. Die kaiserliche Zentralgewalt kam der Senatsaristokratie mit der Einrichtung des Amtes der »Verteidiger des Senats« (defensores senatus) weiter entgegen; diese defensores senatus hatten dem Kaiser von Übergriffen der Beamten in den Provinzen gegen Mitglieder der Senatsaristokratie zu berichten. Trotz der Verarmung einzelner senatorischer Familien, die ihr Vermögen durch Majestätsprozesse, Usurpationen und in den Volksbewegungen verloren hatten, bildete die Senatsaristokratie nach wie vor die Standesorganisation der reichen Großgrundbesitzer. Besonders einflußreiche Großgrundbesitzer, die oft zugleich auch mächtige Beamte waren, erweiterten ihre Grundbesitzungen durch das Patrocinium und zwangen ganze Dörfer, sich in ihren »Schutz« zu begeben. Trat das Patrocinium zusammen mit der Einrichtung des Prekariats in Erscheinung, so entstanden im Schoße der untergehenden Sklavereigesellschaft Elemente früher Formen feudaler Produktionsverhältnisse.

10 Ammianus Marcellinus, 15, 5, 6.

6.3. Von den Nachfolgern Konstantins I. bis zum Ende des 4. Jh. 349

Precarium bedeutete ursprünglich im römischen Recht eine Sache, die jemand einem anderen auf Bitten hin übergeben hatte. Auf Verlangen des Verleihers mußte der Entleiher die Sache ohne Aufschub zurückerstatten. Ein Entgeld wurde für die geliehene Sache nicht gezahlt. Seit dem 4. Jh. veränderte sich der Charakter des precarium. Die Leihgabe war mit einem Vertrag verbunden, der die regelmäßig zu zahlende Summe enthielt. Die Leihfrist wurde für einen bestimmten Zeitraum oder auf Lebenszeit festgesetzt. Aus dieser spätantiken Form des Vertrages entwickelte sich eine frühe Form der Landleihe, ein Vorläufer des mittelalterlichen feudum.

precarium

Die städtischen Oberschichten verloren weiter an Bedeutung, verarmten und suchten ihr Heil in der Flucht aus den Städten. Man kooptierte städtische Plebejer, die etwas an Vermögen gewonnen hatten, in den Dekurionenstand. Am Ende des 4. Jh. war die Bindung der Kolonen an den Boden im ganzen Reich abgeschlossen. Zur Zeit des Kaisers Theodosius galten die Kolonen als Sklaven des Bodens (servi terrae). Die ökonomische und soziale Annäherung der Kolonen an die Sklaven machte weitere Fortschritte. Die Zwangskollegien der Handwerker hatten am Ende des Jahrhunderts auch alle Arbeitskräfte in den staatlichen Werkstätten erfaßt, die für die Bedürfnisse der Armee, des Staates und des Hofes arbeiteten. Das betraf besonders die Werkstätten zur Waffenherstellung, Webereien, Färbereien und Münzstätten.

Weiterer Rückgang des Dekurionenstandes

Kolonen und Sklaven

Die Sklaverei verlor an wirtschaftlicher Bedeutung; an ihre Stelle war in wachsendem Umfang der spätantike Kolonat getreten. Dennoch war sie immer noch ein notwendiger Bestandteil der gesellschaftlichen Ordnung; zwar wurden allmählich viele Sklaven freigelassen, aber von einer generellen Abschaffung der Sklaverei konnte nicht die Rede sein.

Weiterer Rückgang der Sklaverei

Die christliche Kirche gewann in der zweiten Hälfte des 4. Jh. rasch an Macht und Einfluß. Die Rückschläge, die sie in der Regierungszeit Julians hinnehmen mußte, waren schnell überwunden; zahlreiche Adlige in den Provinzen des Reiches traten in den Dienst der Kirche und wurden Bischöfe. Am Ende des Jahrhunderts konnte Ambrosius, Bischof von Mailand, sogar Kaiser Theodosius, gewiß keine schwache Herrscherpersönlichkeit, nachdrücklich daran erinnern, daß sich auch ein Kaiser der Kirche unterordnen müsse.

Zunehmender Einfluß der christlichen Kirche

Der kirchliche Zwist weitete sich aus und erhielt einen besonderen politischen Akzent. Im Römischen Reich gewann die katholisch-orthodoxe Glaubensrichtung die Oberhand. Römische Staatsgesinnung verlangte Anerkennung und Beachtung der katholischen Religion. Die germanischen Stämme und Stammesverbände außerhalb der Reichsgrenze wandten sich, soweit sie bereits mit dem Christentum in Berührung gekommen waren, dem Arianismus zu, um sich so von Rom ideologisch abzugrenzen. Je mehr die katholische Orthodoxie an Einfluß gewonnen hatte, um so unduldsamer wurde sie gegen Andersdenkende. In den siebziger Jahren des 4. Jh. kam es zu den ersten Heidenverfolgungen mit Hinrichtungen. Erstmals verwandte der Bischof von Rom den Begriff des apostolischen Stuhls, aus dem Bischofsamt in Rom ging das Oberhaupt der römisch-katholischen Kirche, der Papst, hervor, auch wenn die Hegemoniebestrebungen des römischen Bischofs nicht überall im Reich anerkannt wurden. Häretiker wurden verfolgt. Dessenungeachtet nahm der Donatismus in Afrika an Einfluß zu und fand weite Verbreitung. Gegen Ende des Jahrhunderts gab es in Nordafrika etwa 400 donatistische Bischöfe. Die

Arianismus der Germanen

Unduldsamkeit der Kirche gegen Häretiker

6. Die spätrömische Kaiserzeit. Der Dominat

Altar der Victoria

Kaiser Gratian und Theodosius legten als erste den Titel des Oberpriesters, des Pontifex maximus, ab, den bislang jeder Kaiser getragen hatte; die staatlichen Zahlungen an heidnische Kulte wurden eingestellt. Der Altar der römischen Siegesgöttin Victoria, das Symbol römischer Macht und Größe, wurde aus dem Senatssaal in Rom entfernt. Das mußte die heidnische Mehrheit des Senats in Rom in höchste Erregung versetzen. Wortführer dieser Opposition wurde der bedeutende Rhetor, Stadtpräfekt von Rom und Konsul des Jahres 391, Quintus Aurelius Symmachus, der einen Kreis Gleichgesinnter um sich scharte, wie Virius Nicomachus Flavianus, den Prätorianerpräfekten des Eugenius, Vettius Agorius Praetextatus und andere. In mehreren Petitionen an den Kaiser bemühte sich Symmachus um die Wiederaufstellung des Altars der Victoria in der römischen Kurie. Der Bischof Ambrosius von Mailand trat ihm jedoch entgegen und erreichte, daß der Kaiser bei seiner Ablehnung blieb. Die Erhebung des Eugenius, der — obwohl selbst Christ — unter dem Einfluß der heidnischen Senatsaristokratie stand, bedeutete den letzten Versuch dieser Kreise, die Richtung der ideologischen Entwicklung zu verändern. Mit dem Ende dieses Kaisers im Jahre 394 war auch das Schicksal dieser Opposition besiegelt.

Ideologischer Kampf der heidnischen Senatsaristokratie

In den Jahren von 356 bis 394 hatte diese Opposition jährlich Neujahrsmedaillen mit altrömischen Symbolen, sogenannte Kontorniaten, prägen lassen; mit diesen Gedenkmünzen führte sie einen ideologischen Kampf gegen die Christianisierung des Imperiums, dem sie altrömische Tradition und Religion bewahren wollte; diese Bestrebungen waren aber reaktionär und utopisch. Ihre Verfechter führten einen Don-Quichotte-Kampf gegen alle Neuerungen und sahen nur in der Bewahrung der Vergangenheit den Ausweg aus der krisenhaften Lage.

Katholische Kirche wird Staatskirche

Unter Kaiser Theodosius wurde die katholische Kirche alleinige römische Staatskirche; er verbot den Arianismus im Osten des Reiches, wo er noch unter Valens weit verbreitet war. Im Jahre 391 wurden sämtliche heidnischen Kulte im Reich untersagt; lediglich den Juden wurde die Ausübung ihres Kultes gestattet. Erneut kam es zur Verfolgung der Manichäer. Im Jahre 381 fand in Konstantinopel das zweite Ökumenische Konzil statt, auf dem die Beschlüsse von Nicäa in Verbindung mit der Dreifaltigkeitslehre bekräftigt wurden. Die Einheit der Kirche war, wenn auch unter Druck und Gewalt, wiederhergestellt. Die große Auseinandersetzung mit der donatistischen Sonderkirche sollte noch folgen.

Olympische Spiele

Im Jahre 394 wurden die Olympischen Spiele, die dem griechischen Gott Zeus geweiht waren, verboten. Im gleichen Jahre wurde in Rom der Vestatempel geschlossen. Damit zog man einen Schlußstrich unter eine mehr als tausendjährige Entwicklung. Alles, was Griechen und Römer bisher unter einem Staat verstanden hatten, war nun in Frage gestellt. Die noch heidnischen Zeitgenossen sahen in diesem Schritt die Ursache schweren künftigen Unheils und den Vorboten des nahenden Untergangs. Die Ereignisse der nächsten Jahrzehnte schienen ihnen Recht zu geben.

Die kulturelle Entwicklung im Dominat bis zum Ende des 4. Jh.

6.4.

Die kulturelle Entwicklung in dieser Periode ist vom weiteren Niedergang der antiken Sklavereigesellschaft geprägt. Dies zeigt sich besonders in der Auseinandersetzung jener Kräfte, die die antik-heidnischen Traditionen fortzuführen gedachten, mit dem Christentum und den verschiedenen Völkern, die in das Römische Reich einzudringen begannen. Neues brachte die christliche Kultur hervor, die damit schon kulturelle Leitbilder und -motive für die zukünftige herrschende Klasse der Feudalherren schuf, während die Kultur beispielsweise der germanischen Stämme und Stammesverbände für diese Aufgabe noch zu wenig entwickelt war. Dennoch verdanken wir dem antiken Heidentum des 4. Jh. eine bedeutende kulturelle Leistung, die darin bestand, daß Texte antiker Schriftsteller gesammelt, redigiert und somit erhalten geblieben sind. Man darf dabei aber nicht übersehen, daß dies dem allgemeinen Streben dieser Kreise nach politischer Restauration entsprang.

Christentum und Heidentum

Im 4. Jh. verringerte sich spürbar der griechische bzw. hellenistische Einfluß im Römischen Reich; die lateinisch geschriebene Literatur überwog, und selbst Griechen aus der östlichen Reichshälfte, wie z. B. der Geschichtsschreiber Ammianus Marcellinus und der Dichter Claudius Claudianus schrieben lateinisch. Die griechischen Sprachkenntnisse gingen unter den Gebildeten im Westteil des Reiches zurück; Übersetzungen aus dem Griechischen ins Lateinische versuchten dem zu begegnen. Der griechische Osten begann sich vom lateinischen Westen zu trennen und bahnte damit der endgültigen Reichsteilung am Ende des Jahrhunderts den Weg.

Rückgang des hellenistischen Kultureinflusses

Daneben entwickelten sich die schon erwähnten einheimischen Provinzialkulturen weiter, die sich im Laufe der Zeit immer stärker verselbständigten.

Die repräsentative Architektur in der Zeit des Dominats fußte auf der Bautechnik der frühen Kaiserzeit, steigerte aber die Ausmaße ins Monumentale. Die gewaltige Ruine der Basilica Nova, auch Maxentiusbasilika oder Konstantinsbasilika genannt, am Rande des Forum Romanum zeigt nur noch einen Rest der einstigen Größe. Die dreischiffige Basilika, die in den Jahren 306 bis 312 erbaut worden ist, hatte eine Gesamtlänge von 101 m, eine Breite von 65 m, eine Höhe von 38 m; die Mauern waren 6 m dick.

Architektur

Diese Basilika, in der sich eine 9 m hohe Kolossalstatue Konstantins mit einem Gewicht von 8 bis 9 t befand, bildete das Vorbild für die frühchristlichen Kirchenbauten.

Ebenfalls in den Beginn des 4. Jh. gehört der Audienz- und Thronsaal des Kaiserpalastes in Trier. Fußboden und Innenwände waren mit Marmor verkleidet; eine Heizungsanlage (Hypokaustum) befand sich unter dem Fußboden. Auch dieser Bautyp diente frühchristlichen Kirchen als Vorbild.

Kaiserpalast in Trier

Einen nüchternen und bescheidenen Eindruck hinterläßt dagegen die um das Jahr 300 von den Architekten Diokletians erbaute Curia in Rom, das Sitzungsgebäude des römischen Senats. Es war 25 m lang, im Innern zogen sich von einem Mittelgang links und rechts je drei Stufenreihen entlang, auf denen früher die Sitze der Senatoren gestanden haben. Das Senatsgebäude war an der gleichen Stelle bereits unter Augustus mit 600 Sitzmöglichkeiten für die römischen Senatoren errichtet worden.

Curia in Rom

352   6. Die spätrömische Kaiserzeit. Der Dominat

Diokletians-palast in Spalato

Den Grundriß eines römischen Militärlagers ahmte der befestigte Palast Dokletians in Spalato (Dalmatien) nach. Er wurde von 300 bis 305 erbaut und maß 215 × 181 m. Im Palast befanden sich auch ein Zeustempel und das Mausoleum für den Kaiser. Ein Beispiel spätantiken Festungsbaus vermittelt uns auch das im Jahre 310 von Konstantin errichtete Fort von Divitia (Deutz, heute ein Stadtteil von Köln).

Thermen Diokletians in Rom

Die in den Jahren von 299 bis 306 erbauten Thermen Dokletians erstreckten sich auf einem Gelände von 20 ha; sie waren die größten in der Stadt Rom, 3 000 Menschen konnten gleichzeitig darin baden. Die römische Senatsaristo-kratie setzte Konstantin im Jahre 315 mit dem Konstantinsbogen in Rom ein besonderes Denkmal. In Inschriften auf dem Bogen feierte sie Konstantin als Befreier von der Tyrannis des Maxentius und ermahnte ihn, sich die Kaiser Traian, Hadrian und Mark Aurel zum Vorbild zu nehmen. Besonders bemerkenswert ist außerdem, daß die Baumeister an diesem Monument Teile von Denkmälern dieser Kaiser wieder anbrachten. Damit versuchte die Senatsaristokratie der christenfreundlichen Politik des Kaisers entgegenzuwirken. Die Ausgrabungen in einer vermutlich kaiserlichen Villa bei Piazza Armerina am Hang des Monte Mangone in Sizilien, brachten Werke spät-

Mosaikkunst

antiker Mosaikkunst ans Licht. Einige der gut erhaltenen Mosaiken zeigen Jagdszenen. Aufsehen erregte ein Mosaik, das zehn junge Mädchen in modern anmutender »Bikini«-Bekleidung darstellt; es sind Sportlerinnen, die sich im olympischen Fünfkampf üben. Allerdings waren Frauen in der Antike von den Olympischen Spielen ausgeschlossen. Die gesamte Darstellung, auch die bauliche Anlage der Villa, ist noch betont klassizistisch gehalten und hebt sich von anderen Denkmälern des 4. Jh. deutlich ab.

Skulpturen der Tetrarchen

Völlig anders erscheint die Porphyrskulptur, die die ersten vier Tetrarchen-herrscher Dokletian, Maximian, Galerius und Constantius darstellt; sie befindet sich an der Südecke der Kathedrale von San Marco in Venedig. Hier wie auch bei einer ähnlichen Skulpturengruppe im Vatikan und bei anderen Kaiserdarstellungen jener Zeit ist deutlich erkennbar, wie weit man sich bereits von antiken Kunstvorstellungen entfernt hatte. Gegenüber der antiken Plastik erscheinen die spätantiken Arbeiten grob und ungestalt, geradewegs als Vorläufer des modernen Expressionismus. Darin wird der Einfluß einer von der politischen Ideologie der herrschenden Klasse jener Zeit geprägten Kunstauffassung spürbar, die nicht so sehr auf das Persönliche in der Darstellung, sondern auf das Symbolhafte besonderen Wert legte. Das Kunstwerk sollte nicht bloß betrachtet, sondern verehrt werden. Die Formen wurden flächenhafter, weniger modelliert, die Porträts wurden stilisierter und abstrakter.

Christliche Kunst

Die christliche Kunst des 4. Jh. benutzte in stärkerem Maße klassizistische Vorbilder. Der Sarkophag des römischen Stadtpräfekten Iunius Bassus (gest. 359) zeigt Szenen aus dem Alten und Neuen Testament. Die Wunder des christlichen Religionsstifters und die Erlösung waren Themen für eine künstlerische Ausgestaltung der sogenannten Christus-Petrus-Sarkophage. Engeldarstellungen wurden der römischen Victoria nachgebildet. In der frühchristlichen Mosaikkunst des 4. Jh. wird der spätantike Einfluß der Stilisierung und Symbolisierung deutlicher erkennbar. Grundsätze der Stilgestaltung, die die Kunst des Mittelalters prägten, traten maßgeblich hervor. Die Un-

6.4. Die kulturelle Entwicklung im Dominat bis zum Ende des 4. Jh. 353

zulänglichkeit des Menschen und die Unveränderlichkeit des Bestehenden wurden als grundlegende Auffassungen jener Zeit propagiert. Kunst und Politik bildeten auch in dieser Periode der römischen Geschichte eine untrennbare Einheit. Mit Hilfe der Kunst suchte die herrschende Klasse ihre politische Macht zu festigen und ihren Einfluß auf die ausgebeuteten Klassen zu verstärken.

Der Neuplatonismus, der sich vor allem noch im griechischen Osten entwickelte, vereinigte alle Gegner des Christentums im Römischen Reich. Mystik, Astrologie und Zauberei spielten dabei eine große Rolle. Die ersten, die von den christlichen Kaisern hingerichtet wurden, waren Neuplatoniker, z. B. um das Jahr 336 Sopatros von Apameia und im Jahre 370 Maximus. Bedeutendster Vertreter dieser Richtung war in der ersten Hälfte des 4. Jh. Iamblichos von Chalkis in Syrien, der versuchte, im Neuplatonismus alle antiken philosophischen Lehren zusammenzufassen. Die Theologie vom Sonnengott, Aberglaube und Ekstase waren verbunden mit vielfältigen Formen des religiösen Volksglaubens.

Neuplatonismus

Die Mathematik erlebte in der zweiten Hälfte des 3. Jh. in Alexandria durch Diophantos, der den Grund für die Algebra legte, ihren letzten bedeutenden Aufschwung. Etwa in diokletianischer Zeit lebte in Alexandria der Mathematiker Pappos, der ein Sammelwerk mathematischer Lehrsätze verfaßte. Im Verlaufe des 4. Jh. benutzte die neuplatonische Philosophie die Mathematik, um ihr Lehrgebäude zu stützen. Besonders die alexandrinische Schule des Neuplatonismus beschäftigte sich mit Mathematik und verfaßte Kommentare zu mathematischen Lehrschriften.

Mathematik

Die medizinische Literatur beschränkte sich im wesentlichen auf mehr oder weniger umfangreiche Kompilationen aus der älteren Literatur. Oreibasios von Pergamon, Freund und Leibarzt des Kaisers Julian, schrieb eine 70 Bücher umfassende Kompilation, nach den verschiedenen medizinischen Disziplinen geordnet. Eine veterinärmedizinische Rezeptsammlung stellte Pelagonius zusammen.

Medizin

Aus dieser Zeit sind Straßenkarten nach der Art der Tabula Peutingeriana (Peutingersche Tafel)[11] bekannt und ihnen entsprechende Straßen- und Ortsverzeichnisse des Römischen Reiches, die sogenannten Itinerarien. Darin waren die Entfernungen zwischen den einzelnen Straßenstationen verzeichnet. Das Itinerarium provinciarum Antonini Augusti enthält ein nach Provinzen geordnetes Straßen- und Stationenverzeichnis des Reiches. Das Itinerarium maritimum nennt die Entfernungen der Küstenstädte, der Häfen und der Inseln. Das Itinerarium Burdigalense ähnelt schon mehr einem Reisehandbuch; es beschreibt eine Reise von Bordeaux nach Jerusalem und die Rückkehr über Rom nach Mailand.

Geographie

Das Streben nach Bewahrung der literarischen Tradition förderte die Beschäftigung mit der Grammatik und brachte im 4. Jh. mehrere wertvolle philologische Kommentare hervor. Die Grammatik des Nonius Marcellus enthält zahlreiche Fragmente aus verlorengegangenen antiken Schriften. Die

Grammatik

---

11 Tabula Peutingeriana, eine nach Konrad Peutinger, Humanist in Augsburg, benannte, im 12./13. Jh. angefertigte Kopie einer antiken römischen Straßenkarte, die Peutinger erworben hatte. Sie befindet sich heute in der Österreichischen Nationalbibliothek in Wien.

23 Römische Geschichte

354 6. Die spätrömische Kaiserzeit. Der Dominat

bedeutendsten Grammatiker und Kommentatoren dieser Periode sind Aelius Donatus, Charisius, Diomedes und Servius. Donatus verfaßte Kommentare zu den Werken der Dichter Terenz und Vergil; die Grammatik des Charisius beruht auf einer Kompilation aus verschiedenen älteren Grammatiken; für den praktischen Unterricht war die Grammatik des Diomedes geschrieben; ein ausgezeichneter Kenner Vergils war Servius, der einen Kommentar zu seinen Dichtungen verfaßte, der erhalten geblieben ist. Zur wissenschaftlichen Literatur jener Zeit gehört das Buch des Palladius über die Landwirtschaft. Es beruht im wesentlichen auf dem Wissensstand zur Zeit Columellas. Das Buch, gegliedert nach den zwölf Monaten, enthält Vorschriften über die ländlichen und häuslichen Arbeiten.

Landwirt-
schaft-
liche Literatur

Militär-
wissenschaft

In das Ende des 4. oder in den Anfang des 5. Jh. gehört das militärische Handbuch des Flavius Vegetius Renatus, das die militärische Organisation, die Taktik, die Belagerungskunst und den Seekrieg behandelt. Der Wert des Buches ist dadurch gemindert, daß der Verfasser keinerlei eigene Erfahrungen aus dem Kriegsdienst besaß; er hatte das Buch lediglich aus älteren kriegswissenschaftlichen Schriften kompiliert. Vegetius verfaßte auch ein Lehrbuch über die Veterinärmedizin.

Geschichts-
schreibung

Unter den Geschichtsschreibern des 4. Jh. war Ammianus Marcellinus der bedeutendste; er schrieb ein Werk mit dem Titel res gestae (Geschehnisse); und auf der anderen Seite steht die mit Erfindungen, Fälschungen und Hofklatsch gefüllte Historia Augusta (Kaisergeschichte), deren Verfasser wir nicht kennen. Aurelius Victor bearbeitete im Jahre 360 eine kurzgefaßte römische Kaisergeschichte bis zu diesem Jahre. Ein unbekannter Verfasser gab um das Jahr 395 ebenfalls eine kleine Kaisergeschichte heraus, die bis zum Tode des Theodosius führte. Im Auftrag Kaiser Valens' verfaßte Eutrop einen knappen Abriß der römischen Geschichte von den Anfängen bis zum Tode Kaiser Jovians. Es sind noch weitere kleine Schriften solch historischer Breviarienliteratur jener Zeit erhalten.

Ammianus
Marcellinus

Während aber all diese Geschichtsschreiber mehr oder weniger ihre Kenntnisse aus älteren Büchern entnahmen, sah Ammianus Marcellinus seine Hauptaufgabe darin, die historische Wahrheit zu erkennen und darzulegen, nichts vom Geschehenen wissentlich zu verschweigen oder etwas hinzuzufügen, was nicht geschehen sei.[12] Ammianus Marcellinus verehrte Rom, vertrat in seinem Werk im allgemeinen den Standpunkt der Senatsaristokratie, äußerte sich aber auch sehr kritisch über das arrogante Benehmen einiger neureicher römischer Senatorenfamilien. Er beschrieb in 31 Büchern die römische Geschichte von der Regierungszeit des Kaisers Nerva bis zum Tode Kaiser Valens' im Jahre 378 in der Schlacht bei Adrianopel. Er hatte sich keinen geringeren als Tacitus zum Vorbild genommen, dessen Werk, das bis zum Ende Domitians reichte, er fortzusetzen gedachte.

Erhalten geblieben sind uns die Bücher 14 bis 31, in denen die Ereignisse von 353 bis 378 dargestellt sind. Ammian war Offizier und nahm an mehreren Schlachten und Begebenheiten, die er in seinem Werk schildert, selbst teil. Er verehrte vor allem Kaiser Julian, der sich in seinem Werk besonderer Gunst erfreut. Das 4. Jh. war eine Blütezeit der Geschichtsschreibung in lateinischer

12 Ammianus Marcellinus, 29, 1, 15; 31, 16, 9.

6.4. Die kulturelle Entwicklung im Dominat bis zum Ende des 4. Jh.

Sprache. Die Historiographie griechischer Sprache hatte an Bedeutung verloren. Die Ursache dafür liegt darin, daß der traditionsbewußte Teil der Senatsaristokratie sich im 4. Jh. mit der Idee vom »Ewigen Rom« verbunden hatte; das Zentrum dieser Kreise blieb Rom, nicht Konstantinopel. Eunapios aus Sardes (um 345 bis um 420) setzte das Geschichtswerk des Dexippos fort und beschrieb die römische Geschichte von 270 bis 404. Seine Arbeit ist vor allem von der Rhetorik und vom Neuplatonismus beeinflußt.

Griechische Historiographie

In dieser Zeit wurde besonders die Redekunst gepflegt; zahlreiche Lobreden (Panegyriken) wurden auf einzelne Kaiser gehalten; in schwülstigem Stil verherrlichte man die Taten der Herrscher, und ihre Verfasser erhofften sich davon besondere Ehrungen. Wohl der bedeutendste Redner jener Zeit war Q. Aurelius Symmachus (um 345 bis nach 402); er war in den Jahren 384/385 Stadtpräfekt von Rom und im Jahre 391 Konsul. Symmachus vertrat die Interessen eines Kreises römischer Senatoren, die ihre Hauptaufgabe in der Bewahrung und Pflege altrömischer Tradition sahen; sie leisteten dem Vordringen des Christentums Widerstand. Sein Name ist besonders verknüpft mit dem Streit um die Wiederaufstellung des Altars der Göttin Victoria im römischen Senatsgebäude, den Kaiser Gratian im Jahre 382 entfernen ließ. Als Gratian im Jahre 383 ermordet wurde, hofften Symmachus und sein Kreis, den jungen Kaiser Valentinian II. in dieser Frage leichter beeinflussen zu können. Im Jahre 384 richtete Symmachus seine berühmte dritte Relatio — so bezeichnete man die amtlichen Briefe an den Kaiser — an Valentinian. In pathetischem und beschwörendem Ton gehalten bat Symmachus, die Wiederaufstellung des Altars in der römischen Curia zu gestatten. Aber der wortgewaltige Bischof Ambrosius von Mailand trat dieser Bittschrift entgegen und erreichte, daß der Kaiser, wenn auch widerstrebend, bei seiner Ablehnung blieb. Die Niederlage der Truppen des Eugenius und Arbogast im Jahre 394 am Fluß Frigidus gegen Theodosius besiegelte das Schicksal des Symmachuskreises. Die Kraft der heidnischen Senatsopposition war gebrochen, und nur noch Spuren finden sich bis in die ersten zwei Jahrzehnte des 5. Jh.

Redekunst, Panegyriken

Symmachus

Unter den Dichtern seiner Zeit ragte besonders D. Magnus Ausonius (um 310 bis Ende des 4. Jh.) hervor. Er war zunächst Grammatik- und Rhetoriklehrer in seiner Heimatstadt Burdigala (Bordeaux), von 364 bis 368 Erzieher des späteren Kaisers Gratian am Hofe in Trier und erhielt im Jahre 379 das Konsulat. Ausonius verfaßte u. a. Epigramme, Briefe, Gedichte zu Ehren verstorbener Landsleute seiner Heimatstadt, Epitaphien auf Helden des trojanischen Krieges, einen Panegyricus für Gratian, der ihm das Konsulamt übertragen hatte. In der »Mosella«, einem seiner schönsten Gedichte, wird die Mosellandschaft sehr anschaulich beschrieben.

Ausonius

Der gefeiertste Redner griechischer Herkunft in jener Zeit war Libanios aus Antiochia in Syrien (314 bis um 393); er war ein Gegner des Christentums und ein besonderer Verehrer des Kaisers Julian. Seine zahlreichen Reden und Briefe bieten dem Historiker reichliches und interessantes Quellenmaterial. Ein anderer griechischer Redner, Himerios aus Prusa in Bithynien, geb. um 310, vermied es dagegen, in seinen Reden politisch aktuelle Themen zu behandeln, und wandte sich ausschließlich Ereignissen der griechischen Vergangenheit zu. Anders wiederum Themistios aus Paphlagonien (um 317 bis um 388), der in Konstantinopel wirkte und im Jahre 355 Mitglied des Senats von Konstantino-

Libanios

Himerios

Themistios

6. Die spätrömische Kaiserzeit. Der Dominat

pel wurde. Themistios stand — obwohl kein Christ — in der Gunst Constantius' II., feierte den Regierungsantritt Julians, mit dem er eng verbunden war, und behielt wegen seines rednerischen Talents seinen Einfluß auch unter den nachfolgenden Kaisern. In den Reden des Themistios und des Libanios stand der Kaiser im Mittelpunkt; bei Symmachus dagegen die Rom-Idee.

Die literarischen Vertreter des Christentums, die bislang besonders die Gattung des apologetischen Schrifttums gepflegt hatten, gingen unmittelbar nach der Mailänder Vereinbarung aus dem Jahre 313 zum propagandistischen Gegenangriff über und drängten die heidnischen Schriftsteller bald in die Rolle der Verteidiger. Aus der Übergangszeit von der einen zur anderen Periode sind einige Autoren zu nennen, von denen der Theologe und Geschichtsschreiber Eusebius, Bischof von Caesarea (um 260—340), durch seine Kirchengeschichte besonders bekannt geworden ist. Das Werk, das bis 323 reicht, feiert den Sieg des Christentums, der Konstantin zu danken sei. Neben vielen anderen Schriften verfaßte Eusebios auch eine im panegyrischen Stil gehaltene Schrift »Über das Leben Konstantins«.

Eusebius von Cäsarea

Im Kampf gegen die anderen Religionen taten sich besonders Männer hervor, die zunächst angesehene römische Rhetoren waren und später als Christen die heidnischen Kulte angriffen; zu ihnen gehören Arnobius (Anfang 4. Jh.) mit seiner Schrift »adversus nationes« (Gegen die Heiden) und L. Caecilius Firmianus Lactantius (gest. nach 317), Schüler des Arnobius, mit seinen beiden Hauptwerken »divinae institutiones« (Unterweisungen in der Religion) und »de mortibus persecutorum« (Über die Todesarten der Christenverfolger). Arnobius empfahl, die heidnischen Schriften zu verbrennen. Lactanz forderte bereits von Konstantin, den christlichen Glauben als einzigen anzuerkennen. Besonders griff der ehemals neuplatonisch orientierte Firmicus Maternus (gest. nach 348) die heidnische Religion an. In seiner Schrift »de errore profanarum religionum« (Über den Irrtum der heidnischen Religionen) forderte er die Kaiser auf, das Heidentum mit der Wurzel auszurotten, die Tempel zu zerstören, die Tempelschätze einzuziehen und alle Anhänger heidnischer Kulte zu verfolgen, auch unter Anwendung von Gewalt. »Es ist besser, daß ihr sie gegen ihren Willen befreit, als daß ihr ihnen gestattet, nach ihrem Willen ins Verderben zu stürzen.«[13] Aus fanatischem Haß riefen diese Schriftsteller zum Kampf gegen die Heiden auf. Der Kampf gegen den Arianismus brachte neben Athanasius im Westen wie im Osten mehrere bedeutende kirchliche Schriftsteller hervor, wie Hilarius von Poitiers (um 315—367), Ambrosius von Mailand (339—397), die zugleich auch Schöpfer der ersten christlichen Hymnen waren, Basilius von Caesarea (um 330—379), Gregor von Nazianz (um 329—390) und Gregor von Nyssa (um 335—394). Sie waren Wegbereiter der Ideen des zweiten Ökumenischen Konzils von Konstantinopel im Jahre 381, das die Beschlüsse von Nicäa aus dem Jahre 325 bestätigte, zugleich aber in der Anerkennung der Trinitätslehre die Mehrheit der zur Verständigung bereiten Arianer auf die Seite des katholischen Christentums hinüberzog.

Arnobius

Lactanz

Firmicus Maternus

Athanasius, Hilarius, Ambrosius, Basilius, Gregor von Nazianz, Gregor von Nyssa

Der politische Kampf des Bischofs Ambrosius von Mailand gegen den Symmachuskreis wurde schon erwähnt (S. 355). Ambrosius entstammte senatorischem Adel, war ein bedeutender Redner und verstand es, auch die niederen

Ambrosius und Kaiser Theodosius

13 Firmicus Maternus, de errore 16, 4f.

6.4. Die kulturelle Entwicklung im Dominat bis zum Ende des 4. Jh. 357

städtischen Bevölkerungsschichten so in seinen Bannkreis zu ziehen, daß es schien, er sei vor allem ihr Interessenvertreter. Ambrosius gewann einen außerordentlichen Einfluß auf Kaiser Theodosius und erreichte es mit diplomatischem Geschick, daß sich der Kaiser der Kirche unterordnete. Als im Jahre 390 in Thessaloniki römische Beamte von der städtischen Bevölkerung ermordet wurden und Theodosius darauf zur Vergeltung ein Blutbad unter ihr anrichtete, zwang Ambrosius den Kaiser zur Kirchenbuße. Auch im Kampf gegen arianische Kreise am Kaiserhof Valentinians II. in Mailand setzte er Bevölkerungsschichten dieser Stadt zum Kampf gegen den Arianismus ein, wobei seine Hymnen wie Kampflieder wirkten. Als Valentinian II. im Jahre 392 und Theodosius im Jahre 395 starben, hielt er für beide eine uns überlieferte Trauerrede.

In die geistige Atmosphäre des Firmicus Maternus gehört mit seinem blinden Haß gegen christliche Häretiker und gegen heidnische Kultur auch Epiphanios, Bischof von Salamis (Konstantia) auf Zypern (um 315—403). Er bekämpfte vor allem die Lehren des Origenes (S. 313), der den christlichen Glauben mit der hellenistischen Philosophie verbunden hatte. Epiphanios lehnte das gesamte antike Kulturgut ab, stand aber damit auch im Gegensatz zu bedeutenden christlichen Schriftstellern seiner Zeit. Sein Hauptwerk nannte er Panárion katà pasōn tōn (h)airéseon (Arzneikasten gegen die Gifte aller Häresien). _{Epiphanios}

Um die Wende vom 3. zum 4. Jh. hatte sich im Christentum eine besondere Bewegung, das Mönchtum, entwickelt; die Mönche zogen sich in Wüsten und Einöden zurück, um dort einzeln oder in Gemeinschaft urchristlichen Idealen nachzuleben. Das Mönchtum war in Ägypten entstanden, wo es aus vorchristlicher Zeit stammende Vorbilder gefunden hatte. Die Ursachen für die Entstehung des Mönchtums waren vielfältiger Natur: Unterdrückte Bauern flohen aus ihren Dörfern und gingen in die Einöde, arg bedrängte Stadtbewohner, darunter auch Dekurionen, hatten das Weite gesucht, auch Sklaven mögen unter den ersten Mönchen gewesen sein; aber das christliche Mönchtum wurzelt vor allem in einer Absage an die Welt, es geht um ein Suchen nach innerer Ruhe fern von den Städten, um die Abneigung gegen die reicher werdende und immer herrischer auftretende Bischofskirche, um ein Streben nach urchristlicher Einfachheit. Sie lebten streng asketisch, ernährten sich von Spenden und von Produkten eigener landwirtschaftlicher oder handwerklicher Arbeit. Sie wollten von der antiken Kultur, von der hellenistischen Philosophie und überhaupt vom antikstädtischen Leben nichts wissen. Im Mönchtum verkörperte sich eine passive Form der Abkehr von der antiken Gesellschaftsordnung. Diese frühen Mönche unterstützten den Kampf der Athanasianer gegen den Arianismus und machten sich auch um die Ausbreitung des Christentums auf dem Lande verdient.

Die Mönche hielten sich für die Heiligen und Reinen innerhalb der christlichen Gemeinschaft, und die Vertreter der herrschenden Kirche unternahmen große Anstrengungen, das frühe Mönchtum an die Kirche zu binden. Seit dem 5. Jh. waren die Mönche als milites Christi eifrige Kämpfer für die Kirche, was zuweilen auch wörtlich zu verstehen war. Unter den Bischöfen Theophilos und Kyrillos von Alexandria (Bischöfe von 385 bis 412 und 412 bis 444) bildeten Mönche eine bewaffnete Leibgarde des Bischofs. Als Begründer des christ-

358   6. Die spätrömische Kaiserzeit. Der Dominat

lichen-Mönchtums in Ägypten galt Antonius (gest. 356). Erster Stifter des
Klosterlebens der Mönche war Pachomius (gest. 348), der auch die klösterliche
Gemeinschaft durch eine Mönchsregel ordnete. Von Ägypten aus fand das
Mönchtum rasche Verbreitung im ganzen Reich. Im Westen wurde besonders
Gallien ein bedeutendes Zentrum der mönchischen Bewegung. Dort war es
vor allem Martin von Tours (gest. 397), der das gallische Mönchtum im 4. Jh.
begründete. Im Osten wurden, außerhalb Ägyptens, die Regeln des Basilius von
Caesarea verbindlich, im Westen die des Benedikt von Nursia (um 480–547).
Grundregeln waren Gehorsam, Geduld, Eigentumsverzicht, Handarbeit,
Demut, Armut und Askese. Einige Mönche ließen schon im 4. Jh. von ihrer Ab-
neigung gegen die antike Bildung ab und wurden gelehrte Schriftsteller.

6.5.   *Der Untergang des Weströmischen Reiches*

Soziale Lage

Gegen Ende des 4. und zu Beginn des 5. Jh. wurde die Lage der bäuerlichen
und der städtischen Armen immer unerträglicher. Das Patrocinium der reichen
Großgrundbesitzer trug endgültig den Sieg über die kaiserliche Zentralgewalt
davon, die diese Schichten als Steuerzahler und als Rekrutierungskontingente
für die Armee erhalten wollte. Das Kaisertum kapitulierte vor den Großgrundbesitzern und mußte ihnen gegenüber der bäuerlichen Bevölkerung freie
Hand lassen. Auch die Kirche erwarb riesigen Grundbesitz und stand den
privaten Großgrundbesitzern in nichts nach. Der christliche Schriftsteller
Hieronymus (um 347 bis um 420) kritisierte den überhandnehmenden Luxus
beim Bau neuer Kirchen. Andere christliche Schriftsteller, wie Johannes
Chrysostomos (um 350–407) und Salvian von Massilia (um 400 bis um 480),
beklagten die Ausbeutung der ärmeren Schichten, der humiliores, durch brutale
Übergriffe von Gutsverwaltern, Großgrundbesitzern und Steuereintreibern.
Der Landadel lebte im Luxus, besaß ausgedehnte Güter und hatte einflußreiche Statthalterämter inne. Für den Bau seiner Luxusvillen bevorzugte er
Marmor aus Griechenland, Ägypten und Numidien; für die Innenausstattung
der Räume verwendete man Zedernholz, Blattgold und Elfenbein; die Fuß-
böden waren mit prächtigen Mosaiken ausgekleidet; Säulenhallen führten zum
Wohnhaus des Großgrundbesitzers. Die Wagen waren gold- und silberbe-
schlagen, die Pferde hatten mit Gold und Silber versehenes Zaumzeug und
mit Gold und Silber bestickte Purpurdecken. In der Stadt und auf dem Land
wurden Luxusbäder für die Grundherren errichtet. Durch Betrug oder gewaltsam eigneten sie sich das Land der Bauern an, andere brachten es durch
Wucher an sich. An die Provinzbehörden konnten sich die Bauern nicht
wenden, diese handelten im Einverständnis mit den Großgrundbesitzern. Die
schrankenlose Ausweitung des Großgrundbesitzes führte zur Verödung der
Felder und zum Rückgang der Erträge. Die privaten Großgrundbesitzer
eigneten sich auch kaiserliches Land an; kaiserliche Verwalter wurden bestochen. Häufig waren auch Angehörige mächtiger senatorischer Geschlechter
Bischöfe, so daß die Bauern in ihrer Notlage — von wenigen Ausnahmen
abgesehen — bei ihnen keinen Schutz und kein Gehör finden konnten.

Volksbewegun-
gen

Diese soziale Situation führte zu einem neuen Aufschwung der Volksbewegungen im Innern des Reiches. Die Bewegung der Agonistiker in Nordafrika

6.5. Der Untergang des Weströmischen Reiches 359

erreichte ihren Höhepunkt, in Gallien flammte die Bagaudenbewegung erneut auf, die sich bis nach Spanien ausbreitete. Die Ideen der sozialen Utopie lebten wieder auf. Als sich der Usurpator Prokopios im Jahre 365 gegen Valens erhoben hatte, versprach er seinen Anhängern Landaufteilung, Schuldenaufhebung und die Rückkehr des Goldenen Zeitalters. Der Dichter Claudius Claudianus (um 375 bis nach 404) pries in seinem Hochzeitsgedicht auf Kaiser Honorius (395–423) und seine Gattin Maria im Jahre 398 die Segnungen des Elysiums, wo es ewigen Frühling und keine Mühen menschlicher Arbeit gebe. Anläßlich des Konsulats Stilichos, des bedeutenden germanischen Heermeisters am weströmischen Kaiserhof, sprach derselbe Dichter im Jahre 400 von der Wiederkehr des Goldenen Zeitalters; ein ewiger Friede würde kommen, die Schwerter würden zu Sensen und Sicheln umgeschmiedet werden. Auch der christliche Dichter Prudentius (348 bis nach 405) pries in seiner Dichtung »Psychomachia« (Kampf um die Seele) den Frieden als das höchste Gut, ohne den es kein Glück gebe. Diese Dichtungen vermitteln uns nur einen schwachen Reflex all der Hoffnungen und Wünsche der ausgebeuteten Klassen jener Zeit. In den Jahren 397/398 erhob sich Gildo, der Bruder des im Jahre 375 niedergeworfenen Aufständischen Firmus, in Nordafrika. Gildo, der seinerzeit an der Niederwerfung des Aufstandes seines Bruders beteiligt war, hatte sich das Vertrauen des Kaisers erworben, war seit dem Jahre 385 comes Africae, ein Offizier etwa im Rang eines Generals, und wenig später oberster Heermeister in Nordafrika. In seiner Erhebung gegen die römische Herrschaft stützte er sich vor allem auf die Agonistiker und auf berberische Stämme, die an den Grenzen siedelten. Gildo versuchte durch eine Besitzneuaufteilung alle mit Rom Unzufriedenen auf seine Seite zu ziehen. Seine Anhänger erhielten konfisziertes Land der römischen Großgrundbesitzer, er selbst wurde dabei allerdings zum bedeutendsten Großgrundbesitzer in Nordafrika. Der donatistische Bischof Optatus von Thamugadi war der engste Vertraute Gildos. Im Jahre 398 konnte diese soziale Bewegung niedergeschlagen werden. Der katholische Bischof Aurelius Augustinus (354–430) ließ seinem Haß gegen die Agonistiker freien Lauf, als er in einem Brief schrieb: »Man flieht die Einheit, und infolge davon erheben sich die Landpächter mit Frechheit gegen ihre Gutsherren, und die entflohenen Sklaven halten sich nicht nur wider die apostolische Lehre von ihren Herren fern, sondern sie drohen ihnen auch; ja sie drohen ihnen nicht nur, sondern plündern sie auch in gewaltsamem Überfall.«[14]

Gildo

Augustin und die Agonistiker

In einem anderen Brief Augustins heißt es: »Welcher Herr wurde nicht gezwungen, seinen Sklaven zu fürchten, wenn der sich unter den Schutz jener Leute (der Agonistiker, R. G.) geflüchtet hatte? Wer wagte es, einem Umstürzler oder Anstifter zu drohen? Wer konnte einen Verschwender, wer einen Schuldner belangen, wenn er deren Hilfe und Schutz forderte? Aus Furcht vor Prügel und Brandstiftung und sofortiger Ermordung wurden die Tafeln der schlechtesten Sklaven zerbrochen, so daß sie als Freie von dannen gingen. Den Gläubigern entrissene Schuldverschreibungen wurden den Schuldnern zurückgegeben ... Einige Familienvorsteher, die aus angesehenem Geschlecht stammten und eine vornehme Erziehung genossen hatten, wurden nach dem Blutbad, das jene angerichtet hatten, mehr tot als lebendig davongeschleppt

---

14 Augustin, epist. 108, 6, 18.

360   6. Die spätrömische Kaiserzeit. Der Dominat

oder an eine Mühle gebunden und wie verächtliches Zugvieh mit Schlägen angetrieben, diese im Kreise zu drehen. Welches von den zivilen Gewalten erlassene Gesetz vermochte gegen sie Hilfe zu bringen? Welcher Hüter der Ordnung setzte etwas durch, was jene nicht gewollt hätten.«[15]

Unterdrük-kungs-maßnahmen gegen die Agonistiker

Die Niederschlagung des gildonischen Aufstandes war zwar für die Agonistiker eine schwere Niederlage, ihre Bewegung aber lebte weiter. Diese Klassengegensätze bestimmten auch in den nächsten Jahren die soziale Situation. Das Latrocinium breitete sich weiter aus, und die römische Verwaltung Nordafrikas hatte Mühe, die Umverteilungen des Grundbesitzes durch Gildo wieder rückgängig zu machen. In dieser Lage stellte sich die katholische Kirche Nordafrikas im Gegensatz zur donatistischen Sonderkirche auf die Seite der Unantastbarkeit des Privateigentums und der Unterordnung der Kolonen und Sklaven unter ihre Herren. Augustin verlangte in seinen Schriften und Predigten gegen die Donatisten und Agonistiker strengste Strafen und andere staatliche Zwangsmaßnahmen. Hohe Geldstrafen, Vermögenskonfiskation, Entzug der Testamentsfreiheit, Prügelstrafen und Zwangsarbeit sollten sie wieder in die römische »Ordnung« zwingen. Auf diese Weise konnten die donatistische Sonderkirche und die Volksbewegung der Agonistiker in den Jahren 411 bis 414 unterdrückt werden. Aber bis zur Eroberung Nordafrikas in den Jahren von 429 bis 442 durch den Vandalenkönig Geiserich hielten sich noch einzelne Scharen von Agonistikern. Erst nach der Eroberung Nordafrikas durch die Vandalen konnte diese Volksbewegung endgültig unterdrückt werden.

Wiederaufleben der Bagauden-bewegung

Die Volksbewegung der Bagauden flammte seit dem Jahre 407 in Gallien erneut auf. Sie hatte zunächst ihr Zentrum in der Landschaft Aremorica (Bretagne mit angrenzenden Landstrichen) und im Gebiet der Loiremündung. Die Gutsbesitzer wurden Sklaven ihrer Knechte, heißt es in einem im Jahre 417 von Rutilius Namatianus verfaßten Gedicht, und er wies damit auf den sozialen Charakter dieser Erhebung hin. Im Jahre 435 dehnte sich die Bagaudenbewegung unter ihrem Anführer Tibatto auf die umliegenden Gebiete aus; im Jahre 437 konnte man dieser Bewegung zwar Herr werden und Tibatto gefangennehmen, aber schon im Jahre 440 finden wir erneut Bagauden in Gallien und nun auch in Spanien. Viele Kolonen und Sklaven machten mit den Bagauden gemeinsame Sache. Der römische Heerführer und Dichter Flavius Merobaudes kämpfte im Jahre 443 gegen die spanischen Bagauden, doch erst Frederich, Bruder des Westgotenkönigs Theoderich, vernichtete im Jahre 454 mit einem westgotischen Heer die spanischen Bagauden »ex auctoritate Romana« (im römischen Auftrag). Über die gallischen Bagauden schweigen seit dieser Zeit die Quellen. Wie bei den Agonistikern in Nordafrika waren es auch bei den Baugauden in Spanien, vermutlich auch in Gallien, germanische Heere, die die großen Volksbewegungen gewaltsam unterdrückten.

Salvian von Massilia

Der römische christliche Schriftsteller Salvian von Massilia schildert in seinem Werk »De gubernatione Dei« (Von der Regierung Gottes) anschaulich die Lage der gallischen Landbevölkerung und die der Bagauden: »Unterdessen werden die Armen ausgeplündert, seufzen Witwen, werden Waisen mit Füßen ge-

---

15   Augustin, epist. 185, 4, 15.

6.5. Der Untergang des Weströmischen Reiches

treten; ja, es ist soweit gekommen, daß viele von ihnen, und zwar nicht solche aus niedrigem Geschlecht und mit guter Bildung, zu den Feinden fliehen, um nicht unter dem Druck der staatlichen Verfolgung zu sterben. Sie suchen bei den Barbaren die Menschlichkeit der Römer, weil sie bei den Römern die barbarische Unmenschlichkeit nicht ertragen können ... Deshalb wandern sie scharenweise entweder zu den Goten oder zu den Bagauden oder zu anderen Barbaren ... Denn lieber leben sie unter dem Schein der Gefangenschaft frei als unter dem Schein der Freiheit als Gefangene. Deswegen wird der Name des römischen Bürgers, der einst nicht nur hoch geschätzt, sondern auch um viel Geld gekauft wurde, jetzt aus freien Stücken verschmäht und gemieden; und er gilt nicht bloß als geringwertig, sondern sogar fast als verabscheuenswert.«[16] Welch ein gewaltiger Umschwung der politischen Anschauungen vom Römertum macht sich hierin seit der frühen Kaiserzeit bemerkbar!

Dann geht Salvian unmittelbar auf die Bagauden ein und fährt fort: »Nun will ich von den Bagauden sprechen, die durch schlechte und grausame Richter beraubt, niedergeschlagen, getötet wurden und die nach Verlust des Rechtes römischer Freiheit auch die Ehre des römischen Namens verloren. Wir geben ihnen selbst Schuld an ihrem Unglück, wir belasten sie mit einem Namen, den wir selbst geschaffen haben: wir nennen sie Rebellen, wir nennen sie Verworfene, die wir doch zwangen, Verbrecher zu werden. Denn wodurch anders wurden sie Bagauden als durch unsere Ungerechtigkeiten, durch die Ruchlosigkeit der Richter, durch die Proskriptionen und Räubereien derer, die das Amt staatlicher Steuererhebung zu eigenem Gewinn und Vorteil mißbrauchten, und die die Steuerlisten zu einem Feld für ihre Beutelust gemacht haben? ... Und so kam es, daß diese Menschen, gewürgt und getötet durch die Räubereien der Richter, anfingen, wie Barbaren zu leben, weil man sie keine Römer sein ließ.«[17]

Die Anklagen gegen die römischen Großen und gegen die Provinzverwaltung ließen sich noch fortsetzen. Salvian verteidigt auch die Sklaven, die durch Mißhandlungen zur Flucht gezwungen werden. Während der Reiche alle Güter im Überfluß habe, leide der Sklave Hunger. Obwohl Gesetze dies verbieten, töten die Reichen ihre Sklaven, ohne darin ein Verbrechen zu sehen. Der römische Staat sei entweder schon tot oder liege in den letzten Zügen, und dort, wo er noch zu leben scheine, sterbe er von den Fesseln der Abgaben wie von Räuberhänden gedrosselt dahin.[18] Die Bauern fliehen zu den Feinden, um den Gewalttätigkeiten zu entgehen. Die Feinde sind milder gegen sie als die Steuereinnehmer.

Salvian schrieb dies Werk kurze Zeit nach 440, als die Bagaudenbewegung ihren Höhepunkt erreichte.

Diese Volksbewegungen erschütterten nicht nur erheblich den römischen Staat, sondern rüttelten auch an den historisch überholten Eigentumsverhältnissen. Sie waren aber nicht in der Lage, die Sklavereigesellschaft und den sie immer noch verkörpernden römischen Staat zu vernichten. Sie wurden selbst von Kräften vernichtet, die von außen kamen, die dann aber auch dem rö-

---

16 Salvian, de gubernatione dei 5, 5.
17 Salvian, de gubernatione dei 5, 6.
18 Salvian, de gubernatione dei 4, 6.

6. Die spätrömische Kaiserzeit. Der Dominat

mischen Staat und der sich schon auflösenden alten Ausbeuterordnung ein Ende bereiteten. Von ihnen wird noch weiter unten die Rede sein.

Arcadius, Honorius

Nach Theodosius' I. Tod im Jahre 395 übernahmen seine beiden Söhne Flavius Arcadius im Osten (395—408) und Flavius Honorius im Westen (395—423) das kaiserliche Amt; damit wurde die endgültige Teilung des Reiches vorgenommen. Beide Kaiser waren mit Töchtern führender germanischer Heermeister verheiratet: Arcadius' Gattin war Aelia Eudoxia, die Tochter Bautos, des obersten Heermeisters Gratians fränkischer Abkunft; Honorius hatte die Tochter Stilichos, des obersten Heermeisters des Theodosius, ein Vandale von Geburt, zur Frau. Auch darin ist der zunehmende germanische Einfluß am Kaiserhof erkennbar.

Stilicho

Stilicho hat darüber hinaus bis zu seinem Tode im Jahre 408 die Politik des Westreiches geleitet. Die Politik des Oströmischen Reiches lag in den Händen verschiedener Präfekten und des gotischen Heermeisters des Ostheeres, Gainas, der im Jahre 400 ermordet wurde. Nach dem Tode des Gainas und Stilicho gewannen für längere Zeit antigermanische Strömungen an beiden Kaiserhöfen die Oberhand, die von der Hof- und Senatsaristokratie ausgingen.

Die Westgoten unter Alarich

An der Spitze der Westgoten, die nach dem Föderatenvertrag vom Jahre 382 in Mösien und Thrakien angesiedelt worden waren, stand seit dem Jahre 391 der Stammesfürst Alarich. Er hatte Theodosius im Kampf gegen Arbogast und Eugenius im Jahre 394 mit einem westgotischen Truppenkontingent unterstützt. Alarich zog danach wieder auf den Balkan zurück, und als im Jahre 395 die im Föderatenvertrag festgesetzten römischen Lieferungen ausblieben, ging von den Westgoten eine neue Volksbewegung aus. Da im Winter des gleichen Jahres Scharen von Hunnen über die zugefrorene Donau in Thrakien eindrangen und andere über den Kaukasus in Kleinasien einfielen, war die Aufmerksamkeit der oströmischen Regierung vor allem auf die Abwehr der Hunnen gerichtet. Die Westgoten zogen nach Mittel- und Südgriechenland und verheerten Böotien und Attika; Athen konnte sich von der Plünderung freikaufen; Eleusis, Korinth, Argos und Sparta fielen den Westgoten in die Hände. Nachdem Stilicho im Jahre 396 neue Verträge mit den germanischen Stämmen rechts des Rheins abgeschlossen hatte, zog er gegen Alarich, landete im Jahre 397 mit Truppen auf der Peloponnes und drängte die Westgoten nach Epirus. Weder die weströmische noch die oströmische Regierung versuchten, die Westgoten zu vernichten; jede der beiden Seiten war bestrebt, die Westgoten in den anderen Reichsteil zu lenken, um der anderen Seite soviel wie möglich innere Schwierigkeiten zu bereiten. Das Ringen um die Gunst Alarichs gewann Ostrom, das ihn zum Heermeister von Illyricum ernannte und damit ein militärisches Gleichgewicht gegen Stilicho zu schaffen beabsichtigte. Während Ostrom in den nächsten Jahren alle Anstrengungen unternahm, mit einem Heer, das durch den Antigermanismus geschwächt war, der Hunnen und der Volksbewegung der Isaurier in Kleinasien Herr zu werden, war Westrom starken germanischen Angriffen ausgesetzt. Im Jahre 401 setzten sich Vandalen und Alanen in Rätien fest, Ende desselben Jahres fiel der Westgotenkönig Alarich in Norditalien ein. Stilicho beorderte die am Rhein

Einfall der Westgoten in Italien

stehenden Grenztruppen nach Italien, zwang Alarich, die Belagerung von Mailand aufzuheben und schlug ihn im Jahre 402 in der Schlacht bei Pollentia

6.5. Der Untergang des Weströmischen Reiches

(Bollenzo). Honorius fühlte sich seitdem in Mailand nicht mehr sicher und zog sich in das besser zu verteidigende Ravenna zurück, das von nun an Residenz der weströmischen Kaiser blieb. Im Jahre 403 wurde Alarich erneut von Stilicho bei Verona geschlagen, die Westgoten mußten sich nach Illyricum zurückziehen.

In den Jahren 405/406 fielen andere germanische Völker, darunter auch Ostgoten, unter der Führung des Stammesfürsten Radagais in Oberitalien ein; sie wurden im Jahre 406 von Stilicho bei Faesulae (Fiesole bei Florenz) vernichtend geschlagen. Alanische, hunnische und westgotische Krieger bildeten den Hauptteil seiner Truppen. Eine westgotische Gruppe unter der Führung des Sarus hatte sich von Alarich getrennt und war zu Stilicho übergegangen.

In der Silvesternacht des Jahres 406 überschritten Vandalen, Alanen und Sueben den mittleren Rhein, eroberten zahlreiche Städte in Gallien und drangen bis zu den Pyrenäen vor. Diesen Stämmen folgten die Burgunder, die jedoch in Rheinnähe verblieben. Jetzt rächte es sich, daß Stilicho die Grenzverteidigungen am Oberrhein merklich geschwächt hatte. Es gab in Gallien kein römisches Heer mehr, das in der Lage war, die Germanen wieder zurückzudrängen; im Gegenteil: Im Jahre 409 drangen die Vandalen, Alanen und Sueben bis nach Spanien vor und ließen sich dort nieder. Westrom mußte sich mit der Situation abfinden, daß nunmehr neben den Westgoten noch andere Stammesverbände und Stämme im Reich Siedlungsrecht forderten.

Vordringen der Vandalen, Alanen, Sueben über den Rhein

Ein bedeutendes römisches Heer stand noch in Britannien. Dort riefen die Truppen im Jahre 407 Flavius Claudius Constantinus, einen einfachen Soldaten mit großer militärischer Erfahrung, zum neuen Kaiser aus (407—411); in der Geschichtsliteratur wird er als Konstantin III. bezeichnet. Er setzte mit seinen Truppen nach Gallien über, vereinigte sich mit den dort stehenden schwachen römischen Kräften, bekämpfte die Vandalen, Alanen und Sueben und stellte die obere Rheingrenze notdürftig wieder her. Diese Erfolge veranlaßten die gallo-römische und spanische Aristokratie, ihn zu unterstützen. In Britannien blieben nur lokale Milizen zurück. Konstantin III. residierte in Arles. Im Jahre 409 hatte er auch Spanien unterworfen, so daß Honorius sich genötigt sah, ihn als Mitkaiser anzuerkennen. Dennoch brach Honorius das Abkommen, überfiel mit einem Heer Konstantin III. in Arles, als dessen Truppen nicht in der Nähe waren, und zwang ihn zur Übergabe der Stadt. Darauf ließ ihn Honorius hinrichten.

Usurpation Konstantins III.

Die Hinrichtung Stilichos durch Honorius im Jahre 408, der damit dem Drängen der antigermanisch eingestellten Hofaristokratie nachgab, hatte für die militärische Abwehrkraft Westroms verhängnisvolle Folgen. Die Herrschaft Konstantins III. konnte sich zeitweilig festigen, da er in dem Franken Edobich und in Gerontius zwei fähige Heerführer besaß. Vor allem aber nutzte Alarich die für ihn günstige Situation; im Jahre 408 fiel er in Italien ein und belagerte Rom. Die Stadt kaufte sich mit einem hohen Lösegeld von der Belagerung los. Da Honorius die Friedensverhandlungen verschleppte, belagerte Alarich im Jahre 409 Rom zum zweiten Male. Auf seine Weisung hin erhob der römische Senat den Stadtpräfekten von Rom, Priscus Attalus, zum Gegenkaiser. Heraclianus, der Statthalter in Nordafrika, hielt die Getreidelieferungen für Rom zurück, weshalb es für die Römer wie für die Westgoten zu spürbarem Lebensmittelmangel kam. Alarich begann neue

Neuer Einfall der Westgoten

364　6. Die spätrömische Kaiserzeit. Der Dominat

Verhandlungen mit Honorius und setzte kurzerhand seinen Gegenkaiser wieder ab. Dies war die Zeit, von der der oströmische Geschichtsschreiber Zosimos (zweite Hälfte 5. Jh.) schrieb, das Reich sei »eine Wohnstätte der Barbaren« geworden.[19] Der Schriftsteller Orientius klagte über die Lage in Gallien: »Ganz Gallien rauchte wie ein riesiger Scheiterhaufen.«[20] Hieronymus schilderte die Situation folgendermaßen: »Unzählige und allerwildeste Völker haben ganz Gallien besetzt. Was zwischen Alpen und Pyrenäen liegt, was vom Ozean und Rhein eingeschlossen wird, haben Quaden, Vandalen, Sarmaten, Alanen, Gepiden, Heruler, Sachsen, Burgunder, Alamannen und Pannonier verwüstet. Von außen wütet das Schwert, von innen der Hunger. Selbst Spanien zittert schon vor dem ihm drohenden Untergang.«[21] Er fragte bangend: »Wenn Rom untergeht, was gibt es dann noch Sicheres?«

Eroberung Roms durch die Westgoten

Nachdem Sarus, der Heerführer des Honorius, Alarich angegriffen hatte, wandte sich dieser zum dritten Male gegen Rom. Am 24. August 410 fiel die »Ewige Stadt« in seine Hand. Gotische Sklaven in der Stadt Rom hatten ihm die Tore geöffnet. Drei Tage wurde die Stadt geplündert, aber die Westgoten benahmen sich dabei nicht anders als früher die Römer. Hieronymus brachte die Stimmung der römischen Aristokratie zum Ausdruck, als er schrieb: »Erobert wird die Stadt, die den ganzen Erdkreis eroberte.«[22] »Wehe, der Erdkreis bricht zusammen.«[23] »Wer wollte es glauben, daß das auf Triumphe über den ganzen Erdkreis gegründete Rom zusammenbrach, ... daß alle Gestade des Orients, Ägyptens und Afrikas mit Scharen von Sklaven und Sklavinnen der vormaligen Weltherrin angefüllt wurden? Daß das heilige Bethlehem täglich ehemals vornehme und reiche Leute beider Geschlechter als Bettler in seinen Mauern sah?«[24] Die Eroberung Roms durch die Westgoten nahm zwei Jahre später Augustin, Bischof von Hippo Regius, zum Anlaß, um die Arbeit an seinem bedeutenden theoretischen Werk »De civitate Dei« (Über den Gottesstaat) zu beginnen, in dem er das Verhältnis der katholischen Kirche zum römischen Staat relativiert. Da alles Irdische vergänglich sei, sei auch Rom vergänglich, ewig bleibe allein die Kirche. Mit dieser Auffassung trat Augustin Vorstellungen entgegen, wonach das Christentum wegen der Ablehnung der heidnischen Götter für die Eroberung Roms verantwortlich gemacht wurde. Zugleich begann Augustin mit dieser Schrift die ideologische Loslösung der Kirche vom untergehenden römischen Staat vorzubereiten.

Alarich zog mit seinem Heer und mit reicher Beute nach Süditalien; zu seinem Gefolge gehörten der von ihm abgesetzte Gegenkaiser Priscus Attalus, den der Westgotenkönig Athaulf (410–415) im Jahre 414 für kurze Zeit noch einmal zum Gegenkaiser erhob, und die Schwester des Honorius, Galla Placidia. Am Ende des Jahres 410 starb Alarich und wurde bei Cosenza in Kalabrien beigesetzt.

Usurpation des Iovinus

In Gallien hatte sich unmittelbar nach dem Ende Konstantins III. ein Vertreter der gallo-romanischen Aristokratie, Iovinus, mit burgundischer, alani-

---

19 Zosimos, Nea Historia 4, 59, 3.
20 Orientius, Commonitorium 2, 184.
21 Hieronymus, epist. 123, 16, 17.
22 Hieronymus, epist. 127, 12.
23 Hieronymus, epist. 128, 4.
24 Hieronymus, Vorrede zum 3. Buch des Ezechielkommentars, ed. P. Migne 25, 75.

6.5. Der Untergang des Weströmischen Reiches

scher und fränkischer Unterstützung zum neuen Gegenkaiser erhoben (411–413). Athaulf, der Nachfolger Alarichs, zog mit den Westgoten nach Südgallien. Er gab Iovinus dem Honorius preis, um dafür einen günstigen Siedlungsvertrag in Südgallien zu erhalten. Dieser Vertrag wurde im Jahre 415 erreicht. Die Westgoten wurden als Föderaten gegen die Auslieferung der Galla Placidia an Honorius anerkannt. Dort heiratete sie den obersten Heermeister des Westreiches, Constantius, der von Honorius im Jahre 421 zum Mitkaiser erhoben wurde, doch im selben Jahre noch starb. Constantius, Aetius und andere führende Heermeister dieser Jahrzehnte waren keine Germanen; erst im Jahre 456 übte wieder ein Germane das Amt des Oberbefehlshabers aus. Constantius, illyrischer Herkunft, war in der Nachfolge Stilichos der wirkliche Leiter des weströmischen Staates. Als die Westgoten in Spanien unter ihrem König Vallia (415–418) ihre Macht ausbauen konnten — sie hatten um 417 die silingischen Vandalen völlig vernichtet und den Alanen eine schwere Niederlage zugefügt —, zwang sie Constantius, Spanien wieder zu verlassen und sich in Aquitanien anzusiedeln (418). Sie wurden erneut als Föderaten anerkannt und erhielten zwei Drittel des dortigen Grundbesitzes zugewiesen. Hauptstadt ihres Gebietes war Tolosa (Toulouse). Dort entstand im Verlauf der folgenden Jahrzehnte ein westgotischer Staat. *Ansiedlung der Westgoten als Föderaten in Aquitanien*

Nach der Vernichtung der silingischen Vandalen hatten sich die Reste der Alanen den asdingischen Vandalen angeschlossen, die seit dem Jahre 420 unter ihrem Stammesfürsten Gunderich (406–428) in Südspanien siedelten; den Föderatenstatus besaßen sie aber zu jener Zeit noch nicht. Die Sueben hatten sich im Jahre 411 im westlichen Teil von Gallaecia in Nordwestspanien niedergelassen. *Vandalen, Alanen, Sueben*

Seit dem Jahre 413 waren auch die Burgunder im Gebiet der Rheinpfalz ansässig und von Westrom als Föderaten anerkannt worden. Die Regierung von Ravenna versuchte, sich die seit langem andauernde erbitterte Feindschaft zwischen Alamannen und Burgundern zunutze zu machen, und beauftragte die Burgunder mit dem Grenzschutz gegen die Alamannen am Oberrhein. *Burgunder in der Rheinpfalz*

Neben den Klassenkämpfen im Innern, den Auseinandersetzungen mit Germanen, Alanen und berberischen Stämmen in Afrika, den Kämpfen innerhalb der herrschenden Klasse um die Macht, hatte es die immer schwächer werdende weströmische Regierung auch mit Erhebungen führender Offiziere zu tun. Heraclianus, der comes Africae, Konsul des Jahres 413, rebellierte in demselben Jahr gegen Honorius, zog mit einem Heer nach Italien, das jedoch von Marinus, comes domesticorum, vernichtend geschlagen wurde. Marinus verfolgte Heraclianus bis nach Nordafrika und ließ ihn hinrichten. Im Jahre 423 starb Kaiser Honorius. Um den Thron stritten sich Theodosius II., der oströmische Kaiser (408–450), und Galla Placidia, die Witwe Constantius' III., die den Thron für ihren im Jahre 419 geborenen Sohn Valentinianus erwerben wollte. Galla Placidia setzte sich durch; im Jahre 425 wurde ihr sechsjähriger Sohn Augustus des Westreiches (425–455), nachdem der Gegenkaiser der italischen Senatsaristokratie, Johannes (423–425), durch oströmische Truppen beseitigt worden war. Die Regentschaft für den jungen Valentinian III. führte bis zum Jahre 437 seine Mutter. *Rebellion des Heraclianus* *Kampf um den weströmischen Kaiserthron*

Theodosius II. war wie sein Oheim Honorius ein schwacher Herrscher. Die politischen Geschicke leiteten seine Schwester Pulcheria und seine Gattin

6. Die spätrömische Kaiserzeit. Der Dominat

Ostrom und die Hunnen

Aelia Eudoxia. Wie Honorius verfügte auch Theodosius II. über geeignete Feldherren, die für ihn die Kriege führten. Während das Westreich vor allem gegen die eindringenden germanischen Völker zu kämpfen hatte, stand das Ostreich etwa seit dem Jahre 420 besonders unter dem Druck der Hunnen. Mit hohen Tributzahlungen versuchte es die Hunnen zu besänftigen. Dennoch drangen sie öfter tief in das Reich ein, zerstörten das feste Sirmium (441) und plünderten Mösien, Thrakien und Griechenland (447). Mit dem Namen Theodosius' II. ist eine von ihm veranlaßte Sammlung der Kaisergesetze seit dem Jahre 312 verbunden, der Codex Theodosianus, der im Jahre 439 für beide Reiche in Kraft trat.

Codex Theodosianus

Rivalität um das Heermeisteramt

Wie früher das Kaiseramt, so war im Westreich nunmehr die oberste Heermeisterwürde ein sehr begehrtes Amt der miteinander rivalisierenden Heerführer geworden. In Afrika war es Bonifatius, seit dem Jahre 423 comes Africae, in Ravenna der Heermeister Castinus, der Johannes unterstützte und deshalb sein Amt verlor; seine Nachfolger waren (425) Flavius Constantius Felix und Aetius, der im Jahre 425 den Titel comes erhielt, im Jahre 429 zweiter Heermeister des Westreiches und im Jahre 430, nach der Ermordung des Constantius Felix, erster und ranghöchster Heermeister wurde. Im Jahre 433 erhielt er die Patriciuswürde. Bis zu seiner Ermordung durch Kaiser Valentinian III. im Jahre 454 hatte er die Leitung des Westreiches fest in seiner Hand.

Rebellion des Bonifatius in Nordafrika

Übergang der Vandalen und Alanen nach Nordafrika

Im Jahre 427 kam es zwischen der Regierung in Ravenna und Bonifatius in Afrika zum offenen Bürgerkrieg, in dem Bonifatius die Oberhand behielt. In diesen Jahren gelang es berberischen Stämmen, den römischen Limes in Nordafrika zu überrennen und sich in weiten Teilen der Provinzen festzusetzen. Diese Schwierigkeiten nutzten die Vandalen aus, die unter ihrem energischen König Geiserich (428—477) im Jahre 429 zusammen mit den Alanen nach Nordafrika übersetzten und bis zum Jahre 435 große Teile des römischen Nordafrika eroberten; Hippo Regius fiel im Jahre 431 in ihre Hand. Die Truppen des Bonifatius wurden geschlagen, auch eine oströmische Hilfsexpedition unter dem Heermeister Aspar mußte erfolglos wieder zurückkehren. Im Jahre 435 war Westrom gezwungen, die Vandalen als Föderaten anzuerkennen. Geiserich eroberte dennoch 439 Karthago, und im Jahre 442 mußte Westrom den Vandalen die völlige politische Unabhängigkeit zugestehen. Das war das erste Mal, daß ein germanisches Volk auf dem Boden des Weströmischen Reiches nicht nur de facto als Föderaten, sondern auch de iure sich die politische Selbständigkeit erkämpfte.

Teilweise Vernichtung der Burgunder

Inzwischen hatten die Burgunder versucht, ihr Territorium nach Westen auszudehnen. Aetius vernichtete sie mit hunnischer Hilfe in den Jahren 436/437. Diesen Untergang des größten Teils der Burgunder behandelt das mittelalterliche Nibelungenlied, das neben burgundischen auch fränkische und donauländische Elemente miteinander verwob. Die Reste der Burgunder siedelte Aetius im Jahre 443 in der Landschaft Sapaudia an, dem Gebiet zwischen dem Genfer und dem Neuenburger See. Dort erhielten sie wieder den Föderatenstatus und bewachten die Grenze vor Übergriffen der Alamannen.

Gesellschaft der Hunnen

Im Verlaufe der ersten Hälfte des 5. Jh. vollzog sich der Auflösungsprozeß der Urgesellschaft bei den in Europa lebenden Hunnen; die soziale Differenzie-

6.5. Der Untergang des Weströmischen Reiches

rung war so weit fortgeschritten, daß eine frühfeudale Klassengesellschaft entstehen konnte, in der die hunnischen Nomaden die herrschende und die unterworfenen Völkerschaften die unterdrückte Klasse bildeten; die expansive Kraft der Hunnen steigerte sich dadurch bedeutend. Aetius, der in seinen Jugendjahren eine Zeitlang als Geisel am hunnischen Fürstenhof gelebt hatte, konnte seine guten Beziehungen zu den Hunnen im Interesse des Weströmischen Reiches nutzen. Die Hunnen stellten ihm Hilfskontingente für das Heer; er hatte andererseits nichts gegen die Ansiedlung der Hunnen in Pannonien. Gegen Ende der vierziger Jahre verschlechterte sich das Verhältnis Westroms zu den Hunnen. Ihr König war damals Attila (434–453), der in den Jahren 434 bis 445 zunächst zusammen mit seinem Bruder Bleda herrschte, ihn dann ermordete und schließlich Alleinherrscher war. Unter Attila dehnten die Hunnen ihre Angriffe auf das Weströmische Reich aus. Mit einem starken Heer zog er im Winter 450/451 zum oberen Rhein; seinem Heer mußten sich zahlreiche unterworfene germanische Stämme anschließen, wie die Ostgoten, Rugier, Skiren, Heruler, Quaden, Thüringer, ebenso Sarmaten und Alanen. Metz und viele andere gallische Städte wurden zerstört. Im Sommer des Jahres 451 stand er im Zentrum Galliens. Dort trat ihm Aetius mit einem Heer entgegen, das in erster Linie aus weströmischen Föderaten bestand, vor allem aus Westgoten, Franken und Burgundern. In der Schlacht auf den Katalaunischen Feldern (bei Troyes) wurden die Hunnen geschlagen; Theoderich I., der Westgotenkönig, fiel. Attila zog im folgenden Jahr nach Oberitalien, zerstörte Aquileia, Padua, Verona, Mailand und Pavia, zog sich danach nach Pannonien und Noricum zurück, wo er im Jahre 453 starb. Bald nach seinem Tode zerfiel das Hunnenreich und die von den Hunnen unterworfenen Völker wurden wieder frei. Aber der Triumph des Aetius dauerte nur kurze Zeit. Im Sommer 454 wurde er auf Veranlassung des Kaisers, der sich des mächtigen Mannes entledigen wollte, während einer Audienz im Kaiserpalast in Rom ermordet. Ein Jahr darauf fiel er allerdings selbst einem Anschlag von Freunden des Aetius zum Opfer. Die Auflösung des Weströmischen Reiches begann; in der Mitte des 5. Jh. umfaßte es außer Italien noch Teile Galliens, Spaniens und Nordafrikas. Als das weströmische Kaisertum im Jahre 476 verlosch, war dieser Staat auf Italien und auf einige kleine, im Nordwesten und im Nordosten angrenzende Gebiete zusammengeschrumpft. Germanische Stämme und Stammesverbände hatten die verlorengegangenen Gebiete erobert.

Schlacht auf den Katalaunischen Feldern

Ermordung des Aetius

Nachfolger Valentinians III. wurde Petronius Maximus (455), ein Exponent der italischen Senatsaristokratie; ein Vertreter des gallo-römischen Senatsadels, Eparchius Avitus, wurde oberster Heermeister. Die Schwächung des italischen Heeres nach dem Tode des Aetius und die verworrenen politischen Verhältnisse nach der Ermordung Valentinians III. machte sich der Vandalenkönig Geiserich zunutze. Die Vandalen landeten mit einer starken Flotte Ende Mai 455 unter der persönlichen Führung Geiserichs an der Tibermündung. In den Wirren, die daraufhin in Rom ausbrachen, wurde Petronius Maximus von einer Volksmenge ermordet. Geiserich zog mit seinem Heer in Rom ein und ließ die Stadt zwei Wochen lang plündern.

Eroberung Roms durch die Vandalen

Es ist bezeichnend, daß von den zeitgenössischen christlichen Schriftstellern — heidnische sind aus jener Zeit im Weströmischen Reich nicht mehr bekannt

368   6. Die spätrömische Kaiserzeit. Der Dominat

Kirche – Germanen

— diesem Ereignis bedeutend weniger Aufmerksamkeit geschenkt wurde als der Einnahme Roms durch Alarich im Jahre 410. Augustin und andere christliche Autoren sowie das römische Papsttum hatten in der ersten Hälfte des 5. Jh. die Idee von der Ewigkeit Roms (Roma Aeterna) auf die katholische Kirche übertragen. Diese ideologische Entwicklung führte zu der Vorstellung, daß die Germanen zwar Rom, aber der Kirche nichts antun könnten. Die Kirche, nicht mehr Rom verkörperte den Gedanken der Kontinuität. Diese Ideen, die nicht mehr zur aktiven Verteidigung und Bewahrung des Überkommenen aufriefen, da alles Irdische zweitrangig und vergänglich sei, begünstigten objektiv die Konsolidierung der germanischen Herrschaften auf dem Boden des Weströmischen Reiches. Die extrem negative Bedeutung, die der Vandalenname in Verbindung mit den römischen Ereignissen von 455 erhielt, kam erst in der englischen und französischen Aufklärung im 17./18. Jh. auf. Der Begriff Vandalismus (vandalisme) wurde zuerst 1794 von dem französischen Bischof Grégoire von Blois im Kampf gegen die Jakobiner in der Großen Französischen Revolution geprägt.

Kampf zwischen gallo-römischer und italischer Senatsaristokratie um den Kaiserthron

Nach dem Tode des Petronius Maximus erhob die gallo-römische Senatsaristokratie mit Unterstützung der Westgoten den Heermeister Eparchius Avitus auf den vakanten Kaiserthron (455 bis 456). Die römische Großgrundbesitzeraristokratie in Gallien sah ihr Ziel nicht wie 200 Jahre vorher in der Errichtung eines gallischen Sonderreiches, sondern in der Wiederbelebung des Römischen Reiches. In ihm sah der gallo-römische aristokratische Dichter Apollinaris Sidonius (um 430—485, Bischof von Clermont seit 469/470) die »Hoffnung der (römischen) Welt« (spes orbis). Doch die italische Senatsaristokratie unterstützte den gallischen Rivalen nicht, obwohl er den aus diesen Kreisen stammenden Flavius Iulianus Maiorianus zum Heermeister ernannt hatte. Avitus wurde vom comes Flavius Ricimer in Italien geschlagen und starb auf der Flucht nach Gallien.

Ricimer

In den folgenden Jahren wurde Ricimer zur führenden politischen Gestalt des untergehenden weströmischen Kaisertums. Nach dem Tode des Avitus ernannte ihn der neue Kaiser Maiorianus (457—461) zum obersten Heermeister; er wurde zum »Kaisermacher« des Westreiches. Vier Kaiser setzte er bis zu seinem Tode im Jahre 472 ein und wieder ab. Ricimer war Sohn eines suebischen Königs und einer westgotischen Königstochter. Wieder befand sich das höchste militärische Amt in den Händen eines Germanen. Eine ähnliche überragende Stellung hatte am oströmischen Kaiserhof der Alane Aspar (um 400—471) inne, der, wie Ricimer im höchsten Range eines Patricius stehend, in Konstantinopel zwei Kaiser aus dem Kreise seiner Vertrauten einsetzte. Obwohl Ricimer durch seine Politik bedeutend zur Schwächung der Position der weströmischen Kaiser beigetragen hat, wollte er diesen Staat keineswegs beseitigen. Im Gegenteil, der weströmische Staat verdankte diesem romanisierten germanischen Oberbefehlshaber aller Truppen und der Flotte noch die letzten 20 Jahre seiner politischen Existenz.

Haltung Ostroms zum Westreich

In den folgenden Jahren mischte sich der oströmische Kaiser Leo I. (457—474) aktiv in die Politik des Weströmischen Reiches ein und verfocht die Wiederherstellung eines einheitlichen Römischen Reiches, zumindest eine mitbestimmende Einflußnahme auf die Geschicke des Westreiches. Die weströmischen Kaiser Maiorianus und Libius Severus (461—465) wurden von ihm

6.5. Der Untergang des Weströmischen Reiches

nicht anerkannt, was freilich nichts an der von Ricimer beherrschten politischen Situation in Westrom änderte. Maiorianus suchte die katastrophale Finanzlage des Staates durch Reformen im Verwaltungs- und Steuerwesen zu beheben, bekämpfte die Westgoten und Burgunder, um den römischen Einfluß in den noch verbliebenen Gebieten Galliens und Spaniens zu sichern, und führte einen erfolglosen Krieg gegen die Vandalen. Im Jahre 461 wurde er auf Veranlassung Ricimers umgebracht.

Der neue Kaiser Libius Severus entstammte der italischen Aristokratie und war neben Ricimer völlig bedeutungslos. Ricimer ließ auf den Münzen des Severus sein Monogramm prägen, als wäre er Mitinhaber der kaiserlichen Gewalt. Währenddessen behauptete sich in Gallien mit fränkischer Hilfe der von Maiorianus zur Verteidigung dieses Landes eingesetzte Heermeister Aegidius, der sich Ricimer nicht unterworfen hatte, und baute das restliche römische Staatsgebiet in Gallien faktisch zu einer eigenen Herrschaft aus. Er besiegte die Westgoten im Jahre 463 bei Orléans, und nach seinem Tode im Jahre 464 setzte sein Sohn Syagrius die Bemühungen fort, dieses Territorium für Rom, aber gegen Ricimer zu erhalten. Der römische Reststaat in Gallien befand sich — eingeschoben zwischen Westgoten, Burgundern und Franken — zwischen Loire und Seine. Erst zehn Jahre nach dem Untergang des weströmischen Kaisertums wurde dieser gallo-römische Staat in der Schlacht bei Soissons (486) von den Franken unter Chlodwig (482—511) erobert. Auch in Dalmatien entstand in diesen Jahren unter der Führung des Heerführers Marcellinus ein besonderes römisches Herrschaftsgebiet.

Zerfall der römischen Macht in Gallien

Nach dem Tode des Severus kam ein neuer Kaiser mit Zustimmung Ricimers aus dem Oströmischen Reich: Anthemius (467—472), ein Angehöriger der oströmischen Senatsaristokratie. Kaiser Leo I. hatte ihn nach dem Westen geschickt, um die Beziehungen zwischen dem Weströmischen und Oströmischen Reich zu vertiefen. Anthemius führte Krieg gegen die Westgoten in Gallien und die Vandalen, gegen die letzteren auch mit oströmischer Unterstützung. Aber beide Kriege brachten dem Kaiser schwere Niederlagen. Die Vandalen beherrschten weiterhin das westliche Mittelmeer; die Westgoten schüttelten unter ihrem energischen König Eurich (466—484) um 472/473 den lästig gewordenen Föderatenstatus endgültig ab und errangen die volle Unabhängigkeit.

Kriege gegen die Westgoten und Vandalen

Anthemius wurde von Ricimer gestürzt und ermordet. Anicius Olybrius (472), der folgende Kaiser, war Mitglied der stadtrömischen Senatsaristokratie und lebte seit längerem in Konstantinopel; auch ihn hatte Leo I. auf den weströmischen Thron gesandt. Er starb bereits im Herbst desselben Jahres; ihm folgte Kaiser Glycerius (473—474). Glycerius, von Ostrom nicht anerkannt, verfolgte mehr kirchliche als weltliche Interessen. Nachfolger des im Jahre 472 gestorbenen Ricimer im Amte des weströmischen Heermeisters war sein Neffe Gundobad geworden, ein Burgunder, der die gleiche Politik fortsetzte. Glycerius dankte ab, als eine oströmische Flotte einen neuen Kandidaten für den Kaiserthron nach Italien brachte, Julius Nepos (474—475). Unter seiner Herrschaft mußte Westrom den völlig unabhängig gewordenen Westgotenstaat als solchen auch vertraglich anerkennen. Das Jahr 474 brachte auch dem Vandalenreich die politische Anerkennung durch Ostrom. Außerhalb des Herrschaftsgebietes des Syagrius blieb nur noch die Provence im äußersten

Agonie des weströmischen Kaisertums

24 Römische Geschichte

370 · 6. Die spätrömische Kaiserzeit. Der Dominat

Süden Galliens römisch. Im Jahre 474 erfolgte auch ein Wechsel im obersten Heermeisteramt: An die Stelle Gundobads trat der gallo-romanische Senator Ecdicius als erster Heermeister, doch ein Jahr darauf mußte er das Amt an den Pannonier Orestes abtreten. Dieser vertrieb den Kaiser im Jahre 475 und erhob seinen Sohn Romulus zum neuen und nunmehr letzten Herrscher Westroms. Die Regierung führte Orestes selbst, denn Romulus war noch ein Kind. Als die germanischen Truppen unter dem Befehl des Orestes in Italien Landzuweisungen forderten, wie es die übrigen germanischen Völker auf dem Boden des Reiches vorher als Föderaten erhalten hatten, lehnte Orestes dies ab. Darauf erhoben sich im August 476 diese Truppen unter der Führung des Germanen (eines Skiren oder Rugiers) Odoaker, töteten ihren Heermeister und setzten Romulus, den man spöttisch Augustulus (»Kaiserlein«) nannte, ab und schickten ihn auf sein Landgut nach Kampanien, wo er seine weiteren Tage verbringen konnte.

Das weströmische Kaisertum war verloschen, wenn auch der vertriebene Julius Nepos von seinem Landsitz in Dalmatien aus noch bis zu seinem Tode im Jahre 480 den Anspruch auf den weströmischen Thron aufrechterhielt und von Konstantinopel darin unterstützt wurde.

Odoaker beabsichtigte nicht, das weströmische Kaisertum fortzusetzen. Er sandte die Zeichen der kaiserlichen Würde nach Konstantinopel und erkannte die Oberherrschaft des oströmischen Kaisers an. Die germanischen Söldner in Italien riefen Odoaker zu ihrem König aus. Er residierte in der Stadt Ravenna.

Im 5. Jh. entwickelte sich die christliche Kirche von einer Staatskirche der untergehenden Sklavereigesellschaft zum bedeutendsten Träger der feudalen Ideologie im Mittelalter. Dieser Prozeß setzte bereits in der Mitte des 4. Jh. ein und war erst etwa im 7. Jh. abgeschlossen. Die Kirche trennte sich — allmählich und nicht ohne Widersprüche — von der antiken Weltauffassung, überwand die antike Polis-Ideologie und das antike Menschenbild. Dies steht nicht im Gegensatz zu der Tatsache, daß einzelne Persönlichkeiten der mittelalterlichen Kirche und Mönche in den Klöstern an antike kulturelle Traditionen anknüpften, wenn sie diese für die Verbreitung und für die Verteidigung der christlichen Lehre nutzen konnten.

In diesem Zusammenhang spielte am Ende des 4. und zu Beginn des 5. Jh. der Kampf der orthodoxen Kirche gegen den Origenismus eine bedeutende Rolle. Origenes hatte sich im 3. Jh. um eine Synthese des christlichen Glaubens und der hellenistischen Philosophie bemüht; hätte sich der Origenismus durchgesetzt, so wäre das Christentum eine antike Moral- und Gesellschaftslehre geblieben. Um diese Lehre entbrannte in den Jahren 393 bis 404 und dann noch einmal unter Kaiser Justinian in den Jahren 543 und 553 der sogenannte origenistische Streit, der letzten Endes mit der Verurteilung der Lehren des Origenes endete. In der Auseinandersetzung setzte sich die orthodoxe christliche Kirche gegen die Kräfte durch, die immer noch eine Synthese von christlicher Lehre und antiker Philosophie erstrebten. Es ist kein Zufall, daß der origenistische Streit gerade in die Zeit fällt, in der die gesellschaftlichen Auseinandersetzungen im Zusammenhang mit der Herausbildung feudaler Elemente während des Auflösungsprozesses der antiken Gesellschaft einen Höhepunkt erreicht hatten.

6.5. Der Untergang des Weströmischen Reiches

In diese Zeit fällt auch die Wirksamkeit Augustins. Die in dem Werk »Über den Gottesstaat« enthaltenen Ideen beeinflußten besonders die mittelalterlichen Auffassungen der römisch-katholischen Kirche. In den Auseinandersetzungen innerhalb der Kirche formulierte er die Sünden-, Gnaden- und Erlösungslehre. Bei Augustin ist das Christentum keine antike Gesellschaftslehre mehr. Außerdem entwickelte er die mönchischen Traditionen weiter und stellte die Bewegung des Mönchtums, die für die Ausbreitung des Christentums von großer Bedeutung war, in den aktiven Dienst der Kirche. Die augustinische Lehre von der sogenannten Erbsünde, von der »Gnade Gottes« und der Prädestination hat im antiken Denken, in der antiken Welt- und Menschenauffassung kein Vorbild.

Augustin

Bis zum Ende des 4. Jh. unterschieden sich auch die Christen kaum von den Nicht-Christen in ihrer Haltung zu den Barbaren. Christen wie Synesios von Kyrene (um 370 bis um 413) und Prudentius (348 bis nach 405) stehen in ihrer Germanenverachtung auf einer Stufe mit den Nicht-Christen Ammianus Marcellinus und Rutilius Namatianus (erste Hälfte 5. Jh.). Augustin schuf auch im Verhalten zu den Germanen eine neue Situation: Da er dem Römischen Reich den Heiligenschein nahm, verschwand bei Augustin auch der sakrilegische Charakter der germanischen Invasion. Die Germanen waren für ihn Menschen, die genau so wie die Römer in die Erbsünde verstrickt sind; sie waren seiner Auffassung nach nicht besser, aber auch nicht schlechter als jene. Den christlichen Geschichtsschreiber Orosius (Anfang 5. Jh.), Schüler Augustins, und noch mehr Salvianus von Massilia und andere kirchliche Schriftsteller beeinflußte dieser Gedanke Augustins, der das Verhältnis zwischen der Kirche und den Germanen auf eine neue Grundlage stellte. Viele Grundgedanken der mittelalterlichen kirchlichen Weltanschauung sind am Ende des 4. und im 5. Jh. erstmals theoretisch begründet worden. Dazu gehören die Auffassungen, daß der Kaiser sich nicht in religiöse Angelegenheiten einzumischen habe, daß der Kaiser in der Kirche, nicht über der Kirche stehe; dazu gehört die Lehre von den zwei Gewalten, von der priesterlichen auctoritas (Würde, Ansehen) und der kaiserlichen potestas (Macht), die der Verteidigung der Freiheit der Kirche zu dienen habe, von der dienenden Rolle des weltlichen Staates gegenüber der Kirche, von dem Primat des Glaubens über das Wissen und nicht zuletzt von der Bedeutung des Mönchtums.

Christliche Kirche und Barbaren

Unter christlichem Einfluß wurde die körperliche Arbeit höher geschätzt als früher. Hieronymus, Johannes Chrysostomos und Basilius von Caesarea waren durch ihre Maßnahmen für Arme und Kranke, ihre karitativen Einrichtungen Männer der kirchlichen Praxis, die auf die Verbindung der Kirche mit den Unterdrückten und Ausgebeuteten achteten. Das neue Menschenbild zeigte sich im Verbot von Gladiatorenkämpfen, von Abtreibungen und Kindesaussetzungen. Es entwickelte sich eine ernstere Ehe- und Familienauffassung; die Kirche nahm gegen den Zinswucher Stellung. Spitäler, Waisen- und Armenhäuser, Fremden- und Altersheime wurden eingerichtet. Im Prozeß des Übergangs zum Feudalismus wurde die christliche Ideologie nicht allein durch eine passive Anpassung der Kirche an die veränderte soziale Situation umfunktioniert, sondern auch dadurch, daß sie diesen Prozeß selbst aktiv mitgestaltete. Zwar war die Kirche auch im 5. Jh. noch Stütze der bestehenden Gesellschaft, aber sie vollzog im Zuge der Veränderung des gesellschaftlichen

Christlicher Einfluß auf das Menschenbild

Systems auch die Systemveränderung mit. Dies machte sie in jener Zeit zu einem Faktor des gesellschaftlichen Fortschritts, so widersprüchlich ihre Haltung dazu auch war. Die Ideologie der Kirche konnte historisch wirksam werden, weil sie einem bereits gegebenen geschichtlichen Entwicklungsstand entsprach und diese Entwicklung zu verwirklichen mithalf.

Rolle der Bischöfe

Die Bischöfe übernahmen im 5. Jh. Schutz-, Verteidigungs- und Versorgungsaufgaben ihrer Bevölkerung, die der zersetzte weströmische Staatsapparat nicht mehr lösen konnte: Mit dem Verfall des Römischen Reiches wuchs die katholische Kirche zunehmend in staatliche Funktionen hinein. Damit war eine Entwicklung eingeleitet, die sich angesichts der Schwäche der kaiserlichen Zentralgewalt während der frühfeudalen Periode fortsetzte.

Kirche und der Untergang Westroms

Für die christlichen Schriftsteller war angesichts dieser Entwicklung der Untergang des Weströmischen Reiches, den schon in der Mitte des Jahrhunderts Salvianus von Massilia klar erkannt hatte, bedeutungslos geworden. In den Kämpfen des 5. Jh. zwischen Rom und den germanischen Völkern rief die Kirche nicht zur Verteidigung der materiellen Werte, zur Verteidigung des Reiches auf. Wohl gab es einzelne Aktionen, wo Bischöfe an der Spitze lokaler militärischer Kräfte ihre Stadt gegen die Germanen verteidigten. Aber insgesamt gewannen die Ideen, die eine Verbindung der Kirche mit den Germanen erstrebten, die Oberhand.

Die Abkehr vom antiken Barbarenbegriff war damit endgültig vollzogen. Der Kirche ging es nicht mehr um die Verteidigung der Gegenwart, sondern um das Bündnis mit den Germanen. Damit bereitete sie zugleich den Weg vor, daß hohe Kleriker ein Bestandteil der neuen herrschenden Feudalklasse werden konnten.

Zersetzung der staatlichen Macht

Das Weströmische Reich befand sich seit der Mitte des 5. Jh. im Zustand völliger Auflösung. »Der römische Staat war eine riesige, komplizierte Maschine geworden, ausschließlich zur Aussaugung der Untertanen. Steuern, Staatsfronden und Lieferungen aller Art drückten die Masse der Bevölkerung in immer tiefere Armut; bis zur Unerträglichkeit wurde der Druck gesteigert durch die Erpressungen der Statthalter, Steuereintreiber, Soldaten. Dahin hatte es der römische Staat mit seiner Weltherrschaft gebracht; er gründete sein Existenzrecht auf die Erhaltung der Ordnung nach innen und den Schutz gegen die Barbaren nach außen. Aber seine Ordnung war schlimmer als die stärkste Unordnung, und die Barbaren, gegen die er die Bürger zu schützen vorgab, wurden von diesen als Retter ersehnt.«[25]

Die Unterdrückungsfunktionen des Staates

Die Unterdrückungsfunktionen des Staates nach innen wurden mehr und mehr von den Großgrundbesitzern direkt übernommen. Sie hatten bewaffnete Abteilungen, die Bucellarier, besondere Gefängnisse auf ihren Gütern und erweiterten ihren Einfluß auch innerhalb der kirchlichen Organisation, indem sie die meisten Bischöfe stellten. Germanische Heerführer unterstützten diese Politik und halfen Bauernaufstände in den Provinzen zu unterdrücken. Die germanischen Föderaten hatten außerdem die Verteidigung des Reiches übernommen. Die höchsten Militär- und Verwaltungsämter hatten die Großgrundbesitzer und die Föderaten inne. Die Kaiser beschränkten sich auf die

25 Fr. Engels, Der Ursprung der Familie, des Privateigentums und des Staats, in: MEW, Bd. 21, Berlin 1962, S. 143.

Gesetzgebung; auch diese endete mit dem Jahre 468; zuletzt wurden nur noch Gesetze des Oströmischen Reiches übernommen. Diese Gesetzgebung wurde immer konservativer und reaktionärer und war völlig auf die Restauration der alten gesellschaftlichen Verhältnisse gerichtet.

Das Kaisertum konnte im Jahre 476 in Westrom abgeschafft werden, weil es geschichtlich funktionslos geworden war. Die staatliche Gewalt nach innen wie nach außen hatten die Föderaten, die Kirche und die Großgrundbesitzer übernommen.

Das Jahr 476

Aber die ökonomischen, sozialen und die politischen Strukturen der alten Gesellschaftsordnung wurden nicht sofort beseitigt. Das Jahr 476 bedeutete eine Zäsur im geschichtlichen Prozeß und begünstigte zweifellos den weiteren Feudalisierungsprozeß. Aber Jahrhunderte waren für die Herausbildung der Feudalordnung erforderlich. Ostrom verzichtete erst am Ende des 6. Jh. auf eine Restauration der auf Sklaverei beruhenden Gesellschaftsordnung.

Die germanischen Staatenbildungen auf römischem Boden in der Völkerwanderungszeit

6.6.

Im Verlaufe des 5. Jh. entwickelten sich auf dem Territorium des Weströmischen Reiches die ersten germanischen Staaten. Die germanischen Stammesverbände hatten zunächst von Westrom den Föderatenstatus erhalten, der den Prozeß der Auflösung der Gentilordnung bei ihnen beschleunigte. Nach *römischer* Anschauung wurden die Germanen in den verschiedenen Provinzen als »Gäste« einquartiert; sie erhielten ein bis zwei Drittel des Grund und Bodens zugewiesen, einen Teil der Sklaven und des landwirtschaftlichen Inventars, zeitweilig auch Geld- und Getreidelieferungen. Die Föderaten dagegen sollten sich verpflichten, keinen Krieg gegen den weströmischen Staat zu führen und die Grenzen des Reiches militärisch zu schützen. Darüber hinaus stellten sie unter eigenem Kommando Truppenkontingente für die Römer. Sie lebten nach eigenen Stammesrechten, die sich jedoch unter dem Einfluß der sich zersetzenden Gentilordnung und auch der untergehenden Sklavenhalterordnung in Westrom bald zu klassengesellschaftlichem Recht umwandelten. Die Staatsentstehng der Germanen wurde von der spätrömischen staatlichen Struktur und von der politischen Ideologie der herrschenden Klasse Westroms beeinflußt. Die herrschende Aristokratie der germanischen Föderatenverbände wurde meist rasch romanisiert; doch die Mehrheit der einfachen Stammesbevölkerung widersetzte sich erfolgreich den vor allem von der römischen Verwaltung, von der romanischen Bevölkerung in den Föderatengebieten, von der katholischen Kirche und auch von Teilen der eigenen Aristokratie ausgehenden Romanisierungsbestrebungen.

Vom Föderatensystem zur Staatsentstehung

Der Staat der Burgunder

6.6.1.

Nach ihrer Ansiedlung in der Sapaudia wurde zunächst Genava (Genf) Hauptstadt, seit dem Jahre 461 Lugdunum (Lyon). Über die Saône und Rhône drangen sie nach Süden zur Durance vor. Es entstand etwa in den sechziger

Expansion nach Süden

Jahren des 5. Jh. ein burgundischer Staat, der eng mit den Resten der gallo-romanischen Großgrundbesitzeraristokratie verbunden war. Mächtigster Herrscher war König Gundobad (474—516), unter dem die Burgunder das Mittelmeer erreichten.

Rechts-kodifikation
Um 501 wurde das Recht für die Burgunder, bald darauf auch für die im Burgunderstaat lebende romanische Bevölkerung kodifiziert. Beide Rechtssatzungen waren stark vom spätrömischen Recht beeinflußt.

Reste spätantiker Verhältnisse
Nach der Errichtung des burgundischen Staates bestanden Sklaverei, Kolonat und ein gallo-romanischer Großgrundbesitz weiter, wobei sich Sklaven und Kolonen sozial mehr und mehr anglichen — ein Prozeß, der bereits in der spätrömischen Gesellschaft einsetzte. Meist siedelten die Burgunder verstreut zwischen romanischen Grundbesitzern und besaßen selbst romanische Kolonen.

Übergang zum Katholizismus
Obwohl die Burgunder dem arianischen Christentum anhingen, gewann die katholische Kirche rasch an Einfluß. Im Jahre 516 traten die Könige vom arianischen zum katholischen Glauben über.

Entstehung bäuerlichen Grundeigentums
Die burgundische Dorfgemeinde der Föderatenzeit zerfiel rasch, und es entstand noch im 5. Jh. bäuerliches Grundeigentum. Dies entwickelte sich sowohl innerhalb der Dorfgemeinde als auch in den zwischen Romanen und Burgundern aufgeteilten Grundbesitzungen. Ende des 5. Jh. waren die bäuerlichen Bodenanteile der Burgunder frei veräußerliches Familieneigentum geworden. Diese Entwicklung beschleunigte den Feudalisierungsprozeß bei den Burgundern.

Untergang des burgundischen Staates
Burgund stand, so lange es existierte, im Schatten des größeren und mächtigeren Nachbarn, des Frankenstaates. Auch der Ostgotenstaat in Italien versuchte seinen Einfluß in Burgund zu stärken. Durch häufige Kriege und Thronstreitigkeiten geschwächt, wurde der burgundische Staat im Jahre 534 von den Franken erobert.

6.6.2. Die Staaten der Westgoten und der Sueben

Ausdehnung des westgotischen Staates
Beim Untergang des Weströmischen Reiches beherrschten die Westgoten den größten Teil Spaniens und Gallien bis zur Loire mit Ausnahme des südöstlichen Teils, des Staates der Burgunder. Im Jahre 506 verloren die Westgoten in einem Krieg gegen die Franken fast das gesamte Staatsgebiet in Gallien.

Soziale Differenzierung
Die soziale Differenzierung verstärkte sich besonders seit der Mitte des 6. Jh., es kam zu ersten feudalen Ansätzen. Besonders im 7. Jh. traten allmählich feudale Formen der Ausbeutung an die Stelle der Sklaverei und des spätantiken Kolonats. Etwa am Ende des 7. Jh. war dieser Prozeß abgeschlossen. Der Grund und Boden befand sich hauptsächlich in der Hand der Könige, der Kirche und weniger Großgrundbesitzer, in deren Abhängigkeit die Bauernschaft geraten war.

Gesetzgebung
Zur Festigung der politischen Macht der herrschenden Klasse trug in erheblichem Maße die Gesetzgebung bei. Etwa um 475 faßte König Eurich (466—484) das geltende westgotische Recht im Codex Euricianus zusammen; es ist zugleich das erste schriftlich überlieferte germanische Recht, das nur für die Westgoten, nicht für die dort lebende romanische Bevölkerung galt. Im

Jahre 506 ließ König Alarich II. (484—507) eine Sammlung römischer Rechtssätze zusammenstellen, um die Romanen im Westgotenstaat, von denen Teile mit dem Frankenreich sympathisierten, angesichts des drohenden Frankenkrieges für sich zu gewinnen. Die Feudalisierung der westgotischen Gesellschaft erforderte im 7. Jh. eine Neufassung der Gesetze, die nunmehr für Westgoten und für Romanen gültig sein sollten. Dies geschah im Jahre 654 unter König Reccessvinth (649 bis 672).

Wie die Burgunder hatten auch die Westgoten zunächst den arianischen Glauben angenommen. Unter dem zunehmenden Einfluß der katholischen Kirche trat auf dem Reichskonzil von Toledo im Jahre 589 König Reccared I. (586—601) zum katholischen Glauben über. Damit festigte sich zeitweilig die Einheit der herrschenden Klasse, die vorher in Anhänger der beiden Glaubensrichtungen gespalten war. Seit der zweiten Hälfte des 7. Jh. wuchs die Macht des Adels gegenüber dem Königtum. Im Lande herrschten in politischer Hinsicht anarchische Zustände. Dies begünstigte wiederum das Eindringen der Araber, die in der Schlacht von Arcos de la Frontera im Jahre 711 den westgotischen Staat vernichten konnten. *Übergang zum Katholizismus* *Niedergang der Königsmacht*

Der Staat der Sueben in Nordwestspanien war nur von kurzem Bestand. Er hatte sich in der Mitte des 5. Jh. gebildet, war innerlich wenig gefestigt und stellte nur kurze Zeit in Spanien einen politischen Machtfaktor dar. Hauptstadt des Staates war Bracara (Braga). In der Mitte des 6. Jh. erfolgte die Hinwendung zum Katholizismus. Im Jahre 584 wurde der Suebenstaat von den Westgoten erobert. *Sueben in Nordwestspanien*

Der Staat der Vandalen

6.6.3.

Unter König Geiserich (428—477) festigte sich im Vandalenreich die königliche Stellung außerordentlich; der Adel wurde zurückgedrängt. Der vom König abhängige Dienst- oder Amtsadel besaß keine eigenen Rechte. Die Vandalen bauten eine mächtige Flotte, mit der sie das westliche Mittelmeer beherrschten. Die Balearen, Sizilien, Sardinien und Korsika waren in ihrem Besitz. *Politik Geiserichs*

Im Verlaufe der Eroberung Nordafrikas durch die Vandalen wurde die provinzialrömische herrschende Klasse der Großgrundbesitzer entmachtet und enteignet. Zugleich versuchte der vandalische Staat, der bis zu seinem Untergang arianisch blieb, in heftigen ideologischen Kämpfen mit den Katholiken sich zu stabilisieren. Der König war der bedeutendste Großgrundbesitzer im Lande; die freien Vandalen erhielten kleinere Grundstücke, die sogenannten *sortes Vandalorum*, die in ihr Eigentum übergingen. Der königliche Großgrundbesitz wurde jedoch weiterhin vorwiegend durch Kolonen und Sklaven bewirtschaftet. Damit behielt das Vandalenreich die Reste der untergehenden Sklavenwirtschaft bei. Ansätze für eine Feudalisierung waren bei den Vandalen geringer entwickelt als bei Westgoten oder Burgundern. Neben den ständigen Auseinandersetzungen mit der katholischen romanischen Bevölkerung blieb die Unterwerfung der berberischen Bevölkerung für die Vandalen ein ernstes Problem. Obwohl die Berber die Vandalen zunächst im Kampf gegen die römische Macht unterstützt hatten, kam es besonders seit Beginn des 6. Jh. zu militärischen Auseinandersetzungen mit berberischen und li- *Reste spätantiker Verhältnisse*

376 6. Die spätrömische Kaiserzeit. Der Dominat

byschen Völkern, die dem vandalischen Staat manche Niederlage beibrachten. Diese Kämpfe und die Streitigkeiten mit den Katholiken schwächten den Staat, so daß er im Jahre 533 eine leichte Beute der justinianischen Restaurationspolitik werden konnte. Nach kurzem Kampf eroberte das byzantinische Heer unter der Führung Belisars das Vandalenreich.

6.6.4. Der Staat Odoakers und der Ostgoten

Der Staat Odoakers in Italien setzte in mancherlei Hinsicht die weströmische Staatsmacht fort. Der Senat von Rom stand in hohem Ansehen. Obwohl Arianer, förderte Odoaker die Zusammenarbeit mit der katholischen Kirche. Der byzantinische Kaiser erhob ihn in den Rang eines Patricius, die höchste Stellung, die der byzantinische Hof zu vergeben hatte. Odoaker herrschte über die Germanen in Italien als König, über die Romanen als Patricius von Byzanz. Die staatlichen Einrichtungen in den Städten Italiens blieben weitgehend bestehen. Auch die Kirche knüpfte in ihren Ländereien institutionell daran an. Ökonomische Relikte der Sklavenhalterordnung erhielten sich im Staate Odoakers bedeutend länger als in anderen germanischen Staaten jener Zeit. Für die Masse der abhängigen Bevölkerung einschließlich der Sklaven brachte die kurze Herrschaft Odoakers in Italien keine wesentliche Veränderung. Daher wurde auch nichts aktiv zur Verteidigung dieses Staates unternommen, als der oströmische Kaiser Zenon (474—491) die Ostgoten gegen den Staat Odoakers lenkte, weil die Expansionsbestrebungen Odoakers nach Norden und nach Osten mit den Interessen von Byzanz kollidierten. In den Kämpfen gegen die Ostgoten (488—493) konnte sich Odoaker nicht behaupten, und seit dem Jahre 493 waren die Ostgoten nach der Kapitulation von Ravenna Herren Italiens.

Politik Theoderichs

Im Jahre 497 wurde der Ostgotenkönig Theoderich (471—526) vom byzantinischen Kaiser als Vasallenkönig anerkannt. Dadurch war er wie Odoaker in seiner politischen Machtausübung eingeengt. Für die romanische Bevölkerung Italiens konnte er keine Gesetze, sondern nur Verordnungen und Vorschriften erlassen. Auch seine Münzen zeigten das Bild des byzantinischen Kaisers. Theoderich setzte die Politik des Ausgleichs zwischen Germanen und Romanen fort; beide Teile wurden besteuert; seine Rechtssammlung, das sogenannte Edictum Theodorici, das einige moderne Rechtshistoriker den Westgoten zuordnen, sollte das friedliche Zusammenleben von Germanen und Romanen sichern. Das Edikt lehnte sich eng an Vorstellungen an, die schon das spätrömische Recht geprägt hatte. In großem Maße wurden die Romanen in die Verwaltungsarbeit des Staates einbezogen. Angehörige der romanischen Großgrundbesitzeraristokratie Italiens verbanden sich mit der herrschenden Klasse der Ostgoten und übten gemeinsam die innere Unterdrückungsfunktion des Staates aus, während die äußere Unterdrückungsfunktion den Goten vorbehalten blieb.

Gegensätze zwischen Byzanz und dem Ostgotenstaat

Objektiv verfolgte Theoderich die Politik, Relikte der untergehenden Sklavereigesellschaft mit frühfeudalen Elementen zu verbinden. Diese Politik war zum Scheitern verurteilt, da letzten Endes sowohl der romanische Adel wie die katholische Kirche trotz aller Sympathiebezeugungen für den Ost-

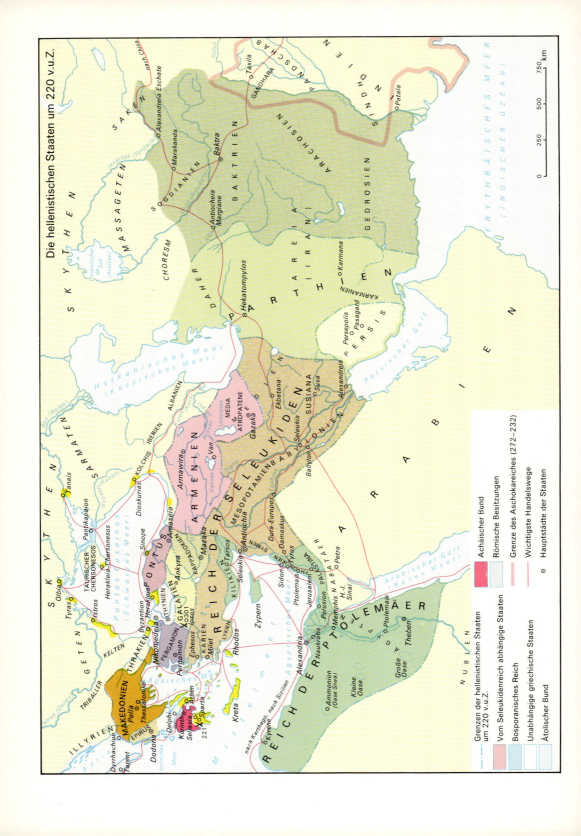

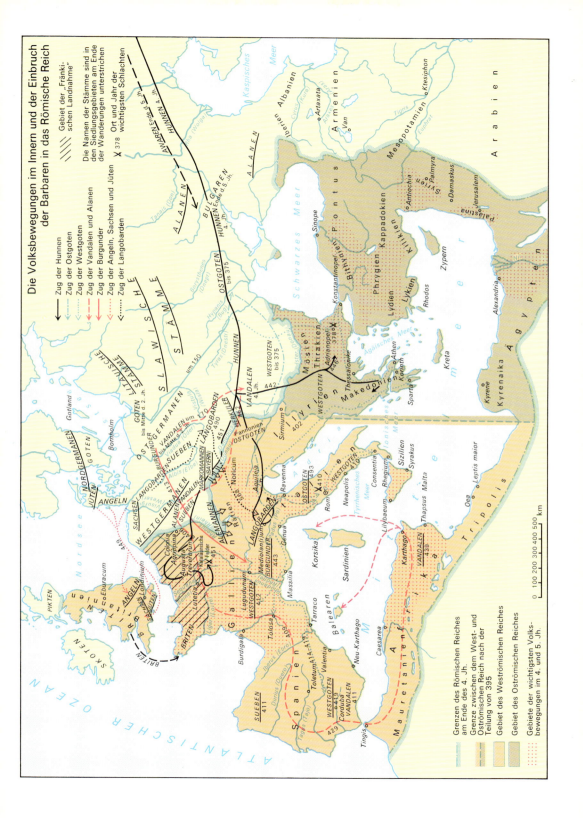

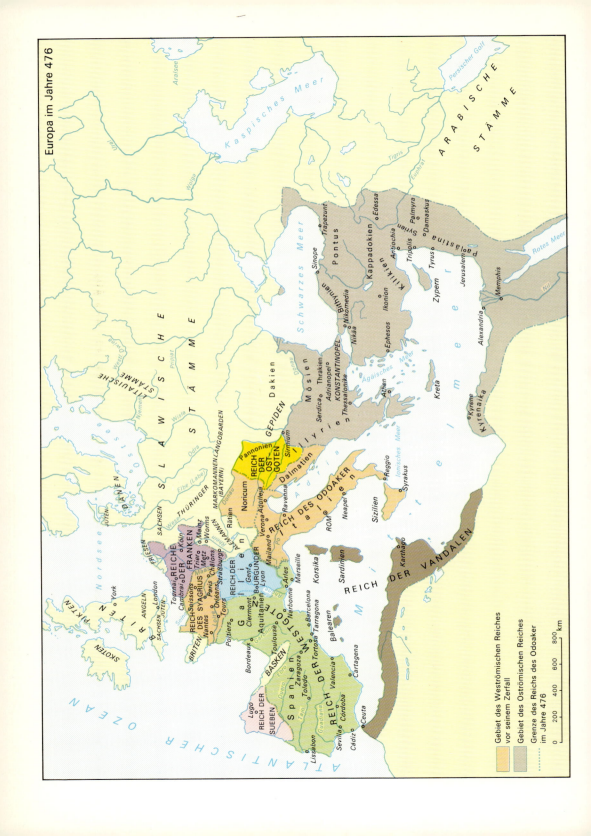

gotenstaat mehr und mehr zu Byzanz neigten. Diese Gegensätze brachen vor allem nach dem Tode Theoderichs mit aller Heftigkeit hervor. Auch die herrschende Klasse der Ostgoten war gespalten, da eine starke probyzantinische Gruppe ihre Macht durch eine engere Anlehnung an das Oströmische Reich zu festigen suchte.

Ähnlich wie in anderen Germanenstaaten zersetzte sich die sozialökonomische Basis der spätantiken Gesellschaft im Ostgotenreich weiter. Auch auf den Ländereien der ostgotischen Aristokratie blieben vor allem Kolonen und Sklaven die unmittelbaren Produzenten, auf den Gütern der romanischen Aristokratie war dies ohnehin der Fall. Frühfeudale Elemente entwickelten sich besonders auf den Besitzungen des niederen Dienstadels, wo sich eine Schicht selbständig wirtschaftender Bauern herausbildete, die in die Hörigkeit des Dienstadels geriet; auch viele einfache Ostgoten wurden dem Adel hörig.

Reste spätantiker Verhältnisse

In die inneren politischen Auseinandersetzungen nach dem Tode Theoderichs griff Kaiser Justinian mit militärischer Gewalt ein. Von 535 bis 553 unterwarfen die Feldherren Justinians, Belisar und Narses, das Land. Zur Verstärkung der Abwehr der byzantinischen Aggression, die das Ziel verfolgte, die Sklavereigesellschaft in Italien zu restaurieren, beschloß König Totila (541—552) eine Agrarreform. Dadurch erhielten die Kolonen Eigentumsrechte an ihren Parzellen; Sklaven wurden freigelassen, damit sie in das Heer aufgenommen werden konnten; Großgrundbesitzer wurden stark besteuert. Aber diese Reformen kamen zu spät, um im Kampf gegen Byzanz wirksam werden zu können. Im Jahre 553 war der ostgotische Staat von Byzanz erobert worden, die Reformen Totilas wurden sofort wieder rückgängig gemacht. Doch sollte die byzantinische Herrschaft in ganz Italien nur eine kurze Episode bleiben; schon im Jahre 568 drangen die Langobarden in Italien ein und entrissen den Byzantinern große Teile des Landes.

Untergang des Ostgotenstaates

Das Frankenreich

6.6.5.

Der fränkische Staat entstand in den letzten Jahrzehnten des 5. Jh., vor allem unter König Chlodwig (Chlodowech), nachdem schon sein Vater Childerich sich etwa um 470 aus dem weströmischen Föderatenverhältnis gelöst hatte. Politisches Zentrum dieses neuen Staates war zunächst das salfränkische Stammland an der unteren Schelde, das sich bald in das Gebiet des Pariser Beckens verlagerte. Im Verlaufe seiner Herrschaft gelang es Chlodwig (482—511), andere fränkische Teilherrscher zu beseitigen; Reste der altfränkischen Gentilaristokratie wurden in diesem Zusammenhang weitgehend vernichtet, während Dienstadel und Kirche gefördert wurden. Der fränkische Staat war von außerordentlicher expansiver Kraft; in der Mitte des 6. Jh. standen fast ganz Gallien und weite Teile Mitteleuropas (Sachsen, Thüringer, Bayern u. a.) unter der Botmäßigkeit fränkischer Könige. Durch seinen Übertritt zum katholischen Christentum um 498 verband sich Chlodwig eng mit der katholischen Kirche, die ihn im Kampf gegen arianische Germanenstaaten aktiv unterstützte. König Theudebert I. (534 bis 548) ließ als erster germanischer König Goldmünzen mit seinem Bild und dem Augustus-

Entstehung des fränkischen Staates

25 Römische Geschichte

6. Die spätrömische Kaiserzeit. Der Dominat

titel prägen und trat damit auch politischen Ansprüchen von Byzanz machtvoll entgegen. Obwohl der fränkische Staat in seiner inneren Verwaltung und in seinen Einrichtungen von spätrömischen Vorbildern beeinflußt war, wurde er doch das Machtinstrument einer sich organisierenden neuen herrschenden Klasse, die im Verlaufe des Feudalisierungsprozesses die abhängig werdenden Bauern ausbeutete.

Entwicklung neuer Produktions- und Eigentums-verhältnisse

Im Frankenreich wurde die antike Staatsmacht in Gallien zerschlagen; neue Produktions- und Eigentumsverhältnisse begannen sich durchzusetzen. Der früher schon vererbbare Acker des fränkischen Bauern, das Allod, wurde bis zum Ende des 6. Jh. frei veräußerliches Privateigentum. Damit war die Voraussetzung für die Entwicklung neuer Ausbeutungsverhältnisse gegeben, die für den Verlauf der Feudalisierung von großer Bedeutung waren. Viele freie Bauern verloren ihr Allod an die großen Grundeigentümer. Die größten Grundeigentümer waren der König und die Kirche. Mit der Entstehung und

Gesetzgebung

Entwicklung des fränkischen Staates gewannen Recht und Gesetzgebung große Bedeutung. In den letzten Regierungsjahren Chlodwigs wurde die erste fränkische Rechtsordnung, der »Pactus Legis Salicae«, erlassen. Bald entsprach er jedoch nicht mehr den sich verändernden Eigentums- und Klassenverhältnissen und wurde durch mehrere Königsedikte im 6. und 7. Jh. ergänzt. Der Pactus mit seinen Zusätzen galt für Franken und Romanen nördlich der Loire; als das westgotische Gallien und der Staat der Burgunder von den Franken erobert wurden, blieben für die dort ansässige Bevölkerung Rechtsbücher der Westgoten und der Burgunder gültig, wie das Breviarium Alarici und die Lex Romana Burgundionum, die für die Romanen aufgestellt worden waren. Im

Feudalisierung des fränkischen Staates

fränkischen Staat gewann seit dem Ende des 6. Jh. der Adel zunehmend an politischer Bedeutung. Der Feudalisierungsprozeß im Frankenreich vollzog sich nicht zuletzt deshalb erfolgreich, weil die Relikte der sich auflösenden Sklavereigesellschaft im fränkischen Staat von bedeutend geringerer Wirksamkeit waren als etwa bei den Vandalen, bei den West- und Ostgoten. Der fränkische Feudalismus wurde zum Vorbild für die mittelalterliche Gesellschaftsentwicklung in ganz West- und Mitteleuropa.

6. 7. *Das Oströmische Reich (Byzanz) bis zur Zeit Justinians*

Sozial-ökonomische Unterschiede zwischen Ost- und Westrom

Wenn auch nach der endgültigen Teilung des Römischen Reiches in ein Ost- und Westreich staatsrechtlich die Fiktion der Reichseinheit aufrechterhalten wurde, so änderte dies nichts daran, daß sich der Osten und der Westen des Reiches seit langem unterschiedlich entwickelt hatten. Das Oströmische Reich verfügte über stabilere materielle Grundlagen als das Weströmische Reich, wenn auch die mit dem Übergang zum Feudalismus verbundenen gesellschaftlichen Erschütterungen im Oströmischen Reich ihre Spuren hinterlassen haben. Die großen Städte als Fernhandels- und Gewerbezentren behielten bis zum 7. Jh. ihre Stellung bei; der Fernhandel blühte trotz zeitweiliger persischer Störmaßnahmen weiter. Ostrom konnte letzten Endes die Germanen- und Hunnenzüge nach dem Westen ablenken. In seinen politischen Beziehungen zum Sassanidenreich kam es zur Annäherung und Verständigung, die auch die byzantinischen Handelsbeziehungen begünstigte. Das Sassanidenreich durch-

6.7. Das Oströmische Reich (Byzanz) bis zur Zeit Justinians

lebte im 5./6. Jh. eine Periode schwerer Klassenkämpfe (Mazdakitenbewegung); hinzu kamen häufige Angriffe mittelasiatischer Völker, besonders der Hephthaliten, so daß die im Feudalisierungsprozeß sich befindliche herrschende Klasse des Sassanidenreiches die aggressive Politik gegen Rom nicht fortsetzen konnte.

Die wirtschaftlichen Potenzen ermöglichten es, sich den Frieden von kriegerischen Nachbarn durch Tribute zu erkaufen und ein starkes Söldnerheer intakt zu erhalten. Die Zentralgewalt geriet nur zeitweilig in die Hände der obersten Heerführer, die oströmischen Kaiser blieben weitgehend wirkliche Träger der politischen Macht. Da die Sklaverei in der Landwirtschaft Kleinasiens, Syriens, Palästinas und Ägyptens im Verlaufe der Kaiserzeit nicht solch große Bedeutung wie im Westen erlangt hatte, wirkte sich auch die Krise der auf Sklaverei beruhenden Produktionsweise im Osten nicht so tiefgreifend aus wie im Westen. *Kaiserliche Zentralgewalt*

In den Ostprovinzen gab es bedeutend mehr freie Bauern als in den Westprovinzen. Allerdings gewann auch im Osten der Großgrundbesitz durch die Verbreitung des Zwangspatrociniums im 5./6. Jh. große Bedeutung, woran mehrere kaiserliche Gesetze zur Einschränkung des Patrociniums nichts ändern konnten. Immer mehr Bauern gerieten in die Abhängigkeit von Großgrundbesitzern. Dennoch blieben die Gemeindeverbände, die dörflichen Organisationen der Bauern, weitgehend intakt und boten den bedrängten Bauern Schutz. Auch unter den Kolonen gab es zahlreiche »freie« Kolonen, die zwar an den Boden gebunden, aber nicht einem Großgrundbesitzer verpflichtet waren (coloni liberi). Für die Feudalisierung spielten diese »freien« Kolonen im Osten eine erhebliche Rolle, während sie im Westen kaum anzutreffen waren. Der Kolone im Ostreich war den Großgrundbesitzern nicht in gleicher Härte ausgeliefert wie den Großgrundbesitzern im Westreich. Die Dorfgemeinden waren im Ostreich wirtschaftlich wie administrativ stärker entwickelt, so daß damit für die Bauern mit Beginn des Feudalisierungsprozesses eine günstigere Ausgangsposition für die bald mit aller Heftigkeit ausbrechenden Klassenkämpfe gegeben war. *Großgrundbesitz, freie Bauern, Kolonen*

Innenpolitisch war das 5. Jh. im Oströmischen Reich gekennzeichnet von hartnäckigen Kämpfen gegen den germanischen Einfluß auf die führenden militärischen Positionen, von der zunehmenden Bedeutung der kleinasiatischen Isaurier am Kaiserhof, die in der Person ihres Anführers Tarasikodissa im Jahre 474 sogar den Kaiserthron einnahmen — als Herrscher nannte er sich Zenon — ,und von langdauernden religionspolitischen Auseinandersetzungen. *Zurückdrängung des germanischen Einflusses*

Im dogmatischen Streit darüber, ob Christus nur eine göttliche oder eine göttliche und eine menschliche Natur verkörpere und ob beide Naturen nebeneinander getrennt oder untrennbar existierten, kämpften Konstantinopel, Antiochia und Alexandria um die Macht. Die Einnaturenlehre wurde besonders heftig von Alexandria vertreten; ihre Anhänger nannte man Monophysiten (von griech. mónos = einzig, phýsis = Natur). Die Auffassung von den zwei getrennten Naturen wurde in Antiochia gelehrt. Nach ihrem Hauptvertreter Nestorios, der zeitweilig sogar Patriarch von Konstantinopel war, wurden die Anhänger dieser Lehre als Nestorianer bezeichnet. Als orthodoxe Richtung setzte sich im Jahre 451 auf dem Konzil von Chalkedon das Dogma von den zwei vollkommenen, untrennbaren und unvermengbaren Naturen *Kirchliche Auseinandersetzungen* *Konzil von Chalkedon*

25*

6. Die spätrömische Kaiserzeit. Der Dominat

Christi durch. Nestorios war inzwischen aus Konstantinopel vertrieben worden; im Kampf um die kirchenpolitische Führung verband sich das Patriarchat von Konstantinopel mit dem Papst von Rom. Der Monophysitismus wie der Nestorianismus wurden in Chalkedon verurteilt, aber beide Lehren bestanden weiter fort. Der Monophysitismus erstarkte in Ägypten, Palästina und in Westsyrien, der Nestorianismus verbreitete sich in Ostsyrien. In beiden Lehren und den damit verbundenen Bildungen von Sonderkirchen kamen die Selbständigkeitsbestrebungen Ägyptens und Syriens gegenüber Byzanz zum Ausdruck. Die Kaiser versuchten besonders im Interesse der Reichseinheit zwischen den sich bekämpfenden Richtungen zu vermitteln; Kaiser Anastasios I. (491—518) bevorzugte darüber hinaus offenkundig die Monophysiten, aber die Gegensätze verschärften sich noch mehr.

Restaurations-politik

Die byzantinischen Kaiser des 5. und 6. Jh. begünstigten alles andere als die feudale Entwicklung; ihre Politik hatte daher restaurativen Charakter. Sie förderten die Städte und die städtische Wirtschaft und hemmten die Entwicklung des Großgrundbesitzes. Anastasios I. hob die auf den städtischen Handwerks- und Kaufmannsschichten lastende Steuer auf; dafür wurde die Landbevölkerung stärker ausgebeutet. Auch Kaiser Justinian I. (527—565) begünstigte die städtischen Oberschichten und drängte den Einfluß des Großgrundbesitzes zurück. Jedoch vertieften sich auch in den Städten, be-

Vertiefung der sozialen Widersprüche

sonders in den großen unter ihnen, die sozialen Widersprüche. Die unteren städtischen Schichten nutzten die alten Organisationsformen der Zuschauer in der Wettkampfarena, um sich selbst politisch zu organisieren und im Hippodrom dem Kaiser ihre Forderungen zu unterbreiten. Diese alten »Zirkusparteien« teilten sich in »Grüne«, »Blaue«, »Rote«, »Weiße« und hatten in den verschiedenen Wettkämpfen ihre Favoriten. Seit dem 5. Jh. bekamen diese Gruppierungen zunehmende politische Bedeutung. In Konstantinopel waren es vor allem die Blauen und die Grünen, die sich zeitweilig bekämpften, sich zeitweilig im Kampf gegen die Regierung vereinten. Die politischen Anführer der Blauen unterstützten besonders die Senatsaristokratie von Konstantinopel und die Großgrundbesitzeraristokratie, die Anführer der Grünen standen auf der Seite reicher Kaufleute und Handwerker der Hauptstadt. Die Kaiser lavierten zwischen beiden Gruppen und spielten häufig beide

Nika-Aufstand

gegeneinander aus. Im Nika-Aufstand des Jahres 532 standen beide Gruppen vereint gegen die kaiserliche Regierung. Diese bedeutendste städtische Volksbewegung der Spätantike hätte fast Kaiser Justinian gestürzt und konnte nur in einem Meer von Blut erstickt werden.

Justinian

Unter Kaiser Justinian erreichte die Restaurationspolitik ihren Höhepunkt. Mit der Eroberung des Vandalenreiches in Nordafrika und des Ostgotenreiches in Italien und von Teilen des Westgotenreiches in Spanien versuchte er, das alte Römische Reich wiederherzustellen. Theoretisch wurde auch der byzantinische Anspruch auf Gallien und Britannien nicht aufgegeben. Nach der Eroberung Nordafrikas und Italiens durch Byzanz sicherten Gesetze Justinians die Wiedereingliederung dieser Gebiete in die römische Rechtsordnung.

Rechts-kodifikation

Bald nachdem Justinian die Regierung übernommen hatte, wurde mit umfangreichen Arbeiten zur Sammlung des überlieferten römischen Rechts begonnen. Dabei orientierte sich Justinian, wie es seinen restaurativen Absichten

6.7. Das Oströmische Reich (Byzanz) bis zur Zeit Justinians

entsprach, auf das klassische römische Recht, das den Erfordernissen der auf Sklaverei begründeten Gesellschaftsordnung eher entgegenkam als das spätrömische Vulgarrecht, das sich besonders im 4./5. Jh. entwickelt hatte und mehr der sich im Niedergang befindenden Gesellschaft Rechnung trug. Zuerst wurden die seit Kaiser Hadrian erlassenen und noch geltenden Kaisergesetze herausgegeben (529, vervollständigt 534). Dieses Werk wird als *Codex Iustinianus* bezeichnet; ein zweites Werk enthielt Auszüge aus den Rechtsgutachten römischer Juristen, die bis zum 3. Jh. publiziert wurden (533). Diesen Teil, der aus 50 Büchern bestand, nannte man *Digesten* oder *Pandekten*. Außerdem wurde nach dem Jahre 533 eine Einführung in das römische Recht, die *Institutiones*, verfaßt. In einem vierten Teil, den *Novellae*, wurden die Gesetze und Verfügungen Justinians gesammelt, die nach dem Abschluß des Codex Iustinianus von 535 bis 565 erlassen worden waren. Für das Gesamtwerk wurde seit dem 16. Jh. die Bezeichnung *Corpus Iuris Civilis* üblich. Diese Kodifikation war die bedeutendste Leistung der antiken Sklavereigesellschaft auf dem Gebiet der Jurisprudenz. Sie widerspiegelte die Gesamtheit des Römischen Rechts im Zusammenhang, des »vollendeten Rechts der *einfachen Warenproduktion*«, wie Friedrich Engels hervorhob.[26] Es war auch für das entstehende kapitalistische Bürgertum leicht verständlich und anwendbar und erhielt in einzelnen europäischen Ländern bis in das 19./20. Jh. wenigstens teilweise seine Gültigkeit. Die langen, mit wechselndem Erfolg geführten Kriege — auch mit dem Sassanidenreich entbrannten die Kämpfe wieder mit großer Heftigkeit — und die kostspieligen Bauten des Kaisers verschlangen ungeheure Summen. Durch äußerst harten Steuerdruck, der vor allem auf der Landbevölkerung lastete, trieb man die benötigten Gelder ein. Aufstände der Bauern und Kolonen gegen die Steuereintreiber wurden mit Truppen blutig niedergeschlagen.

Corpus Iuris Civilis

Um seine Herrschaft im Innern zu festigen, suchte Justinian ein enges Bündnis mit der christlichen Kirche. In den Städten ließ er prunkvolle Kirchen erbauen, darunter die berühmte Hagia Sophia in Konstantinopel (errichtet in den Jahren von 532 bis 537). Wie Konstantin I. stellte er sich an die Spitze der Kirche und verlangte von den Bischöfen Gehorsam und Unterordnung. Er unterstützte die Orthodoxie, die Monophysiten suchte er durch Toleranz für sich zu gewinnen, aber gegen die Reste des Heidentums wandte er sich mit aller Schärfe. Im Jahre 529 ließ er die Akademie in Athen schließen, wo noch die neuplatonische Philosophie gelehrt wurde.

Bündnis mit der christlichen Kirche

Obwohl Byzanz unter Justinian einen Höhepunkt erreichte, brach die auf eine Restauration des Gesamtreiches gerichtete Politik gegen Ende seiner Regierungszeit zusammen. Einmal hatte diese Politik die finanziellen Möglichkeiten des Staates bei weitem überfordert, aber auch ohne dies war der Versuch, die alte Gesellschaftsordnung zu restaurieren, gesetzmäßig zum Scheitern verurteilt. Die Entwicklung zum Feudalismus ließ sich zwar aufhalten, aber nicht verhindern. Nach dem Tode Justinians errangen die Großgrundbesitzer wachsenden Einfluß auf das gesellschaftliche Leben im Reich. Italien ging seit dem Jahre 568 durch die langobardische Eroberung größtenteils wieder verloren. Wirtschaftlich wie finanziell war das Reich nach dem Tode Justinians

Scheitern der Restaurationspolitik

Untergang der Sklavereigesellschaft

---

26   Fr. Engels, Brief an K. Kautsky vom 26. 6. 1848, in MEW, Bd. 36, Berlin 1967, S. 167.

völlig zerrüttet und erschöpft. Am Ende des 6. und im Verlaufe des 7. Jh. drangen neue Völker mit ungestümer Kraft in die Gebiete des Reiches vor, Slawen und Awaren auf dem Balkan und die Araber im Vorderen Orient und in Nordafrika. Doch im Unterschied zu Westrom verstand es die herrschende Klasse in Byzanz mit ihrer Politik, den Feudalisierungsprozeß zu fördern und dabei solche Kräfte zu entwickeln, daß trotz größter Schwierigkeiten der byzantinische Staat seine politische Existenz bis zum Jahre 1453 bewahren konnte.

Anhang

7

Quellen- und Literaturübersicht (empfehlende Bibliographie)   7.1.

Die wichtigsten literarischen Quellen (Textausgaben und deutsche Übersetzungen)   7.1.1.

Ammianus Marcellinus, Römische Geschichte, lateinisch und deutsch, mit einem Kommentar von W. Seyfarth, 4 Bände, 1968–1971.

Appian von Alexandria, Historia Romana, Bd. 1 hg. von P. Viereck, A. G. Roos, E. Gabba, 4. Aufl. 1962, 1968, Bd. 2 hg. von L. Mendelssohn, P. Viereck, 1905 (Bibliotheca Teubneriana = BT). Deutsche Übersetzung von G. Zeiss, 2 Bände, 1875–1876. Apuleius von Madaura, hg. von R. Helm, P. Thomas, 1. Bd. 7. Aufl. 1968, 2. Bd. 4. Aufl. 1963, 3. Bd. 1908, Neudruck 1969 (BT). Übersetzt (Metamorphosen) von A. Rode, 1920, (Apologie) von F. Weiss, 1894, (Amor und Psyche) von A. Mauersberger, 2. Aufl. 1951 (Sammlung Dieterich, Bd. 55), von E. G. Schmidt, 3. Aufl. 1972.

Aelius Aristides, Lobrede auf Rom, hg. von B. Keil 1898, Neuauflage 1958 (Nr. 26 der Schriften). Englische Übersetzung von J. H. Oliver, New York 1953.

Augustinus, De civitate dei (Über den Gottesstaat), hg. von A. Kalb, 2 Bände, 1928–1929 (BT), übersetzt von W. Thimme, 2 Bände Zürich 1955–1956.

Decimus Magnus Ausonius, Mosella (Das Mosellied), lateinisch und deutsch von W. John, 1932.

Augustus, Res gestae (Tatenbericht), hg. und übersetzt von E. Weber, 1970.

Anicius Manlius Severinus Boethius, Consolatio philosophiae (Trost der Philosophie), Text und Übersetzung von O. Gigon, 2. Aufl. 1969.

Gaius Iulius Caesar, Commentarii, hg. von A. Klotz, 3 Bände, 2. Aufl. 1961–1966 (BT), übersetzt von C. Woyte, 1965, H. Köchly, 1944, G. Wirth 1966.

Cassius Dio Cocceianus, Historia Romana, hg. von U. P. Boissevain, 5 Bände 1895–1931, hg. von E. Cary, London 1914–1926, 9 Bände mit englischer Übersetzung. Deutsche Übersetzung von L. Tafel, 1831–1844.

Marcus Porcius Cato, De agricultura (Über die Landwirtschaft), hg. von A. Mazzarino, 1962 (BT), übersetzt von P. Thielscher, 1963.

Gaius Valerius Catullus, hg. von M. Schuster, W. Eisenhut, 2. Aufl. 1958 (BT), übersetzt von M. Brod, 1914.

Chariton von Aphrodisias, hg. und übersetzt von F. Zimmermann, Der Roman des Chariton, Abhandl. der Sächs. Akademie der Wissenschaften, 51/2, 1960.

Marcus Tullius Cicero, hg. von K. Atzert u. a. Autoren in 15 Bänden, 1914–1949 (BT), 2. Aufl. seit 1949. Übersetzt von zahlreichen Autoren 1861–1902 in 16 Bänden (Langenscheidtsche Bibliothek, Bd. 78–93), gesonderte Übersetzung der Briefe Ciceros von C. M. Wieland, neu hg. von H. Conrad, 4 Bände, 1912–1913.

Claudius Claudianus, hg. von Th. Birt, Monumenta Germaniae Historica (= MGH), Auctores antiquissimi 10, 1892; in Auswahl übersetzt von G. v. Wedekind, 1968.

Codex Euricianus, enthalten in: Fontes Iuris Romani Anteiustiniani (= FIRA), hg. von S. Riccobono u. a., 3 Bände, Florenz 2. Aufl. 1941–1943, Neudruck 1968.

Codex Theodosianus, hg. von Th. Mommsen, P. M. Meyer, 2 Bände, 3. Aufl. 1962, englische Übersetzung von C. Pharr, 1952.

Lucius Iunius Moderatus Columella, De agricultura (Über die Landwirtschaft), hg. von V. Lundström, A. Josephson, Upsala 1897–1968, übersetzt von K. Ahrens, 1972.

Cornelius Nepos, hg. und übersetzt von H. Färber, 1952. Corpus iuris civilis (bestehend aus Institutionen, Digesten, Codex Iustinianus und Novellen), Gesamtausgabe hg. von Th. Mommsen, P. Krüger, R. Schoell, G. Kroll, 3 Bände, 1895, 16. Aufl. 1954, übersetzt von C. E. Otto, B. Schilling, C. F. F. Sintenis, 7 Bände, 1830–1833.

Diocletian, Preisedikt, hg. von S. Lauffer, 1971.

Dion von Prusa (Chrysostomos), hg. von G. de Budé, 2 Bände, 1916–1919 (BT), übersetzt von W. Ellinger, Zürich 1967.

Dionysios von Halikarnassos, hg. von H. Usener, L. Radermacher, 2 Bände, 1899–1929, übersetzt von G. J. Schaller und A. H. Christian, 1827–1849.

Edictum Theodorici, enthalten in: FIRA, hg. von S. Riccobono u. a., 3 Bände, Florenz 2. Aufl. 1941–1943, Neudruck 1968.

Quintus Ennius, hg. von J. Vahlen, 3. Aufl. 1963, übersetzt von W. Krenkel u. a. in: Römische Satiren, 1970.

Epiktetos, hg. von H. Schenkl, 2. Aufl. 1916 (BT), übersetzt von F. Dobe, 1922.

Eugippius, Das Leben des heiligen Severin, lateinisch und deutsch von R. Noll, 1963.

Eusebius von Caesarea, Kirchengeschichte, hg. von E. Schwartz, 5. Aufl. 1955, übersetzt von Ph. Haeuser (Bibliothek der Kirchenväter II 1), 1932, Neudruck 1967.

Eutropius, hg. von F. Rühl, 2. Aufl. 1909 (BT), übersetzt von A. Forbiger, 2. Aufl. 1911 (Langenscheidtsche Bibliothek, Bd. 94b).

Fasti consulares et triumphales, hg. von A. Degrassi, enthalten in: Inscriptiones Italiae, XIII 1, Rom 1947.

Firmicus Maternus, De errore profanarum religionum (Über den Irrtum der heidnischen Religionen), hg. von K. Ziegler, 1907, übersetzt von A. Müller (Bibliothek der Kirchenväter II), 1913.

Lucius Annaeus Florus, hg. von O. Roßbach, 1896 (BT), übersetzt von W. M. Pahl, 1834–1835.

Sextus Iulius Frontinus, De aquae ductu (Über die Wasserversorgung), hg. von F. Krohn, 1922 (BT), Neudruck 1967, Strategemata (Kriegslisten) lateinisch und deutsch von G. Bendz, 1963.

Marcus Cornelius Fronto, hg. von S. A. Naber, 1867, in englischer Übersetzung von C. R. Haines, 2 Bände, 2. Aufl. London 1955–1957.

Gaius, Institutiones (Rechtseinrichtungen), hg. von E. Seckel, B. Kübler, 7. Aufl. 1935, übersetzt von L. Huchthausen, Römisches Recht, 1975.

Aulus Gellius, Noctes Atticae (Attische Nächte), hg. von C. Hosius, 2 Bände, 1903 (BT), Neudruck 1967, übersetzt von F. Weiss, 2 Bände, 1875–1876, Neudruck 1965.

Gregor von Tours, Historia Francorum (Geschichte der Franken), hg. von B. Krusch, MGH, Scriptores rerum Merovingicarum I 1, 2. Aufl. 1937–1951, übersetzt von R. Buchner, 4. Aufl. 1970.

Heliodoros von Emesa, Aethiopica, hg. von A. Colonna, 1938, übersetzt von H. Gasse, 2. Aufl. 1966 (Sammlung Dieterich, Bd. 196).

Herodian, hg. von L. Mendelssohn, 1883, übersetzt von A. Stahr, 1858 (Langenscheidtsche Bibliothek, Bd. 31b).

Hesychios von Alexandria, hg. von M. Schmidt, 4 Bände, 1858–1868, Neudruck Amsterdam 1966.

Historia Augusta, hg. von E. Hohl, W. Seyfarth, 2 Bände, 3.–5. Aufl. 1971, übersetzt von C. A. Closs, 6 Bände, 1856–1857.

Horatius Flaccus, hg. von F. Klingner, 5. Aufl. 1970 (BT), übersetzt von M. Simon, W. Ritschl, 1972.

Jordanes, Gotengeschichte, hg. von Th. Mommsen, MGH, Auctores antiquissimi V 1, 1882, übersetzt von W. Martens, 3. Aufl. 1913 (Geschichtsschreiber der deutschen Vorzeit, Bd. 5).

Flavius Josephus, Gesamtausgabe, hg. von B. Niese, 7 Bände, 1885–1895, Geschichte des Judäischen Krieges, übersetzt von H. Clementz, 1970, Judäische Altertümer, übersetzt von H. Clementz, 2 Bände, 1959.

Isidor von Sevilla, Gotengeschichte, hg. von Th. Mommsen, MGH, Auctores antiquissimi XI, 1894, Etymologien, hg. von W. M. Lindsay, 2 Bände Oxford 1911, Neudruck 1962; deutsche Übersetzung (Chronik und Gotengeschichte) von D. Coste, 1909 (Geschichtsschreiber der deutschen Vorzeit, Bd. 10).

Flavius Claudius Iulianus (Apostata), Gesamtausgabe hg. von F. C. Hertlein, 2 Bände, 1875–1876 (BT), von W. C. Wright, 3 Bände, London 1913–1923 in englischer Übersetzung. Deutsche Übersetzung der philosophischen Schriften von R. Asmus, 1908.

7.1. Quellen- und Literaturübersicht (empfehlende Bibliographie)

Marcus Iunianus Iustinus, hg. von O. Seel, 1935 (BT), übersetzt von A. Forbiger, 1866—1867 (Langenscheidtsche Bibliothek, Bd. 96).

Decimus Iunius Iuvenalis, hg. von L. Friedländer, 2 Bände, 1895, Neudruck 1967, übersetzt von W. Krenkel u. a., Römische Satiren, 1970.

L. Caecilius Firmianus Lactantius, De mortibus persecutorum (Über die Todesarten der Christenverfolger), hg. von I. Pesenti, 1922.

Lex Romana Burgundionum, enthalten in: FIRA, hg. von S. Riccobono u. a. 3 Bände, Florenz 2. Aufl. 1941—1943, Neudruck 1968.

Lex Romana Visigotorum (Breviarium Alarici), hg. von G. Hänel, 1849.

Libanios, Gesamtausgabe, hg. von R. Foerster, 12 Bände, 1903—1927 (BT), Neudruck 1963.

Titus Livius, hg. von R. C. Conway, W. F. C. Walters, S. K. Johnson, 5 Bände, 1914—1965, übersetzt von F. D. Gerlach, 1856—1873 (Langenscheidtsche Bibliothek, Bd. 97—101).

Longos, Daphnis und Chloë, hg. von O. Schönberger, 1960, übersetzt von A. Mauersberger, 1960 (Sammlung Dieterich, Bd. 44).

Marcus Annaeus Lucanus, hg. von C. Hosius, 3. Aufl. 1913 (BT), übersetzt von J. Krais, 2. Aufl. 1912 (Langenscheidtsche Bibliothek, Bd. 64).

Gaius Lucilius, hg. von F. Marx, 2 Bände, 1904—1905 (BT), Neudruck 1963, übersetzt von W. Krenkel u. a., Römische Satiren, 1970.

Titus Lucretius Carus, hg. und übersetzt von J. Martin, 1972.

Lukianos von Samosata, Gesamtausgabe, hg. von C. Jacobitz, 4 Bände, 1836—1841 (BT), Neudruck 1966, übersetzt von Chr. M. Wieland, 1788—1789, neu hg. von J. Werner und H. Greiner-Mai, 3 Bände, 1974.

Ambrosius Theodosius Macrobius, hg. von F. Eyssenhardt, 2. Aufl. 1893, englische Übersetzung der Saturnalien von P. Vaughan Davies, New York—London 1969.

Marcus Aurelius Antonius, hg. von H. Schenkl, 1913 (BT), übersetzt von A. Mauersberger, 4. Aufl. 1957.

Marcus Valerius Martialis, hg. von W. Heraeus, 1925 (BT), übersetzt von W. Hofmann (Auswahl), 1966.

Gnaeus Naevius, Dramen, hg. von E. V. Marmorale, 2. Aufl. 1950, Epos, hg. von W. Strzelecki, 1964.

Nikolaos von Damascus, Augustus-Biographie, hg. und englisch übersetzt von C. M. Hall, 1923.

Notitia dignitatum omnium tam civilium quam militarium (Handbuch der zivilen und der militärischen Verwaltung), hg. von O. Seel, 1876, Neudruck 1962.

Paulus Orosius, hg. von C. Zangemeister, 1882, englische Übersetzung von I. W. Raymond, New York 1936.

Publius Ovidius Naso, hg. von R. Merkel, R. Ehwald, F. Lenz, 3 Bände, 1915—1932 (BT), übersetzt von L. Huchthausen u. a., 2 Bände, 1968.

Palladius Rutilius Taurus Aemilianus, hg. von J. C. Schmitt, 1898 (BT).

Panegyrici Latini, hg. von W. A. Baehrens, 1911 (BT), französische Übersetzung von E. Galletier, 3 Bände, Paris 1949—1955.

Pausanias, hg. von F. Spiro, 3 Bände, 1903 (BT), übersetzt von J. H. Chr. Schubart, 2 Bände, 1857—1863 (Langenscheidtsche Bibliothek, Bd. 37—38), Aulus Persius Flaccus, hg. von O. Jahn, 1843, Neudruck 1967, übersetzt von W. Krenkel u. a., Römische Satiren, 1970.

Gaius Petronius Arbiter, hg. von F. Bücheler, W. Heraeus, 6. Aufl. 1922, übersetzt von F. Tech 1963.

Phaedrus, hg. von L. Havet, 1895, übersetzt von E. Saenger, 1961.

Philon von Alexandria, Gesamtausgabe, hg. von L. Cohn, P. Wendland, S. Reiter, J. Leisegang, 7 Bände, 1896—1930, übersetzt von L. Cohn, I. Heinemann, 7 Bände, 2. Aufl. 1962—1964.

Philostratos, Gesamtausgabe, hg. von K. L. Kayser, 2 Bände, 1870—1871 (BT), übersetzt von F. Jacobs, A. H. Christian, 1828—1855, die Schrift Apollonius von Tyana übersetzt von E. Baltzer, 1883.

Titus Maccius Plautus, hg. von F. Leo, 2 Bände, 1895—1896, Neudruck 1958, übersetzt von W. Binder, 1913, neu bearbeitet von W. Hofmann, 2 Bände, 1963.

Gaius Plinius Secundus (der Ältere), hg. von C. Mayhoff, L. v. Jan, 5 Bände, 1892—1909 (BT), Neudruck 1967, übersetzt von Chr. F. L. Strack, 3 Bände, 1853—1855, Neudruck 1968.

Gaius Plinius Caecilius Secundus (der Jüngere), hg. von M. Schuster, R. Hanslik, 3. Aufl. 1958 (BT), übersetzt von A. Lambert, 1969.

Plotinos, hg. von R. Volkmann, 2 Bände, 1883—1884 (BT), übersetzt von R. Harder, 5 Bände, 1930—1937.

Plutarch von Chaironeia, Moralia hg. von G. N. Bernardakis, 7 Bände, 1888–1896 (BT), übersetzt (Auswahl) von O. Apelt, 3 Bände, 1925–1927.

Biographien hg. von C. Lindskog, K. Ziegler, 4 Bände, 1914–1939 (BT), übersetzt von K. Ziegler, W. Wuhrmann, Große Griechen und Römer, 6 Bände 1954–1965.

Polybios, hg. von Th. Büttner-Wobst, 5 Bände, 1882–1904 (BT), übersetzt von A. Haakh, H. Kraz, 3 Bände, (Langenscheidtsche Bibliothek, Bd. 49–51).

Procopius von Caesarea, hg. von J. Haury, 3 Bände, 1905–1913 (BT), Vandalenkrieg übersetzt von D. Coste, 3. Aufl. 1913 (Geschichtsschreiber der deutschen Vorzeit, Bd. 6), Gothenkrieg übersetzt von D. Coste, 2. Aufl. 1922 (Geschichtsschreiber der deutschen Vorzeit, Bd. 7), Anekdota übersetzt von E. Fuchs, 1944.

Sextus Propertius, hg. von C. Hosius, 3. Aufl. 1932 (BT), lat. und deutsch von R. Helm, 1965.

Claudius Ptolemaeus, hg. (unvollständig) von J. L. Heiberg, F. Boll, A. Boer, F. Lammert, 4 Bände, 1898–1952 (BT), Astronomie übersetzt von K. Manitius, 2 Bände, 2. Aufl. 1963, Tetrabiblos übersetzt von J. W. Pfaff, 1822–1823, Geographie übersetzt von H. v. Mžik, 1938.

Querolus, hg. und übersetzt von W. Emmrich, 1965.

Marcus Fabius Quintilianus, Institutio oratoria (Erziehung zur Redekunst) hg. von L. Radermacher, 2 Bände, 1959 (BT), übersetzt von C. Boßler, F. F. Baur, 9 Bände, 1963–1964.

Rutilius Claudius Namatianus, hg. von R. Helm, 1933, übersetzt von Itasius Lemniacus (= A. v. Reumont), 1872.

Gaius Sallustius Crispus, Gesamtausgabe hg. von A. Ernout, 5. Aufl. Paris 1962 in französischer Übersetzung, deutsche Übersetzung von H. Weinstock, Das Jahrhundert der Revolution, 3. Aufl. 1955.

Salvianus, hg. von C. Halm, MGH, Auctores antiquissimi I 1, 1877, übersetzt von A. Mayer, 1935 (Bibliothek der Kirchenväter, 2. Aufl. II 11).

Lucius Annaeus Seneca (der Ältere), hg. von H. J. Müller, 1887, englische Übersetzung von W. A. Edward, Cambridge 1928.

Lucius Annaeus Seneca (der Jüngere), Philosophische Schriften hg. von E. Hermes, C. Hosius, A. Gercke, O. Hense, 3 Bände, 1898–1938 (BT), übersetzt von O. Apelt, 4 Bände, 1923–1924.

Apocolocyntosis übersetzt von W. Krenkel u. a., Römische Satiren, 1970.

Sibyllinische Orakel, hg. von Chr. Alexander, 2 Bände, 1841–1856, von J. Geffcken, Die griechischen christlichen Schriftsteller, Bd. 8, 1902, übersetzt von J. H. Friedlieb, 1852, von A. Kurfess (Auswahl), 1951.

Gaius Sollius Modestus Apollinaris Sidonius, hg. von O. Mohr, 1895 (BT), englische Übersetzung von W. B. Anderson, 2 Bände, London 1936–1965, französische Übersetzung von A. Loyen, 3 Bände, 1960–1970.

Silius Italicus, hg. von L. Bauer, 2 Bände, 1890–1892 (BT), übersetzt von F. H. Bothe, 5 Bände, 1855–1857.

Sokrates von Konstantinopel, hg. von R. Hussey, W. Bright, 2. Aufl. Oxford 1893.

Sozomenos, hg. von J. Bidez, G. Chr. Hansen 1960, Griechische christliche Schriftsteller, Bd. 50.

Publius Papinius Statius, Gesamtausgabe hg. von A. Klotz, 2 Bände, 1908 1926 (BT), Thebais übersetzt von K. W. Binderwald, 1907, Silvae übersetzt von R. Sebicht, 1902.

Strabon von Amaseia, hg. von A. Meineke, 3 Bände, 1851–1852 (BT), von W. Aly, E. Kirsten, E. Lapp, 2 Bände, 1968 in deutscher Übersetzung, insgesamt übersetzt von A. Forbiger, 8 Bände, 1856–1862.

Gaius Suetonius Tranquillus, hg. von M. Ihm, 1907 (BT), übersetzt von A. Stahr, W. Krenkel, 1965.

Quintus Aurelius Symmachus, hg. von O. Seeck, 1883 MGH, Auctores antiquissimi II 1, die 3. relatio übersetzt von F. Klingner, Römische Geisteswelt, 5. Aufl. 1965.

Synesios von Kyrene, Rede über das Königtum hg. von Ch. Lacombarde, Paris 1951 mit französischer Übersetzung.

Cornelius Tacitus, Gesamtausgabe von C. Halm, G. Andresen, E. Koestermann, 2. und 3. Aufl. 1965–1970 (BT), Germania übersetzt von C. Woyte, 6. Aufl. 1971, von A. Mauersberger, 2. Aufl. 1971, Agricola übersetzt von R. Till 1961, Historiae übersetzt von W. Sontheimer, 1968, Annales übersetzt von A. Horneffer, 2. Aufl. 1963.

Publius Terentius Afer, Gesamtausgabe von S. Prete, 1954, übersetzt von V. v. Marnitz, 1960.

Themistios, hg. von W. Dindorf, 1832, Neudruck 1961

Theodoret von Kyrrhos, hg. von L. Parmentier, F. Scheidweiler, 2. Aufl. 1954, Griechische christliche Schriftsteller, Bd. 19, übersetzt in der Bibliothek der Kirchenväter, Bd. 44, 2. Aufl. 1954, Bd. 50/51, 1926.

Albius Tibullus, Text und Übersetzung von R. Helm, 3. Aufl. 1966.

Gaius Valerius Flaccus, hg. von O. Kramer, 2. Aufl. 1913 (BT), übersetzt von E. C. F. Wunderlich, 1805, englische Übersetzung von J. H. Mozley, 3. Aufl. London 1958.

Valerius Maximus, hg. von C. Kempf, 2. Aufl. 1888 (BT), Neudruck 1966, übersetzt von F. Hoffmann, 1828–1829.

Marcus Terentius Varro, Res rustica (Die Landwirtschaft), hg. von G. Götz, 2. Aufl. 1929 (BT), De lingua latina (Über die lateinische Sprache) von R. C. Kent, 2. Aufl. London 1951 in englischer Übersetzung. Die Landwirtschaft übersetzt von G. Grosse, 1788.

Flavius Vegetius Renatus, Epitoma rei militaris (Handbuch der Kriegskunde) hg. von K. Lang, 1885 (BT), übersetzt von F. J. Lipowsky, 1827.

Velleius Paterculus, hg. von C. Stegmann de Pritzwald, 2. Aufl. 1933 (BT), übersetzt von F. Eyssenhardt, 2. Aufl. 1913 (Langenscheidtsche Bibliothek, Bd. 109a).

Publius Vergilius Maro, Aeneis, hg. von W. Ianell, 2. Aufl. 1937 (BT), Georgica von W. Richter, 1957, Übersetzung der Aeneis, Georgica und Bucolica von R. Seelisch, W. Hertzberg, 1965.

Sextus Aurelius Victor, hg. von F. Pichlmayr, R. Gründel, 4. Aufl. 1970 (BT), übersetzt von A. Forbiger, 1866 (Langenscheidtsche Bibliothek Bd. 109b).

Vitruvius Pollio, Text und Übersetzung von C. Fensterbusch, 1964.

Xenophon von Ephesos, hg. von G. Dalmeyda, Paris 1936 in französischer Übersetzung, deutsche Übersetzung von F. Stoessl, Antike Erzähler, Zürich 1947, S. 389–442.

Zonaras, hg. von L. Dindorf, 6 Bände, 1868–1875 (BT).

Zosimos, hg. von L. Mendelssohn, 1887 (BT), Neudruck 1963, übersetzt von D. C. Seybold, K. Ch. Heyler, 1802–1804.

Zwölftafelgesetz (Lex duodecim tabularum), hg. und übersetzt von R. Düll, 4. Aufl. 1971.

Arbeiten der Klassiker des Marxismus-Leninismus   7.2.

Fr. Engels,	Zur Urgeschichte der Deutschen, in: MEW, Bd. 19, Berlin 1962, S. 425–473.
—	Anti-Dühring. Abschnitt: Theoretisches, Abschnitt: Staat, Familie, Erziehung, in: MEW, Bd. 20, Berlin 1962, S. 248–265, S. 292–303.
—	Der Ursprung der Familie, des Privateigentums und des Staats, in: MEW, Bd. 21, Berlin 1962, S. 25–173.
—	Bruno Bauer und das Urchristentum, in: MEW, Bd. 19, Berlin 1962, S. 297–305.
—	Ludwig Feuerbach und der Ausgang der klassischen deutschen Philosophie, Kapitel IV, in: MEW, Bd. 21, Berlin 1962, S. 291–307.
—	Das Buch der Offenbarung, in: MEW, Bd. 21, Berlin 1962, S. 9–15.
—	Zur Geschichte des Urchristentums, in: MEW, Bd. 22, Berlin 1963, S. 446–473.
K. Marx,	Formen, die der kapitalistischen Produktion vorhergehen, in: Grundrisse der Kritik der politischen Ökonomie, Berlin 1953, S. 375–413.
—	Kritische Randglossen zu dem Artikel »Der König von Preußen und die Sozialreform. Von einem Preußen«, in: MEW, Bd. 1, Berlin 1956, S. 392–409.
—	Zur Kritik der Politischen Ökonomie. Vorwort, in: MEW, Bd. 13, Berlin 1961, S. 7–11.
—	Entwürfe einer Antwort auf den Brief von V. I. Sassulitsch und Brief an V. I. Sassulitsch, in: MEW, Bd. 19, Berlin 1962, S. 384–406, S. 242–243.
—	Das Kapital, 1. Bd., 1. Kapitel, 4. Abschnitt: Der Fetischcharakter der Ware und ihr Geheimnis, in: MEW, Bd. 23, Berlin 1962, S. 85–98, 3. Bd., 20. Kapitel: Geschichtliches über das Kaufmannskapital, in: MEW, Bd. 25, Berlin 1964, S. 335–349, 36. Kapitel: Vorkapitalistisches, S. 607–626, 47. Kapitel: Genesis der kapitalistischen Grundrente, S. 790–821.
—	Brief an Fr. Engels vom 8. 3. 1855, in: MEW, Bd. 28, Berlin 1963, S. 438–439.
—	Brief an Fr. Engels vom 27. 2. 1861, in: MEW, Bd. 30, Berlin 1964, S. 159–160.
W. I. Lenin,	Über den Staat, in: Werke, Bd. 29, Berlin 1961, S. 460–479.

7.3. Nachschlagewerke

Abriß der antiken Geschichte, bearbeitet von S. Lauffer, München 1956.
Atlas zur Geschichte, Bd. 1, Gotha—Leipzig 1973.
Der Kleine Pauly, Stuttgart, seit 1964.
L'Année philologique (ab 1924), hg. von J. Marouzeau, Paris, seit 1928.
Lexikon der Antike, hg. von Joh. Irmscher, 2. Aufl. Leipzig 1977.
F. Lübker, Reallexikon des klassischen Altertums, 8. Aufl. Leipzig 1914.
Prosopographia Imperii Romani saec. I, II, III, Berlin, 2. Aufl. seit 1933.
O. Seeck, Regesten der Kaiser und Päpste für die Jahre 311—476 n. Chr., Stuttgart 1919.
Weltgeschichte in 10 Bänden, Bd. 2, Berlin 1962.
Weltgeschichte in Daten, 2. Aufl. Berlin 1973.
Weltgeschichte. Kleine Enzyklopädie. Leipzig 1971.

7.4. Allgemeine Darstellungen

Beiträge zur Entstehung des Staates, hg. von J. Herrmann und I. Sellnow, 2. Aufl. Berlin 1974.
J. D. Bernal: Die Wissenschaft in der Geschichte, 3. Aufl. Berlin 1967.
H. Delbrück, Geschichte der Kriegskunst im Rahmen der politischen Geschichte. I. Teil: Das Altertum. 3. Aufl., Berlin 1920, II. Teil: Die Germanen. 3. Aufl. Berlin 1921.
H.-J. Diesner, Kriege des Altertums, Berlin 1974.
Drevnyi Vostok i antičnyj Mir (sb. stat.), Moskau 1972.
W. Fietz, Vom Aquädukt zum Staudamm, Leipzig 1966.
Gesellschaft und Recht im griechisch-römischen Altertum, hg. von M. N. Andreev, J. Irmscher, E. Polay, W. Warkallo, 2 Bände, Berlin 1968—1969.
F. M. Heichelheim, Wirtschaftsgeschichte des Altertums, 2 Bände, Leiden 1938.
J. Herrmann, Die Rolle der Volksmassen in vorkapitalistischer Zeit. Sitzungsbericht der Akademie der Wissenschaften der DDR 1974/16.
J. Herrmann, Spuren des Prometheus, Leipzig—Jena—Berlin 1975.
Istorija antičnyj kultury, Leningrad 1968.
H. Ley, Geschichte der Aufklärung und des Atheismus, Bd. 1, Berlin 1966.
M. Major, Geschichte der Architektur, Bd. 1, Berlin 1957.
A. Neuburger, Die Technik des Altertums, Leipzig 1919.
Neue Beiträge zur Geschichte der Alten Welt, Bd. 2, hg. von E. Ch. Welskopf, Berlin 1965.
R. von Pöhlmann, Geschichte der sozialen Frage und des Sozialismus in der antiken Welt, München 1925.
J. A. Rasin, Geschichte der Kriegskunst, Bd. 1, Berlin 1959.
G. Redlow, Theorie, Theoretische und praktische Lebensauffassung im philosophischen Denken der Antike, Berlin 1966.
Römer und Germanen in Mitteleuropa, hg. von H. Grünert, Berlin 1975.
Die Rolle der Volksmassen in der Geschichte der vorkapitalistischen Gesellschaftsformationen, hg. von J. Herrmann und I. Sellnow, Berlin 1975.
M. I. Schachnowitsch, Lenin und die Fragen des Atheismus, Berlin 1966.
Sozialökonomische Verhältnisse im Alten Orient und im klassischen Altertum, hg. von R. Günther und G. Schrot, Berlin 1961.
S. A. Tokarew, Die Religionen in der Geschichte der Völker, Berlin 1968.
E. Ch. Welskopf, Die Produktionsverhältnisse im Alten Orient und in der griechisch-römischen Antike, Berlin 1957.

Die wichtigsten Periodica der DDR, die althistorische Arbeiten enthalten:

7.5.

Zeitschrift für Geschichtswissenschaft, Berlin.
Zeitschrift für Archäologie, Berlin.
Klio, Zeitschrift für Alte Geschichte, Berlin.
Ethnographisch-Archäologische Zeitschrift, Berlin.
Das Altertum, Berlin.
Philologus, Berlin.
Jahrbuch für Wirtschaftsgeschichte, Berlin.

Spezielle Literatur (ohne Aufsätze)

7.6.

Afrika und Rom in der Antike, hg. von H.-J. Diesner, Halle/S. 1968–1969.
P. Alfaric, Die sozialen Ursprünge des Christentums, Berlin 1963.
G. Alföldy, Bevölkerung und Gesellschaft der römischen Provinz Dalmatien, Budapest 1965.
A. Alföldy, Der Untergang der Römerherrschaft in Pannonien, 2 Bände, Berlin–Leipzig 1924–1926.
F. Altheim, Römische Geschichte bis zum Latiner Frieden 338 v. Chr., 2 Bände, Frankfurt a. M. 1951–1953.
F. Altheim, Der Ursprung der Etrusker, Baden-Baden 1950.
F. Altheim, Griechische Götter im Alten Rom, Gießen 1930.
F. Altheim, Niedergang der Alten Welt, 2 Bände, Frankfurt a. M. 1952.
Antičnoe obščestvo (sb. stat.), Moskau 1967.
G. Behm-Blancke, Gesellschaft und Kunst der Germanen, Dresden 1973.
H. Bellen, Studien zur Sklavenflucht im römischen Kaiserreich, Wiesbaden 1971.
H. Bengtson, Grundriß der römischen Geschichte mit Quellenkunde, 1. Bd.: Republik und Kaiserzeit bis 284 n. Ch., München 1967.
J. Binder, Die Plebs, Leipzig 1909.
H. Blümner, Die römischen Privataltertümer, München 1911.
J.-P. Brisson, Spartacus, Paris 1959.
Th. Büttner, E. Werner, Circumcellionen und Adamiten, Berlin 1959.
W. Capelle, Das alte Germanien, Jena 1929.
F. Cumont, Die orientalischen Religionen im römischen Heidentum, Leipzig–Berlin 1931.
H. Dessau, Geschichte der römischen Kaiserzeit, 2 Bände, Berlin 1924–1930.
M. Dieckhoff, Krieg und Frieden im griechisch-römischen Altertum, Berlin 1962.
H.-J. Diesner, Kirche und Staat im spätrömischen Reich, Berlin 1963.
H.-J. Diesner, Der Untergang der römischen Herrschaft in Nordafrika, Weimar 1964.
H.-J. Diesner, Das Vandalenreich, Leipzig 1966.
G. G. Diligenskij, Severnaja Afrika v IV–V vekach, Moskva 1961.
L. A. El'nickij, Vozniknovenie i razvitie rabstva v VIII–III vv. do n. è., Moskau 1964.
R. Fellmann, Die Schweiz zur Römerzeit, Basel 1957.
J. Filip, Die keltische Zivilisation und ihr Erbe, Prag 1961.
T. Frank, An Economic Survey of Ancient Rome, 4 Bände, Baltimore 1933–1940.
L. Friedländer, Darstellungen aus der Sittengeschichte Roms, hg. von G. Wissowa, 4 Bände, Köln 1957.
F. Fuchs, Der geistige Widerstand gegen Rom in der antiken Welt, Berlin 1964.
J. Gagé, Les classes sociales dans l'Empire Romain, Paris 1964.
V. Gardthausen, Augustus und seine Zeit, 2 Teile in 6 Bänden, Leipzig 1891–1904.
M. Gelzer, Die Nobilität der römischen Republik, Berlin–Leipzig 1912.
Die Germanen. Geschichte und Kultur der germanischen Stämme in Mitteleuropa, hg. von B. Krüger, Bd. 1: Von den Anfängen bis zum 2. Jh. u. Z., Berlin 1976.
E. Gjerstad, Early Rome, 3 Bände, Lund 1953–1960.
E. S. Golubcova: Očerki social'no-političeskoj istorii Maloj Azii v I–III vv., Moskau 1962.
R. Grosse, Römische Militärgeschichte von Gallienus bis zum Beginn der byzantinischen Themenverfassung, Berlin 1920.

H. Gummerus, Der römische Gutsbetrieb als wirtschaftlicher Organismus nach den Werken des Cato, Varro und Columella, Leipzig 1906.

K. Hannestadt, L'évolution des ressources agricoles de l'Italie du 4ème au 6ème siècle de notre ère, København 1962.

A. Harnack, Die Mission und Ausbreitung des Christentums in den ersten drei Jahrhunderten, 2 Bände, Leipzig 1924.

W. Hartke, Römische Kinderkaiser, Berlin 1951.

W. Held, Die Vertiefung der allgemeinen Krise im Westen des Römischen Reiches. Studien über die sozialökonomischen Verhältnisse am Ende des 3. und in der ersten Hälfte des 4. Jh., Berlin 1974.

A. Heuß, Der erste punische Krieg und das Problem des römischen Imperialismus, Berlin(West) 1970.

A. Heuß, Römische Geschichte, Braunschweig 1960.

Istorija rimskoj Literatury, Moskau 1962.

A. H. M. Jones, The Later Roman Empire 284–602 A. C., 3 Bände, Oxford 1964.

U. Kahrstedt, Kulturgeschichte der römischen Kaiserzeit, Bern 1958.

A. P. Kashdan, Byzanz und seine Kultur, Berlin 1973.

A. P. Kashdan, Byzanz. Aufstieg und Untergang des Oströmischen Reiches, Berlin 1964.

S. I. Kovalev, Osnovnye voprosy proischoždenija Christianstva, Moskau–Leningrad 1964.

A. R. Korsunskij, Gotskaja Spanija, Moskau 1969.

H. Kreißig, Die sozialen Zusammenhänge des Judäischen Krieges, Berlin 1970.

J. Kromayer, G. Veith, Heerwesen und Kriegführung der Griechen und Römer, München 1928.

W. Kunkel, Römische Rechtsgeschichte, Weimar 1964.

V. I. Kuziščin, Rimskoe rabovladeľ českoe pomest'e II v. do n. è. – I v. n. è., Moskau 1973.

G. L. Kurbatov, Osnovnye problemy vnutrennego razvitija vizantičeskogo goroda v IV–VII vv., Leningrad 1971.

K. Latte, Römische Religionsgeschichte, München 1960.

J. Leipoldt, Der soziale Gedanke in der altchristlichen Kirche, Leipzig 1952.

J. Lenzmann, Wie das Christentum entstand, Berlin 1973.

H. Lietzmann, Geschichte der alten Kirche, Leipzig–Berlin 1937–1944.

N. A. Maschkin, Römische Geschichte, Berlin 1953.

N. A. Maschkin, Zwischen Republik und Kaiserreich, Übersetzung a. d. Russ. von M. Brandt, Leipzig 1954.

O. Meltzer, U. Kahrstedt, Geschichte der Karthager, 3 Bände, Berlin 1877–1913.

A. W. Mischulin, Spartacus. Abriß der Geschichte des großen Sklavenaufstandes, Berlin 1952.

L. Mitteis, Reichsrecht und Volksrecht in den östlichen Provinzen des römischen Kaiserreiches, Leipzig 1891, Nachdruck 1935.

Th. Mommsen, Römische Geschichte, Bd. 1–3, Berlin 1933, Bd. 5, Berlin 1933.

Th. Mommsen, Römisches Staatsrecht, 3 Bände, 1. Bd., Leipzig 1887, 2. Bd., 1. u. 2. Abt., Leipzig 1887, 3. Bd., 1. Abt., Leipzig 1887, 3. Bd., 2. Abt., Leipzig 1888.

Th. Mommsen, Römisches Strafrecht, Leipzig 1899

A. Mócsy, Gesellschaft und Romanisation in der römischen Provinz Moesia superior, Budapest 1970.

J. Moreau, Die Christenverfolgung im Römischen Reich, Berlin 1961.

F. Münzer, Römische Adelsparteien und Adelsfamilien, Stuttgart 1920.

H. Nissen, Italische Landeskunde, 1. Bd. Berlin 1883, 2. Bd., 1. u. 2. Hälfte, Berlin 1902.

M. Pallottino, Etruscologia, Milano 1963.

F. Paschoud, Roma aeterna, Rom 1967.

E. Paul, Antikes Rom, Leipzig 1970.

E. Pólay, Die Differenzierung der Gesellschaftsnormen im antiken Rom, Budapest 1964.

A. M. Remennikov, Bor'ba plemen severnogo-pričernomor'ja s Rimom v III veke, Moskau 1954.

M. Robbe, Der Ursprung des Christentums, Leipzig–Jena–Berlin 1967.

Die Römer am Rhein und Donau, hg. von R. Günther und H. Köpstein. Berlin 1975.

Die Rolle der Plebs im spätrömischen Reich, 2 Bände, hg. von V. Besevliev und W. Seyfarth, Berlin 1969.

M. I. Rostovtzeff, Gesellschaft und Wirtschaft im römischen Kaiserreich, 2 Bände, übersetzt von L. Wickert, Leipzig o. J. (1931).

E. M. Schtajerman, Die Krise der Sklavenhalterordnung im Westen des Römischen Reiches, aus dem Russischen übers. und hg. von W. Seyfarth, Berlin 1964.

E. M. Schtajerman, Die Blütezeit der Sklavenwirtschaft in der römischen Republik. Autorisierte Übersetzung von M. Bräuer-Pospelova, Wiesbaden 1969.

W. Schubart, Ägypten von Alexander dem Großen bis auf Mohammed, Berlin 1922.

O. Seeck, Geschichte des Untergangs der antiken Welt, 6 Bände, Stuttgart 1895–1921.

M. E. Sergeenko, Remeslenniki drevnego Rima. Očerki, Leningrad 1968.

M. E. Sergeenko, Pompeji, Leipzig 1953.

M. E. Sergeenko, Očerki sel'skomu chozaistvu drevnej Italii, Moskau 1958.

W. Seyfarth, Soziale Fragen der spätrömischen Kaiserzeit im Spiegel des Theodosianus, Berlin 1963.

W. Seyfarth, Römische Geschichte. Kaiserzeit, 2 Bände, Berlin 1974.

F. Schlette, Germanen zwischen Thorsberg und Ravenna, Leipzig–Jena–Berlin 1974.

E. M. Štaerman–M. K. Trofimova, Rabovladel'českie otnočenija v rannej Rimskoj imperii »Italija«, Moskva 1971.

E. M. Štaerman, Moral' i religija ugnetennych klassov Rimskoj Imperii, Moskau 1961.

E. Stein, Geschichte des Spätrömischen Reiches. Bd. 1, Wien 1928.

E. Stein, Histoire du Bas-Empire. Bd. 2, Brüssel 1949 (Nachdruck Amsterdam 1969).

R. Syme, The Roman Revolution, Oxford 1962.

I. Trencsényi-Waldapfel, Untersuchungen zur Religionsgeschichte, Budapest 1966.

S. I. Udal'zova, Italija i Vizantija v VI v., Moskau 1959.

G. Ürögdi, Reise in das alte Rom, Leipzig 1973.

S. L. Uttschenko, Der weltanschaulich-politische Kampf in Rom am Vorabend des Sturzes der Republik. Berlin 1956.

S. L. Uttschenko, Cicero, Übersetzung aus dem Russ., Berlin 1978.

L. Várady, Das letzte Jahrhundert Pannoniens (376–476), Budapest 1969.

J. Vogt, Römische Geschichte, 1. Hälfte: Die römische Republik, Freiburg i. Br. 1932, 4. Aufl. 1959.

J. Vogt, Der Niedergang Roms, Zürich 1965.

M. Weber, Römische Agrargeschichte, Stuttgart 1891.

L. Wenger, Die Quellen des römischen Rechts, Wien 1953.

M. Wheeler, Der Fernhandel des Römischen Reiches in Europa, Afrika, Asien, München–Wien 1965.

A. Wilinski, Das römische Recht. Geschichte der Grundbegriffe des Privatrechts mit einem Anhang über Strafrecht und Strafprozeß, Leipzig 1966.

G. Wissowa, Religion und Kultus der Römer, München 1912.

N. N. Zalesskij, Étruski v Severnoj Italii, Leningrad 1959.

G. Zinserling, Abriß der griechischen und römischen Kunst, Leipzig 1970.

E. Zöllner, Geschichte der Franken bis zur Mitte des 6. Jahrhunderts, München 1970.

Verzeichnis der Tafelabbildungen   7.7.

1 Etruskische Aschenurne, Chiusi, Etruskisches Museum
2 Graburne in Form eines Gefäßes (Villanova-Kultur, Italien)
3 Etruskisches Wandgemälde in Corneto-Tarquinia, Gelageszene
4 Lapis niger mit archaischer Inschrift auf dem Forum Romanum, Rom
5 Pyrrhus, König von Epirus, Neapel, Nationalmuseum
6 Aschenurne in römischer Hausform, Berlin, Staatliche Museen
7 Samnitischer Krieger, Bronzefigur, Paris, Louvre
8 Kolossalstatue des Mars, Rom, Kapitolinisches Museum
9 Pflüger, etruskische Statuette, Rom, Nationalmuseum, Villa Giulia
10 Vestalin, Rom, Nationalmuseum
11 Römische Wölfin, Rom, Kapitolinisches Museum
12 Auspizien aus den Eingeweiden eines Stieres, Paris, Louvre
13 Ehrensäule des C. Duilius auf dem Forum Romanum, Rom
14 Priesterin der karthagischen Göttin Tanit
15 Sogenannter Hannibal, Neapel, Nationalmuseum
16 Römische landwirtschaftliche Geräte aus Eisen
17 Gallischer Eisenhelm, Berlin, Staatliche Museen

18 Bacchische Szene, Paris, Louvre
19 Relief auf Sarkophag des Annius Octavius Valerianus
20 Tullius Cicero, M., Marmorbüste, Rom, Vatikanisches Museum
21 Mithradates Eupator, Marmor, Paris, Louvre
22 Pompeius, Cn., Marmorbüste, Ny Carlsberg Glyptothek
23 Marius, C., Marmorbüste, Florenz, Uffizien
24 Kämpfender Gladiator, Marmor, Rom, Gal. Palazzo Doria
25 Iunius Brutus, M., Rom, Konservatorenpalast
26 Relief mit Darstellung eines Messerladens, Rom, Vatikanisches Museum
27 Porcius Cato der Jüngere, M., Marmorbüste, Rom, Kapitolinisches Museum
28 Pompeianische Wandmalerei, Pompeji, Casa della fontana piccola (Regio VI, 8, 23–24)
29 Grabrelief mit Darstellung eines Tuchladens, Florenz, Uffizien
30 Sallustius Crispus, C., Leningrád, Ermitage
31 Aemilius Lepidus, M., Rom, Vatikanisches Museum
32 Antonius, M., Florenz, Uffizien
33 Sogenanntes Aes signatum, Kupfer
34 As, Kupfer
35/36 Denar, 75–74 v. u. Z.
   Vs.: Kopf des Mars;
   Rs.: Wolf
37/38 Denar, 44 v. u. Z.
   Vs.: Kopf Caesars;
   Rs.: Venus Victrix
39/40 Sesterz, ca. 45 v. u. Z.
   Vs.: Cupidus;
   Rs.: Doppelfüllhorn auf Globus
41 Oskische Münze
42/43 Denar, Aurelius Rufus, ca. 137–134 v. u. Z.
44/45 Denar, Q. Pompeius Rufus, ca. 59 v. u. Z.
46/47 Aureus, Vs.: Brutuskopf mit Lorbeerkranz;
   Rs.: Tropaion
48/49 Silbermünze Philipps V. von Makedonien, 2. Jh. v. u. Z.
50 Gallische Münze mit der Darstellung des Vercingetorix
51 Kaiser Augustus (27 v. u. Z.–14 u. Z.), Panzerstatue aus der Villa der Livia bei Primaporta, Rom, Vatikanisches Museum
52 Augustus und die Göttin Roma beim Triumph des Tiberius, sogenannte Gemma Augustea (12 v. u. Z.), Wien, Kunsthistorisches Museum
53 Erdgöttin Tellus mit Personifikation von Luft und Wasser, Relief von der Ostseite der Ara Pacis in Rom, Marmor (13–9 v. u. Z.)
54 Kantharos, 1. Jh., Berlin, Staatliche Museen
55 Schale mit Vollrelief aus dem Silberschatz von Boscoreale bei Pompeji, 1. Jh., Paris, Louvre
56 Colosseum in Rom, Ansicht von Nordwesten
57 Triumphbogen des Kaisers Titus in Rom, Forum Romanum
58 Kaiser Nero (54–68), Rom, Nationalmuseum
59 Kaiser Traian (98–117), Marmorbüste, London, Britisches Museum
60 Ausschnitt von der Traianssäule, Rom, Forum Traianum
61 Traiansforum in Rom mit der Statue des Kaisers Nerva (96–98) und der Traianssäule
62 Eine römische Heeresabteilung überschreitet die Donau auf einer Schiffsbrücke, Relief von der zerstörten Antoninus-Pius-Säule, Rom, Piazza Colonna
63 Pantheon in Rom (um 118–125)
64 Teil eines Grenzwalls mit Wach- und Torhäusern und hölzernen Palisaden, Relief von der Mark-Aurel-Säule, Rom, Piazza Colonna
65 Hadrianswall in Nordengland
66 Wiederaufgebautes Kastell Saalburg am obergermanischen Limes, Luftaufnahme
67 Pompeji, Ansicht der sogenannten Straße des Wohlstands (via dell' Abondanza)
68 Baalbek (Heliopolis), Jupitertempel
69 Kaiser Severus Alexander (222–235), Marmorbüste, Rom, Vatikanisches Museum

7.8. Kartenverzeichnis 393

70 Kaiser Septimius Severus (193—211), Bronzekopf, Rom, Vatikanisches Museum
71 Thamugadi (Timgad), Reste der Basilika
72 Marmorstatue einer Germanin
73 Schlächterladen (2. Jh.), Relief, Dresden, Staatliche Skulpturensammlung
74 Moselschiff mit Weinfässern, Sandstein (3. Jh.), Trier, Rheinisches Landesmuseum
75 Schuster bei der Arbeit, Relief, Reims, Stadtmuseum
76 Weinverkauf, Relief (2./3. Jh.), Dijon, Museum
77 Pachtzahlung, Relief (3. Jh.), Trier, Rheinisches Landesmuseum
78 Aureliansmauer in Rom mit Cestiuspyramide
79 Porta Nigra, Außenseite (spätes 2. Jh.), Trier
80 Schlacht zwischen Römern und Barbaren, sogenannter Ludovisischer Schlachtensarkophag (Anfang 3. Jh.), Rom, Nationalmuseum
81 Römisches Amphitheater, Arles, Luftaufnahme
82 Caracallathermen in Rom, zeichnerische Rekonstruktion von 1894
83 Römischer Jagdsarkophag (3. Jh.), Potsdam, Park von Sanssouci, Römische Bäder
84 Schulszene von einem Relief aus Neumagen (1. Hälfte 3. Jh.), Trier, Rheinisches Landesmuseum
85 Wagenrennen im Zirkus, Relief (3./4. Jh.), Berlin, Staatliche Museen
86 Römische Legionäre, Relief von der Südseite des Konstantinsbogens in Rom
87 Porphyrgruppe der vier Kaiser Diokletian, Maximian, Galerius und Constantius, südlicher Seitenflügel der Basilika von San Marco, Venedig
88 Triumphbogen des Kaisers Konstantin I. in Rom
89 Kaiser Diokletian (284—305), Marmorbüste, Rom, Kapitolinisches Museum
90 Kaiser Konstantin I. (306—337), Marmorstatue, Rom, Lateranmuseum
91 Maria mit dem Jesuskind, Freskogemälde aus der Priscilla-Katakombe in Rom (2. Hälfte 3. Jh.)
92 Porta aurea des Diokletianspalastes in Spalato (Split)
93 Christus mit dem Apostelkollegium, Wandgemälde aus der Domitilla-Katakombe in Rom (1. Hälfte 4. Jh.)
94 Elfenbeindiptychon des Stilicho (um 400), Monza, Kathedralschatz
95/96 Aureus Mark Aurels, 167/168, mit Siegesgöttin (Rs.)
97/98 Solidus Konstantins I., 336/337, von der Münzstätte Antiochia, mit Siegesgöttin (Rs.)
99/100 Solidus Julians, 362/363, von der Münzstätte Antiochia mit symbolischer Darstellung der Tapferkeit des römischen Heeres (Rs.)
101/102 Aureus Hadrians, 134—138, mit symbolischer Darstellung Ägyptens (Rs.)
103/104 As des Tiberius oder des Caligula für M. Agrippa, mit Neptun (Rs.)
105/106 Sesterz Traians, 114—117, mit drei unterworfenen Königen vor Traian (Rs.)
107/108 Aureus Domitians, 88/89, mit trauernder Germania (Rs.)
109 Theoderich, König der Ostgoten (471—526), Solidus (Gold)
110/111 Sesterz Vespasians, 71, mit symbolischer Darstellung der Unterwerfung Judäas (Rs.)
112/113 Denar Oktavians, ca. 29 v. u. Z., mit Siegesgöttin (Rs.)

Kartenverzeichnis 7.8.

Seite
72 Das Karthagische Reich und der erste Punische Krieg (264—241 v. u. Z.)
82 Der zweite Punische Krieg (218—201 v. u. Z.)
153 Die Feldzüge der Armee des Spartacus (73—71 v. u. Z.)
224 Rom zur Kaiserzeit
251 Die Wirtschaft des Römischen Reiches
315 Die territoriale Entwicklung des Römischen Reiches in der Zeit vom 1. bis zum 4. Jh.

nach S. 376
1 Das Alte Italien (vom 7. bis zum beginnenden 3. Jh. v. u. Z.)
2 Die hellenistischen Staaten um 220 v. u. Z.
3 Die Volksbewegungen im Innern und der Einbruch der Barbaren in das Römische Reich
4 Europa im Jahre 476

26 Römische Geschichte

7.9. Tabelle der Maße und Münzen

amphora	Zweihenkliges Gefäß. Als Hohlmaß für Flüssigkeiten (Wein, Öl) 26,26 l.
as	Ursprünglich entsprach ein As einem römischen Pfund (libra = 327,45 g). Wichtigste Kupfermünze der römischen Republik, die allmählich im Gewicht herabgesetzt wurde: Ende des 3. Jh. v. u. Z. auf 27,3 g, in der späten Republik auf 13,64 g, unter Augustus auf 10,92 g. Im 3. Jh. u. Z. Ende der Asprägung.
aureus	Goldmünze. Reguläre Prägung seit Caesar (Anfänge in der Zeit des zweiten Punischen Krieges). Anfang 8,19 g, bis zu Diokletian hin auf 4,68 g herabgesetzt.
denarius	Silbermünze. Prägung seit dem zweiten Punischen Krieg. Ursprünglich etwa 4,55 g. Allmähliche Gewichtsverringerung im Verlauf der Kaiserzeit (unter Nero z. B. nur noch 3,4 g).
iugerum	Joch (= Morgen). Als Flächenmaß 2 523,30 m², also etwa ein Viertel Hektar.
mille passuum	Meile (= tausend Doppelschritte). Etwa 1 480 m.
modius	Hohlmaß für Trockenes. Etwa 8,74 l, d. i. rund ein Drittel der Amphora.
sestertius	Von semistertius, »halb der Dritte«, nämlich zweieinhalb As. Seit der zweiten Hälfte des 3. Jh. v. u. Z. kleinste römische Silbermünze, in der späten Republik Bronzemünze. Augustus ließ den Sesterz dann aus Messing zu einem Gewicht von 27,3 g prägen. Nach dem 3. Jh. u. Z. hörte die Prägung auf.
sextarius	Hohlmaß für Trockenes und Flüssiges (= 0,55 l).
solidus	Goldmünze von 4,55 g. Seit 312 u. Z. anstelle des aureus geprägt.
talentum	Griechische Maß- und Masseinheit von 26,2 kg (attisch). Als Münze wurde das Talent nie geprägt.
uncia	Die Unze betrug ein Zwölftel des römischen Pfundes, also etwa 27,3 g.
urna	Wasserkrug mit einem Fassungsvermögen von etwa 13,10 g.

7.10. Zeittafel

Entstehung und Konsolidierung des römischen Staates

Um 1700—Ende 2. Jts.	Bronzezeit in Italien. Mittel- und Süditalien: Apenninkultur. Norditalien: Terramarekultur (seit etwa 1500).
Etwa 1200—1000	Einwanderung der Italiker. Beginn der Eisenzeit in Italien.
10. Jh.	Beginn der Einwanderung der Etrusker. Palatinsiedlung in Rom.
Ende 10.—Ende 6. Jh.	Frühe Eisenzeit in Italien. Villanovakultur.
Um 1000—800	Einwanderungswellen der illyrischen Stämme.
Um 900—um 450	Hallstattkultur, älteste Eisenzeit Westeuropas.
Um 800	Gründung Karthagos
8.—6. Jh.	Gründung von griechischen Kolonien an den Küsten des westlichen Mittelmeeres, z. B. Pithekussai (vor 754), Kyme (754), Naxos auf Sizilien (742), Syrakus (734), Massilia (um 600).
753	Legendäre Gründung der Stadt Rom.
Ende 7.—1. Hälfte 5. Jh.	Größte Machtausdehnung der Etrusker.
Ende 7.—Ende 6. Jh.	Herrschaft der Etrusker in Rom.
Ende 7. Jh.	Abschluß der Stadtwerdung Roms (»Vierregionenstadt«)
Um 540	Seeschlacht bei Alalia
6. Jh. (2. Hälfte)	Legendäre Reform des Servius Tullius
508—507	Ende der Königszeit in Rom, Beginn der Republik. 1. römisch-karthagischer Vertrag.
507	Weihung des Tempels des Iupiter Capitolinus in Rom (13. September).
505	Niederlage der Etrusker bei Aricia.
494—493	1. Sezession der Plebejer. Einrichtung des Volkstribunats. Bündnis zwischen Rom und den Latinern (foedus Cassianum).

| | 7.10. Zeittafel | 395 |

487–486	Agrargesetz des Spurius Cassius
484	Weihung des Castortempels auf dem Forum
474	Seeschlacht bei Kyme
453–452	Besetzung Elbas durch die Syrakosaner. Ende der etruskischen See-herrschaft im Tyrrhenischen Meer.
451–450	Zwölftafelgesetz
Um 450–Beginn u. Z.	La-Tène-Kultur
445	Aufhebung des Eheverbots zwischen Patriziern und Plebejern (lex Canuleia).
443	Einrichtung des Amtes der Zensoren
426	Eroberung Fidenaes durch die Römer
424–420	Beseitigung der Etruskerherrschaft in Capua durch die Campaner.
5. Jh. (2. Hälfte)	»Servianische« Zenturienordnung
Ende 4. Jh.	Übergang zur Manipulartaktik
396	Eroberung Vejis durch die Römer
387	Niederlage der Römer an der Allia gegen die Kelten (18. Juli)
367–366	Licinisch-Sextische Gesetze. Einführung des Titels »Konsul«. Zugang der Plebejer zu diesem Amt.
357	Freilassungssteuer für Sklaven (5%).
348	2. römisch-karthagischer Vertrag
343–341	1. Samnitenkrieg (?)
340–338	Latinerkrieg. Entstehung der Munizipien.
326–304	2. Samnitenkrieg
326	Aufhebung der Schuldsklaverei (lex Poetelia)
312	Zensur des Appius Claudius
311	Einrichtung einer Flottenbehörde in Rom
300	Plebejer erringen Zugang zu den wichtigsten Priesterämtern (lex Ogulnia). Provokationsrecht (lex Valeria).
298–290	3. Samnitenkrieg
295	Schlacht bei Sentinum
290	Unterwerfung der Sabiner
283	Schlacht am Vadimonischen See. Herrschaft der Römer von der Po-Ebene bis an die Nordgrenze Lukaniens.
279	Schlacht bei Ausculum (»Pyrrhossieg«)
275	Schlacht bei Beneventum: Niederlage des Pyrrhos.
Etwa 274–204	Cn. Naevius
272	Einnahme von Tarent. L. Livius Andronicus kommt als Kriegsgefan-gener nach Rom.
265	Eroberung Volsiniis durch die Römer. Abschluß der Eroberung Italiens.

Die Entstehung der römischen Großmacht

264–241	1. Punischer Krieg
260	Seesieg der Römer bei Mylae
256	Seeschlacht beim Vorgebirge Eknomos, Erfolg der Römer
255	Niederlage der Römer unter Regulus
Etwa 254–184	T. Maccius Plautus
249	Niederlage der römischen Flotte bei Drepanum
242	Einsetzung eines Fremdenprätors in Rom
241	Entscheidender Sieg der Römer über die karthagische Flotte vor den Aegatischen Inseln. Friedensschluß. Sizilien wird 1. römische Provinz.
241–238	Söldneraufstand in Karthago
240	Erste Aufführung eines Dramas nach griechischem Vorbild
239–169	Q. Ennius
238	Besetzung Sardiniens durch die Römer, das mit Korsika zur 2. römischen Provinz vereint wird.
234–149	M. Porcius Cato (Censorius)

26*

232	Agrargesetz des C. Flaminius zur Verteilung des ager Gallicus
229—228	1. Illyrischer Krieg
227	Beginn der römischen Provinzialverwaltung: Einsetzung von Prätoren als Statthalter.
226	Sog. Ebrovertrag
225—222	Keltenkrieg in Oberitalien
225	Zensus in Italien
222	Sieg der Römer bei Clastidium
221	Hannibal Oberbefehlshaber in Spanien
220	Gesetz des Volkstribunen Q. Claudius (lex Claudia)
219	2. Illyrischer Krieg. Einnahme Sagunts durch Hannibal.
218—201	2. Punischer Krieg
Ende 3. Jh.	Q. Fabius Pictor
218	Niederlagen der Römer am Ticinus und an der Trebia
217	Sieg Hannibals am Trasimenischen See
216	Einkreisungsschlacht bei Cannae (2. August): schwerste Niederlage der Römer.
215—205	1. Makedonischer Krieg
Um 213	Einführung des Denarius, der römischen Standardsilbermünze.
212	Eroberung von Syrakus durch die Römer. Tod des Archimedes (287—212).
211	Hannibal vor Rom
210—206	Spanische Expedition Scipios
209	Einnahme von Carthago Nova
207	Niederlage Hasdrubals am Metaurus. Italien unter römischer Kontrolle.
206	Sieg Scipios bei Ilipa. Spanien in römischer Hand.
204	Scipio setzt nach Afrika über
202	Sieg Scipios über Hannibal bei Zama Regia
201	Friedensdiktat der Römer
Um 200—120	Polybios
200—177	Feldzüge der Römer zur Sicherung Oberitaliens
200—197	2. Makedonischer Krieg. Niederlage Philipps V. bei Kynoskephalai.
197	Einrichtung Spaniens als Provinz (Hispania Citerior und Ulterior)
196	»Freiheitserklärung« des T. Quinctius Flaminius
192—188	Krieg gegen Antiochos III. von Syrien. Schwere Niederlage des Antiochos bei Magnesia (189). Friedensschluß zu Apameia (188).
Etwa 190—159	P. Terentius Afer
186	Bacchanaliengesetz
185	Sklavenerhebung in Apulien
183	Tod Scipios und Hannibals
180—102	Lucilius
180	Jahresgesetz des Villius (lex Villia annalis)
179	Bau der ersten Steinbrücke über die Tiberinsel (pons Aemilius)
171—168	3. Makedonischer Krieg
168	Vernichtende Niederlage des Perseus bei Pydna. Ende des Reiches der Antigoniden.
167	Befreiung der Römer von direkten Steuern
161	Ausweisung aller griechischen Philosophen und Rhetoren aus Rom
Etwa 157—86	C. Marius
155	»Philosophengesandtschaft« in Rom
154—133	Spanische Kriege der Römer
149—146	3. Punischer Krieg
149	Einrichtung ständiger Gerichte zur Behandlung von Erpressungen in den Provinzen (lex Calpurnia)
148	Makedonien römische Provinz
146	Zerstörung Korinths. Griechenland dem Statthalter von Makedonien unterstellt. Zerstörung Karthagos, Einrichtung der römischen Provinz Africa.

139	Ermordung des Viriathus in Spanien. Ausweisung aller orientalischen Astrologen (Chaldaei) aus Rom und Italien.

Der Weg zur Militärdiktatur

139—131	Einführung der geheimen Abstimmung in den Komitien
138—133	Attalos III. König von Pergamon
136—132	1. großer Sklavenaufstand in Sizilien
133	Attalos III. setzt die Römer als Erben seines Reiches ein. Agrarprogramm des Ti. Sempronius Gracchus (162—132).
132	Ermordung des Tiberius Gracchus
125	Bewegung des M. Fulvius Flaccus
123—122	Angliederung der Balearen
123	Erneuerung des Agrargesetztes von 133 durch Gajus Sempronius Gracchus (154—121).
122	2. Volkstribunat des C. Gracchus
121	Ermordung des C. Gracchus. Einrichtung der Provinz Gallia Ulterior (Narvonensis).
121—63	Mithradates VI. Eupator
118 oder 117	Gründung von Narbo Martius (Narbonne) in Südgallien, der ersten außeritalischen Kolonie
116—27	M. Terentius Varro
114—50	Q. Hortensius Hortalus
113	Niederlage der Römer bei Noreja gegen die Kimbern, Teutonen und Ambronen
111—105	Jugurthinischer Krieg
111	Agrargesetz: aller Besitz an ager publicus zum Privateigentum erklärt.
107	Heeresreform des Marius
106—43	M. Tullius Cicero
106—48	Cn. Pompeius (Magnus)
105	Niederlage der Römer gegen die Kimbern bei Arausio
104—101	2. großer sizilischer Sklavenaufstand
102	Siege des Marius bei Aquae Sextiae über Ambronen und Teutonen
101	Sieg des Marius bei Vercellae über die Kimbern
100—44	C. Iulius Caesar
100	2. Volkstribunat des L. Appuleius Saturninus. Erste Auseinandersetzungen zwischen Popularen und Optimaten.
Um 96—55	T. Lucretius Carus
96	Kyrene fällt testamentarisch an Rom
95—46	M. Porcius Cato (Uticensis)
95	Gesetz gegen die »Bundesgenossen«
91	Volkstribunat des M. Livius Drusus
91—88	»Bundesgenossenkrieg«
89—85	1. Mithradatischer Krieg. Frieden von Dardanos (85).
87—84	Terrorherrschaft der Popularen in Rom
86—34	C. Sallustius Crispus
Um 85—54	C. Valerius Catullus
83—81	2. Mithradatischer Krieg
82—30	Marcus Antonius
82—79	Diktatur Sullas
80—72	Widerstand der Marianer in Spanien unter Q. Sertorius
Um 75—5 u. Z.	Asinius Pollio
74—64	3. Mithradatischer Krieg
74	Kyrene wird römische Provinz
73—71	Spartacusaufstand
70—19	P. Vergilius Maro
70	Konsulat des Cn. Pompeius und des M. Licinius Crassus. Aufhebung der sullanischen Verfassung.

68–67	Unterwerfung Kretas
67	Seeräuberkrieg
66–65	1. Catilinarische Verschwörung
66	Kreta wird römische Provinz
65–8	Q. Horatius Flaccus
64	Einrichtung der Provinzen Bithynia et Pontus und Syria durch Pompeius
63–14 u. Z.	C. Octavianus (Augustus)
63	2. Verschwörung Catilinas. Konsulat Ciceros.
62	Niederlage und Tod des Catilina bei Pistoria
60	1. Triumvirat
59–17 u. Z.	Titus Livius
59	Konsulat Caesars
58–50	Eroberung Galliens durch Caesar
56	Zusammenkunft von Luca: Erneuerung des Triumvirats.
55	Crassus und Pompeius Konsuln. Erstes steinernes Theater in Rom durch Pompeius errichtet.
55 und 54	Expeditionen Caesars nach Britannien
55 und 53	Rheinübergänge Caesars
53	Niederlage der Römer gegen die Parther bei Carrhae. Tod des Crassus.
52	Erhebung der gallischen Völkerschaften unter Vercingetorix
51	Gallien wird römische Provinz
Um 50–etwa 17	Albius Tibullus
49	Senatsbeschluß über die Abberufung Caesars aus Gallien (7. Januar). 10. Januar: Caesar übershcrietet den Rubico.
48	Schlacht bei Pharsalos (9. August)
48–47	Alexandrinischer Krieg
47–15	Sextus Propertius
47	Sieg Caesars bei Zela über Pharnakes
47–46	Afrikanischer Feldzug Caesars, Sieg bei Thapsus. Numidien als Africa nova römische Provinz.
46	Caesar erhält die Diktatur auf 10 Jahre
46–45	Brechung des Widerstandes der Pompeianer in Spanien, Schlacht bei Munda.
45	Einführung des julianischen Kalenders (1. Januar).
44	Ermordung Caesars am 15. März (Iden)
43–17 u. Z.	P. Ovidius Naso
43	Mutinensischer Krieg. 2. Triumvirat
42	Schlacht bei Philippi. Gallia Cisalpina wird Italien eingegliedert.
41–40	Perusinischer Krieg
40	Vertrag von Brundisium
39	Übereinkunft zwischen Octavian und Sextus Pompeius
37	Vertrag von Tarent zwischen Octavian und Antonius. Verlängerung des Triumvirats um 5 Jahre.
36	Seeschlacht bei Naulochos. Lepidus seiner Vollmachten enthoben. M. Antonius heiratet Kleopatra VII. Octavian Volkstribun.
36–34	Parthische Feldzüge des Antonius
35–33	Feldzüge Octavians in Illyrien
32–30	Ptolemäisch-römischer Krieg
32	Treueid des Westens für Octavian
31	Schlacht bei Actium (2. September). Octavian Konsul.
30	Selbstmord des Antonius und der Kleopatra. Ägypten wird römische Provinz.
29	Triumph Octavians in Rom. Übernahme des Zensorenamtes.

7.10. Zeittafel 399

Die frühe römische Kaiserzeit. Der Prinzipat.

28	6. Konsulat Octavians. Verleihung der Ehrennamen eines Ersten Bürgers und Ersten Senators.
27	13. Januar: Octavian erhält prokonsularische Befehlsgewalt. 16. Januar: Verleihung des Ehrentitels Augustus. Beginn des Prizipats.
27–25	Augustus in Spanien
25–24	Expedition der Römer nach Arabia felix (Aden).
23	Augustus Volkstribun auf Lebenszeit. Übernahme des imperium proconsulare maius.
20	Übereinkunft mit den Parthern. Armenien wird römischer Klientelstaat.
19	Augustus erhält das imperium consulare auf Lebenszeit
18	Ehepflicht für Senatoren und Ritter
16–13	Neuorganisation Galliens
16	Niederlage des Lollius gegen die Usipeter, Tenkterer und Sugambrer
15	Einrichtung der Provinz Raetia
12–9	Feldzüge des Drusus (gest. 9) in Germanien
12	Tod des Lepidus. Augustus übernimmt das Amt des Pontifex maximus.
9	Pannonien römische Provinz. Weihung der Ara pacis Augustae.
8–7	Tiberius in Germanien
Um 4–65 u. Z.	L. Annaeus Seneca
2	Augustus erhält den Titel »Vater des Vaterlandes« (pater patriae). Vorstoß der Römer über die Elbe.
6	Mösien römische Provinz
6–9	Pannonischer Aufstand
9	Schlacht im Teutoburger Wald, Sieg des Arminius.
10	Einrichtung der Provinz Pannonien
14–37	*Tiberius*, zweiter Kaiser des Julisch-Claudischen Kaiserhauses
14–16	Feldzüge der Römer in Germanien
17	Kappadokien und Kommagene römische Provinzen
17–24	Erhebung des Tacfarinas in Nordafrika
21	Aufstände in Thrakien und Gallien
23–79	C. Plinius Secundus Maior
23–79	L. Iunius Moderatus Columella
26–101	Silius Italicus
31	Sturz des Seian
34–62	A. Persius Flaccus
35–95	M. Fabius Quintilianus
37–um 100	Flavius Josephus
37–41	C. Iulius Caesar (Caligula)
39–65	M. Annaeus Lucanus
Um 40–120	Dion von Prusa
Um 40–102	M. Valerius Martialis
40	Aufstand der Mauretanier. Konstituierung der Provinz Mauretanien.
41–54	*Claudius*
43–44	Eroberung Südbritanniens (römische Provinz)
44	Thrakien römische Provinz
Um 46–nach 119	Plutarch von Chaironeia
50–120	Epiktetos
54–68	*Nero*
Um 55–um 120	P. Cornelius Tacitus
Um 60–nach 127	D. Iunius Iuvenalis
60–61	Aufstand der Boudicca in Britannien
Um 61–113	C. Plinius Secundus Minor
64	Brand Roms (Juli). Umwandlung des Königreiches Pontos in eine römische Provinz.
65	Pisonische Verschwörung
66–70	Aufstand in Judäa

66	Tod des Petronius Arbiter
68	Selbstmord Neros, Ende der Julier-Claudier. Aufstand des Vindex in Gallien.
69	Vierkaiserjahr
69—79	*Vespasian*, erster Kaiser aus den italischen Munizipalkreisen. Begründung der Dynastie der Flavier.
69—70	Aufstand des Iulius Civilis
70	Einnahme Jerusalems durch Titus
Um 70—150	C. Suetonius Tranquillus
71—80	Bau des Triumphbogens des Titus in Rom, des Forums Vespasians, des flavischen Amphitheaters (Colosseum), Neubau des Circus macimus.
71—74	Feldzüge nach dem Norden Britanniens
74	Besetzung des Neckarlandes
77—84	Feldzüge des Agricola in Britannien. Unterwerfung des Landes bis zum Firth of Forth und Firth of Clyde.
77—78	Krieg gegen die Brukterer
79—81	*Titus*
79	Ausbruch des Vesuv (24. August). Verschüttung der Städte Pompeji, Herculaneum und Stabiae.
81—96	*Domitian*
83	Aufstand der Britannier unter Calgacus
83—85	Krieg gegen die Chatten
Nach 83—nach 161	Klaudios Ptolemaios
89	Schaffung der beiden Provinzen Ober- und Niedergermanien. Ausweisung der Astrologen und Philosophen aus Rom.
Um 95—um 175	Flavius Arrianus aus Nikomedia
95	Ausweisung der Philosophen aus Italien
96—98	*Nerva*. Beginn der Dynastie der Antonine. Adoptivkaiser.
98—117	*Trajan*, erster Provinziale auf dem Kaiserthron.
101—177	Herodes Atticus
101—102	1. dakischer Krieg
105—106	2. dakischer Krieg. Dakien wird römische Provinz.
106	Einrichtung der Provinz Arabia.
113—117	Partherkrieg
113	Fertigstellung des Trajanforums in Rom
114	Armenien römische Provinz
115—116	Einrichtung der Provinzen Assyria und Größte Ausdehnung des Römischen Reiches. Judäeraufstände in Kyrene, Ägypten, Syrien und auf Zypern.
Um 117—um 187	Aelius Aristides
117—138	*Hadrian*
Um 120—nach 180	Lukian aus Samosata
122	Hadrianswall in Nordbritannien
124—170	Apuleius
129—199	Galenos
132—135	Aufstand der Judäer unter Bar Kochba
135	Einrichtung der Provinz Syria Palaestina. Gründung des Athenaeum in Rom.
138—161	*Antoninus Pius*
139—142	Kämpfe gegen die Briganten im nördlichen Britannien
142	Anlage des Antoninuswalles nördlich des Hadrianswalles
144—152	Aufstände in Mauretanien
Um 146—212	Aemilius Papinianus
Um 150—um 235	Cassius Dio
Um 150—215	Clemens Alexandrinus
152—153	Erhebungen in Judäa und in Griechenland
Um 160—nach 220	Tertullian
161—180	*Mark Aurel*
161—169	Lucius Verus Mitregent

7.10. Zeittafel   401

161—166	Partherkrieg
166	Einfall germanischer und sarmatischer Stämme ins Donaugebiet
169—175	Gegenoffensive der Römer gegen Markomannen, Quaden und Jazygen
172	Bauernaufstand im Nildelta
174	Markomannen unterworfen
175	Unterwerfung der Quaden und Jazygen
Um 175—242	Ammonios Sakkas aus Alexandreia
177—180	2. Markomannenkrieg
177	Christenverfolgung in Lugdunum (Lyon)
180—192	*Commodus*
Um 184—253	Origenes
Um 186	Erhebungen der bäuerlichen Bevölkerung in Gallien, Spanien, Obergermanien und Norditalien
186—192	Kämpfe gegen »Räuber« (latrones) in Italien
Um 190	Bau der Mark-Aurel-Säule in Rom
192	Commodus ermordet. Ende der Dynastie der Antonine.
193	Fünfkaiserjahr
193—211	*Septimius Severus.* Beginn der Dynastie der Severer.
195—197	Separatistische Bewegung des D. Clodius Albinus in Gallien
197—199	Partherkrieg. Mesopotamien wieder römisch.
Um 200—258	Cyprian
204—270	Plotin
206—207	Kampf gegen den Bandenführer Bulla Felix in Italien
208—211	Kriege in Britannien
212—217	*Caracalla*
212	Constitutio Antoniniana
213	Kämpfe gegen die Alamannen
216—217	Krieg gegen die Parther
216	Fertigstellung der Thermen des Caracalla in Rom
217—218	*Macrinus*, erster Kaiser aus dem Ritterstand.
Um 217—275	Mani
218—222	*Elagabal*
222—235	*Severus Alexander*
224—241	Ardaschir I., Begründer der Dynastie der Sassaniden
229	Tod des Domitius Ulpianus
231—233	Perserkrieg
Um 232—301	Porphyrios
233	Alamannen durchbrechen den Limes
235—238	*Maximinus Thrax*
238	Gordian I. und Gordian II. als Gegenregenten
238—244	*Gordian III.*
241—271	Schapur I., König der Perser.
242—244	Krieg gegen die Perser
244—249	*Philippus Arabs*
248	Tausendjahrfeier der Stadt Rom
249—251	*Decius*, erster illyrischer Kaiser.
250	Christenverfolgung im gesamten Imperium
251	Decius fällt im Kampf gegen die Goten
251—253	*Trebonianus Gallus*
253—260	*Valerian*
253	Einfälle der Goten, Burgunder und Karpen in Kleinasien. Angriffe der Perser.
256	Dakien geht an Goten und Karpen verloren. Alamannen und Franken durchbrechen den Limes.
258—259	Aufgabe des obergermanisch-rätischen Limes
Um 260—340	Eusebios
260—274	Gallisches Sonderreich
260—268	*Gallienus*

260—264	Erfolgreiche Kämpfe des Odenathus gegen die Perser. Rückeroberung Mesopotamiens und Armeniens.
261	Sieg über die Alamannen bei Mediolanum
267	Die Alamannen besetzen Rätien. Sonderreich von Palmyra unter Zenobia; auch Ägypten schließt sich an.
268—270	*Claudius II.*
269	Sieg der Römer über die Goten
270—275	*Aurelian*
270	Aufgabe der Provinz Dakien
271	Vertreibung der Alamannen aus Italien
272	Palmyra von den Römern erobert und zerstört
273	Rückeroberung Äyptens
274	Der gallische Usurpator Tetricus unterwirft sich Aurelian
275—276	*Tacitus*
275	Sieg über die Goten und Alanen in Kleinasien
276—282	*Probus*
277	Vertreibung der Franken und Alamannen aus Gallien
278	Rückeroberung Rätiens
282—283	*Carus*
283—285	*Carinus.* Ende des Prinzipats.

Die spätrömische Kaiserzeit — der Dominat

284—305	*Diokletian*, Begründer des Dominats.
285—286	Bagaudenaufstände in Gallien unter Amandus und Aelianus
287	Friedensvertrag zwischen Rom und dem Sassanidenreich
288—292	Kämpfe gegen Alamannen, Franken, Sarazenen und Sarmaten
288—296	Separatistische Bestrebungen in Britannien unter Carausius und Allectus
293	Verfassungsreform (Tetrarchie)
295—296	Kämpfe gegen die Goten und die dakischen Karpen
296	Niederwerfung von Erhebungen in Ägypten
297	Sieg über die Perser. Tigrisgrenze vereinbart. Größte Ostexpansion des Römischen Reiches. Vertreibung der Stämme der Quinquegentanei aus den afrikanischen Provinzen, Sieg über die Alamannen in der Schweiz. Provinzreform.
299	Bau der Thermen Diokletians, größtes Bauwerk Roms.
300—305	Bau des Diokletianspalastes in Spalato (Split)
Anfang 4. Jh.	Schrift des Arnobius »Gegen die Heiden« (adversus nationes)
301	Preisedikt Diokletians
303—304	Letzte Christenverfolgung im Gesamtreich
306—337	*Konstantin*
306—312	Bau der Konstantinsbasilika in Rom
Um 310—Ende 4. Jh.	D. Magnus Ausonius
311	Toleranzedikt für die Christen
313—324	*Licinius*
313	Toleranzedikt von Mailand. Verkündung der Glaubensfreiheit und der Gleichberechtigung des Christentums. Sicherung der Rheingrenze.
314—um 393	Libanios aus Antiocheia
314	Synode von Arles
Um 315—403	Epiphanios
Um 315—367	Hilarius von Poitiers
Um 317—um 388	Themistios aus Paphlagonien
Nach 317	Laktanz gestorben
325	Kirchenkonzil zu Nikaia
Um 329—390	Gregor von Nazianz
Um 330—400	Ammianus Marcellinus

7.10. Zeittafel

Um 330—379	Basilios von Caesarea
330	Konstantinopel neue Hauptstadt des Reiches (11. Mai)
332	Kolonen an die Scholle gebunden. Sieg über die Goten.
Um 335—394	Gregor von Nyssa
337—361	*Constantius II.*
338—363	Perserkrieg
339—397	Ambrosius von Mailand
341—342	Einfall der Franken in Gallien
341	Verbot der heidnischen Opfer im Westreich
343	Kämpfe gegen Picten und Scoten. Erneuerung des Hadrianswalles.
Um 345—um 420	Eunapios aus Sardes
Um 345—nach 402	Q. Aurelius Symmachus
Um 347—um 420	Hieronymus
348—nach 405	Prudentius
Um 350	Werk des Aemilianus Palladius über die Landwirtschaft
Um 350—407	Johannes Chrysostomos
354—430	Aurelius Augustinus
356—359	Alamannen und Franken über den Rhein zurückgedrängt
356	Verbot des Heidentums, Schließung der Tempel
361—363	*Julian*
363—364	*Jovian*
364—375	*Valentinian I.* Mitkaiser: Valens (364—378).
367—369	Krieg gegen die Goten
Um 370—um 413	Synesios von Kyrene
370	Einfälle der maurischen Austurianer in Afrika
372—375	Aufstand des Firmus in Nordafrika
Um 375—nach 404	Claudius Claudianus
375—383	*Gratian*
377—382	Aufstand der Westgoten an der unteren Donau.
378	Niederlage der Römer gegen die Goten bei Adrianopel. Schwere Niederlage der Alamannen gegen die Römer.
379—395	*Theodosius*
391	Verbot aller heidnischen Kulte im Reich. Christentum Staatsreligion. Duldung des Judaismus.
393—404	Origenistischer Streit
394	Verbot der Olympischen Spiele
395	Entstehung eines West- und eines Oströmischen Reiches
395—423	*Honorius* Kaiser von Westrom
395—408	*Arkadius* Kaiser im Osten
397—398	Erhebung des Gildo in Nordafrika
Um 400—um 480	Salvian aus Massilia
401	Vandalen und Alanen besetzten Rätien. Einfall der Westgoten unter Alarich in Italien.
403	Westgoten zum Rückzug nach Illyricum gezwungen
405—406	Einfall der Ostgoten in Italien
406—407	Vandalen, Alanen und Sueben überschreiten den Rhein und ziehen durch Gallien, dann nach Spanien (409).
Seit 407	Aufflackern der Bagaudenaufstände
407—411	Gegenkaiser *Konstantin III.*
408—450	Theodosius II. Herrscher in Ostrom
410	Alarich läßt Rom plündern
411—414	Niederwerfung der Bewegung der Agonistiker in Nordafrika
413	Bildung eines Burgundischen Reiches um Worms
418—507	Tolosanisches Westgotenreich
423—425	Usurpator *Johannes* in Ravenna
425—455	*Valentinian III.* Kaiser im Westreich
428—477	Geiserich König der Vandalen
429—435	Vandalen und Alanen erobern das römische Nordafrika
429—534	Vandalenreich in Nordafrika

Um 430—485	Apollinaris Sidonius
434—453	Attila König der Hunnen
436—437	Vernichtung des Burgunderreiches durch Aetius
437	Unterdrückung der Bagaudenbewegung
439	Codex Theodosianus
440	Erneute Bagaudenbewegungen in Gallien und Spanien
443	Neues Burgunderreich an der Rhône
451	Schlacht auf den Katalaunischen Feldern
454	Vernichtung der spanischen Bagauden durch die Westgoten
455	Plünderung Roms durch die Vandalen
455	Kaiser *Petronius Maximus*
455—456	Kaiser *Avitus*
457—474	Leo I. Kaiser in Ostrom
457—461	*Maiorianus* Kaiser des Westreiches
457—472	Ricimer Heermeister des Westens
461—465	Kaiser *Libius Severus* in Westrom
463	Sieg des Aegidius bei Orléans über die Westgoten
464—486	Syagrius in Gallien
466—484	Eurich König der Westgoten
467—472	*Anthemius* Kaiser in Westrom
471—526	Theoderich König der Ostgoten
472—473	Westgoten erringen die Selbständigkeit
472	Kaiser *Olybrius* in Westrom
472—474	*Glycerius* Kaiser von Westrom
474—516	König Gundobad, mächtigster Herrscher der Burgunder
474—475	Kaiser *Nepos* in Westrom
475—476	Kaiser *Romulus Augustulus*, letzter Kaiser Westroms
Um 475	Codex Euricianus, erstes schriftlich überliefertes germanisches Recht.
476	Absetzung des letzten weströmischen Kaisers durch den germanischen Heerführer Odoaker
Um 480—547	Benedikt von Nursia
482 — 511	Chlodwig König der Franken
484 — 507	Alarich II. König der Westgoten
486	Schlacht bei Soissons, Niederlage des Syagrius
488—493	Die Ostgoten erobern das Reich Odoakers in Italien
491—518	*Anastasius I.* Kaiser von Ostrom
506	Verdrängung der Westgoten aus Gallien durch die Franken
527—565	*Justinian I.* Kaiser von Ostrom
529	Codex Jústinianus (vervollständigt 534). Schließung der Akademie in Athen.
532—537	Bau der Hagia Sophia in Konstantinopel
534	Eroberung des burgundischen Staates durch die Franken
535—553	Unterwerfung der Ostgoten durch Ostrom
541—552	Totila König der Ostgoten
543—553	Origenistischer Streit. Verurteilung der Lehren des Origenes
568	Langobarden dringen in Italien ein
584	Eroberung des Suebenstaates in Nordspanien durch die Westgoten

Liste der römischen Kaiser

Augustus	27 v. u. Z.—14 u. Z. Als Kaiser: Imperator Caesar Augustus
Tiberius	14—37, Ti. Claudius Nero, geb. 42 v. u. Z. Als Kaiser: Ti. Caesar Augustus
Caligula	37—41, geb. 12 u. Z. Als Kaiser: C. Caesar Augustus Germanicus
Claudius I.	41—54, geb. 10 v. u. Z. Als Kaiser: Ti. Claudius Caesar Augustus Germanicus

7.10. Zeittafel   405

Nero	54—68, geb. 37. Als Kaiser: Imperator Nero Claudius Caesar Augustus Germanicus
Galba	68—69, geb. 5 u. Z. Als Kaiser: Ser. Galba Imp. Caesar Augustus
Otho	69, geb. 32. Als Kaiser: Imp. M. Otho Caesar Augustus
Vitellius	69, geb. 5 v. u. Z. Als Kaiser: A. Vitellius Augustus Imp. Germanicus
Vespasianus	69—79, geb. 9 u. Z. Als Kaiser: Imp. Caesar Vespasianus Augustus
Titus	79—81, geb. 39. Als Kaiser: Imp. Titus Caesar Vespasianus Augustus
Domitianus	81—96, geb. 51. Als Kaiser: Imp. Caesar Domitianus Augustus
Nerva	96—98, geb. 35. Als Kaiser: Imp. Nerva Caesar Augustus
Traianus	98—117, geb. 53. Als Kaiser: Imp. Caesar Nerva Traianus Augustus
Hadrianus	117—138, geb. 76. Als Kaiser: Imp. Caesar Traianus Hadrianus Augustus
Antoninus Pius	138—161, geb. 86. Als Kaiser: Imp. Caesar T. Aelius Hadrianus Antoninus Augustus Pius
Marcus Aurelius	161—180, geb. 121. Als Kaiser: Imp. Caesar M. Aurelius Antoninus Augustus
Lucius Verus	161—169, geb. 130. Als Kaiser: Imp. Caesar L. Aurelius Verus Augustus
Commodus	180—192, geb. 161. Als Kaiser: Imp. Caesar M. Aurelius Commodus Antoninus Augustus
Pertinax	193, geb. 126. Als Kaiser: Imp. Caesar P. Helvius Pertinax Augustus
Didius Iulianus	193, geb. 133. Als Kaiser: Imp. Caesar M. Didius Severus Iulianus Augustus
Septimius Severus	193—211, geb. 146. Als Kaiser: Imp. Caesar L. Septimius Severus Pertinax Augustus
Clodius Albinus	193—197, geb. 140. Als Kaiser: Imp. Caesar D. Clodius Septimius Albinus Augustus. Thronrivale des Septimus Severus.
Pescennius Niger	193—194. Als Kaiser: Imp. Caesar C. Pescennius Niger Iustus Augustus. Augustus. Thronrivale des Septimius Severus.
Caracalla	211—217, geb. 186. Als Kaiser: Imp. Caesar M. Aurelius (Severus) Antoninus Augustus
Geta	211—212, geb. 189. Als Kaiser: Imp. Caesar P. Septimius Geta Augustus
Macrinus	217—218, geb. 164. Als Kaiser: Imp. Caesar M. Opellius Macrinus Augustus
Elagabal	218—222, geb. 204. Als Kaiser: Imp. Caesar M. Aurelius Antoninus Augustus
Severus Alexander	222—235, geb. 208. Als Kaiser: Imp. Caesar M. Aurelius Severus Alexander Augustus
Maximinus Thrax	235—238, geb. 172. Als Kaiser: Imp. Caesar C. Iulius Verus Maximinus Augustus
Gordianus I.	238, geb. 159. Als Kaiser: Imp. Caesar M. Antonius Gordianus Sempronianus Romanus Africanus Augustus
Gordianus II.	238, geb. 192. Als Kaiser: Imp. Caesar M. Antonius Gordianus Sempronianus Romanus Africanus Augustus
Pupienus	238, geb. 164. Als Kaiser: Imp. Caesar M. Clodius Pupienus Maximus Augustus
Balbinus	238, geb. 178. Als Kaiser: Imp. Caesar D. Caelius Calvinus Balbinus Augustus
Gordianus III.	238—244, geb. 225. Als Kaiser: Imp. Caesar M. Antonius Gordianus Augustus
Philippus Arabs	244—249. Als Kaiser: Imp. Caesar M. Iulius Philippus Augustus
Philippus d. J.	247—249, geb. 237 oder 238. Als Kaiser: Imp. Caesar M. Iulius Philippus Augustus. Mitregent seines Vaters Philippus Arabs
Decius	249—251, geb. 200. Als Kaiser: Imp. Caesar C. Massius Quintus Traianus Decius Augustus
Decius d. J.	251. Als Kaiser: Imp. Caesar Q. Herennius Etruscus Messius Decius Augustus
Hostilianus	251. Als Kaiser: Imp. Caesar C. Valens Hostilianus Messius Quintus Augustus

Trebonianus Gallus	251–253, geb. 207. Als Kaiser: Imp. Caesar C. Vibius Trebonianus Gallus Augustus
Volusianus	251–253. Als Kaiser: Imp. Caesar C. Vibius Afinius Gallus Veldumnianus Volusianus Augustus
Aemilianus	253. Als Kaiser: Imp. Caesar M. Aemilius Aemilianus Augustus
Valerianus	253–260, geb. 193. Als Kaiser: Imp. Caesar P. Licinius Valerianus Augustus
Gallienus	253–268, geb. 218. Als Kaiser: Imp. Caesar P. Licinius Egnatius Gallienus Augustus
Postumus	260–268. Als Kaiser: Imp. Caesar M. Cassianus Latinius Postumus Augustus. In Gallien zum Kaiser ausgerufen, Thronrivale des Gallienus.
Victorinus	268–270. Als Kaiser: Imp. Caesar M. Pavonius Victorinus Augustus. Nachfolger des Postumus
Claudius II. Gothicus	268–270, geb. 219 oder 220. Als Kaiser: Imp. Caesar M. Aurelius Claudius Augustus
Tetricus	270–273. Als Kaiser: Imp. Caesar C. Pius Esuvius Tetricus Augustus. Usurpator in Gallien, unterwarf sich Kaiser Aurelian
Quintillus	270. Als Kaiser: Imp. Caesar M. Aurelius Claudius Quintillus Augustus
Aurelianus	270–275, geb. 214 oder 215. Als Kaiser: Imp. Caesar L. Domitius Aurelianus Augustus
Tacitus	275–276. Als Kaiser: Imp. Caesar M. Claudius Tacitus Augustus
Florianus	276. Als Kaiser: Imp. Caesar M. Annius Florianus Augustus
Probus	276–282, geb. 232. Als Kaiser: Imp. Caesar M. Aurelius Probus Augustus
Carus	282–283. Als Kaiser: Imp. Caesar M. Aurelius Carus Augustus
Carinus	283–285. Als Kaiser: Imp. Caesar M. Aurelius Carinus Augustus
Numerianus	283–284. Als Kaiser: Imp. Caesar M. Aurelius Numerius Numerianus Augustus
Diocletianus	284–305, geb. 225. Als Kaiser: Imp. Caesar C. Aurelius Valerius Diocletianus Augustus
Maximianus	286–305 und 307–310, geb. 240. Als Kaiser: Imp. Caesar M. Aurelius Maximianus Augustus
Galerius	293–311, geb. 242. Als Kaiser: Imp. Caesar C. Galerius Valerius Maximianus Augustus
Constantius I.	293–306, geb. 264. Als Kaiser: Imp. Caesar M. Flavius Valerius Constan-
Carausius	286–293. Als Kaiser: Imp. Caesar M. Aurelius Augustus. In Britannien zum Kaiser ausgerufen, Thronrivale des Constantius
Allectus	293–296. Als Kaiser: Imp. C. Allectus Augustus. Nachfolger des Carausius, Thronrivale des Constantius
Flavius Severus	305–307. Als Kaiser: Imp. Caesar Flavius Valerius Severus Augustus
Maximinus Daia	305–313. Als Kaiser: Imp. Caesar Galerius Valerius Maximinus Augustus. Adoptiert von Galerius.
Maxentius	307–312, geb. um 280. Als Kaiser: Imp. Caesar M. Aurelius Valerius Maxentius Augustus
Alexander	308–311. Als Kaiser: Imp. Caesar L. Domitius Alexander Augustus. In Afrika zum Kaiser ausgerufen, Thronrivale des Maxentius
Licinius	308–324, geb. 248. Als Kaiser: Imp. Caesar Valerius Licinius Licinianus Augustus
Constantinus I.	306–337. Als Kaiser: Imp. Caesar C. Flavius Valerius Constantinus Augustus
Constantinus II.	337–340, geb. 317. Als Kaiser: Imp. Caesar Flavius Claudius Constantinus Augustus
Constans	337–350, geb. 323. Als Kaiser: Imp. Caesar Flavius Iulius Constans Augustus
Constantius II.	337–361, geb. 317. Als Kaiser: Imp. Caesar Iulius Constantius Augustus
Magnentius	350–353. Als Kaiser: Imp. Caesar Flavius Magnus Magnentius Augustus. Thronrivale der Kaiser Constans und Constantius II.
Iulianus	361–363. Als Kaiser: Imp. Caesar Flavius Claudius Iulianus Augustus
Iovianus	363–364. Als Kaiser: Imp. Caesar Flavius Iovianus Augustus

Valentinianus I.	364–375. Als Kaiser: Imp. Caesar Flavius Valentinianus Augustus
Valens	364–378. Als Kaiser: Imp. Caesar Flavius Valens Augustus
Gratianus	367–383. Als Kaiser: Imp. Caesar Flavius Gratianus Augustus
Valentinianus II.	375–392. Als Kaiser: Imp. Caesar Flavius Valentinianus Augustus
Magnus Maximus	383–388. Als Kaiser: Imp. Caesar Magnus Maximus Augustus
Flavius Victor	384–388. Als Kaiser: Imp. Caesar Flavius Victor Augustus
Eugenius	392–394. Als Kaiser: Imp. Caesar Flavius Eugenius Augustus
Theodosius I.	379–395. Als Kaiser: Imp. Caesar Flavius Theodosius Augustus

Weströmisches Reich

Honorius	395–423. Als Kaiser: Imp. Flavius Honorius.
Constantinus III.	407–411. Als Kaiser: Imp. Flavius Claudius Constantinus. In Britannien zum Kaiser ausgerufen, residierte in Gallien. Thronrivale des Honorius.
Priscus Attalus	409–410 und 414–415. Auf Befehl Alarichs 409 in Norditalien zum Kaiser ausgerufen, 414 in Gallien. Thronrivale des Honorius.
Constantius III.	421. Als Kaiser: Imp. Flavius Constantius Augustus
Iohannes	423–425
Valentinianus III.	425–455. Flavius Placidus Valentinianus.
Petronius Maximus	455
Avitus	455–456
Maiorianus	457–461
Libius Severus	461–465
Anthemius	467–472
Olybrius	472
Glycerius	473–474
Nepos	474–475
Romulus Augustulus	475–476

Oströmisches Reich

Arcadius	395–408
Theodosius II.	408–450
Marcianus	450–457
Leo I.	457–474
Leo d. J.	474
Zenon	474–491
Anastasius	491–518
Iustinus I.	518–527
Iustinianus I.	527–565

7. Anhang

7.11. Personen- und Sachregister

Die römischen Vornamen sind wie folgt abgekürzt: A(ulus), Ap(pius), C(aius), Cn(aeus), D(ecimus), L(ucius), M(arcus), M'. = Manius, P(ublius), Q(uintus), Ser(vius), Sex(tus), Sp(urius), T(itus), Ti(berius). Abkürzungen von Ämtern: co(n)s(ul), pr(aetor), tr(ibunus) pl(ebis).

Abgaros 177
Abhängigkeitsformen s. Inquilinen, Klienten, Kolonen, Läten, Schuldsklaverei, Sklaverei
Abrittus 301
Acerra 24
Acerrae 75
Achäischer Bund 85, 90, 91
Achämeniden 176, 292
Achaia 346
Achaios 116
Achilleus Tatios 278
Actium 196
Adamklissi 261
Adherbal (Karthager) 70
– (Numider) 127
Adiabene 340
Adria 24, 51
Adrianopel 262, 329, 346
Aegatische Inseln 70
Aegidius 369
Ägina 80
Ägypten 81, 84, 90, 178, 183, 196, 258, 261, 265, 267, 271, 274, 293, 295, 357, 380
Aelia Capitolina (Jerusalem) 262
Aelianus 322
Aelius Aristides 265, 275, 281
– Donatus 354
– Gallus, C. 229
– Paetus 113
– Seianus, L. 234
– Sentius 223
Aemilius Lepidus, M., cos. 137 v. u. Z. 118
– Lepidus, M., cos. 78 v. u. Z. 154, 205
– Lepidus, M., Triumvir 182, 184, 190, 191, 193, 194, 220
– Papinianus 296, 310
– Papus, L., cos. 225 v. u. Z. 75
– Paullus, L. 76, 79
– Paullus, L. (der Jüngere) 90, 94, 105
– Paullus, L., cos. 50 v. u. Z. 179
– Scaurus, M., cos. 115 v. u. Z. 127
Ämterwesen s. Staat
Aeneas 32
Aequer 20, 29, 40, 53
Aesernia 57, 139
Aesculap 60
Äthiopien 229
Aetius 365, 366, 367
Ätolischer Bund 77, 80, 85, 88, 89
Afranius, L., cos. 60 v. u. Z 177, 181, 185
– Burrus, Sex. 235
Afrika 67, 83 f., 93 f., 99, 127 f., 129, 146, 185 f.,

203, 230, 258, 269, 271 f., 274, 287, 293, 300, 320, 342, 359 f., 366, 375
Agathokles 68
Agonistiker 342, 344, 359 f.
Agrigent 69, 81, 116
Agrippa s. Vipsanius
Agrippina, Julia 231
Agron 76
Ailena 260
Akaba 260
Akacius von Caesarea 343
Akademie (in Athen) 381
Alalia 24, 25
Alamannen 291, 297, 299, 302, 304, 305, 306, 321, 322, 323, 337, 340 f., 344, 346, 365
Alanen 306, 362, 363, 365, 366, 367
Alarich 362, 363, 364
– II. 375
Alba Fucentia 57
– Longa 29, 32, 33
Albaner (Kaukasus) 160
Alcantara 261
Alesia 176
Alexander, Bischof von Alexandreia 337
– der Große 84
– Helios 195
– Jannaios 160
Alexandreia 183, 195, 196, 275, 297, 379
Allectus 322
Allia 40
Allobroger 77, 126, 165, 166, 171, 234
Allod 378
Alpes (Cottiae, Maritimae, Poeninae) 226
Alsium 205
Altmediterrane Bevölkerung 27 f.
Amafinius, C. 211
Amandus 321
Amastris 158
Ambianer 174
Ambrakia 104, 196
Ambronen 129, 130
Ambrosius von Mailand 349, 350, 355, 356 f.
Amida 340
Amisos 158
Ammianus Marcellinus 351, 354, 371
Ammonios Sakkas 310
Amphipolis 90
Anastasius I., Kaiser in Ostrom 380
Ancona 20, 21, 51, 143
Ancus Martius 33
Andernach 242
Andriskos 91
Aneroëstos 75

7.11. Personen- und Sachregister

Angrivarier 229
Anicet 239
Annius Milo, T., pr. 55 v. u. Z. 170, 178, 184
— Vinicianus 237
Anthemius, Kaiser in Westrom 369
Antigonos Doson 76
Antinoopolis 262
Antiochia am Orontes 274, 292, 294, 302,
   306, 379
Antiochos III. 86, 87 f.
— IV. (Epiphanes) 90
— XIII. (Asiaticus) 158, 160
Antipatreia 86
Antipatros (Idumäer) 184
Antium 56, 57
Antoninus Pius, Kaiser 264, 265
Antonius (Mönch) 358
—, C., cos. 63 v. u. Z. 163, 164, 166
—, L., Bruder des Triumvirn 193
—, M., Redner 143, 157, 207
—, M., Vater des Triumvirn 157
—, M., Triumvir 180, 184, 190, 191, 193, 194,
   195 f., 243 f.
— Primus, M. 238
— Saturninus, L. 242
Antyllus 196
Apameia 88
Apenninenkultur 21
Apollinaris Sidonius 368
Apollo 60, 111, 244
Apollodor von Damaskus 260
Apollonia (Illyrien) 76, 86
Apollonios von Alexandreia 276
— von Tyana 311
Appian 280
Appuleius Saturninus, L., tr. pl. 103 v. u. Z.
   135, 136
Apuaner 93
Apuleius von Madaura 278
Apulien 99, 151, 199
Aquae Sextiae 126, 130
Aquileia 93, 113, 255, 256, 266, 367
Aquillius, M'., cos. 101 v. u. Z. 118, 132, 141, 142
Aquincum 242
Aquitanien 174, 195, 226, 365
Arabia felix 229
Arabien, Araber 260, 274, 375, 382
Arae Flaviae (Rottweil) 240
Arausio 129
Arbogast 347, 348, 362
Arcadius, Kaiser in Ostrom 348, 362
Archagathos 112
Archelaos 142, 144, 145
Archimedes 81
Architektur 66, 106, 113, 205 f., 248, 250,
   264, 308, 309, 351 f.
Arcos de la Frontera 375
Ardaschir I. 292, 299
Ardea 57

Ardes 29
Arelate (Arles) 329, 344, 363
Aremorica 360
Aremoriker 174
Arevaker 92
Argentaria 346
Argentoratum (Strasbourg) 240, 341
Argos 87, 91, 304, 362
Ariarathes VII. 141
Aricia 29, 40
Ariminum 57, 76, 78, 113
Arintheus 348
Ariobarzanes 141, 145, 193
Ariovist 173, 174
Aristion 142, 144
Aristobul 160
Aristodemos 40
Aristonikos 117 f., 121
Arius, Arianismus 314, 337, 343, 349, 350, 356
Arles s. Arelate
Armenien 89, 141, 158, 195, 228, 229, 230,
   231, 260, 262, 266, 302, 304, 306, 321
Arminius 228, 229
Arno 78
Arnobius 356
Arpinum 128, 164
Arretium 24, 78, 103, 113, 202, 255
Arrian von Nicomedia 280
Arsakes, Arsakiden 141, 176, 292
Arsinoë 183
Artaban V. 292
Artavasdes 177, 195
Artaxias 89
Aruns 40
Arverner 126, 173, 175
Asandros 184
Asculum 122, 137, 138
Asia 118, 140, 142, 145, 193, 195
Asianismus 207
Asinius Pollio, C. 182, 210
Asklepiades 210
Aspar 366, 368
Aspis-Clupea 69
Assisium 78
Assyrien 260, 262
Asturer, Asturien 226
Atella 65
Athamanen 86
Athanarich 345, 346
Athanasius 337, 343
Athaulf 364, 365
Athen 25, 86, 91, 144, 262, 275, 304, 362
Athenaeum 264, 275
Athenaios von Attaleia 211
— von Naukratis 311
Athenion 132
Atilius 124
— Regulus, C., cos. 225 v. u. Z. 75
— Regulus, M., cos. 267 v. u. Z. 69

27   Römische Geschichte

Atintanen 76
Attalos I. 80, 86
– III. 117, 120
Attidius Cornelianus, L. 266
Attila 367
Attis 283
Attius Varus, P. 182, 185, 186
Attizismus 207
Atuatuker 130, 174, 175
Auguren 63, 213
Augusta Vindelic(or)um (Augsburg) 226
Augustinus s. Aurelius
Augustodunum 303
Augustus 220, 229, 234–248 s. auch Octavian
Aurelia 167
Aurelian, Kaiser 303, 305 f.
Aurelius Augustinus 359, 364, 370
– Cotta, L., cos. 65 v. u. Z. 163
– Cotta, M., cos. 74 v. u. Z. 158
– Symmachus, Q. 350, 355
Aureolus 303, 304
Aurunker 29
Ausculum 54
Ausonius 355
Austurianer 344
Autronius Paetus, P., cos. 65 v. u. Z. 163
Avaricum 175
Avidius Cassius 266, 267
Avitus, Kaiser in Westrom 367, 368
Awaren 382
Axido 342

Babylon 296
Bacchanalien 112
Baecula 83
Baetica 226, 249, 262, 265
Bagauden 293, 320, 321 f., 360 f.
Bagradas 182
Bahram II. 321
Baiae 205, 264
Baku 242
Balamber 345
Balbinus, Kaiser 300
Balearen 26, 28, 127, 375
Ballista 303
Banat 260
Bar Kocheba 263
Basilius von Caesarea 356, 358, 371
Bassanac 270
Bastarner 140
Bataver 228, 239
Baton 227
Bauto 348, 362
Bayern 377
Belger 130, 173, 174
Belgica 226
Belisar 376, 377
Beller 92
Benedict von Nursia 358

Beneventum 54, 57, 261
Berber 366, 375
Berytos (Beirut) 276
Betriacum 238
Bibracte 173, 176
Bithynien 85, 117, 140, 141, 159, 160, 195
Bituitus 126
Bleda 367
Blemmyer 307
Blossius 119, 121
Bocchus von Mauretanien 128, 129
–, mauretanischer Fürst 185
Böhmen 227, 228, 266
Böoter, Böotien 88, 362
Bogud 185
Boiorix 130
Boier 53, 75, 93, 129, 174, 227
Bonifatius, Statthalter 366
Bononia 93, 113, 191
Bosporanisches Reich 85, 140, 301
Boudicca 231
Bovillae 29
Bracara 375
Breviarium Alarici 378
Briganten 265, 269
Brigetio 345
Britannien 174, 175, 230, 231, 240, 241 f.,
   293, 322, 323, 363
Brittonen 262
Brukterer 240
Brundisium 66, 145, 151, 161, 181, 182, 193,
   194, 261
Bruttier, Bruttium 20, 54, 80, 151
Bruttius Sura, Q. 142
Brutus s. Iunius
Buccellarii 318
Bukolen 267
Bühnenspiele 65, 214 f.
„Bundesgenossen" 52, 54, 56, 96, 136–139
Burdigala (Bordeaux) 355
Burgunder, Burgund 291, 301, 321, 363, 365,
   366, 367, 373 f.
Byrebistas 178
Byrsa 94
Byzantion 144, 241, 294, 306, 333

Caecilius Bassus, Q. 186
– Claudius Isidorus 253
– Metellus, C., cos. 113 v. u. Z. 126
– Metellus, L., cos. 250 v. u. Z. 70
– Metellus, Q., cos. 148 v. u. Z. 91
– Metellus, Q., cos. 123 v. u. Z. 127
– Metellus Celer, Q., cos. 60 v. u. Z. 214
– Metellus Creticus, Q., cos. 69 v. u. Z. 157
– Metellus Nepos, Q., tr. pl. 63 v. u. Z.
– Metellus Numidicus, Q., cos. 109 v. u. Z.
   135, 136
– Metellus Pius, Q., cos. 80 v. u. Z. 146, 155
– Metellus Scipio, Q., cos. 52 v. u. Z. 178, 185

7.11. Personen- und Sachregister

Caecina Severus, A. 229
Caelius Rufus, M. 184
Caere 24, 52
Caesar s. Iulius
Calabrier, Calabrien 20, 364
Cales 57, 103
Calgacus 241
Caligula, Kaiser 230, 234
Callistratus 310
Calpurnius Bestia, L., cos. 111 v. u. Z. 127
– Bibulus, M., cos. 59 v. u. Z. 168, 177, 178
– Piso, C. 237
– Piso, Cn. 163
– Piso, L., cos. 58 v. u. Z. 168, 169
Cammuner 20
Canidius Crassus, P. 195
Cannae 79
Canninefaten 239
Camulodunum (Colchester) 230, 231
Cantabrer 226
Capellianus 300
Capri 234
Capsa 129
Capua 24, 66, 80, 81, 99, 103, 123, 131, 149, 256
Caracalla, Kaiser 294, 296, 297
Carausius 322
Carinus, Kaiser 307
Carnuntum 240, 266, 328
Carrara 256
Carsioli 57
Carthago Nova 73, 83, 105
Carus, Kaiser 307
Casilinum 80
Cassiovellaunus 175
Cassius Dio 311 f.
– Longinus, C., Caesarmörder 177, 189, 192
– Longinus, Q. 150
–, Q., tr. pl. 49 v. u. Z. 180
–, Sp., cos. 486 v. u. Z. 40, 47
Castinus 366
Castra Vetera (Xanten) 230
Castus 151
Catana 116
Catilina 163, 165 f.
Catius, C. 211
Cato s. Porcius
Cattaro 76
Catull s. Valerius
Catulus s. Lutatius
Celsus 287
Celtillus 175
Cenabum 175
Cenomanen 27
Centumcellae 261
Ceres 60, 111
Cestius Gallus, C. 231
Chaironeia 144
Chalkedon 298, 379

Chalkis 25, 86
Charakene 260
Charisius 354
Chariton von Aphrodisias 278
Chatten 242, 291
Chauken 228
Chersonesos 89, 140, 159
Cherusker 228, 235
Childerich 377
China 274, 314
Chios 86, 117
Chirbet Qumran 285
Chlodwig 369, 377, 378
Chnodomar 341
Christen, Christentum 236, 278, 279, 283–288, 312–314, 321, 326 f., 334–337, 357, 370–372
Chrysopolis 329
Cicero s. Tullius
Cincius Alimentus, L. 109
Cinna s. Cornelius
Circei 20, 29, 57
Circumcellionen 320, 342
Cirta 127
Civilis s. Iulius
Classicus 239
Clastidium 75
Claudius, Kaiser 230, 231, 234 f., 257
– II., Kaiser 303, 304 f.
–, Ap. 120
–, Q., tr. pl. 218 v. u. Z. 74
– Aelianus 311
– Caecus, Ap., Zensor 312 v. u. Z. 50, 66
– Claudianus 351, 359
– Marcellus, C., cos. 222 v. u. Z. 75, 81, 95
– Marcellus, C., cos. 50 v. u. Z. 179
– Nero, C., cos. 207 v. u. Z. 83
– Pulcher, P., cos. 249 v. u. Z. 112
– Quadrigarius, Q. 208
Clemens Alexandrinus 313
Clodia 214
Clodius, P., cos. 249 v. u. Z. 70
– Albinus, Kaiser 269, 291, 294
– Pulcher, C., pr. 72 v. u. Z. 150
– Pulcher, P., tr. pl. 58 v. u. Z. 163, 169 f., 178
Clonius, P. 132
Clusium 24, 40
Codex Euricianus 374
– Gregorianus 327
– Hermogenianus 327
– Iustinianus 381
– Theodosianus 366
Coelius Antipater, L. 208
Colonia Claudia Ara Agrippinensium (Köln) 231, 270
Colosseum 241, 250
Columella 201, 249, 254, 255
Commodian 313

27*

Commodus, Kaiser 267f., 273
Consilium principis 263, 298
Constans, Kaiser 338, 340
Constantius I., Kaiser 323, 328
– II., Kaiser 331, 338, 340f., 343
– III., Kaiser in Westrom 365
Constitutio Antoniniana 297
Contiones 162
Corfinium 137, 139, 181
Cornelia, Mutter der Gracchen 119, 121
–, Gattin Caesars 167
Cornelius Cethegus, C. 165
– Cinna, L., cos. 87 v. u. Z. 143, 167
– Dolabella, P., cos. 44 v. u. Z. 184, 190, 192
– Dolabella, P., cos. 10 u. Z. 230
– Fronto, M. 275
– Gallus, C. 196, 214
– Lentulus, L., cos. 49 v. u. Z 180
– Lentulus Sura, P., cos. 71 v. u. Z 165f.
– Lentulus, Cn., cos. 72 v. u. Z.
– Merula, L., cos. 87 v. u. Z. 143
– Nepos 208
– Palma, A. 260, 263
– Scipio, Cn., cos. 222 v. u. Z. 75, 78, 81
– Scipio, L., cos. 259 v. u. Z. 69
– Scipio, P., cos. 218 v. u. Z. 77f., 81
– Scipio Africanus, P., der Ältere 83, 88f., 95
– Scipio Africanus, P., 92–94, 121, 212
– Scipio Asiaticus, L., cos. 190 v. u. Z. 87f.
– Scipio Asiaticus, L., cos. 83 v. u. Z. 146
– Scipio Nasica, P., cos. 138 v. u. Z. 121
– Sulla, Faustus 160
– Sulla, L., Diktator 129, 138, 141–149
– Sulla, P., cos. 65 v. u. Z. 163
– Tacitus, P. 225, 278f., 284
Corpus Iuris Civilis 310, 381
Cortona 24
Coruncanius, C. und L. 76
Cosenza 364
Crassus s. Licinius
Cremona 75, 98
Cremutius Cordus, A. 234
Crispus, Kaiser 337
Cypern 169, 183, 261
Cyprian 313

Dagalaif 348
Daker, Dakien 174, 178, 242, 259f., 292, 302
Dalmater, Dalmatien 93, 126, 328, 369
Dalmatius 338f.
Damophilos 115f.
Dardanellen 329
Dardaner 77, 86
Dardanos 145
Daumier 20
Dea Dia 63
Decebalus 242, 259f.
Decius, Kaiser 301
Defensor civitatis 332

Dekieten 126
Dekurionen 293, 319f., 324, 332, 349, 357
Delos 90, 104, 117, 133, 142, 198, 200
Delphi 91, 142
Demetrias 86
Demetrios von Pharos 76
Diadochen 84
Diaios 91
Diana 39, 111
Didius, C. 186
Digesten (Pandekten) 381
Dimale 76
Diözesen 323, 331
Diogenes, Philosoph 110
–, Forscher 276
– Laërtius 312
Diokletian, Kaiser 307, 317, 319, 321–328, 330
Diomedes 354
Dion Chrysostomos von Prusa 261, 275, 281
Dionysios I. von Syrakus 51
Dionysos 244, 283
Diophanes 119, 121
Diophantos 353
Dioskoros 276
Dioskurias 159
Diviciacus 174
Divitia (Deutz) 352
Dnjestr 345
Dobrudscha 261
Dolabella s. Cornelius
Dominat 11, 317–320
Domitian, Kaiser 241–243, 256
Domitius Ahenobarbus, Cn., cos. 122 v. u. Z. 126, 173
– Ahenobarbus, Cn., cos. 32 v. u. Z. 193, 195
– Ahenobarbus, L., cos. 54 v. u. Z. 171, 180f., 198
– Ahenobarbus, L., cos. 16 v. u. Z. 227
– Alexander, L. 329
– Corbulo, Cn. 231, 237
– Ulpianus 298, 310
Don 345
Donatisten 336, 342, 344, 360
Donatus von Bagai 342
– von Karthago 336
Donau 240, 242, 260, 262, 266, 292, 301, 337f., 344, 362
Dorylaos 144
Drama 107–109
Drepanum 70
Drobeta 260
Druiden 27, 173
Drusus 227, 229
Duilius, C., cos. 260 v. u. Z. 69
Dura-Europos 266, 302, 309
Durance 373
Dyme 157
Dyrrhachion 182

Ebro-Vertrag 73
Eburacum (York) 240, 296, 323
Eburonen 175
Ecdicius 370
Edessa 292, 302
Edictum Theodorici 376
Edobich 363
Eigentumsverhältnisse 11, 46, 64 f., 98—100,
    198 f., 250, 252, 271—273, 289, 339, 358
    s. auch Klassen, Recht
Eisen 21, 57 f., 172, 202, 256
Ekbatana 195
Eknomos 69
Elagabal, Kaiser 298
Elba 19, 24, 25, 103, 202
Elbe 227 f.
Elbgermanen 267
Elea 54
Eleer 88
Elegeia 266
Eleusis 90, 362
Elymais 89
Elymer 20
Emesa 298 f., 303, 306
Emporiai 25
Engelsburg 264
Ennius 108
Ephesos 88, 142, 195, 275, 301, 304
Epidamnos 76
Epidauros 145
Epiktet 280
Epiphanios 357
Epirus 54, 90 f., 346, 362
Ermanarich 345
Eryx 20, 70
Essener 284 f.
Estekultur 21
Etrusker, Etrurien 22—25, 102 f., 119, 137 f.,
    146, 165 f., 199
Euböa 86, 88
Eudamidas 88
Eudoxia, Gattin des Arcadius 362
—, Gattin Theodosius' II. 366
Euganeer 20 f.
Eugenius, Kaiser 347, 350, 362
Eumenes II. 88—90
Eunapios von Sardes 355
Eunus (Antiochos) 116 f.
Euphrat 141, 177, 262, 321
Eurich 369, 374
Eusebius von Caesarea 356
— von Nikomedia 337
Eutrop 354
Evangelien 284 f.

Fabius Maximus Cunctator, Q. 79, 81
— Maximus Servilianus, Q., cos. 142 v. u. Z. 92
— Pictor, Q. 66, 109
Fabrateria Nova (Fregellae) 122

Fachwissenschaften 112, 210 f., 275 f., 353 f.
Faesulae 165, 363
Falerii 20, 52, 103
Fannius Strabo 107
Faraxen 302
Fasir 342
Faunus 63
Felix Bulla 293
Felsina (Bologna) 24
Fescennium 65
Festlichkeiten 66, 107, 265, 301
    s. auch Religion
Feudalisierungsprozeß 318, 338, 348 f., 373 f.,
    377 f., 379, 381 f.
Fidenae 29, 40
Firmicus Maternus 356 f.
Firmum Picenum 57
Firmus 344 f.
Flamininus s. Quinctius
Flaminius, C. 74 f., 78, 95
Flavius, Cn. 50, 64
—, L., tr. pl. 60 v. u. Z. 161
— Aper 307
— Constantius Felix 366
— Fimbria, C. 144 f.
— Josephus 239, 284
— Merobaudes 360
— Vegetius Renatus 354
— Severus, Kaiser 328
Föderaten 337 f., 346, 365 f., 373
Fortuna 214
Franken 291, 302, 306, 321—323, 337, 340 f.,
    367, 374, 377 f.
Frederich 360
Fregellae 57, 122
Freigelassene 50, 235, 268, 273
Frentaner 137
Friesen 323
Frigidus (Wippach) 347
Fritigern 346
Fufius Calenus, Q., cos. 47 v. u. Z. 194
Fulvia 193 f.
Fulvius Centumalus, Cn., cos. 211 v. u. Z. 76,
    81
— Flaccus, M., cos. 125 v. u. Z. 122, 126
— Nobilior, Q., cos. 153 v. u. Z. 89, 92
— Plautianus, C. 296
Furius Bibaculus, M. 214
— Camillus, M. 40
— Caninus 223

Gabii 29
Gabinius, A. 157, 169, 177 f.
Gades 83
Gäsaten 75
Gätuler 128
Gainas 362
Gaius, Jurist 276
Galater, Galatien 88, 140, 144, 159

Galba, Kaiser 237f.
Galen von Pergamon 276
Galerius, Kaiser 323, 327–329, 334
Galla Placidia 364f.
Gallaecia 365
Gallien 126f., 168, 171–176, 226, 230, 239,
  269, 274, 293, 302, 306, 321f., 341, 358,
  360f., 363, 369, 378f.; s. auch Kelten
Gallienus, Kaiser 293, 301–304
Gannicus 151
Garamanten 296
Garonne 129
Gauda 129
Gavius Pontius 53
Geiserich 360, 366, 375
Geldwirtschaft 59, 105, 204, 257, 325, 331f.
Gellius Poplicola, L., cos. 72 v. u. Z. 150
Genava (Genf) 373
Gergovia 175
Germanicus 229
Germanien, Germanen 195, 226f., 228, 229f.,
  242, 291f., 302, 306, 338, 349, 368, 371,
  373–378
  s. auch Alamannen, Burgunder, Franken,
  Goten usw.
Gerontius 363
Gesellschaftsformation 7, 197
Geta, Kaiser 296
Gildo 320, 359
Gladiatoren 24, 107, 149, 335
Glaucia s. Servilius
Glycerius, Kaiser in Westrom 369
Gnosis 287f., 314
Goldenes Zeitalter 218, 244, 246, 359
Gordian I., Kaiser 291, 293, 300
– II., Kaiser 291, 293, 300
– III., Kaiser 300
Gordios 141
Gordyene 159
Goten 291, 300–302, 304f., 323,
  337., s. auch Ostgoten, Westgoten
Gracchus s. Sempronius
Gratian, Kaiser 344–348
Gregor von Nazianz 356
– von Nyssa 356
Gressenich 270
Griechenland 145, 241, 264f., 274, 366
Gulussa 94
Gunderich 365
Gundobad 369, 374
Guntia (Günzburg) 240

Hadria 57
Hadrian, Kaiser 261–263
Häduer 126, 173, 176, 230, 235
Hagia Sophia 381
Hallstattkultur 21
Hamilkar Barkas 70f.
Handel 58f., 104, 172, 203, 256–258, 274

Handwerk 58f., 102f., 172, 202, 255–257, 270
Hannibal 73, 77–84, 88, 93
Hannibalianus 338f.
Hanno 71
Haruden 129
Haruspices 63
Hasdrubal 73, 81, 83
Hatra 260, 296
Heirkte 70
Heliodor von Emesa 311
Hellenismus 7, 84f., 351
Helvetier 173
Helvidius Priscus 240
Helvius Cinna, C. 214
Henna 116f.
Hephaistion von Alexandreia 276
Hephthaliten 379
Heraclianus 363, 365
Herakleia (in Lukanien) 54, 80, 132
– (in Kleinasien) 158, 304
Herculaneum 24, 241
Hercules, Herakles 60, 268, 283, 326
Herdonia 81
Herennius Dexippos, P. 304, 312
– Modestinus 310
Hermogenes von Tarsos 276
Herniker 20, 29, 40, 53
Herodes I. 184, 194
– Antipas 284
– Atticus 275, 281
Herodian, Historiker 300, 312
– von Alexandreia 276
Heron von Alexandreia 275
Herophilos (Amatius) 190
Heruler 304, 367
Hiarbas 146
Hibernia (Irland) 230
Hiempsal 127
Hieron I. von Syrakus 40
– II. von Syrakus 68–70, 81
Hieronymos 81
–, christlicher Schriftsteller 358, 364, 371
Hilarius von Poitiers 356
Himerios 355
Himilco Phameas 94
Hippo Regius 366
Hirpiner 28, 80, 137f.
Hirtius, A. 191
Historiographie (bürgerliche) 16f., 125, 197,
  225, 288
– (römische) 109, 208–210, 248, 278–280, 354
– (griechische) 355
Homines novi 95
Honestiores 275, 297
Honorius, Kaiser in Westrom 348, 359, 362f.,
  365
Horaz 214, 244–246, 248
Hortensius, Q., Diktator 287 v. u. Z. 50
– Hortalus, Q. 207

7.11. Personen- und Sachregister

Hostilia 113
Humiliores 275, 297
Hunnen 292, 345, 262, 366f.
Hyrkanos 160, 183

Ianus 60
Iberer (in Spanien) 27
— (im Kaukasus) 160
Icener 231
Idistiaviso 229
Igel, Igeler Säule 309
Ilerda 181
Ilion (Troja) 304
Ilipa 83
Illyrer, Illyrien 20, 76, 86, 90f., 93, 301, 362f.
Immunität 318
Indien 260, 274
Indiktionen 324
Indutiomarus 175
Ingauner 93
Ingenieurkunst 66, 113, 308
  s. auch Architektur
Inquilinen 289
Institutiones 381
Insubrer 27, 75, 93
Interamna 57
Iran 274
Irenäus von Smyrna 313
Isaurier 306, 320, 379
Ischia 25
Isidorus s. Caecilius
Isis 244, 278, 283
Issos 269
Istrier 93, 126
Italia (Name) 28
Italicus 235
Italiker (Einwanderung) 20
Iulia, Tochter Caesars 168
— Domna 298
— Maesa 298
— Mammaea 298
— Soaemia 298
Iulius Agricola, Cn. 240
— Alexander, Ti. 238
— Caesar, C., Diktator 163, 166—168, 170f., 173—176, 179—190, 192, 209
— Caesar, L., cos. 90 v. u. Z. 138
— Civilis 239
— Paulus 310
— Severus 263
Iunius Bassus 352
— Blaesus, Q. 230
— Brutus, D., cos. 138 v. u. Z. 92
— Brutus, D. 190f.
— Brutus, L. 48
— Brutus, M. 185, 189f.
— Iuvenalis, D. 277
— Silanus, M., cos. 109 v. u. Z. 129
Iuno 23, 29, 38, 60, 111

Iunonia 123
Iupiter 23, 29, 32, 60, 97, 111, 326
Iustin, der Märtyrer 287
Iustinian I., Kaiser in Ostrom 377, 380
Iuventius, P. 91

Jamblichos 278
— von Chalkis (Syrien) 353
Jambulos 117
Japuden 126
Japyger 20
Jazygen 242, 266f., 291f., 323
Jemen 229
Jerusalem 160, 231, 239, 262f.
Jesus von Nazareth 284f.
Johannes, Kaiser in Westrom 365
— Chrysostomos 358, 371
— der Täufer 284
Johannesapokalypse 286
Jovian, Kaiser 339, 343f.
Jovinus 364f.
Juba 182, 185
Judäa, Judäer 160, 230f., 239, 261f., 265, 283f.
Jugurtha 127—129
Julian, Kaiser 340—343, 348
Julius Maternus 276
Juthungen 305
Juvenal s. Iunius

Kabeira 158
Kaisarion 183, 195f.
Kaiserkult 233, 245
Kalchedon 86, 144, 158
Kaledonier 241, 296
Kalender 122, 188f.
Kampanien 19, 24, 28, 53, 81, 103, 202, 255
Kappadokien 117, 140f., 159, 230, 266
Karien 87, 89f., 118
Karneades 110
Karpaten 346
Karpen 292, 297, 301, 323
Karpetaner 77
Karrhai 177, 300f.
Karthager, Karthago 26f., 67f., 93—95, 296, 366
  s. auch Punische Kriege
Katakomben 309
Katalaunische Felder 303, 367
Katualda 230
Kaukasus 362
Kelten 27, 93, 142
  s. auch Gallien
Keltiberer 27
Kephallenia 89
Kilikien 87, 157, 159, 169, 303
Kimbern 129f.
Kirche, christliche 312, 327, 334—337, 339, 349f., 358, 368, 370—372, 381

Klassen, Klassenkampf 7–12, 37, 39, 47–51,
  85, 118–125, 133–136, 139f., 161–166, 178,
  184f., 232, 254f., 293f., 308, 318–320, 341f.,
  379f.
  s. auch Sklavenerhebungen, Volksbewegungen
Klaudios Ptolemaios 276
Kleinasien 84, 88f., 117f., 140–142, 145,
  158–160, 230, 258, 271
Kleomenes 76
Kleon 166f.
Kleopatra VII. 183, 193, 195f.
– Selene 195
Klienten 36f., 59, 99, 161
Kniva 301
Koblenz 175
Kohortentaktik 131
Kolchis 140, 159
Kollegien 58, 162f., 188, 257, 332, 349
Kolonat, Kolonen 10f., 100, 154, 201f., 252f.,
  258, 267, 270–273, 289, 293f., 318f., 325,
  332f., 349, 377, 379
Kolonisation (der Griechen) 25
– (der Römer) 47, 56f., 98, 123, 168, 187,
  193, 199
Kommagene 230
Konkolitanos 75
Konstantin I., Kaiser 317, 319, 328–338
– II., Kaiser 337, 340
– III., Kaiser 363
Konstantinopel 333f., 350, 379
Kopernikus 276
Korakesion 157
Korinth 25, 86, 91, 187, 304, 362
Korkyra 76, 80
Korsika 71, 93, 241, 375
Kreta 28, 157, 161
Krise (der Sklaverei) 252, 258, 267f., 270,
  275, 288f., 289, 293, 317
Kritolaos 91
–, Philosoph 110
Krixos 149f.
Kroton 25, 54, 80, 83
Ktesiphon 260, 266, 296, 307, 343
Kulte (östliche) 112, 214, 282f., 309
– (römische) 38f., 61–64, 268, 326, 334
  s. auch Religion
Kultur (der frühen Republik) 59–66
– (des 3. und 2. Jh. v. u. Z.) 106–114
– (des 1. Jh. v. u. Z.) 205–215
– (des 1. Jh. u. Z.) 243–250
– (des 2. Jh. u. Z.) 275–281
– (des 3. Jh. u. Z.) 308–314
– (des 4. Jh. u. Z.) 351–358
Kunst (der Etrusker) 24
– (der römischen Republik) 66, 113f., 206
– (der Kaiserzeit) 250, 277, 308f., 352f.
Kurialen 332
Kurienordnung 35

Kybele 283
Kyme (Cumae) 24f., 40, 52, 80, 205 (in Kleinasien) 117
Kynoskephalai 86
Kyrene 161, 261
Kyrillos von Alexandreia 357

Labarum 335
Laberius, D. 215
Labienus, T. 173, 175, 181, 185f.
Lactanz 356
Laelius, C. 119, 121
Läten 326
La Graufesenque 255, 270
Lambaesis 262, 296, 300
Lamponius, M. 146
Landwirtschaft 46f., 57f., 99–101, 198–202,
  250–255, 270–274
Langobarden 377
Lanuvium 29
Laodikeia 192
Laren 61, 214
La-Tène-Kultur 27
Lateran 334
Latifundien 9f., 198, 217, 250, 252, 299, 318
Latinerkrieg 51f.
Latium 19, 24, 29
Latronen, Latrocinium 265, 268, 293, 320
Laurion 117, 133
Lauro 155
Lavinium 29
Lebensweise 106–107
  s. auch Kultur
Lemnos 90, 158
Lemuren 62
Lentulus Batiatus 149
Leo I., Kaiser in Ostrom 368f.
– I., Papst 335
Lepidus s. Aemilius
Leptis Magna 83, 277, 296, 344
Lesbia 214
Leukai 117
Lex Romana Burgundionum 378
– Manciana 271
– Hadriana 272f.
Lezoux 255, 270
Libanios 355
Liber 60
Libera 60
Libius Severus, Kaiser in Westrom 368f.
Libyer, Libyen 67, 71, 376
Licinius, Kaiser 328f.
Licinius Calvus, C. 214
– Crassus, L., cos. 95 v. u. Z. 137, 207
– Crassus, M., Triumvir 151, 156, 163, 170f.,
  176f., 202, 205
– Crassus, P., Sohn des Triumvirn 174, 177
– Crassus Mucianus, P., cos. 131 v. u. Z. 117
– Lucullus, L., cos. 151 v. u. Z. 118

7.11. Personen- und Sachregister 417

– Lucullus, L., pr. 103 v. u. Z. 131
– Lucullus, L., cos. 74 v. u. Z. 145, 151, 158 f., 161, 200
– Macer, C., tr. pl. 73, pr. 68 v. u. Z. 208, 214
– Murena, L., pr. 83 v. u. Z. 157
– Nerva, P., pr. 105 v. u. Z. 132
– Stolo, C., cos. 367 v. u. Z. 46
– Stolo, C. 198
Ligurer, Ligurien 20, 93, 122, 126, 256
Lilybaeum 70, 78, 83, 132, 146, 194
Limes (afrikanischer) 262, 296, 366
– (obergermanisch-rätischer) 242, 262, 265, 292, 302
– (an der unteren Donau) 242
Lingonen 27, 75, 176, 239
Liparische Inseln 25, 69
Lissos 76
Livius, T. 248
– Andronicus 107
– Drusus, M., tr. pl. 122, cos. 112 v. u. Z. 123, 126
– Drusus, M., tr. pl. 91 v. u. Z. 136 f.
– Salinator, M., cos. 219 v. u. Z. 76, 83
Locri 80
Loire 369
Lollius Paulinus, M. 227
Londinium (London) 230 f.
Longus von Lesbos 311
Luca 93, 170 f.
Lucanus 237, 248
Luceria 57
Lucilius, C. 104
Lucius Hypsaeus 117
– Verus, Kaiser 265
Lucretia 33
Lucullus s. Licinius
Lucumonen 24
Lugdunensis 226
Lugdunum (Lyon) 226, 255, 269 f., 294, 373
Lukaner, Lukanien 20, 54, 80, 99, 151, 328
Lukian von Samosata 277 f.
Lukrez 211
Luna 93
Lusitaner, Lusitanien 92, 155, 167, 186
Lusius Quietus 261, 263
Lusoner 92
Lutatius Catulus, C., cos. 242 v. u. Z. 70
– Catulus, Q., cos. 102 v. u. Z. 130, 143
– Catulus, Q., cos. 78 v. u. Z. 154
Lutia 93
Luxus 107, 258, 358
  s. auch Kultur
Lydien 89
Lykien 87, 90, 141, 192 f.
Lysimacheia 86

Machares 158 f.
Macrianus 303
Macrinus, Kaiser 297 f.

Mäaten 296
Maecenas 248
Mähren 266
Magna Graecia 25 f.
Magnentius, Kaiser 340
Magnesia 88
Magnus Maximus, Kaiser 347
Mago (Offizier Hannibals) 78
– (Bruder Hannibals) 83
– (Landwirtschaftsschriftsteller) 112
Maharbal 78
Main 227
Maioranus, Kaiser in Westrom 368 f.
Maiotis 345
Makedonien 77, 80, 84, 86, 89 f., 91, 117, 142, 302
Mallius Maximus, Cn., cos. 105 v. u. Z. 129, 135
Mallobaudes 348
Mallorka 127
Malta 28
Mamertiner 68
Mamurra 205
Mancinus Hostilius, C., cos. 137 v. u. Z. 92
Mani, Manichäismus 288, 314, 326 f., 350
Manipulartaktik 55
Manlius, C., tr. pl. 66 v. u. Z. 159, 165 f.
– Torquatus, L., cos. 65 v. u. Z. 163
– Vulso, Cn., cos. 189 v. u. Z. 69
Mantua 24
Marbod 227, 230
Marcellinus 369
Marciana Traiani Thamugadi (Timgad) 260
Marcion 288
Marcius Philippus, L., cos. 91 v. u. Z. 137
– Turbo, Q. 261
Maria, Gattin des Honorius 359
Marinus 365
Marius, C. 128, 130, 135 f., 138, 141–143, 167, 199
–, C., Sohn des vorigen 142, 146
Mark Aurel, Kaiser 265, 280 f., 343
Markomannen 227, 266 f.
Marruciner 137
Mars 32, 60, 63, 111
Marser 20, 137–139
Martial s. Valerius
Martin von Tours 358
Martius Verus, P. 266
Masinissa 83, 94
Massilia 23, 25, 126, 181 f., 328 f.
Massiva 127
Mastanabal 94
Maternus 293
Mathos 71
Mauretanien 185, 203, 230, 265, 336, 344
Maxentius, Kaiser 328 f.
Maximianus, Kaiser 321–323, 328 f.
Maximinus Daia, Kaiser 328 f.
– Thrax, Kaiser 299 f.

Maximus 353
Mazdakiten 379
Media Atropatene 195
Medien 176, 266
Mediolanum (Mailand) 75, 322 f., 333 f., 367
Megallis 116
Meletius von Lykopolis, Meletianer 336
Melitene 158
Meliton von Sardes 287
Memmius, C., tr. pl. 111 v. u. Z. 127, 135
Memphis 90
Menapier 174 f.
Menelaos von Alexandreia 276
Menodoros 194
Mercurius 60, 111
Merobaudes 348
Mesopotamien 84, 160, 176 f., 260—262, 266, 296, 299 f., 304, 306
Messalina 235
Messana (Zankle) 25, 68 f., 116, 132
Messapier 20
Messenien 91
Messius, C., tr. pl. 57 v. u. Z. 170
Metapont 25, 80, 150
Metaurus 83
Metellus, L., tr. pl. 49 v. u. Z. 181
Metz 367
Micipsa 94, 127
Miletopolis 145
Militärdiktatur 163, 186, 218, 236 f., 242 f., 263, 290, 321
Militärwesen (der Königszeit) 35
— (der frühen Republik) 53—56
— (der späten Republik) 122, 130 f.
— (der Kaiserzeit) 222, 262, 294—296, 302, 305, 322, 331, 348
Milo s. Annius
Minerva 23, 60, 111
Minturnae 57, 103, 117
Minucius Felix 287
— Rufus, M., magister equitum 216 v. u. Z. 79
— Rufus, M., (tr. pl. 121?), cos. 110 v. u. Z. 123, 126
Misenum 194, 230, 241
Mithradates VI. Eupator 139—142, 144 f., 155, 157—159
—, Sohn Phraates' III. 177
— von Pergamon 183
Mithras 283
Modena 24
Modestinus s. Herennius
Mönchtum 357 f.
Mösien 242, 307, 346, 366
Mogontiacum (Mainz) 230, 299
Molosser 90
Mona (Angelsey) 231
Monophysiten 314, 379, 381
Mons Garganus 150
— Graupius 241

Montanisten 313
Montans 270
Morgantina 132
Moriner 174 f.
Motye 26
Mucius Scaevola, P., cos. 133 v. u. Z. 119
— Scaevola, Q., cos. 95 v. u. Z. 137, 146, 207, 213
Mulvische Brücke 329
Mummius, L. 91
Munda 186
Munizipaladel 136 f., 170, 222, 240, 259, 274, 289 f., 303, 320
Munizipalordnung, Städtewesen 52, 188, 240, 260, 262, 268, 274, 293, 304, 332
Muraba'at (Wadi) 263
Mursa 340
Muthul 128
Mutina (Mutinensischer Krieg) 75, 93, 150, 191
Mylae 69, 194
Myonnesos 88
Myttones 81

Nabatäer 260
Nabis 87
Naevius 108
Naissus (Nisch) 305
Naksch-i-Rustan 292
Napata 229
Narbo Martius 125
Narcissus 235
Narnia 57
Narses 377
Naulochos 194
Naxos 25
Nazareth 285
Neapolis 80, 104
Nemeter 226
Neoteriker 214
Nepos, Kaiser in Westrom 369 f.
Nepotianus 340
Neptunia 123
Neptunus 61, 111
Nero, Kaiser 231, 235—237
Nerva, Kaiser 259
Nervier 174 f., 239
Nestorios, Nestorianer 379 f.
Neumagen 309
Nevitta 348
Nicäa 336 f.
Nicomachus Flavianus, Virius 350
Nigidius Figulus 213
Nika-Aufstand 380
Nikomachos von Gerasa 275
Nikomedeia 323, 333
Nikomedes III. Euergetes 140 f.
— VI. Philopator 141, 145, 158
Nil 257

7.11. Personen- und Sachregister

Nisibis 298–302, 340
Nobilität 51, 95 f.
  s. auch Klassen, Optimaten
Nocera 24
Nola 24, 103, 137 f., 146, 150, 229
Nonius Marcellus 353
Norba 57, 102, 142
Norbanus, C. 146
Noreja 129
Noricum 129, 226, 230, 256, 367
Novatian, Novatianer 313
Novius 215
Nubien 229
Nuceria 131, 137, 150
Numa Pompilius 33, 62
Numantia 92 f.
Numerianus, Kaiser 307
Numidien 69, 84, 94, 127–129, 185 f., 209, 302 336
Nymphaion 159

Oberhausen 226
Octavia 194–196
Octavian 190 f., 193 f., 219 f.
  s. auch Augustus
Octavius, Cn., cos. 87 v. u. Z. 143
–, M., tr. pl. 133 v. u. Z. 120
Odenathus 303 f.
Odenwald 242
Odoaker 370, 376
Oinomaos 149 f.
Olbia 140
Olkaden 77
Olybrius, Kaiser in Westrom 369
Olympia 145, 304, 350
Olysipo (Lissabon) 92
Opimius, L., cos. 121 v. u. Z. 122–124, 127 f.
Oppida 172
Optatus von Mileve 342
– von Thamugadi 359
Optimaten 133
  s. auch Klassen
Orchomenos 144
Oreibasios von Pergamon 353
Oreos 80
Orestes 370
Oretaner 73
Orientius 364
Origenes, Origenismus 313, 357, 370
Orobazos 141
Orodes II. 177, 195
Orosius 371
Ortygia 25
Osca 155
Osker 20
Osning 228
Ostgoten 345, 363, 367, 376 f.
Ostia 33, 56, 104, 157, 255, 257, 261
Oströmisches Reich 362, 366, 378–382

Otho, Kaiser 238
Ovid 245–248
Oxybier 126

Pachomius 358
Pachtsystem 100, 201 f., 270–273
Pacorus 178
Pactus Legis Salicae 378
Padua 113, 367
Päligner 137
Palästina 231, 239, 293
Palladius 354
Pallas 235
Palma 127
Palmyra (Tadmor) 293, 303–306
Pamphylien 89
Pan 283
Panaitios 110 f., 161, 213
Pannonien, Pannonier 226 f., 242, 345, 367
Panormus 26, 70
Pansa, C. Vibius 191
Pantheon 242, 264
Pantikapeion 140, 159
Paperna, M. 117
Paphlagonien 117, 140
Papirius 62
– Carbo, C., tr. pl. 89 v. u. Z. 138
– Carbo, Cn., cos. 113 v. u. Z. 129
– Carbo, Cn., cos. 85 v. u. Z. 143, 146
Papius Mutilus, C. 138
Pappos 353
Papst 349
Parma 24, 93
Parther, Parthien 159 f., 176–178, 187, 193, 195, 228 f., 231, 260, 265 f., 292, 296 f.
Parthiner 76
Patrizier 36
Patrocinium 304, 318, 348, 358, 379
Paulus (Apostel) 284–286
– (Jurist) 298
– von Samosata 314
Pausanias 280
Pavia 306, 367
Pax, Göttin 247
– Romana 247
Peculium 201, 264, 273, 318 f.
Pedanius Secundus 236
Pedius, Q., cos. 43 v. u. Z. 191
Pelagonia 90
Pelagonius 353
Pella 90
Pelusion 183
Penaten 61
Pergamon 85, 89, 117 f., 145
Perperna, M. 155 f.
Perser s. Sassaniden
Perseus 89 f.
Pertinax, Kaiser 269 f.
Perusia 24, 194 (Perusinischer Krieg)

Pescennius Niger, Kaiser 269, 294
Pessinus 112
Petelia 80
Petilius Cerealis, Q. 239
Petra 260
Petreius, M. 181, 185
Petronius, C. 229
— Arbiter, T. 248
— Maximus, Kaiser in Westrom 367
Peucetier 20
Phanagoreia 159 f.
Pharnakes 159 f., 183 f.
Pharos 76
Pharsalos 182
Philipp V. 76, 80, 86, 89
Philippi 193
Philippus Arabs, Kaiser 301
Philon von Alexandreia 284
Philosophie 110 f., 134, 211–213, 249, 280 f., 310, 353
Philostrat von Lemnos 311
Phintias 70
Phoinike 76, 80
Phraates III. 159, 177
— IV. 195
Phrygien 88 f.
Piazza Armerina 352
Picenter 20, 28, 137
Picten 340
Pinarius Scarpus, L. 196
Pinnes 227
Piräus 144
Pistoria 166
Pithecussai 25
Placentia 75, 78, 98, 113, 305
Plautius Silvanus 138 f.
Plautus 108
Plebejer 36, 48–51
— (stadtrömische) 161–163, 237, 320
 s. auch Klassen
Plinius Secundus, C., der Ältere 241, 249
— Caecilius Secundus, C., der Jüngere 261, 270, 279, 284
Plotin 310
Plutarch von Chaironeia 279
Poediculer 20
Poesie 214, 245 f.
Poetelius 48, 98
Pollentia 127, 362
Polybios 109, 111
Pometia 40
Pompaedius Silo 138 f.
Pompeia 167, 169
Pompeius, Cn. 185 f.
—, Sex. 185 f., 191–194
— Magnus 146, 151, 155–157, 159–161, 170 f., 178 f., 182 f.
— Strabo, Cn. 138
Pompeji 24, 103, 241, 253, 257

Pomponius, L. 215
— Atticus, T. 208
Pontia 57
Pontifikalkollegium 42, 62 f.
Pontius Pilatus 284
— Telesinus, C. 146
Pontos (Pontus) 85, 87, 117, 159 f., 231, 239
Popillius Laenas, C., cos. 172 v. u. Z. 90
— Laenas, P., cos. 132 v. u. Z. 122
Popularen 133; s. auch Klassen
Populonia 22, 24, 103, 202
Porcius Cato, C., cos. 114 v. u. Z. 126
— Cato, L., cos. 89 v. u. Z. 138
— Cato Censorius, M. 88, 90, 93–95, 99–101, 107, 109, 200 f.
— Cato Uticensis, M. 161, 166, 169, 180, 185, 208
Porphyrios 310
Porsenna 40
Porta Collina 146
— Westfalica 229
Postumius Albinus, A., cos. 229 v. u. Z. 76
— Albinus, A., cos. 99 v. u. Z. 128
— Albinus, Sp., cos. 110 v. u. Z. 128
Postumus, Kaiser 303
Praeneste 24, 29, 51 f., 59, 102, 146
Prätorianer 221 f., 234, 237 f., 269, 294, 296
Precarium 304, 348 f.
Priesterkollegien 62 f.
Prinzipat 10, 219, 223, 231 f., 308
Priscus Attalus, Kaiser in Westrom 363 f.
Probus, Kaiser 306 f.
Produktionsweise 7, 10 f., 101, 115, 154, 264, 268, 290, 318, 379
Prokopios, Kaiser 344, 359
Properz 245 f., 248
Proskriptionen 147, 192
Provinzialverwaltung 71, 96 f., 148, 323 f.
Prudentius 359, 371
Prusias I. 88
— II. 89
Pruth 345
Ptolemäerreich 84, 178; s. auch Ägypten
Ptolemaios II. 65
— IV. 81, 85
— V. 85
— XII. 178, 183
— XIII. 183
— XIV. 183
— Apion 161
— von Cypern 169
— Philadelphos 195
Publilius Syrus 215
— Celsus, L. 263
Pulcheria 365
Punicus 92
Punische Kriege
— Erster Punischer Krieg 68–71
— Zweiter Punischer Krieg 77–84
— Dritter Punischer Krieg 94–95

7.11. Personen- und Sachregister

Pupienus, Kaiser 300
Puteoli 104, 202 f., 255–257
Pydna 90
Pyrenäen 363
Pyrgoi 25, 51
Pyrrhos 54

Quaden 266 f., 302, 344, 367
Quinctius Flamininus, T., cos. 198 v. u. Z. 86 f., 107
Quinquegentanei 302, 323
Quintilianus 210, 250
Quirinus 60
Qumran s. Chirbet

Rabirius 211
– Postumus, C. 178
Radagais 362 f.
Rätien 226, 292, 304, 306, 362
Ravenna 24, 170, 363
Reccared I. 375
Recessvinth 375
Recht, Gesetzgebung 44–46, 64 f., 112 f., 207 f., 223, 233, 263, 276, 310, 327, 378, 380 f.
Regillus 40
Religion 23 f., 28, 59–64, 68, 111 f., 172 f., 213 f., 281–288, 309, 334–337, 343, 370–372
Remer 174
Remus 32
Resaina 301
Revolution 10, 12, 218, 223
Rhegion 25, 51, 80, 193
Rhein 174 f., 226, 230, 239, 260, 292, 303, 306, 337, 340, 344, 363
Rhetorik 66, 110, 206 f., 275, 281, 355
Rhizon 76
Rhode 25
Rhodos 65, 85 f., 89 f., 104, 141, 157, 192, 241
Richomer 348
Ricimer 331, 368
Ritterschaft 74, 105 f., 134, 221, 241, 295, 319 s. auch Klassen
Rom, Stadt (Lage) 29 f.
– (Älteste Besiedlung) 30 f.
– (Stadtentstehung) 31 f.
– (im 1. Jh. v. u. Z.) 236, 250, 253
– (Feuersbrunst 64 u. Z.) 236
– (unter Hadrian) 264
– (in der späten Kaiserzeit) 333, 363 f., 367
Roma, Göttin 250, 334
Roman 278, 311
Romanisierung 156, 171, 176, 223, 274, 297
Romulus 31 f., 60
– Augustulus, Kaiser in Westrom 370
Rotes Meer 257
Roxolanen 262, 291
Rubico 180
Rubrius 123
Rugier 367

Rupilius, P., cos. 132 v. u. Z. 117
Rusellae 24
Rutilius Rufus, P., cos. 105 v. u. Z. 136
– Lupus, P., cos. 90 v. u. Z. 138
– Namatianus 360, 371

Sabeller 20
Sabiner 20, 31 f., 53
Sabellius 314
Sabinus 239
Sacriportus 146
Sachsen 291, 344, 377
Sagunt 77, 81, 155
Salasser 226
Sallentiner 20
Sallust 186, 209 f.
Salluvier 126
Salme 160
Saltus Burunitanus 273
Salvian von Massilia 358, 360 f., 371 f.
Salvius 132
– Julianus, P. 263
Samaria 294
Samniten 20, 30, 52–54, 80, 137, 146
Samos 86, 241
Sapaudia 366, 373
Sarazenen 322
Sardinien 19, 26, 28, 51, 71, 93, 127, 146, 241, 375
Sarmaten 140, 266 f., 291 f., 302, 305, 322, 337 f., 367
Sarmizegetusa 260
Sarus 363 f.
Sasernae 198, 201
Sassan 292
Sassaniden 289, 292, 299, 307, 314, 340, 344, 379, 381
Satire 109, 277 f.
Saturninus s. Appuleius, Antonius
Satyrus 133
Saumakos 140
Schapur I. 292, 300, 302
– II. 338, 340
Schelde 377
Schottland 242, 296
Schuldsklaverei 46, 48
Scipio s. Cornelius
Scodra 76
Scoten 340
Scribonius Curio, C., tr. pl. 50 v. u. Z. 179, 182
– Libo, M. 234
Scutarier 344
Sedatius Severianus, M. 266
Sedunen 174
Seianus s. Aelius
Seine 369
Seleukeia am Tigris 266, 296, 307
Seleukiden 84, 176
Seleukos IV. 89

Selinus 260
Sellasia 76
Semnonen 227
Sempronius Asellio, A., pr. 89 v. u. Z. 139, 208
— Gracchus, C., Reformer 122—124
— Gracchus, Ti., Vater der Gracchen 92 f.
— Gracchus, Ti., Reformer 119—121
— Longus, Ti., cos. 218 v. u. Z. 77
Sena Gallica 57, 83
Senat 34, 42 f., 161, 221, 232—237, 240, 258 f., 264, 268, 295, 298, 319
s. auch Staat
Senatskaiser 290 f.
Seneca 235, 237, 249
Senonen 27, 53
Sentinum 53
Sentius Saturninus, C. 142
Septimius Severus, Kaiser 269, 294—296
Sequaner 173
Serapion 117
Serapis 283
Serdica (Sofia) 333
Sertorius, Q., pr. 83 v. u. Z. 143, 146, 155 f.
Servilius Caepio, Q., cos. 140 v. u. Z. 92
— Caepio, Q., cos. 105 v. u. Z. 129, 135
— Caepio, Q., Quästor 103 v. u. Z. 135
—, C., pr. 102 v. u. Z. 132
— Glaucia, C., pr. 100 v. u. Z. 135 f.
— Isauricus, P., cos. 48 v. u. Z. 182, 184
— Rullus, P., tr. pl. 63 v. u. Z. 164 f.
Servius 354
— Tullius 32 f., 36
Setia 102
Severus Alexander, Kaiser 298 f.
Sextius Calvinus, C., cos. 123 v. u. Z. 126
— Sextinus Lateranus, cos. 367 v. u. Z. 46, 50
Sextus Empiricus 310
Sibylle, jüdische 283
Sibyllinische Bücher 26, 42, 63, 187
Signia 57
Sikaner 20
Sikuler 20, 28
Silvanus, Gott 214, 283
—, Usurpator 340 f.
Simon bar Giora 239
— Magus von Samaria 287
Singara 340
Sinope 158, 205
Sinuessa 29, 57, 117
Sirmium 323, 333, 366
Sisapo 205
Sittius, P. 185 f.
Sizilien 20, 26, 54, 69 f., 81, 99, 115—117, 131—133, 146, 194, 293, 375
Skarpheia 91
Skiren 367
Sklavenerhebungen 102, 115—118, 131—133, 149—154, 230

Sklaverei, Sklaven 10 f., 26 f., 37—39, 59, 100—102, 115 f., 149, 153 f., 198—201, 223, 249, 252—255, 264, 271, 293, 318, 333, 349, 377
Skordisker 126, 129
Skythen 140
Slawen 382
Slowakei 266
Smyrna 192
Söldneraufstand (in Karthago) 71
Soissons 369
Soldatenkaiser 288, 290 f.
Soloi (Pompeiopolis) 157
Solus 26
Sonnengott 237, 244, 305, 335
Sopatros von Apameia 334, 353
Sophene 89, 159
Sorrent 24
Sosigenes 189
Sosius, C., cos. 32 v. u. Z. 194 f.
Spalato (Split) 328, 352
Spanien 25, 27, 73, 77, 81, 83, 92 f., 146, 155 f., 186, 226, 258, 269, 274, 293, 363, 365
Sparta 87, 91, 304, 362
Spartacus 149—152
Spendios 71
Spina 24
Staat (Entstehung bei den Römern) 8, 32—37
— (der frühen Republik) 41—44
— (der Karthager) 68
— (in der Blütezeit der Republik) 95 f.
— (im 1. Jh. v. u. Z.) 147 f., 188
— (der frühen Kaiserzeit) 219—221, 232 f., 235, 263
— (der späten Kaiserzeit) 323 f., 330—332, 372 f.
Staatsform 8, 197, 223
Stabiae 241
Statius Murcus 193
Statellaten 93
Statius Priscus, M. 266
Stilicho 362 f.
Stratonikeia 118
Sudan 307
Sueben 173 f., 227, 363, 365, 375
Suessa 103
Suessionen 174
Suetonius Paulinus, C. 231
— Tranquillus, C. 236, 279
Sugambrer 175, 227
Sulla S. Cornelius
Sulpicius Galba, P., cos. 211 v. u. Z. 86
— Galba, Ser., cos. 144 v. u. Z. 92, 118
— Galba, Ser., Legat Caesars 174
— Rufus, P., tr. pl. 88 v. u. Z. 140, 142
— Rufus, Ser., cos. 51 v. u. Z. 208
Surenas 177
Syagrius 369
Sybaris 25

Symmachus s. Aurelius
Synesios von Kyrene 371
Syphax 81, 83
Syrakus 24f., 51, 81, 132
Syria Palaestina 263
Syrien 84, 86, 158–160, 195, 202, 258, 261, 266f., 271, 274, 292f., 380

Tabula Peutingeriana 353
Tacfarinas 230
Tacitus, Kaiser 306
Tacitus (Historiker) s. Cornelius
Tages 23
Tarasikodissa 379
Tarent 25, 28, 53f., 66, 80f., 99, 103, 123, 194, 203, 256
Tarquinier 32, 62
Tarquinii 24, 33
Tarquinius Priscus 33
– Superbus 33
Tarracina 205
Tarraco 81, 83
Tarsos 193
Tauriner 77
Taurisker 75, 129
Tauromenion 116f.
Technik 66, 113, 171, 200, 256
Telmessos 89
Tenkterer 174, 227
Terentius Varro, C., cos. 216 v. u. Z. 79
– Varro, M. 181, 198–202, 207f., 210, 213
Terenz 108f.
Terramarekultur 20
Terra Sigillata 103, 255
Tertullian 313
Tetrarchie 323
Tetricus, Kaiser 303, 306
Teuta 76
Teutobod 130
Teutoburger Wald 228
Teutonen 129f.
Thapsus 185
Thasos 86
Themison 211
Themistios 355f.
Themse 230
Theoderich, Ostgotenkönig 376
– I., Westgotenkönig 367
Theodosia 159
Theodosius I., Kaiser 346f., 349, 357, 362
– II., Kaiser in Ostrom 365f.
Theophilos von Alexandreia 357
Theophanes 208
Thermopylen 88
Thessalien 86, 142, 182
Thessalonike 90, 169, 304
Theudebert I. 377
Thorius, Sp., tr. pl. 119 v. u. Z. 125
Thraker 126, 140, 142, 230, 302, 346, 362, 366

Thüringer 367, 377
Thurioi 80, 150
Tibatto 360
Tiberius, Kaiser 227, 229f., 234, 257
Tibull 245f., 248
Tibur 29, 51f., 205, 264
Ticinus 78
Tifata 146
Tigellinus 236
Tigranes I. 141, 158f., 177
–, Sohn des vorigen 159
Tigranokerta 158
Tiguriner 129f., 173
Tios 158
Titinius (Komödiendichter) 109
–, M. 132
Tittier 92
Titus, Kaiser 239, 241
– Tatius 31f.
Toledo 375
Tolosa (Toulouse) 126, 135, 365
Tomis (Konstanza) 248
Totila 377
Tougener 129
Trachomitis 301
Traian, Kaiser 259–261, 270
Trapezunt 302
Trasimenischer See 78
Trebellius, L., tr. pl. 47 v. u. Z. 184
Trebia 78
Trebonius, C., cos. 45 v. u. Z. 171, 181, 186, 190, 192
Tremellius Scrofa, Cn. 198
Treverer 174–176, 230, 239
Triarius, C. 159
Triboker 226
Tribusordnung 49f., 73f.
Trier 294, 306f., 323, 333
Triokala 132
Tripolitania 129, 344
Triumph 97
Triumvirat (Erstes) 168, 176 (Zweites) 191f.
Troas 158
Tschadsee 276
Tullianum 129
Tullius Cicero, M. 118, 139, 159, 162, 164–166, 169f., 180, 190f., 205, 207, 211–213
– Cicero, Q. 175
– Hostilius 33
Tunes 69
Tunesien 271, 273
Turdetaner 92
Turkvölker 292
Tusculum 29, 40, 253
Tutor 239
Tyana 306
Tyros 26, 193, 203, 294
Tyrus (Nordafrika) 296
Tzirallum 329

Ubier 195, 226
Ulpia Noviomagus 260
— Traiana 260
— Traiana Sarmizegetusa 260
Ulpian s. Domitius
Umbrer, Umbrien 20, 22, 53, 137f., 199
Usipeter 174, 227
Utica 68, 94, 185
Utopie (soziale) 117, 243f., 280, 285, 359

Vaccäer 77
Vadimonischer See 53
Valens, Kaiser 339, 344—346
Valentinian I., Kaiser 339, 344f.
— II., Kaiser 347f.
— III., Kaiser in Westrom 365
Valerian, Kaiser 292, 301f.
Valerius Antias 208
— Cato 214
— Catullus, C. 214
— Flaccus, L., cos. 86 v.u.Z. 140, 143f., 147
— Laevinus, M., cos. 210 v.u.Z. 81
— Martialis, M. 210, 248
— Messalla, M'., cos. 263 v.u.Z. 69
— Messalla Corvinus, M. 248
Vallia 365
Vandalen 291, 301, 305, 362f., 365—367, 369, 376f.
Vangionen 226
Varinius, P., pr. 73 v.u.Z. 150
Varius, Q., tr. pl. 91 v.u.Z. 137
Varro s. Terentius
Varus 228
Vatinius, P., cos. 47 v.u.Z. 168, 171
Vegetius s. Flavius
Veji 24, 30, 32, 40, 236
Veleda 240
Velitrae 40
Venafrum 103
Veneter (Oberitalien) 21
— (Gallien) 174
Venus 61, 111
Venusia 57
Veragrer 174
Vercellae 130
Vercingetorix 175f.
Vergilius Eurysaces, M. 255
— Maro, P. 214, 244—246, 248
Verona 214, 256, 301, 362, 367
Verres, C. 151, 164
Ver sacrum 111
Verulamium 230f.
Vespasian, Kaiser 231, 238—241
Vesta 60f., 111, 350
Vestiner 137
Vestorius 205
Vesuv 149f., 241
Vetranio 340
Vettius, T. 131

Vettius Agorius Praetextatus 350
Vetulonia 24
Vibo 193
Victor 348
Victoria, Göttin 247, 350, 352
Victorinus, Kaiser 303
Viehzucht 57, 99, 171, 199, 254
Vikar 323
Villanovakultur 21
Villenwirtschaften 9f., 99f., 252f., 271
Villius, L., pr. 171 v.u.Z. 95f.
Vindabium 126
Vindobona (Wien) 240, 260, 267
Vinxtbach 242
Vipsanius Agrippa, M. 193—196, 226
Virdumarus 75
Viriathus 92
Vitellius, Kaiser 238f.
Völkerwanderung 266, 345
Vokontier 126
Volaterrae 24, 103, 146
Volksbewegungen 227, 230f., 239f., 261, 263, 265, 267f., 320, 341f., 358—361, 380
Vologases V. 292
Volsinii 24
Volsker 20, 29, 40
Vulcanus 61, 111
Vulgarrecht 330, 339, 381

Wales 242
Weser 227—229
Westgoten 320, 345f., 362—365, 367, 369, 374f.
Weströmisches Reich 362—365, 368—370
Wirtschaft (der Etrusker) 22f.
— (der Griechen in der Magna Graecia) 25f.
— (der frühen Republik) 46f., 57—59
— (im 3. und 2. Jh. v.u.Z.) 98—106
— (der Kelten in Gallien) 171f.
— (im 1. Jh. v.u.Z.) 198—205
— (im 1. Jh. u.Z.) 250—258
— (im 2. Jh. u.Z.) 269—275
— (in der späten Kaiserzeit) 325f.
Wolga 345
Wulfila 346

Xanthippos 69
Xenophon von Ephesos 278

Zama Regia 83, 185
Zarathustra s. Zoroaster
Zariadres 89
Zela 159, 184
Zenobia 305f.
Zenon, Kaiser in Ostrom 376
Zenturienordnung 36, 43f., 73
Zirkusparteien 380
Zoroaster, Zoroastrismus 314
Zosimos 364